主编 張子開 項楚

教育部教學改革重點項目
——『文化原典導讀與本科人才培養』成果

古典文獻學

（第2版）

重慶大學出版社

總序

　　這是一套以原典閱讀爲特點的新型教材,其編寫基於我們較長時間的教改研究和教學實踐。

　　有學者認爲,中國當代幾乎没有培養出諸如錢鐘書、季羨林這樣學貫中西的學術大師,以至錢鐘書在當代中國,成了一個"高山仰止"的神話。誠然,錢鐘書神話的形成,"錢學"(錢鐘書研究)熱的興起,有着正面的意義,這至少反映了學界及廣大青年學子對學術的景仰和向往。但從另一個角度看,也可以説是中國學界的悲哀:偌大一個中國,兩千多萬在校大學生,當錢鐘書、季羨林等大師級人物相繼去世之后,竟再也找不出人來承續其學術香火。問題究竟出在哪里? 造成這種"無大師時代"的原因無疑是多方面的,但首當其衝應該拷問的是我們的教育(包括初等教育與高等教育)。我們的教育體制、課程設置、教學内容、教材編寫等方面,都出現了嚴重的問題,導致了我們的學生學術基礎不扎實,後續發展乏力。僅就目前高校中文學科課程設置而言,問題可總結爲四個字:多、空、舊、窄。

　　所謂"多"是課程設置太多,包括課程門類數多、課時多、課程内容重復多。不僅本科生與碩士生,甚至與博士生開設的課程内容也有不少重復,而且有的課程如"大學寫作""現代漢語"等還與中學重復。於是只能陷入課程越設越多,專業越分越窄,講授越來越空,學生基礎越來越差的惡性循環。其結果就是,中文系本科畢業的學生讀不懂中國文化原典,甚至不知《十三經》爲何物;外語學了多少年,仍没有讀過一本原文版的經典名著。所以,我認爲對高校中文課程進行"消腫",適當減少課程門類、減少課時,讓學生多有一些閲讀作品的時間,是我們進行課程和教學改革的必由之路和當務之急。

　　所謂"空",即我們現在的課程大而化之的"概論""通論"太多,具體的"導讀"較少,導致學生只看"論",只讀文學史以應付考試,而很少讀甚至不讀經典作品,以致空疏學風日盛,踏實作風漸衰。針對這種"空洞"現象,我們建議增開中國古代原典和中外文學作品導讀課程,減少文學史課時。教材應該搞簡單一點,集中講授,不要什麽都講,應倡導啓發式教育,讓學生自己去讀原著,讀作品。在規定的學生必讀書目的基礎上,老師可採取各種方法檢查學生讀原著(作品)情況,如抽查、課堂討論、寫讀書報告等。這既可養成學生的自學習慣,又可改變老師滿堂灌的填鴨式教育方式。

　　所謂"舊",指課程内容陳舊。多年來,我們教材老化的問題并没有真正解決，例如，現在許多大學所用的教材，包括一些新編教材，還是多年前的老一套體系。陳舊的教材體系，造成了課程內容與課程體系不可避免的陳舊，這應當引起我們的高度重視。

"窄"，也是一個亟待解決的問題。自 20 世紀 50 年代以來，高校學科越分越細，專業越來越窄，培養了很多精於專業的"匠"，却少了高水平的"大師"。現在，專業過窄的問題已經引起了國家教育部的高度重視。拓寬專業口徑，加強素質教育，正在成爲我國大學人才培養模式的一個重要改革方向。中文學科是基礎學科，應當首先立足於文化素質教育，只要是高素質的中文學科學生，相信不但適應面廣，而且在工作崗位上更有后勁。

縱覽近代以來的中國學術界，凡學術大師必具備極其厚實的基礎，博古通今，學貫中西。而我們今天的教育，既不博古，也不通今；既不貫中，也不知西。這并不是說我們不學古代的東西，不學西方的東西，而是學的方式不對。《詩經》《楚辭》《論語》《史記》我們大家多少都會學一點，但這種學習基本上是走了樣的。爲什麼是"走了樣"的呢？因爲今天的教育，多半是由老師講時代背景、主要內容、藝術特色之類"導讀"，而不是由學生真正閱讀文本。另外，所用的讀本基本是以"古文今譯"的方式來教學的，而并非讓同學們直接進入文化原典文本，直接用文言文閱讀文化與文學典籍。這樣的學習就與原作隔了一層。古文經過"今譯"之后，已經走樣變味，不復是文學原典了。誠然，古文今譯并非不可用，但最多只能作爲參考。要真正"博古"，恐怕還是只有讀原文，從原文去品味理解。甚至有人提出，古文今譯而古文亡，一旦全中國人都讀不懂古文之時，就是中國文化危機之日。其實，這種危機狀態已經開始呈現了，其顯著標志便是中國文化與文論的"失語症"。更不幸的是，我們有些中青年學者，自己没有真正地從原文讀過原汁原味的"十三經"或"諸子集成"，却常常以批判傳統文化相標榜，這是很糟的事情，是造成今日學界極爲嚴重的空疏學風的原因之一。傳統文化當然可以批判，但你要首先了解它，知曉它，否則你從何批判呢？"告諸往而知來者"，"博古"做不好，就不可能真正"通今"。

那我們在"貫西"上又做得如何呢？在我看來，當今中國學術界、教育界，不但"博古"不够，而且"西化"也不够，準確地說是很不够！爲什麼這樣說呢？詳觀學界，學者們引證的大多是翻譯過來的"二手貨"，學生們讀的甚至是三手貨、四手貨。不少人在基本上看不懂外文原文或者干脆不讀外文原文的情況下，就夸夸其談地大肆向國人販賣西方理論，"以己昏昏，使人昭昭"。這種狀況近年來雖有所改善，但在不少高校中仍然或多或少地存在着。一些中文系學者仍然依賴譯文來做研究（我并非說不可以參照譯文來研究，而是強調應該盡量閱讀和參照原文），我們不少學生依然只能讀着厚厚的"中國式"的西方文論著作。在這種狀況下怎麼可能產生學貫中西的學術大師？

這種不讀原文（包括古文原文與外文原文）的風氣，大大地傷害了學術界與教育界，直接的惡果，就是空疏學風日盛，害了大批青年學生，造就了一個沒有學術大師的時代，造成了當代中國文化創新能力的嚴重衰減。

基於以上形勢和判斷，我們在承擔了"教育部教學改革重點項目——文化原典導讀與本科人才培養"的教改實踐和研究的基礎上，立足"原典閱讀"和夯實基礎，組織了一批學科帶頭人、教學名師、著名學者、學術骨干，爲培養高素質的中文學科人才，群策群力，編寫了這套新型教材。這套教材特色鮮明，立意高遠，希望能够秉承百年名校的傳統，再續嚴謹學風，爲培養新一代基礎扎實、融匯中西的創新型人才而貢獻綿薄之力。

本教材第一批共九部，分別由各學科帶頭人領銜主編，他們是：四川大學文科杰出教授、教育部社科委員、985 創新平臺首席專家項楚教授，四川大學文科杰出教授、教育部長江學者、國家級教學名師曹順慶教授，原倫敦大學教授、現任四川大學符號與傳播研究中心主任趙毅衡教授，以及周裕鍇、謝謙、劉亞丁、俞理明、雷漢卿、張勇（子開）、李怡、楊文全等教授、博士生導師。

本叢書第一批九部出版以來，被多所學校選作本科生、研究生的教材，或者入學考試的參考書目，讀者反響良好。目前第一批已經全部安排重印或者修訂，以期精益求精。同時，在出版社的倡議和推動下，我們啓動了第二批教材的編寫工作。此次編寫依然由我擔任總主編，在第一批書主編的基礎上，第二批書的主編人員既有著名學者、美學家馮憲光教授，也有一些中青年專家，如四川大學文新學院的傅其林教授，四川大學海外教育學院的劉榮教授。需要特別指出的是，第二批的編寫工作與第一批不同，在主編及編寫人員的組織遴選上不限於四川大學，而是將兄弟院校中一些有專長、有影響的學者邀請來一起做。如，四川師範大學文學院院長李凱教授、西南交通大學藝術與傳播學院徐行言教授、西南民族大學文學院院長徐希平教授、西南大學文學院副院長肖偉勝教授、成都理工大學傳播科學與藝術學院院長劉迅教授、西南財經大學鄧時忠教授等。相信通過這些新生力量的加入，叢書第二批將更能代表和體現教學的需要，更好地服務教學實踐。

曹順慶

2014 年 7 月於四川大學

再版贅語

本書出版後，在使用過程中間或發現一些紕漏訛誤；特別是，出版社轉來一封讀者來信，非常詳細地羅列了其認為的數十處訛誤或可商榷之處。本修訂版正是各界關懷、作者自我反省和重新認識下的產物。

一、修正了讀者指出和我們自己覺察到的一些疏漏甚至錯誤。

二、至于提交給出版社的電子本中原本未誤，以及我們認為並非問題之處，則或沿襲未替，或在編輯時加以潤色。

三、祛除了寫作中留下、初版中殘留的一些多餘痕跡。

四、第一、二、七章中，修正了部分觀點，增添了少許圖片及其他內容，以期反映作者的最新思考。

再次感謝那位不知名的讀者朋友，你的認真細致的精神，不但是對我們的愛護和鞭策，而且也足以令態度粗疏，甚至對修訂工作冷漠的我們，特別是令作為主編而沒有認真審核的我，深覺羞愧赧然。

當然，我們熱切期盼更多的讀者諸君不吝賜告你們的感受。你們的關心，是我們不斷進步的動力之一。

我們還要感謝出版社的林佳木女士，她從本書確定選題以來，一直關照呵護；感謝其他默默無聞的編輯們：亦正緣於你們的關愛，本書方得以面世和健康成長。

最後要說明的是，本書作者群或隔城一隅，或遙望千里，或已然榮休，聯絡頗為不便，故而本次修訂，概由主編一手操刀；除主編撰寫章節之外，囿於精力和對原作者的尊重，其改動僅限於部分原作者的反饋意見和讀者建議——這樣，修訂本中存在的訛誤，改動部分自當歸咎於主編，而其他則仍須原作者分任。

張子開

二〇一四年九月二十八日於錦江邊寓所

前言

　　本書爲四川大學中國俗文化研究所、文學與新聞學院古典文獻學教研室的集體成果,由項楚、張勇(子開)主編,祝尚書、劉文剛、何劍平、伍曉蔓、羅鷺等教研室同仁,以及畢業於斯、現在他處效力的武建宇、湯君參與編寫。

　　在目前國内有關中國古典文獻學教材已達數十種、早已泛濫漫衍的情況下,如何爲本科生和研究生提供實用的古典文獻入門講義,爲學子擦亮引路明燈,實爲難題。本書的編纂理念或特色爲:

　　其一,盡量反映古典文獻的全貌。不再將古典文獻分爲版本、目録、校勘三大版塊,而是以十章的篇幅,分別探討文獻和古典文獻學科的含義、文獻的形成和流傳、文獻發展歷史、文獻的收藏和散佚、文獻的著録、文獻類型、文獻版本、文獻檢索和文獻整理等諸多問題,囊括了古典文獻學的主要内容。一編在手,可全面、系統地掌握有關古典文獻的基礎知識。

　　其二,指出進一步研討的途徑。同樣與現行部分教材截然不同的是,引文注重規範性,盡量註明出處,並在注釋中做必要的補充説明。既可供讀者循踪追索,又避免了層層相因和輾轉販賣抄襲的惡習。

　　其三,創新性。雖然只是教材,本書却將之作爲學術著作來纂寫,在傳授基本知識的同時,盡力吸收學術界最新成果、融入編寫者的研究心得,令之具有較强的創新性和學術性。

　　其四,令學習者感受古典文獻的面貌和氛圍。除了在論述時大量引用原始文獻之外,本書還選擇了一批古人的重要論述,附在各章之後,其篇幅幾占全書之半。這種將研習教材與原典閲讀相結合的學習方法,早已有之,但多是分爲兩種單獨撰著,如張舜徽先生《中國文獻學》和《文獻學論著輯要》、各類版本的中國古代文學和《中國古代文學作品選》。本書則首次在文獻學領域將二者結合起來,一書而具有兩種功能,不僅讓讀者在瞭解一般知識之後,有機會接觸古典文獻原文,徹底祛除了學習古典文獻學後還不知古典文獻爲何物的窘境,還解決了自行選擇和尋覓原始文獻之難題。

　　其五,形象直觀。有些時候,一幅圖片遠勝於千言萬語。本書精選了數十幅插圖照片,將之與文字叙述有機結合,實有助於準確地認識和了解古典文獻。

　　主編負責確立編纂理念,設計全書構架,規定撰寫格式,督促催收稿件,以及大致統稿。各章節具體分工爲:張子開,前言、第一章、第二章、第七章;劉文剛,第三章;羅鷥,第四章、第八章;祝尚書、伍曉蔓,第五章;武建宇,第六章;何劍平,第九章;湯君,第十章。

　　一些研究生幫助録入第三章稿件,他們是:李娜(序、第一節),蔡春萍(第二節),唐紅麗(第三節),國威(第四節),謝雪揚、高敏(第五節),左鵬(第六節),崔凱(第七節)。

　　由於能夠擠出的時間和精力皆頗爲有限,以及書出衆手,本書亦存在一些遺憾:首先,"特殊類型文獻"一章,尚應增添出土文物文獻、域外漢文文獻、方外文獻等;"文獻的整理",還當涉及輯佚和注釋之類。其次,編纂理念不一定完全貫徹到各個章節。"人與人不同,花有幾樣紅。"作爲集體成果,雖然保證瞭風格多樣性,却也令全書參差不齊。稿成之後,主編只約略統一格式、更正明顯訛字,其他則一仍其舊,故而各章具體問題或缺陷,自當由其纂者負責。總之,從相當程度上來看,本書僅是一個"殘本"。其不足或將在實際教學中加以抵補挹注,或盼待修訂版時再加完善,以成善本。

　　本書歷經種種坎坷,終於來到世間。雖然自知尚稱不上寧馨兒,但於疲憊之餘,還是滿心歡喜,並衷心希望它能夠健康成長。

　　按,本書屬於四川大學校級精品課程建設項目"中國古典文獻學"、四川大學"211工程"三期重點學科建設項目"中外文學與俗文化"之"中國古典文獻情形俗文化研究"方向以及國家 985 工程的成果。

編者(張子開執筆)

2010 年 5 月

目　録

第一章　概論 ……………………………………………………………… 1

　第一節　文獻 …………………………………………………………… 1

　　一、文 ………………………………………………………………… 1

　　二、獻 ………………………………………………………………… 2

　　三、文獻 ……………………………………………………………… 3

　第二節　文獻學 ………………………………………………………… 9

　　一、文獻研究 ………………………………………………………… 9

　　二、傳統稱呼 ………………………………………………………… 10

　　三、“文獻學”概念的出現和演變 …………………………………… 12

　　四、現代西方文獻學 ………………………………………………… 13

　　五、“文獻學”的定義及學科歸屬 …………………………………… 13

　第三節　中國古典文獻學 ……………………………………………… 14

　　一、古典文獻 ………………………………………………………… 14

　　二、中國古典文獻學的研究範圍或研究對象 ……………………… 15

　　三、中國古典文獻學的學科地位:國學中之國學 ………………… 16

　　四、中國古典文獻學的學科價值及學習方法 ……………………… 17

　【原典閱讀】 …………………………………………………………… 19

　　一、唐劉知幾《史通》卷十二《外篇·古今正史第二》(節錄) …………… 19

　　二、宋李昉等《太平御覽》卷六百十八《學部十二·圖書上》“叙圖書”條 …… 19

　　三、元馬端臨《文獻通考》自序(節錄) ……………………………… 21

第二章　文獻的形成和流布 ……………………………………………… 24

　第一節　文獻的形成 …………………………………………………… 24

　　一、人類起源:文獻創造主體的出現 ……………………………… 24

二、語言、文字的起源 ··· 26

三、文獻的形成方式 ··· 30

第二節　文獻的形態 ··· 34

一、人體形態 ··· 35

二、口頭形態 ··· 36

三、自然實物形態 ··· 36

四、甲骨形態 ··· 38

五、金石形態 ··· 40

六、竹木形態 ··· 44

七、縑帛形態 ··· 49

八、紙張形態 ··· 51

第三節　文獻的流傳 ··· 55

【原典閱讀】 ··· 60

一、宋高承《事物紀原》卷四《經籍藝文部十七》(節錄) ············ 60

二、西漢司馬遷《史記》卷一百二十八《龜策列傳》(節錄) ·········· 61

三、宋李昉等《太平御覽》卷六百一《文部十七·著書上》 ·········· 62

四、宋李昉等《太平御覽》卷六百二《文部十八·著書下》 ·········· 67

第三章　古典文獻簡史 ·· 72

第一節　上古:原始社會至夏商周秦 ·· 73

一、原始社會至夏 ··· 73

二、商 ·· 74

三、周 ·· 75

四、秦 ·· 79

第二節　中古(一):兩漢 ··· 79

一、西漢 ··· 79

二、東漢 ··· 82

第三節　中古(二):魏晉南北朝隋 ·· 84

一、魏晉南北朝 ·· 84

二、隋 ·· 89

第四節　中古(三):唐五代 ··· 89

一、唐 ·· 89

二、五代 ··· 93

第五節　中古(四):宋遼金元 ···································· 94

　一、宋 ·· 94

　二、遼金元 ·· 100

第六節　近古(一):明 ·· 102

第七節　近古(二):清 ·· 106

　一、政治與典章制度文獻 ······································ 106

　二、皇帝實錄 ·· 107

　三、經學與思想意識文獻 ······································ 107

　四、天文歷象文獻 ·· 107

　五、大量志書 ·· 107

　六、大量文化文獻 ·· 108

　七、前朝史書和政書 ·· 108

　八、巨型叢書、類書 ·· 108

　結語 ··· 112

【原典閱讀】 ·· 114

　一、唐魏徵等《隋書·志·經籍》序(節選) ················· 114

　二、后晉劉昫等《舊唐書·志·經籍》序(節選) ··········· 117

　三、宋歐陽修等《唐書·志·藝文》序(節選) ·············· 118

　四、元脱脱等《宋史·志·藝文》序(節選) ················· 119

　五、清張廷玉等《明史·志·藝文》序(節選) ·············· 120

第四章　文獻的收藏與散佚 ·· 122

第一節　文獻收藏 ·· 122

　一、歷代官府藏書 ·· 122

　二、歷代私家藏書 ·· 125

第二節　文獻散佚 ·· 127

　一、文獻散佚的事實 ·· 128

　二、文獻散佚的原因 ·· 128

【原典閱讀】 ·· 132

　一、隋牛弘《請開獻書之路表》 ······························ 132

　二、明高濂《遵生八箋·燕閑清賞箋》 ······················ 134

　三、清曹溶《流通古書約》 ····································· 135

　四、清孫慶增《藏書記要》 ····································· 135

五、清葉德輝《藏書十約》 ………………………………………………… 142

第五章 文獻的著錄：目錄 …………………………………………………… 149

第一節 目錄的體制及功用 ………………………………………………… 149

一、目錄的起源、義界 ……………………………………………………… 149

二、《別錄》、《七略》開啓的目錄書體例 ……………………………… 150

三、目錄的功用 ……………………………………………………………… 152

第二節 圖書的分類 ………………………………………………………… 154

一、六分法 …………………………………………………………………… 154

二、四分法 …………………………………………………………………… 155

三、其他分類法 ……………………………………………………………… 157

第三節 目錄的類型 ………………………………………………………… 159

一、官修目錄 ………………………………………………………………… 159

二、私修目錄 ………………………………………………………………… 163

三、史志目錄 ………………………………………………………………… 168

【原典閱讀】 ………………………………………………………………… 172

一、漢班固等《漢書·藝文志》（節選） ………………………………… 172

二、清永瑢等《四庫全書總目》集部總序、楚辭類小序、《楚辭章句》提要 … 178

第六章 文獻的類型（上）：傳統四部文獻 ………………………… 181

第一節 經部文獻 …………………………………………………………… 181

一、《易》 …………………………………………………………………… 181

二、《書》 …………………………………………………………………… 183

三、《詩》 …………………………………………………………………… 184

四、三禮 ……………………………………………………………………… 185

五、春秋三傳 ………………………………………………………………… 187

六、《孝經》 ………………………………………………………………… 188

七、《論語》 ………………………………………………………………… 188

八、《爾雅》 ………………………………………………………………… 188

九、《孟子》 ………………………………………………………………… 189

十、小學 ……………………………………………………………………… 189

第二節 史部文獻 …………………………………………………………… 191

一、《二十四史》 …………………………………………………………… 191

二、《資治通鑒》 …………………………………………………………… 192

三、《續資治通鑑長編》 …………………………………… 193

四、《三朝北盟會編》 ……………………………………… 193

五、《史通》 ………………………………………………… 193

六、《唐律疏議》 …………………………………………… 194

七、《通典》 ………………………………………………… 194

八、《洛陽伽藍記》 ………………………………………… 195

九、《大唐西域記》 ………………………………………… 195

十、《水經注》 ……………………………………………… 196

十一、《郡齋讀書志》 ……………………………………… 196

十二、《直齋書録解題》 …………………………………… 196

第三節　子部文獻 ………………………………………… 197

一、《荀子》 ………………………………………………… 197

二、《朱子語類》 …………………………………………… 197

三、《孫子》 ………………………………………………… 197

四、《韓非子》 ……………………………………………… 198

五、《齊民要術》 …………………………………………… 198

六、《墨子》 ………………………………………………… 198

七、《管子》 ………………………………………………… 198

八、《晏子春秋》 …………………………………………… 199

九、《風俗通義》 …………………………………………… 199

十、《淮南子》 ……………………………………………… 199

十一、《論衡》 ……………………………………………… 199

十二、《顔氏家訓》 ………………………………………… 200

十三、《老子》 ……………………………………………… 200

十四、《莊子》 ……………………………………………… 200

十五、《抱樸子》 …………………………………………… 200

十六、《大藏經》 …………………………………………… 201

十七、《祖堂集》 …………………………………………… 201

第四節　集部文獻 ………………………………………… 201

一、《楚辭》 ………………………………………………… 201

二、《李太白詩集注》 ……………………………………… 202

三、《杜詩詳注》 …………………………………………… 202

四、《白氏長慶集》 202

五、《李商隱集》 202

六、《王梵志詩》 203

七、《經進東坡文集事略》 203

八、《文選》 203

九、《玉臺新詠》 203

十、《樂府詩集》 204

十一、《全唐詩》 204

十二、《全上古三代秦漢三國六朝文》 204

十三、《先秦漢魏晉南北朝詩》 204

十四、《唐詩別裁集》 204

十五、《古謠諺》 205

十六、《文心雕龍》 205

十七、《詩品》 205

十八、《歷代詩話》 205

【原典閱讀】 206

一、唐孔穎達《周易正義序》 206

二、唐孔穎達《尚書正義序》 210

三、清永瑢等《四庫全書總目》"毛詩正義"提要 211

四、唐孔穎達《毛詩正義序》 212

五、清永瑢等《四庫全書總目》"周禮注疏"提要 212

六、清永瑢等《四庫全書總目》"禮記正義"提要 213

七、清永瑢等《四庫全書總目》"春秋左傳正義"提要 214

八、唐孔穎達《春秋正義序》 215

九、清永瑢等《四庫全書總目》"論語正義"序 216

十、清永瑢等《四庫全書總目》"爾雅注疏"序 217

十一、清永瑢等《四庫全書總目》"孟子正義"序 218

十二、清永瑢等漢趙岐《孟子題辭》 218

十三、清永瑢等宋晁公武《〈郡齋讀書志〉序》 220

第七章 文獻的類型(下):特殊類型文獻 222

第一節 類書 222

一、定義 222

二、類書的産生 …………………………………………………… 224

三、現存主要類書 ………………………………………………… 229

四、類書的價值和缺陷…………………………………………… 260

第二節　叢書文獻 ………………………………………………… 263

一、“叢書”釋名 ………………………………………………… 263

二、叢書的産生 ………………………………………………… 265

三、叢書的種類 ………………………………………………… 267

四、叢書選介 …………………………………………………… 268

五、叢書目録 …………………………………………………… 274

六、叢書的功用和局限………………………………………… 275

第三節　少數民族文獻 …………………………………………… 276

一、幾種少數民族的書面文獻(選擇介紹) ………………… 279

二、少數民族文字珍貴古籍 …………………………………… 283

【原典閱讀】 ……………………………………………………… 288

一、清永瑢等《四庫全書總目》類書類小序 ………………… 288

二、唐歐陽詢《〈藝文類聚〉序》 ……………………………… 288

三、唐徐堅《初學記》卷二十一(節録) ……………………… 289

四、清永瑢等《四庫全書總目》“蒙古源流”提要 …………… 292

第八章　文獻的認知:版本 ……………………………………… 294

第一節　概述 ……………………………………………………… 294

一、版本 ………………………………………………………… 294

二、版本學 ……………………………………………………… 298

三、版本學史 …………………………………………………… 299

第二節　版本認知 ………………………………………………… 300

一、古書裝幀 …………………………………………………… 300

二、古書版式…………………………………………………… 305

第三節　版本類型 ………………………………………………… 307

一、古籍版本的類型 …………………………………………… 307

二、刻本與活字本 ……………………………………………… 309

第四節　版本鑒定 ………………………………………………… 314

一、版本鑒定 …………………………………………………… 314

二、善本淺説…………………………………………………… 318

【原典閱讀】 ･･ 320

    一、清葉德輝《書林清話》(節選) ･････････････････････ 320

    二、古籍定級標準 ･･････････････････････････････････････ 325

第九章　文獻的利用:工具書的編排和查檢 ････････････ 333

  第一節　紙質檢索工具書的利用 ･･････････････････････････ 333

    一、書名檢索 ･･ 338

    二、人名檢索 ･･ 344

    三、地名檢索 ･･ 350

    四、字詞檢索 ･･ 350

    五、利用紙質檢索工具書查找相關文獻須注意的問題 ･････ 351

  第二節　電子文獻檢索工具的利用 ･･････････････････････ 352

    一、光盤數據庫 ･･･････････････････････････････････････ 352

    二、網絡數據庫 ･･･････････････････････････････････････ 354

    三、利用電子文獻檢索工具須注意的事項 ･･････････････ 354

  【原典閱讀】 ･･ 355

    一、清章學誠《校讎通義》卷一《校讎條理第七》之二 ･･････ 355

    二、劉聲木《萇楚齋隨筆》卷七《皇清經解正續目録》 ･････ 355

    三、毛謨《説文檢字序》 ･････････････････････････････ 356

    四、黎永椿《説文通檢例》 ･･････････････････････････ 356

    五、洪業《引得説》之《第一篇何謂引得》 ･････････････ 356

第十章　文獻的整理:校勘與辨僞 ････････････････････ 358

  第一節　校勘 ･･ 358

    一、何謂校勘 ･･ 359

    二、校勘內容 ･･ 362

    三、校勘方法 ･･ 369

  第二節　辨僞 ･･ 374

  【原典閱讀】 ･･ 381

    一、唐顏師古《漢書·叙例》 ･････････････････････････ 381

    二、宋鄭樵《通志·校讎略》 ･･･････････････････････ 384

    三、清章學誠《校讎通義》校讐條理第七 ･･････････････ 394

第一章　概　論

第一節　文　獻

一、文

據《漢語大字典》，"文"的字形演變情況及第一個義項①爲：

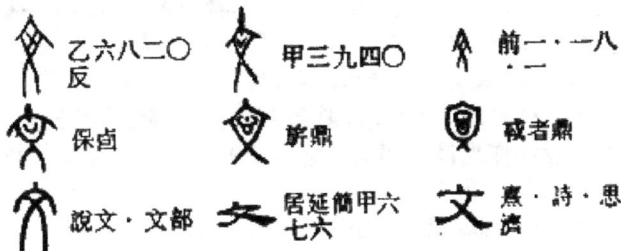

《說文》："文，錯畫也。象交文。"徐灝注箋："文象分理交錯之形。"朱芳圃《殷周文字釋叢》："文即文身之文，象人正立形，胸前之ノ、乂……即刻畫之文飾也……文訓錯畫，引伸之義也。"

wén ㊀《廣韻》無分切，平文微，譚部。

❶（在肌膚上）刺画花紋。《說文·文部》："文，錯畫也。象交文。"王筠句讀："錯者，交錯也。錯而畫之，乃成文也。"《莊子·逍遙遊》："越人斷髮文身。"《穀梁傳·哀公十三年》："祝髮文身。"范甯注："文身，刻畫其身以爲文也。"《禮記·王制》："被髮文身……雕題交趾。"鄭玄注："雕文，謂刻其肌以丹青涅之。"清厲鶚《遼史拾遺》卷十五："契丹之法，民爲盜者一犯文其腕爲賊字，再犯文其臂。"

---

① 四川辭書出版社，湖北辭書出版社，1988 年 5 月第 1 版，第 3 卷，第 2169 頁左欄。

　　許慎《說文解字》所謂"錯畫"①,謂事物表面交叉之紋理或圖象,是乃"文"之本義。《周易·繫辭下》:"物相雜,故曰文。"②至於人身上刺畫之花紋,當爲引申義吧。

二、獻

　　《漢語大字典》歸納的"獻"的字形演變情況及第一個義項③爲:

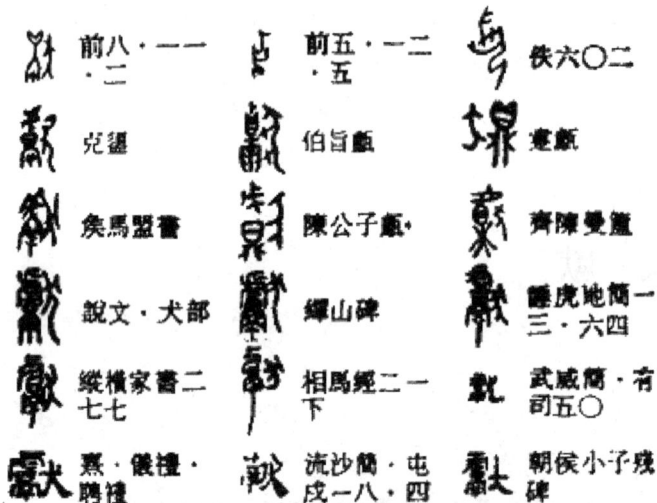

𤜼	前八·一二·二	貞	前五·一二·五	𣦻	佚六〇二
𤜼	兌罍	𤏺	伯㫔甗	𤎩	建甗
𤜼	侯馬盟書	𤏺	陳公子甗·	𤎩	齊陳曼簠
𤜼	說文·犬部	𤏺	繹山碑	𤎩	睡虎地簡一三·六四
𤜼	縱橫家書二七七	𤏺	相馬經二一下	軈	武威簡·有司五〇
㸑犬	熹·儀禮·聘禮	獻	流沙簡·屯戍一八·四	軈	朝侯小子殘碑

　　《説文》:"獻,宗廟犬名羹獻,犬肥者以獻之。从犬,鬳聲。"商承祚《殷契佚存》:"獻本作𤜼或𤎩,从虎从鼎,或从虎从鬲,後求其便於結構,將虍移于鼎或鬲之以虎上而字之下體寫為犬形,遂成獻與𤎩矣。以傳世古甗證之,三足之股皆作虎目,即此字之取義……後寫誤作獻,乃用為進獻字。"
　　(一)xiàn《廣韻》許建切,去願曉。元部。
　　❶古代对作为祭品的犬的专称。《説文·犬部》:"獻,宗廟犬名羹獻,犬肥者以獻之。"段玉裁注:"獻,本祭祀奉犬牲之偁。"《禮記·曲禮下》:"凡祭宗廟之禮……羊曰柔毛,雞曰翰音,犬曰羹獻。"鄭玄注:"羹獻,食人之餘也。"孔穎達疏:"犬曰羹獻者,人將所食羹餘以與犬,犬得食之肥,肥可以獻祭於鬼神,故曰羹獻也。"

　　《說文解字》又曰:"從犬,鬳聲。"④從"鬳"乃鬲屬飲器而觀,"宗廟犬"即爲"獻"字本義無疑。

---

①　(漢)許慎撰、(清)段玉裁注:《說文解字注》,上海古籍出版社,1981年10月第1版,第四七六頁上、下欄。
②　(清)阮元校刻《十三經注疏》本,中華書局影印,1980年9月第1版,上冊,第90頁下欄。
③　1987年第1版,第2卷,第1376頁左欄、1377頁右欄。
④　第四七六頁上、下欄。

三、文獻

(一)最早用例

現存古籍中,"文""獻"二字連用爲"文獻"的最早例子,見於《論語·八佾》:

> 子曰:"夏禮吾能言之,杞不足徵也。殷禮吾能言之,宋不足徵也。文獻不足故也。足,則吾能徵之矣。"①

由於其他典籍中亦有類似記載②,故而這段話當的然出自孔子之口。《漢書·藝文志》道出了孔子發出感嘆的緣由:

> 古之王者,世有史官,君舉必書,所以慎言行、昭法式也。左史記言,右史記事;事爲《春秋》,言爲《尚書》。帝王靡不同之。周室既微,載籍殘缺,仲尼思存前聖之業,乃稱曰:"夏禮吾能言之,杞不足徵也。殷禮吾能言之,宋不足徵也。文獻不足故也。足,則吾能徵之矣。"

可見,仲尼之語乃基於當時文獻的保存情況而言也。

(二)古代主流解釋

上引孔子之語,三國魏何晏《論語集解》引苞氏曰:

> 徵,成也。杞、宋,二國名也,夏、殷之後也。夏、殷之禮,吾能說之,杞、宋之君,不足以成之也。

東漢末經學家鄭玄曾對《論語》作出注釋,何晏集解引其言曰:

> 鄭曰:"獻,猶賢也。我不以禮成之者,以此二國之君,文章、賢才不足故也。"③

按,"文章"本指錯雜之色澤或花紋。《墨子·非樂上》:"是故子墨子之所以非樂者,非以大鍾鳴鼓琴瑟竽笙之聲以爲不樂也;非以刻鏤華文章之色以爲不美也。"《後漢書·張衡傳》:"文章煥以粲爛兮,美紛紜以從風。"引申指文字。漢崔瑗《草書勢》:"書契之興,始自頡皇,寫彼鳥跡,以定文章。"《後漢書·董卓傳》:"又錢無輪廓文章,不便使用。"在這裏,鄭氏指著述文字。《史記·儒林列傳序》:"臣謹案詔書律令下者,明天人分際,通古今之義,文章爾雅,訓辭深厚,恩施甚美。"《後漢書·延篤傳》:"能著

---

① (清)阮元校刻《十三經注疏》本,第2466頁下欄。
② 如《禮記·中庸》:"子曰:'吾說夏禮,杞不足徵也。吾學殷禮,有宋存焉。吾學周禮,今用之。吾從周。'"(阮元校刻《十三經注疏》本,下冊,第1634頁上欄)《禮記·禮運》亦有類似言辭。
③ (清)阮元校刻《十三經注疏》本,下冊,第2466頁下欄。

文章,有名京師。"唐杜甫《偶題》詩曰:"文章千古事,得失寸心知。"

南宋朱熹《論語集注》襲用鄭氏觀點:

> 文,典籍也。獻,賢也。①

更明確地將"文"等同於"典籍"。

"文""獻"在古籍中有無此義項? 換言之,何氏之解有無根據? 揆諸古今典籍,"文"確有書本之義。《國語·周語下》:"小不從文。"韋昭注:"文,詩書也。"見諸《論語》者有兩則,《學而》篇:"子曰:'弟子,入則孝,出則悌,謹而信,汎愛衆,而親仁。行有餘力,則以學文。'"漢馬融曰:"文者,古之遺文也。"《述而》篇:"子曰:'文,莫吾猶人也。躬行君子,則吾未之有得也。'"何晏集解:"莫,無也。文無者,猶俗言文不也。文不吾猶人者,言凡文皆不勝於人也。"則此"文"含義亦同於《學而》篇矣。至於"獻",大致成於西漢的《爾雅·釋言》即有云:"獻,聖也。"《玉篇·犬部》亦言:"獻,賢也。"《尚書·益稷》:"萬邦黎獻,共惟帝臣。"孔傳:"獻,賢也。"唐韓愈《處州孔子廟碑》也有云:"乃新斯宮,神降其獻,講讀有常,不誠有勸。"

爲何"獻"從本來表示呈供給宗廟之犬,引申爲賢才? 或因主持或參與這種祭祀的人,皆爲素有威望或年屆耆艾②,故而從祭品本身轉而指稱參與祭祀者,再泛指一般賢人吧。

正因爲言之有據,故而鄭玄的闡釋方會爲歷來大多數人所接受。如清劉寶楠《論語正義》:

> 文謂典策。獻謂秉禮之賢士大夫,子貢所謂"賢者識大,不賢者識小",皆謂獻也。

清末民初劉師培《文獻解》亦說:

> 儀、獻,古通。……文獻,即文儀也。書之所載謂之文,即古人所謂典章制度也;身之所習謂之儀,即古人所謂動作威儀之則也。儀之與文,對文則異,散文則通。……孔子言夏、殷文獻不足,謂夏、殷簡冊不備,而夏、殷之禮又鮮習行之士也。③

"身之所習",就是劉寶楠所謂"秉禮之賢士大夫"。

(三)歷代其他觀點

到了宋末元初,馬端臨以"文獻"爲名,編纂了一部典志體著作《文獻通考》。在序

---

① (宋)朱熹撰:《四書章句集注》,中華書局,1983年10月第1版,第63-64頁。
② 《漢書·武帝紀》:"然則於鄉里先耆艾,奉高年,古之道也。"顏師古注:"六十曰耆,五十曰艾。"
③ 劉師培:《左盦集》卷三《文獻解》,載《劉師培全集》第3冊,中共中央黨校出版社,1997年影印本。

言中,馬氏闡述了他心目中的"文獻":

> 凡叙事,則本之經史,而參之以歷代會要,以及百家傳記之書。信而有證者從之,乖異傳疑者不錄,所謂"文"也。
>
> 凡論事,則先取當時臣僚之奏疏,次及近代諸儒之評論,以至名流之燕談,稗官之紀錄。凡一話一言可以訂典故之得失、證史傳之是非者,則採而錄之,所謂"獻"也。
>
> 其載諸史傳之紀錄而可疑,稽諸先儒之論辨而未當者,研精覃思,悠然有得,則竊著己意,附其後焉。命其書曰"文獻通考"。①

"信而有證"之"書"方爲"文",記錄各級官吏向朝廷的建議、儒家學說和各界人士的閑談等者,則爲"獻"。這種"文獻"定義是相當狹隘的:首先,對世間之"書"作了篩選,剔除了"乖異傳疑者";即便是"獻",也僅是"可以訂典故之得失、證史傳之是非者";其所謂"文""獻",其本質上皆是書面材料。顯然,馬氏心目中的"文獻",其外延遠小於孔子所言。

另外,在《文獻通考》中,凡敘述史實者(即所謂"文")皆頂格書寫,而論事者(即所謂"獻")卻低一格;倘若"文""獻"所載"可疑"或"未當",再說明自己觀點,再低一格書寫——當然,"己意"亦屬於"獻"。顯然,"文"的地位要高於"獻",而用以闡述"文"之"獻"本身又有等級之區分。就"文獻"觀念的演變而言,馬端臨的觀點顯然頗有倒退。

或謂,馬氏"是用鄭玄的解釋,把諸臣、諸儒作爲'獻',但是所錄的是奏疏、議論,已和'文'沒有什麼區別了。"②其實,馬氏心目中的"獻",與鄭康成"獻"即"賢才"的觀點還是有出入的,馬氏所說"文獻"只是形諸文字的著述的一部分而已。

值得注意的是,五代以後,隨著雕版印刷術的廣泛運用,紙本文獻大量涌現,文人也日漸蜷縮於書齋。馬氏之說,或許與此有關吧。

馬氏之說,頗有和之者。如,元楊維楨《送僧歸日本》詩:"車輪日出扶桑樹,笠蓋天傾北極星。我欲東夷訪文獻,歸來中土校全經。"明代黃佐《翰林記》卷十三:"永樂元年七月上諭侍讀學士解縉等曰:'朕欲悉採各書所載事物類聚之,而統之以韻。凡書契以來經史子集百家之書,至於天文地志、陰陽醫卜、僧道技藝之言,備輯爲一書,毋厭浩繁。'於是廣召四方儒者,許侍臣各舉所知。至三年正月,開局纂修,命太子少師姚廣孝、禮部尚書鄭賜監修,刑部左侍郎劉季篪副監修。賜卒,以贊善、梁潛代焉。其

---

① (宋)馬端臨:《文獻通考》,中華書局 1986 年影印本,第 1 冊,第 3 頁下。
② 王欣夫:《文獻學講義》,上海古籍出版社,1986 年 2 月第 1 版,第 4 頁。

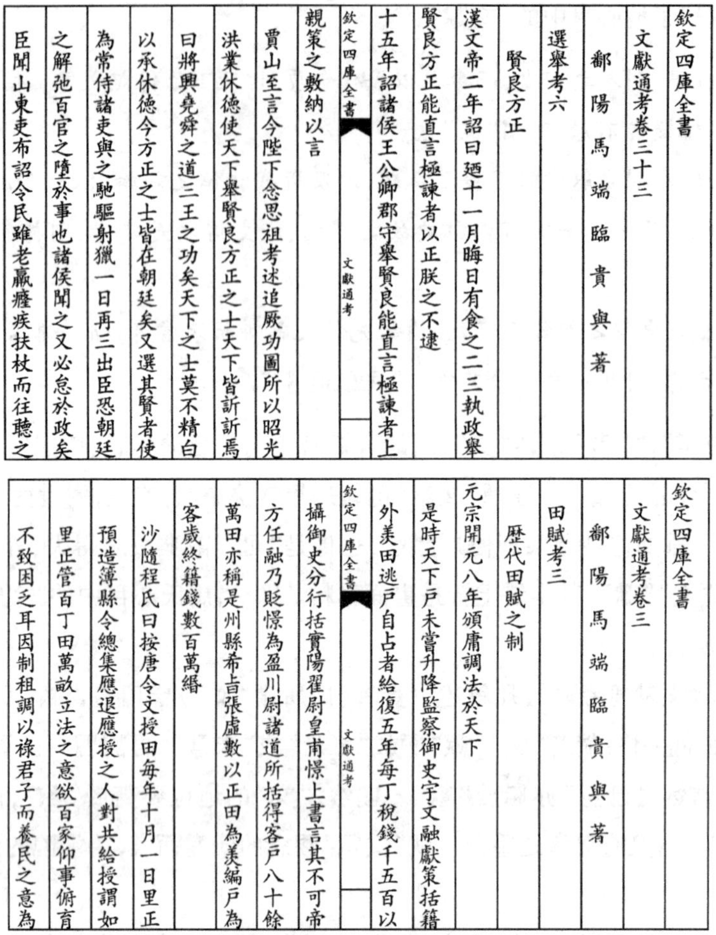
欽定四庫全書
文獻通考卷三十三
鄱陽馬端臨貴與著
選舉考六
賢良方正
漢文帝二年詔曰迺十一月晦日有食之二三執政舉
賢良方正能直言極諫者以正朕之不逮
十五年詔諸侯王公卿郡守舉賢良能直言極諫者上
欽定四庫全書　文獻通考
親策之數納以言
賈山至言今陛下念思祖考述追厥功圖所以昭光
洪業休德使天下舉賢良方正之士天下皆訢訢焉
曰將興堯舜之道三王之功矣天下之士莫不精白
以承休德今方正之士皆在朝廷矣又選其賢者使
為常侍諸吏與之馳驅射獵一日再三出臣恐朝廷
之解弛百官之墮於事也諸侯聞之又必怠於政矣
臣聞山東吏布詔令民雖老羸癃疾扶杖而往聽之

欽定四庫全書
文獻通考卷三
鄱陽馬端臨貴與著
田賦考三
歷代田賦之制
元宗開元八年頒庸調法於天下
是時天下戶未嘗升降監察御史宇文融獻策括籍
外羨田逃戶自占者給復五年每丁稅錢千五百以
欽定四庫全書　文獻通考
攝御史分行括實陽翟尉皇甫憬上書言其不可帝
方任融乃貶憬為盈川尉諸道所括得客戶八十餘
萬田亦稱是州縣希旨張虛數以正田為羨編戶為
客歲終籍錢數百萬緡
沙隨程氏曰按唐令文授田每年十月一日里正
預造簿縣令總集應退應授之人對共給授謂如
里正管百丁田萬畝立法之意欲百家仰事俯育
不致困乏耳因制租調以祿君子而養民之意為

圖 1.1 《文獻通考》(文淵閣《四庫全書》本)書影

總裁、副總裁、纂修等無慮數百人。書成,名曰《永樂大典》。"①明成祖朱棣在永樂元年(1403)下令編輯的這部《永樂大典》,其原名其實爲"文獻大成"②。上引用例中之"文獻",皆指典籍。

現當代學術界亦多依從馬端臨的觀點,將一切歷史性的材料都稱爲"文獻"③,只是極少數學者提出過異議④。

(四)我們的看法

從以上分析可以看出,從漢至宋,基本是"文""獻"並重雙倚,只是到趙宋以後,方

① (明)黄佐《翰林記》,文淵閣《四庫全書》本。
② 《四庫全書總目》卷一百三十七,《永樂大典》之解題。下冊,第 1165 頁上欄。
③ 如王欣夫(1901—1966)《文獻學講義》即主張,"文獻指一切歷史性的材料"。王欣夫:《文獻學講義》,第 2-3 頁。
④ 邵勝定:《説文獻》,《文獻》1985 年第 4 期。

逐漸向偏重於"文"。那麼,"文獻"含義①究竟若何?

首先,追本溯源,宋及宋代以前的"文獻",應該遵從鄭玄之說,包括"文"與"獻"兩個方面,不可偏廢。肇始於宋元之際的偏重於文本的觀念,實不可取。

其次,要置身於"文獻"一辭出現的時代背景之中,實事求是地理解"文獻"的原始含義。我們知道,在孔子(前552或前551—前479)生活的時代,文化領域仍由巫史壟斷②,故而孔子心目中的"文獻""文"當指帶有官方色彩的檔案等著述,"獻"則謂以新興的"士"階層爲主的民間人士及其言行舉止;"文"爲死的檔案,"獻"爲活的人及其言論;"文"指由巫史記錄的、宗教色彩濃厚的材料,"獻"爲與之相對的世俗"賢才"。

(五)"文獻"別稱

在我國傳統文化中,並不一定非用"文獻"這一名稱。如指狹義的"文獻",或早期"文獻"之"文",即泛指古代典籍之時,亦用"三墳""五典""八索""九丘"等。《左傳·昭公十二年》:"左史倚相趨過,王曰:'是良史也,子善視之。是能讀《三墳》、《五典》、《八索》、《九丘》。"杜預注:"皆古書名。"③這是以具體的書名而推指整個古代文本文獻。

(六)當代定義

《中國大百科全書》圖書館學、情報學、檔案學卷,陳譽、林申清撰"文獻"條:

> 記錄有知識和信息的一切載體。由四個要素組成:①所記錄的知識和信息,即文獻的內容。②記錄知識和信息的符號,文獻中的知識和信息是借助於文字、圖表、聲音、圖像等記錄下來並爲人們所感知的。③用於記錄知識和信息的物質載體,如竹簡、紙張、膠卷、膠片等,它是文獻的外在形式。④記錄的方式或手段,如鑄刻、書寫、印刷、復製、錄音、錄影等,它們是知識、信息與載體的聯繫方式。

1985年,頒佈了中國國家標準《文獻著錄總則》。該總則參照國際標準,把"文獻"定義爲:"記錄有知識的一切載體。"較之《中國大百科全書》,少了"信息"兩字。此定義,爲《辭海》(1999年版縮印本)"文獻"條沿用:"今爲記錄有知識的一切載體的統稱,即用文字、圖像、符號、聲頻、視頻等手段以記錄人類知識的各種載體(如紙張、膠片、磁帶、磁片、光碟等)。"

這種定義似乎擴大了"文獻"的範圍,但這僅是相較於馬端臨的觀點而已。它雖

---

① 有關"文獻"一詞的含義,參看張子開:《"文獻"芻議》,載《綿陽師範學院學報》2007年1期,第1-5頁。

② 1.劉師培:《古學出於史官論》、《補古學出於史官論》,載劉師培著,鄔國義、吳修藝編校:《劉師培史學論著選集》,上海古籍出版社地,2006年12月第1版,第9-21頁。2.張子開:《語錄體形成芻議》,載《武漢大學學報》2009年第5期(第62卷,總第304期),第517-521頁。

③ (清)阮元校刻《十三經注疏》本,下冊,第2064頁中欄。

然包括了一切物質載體,特別是收納了新出現的膠卷、膠片、照片、磁帶、磁片和光碟等新的載體,以及以之記錄的聲音和視頻,但並沒有涉及人及其言行舉止;換言之,它只是囊括了一切記載人類語言和知識的非人載體,卻排除了在現實生活中存在的、沒有被記錄的言談和行爲,以及這些言談和行爲的主體——人類自身。

(七) 我們的定義

總之,目前有關"文獻"的定義,紛紜歧異。我們認爲,"文獻"的準確定義應該是:

> 人類所記錄的、有知識的一切載體,以及在現實生活中存在的人類本身及其言談舉止。

這個定義,既包括了已經形諸各類載體、以文字形式流傳的一切文字材料("文章""典籍"和其他文字性記錄),歷代賢人和非賢人輾轉流傳下來的口頭史料,還包括了以非文字形式(如照片、攝影、錄音等)記錄的的語言材料和行爲舉止,以及未被記錄的人及其言談行爲[1]。

另外,國內學術界或以 document、literature 來對譯"文獻",以 documentation science 譯"文獻學"[2],國外學者則譯爲:data/documents related to a country's history/culture/etc.;literature[3]。實際上,無論是 date、documents 還是 literature,都無法完全與漢語"文獻"相副[4]。鑒於英語中多有直接音譯難於意譯之漢語詞匯,如從昔日的 pagoda(八角塔)[5]、mahjong(麻將)、kowtow(叩頭)、oolong tea(烏龍茶)、Canton(廣州)、kungfu(功夫)直到新近流行的 tiankeng(天坑)、dia(嗲)、diaistic(嗲的)和 diaist(嗲妹嗲男),我們認爲,最好的英譯方法莫如干脆以漢語拼音來表示這一系列詞語:Wenxian(文獻),Wenxianology(文獻學),Wenxianier(文獻學家)。

① 張子開:《"文獻"芻議》,載《綿陽師範學院學報》2007 年 1 期,第 1-5 頁。
② 《中國大百科全書》之《圖書館學·情報學·檔案學》卷,陳譽、林申清撰"文獻"條。
③ 德范克(John DeFrancis)主編《ABC 漢英大詞典》,"文獻"條,漢語大詞典出版社,2003 年 4 月第 1 版,第 997 頁,C 欄。
④ 袁翰青:《現代文獻工作的基本概念》,載《圖書館》1964 年第 2 期。
⑤ 梁思成:《圖像中國建築史》,百花文藝出版社,2001 年 1 月第 1 版,第 374-375 頁。

第二節 文獻學

一、文獻研究

基於上述對"文獻"的界定,廣義的文獻方面的整理和研究當自有人類產生就已然存在。

至於狹義的文獻整理和研究,因爲我國目前所知的以語言文字記錄的文獻爲殷商時代的甲骨卜辭,故而在卜辭產生的當時,就應該有人進行了。當時這項工作由管理甲骨的太卜一類的官員兼任。唐杜佑《通典》卷十九:"殷制,天子建天官,先六太,曰:太宰、太宗、太史、太祝、太士、太卜,典司六典。"注曰:"典,猶法也。此蓋殷時制也。周制,太宰爲天官,太宗曰宗伯,宗伯爲春官,太史以下屬焉。太士,以神仕者。"①按,太卜在各朝的含義和職權不一:殷時與太宰等並列;周朝時則歸由春官管理,乃卜官之長;秦漢有太卜令,北魏變爲太卜博士,北齊設太卜局丞,北周設太卜大夫,隋唐皆有太卜令,至宋代方將太卜隸屬於天臺,不再另設專門官職。當然,殷以後的太卜基本與甲骨無涉,但其占卜等宗教性職能卻一直延續著。宋陳祥道《禮書》卷七十二:"周官有大卜、龜人、占人、筮人,凡國之大事,先筮而後卜。"《漢書》卷九十九上《王莽傳上》:"置宗官、祝官、卜官、史官,虎賁三百人。"②

周朝時整理古代文獻者,其一乃周宣王時的宋國大夫正考父。《國語·魯語下》:"昔正考父校商之名頌十二篇於周大師,以《那》爲首。(正考父,宋大夫,孔子之先也。名頌,頌之美者也。大師,樂官之長,掌教詩樂。《毛詩敘》曰:'微子至于戴公,其閒禮樂廢壞,有正考父者,得商頌十二篇於周之大師,以《那》爲首。鄭司農云:'自考父至孔子,又亡其七篇,故餘五耳。)其輯之亂(輯,成也。凡作篇章,義旣成,撮其大要以爲亂辭。詩者,歌也,所以節舞者也。如今三節舞矣,曲終乃更變章亂節,故謂之亂也。)曰:自古在昔,先民有作,溫恭朝夕,執事有恪。(恪,敬也。先王稱之曰自古,古曰在昔,昔曰先民。所作,言先聖人行此恭敬之道久矣,不敢言創之於己,乃云受之於先古也。)先聖王之傳,恭猶不敢專,稱曰自古,古曰在昔,昔曰先民。(此其不敢專也。)今吾子之戒吏人曰:陷而入於恭,其滿之甚也。(驕爲滿,恭爲謙。)周恭王能庇昭穆之闕而爲恭(庇,覆也。恭王,周昭王之孫、穆王之子也。昭王南征而不反,穆王欲肆其心,

---

① (唐)杜佑:《通典》,中華書局,1988 年 12 月第 1 版。
② (漢)班固撰、(唐)顏師古注:《漢書》,中華書局,1962 年 6 月第 1 版,第 12 冊,第 4075 頁。

皆有闕失,言恭王能庇覆之,故爲恭也。),楚恭王能知其過而爲恭。(恭王,楚莊王之子也。知其過者,有疾,召大夫曰:"不毅不德,覆亡楚國之師。若没,請爲靈若。"屬子囊曰:"君實恭,可不謂恭乎。"大夫從之。)今吾子之教官寮。(唐云:同官曰寮。昭謂此景伯之屬下寮耳,非同官之寮也。同官,謂位同者也。《詩》云:"我雖異事,及爾同寮。")曰:陷而能恭,道將何爲。(失道尚爲恭,如其得道,將何爲乎。)"①按,此引文中小字,乃吳韋昭所注。鄭玄《毛詩譜·商頌譜》"大夫正考父者,校商之名頌十二篇於周太師",孔穎達疏:"考父恐其舛謬,故就太師校之也"。則正考父之"校"乃訂正文字訛謬也。可以說,孔子刪定《詩》、《書》、《禮》、《樂》,述《易》、作《春秋》之類②,實乃繼承其祖先之事業吧。

由於其工作的特殊性,古代從事文獻研究者多屬家學或學派之學,即家族或學派世代相傳皆習之。如孔子之徒子夏繼承了其師的餘緒,《呂氏春秋》卷二十二《慎行論·察傳》:"子夏之晉,過衛,有讀史記者曰:'晉師三豕涉河。'子夏曰:'非也,是己亥也。夫己與三相近,豕與亥相似。'至於晉而問之,則曰:'晉師己亥涉河也。'"③再如西漢劉向(前77—前6)領校宮中藏書,校勘從全國各地搜集來的圖書,將其校勘經過和主要內容編爲敘錄,是即《別錄》。其子劉歆(約前53—23)在父親死後,繼任中壘校尉之職,繼續從事校錄,在《別錄》的基礎上編制出了《七略》,這是我國第一部反映當時國家藏書的分類目錄。

雖然我國文獻研究工作源遠流長、少有間斷,有關理論論述也早已有之,如唐張守節《史記正義》"論史例""論注例"等,但第一部討論文獻學的專著卻是南宋鄭樵《通志》;該書的《校讎略》分爲"秦不絕儒學論二篇""編次必謹類例論六篇""編次必記亡書論三篇"等二十一篇,集中論述了文獻散佚搜集、真僞辨別、編次分類、流通使用等諸多方面,理論性較強。踵武其跡者,爲清章學誠。章氏《校讎通義》旨在"宗劉"(繼承劉向父子)、"補鄭"(彌補鄭樵之不足)和"正俗"(滌清時弊),主張在校讎之前先須以韻編列名詞索引,應該用新分類法編制圖書目錄,提倡文獻著錄時採用"互著"和"別裁"法,等等。

二、傳統稱呼

雖然我國的文獻工作起源很早,但古代並無"文獻學"一名。最初是以"讎校"來指稱這類工作。《文選·左思〈魏都賦〉》:"讎校篆籀,篇章畢覲。"張載注引《風俗通》:

---

① 《國語》,上海古籍出版社,1998年3月第1版。
② 《隋書》卷三十二《志·經籍一》:"幽、厲板蕩,怨刺並興。其後王澤竭而詩亡,魯太師摯次而錄之。孔子刪《詩》,上採商,下取魯,凡三百篇。"中華書局,1973年8月第1版,第4冊,第918頁。
③ 《四部叢刊初編》本。

案劉向《別録》：讎校，一人讀書，校其上下，得繆誤，爲校。一人持本，一人讀書，若怨家相對，爲讎。①

《太平御覽》卷六百十八"正謬誤"條："劉向《別傳》曰：讎校者，一人持本，一人讀析，若怨家相對，故曰讎也。"是謂校勘時辨駁批正的態度爲"讎"也。《說文解字·言部》："讎，猶應也。從言，雔聲。"②可見字義本指二人對答。或認爲，"'雔'是代表兩個人，'言'字則指這兩個仇人正在爭論不休"③。當是以劉向義來解釋"讎"字吧。"讎"或作"讐"，同。《字彙補·言部》："讐，與讎同。"

"讎校"又稱"校讎"。劉向《〈管子〉序》："護左都水使者光禄大夫臣向言：所校讐中《管子》書三百八十九篇，大中大夫卜圭書二十七篇，臣富參書四十一篇，射聲校尉立書十一篇，太史書九十六篇。凡中外書五百六十四，以校除復重四百八十四篇，定著八十六篇，殺青而書可繕寫也。"或寫作"校仇"。黃魯曾《〈孔子家語〉後序》："余頗惜王肅所註之少播於世，力求宋刻者而校仇之，僅得十之七八。雖宋刻亦有訛謬者也。"④《說文解字》："仇，讎也。"⑤是"仇""讎"同。

實際上，"校""讎"二字組成"校讎"一辭後，二字含義與其本義相較已有所變化：在考訂書籍、糾正傳抄過程中產生的訛誤時，一人工作爲"校"，兩人相對校勘爲"讎"，合稱方爲"校讎"。

劉向父子所作，至少包括給文獻分類、著錄、更正文字錯誤、復原篇章順序、撰寫提要、辨析學術源流數個方面。章學誠曰："校讎之義，蓋自劉向父子部次條別，將以辨章學術，考鏡源流，非深明於道術精微、群言得失之故者，不足與此。"⑥是只揭示了校讎的部分工作而已。至於稱校讎只包括"校正文字"和"訂定篇次"兩項工序，或者指此兩項爲"最爲根本的工作"⑦，更是偏頗矣。

從北宋起，多改稱文獻整理事業爲"校勘"。《歐陽文忠公文集外集》卷二十三《書〈春秋繁露〉後》："予在館中校勘羣書，見有八十餘篇，然多錯亂重複。又有民間應募獻書者獻三十餘篇，其間數篇在八十篇外。乃知董生之書流散而不全矣。方俟校勘，

---

① （梁）蕭統編、（唐）李善注：《文選》，中華書局，1977 年 11 月第 1 版，第 106 頁上欄。
② 《說文解字注》，第 90 頁上欄。
③ 《中國大百科全書》"圖書館學·情況學·檔案學"卷，胡道靜撰"校讎學"條。
④ 《四部叢刊初編》本。
⑤ 《說文解字注》，第 382 頁下欄。
⑥ （清）章學誠：《校讎通義》卷一《敘》。章學誠著、葉瑛校注：《文史通義校注》，中華書局，1994 年版，下冊，第 945 頁。
⑦ 《中國大百科全書》"圖書館學·情況學·檔案學"卷，胡道靜撰"校讎學"條。

而予得罪夷陵。"①蘇軾《書黃牛廟詩後》："予昔以西京留守推官爲館閣校勘。"②《郡齋讀書志》卷四下《尹師魯集二十卷》："右皇朝尹洙,字師魯,河南人。天聖中進士,以薦爲館閣校勘。"③皆可爲證也。清錢大昕《潛研堂文集》卷二十八《跋麟臺故事》："宋初沿唐舊,以昭文、國史、集賢爲三館。昭文有學士,有直館;集賢有學士,有直院,有校理。史館有修撰,有直館,有校勘學士,不常置。自直館以下皆館職也。"④可見其時"館閣校勘"或"校勘學士"屬國史館。宋孫奕《示兒編》卷二十三《字說‧集字三》:"本朝范蜀公鎮召試學士院,用彩霓字作平聲。考試者判《郊居賦》霓爲入聲,景仁爲失韻,除館閣校勘。學者皆爲景仁憤鬱。"可見當時校勘群書並不受尊崇。

或謂古已有"校勘學"或"校讎學"之稱,始於宋代⑤。其實,雖然第一部研究校讎的專著爲《通志》,但無論是鄭樵還是後來的章學誠皆未使用"校勘學"或"校讎學"一語。只是自近代孫德謙(1873—1935)1923年面世的《劉向校讎學發微》及陳垣氏《校勘學釋例》始,"校讎學"或"校勘學"一辭方才正式出現並逐漸普及。

三、"文獻學"概念的出現和演變

"文獻學"一辭始見於梁啟超1920年11月⑥爲蔣方震《歐洲文藝復興史》所寫的序言《前清一代中國思想界之蛻變》⑦:

> 清代史學極盛於浙,鄞縣萬斯同最稱首出。斯同則宗羲弟子也。……其後斯同同縣有全祖望,亦私淑宗羲,言"文獻學"者宗焉。會稽有章學誠,著《文史通義》,學識在劉知幾、鄭樵上。

然黃宗羲、萬斯同、全祖望等諸人並以"致用"之旨而治史學,可見梁氏所謂"文獻學"實指史學。三年後,梁氏在其《中國近三百年學術史》中"清初史學之建設"重申其文獻學即廣義史學的觀點:"明清之交各大師,大率都重視史學,或廣義的史學,即文獻學。"⑧該章突出的萬季野(斯同)、全謝山(祖望),其成就也大多限於歷史方面。再

---

① 《四部叢刊初編》本。
② 《經進東坡文集事略》卷六十。《四部叢刊初編》本。
③ 《四部叢刊三編》本。
④ 《四部叢刊初編》本。
⑤ 《中國大百科全書》"圖書館學‧情報學‧檔案學"卷,胡道靜撰"校勘學"條:"單純的校讎學,從北宋起,因爲有了'校勘'的名詞而被稱爲校勘學。"因爲鄭樵《通志》中有一篇"校讎略"由此確立了古籍整理工作全過程爲'校讎學'這一學術名詞。《中國大百科全書》"圖書館學‧情報學‧檔案學"卷,陳睿、林申清撰"文獻學"條:"但他(章學誠)和鄭樵一樣,都把這些工作稱爲'校讎學'。"
⑥ 丁文江、趙豐田:《梁啟超年譜長編》,上海人民出版社,1983年版,第920-922頁。
⑦ 《改造》雜志,第三卷三期,1920年11月。是文後以單行本出版,改名爲《清代學術概論》(商務印書館,1921年2月)。
⑧ 梁啟超:《中國近三百年學術史》,上海三聯書店,2006年4月版。

查是書中與史學並列的,尚有經學、小學及音韻學、校注、辨僞、輯佚、方志學、地理學、歷算學及其他科學、樂曲學等,可見梁氏"文獻學"並未囊括有清一代學術,甚至將辨僞、輯佚等傳統文獻研究的重要内容皆排除在外。有些學者認爲,梁啓超心目中的"文獻學"指的是辨僞、校勘、注釋之類①,這種看法是與事實相乖離的。

另外,以"文獻學"作爲書名,始於鄭鶴聲、鄭鶴春 1933 年出版的《中國文獻學概要》"例言":"結集、翻譯、編纂諸端,謂之文;審訂、講習、印刻諸端,謂之獻;敍而述之,故曰文獻學。"②這個定義實際上僅指中國文獻的產生和傳播而已。

我們知道,日本在十九世紀的現代化過程中,漸以漢字意譯西方術語,而我國近代術語又多借自日本的漢字譯法③。日本人多以"書誌學"或"古典學"指文獻學。

四、現代西方文獻學

如本章第一節所言,由我國傳統學術發展而來的"文獻學",在西方語言中並無同義詞。1807 年出現的英語 bibliology 指的研究圖書用紙、圖書印刷和圖書歷史等與圖書有關的學科,以前多譯爲"圖書學"。1814 年出現的 bibliography 指研究圖書的物質形態、版本流傳、目錄等的學科,我國曾譯爲"文獻學"。1870 年最先在法語中使用、稍後再爲英語借用的 documentation,主要指利用文獻提供、鑒定事實或例證。1895 年在比利時布魯塞爾成立的國際目錄學會,1931 年改名爲國際文獻學會,1938 再更名爲國際文獻聯合會(Fédération Internationale de Documentation,簡稱 FID),同年,該會開始專門使用 documentation 以指"文獻學",並定義爲:對人類各活動領域的文獻的收集、分類和傳播。二十世紀末,documentation 的含義擴大到包含文獻的獲得、組織、存儲、檢索和傳播等,中文則譯爲"文獻工作"。實際上,西方的上述"文獻學"定義並未被各國公認④,各類標名"文獻學"的機構的研究内涵亦有異,如法國國立文獻學院(École Nationale des Chartes)主要培養的是檔案管理人員,以及部分圖書館員,他們獲得的稱號爲"檔案與古文字學家"。

五、"文獻學"的定義及學科歸屬

總之,我國學術界所講的"文獻學"實際上包括兩個不同的源流,或者說兩個不同的界定:一個是與"校讎""校勘"一脈相承的"文獻學",即我們下一節將要探討的古

---

① 王余光、汪濤、陳幼華:《中國文獻學理論研究百年概述》,載《圖書與情報》1999 年第 3 期。
② 鄭鶴聲、鄭鶴春:《中國文獻學概要》,商務印書館,1933 年,第 1 頁。
③ 馮天瑜:《中國近代術語的生成》、《張之洞與中國近代術語的形成》、《中日漢字文化的互動》,載氏著《中國元典文化十六講》,鄭州大學出版社,"中國人文講叢書"之一,2006 年 1 月第 1 版。
④ 《中國大百科全書》"圖書館學·情報學·檔案學"卷,陳譽、林申清撰"文獻學"條。

典文獻學,如張舜徽《中國文獻學》、王欣夫《文獻學講義》皆認爲,"文獻學"就是我國傳統的版本、目錄和校勘三個方面的學問①;一個是借用"文獻學"一辭意譯西方術語documentation 的學科,如我國圖書館學界一般用此種定義。目前,這兩種源流或界定仍有交叉重復甚至模糊混淆之處。

合而論之,"文獻學"乃研究文獻及其發展演變規律的學科。具體研究内容當包括:文獻的產生發展、聚散存佚、收藏傳播,文獻的形態,文獻的分類,文獻的特點和定義,文獻的價值和功能,文獻學史等②。

由國家技術監督局於 1992 年 11 月 1 日發佈的國家標準《學科分類與代碼》(GB/T 13745—92),圖書館、情報與文獻學學科包括了圖書館學、文獻學、情報學、檔案學、博物館學、圖書情報文獻學其他學科,文獻學之下,又有文獻類型學、文獻計量學、文獻檢索學、圖書史、版本學、校勘學、文獻學其他學科等細的分類。而體現我國學術水平的《中國大百科全書》,僅有"圖書館學·情報學·檔案學"卷,不要說沒有專門的"文獻學"卷,連在卷名提都未提及。而在國内高校,到目前爲止計有三個"文獻"二級學科,分別屬於三個一級學科:中國古典文獻學(屬於中國語言文學學科)、歷史文獻學(屬於中國歷史學科)和文獻學(屬於圖書館、情報與文獻學學科)。三個二級學科的研究對象和研究範圍,自然互有重疊和歧異矣③。

第三節　中國古典文獻學

一、古典文獻

"古典"者,古代典籍之謂也。《後漢書》卷六十二《樊準傳》:"〔孝明皇帝〕庶政萬機,無不簡心,而垂情古典,游意經藝。"④三國魏應璩《與王子雍書》:"足下著書不起草,占授數萬言,言不改定,事合古典,莫不歎息之矣。"⑤

古典文獻是與現當代文獻相對而言的,是整個人類文獻的有機組成部分、過去形

---

① 王欣夫:《文獻學講義》,上海古籍出版社,1986 年 2 月第 1 版,第 4-6 頁。
② 《中國大百科全書》"圖書館學·情報學·檔案學"卷,陳譽、林申清撰"文獻學"條。
③ 黄永年:《中國古典文獻學和歷史文獻學的概念和文史分合問題》,載氏著《學苑與書林》,上海書店出版社,2006 年 1 月第 1 版,第 183-189 頁。
④ (宋)范曄等:《後漢書》,中華書局,1965 年 5 月第 1 版,第 4 冊,第 1125 頁。
⑤ (明)張溥編:《漢魏六朝百三家集》卷三十三。

式、根本或基礎。古典文獻和現當代文獻一般是以時間爲區隔的,目前學術界的普遍觀點爲:古典文獻指"五四運動"之前我國傳統的以雕版、活字版和手抄等方式所形成的古籍和其他文獻,包括文書、卷冊、碑銘和拓本等。至於自西方傳入的鉛印出版物,一般屏除在外①。這種界定有三個缺陷:一是僅以漢字文獻爲準繩,沒有考慮到其他民族的語言文字;二是只涉及正统的文書典籍,沒有將大量反映人們古來日常生活方式和生存狀態的民間文獻納入視野;三是沒有考慮到例外及新的情況,如"五四運動"之後,仍有部分領域堅持傳統文獻的生產方式,如以現代文明形式呈現的、反映古代生活的照片和地圖等文獻。

我們認爲,古典文獻的界定應該與時俱進,例如可適當參考學術界對"文物"的定義的變化。我國的文物包括古代文物和近代文物。古代文物的年代下限先後有三:最初是乾隆六十年(1795),凡此年之前的文物,皆屬"線上文物"(業内術語),一律不得出境;二是作爲我國近代史開端的鴉片戰爭爆發的 1840 年,1840 年以後爲近現代文物;最新則爲清宣統三年(1911)辛亥革命,此界限比第一種整整往後推了 116 年②。辛亥革命之後的革命文物、民族文物和民俗文物等,則被納入現當代文物的範疇,如包括一些工藝大師制作的珍品在内的部分 1949 年前的重要文物,1966 年以前的少數民族文物。故而比較準確的"古典文獻"定義是:我國境内民國以前的各種信息載體,部分現當代少數民族文獻,以及域外漢文文獻等具有特殊意義的文獻。

我國古典文獻的數量,鄭鶴聲、鄭鶴春《中國文獻學概要》曾曰:"而今日可讀之書,蓋亦不下四十萬卷。"③日本東京大學東洋文化研究所編《東京大學東洋文化研究所漢籍分類目錄》④收錄我國古籍五萬三千多種,然顏有漏收。吉川幸次郎以爲,一般的古籍爲五萬部左右⑤。吳楓認爲,不少於八萬種,此外還有龐大的文書卷子、檔案信劄以及金石碑誌等。⑥ 羅竹鳳主張,"據初步粗略統計,大約在十萬種左右。"⑦實際上,加上各種出土文獻、新發現文獻、海外漢文文獻等在内,現存古典文獻當在二十萬種/件左右。

二、中國古典文獻學的研究範圍或研究對象

雖然學術界迄今對"文獻學"的認知並不一致,但我們所講的古典文獻學,其定義

---

① 按,1873 年,《昭文日報》在漢口創刊,我國開始了近代鉛字印刷。
② 《中國大百科全書》"文物·博物館"卷,李曉東撰"文物概論"條。
③ 鄭鶴聲、鄭鶴春:《中國文獻學概要》,商務印書館,1933 年。
④ 東京:吸古書院,1975 年。
⑤ 吉川幸次郎:《關於中國的書籍》,載《展望》1977 年 1 月號。
⑥ 吳楓:《中國古典文獻學》,齊魯書社,1982 年,第 15-23 頁。
⑦ 《對整理古籍的一點意見》,《古籍書訊》第 3 期。

還是相當清晰的:研究我國古典文獻本身及其發展演變規律的學科。

首先,研究範圍或研究對象是古典文獻:絕大部分文獻形成於古代,形式方式也是純粹中國的;其文字形式自以漢字爲主,加上滿文、藏文、蒙古文等多種少數民族文字。

其次,就其研究內容而言,傳統上以古代典籍源流的考證爲核心,包括文獻歷史、版本鑒別、文字校訂、目錄編制、內容品評等諸多方面,當代一般概括爲版本學、校勘學和目錄學三大版塊。這就是我國傳統意義上的文獻學。

現代以來,學術界有所謂廣義文獻學和狹義文獻學的區分。王欣夫認爲,馬端臨《文獻通考》分爲田賦考、錢幣考、戶口考、職役考、征榷考、市糴考、工貢考、國用考、選舉考、學校考、職官考、郊社考、宗廟考、王禮考、樂考、兵考、刑考、經籍考、帝系考、封建考、象緯考、物異考、輿地考和四裔考等二十四門,"真是無所不包,可說是廣義的'文獻學'。"這種廣義文獻學,"是無法在課堂上講授的"。馬氏之後,著書範圍可由著書者自己來定,只取某一性質的,是爲狹義文獻學。① 王氏之說,其實是就古典文獻學的具體研究內容而加以區分的。亦有學者將校讎學區分爲"廣義的校讎學""單純"的或狹義的校勘學,認爲後者僅指文字校勘、篇次訂定這兩項單純的校讎工作,而前者尚包含了與單純校勘有關的前前後後的一系列工作②。其實這里所說的"校讎學"就是古典文獻學,所謂廣義或狹義校讎學,本質上亦僅僅爲研究內容上的寬窄而已。

此外,可以順應時代變化而擴大研究內容,採用新觀念和新方法進行探索。比如,古典文獻學涉及語言、史學、哲學、宗教、文學、地理、民族等諸多學科,這樣,完全有可能、也有必要依據現代學科分類體系,建立和完善各級學科文獻學或專科文獻學,諸如中國古代文學文獻學、中國古代語言文獻學、中國古代歷史文獻學等,以及更細的中國文學批評文獻學之類。

第三,研究次序。現當代部分研究"文獻學"者依據傳統校讎學的研究情況,將文獻學的內容定爲目錄、版本、校讎三個方面,認爲這三個方面"本來是三位一體的,不應該分什麼先後"。但倘從漢代劉向校錄典籍而觀,古人做研究工作,以版本爲始,次之以校讎,殿之以目錄;而對於學習者而言,先翻查目錄,再檢查版本,最後懂得校讎③。當然,研究古典文獻時,具體次序完全可以隨著學者的情況而有所變化。只是,在進行探討時,首先必須熟諳相關的時代文化背景,否則,很容易歪曲研究對象,背離歷史事實。

三、中國古典文獻學的學科地位:國學中之國學

研究中國古代文化的各個領域,舉凡經學、哲學、宗教、史學、地理學、文學、語言學

---

① 王欣夫:《文獻學講義》,第3-4頁。
② 《中國大百科全書》"圖書館學·情報學·檔案學"卷,胡道靜撰"校勘學"條。
③ 王欣夫:《文獻學講義》,第4-6頁。

等,並皆需以古典文獻知識作爲基石。南朝梁劉勰有言,"根柢槃深,枝葉峻茂"①。司馬光亦曰:"正直忠信之謂賢,聰明勇果之謂能,彼賢能者,衆民之所服從也。猶草木之有根柢也,得其根柢則其枝葉安適哉。"②無本領域的古代專門修養,研究即成無源之水;而要搜集古代有關材料、了解古人成就,古典文獻知識乃第一步。故而就其學科地位而言,中國古典文獻學可當之無愧地稱爲"國學中之國學"。

四、中國古典文獻學的學科價值及學習方法

(一)爲什麼要學習中國古典文獻學

中國古典文獻學有什麼作用? 或者說,中國古典文獻學的學科價值究竟若何? 是不是只有研究古代文化的專家學者才需要研習? 誠如前面所言,古典文獻學乃研究古代各種學問的根基,然中國古典文獻學具有更爲廣泛的價值及意義,亦適用於一般古代文化學習者、愛好者甚至普通民衆,特別是在全民族文化水平正在急劇提昇的當代社會背景之下。曾有前輩總結學習古典文獻的目的曰,編目錄爲了介紹文化遺產,講版本爲了檢擇可靠的材料,校讎是整理材料的方法;古典文獻能令我們從古代文化中尋找出規律,作爲我們行動的嚮導③。

倘細而論之,除專門研究之需外,古典文獻學的學科價值至少還體現在:

其一,有助於了解、恢復和弘揚祖國優秀文化。一個民族、一個國家要生存和發展,首先必須對自己的過去有著清晰的認識,而古典文獻記錄了我國各個民族的歷史軌跡,堪稱中國人和中國文化的根,古典文獻學乃關於古典文獻的學問,正可以在一定程度上滿足我們這方面的需求,提高我們的古代文化素養。

其二,是爲學生知識結構中不可或缺的組成部分。大學生或研究生處於學習知識和儲備知識的階段,正爲走入社會作必要的準備。學習古典文獻學不僅是漢語言文學、歷史學、哲學、宗教學等專業的必須,也可爲其他文科專業、中國文化愛好者提供必備的文獻常識,甚至理工科亦概莫例外。

其三,爲社會現實服務,包括幫助維護國家領土和主權完整。在國勢積弱之時,列強通過種種手段掠奪了我們大片領域,而古典文獻研究可以爲維護國家領域和主權完整提供強有力的文獻證明。例如,釣魚島爲我國固有領土,我國至少自明代以來的多種地圖,諸如胡宗憲、鄭若曾編纂的《籌海圖編》、施永圖編纂的《武備秘書》卷二《福建

---

① 《文心雕龍·宗經》。
② 《司馬溫公稽古錄》卷十六。《四部叢刊初編》本。
③ 王欣夫:《文獻學講義》,第8-10、6-7頁。

海防圖》等,都將釣魚島、黄尾嶼和赤尾嶼標明在國家版圖之内①;另外,《國家圖書館藏琉球資料匯編》②、《國家圖書館藏琉球資料續編》③和《國家圖書館藏琉球資料三編》④中皆有明確的原始證據。鞠德源《日本國竊土源流:釣魚列嶼主權辯》⑤根據我國及海外有關古代文獻資料,翔實地證明了釣魚島的主權確鑿無疑地歸屬於我國。2008 年,發現了清代錢泳手抄本《浮生六記》第五記《海國記》,該篇文獻抄於道光三年(1823),爲沈復《浮生六記》的佚文,記述了沈氏在 1808 年跟隨特使經釣魚島至琉球時的所見所聞,内曰:"[嘉慶十三年(1808)閏五月]十三日辰刻,見釣魚臺,形如筆架。遙祭黑水溝,遂叩禱於天后。忽見白燕大如鷗,繞檣而飛,是日即轉風。十四日早,隱隱見姑米山,入琉球界矣。""釣魚臺"即釣魚島,文中明確指出,釣魚島並不在當時的琉球國境内,而是屬於大清國。這是有關釣魚島主權的最新證

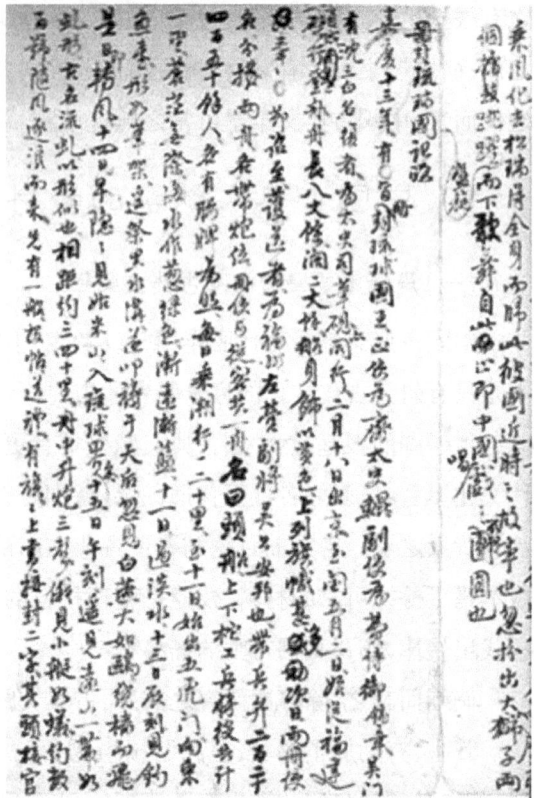

圖 1.2　清代錢泳手抄本《浮生六記》第五記《海國記》

據,比日本方面所宣稱的古賀辰四郎於 1884 年發現釣魚島,整整早了 76 年⑥。

(二)如何學習中國古典文獻學

學習中國古典文獻學的方法,因人而異,並無一定之律。但有一些原則還是必須遵循,比如,做到文獻與文物結合、死"文"與活"獻"結合,從整體角度把握古典文獻,切忌將視野局限於一個或少數方面。

---

① 　[日]村田忠禧:《尖閣列島爭論》,日本僑報社,2004 年 6 月 31 日版。
② 　黄潤華、薛英編:《國家圖書館藏琉球資料匯編》,北京圖書館出版社,2003 年 9 月第 1 版。
③ 　殷夢霞、賈貴榮編:《國家圖書館藏琉球資料續編》,北京圖書館出版社,2002 年 10 月第 1 版。
④ 　郭汝霖、徐葆光:《國家圖書館藏琉球資料三編》,北京圖書館出版社,2006 年 12 月第 1 版。
⑤ 　首都師範大學出版社,2001 年 5 月第 1 版。
⑥ 　1. 彭令:《沈復〈浮生六記〉卷五佚文的發現及初步研究》,香港《文匯報》2008 年 6 月 17、18、21、24、25 日連載。2. 彭凱雷、江鑫嫻:《最新鐵證證明釣魚島屬中國　比日本證據早 76 年》,中國新聞網 2009 年 12 月 3 日。

【本課程參考文獻】

張舜徽:《中國文獻學》,中州書畫社,1982 年 12 月第 1 版。

張舜徽選編:《中國古典文獻學論著輯要》,"中國歷史文獻研究會叢書"之一。

吳楓:《中國古典文獻學》,齊魯書社,1982 年 10 月第 1 版。

王欣夫:《文獻學講義》,上海古籍出版社,1986 年 2 月第 1 版。

洪湛侯:《中國文獻學新編》,杭州大學出版社,1994 年 5 月第 1 版,2004 年 11 月第 4 次印刷。

洪湛侯:《中國文獻學要籍解題》,杭州大學出版社,1997 年 11 月第 1 版。

◎ 原典閱讀

一、唐劉知幾《史通》卷十二《外篇·古今正史第二》(節錄)

《易》曰:"上古結繩以理,後世聖人易之以書契。"儒者云,伏犧氏始畫八卦、造書契,以代結繩之政,由是文籍生焉。又曰,伏犧、神農、黃帝之書,謂之三墳,言大道也。少昊、顓頊、高辛、唐虞之書,謂之五典,言常道也。《春秋傳》載,楚左史能讀三墳五典。《禮記》曰,外史掌三皇五帝之書。由斯而言,則墳、典文義;三五典策,至於春秋之時猶大行於世。爰及後世,其書不傳,惟唐虞已降可得言者。然自堯而往,聖賢猶述求其一二,髣髴存焉。而後來諸子廣造奇說,其語不經,其書非聖,故馬遷有言:"神農已前,吾不知矣。"班固亦曰:"顓頊之事,未可明也。"斯則墳典所記,無得而稱者焉。

右說三墳五典。

(《四部叢刊初編》本)

二、宋李昉等《太平御覽》卷六百十八《學部十二·圖書上》"敘圖書"條

《尚書序》曰:古者伏犧氏之王天下也,始畫八卦、造書契,以代結繩之政,由是文籍生焉。伏犧、神農、黃帝之書,謂之三墳,言大道也。少昊、顓頊、高辛、唐虞之書,謂之五典,言常道也。至于夏商周之書,雖設教不倫,雅誥奧義,其歸一揆,是故歷代寶

之，以爲大訓。八卦之說，謂之八索，求其義也。九州之志，謂之九丘，丘，聚也，言九州所有、土地所生、風氣所宜，皆聚此書也。

《春秋左氏傳》曰：楚左史倚相能讀三墳五典、八索九丘，即謂上世帝王遺書也。

《左氏傳》曰：晉荀躒如周，籍談爲介。謂籍談曰：昔高祖孫伯黶，司晉之籍，以爲大政，故曰籍氏。汝司典之，後何忘之？

《漢書·藝文志》曰：昔仲尼没而微言絕，七十子終而大義乖，故《春秋》分爲五（韋昭曰：謂《左氏》、《羊》、《穀梁》。鄒氏，夾氏也。），《詩》分爲四（韋昭謂毛氏、齊、魯、韓也。），《易》有數家之傳，戰國從衡，真偽分爭，諸子之言紛然殽亂。至秦患之，乃燔滅文章，以愚黔首。漢興，改秦之敗，大收篇籍，廣開獻書之路。迄孝武世，書缺簡脱，禮壞樂崩。上喟然而稱曰："朕甚閔焉。"於是建藏書之策，置寫書之官，下及諸子傳說，皆充祕府。

又曰：古文《尚書》藏於壁中。師古注曰：《家語》云，孔騰，字子襄，畏秦法峻急，藏《尚書》、《論語》、《孝經》於夫子堂壁中。而《漢記》曰：孔鮒所藏。二說不同，未知孰是也。又後漢王莽徵陳咸，咸遂稱疾篤，於是乃斂其家律令文書，藏於壁中也。

《後漢書》曰：吳祐，字季英，陳留長垣人也。父恢，爲南海太守。祐年十二，隨父到官。恢欲殺青以寫經書，祐諫曰："大人踰越五嶺，越在海濱，其俗以陋，然舊多珍怪，上爲國家所疑，[下爲權威所望。]此書若成，則載兼兩。昔馬援以薏苡興謗，王陽以衣裳邀名，嫌疑之間，誠先王之所慎。"恢乃止，撫其首曰："吳氏世不乏季子矣。"

《魏志》曰：王脩家不滿斗斛，有書數百卷。太祖歎曰："士不妄有名也。"

《蜀志》曰：向朗，字巨達。潛心典籍，積聚篇卷於時最多也。

《後唐書》曰：李谿者，博學多通，文章秀絕。家有奇書，時號李書樓。

《呂氏春秋》曰：先識覽。桀將亡，太史令終古執其圖書而奔于商；紂將亡，内史向摯載其圖法出奔周。

《穆天子傳》曰：癸巳，至于群玉之山、容成氏之所。守山阿，平無險，四徹中繩。（言皆平直。）先王謂之策府。（言往古帝王以爲藏策之府，所謂藏之山者。）

《莊子》曰：孔子西藏書於周室。（職其所著書於周者。）子路謀曰："由聞周之徵藏，史有老聃者，（徵藏，藏名也。）免而歸居。夫子欲藏書，則當試焉。"孔子至老聃之門，而老聃不許也。

《博物志》曰：劉德治淮南王獄，得枕中鴻寶祕書。及其子向，咸共奇之，信黄白之術可成，謂神仙之道可致，卒亦無驗，乃以罹罪。

又曰：太古書今見存者，有神農《山海經》。《山海經》或云禹所作。《素問》：黄帝作《連山》、《歸藏》，夏所之書，周時曰《易》。蔡邕云：《禮記·月令》，周公所作。謚法、司馬法,亦云周公所作。

《論衡》曰:倉頡作書,雨粟鬼哭,虛也。案圖書文章,與書何異,鬼神惡書則河出圖,何也。若不惡爲書,何忽致怪。或作書時,會鬼哭雨粟也耳。

伏滔《北征記》曰:皇天塢北,古時陶穴。晉時有人逐狐,入穴行十里許,得書二千餘卷。

《金樓子》曰:有細書《周易》、《尚書》、《周官》、《儀禮》、《禮記》、《毛詩》、《春秋》各一部。又寫《前漢》、《史記》、《三國志》、《晉陽秋》、《莊子》、《老子》、《肘後方》、《離騷》等,合六百三十四卷,悉在一巾箱中。書極精細。

又曰:吾今年四十六,歲聚書來,四十年得書八萬卷也。河間之侔漢室,頗謂過之也。(此金樓子自稱也。)

（《四部叢刊三編》本）

三、元馬端臨《文獻通考》自序(節錄)

昔荀卿子曰:“欲觀聖王之跡,則於其粲然者矣,後王是也。”君子審後王之道而論於百王之前,若端拜而議,然則考制度、審憲章,博聞而强識之,固通儒事也。《詩》、《書》、《春秋》之後,惟太史公號稱良史,作爲紀傳書表,紀傳以述理亂興衰,八書以述典章經制。後之執筆操簡牘者,卒不易其體。然自班孟堅而後,斷代爲史,無會通因仍之道,讀者病之。

至司馬溫公作《通鑑》,取千三百餘年之事跡、十七史之紀述,萃爲一書,然後學者開卷之餘,古今咸在。然公之書詳於理亂興衰,而略於典章經制,非公之智有所不逮也,編簡浩如煙埃,著述自有體要,其勢不能以兩得也。竊嘗以爲理亂興衰,不相因者也。晉之得國異乎漢,隋之喪邦殊乎唐,代各有史,自足以該一代之始終,無以參稽互察爲也。典章經制,實相因者也。殷因夏,周因殷,繼周者之損益,百世可知,聖人蓋已預言之矣。爰自秦漢以至唐宋,禮樂兵刑之制,賦斂選舉之規,以至官名之更張、地理之沿革,雖其終不能以盡同,而其初亦不能以遽異。如漢之朝儀官制,本秦規也;唐之府衛租庸,本周制也:其變通張弛之故,非融會錯綜、原始要終而推尋之,固未易言也。其不相因者,猶有溫公之成書;而其本相因者,顧無其書獨非後學之所宜究心乎。

唐杜岐公始作《通典》,肇自上古,以至唐之天寶,凡歷代因革之故,粲然可考,其後宋白嘗續其書,至周顯德。近代魏了翁又作《國朝通典》。然宋之書成,而傳習者少。魏當屬槀,而未成書。今行於世者,獨杜公之書耳。天寶以後,蓋闕焉。有如杜書綱領宏大、考訂該洽,固無以議爲也。然時有古今,述有詳略,則夫節目之間未爲明備,而去取之際頗欠精審,不無遺憾焉。蓋古者因田制賦,賦乃米粟之屬,非可析之於田制

21

之外也。古者任土作貢，貢乃包筐之屬，非可雜之於稅法之中也。乃若叙選舉則秀孝與銓選不分，叙典禮則經文與傳注相汩，叙兵則盡遺賦調之規，而姑及成敗之跡，諸如此類，寧免小疵。至於天文、五行、藝文，歷代史各有志，而《通典》無述焉。馬、班二《史》各有諸侯王列侯表，范曄《東漢書》以後無之。然歷代封建王侯未嘗廢也。王溥作《唐》及《五代會要》，首立帝系一門，以叙各帝歷年之久近、傳授之始末，次及后妃皇子公主之名氏封爵。後之編會要者倣之，而唐以前則無其書。凡是二者，蓋歷代之統紀典章係焉，而杜書亦復不及，則亦未爲集著述之大成也。

愚自蚤歲蓋嘗有志於綴緝，顧百憂薰心，三餘少暇，吹竽已澀，汲綆不修，豈復敢以斯文自詭。昔夫子言夏殷之禮，而深慨文獻之不足徵，釋之者曰：文，典籍也；獻，賢者也。生乎千百載之後，而欲尚論千百載之前，非史傳之實錄具存可以稽考、儒先之緒言未遠足資討論，雖聖人亦不能臆爲之說也。

竊伏自念，業紹箕裘，家藏墳索，揷架之收儲，趨庭之問答，其於文獻，蓋庶幾焉。嘗恐一旦散軼失墜無以屬來哲，是以忘其固陋，輒加考評，旁搜遠紹，門分彙別，曰田賦，曰錢幣，曰戶口，曰職役，曰征榷，曰市糴，曰土貢，曰國用，曰選舉，曰學校，曰職官，曰郊社，曰宗廟，曰王禮，曰樂，曰兵，曰刑，曰輿地，曰四裔。俱倣通典之成規。自天寶以前，則增益其事迹之所未備、離析其門類之所未詳。自天寶以後至宋嘉定之末，則續而成之，曰經籍，曰帝系，曰封建，曰象緯，曰物異。則《通典》元未有論述，而採摭諸書以成之者也。凡叙事，則本之經史，而參之以歷代會要，以及百家傳記之書，信而有證者從之，乖異傳疑者不錄，所謂文也。凡論事，則先取當時臣僚之奏疏，次及近代諸儒之評論，以至名流之燕談、稗官之紀錄，凡一話一言可以訂典故之得失、證史傳之是非者，則採而錄之，所謂獻也。其載諸史傳之紀錄而可疑，稽諸先儒之論辨而未當者，研精覃思，悠然有得，則竊著己意，附其後焉。命其書曰《文獻通考》。爲門二十有四、卷三百四十有八，而其每門著述之成規、考訂之新意，各以小序詳之。

昔江淹有言，修史之難無出於志，誠以志者憲章之所繫，非老於典故者不能爲也。陳壽號善叙述，李延壽亦稱究悉舊事，然所著二史俱有紀傳，而獨不克作志，重其事也。況上下數千年，貫串二十五代，而欲以末學陋識操觚、竄定其間，雖復窮老盡氣、劌目鉥心，亦何所發明，聊輯見聞以備遺忘耳。後之君子儻能芟削繁蕪，增廣闕略，矜其仰屋之勤，而俾免於覆車之愧，庶有志於經邦稽古者或可考焉。

⋯⋯

昔秦燔經籍而獨存醫藥、卜筮、種樹之書，學者抱恨終古。然以今考之，《易》與《春秋》二經，首末俱存。《詩》亡其六篇，或以爲笙詩元無其辭，是詩亦未嘗亡也。《禮》本無成書，《戴記》雜出，漢儒所編《儀禮》十七篇及六典最晚出；六典僅亡冬官，然其書純駁相半，其存亡未足爲經之疵也。獨虞夏商周之書亡其四十六篇耳。然則秦所燔，除《書》之外，俱未嘗亡也。若醫藥、卜筮、種樹之書，當時雖未嘗廢錮，而並無一卷流傳至今者。以此見聖經賢傳終古不朽，而小道異端雖存必亡，初不以世主之好惡爲之興廢也。

漢隋唐宋之史俱有藝文志，然《漢志》所載之書，以《隋志》考之，十已亡其六七；以《宋志》考之，隋唐亦復如是：豈亦秦爲之厄哉。昌黎公所謂"爲之也易，則其傳之也不遠"，豈不信然。

夫書之傳者已鮮，傳而能蓄者加鮮，蓄而能閱者尤加鮮焉。宋皇祐時，命名儒王堯臣等作《崇文總目》，記館閣所儲之書，而論列於其下方。然止及經史，而亦多缺略，子集則但有其名目而已。近世昭德晁氏公武有《讀書記》，直齋陳氏振孫有《書錄解題》，聚其家藏之書而評之。

今所錄，先以四代史志列其目；其存於近世而可考者，則採諸家書目所評，并旁搜史傳、文集、雜説、詩話，凡議論所及可以紀其著作之本末、考其流傳之真偽、訂其文理之純駁者，則具載焉。俾覽之者如入群玉之府而閱木天之藏，不特有其書者稍加研窮即可以洞究旨趣，雖無其書者，味茲題品亦可粗窺端倪。蓋殫見洽聞之一也。作《經籍考》第十八。經之類十有三，史之類十有四，子之類二十有二，集之類六，凡七十六卷。

（中華書局，1986 年 9 月第 1 版）

第二章　文獻的形成和流布

第一節　文獻的形成

既然"文獻"包括人類及其活動的各種記錄,則自有人類伊始就有了文獻。

一、人類起源:文獻創造主體的出現

由於"文獻"涉及"文"與"獻"兩個方面,而"獻"又包括了非語言或文字形式的動作行爲。這樣,只要人類形成,就有了這類"獻"。

有關人類起源,最早的闡釋乃宗教角度的。西漢劉安《淮南子·覽冥》:

> 往古之時,四極廢,九州裂;天不兼覆,地不周載;火爁炎而不滅,水浩洋而不息。猛獸食顓民,鷙鳥攫老弱。於是女媧鍊五色石以補蒼天,斷鼇足以立四極,殺黑龍以濟冀州,積蘆灰以止淫水。蒼天補,四極正,淫水涸,冀州平,狡蟲死,顓民生。①

這裏僅講的是女媧拯救人類於天塌地裂、火烈水漫和猛獸鷙鳥之中,並未言及造人之事。而《太平御覽》卷七十八引《風俗通》曰:"俗說天地開闢,未有人民。女媧摶黃土作人,劇務力,不暇供,乃引繩於絚泥中,舉以爲人。故富貴者,黃土人也。貧賤凡庸者,絚人也。"②是稱天下人民乃女媧所造。漢應劭《風俗通》中所保存的這則神話,當源於戰國時代的相關記載或傳說。將人分爲富貴、貧賤凡庸,且溯其源乃本爲黃土或絚繩,又當屬於黃土崇拜的因素。清馬驌《繹史》卷三引《風俗通》:"女媧禱祠神,祈而爲女媒,因置昏姻。"蓋是解釋人類婚姻的由來也。

---

① 劉文典撰,馮逸、喬華點校:《淮南鴻烈集解》上、下(全二冊),"新編諸子集成"叢書之一,中華書局,1989 年 5 月第 1 版。

② 《四部叢刊三編》本。

　　我國另一個神話則説，人類的始祖爲盤古。梁任昉《述異記》卷上："昔盤古氏之死也，頭爲四岳，目爲日月，脂膏爲江海，毛髮爲草木。秦漢間俗説，盤古氏頭爲東岳，腹爲中岳，左臂爲南岳，右臂爲北岳，足爲西岳。先儒説，盤古氏泣爲江河，氣爲風，聲爲雷，目瞳爲電。古説，盤古氏喜爲晴，怒爲陰。吳楚間説，盤古氏夫妻，陰陽之始也。今南海有盤古氏墓，亘三百餘里。俗云，後人追慕盤古之魂也。桂林有盤古氏廟，今人祝祀。南海中盤古國，今人皆以盤古爲姓。昉按，盤古氏，天地萬物之祖也。然則生物始於盤古。"此謂中國山川、河流、草木、雷電之類，皆爲盤古遺體所化。任昉雖説盤古爲天地萬物之祖，卻並未及人類。宋張君房《雲笈七籤》卷五十六《元氣論》明確地指出，人類乃盤古身上的諸蟲所化："盤古垂死化身，氣成風雲，聲爲雷霆，左眼爲日，右眼爲月，四肢五體爲四極、五嶽，血液爲江河，筋脉爲地里，肌肉爲田土，髮髭爲星辰，皮毛爲草木，齒骨爲金石，精髓爲珠玉，汗流爲雨澤。身之諸蟲，因風所感，化爲黎甿。以天之生，稱曰蒼生；以其首黑，謂其黔首，亦曰黔黎；其下品者名爲蒼頭。今人自名稱黑頭蟲也。或爲躶蟲，蓋盤古之後、三皇之前，皆躶形焉。"①

　　《聖經·舊約·創世紀》稱，上帝(the LORD God)創造了天地(In the beginning God created the heaven and the earth.)、水、空氣和萬物等。爲了管理海里的魚、空中的鳥、地上的牲畜和一切昆蟲，需要依照上帝的形象造人(And God said, Let us make man in our image, after our likeness)：

　　　　So God created man in his own image, in the image of God created he him; male and female created he them.②

　　其二，進化論角度。1859 年，英國博物學家達爾文(C. R. Darwin)在《物種起源》(*The Origin of Species. By Means of Natural Selection or the Preservation of Favoured Races in the Struggle for Life*)一書中説，生物和人都是進化而來的，非上帝創造。英國博物學家赫胥黎(T. H. Huxley)進一步指出，人、猿同祖。那麼，猿爲什麼會進化爲人？1876 年，恩格斯《勞動在從猿到人轉變過程中的作用》一文明確指出："勞動創造了人本身。"③

　　其三，考古學角度。這是最爲科學、也最爲人們所信服的觀點。這主要是根據世界各地出土的古猿類和人類化石，進行歸納演繹而得出的理論。它從另一個角度證明了達爾文和恩格斯等人的正確。現在學術界一般認爲，人類起源於約七百五十萬年前

---

① 《四部叢刊三編》本。
② *Holy Bible*, King James Version(英王詹姆士一世欽定《聖經》英譯本). 這段文字意爲："神就照著自己的形像造人、乃是照著他的形像造男造女。"
③ 《馬克思恩格斯全集》，人民出版社，1972 年版，第 3 冊，第 508 頁。

至五百萬年的非洲。人類進化圖譜爲：

> 古猿(距今約八百萬年前至七百萬年前)——南方古猿(距今約五百萬年前
> 至一百五十萬年前之間)——能人(Homo habilis。距今約二百五十萬年前至一百
> 八十萬年前之間)——匠人(Homo ergaster。距今約一百九十萬年前至一百四十
> 萬年前之間)——直立人(Homo erectus。距今約二百萬年前至二十萬年前)——
> 智人(homo sapiens。距今約二十萬年前至一萬年前)——現代人(Homo sapiens。
> 約四萬年前至今)

二、語言、文字的起源

至於形諸語言的文獻,當然始自人類語言的產生。一般而言,語言起源與語言命
名有著密切關係。關於語言命名和起源的傳說,如《聖經·舊約·創世紀》第二章第十
九～二十節載,上帝用地上的塵土造了亞當(formed man of the dust of the ground),此後：

> And out of the ground the LORD God formed every beast of the field, and every
> fowl of the air; and brought them unto Adam to see what he would call them: and
> whatsoever Adam called every living creature, that was the name thereof.

> And Adam gave names to all cattle, and to the fowl of the air, and to every beast
> of the field; but for Adam there was not found an help meet for him. [1]

雖然亞當給萬物起了名字,但他最初應該不會說話,是上帝教會了他。——只是,
上帝所教、或者說亞當最初所說的是哪一種語言,已經不可能知曉了。[2] 再後來,由於
蛇(the serpent)的教唆,亞當和其妻子夏娃(Eve)違背上帝的旨意,喫了伊甸園(the
garden of Eden)中的分辨善惡樹(the tree of the knowledge of good and evil)的果子。上
帝知道後,將亞當和夏娃趕出了伊甸園。亞當和夏娃遷到園的東邊。其後裔繼續東
移,定居到示拿地(the land of Shinar)的一塊平原。直到這時,天下人的口音、言語還
是一樣的。(And the whole earth was of one language, and of one speech.)但他們開始
商量,拿磚建造一座城和一座塔,塔頂通天,"爲要傳揚我們的名、免得我們分散在全
地上"(and let us make us a name, lest we be scattered abroad upon the face of the whole
earth.)。上帝降臨一看,很不高興：

---

[1] *Holy Bible*, King James Version(英王詹姆士一世欽定《聖經》英譯本). 大致意爲："耶和華 神用土所造成的野
地各樣走獸,和空中各樣飛鳥,都帶到那人面前,看他叫甚麼。那人怎樣叫各樣的活物,那就是他的名字。"
"那人便給一切牲畜、和空中飛鳥、野地走獸都起了名。只是那人沒有遇見配偶幫助他。"

[2] 岑麒祥編著、岑運強評注:《語言學史概要》,世界圖書出版公司,2008 年 6 月第 1 版,第 6-7 頁。

And the LORD said, Behold, the people is one, and they have all one language; and this they begin to do: and now nothing will be restrained from them, which they have imagined to do.

Go to, let us go down, and there confound their language, that they may not understand one another's speech. ①

耶和華變亂天下人的語言,使之彼此不能交流,於是,他們就停工、造不成城了。而且,"Therefore is the name of it called Babel; because the LORD did there confound the language of all the earth: and from thence did the LORD scatter them abroad upon the face of all the earth."②從此,地球上就出現了許多語言。上面的這則帶著濃厚神話色彩的傳說,反映的是古代猶太人的看法。

希臘歷史學家希羅多圖斯(Herodotus)在其《史記》中,敘述了一個他從孟菲斯城(Memphis)赫菲斯托斯神父(the priests of Hephaestus)那裡聽到的故事:公元前七世紀的埃及法老薩姆提克(Psamtik I of Egypy〈663-610 B. C.〉)爲了知道世界哪個民族的語言最爲古老,將兩個平民的新生嬰兒(two new-born babies of ordinary men)交給一個牧羊人,讓之與羊群生活在一起,與世隔絕,任何人都不得在嬰兒面前講一句話,以弄清楚嬰兒首先會講什麼語言。兩年以後,當牧羊人推門進去,嬰兒一邊喊著"becos",一邊抻著雙手撲過來。法老調查後發現,這個詞存在於佛里吉西亞人(the Phrygians)的語言中,意爲面包。於是,法老確定佛里吉西亞人是最古老的民族,他們的語言也是世界上最古老的語言。③

除了包括上述兩個故事在內的種種神話或傳說之外,自十九世紀以來,人們也力圖用現代科學說明語言起源,這項研究有時被稱作語言遺傳學(Glossogenetics)。丹麥語言學家奧托·葉斯泊森(Otto Jesperson,1860—1943)《語言:本質發展與起源》(*Language: its nature, development and origin*④)將已有的有關語言起源的理論分爲四種,加上自己的一共五種:"汪汪"說(the 'bow-bow' theory)、"吓吓"說(the 'pooh-pooh' theory)、"叮咚"說(the 'ding-dong' theory)、"喲嘿呼"說(the 'yo-he-ho' theory)和"啦啦"說(the 'la-la' theory)⑤。

---

① 意爲:"耶和華說,看哪,他們成爲一樣的人民,都是一樣的言語。如今既作起這事來,以後他們所要作的事,就沒有不成就的了。""我們下去,在那裡變亂他們的口音,使他們的言語彼此不通。"

② 意爲:"因爲耶和華在那裡變亂天下人的言語,使眾人分散在全地上,所以那城名叫巴別。"Babel 就是變亂之義。

③ David Crystal, *The Cambridge encyclopedia of Language* (second edition). Cambridge Unversity Press, 1996, p. 290.

④ London: Allen & Unwin, 1922.

⑤ David Crystal, *The Cambridge encyclopedia of Language* (second edition), p. 291.

古希臘哲學家亞里士多德《注釋篇》說:"語言是思維範疇諸經驗的表現。"十七世紀的唯理主義語言學家也說表,說話就是表達思想。他們都主張,人類創造語言的目的就是爲了表達思想。"考察了思想和語言之間實際的或可能的關係,似乎可以說,語言的產生不是作爲表達思想中已經確定的判斷和疑問的工具,而是作爲思想本身的工具。"①

我國少數民族雖然有一些語言起源的神話,但漢族卻沒有。究其原因,蓋緣於輕視口頭語言吧。

不過,漢族倒有若干文字(forms of writing)起源的傳說。最早的見於《周易·繫辭下》:

> 古者包犧氏之王天下也,仰則觀象於天,俯則觀法於地,觀鳥獸之文與地之宜,近取諸身,遠取諸物,於是始作八卦,以通神明之德,以類萬物之情。作結繩而爲罔罟,以佃以漁,蓋取諸離。……上古結繩而治,後世聖人易之以書契。百官以治,萬民以察,蓋取諸夬。

"包犧氏",又作"庖犧",因取犧牲以供庖廚,故有是稱。就是"伏羲",亦寫作"伏戲""伏犧"。晉王嘉《拾遺記·春皇庖犧》:"庖者包也,言包含萬象;以犧牲登薦于百神,民服其聖,故曰庖犧,亦曰伏義。"伏義乃傳說中上古時代的三皇(伏義、神農、女媧)之一。"結繩"者,孔穎達疏:"結繩者,鄭康成注云,事大大結其繩,事小小結其繩,義或然也。"《周易》稱包犧氏作八卦,然八卦並非文字;結繩而治,結繩亦不是書寫符號;至於"書契",倒確乎指文字。《尚書·序》:"古者伏犧氏之王天下也,始畫八卦、造書契,以代結繩之政,由是文籍生焉。陸德明釋文:"書者,文字。契者,刻木而書其側。故曰書契也。一云,以書契約其事也。"《資治通鑒·晉安帝隆安三年》:"珪曰:'書籍凡有幾何,如何可集?'對曰:'自書契以來,世有滋益,以至于今,不可勝計。苟人主所好,何憂不集。'"朱自清《經典常談·〈說文解字〉》:"'契'有'刀刻'的義;古代用刀筆刻字,文字有'書契'的名稱。"②

易爲"書契"的"聖人"爲何,《周易》並未明言。戰國荀況(前314?—217?)《荀子·解蔽》最早提到了倉頡:"故好書者眾矣,而倉頡獨傳者,壹也。"然僅講其爲整理文字的專家而已。漢淮南王劉安(前179—前122)《淮南子·本經》:"昔者蒼頡作書,而天雨粟鬼夜哭。"高誘注:"蒼頡始視鳥迹之文,造書有契,則詐偽萌生。詐偽萌生,則去本趨末,棄耕作之業,而務錐刀之利。天知其將餓,故爲雨粟。鬼恐

---

① 《簡明不列顛百科全書》(*Concise Encyclopedia Britannica*)"語言 language"條,中國大百科出版社,1986,第9冊,第238-239頁。

② 朱自清:《經典常談》,上海古籍出版社,1999年12月第1版,第2頁。

爲書又所効，故夜哭也。鬼或仡兔，兔恐見取毫作筆，害及其軀，故夜哭。"《淮南子·脩務》亦曰："昔者倉頡作書，容成造曆。"後來，許慎（約58—約147）[1]《說文解字·敘》襲之[2]：

> 古者庖犧氏之王天下也，仰則觀象於天，俯則觀法於地，視鳥獸之文與地之宜，近取諸身，遠取諸物，於是始作《易》八卦，以垂憲象。及神農氏，結繩爲治而統其事，庶業其繁，飾僞萌生。黃帝之史倉頡見鳥獸蹏远之迹，知分理之可相別異也，初造書契。百工以乂，萬品以察。

實際上，中國古代幾個主要文化區都有文字萌芽，雖然互相之間有一定關聯，但直到秦以前，戰國諸雄之間依然字體相異。在戰國末期，因應統一的需要，於是出現了蒼頡造字之說，將中土各種體系的文字的肇始之功皆歸之。攷"蒼頡"字音近於"商契"，而商契乃殷商民族的祖宗[3]，故而也許是殷商遺民將造字聖人的桂冠戴在其祖先身上吧。這個凝定於漢代的傳說，暗示中國文字的一脈起源於夏、商之間[4]。至於蒼頡的身份爲黃帝史官，倒確實始見於《說文》[5]。

比較科學的說法是，文字起源於圖畫[6]，漢字自莫能例外，當產生於新石器時代[7]，且是集體性、長期性的結果，絕非一人、一時所能成就。所謂倉頡造字一類的觀點，不過是傳說而已。黃侃言："按文字之生，必以寖漸，約定俗成，眾所公仞，然後行之而無閡。竊意邃古之初，已有文字；時代綿邈，屢經變更，壤地仉離，復難齊一。至黃帝代炎，始一方夏；史官制定文字，亦如周之有史籀，秦之有李斯。然則倉頡作書云者，宜同鯀作城郭之例。非必前之所無，忽然刱造，乃名爲作也。"[8]稱文字乃漸成，實合情理；而謂遠古即有，卻難服人。

我國現存最早的文字雛形，爲史前巖畫中的某些符號，以及新石器時代（Neolithic

---

① 有關許氏事跡，參考張震澤編著：《許慎年譜》，遼寧大學出版社，1986年版。

② 或有人認爲，倉頡造字最早爲許氏所倡。見岑麒祥編著、岑運強評注：《語言學史概要》，第14-15頁。

③ 按，傳說中商民族的祖先爲契，乃帝嚳之子。舜時因輔佐大禹治水有功，任司徒，被封於商，賜姓子氏。參考：《尚書·舜典》、《史記·殷本紀》。

④ 朱自清：《經典常談》，第1-2頁。按，朱氏以爲"文字起於夏、商之間"。其實，今傳漢字乃中土幾獨立產生的漢字體系合流的結果，未可將之僅繫於殷商甲骨文也。

⑤ 按，因傳說倉頡乃黃帝史官，故人稱"倉帝史皇氏"。據說其故鄉爲今甘肅省白水縣，當地圍繞著他，產生了許多信仰。參考馬德：《中華文字始祖與白水民間信仰——倉頡故里考察隨記》，載《中國俗文化研究》第四輯，巴蜀書社，2007年8月第1版。

⑥ 參考：1.《簡明不列顛百科全書》（Concise Encyclopedia Britannica）"文字"條，第8冊，第269頁右欄至270頁左欄。2.《中國大百科全書》語言、文字卷"文字"條，中國大百科全書出版社，1988年2月第1版，第400頁右欄。

⑦ 《中國大百科全書》語言、文字卷"漢字"條，第195頁右欄至196頁左欄。

⑧ 黃侃：《說文略說·論文字初起之時代》，載《黃侃國學文集》，"黃侃文集"之一，中華書局，2006年5月第1版，第二頁。

Period)的刻劃符號①。自有文字,就有了"文"。也就是說,我國現存文獻中的文字材料,可溯源至以磨製石器爲標志的石器時代晚期的巖石刻畫符號。

三、文獻的形成方式

我國最早的文獻,傳說中有"三墳""五典""八索""九丘"。唐劉知幾《史通》卷四《題目》:"上古之書,有三墳、五典、八索、九丘,其次有《春秋》、《尚書》、《檮杌》、《志乘》。"《左傳・昭公十二年》:"是能讀三墳、五典、八索、九丘。"杜預注:"皆古書名。"三墳,唐孔安國《尚書序》:"伏犧、神農、黃帝之書,謂之三墳。言大道也。"是指三皇時代的文獻。章炳麟《檢論・尚書故言》:"墳、丘十二,宜即夷吾所記泰山刻石十有二家也。"今存有《三墳書》,包括山墳、氣墳、形墳三個部分,指《連山》爲伏羲作,《歸藏》爲神農作,《乾坤》爲黃帝作;各衍爲六十四卦,系之以傳,且雜以《河圖》:應是宋張商英所僞造②。五典,謂五帝時代的文獻。《尚書序》:"少昊、顓頊、高辛、唐、虞之書,謂之五典。言常道也。"三墳、五典一般對稱,如南朝梁劉勰《文心雕龍・宗經》:"皇世《三墳》,帝代《五典》。"八索,《尚書序》:"八卦之說,謂之八索。求其義也。"上引《左傳》文之孔穎達疏,引賈逵語:"八索,八王之法。"九丘,《尚書序》:"九州之志,謂之九丘。丘,聚也。言九州所有、土地所生、風氣所宜,皆聚此書也。""三墳"之類,皆後世傳說罷了,非必實有,且皆在文字出現之前。

文字產生之始,即被巫師掌握。最早的"文",本質上就是巫師活動的記錄。如殷商時期,主持祭祀儀式、將卜問主要內容刻於甲骨、整理和保存甲骨,皆是由巫覡③擔任④。早期文獻實即信仰活動的產物。

我國最古的歷史文獻集《尚書》,包括《虞書》、《夏書》、《商書》和《周書》,這四個部分在春秋時期皆單獨流傳,直到戰國時期方才編爲一體。《虞書》、《夏書》,學界多以爲乃據傳聞寫就,屬於春秋戰國時代的追記⑤,而實際上當是由其時其地的官方文

---

① 饒宗頤:《符號・初文與字母:漢字樹》,上海書店出版社,2000 年 1 月。

② 宋晁公武《郡齋讀書志》卷一下"三墳書七卷"條:"右皇朝張商英天覺得之於北陽民家。墳皆古文,而傳乃隸書。所謂三墳者,山、氣、形也。按《七畧》不載《三墳》,《隋志》亦無之。世皆以爲天覺僞撰,蓋以比李筌《陰符經》云。"陳振孫《直齋書錄解題》卷二"古三墳書一卷"條,亦以爲是僞書。

③ 《國語・楚語下》:"如是則明神降之,在男曰覡,在女曰巫。"韋昭注:"巫覡,見鬼者。"《周禮》男亦曰巫。"宋王觀國《學林・巫覡》:"《國語》、《説文》、《漢書・郊祀志》、鄭康成注《周禮》、注《禮記》、《集韻》、《類篇》皆云:在男曰覡,在女曰巫。《玉篇》、《廣韻》皆云:在男曰巫,在女曰覡。觀國按:《周官》有司巫,掌羣巫之政令。又有男巫,有女巫,通謂之巫,而不謂之覡。若言巫覡,則必有別矣。今按《檀弓》曰:'歲旱,穆公召縣子而問然,曰:"天久不雨,吾欲暴巫而奚若?"曰:"天則不雨而望之愚婦人,於以求之,毋乃已疏乎?"'謂巫爲愚婦人,則女爲巫矣;女爲巫,則男爲覡也。"

④ 陳夢家《殷墟卜辭綜述》第十七章"宗教",中華書局,1988 年版。

⑤ 《中國大百科全書》"中國歷史"卷,劉起釪撰"《尚書》"條。

字系統記錄下來,到戰國時期方被改寫成當時通行文字;而《商書》則是原商朝原始文獻,不過羼雜進西周的語言文字因素罷了。

概而言之,我國古代以文字或其他符號表現出來的文獻,有四大形成方式:

（一）刻畫

即以硬物在其他物體上刻寫畫出。現存新石器時代的巖畫,後世以石頭、銅鐵等工具所鑴的種種作品,包括碑銘之類,皆是也。刻畫是最早的文獻形成方式。

（二）書寫

我國主要的書寫工具爲毛筆,即以各種毛類梳扎成錐形筆頭,再將之拴綁或粘連在竹木短棍的一端,用以書寫繪畫。書寫這種方式亦至少在新石器時代已開始出現,因爲當時就有了毛筆。1980 年在陝西省臨潼姜寨村發掘的一座距今五千多年的墓葬中,出土了凹形石硯、研杵、染色物和陶制水杯等,而陶器上的花紋明顯是由毛筆描繪的[1]。而甲骨文"聿",正像手執毛筆之形,如乙八四〇七、前七・二三・二①皆是也[2]。《說文》:"聿,所以書也。楚謂之聿,吳謂之不律,燕謂之弗。"[3]羅振玉《增訂殷虛書契考釋》:"此象手持筆形,乃象形,非形聲也。"是"聿"即筆也[4]。後來寫作"筆"。《說文》:"筆,秦謂之筆。從聿竹。"[5]朱駿聲《說文通訓定聲》:"此秦制字,秦以竹爲之,加竹。"可見"筆"是秦國所造字[6]。《北堂書鈔》卷一百四"中山之毫":"史記曰:始皇令蒙恬與太子扶蘇築長城,恬取中山兔毛造筆。"後稱此種筆爲"蒙恬筆"。"我們今天雖然已經無法看到用毛筆字書寫的商代典冊,但是還能在商代后期留下來的甲骨和玉、石、陶等類物品上看到少量毛筆字。""在商代,毛筆是主要的書寫工具。"[7]這表明甲骨文先是用毛筆書寫、然後刻出來的。也就是說,甲骨文是以書寫和刻畫兩種方式產生的。現存最早的毛筆實物,於 1954 年在湖南長沙左家公山戰國木槨墓中出土,該枝筆爲竹桿、兔毛筆頭,以絲線纏繞、生漆固定,人稱"長沙楚筆"。另外,河南信陽長臺關戰國楚墓中也出土了毛筆。直到今天,毛筆依然是重要的書寫工具。

---

① 《中國大百科全書》"輕工"卷,孫惟秀撰"毛筆"條。
② 徐無聞主編:《甲金篆隸大字典》,四川辭書出版社,1991 年 7 月第 1 版,第 194 頁。
③ 《說文解字注》,第 117 頁。
④ 《漢語大字典》"聿",第 5 冊,第 3166 頁。
⑤ 《說文解字注》,第 117 頁下欄。
⑥ 《漢語大字典》"筆",第 5 冊,第 2970 頁右欄。
⑦ 裘錫圭:《文字學概要》,第 40-42 頁。

（三）鎔鑄

雖然"金文基本上保持著毛筆字的樣子"①,但如甲骨文一樣,這也僅表明它先是用毛筆寫在銅器上。此後,即需要鎔鑄以定型。青銅器上有銘文始於商代的二里岡時期,至西周而大盛,一直延續到戰國秦漢。可以說,鎔鑄是周朝文獻的主要形成方式,是青銅時代的產物。因爲所鑄之器物主要是鐘鼎,故稱"鐘鼎文";緣於當時銅也名金,所以又叫"金文"或"吉金文字"②。需要注意的是,"春秋以前,銅器銘文絕大部分是鑄在器物上的,戰國中期以後則往往是在器物制成後用刀刻出來的,就連上舉的中山王銅器③上的長篇銘文也是用刀刻的。"④刀鐫之前,同樣須以筆書寫吧。

（四）雕印

先在木頭或泥上書畫描述,再以硬質工具雕刻,最後用紙帛之類印制。雕印方式應該有多個源頭:人們日常生活中諸如在食品上印上圖案之類的習俗;政府機關將印章蓋在陶器、封泥、標準量器及貨幣上;摹印石碑或器物上的文字、圖畫的拓印出現……幾種因素綜合起來,誕生了世界上最早的雕版印刷。

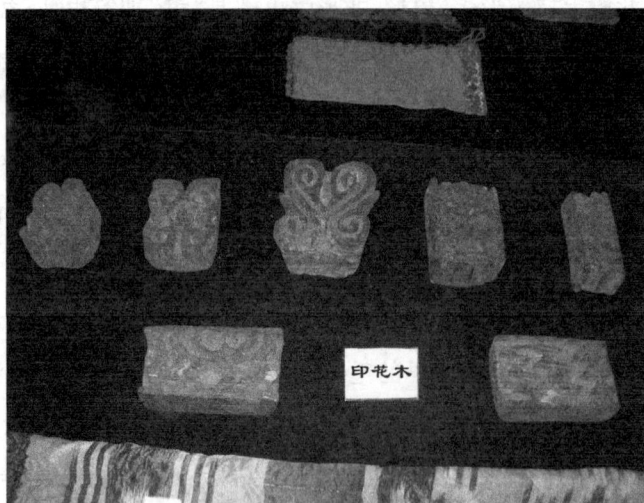

圖 2.1　新疆民間印花木（張子開攝於喀什民俗博物館）

國內現存最早的雕版印刷實物之一,爲 1944 年在成都四川大學校內唐墓中發現的《陀羅尼經咒》,上有"成都府成都縣▨龍池坊▨▨▨▨近卞家印賣呪本"字樣。因

① 裘錫圭:《文字學概要》,第 42 頁。
② 《中國大百科全書》"中國歷史"卷,李學勤撰"金文"條;"語言·文字"卷,張政烺撰"金文"條。
③ 謂 1970 年代在河北省平山縣發現的前四世紀末期的中山王墓。墓中出土的鐵足銅鼎上有 469 字的銘文,銅方壺上的銘文則爲 450 字。參考《文物》1979 年 1 期。
④ 裘錫圭《文字學概要》,第 53 頁。

至德二年(757)方設成都府①,故而此經咒當在是年之後雕印,或認爲刻印於上元元年
(760)②。墓中之所以會有《陀羅尼經咒》,是有著明確的宗教信仰背景的③。

　　另有一種說法謂,現存最早的雕版印刷品爲 1966 年在韓國東南部慶州佛國寺釋
迦塔內發現的一卷《無垢淨光大陀羅尼經》。當年十月,因修理需要,在塔第二層的舍
利洞內發現了一個金銅舍利外函,上置綢袋,袋內所裝即爲是經。經文爲吐火羅僧彌
陀山與我國和尚法藏等人於武后長安四年(704)譯;而韓國釋迦塔建於新羅景德王憲
英十年(751):塔內發現的《無垢淨光大陀羅尼經》當印於這兩年之間。慶州爲新羅王
朝首都,韓人以爲此經即雕於新羅,然這種觀點並不可信,它應該是雕於中土、再由新
羅人帶回去的④。最確鑿的證據之一,該卷經文中有四個武后製字,表明其產地乃李
唐王朝,時間不會早於武則天在位期間(約 684 ~ 704)也⑤。

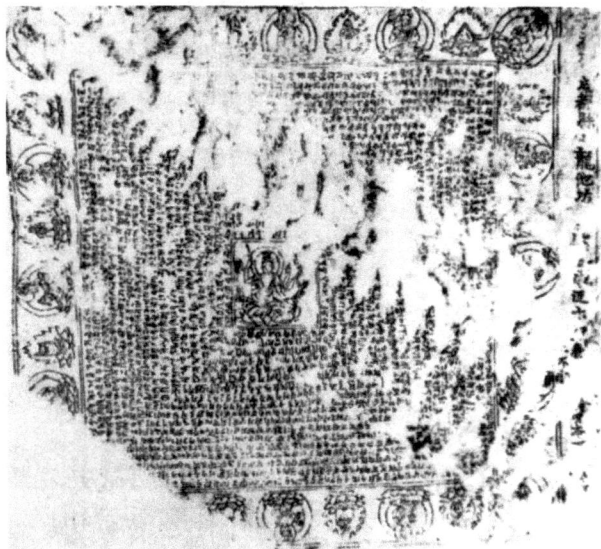

圖 2.2　唐代成都府成都縣卞家印賣咒本

　　現藏英國圖書館的敦煌遺書 S. P. 002 號《金剛經》卷子,則爲現存有明確紀年的
最早雕版印刷品,其卷尾題記曰:"咸通九年四月十五日　王玠爲二親敬造普施。"咸通
九年,相當於公元 868 年。雕印方式最早當是在民間流傳,再迅速爲佛教界採用,然直
到趙宋以後方迅速成爲社會主流矣。

————————————

① 《舊唐書》卷四十一《志第二十一·地理四》:"十五載,玄宗幸蜀,駐蹕成都。至德二年十月,駕廻西京,改蜀
　　郡爲成都府,長史爲尹。"
② 洪湛侯:《中國文獻學新編》,杭州大學出版社,1994 年 5 月第 1 版,第 298 頁。
③ 關於此點,筆者將有文論及。
④ 錢存訓:《現存最早的印刷品和雕版實物》,載氏著《中國古代書籍紙墨及印刷術》,北京圖書館出版社,2002
　　年 12 月修訂版,第 148-158 頁。
⑤ 羅樹寶:《中國古代圖書印刷史》(彩圖本),岳麓書社,2008 年 7 月第 1 版。

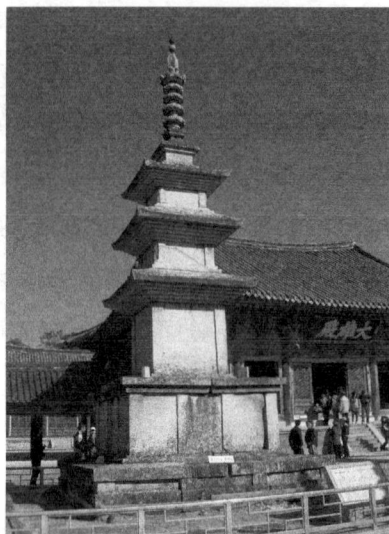

圖 2.3　韓國慶州佛國寺釋迦塔

(張子開 2007 年 10 月 21 日攝)

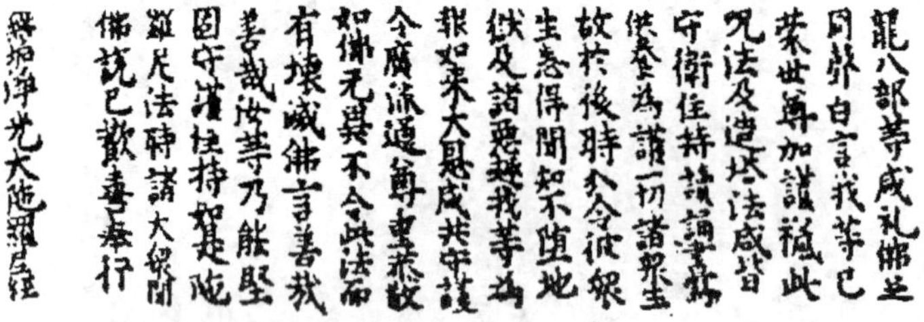

龍八部等咸礼佛足
同聲白言我等已
蒙世尊加護秘此
呪法及造塔法咸皆
守衛住持讀誦書寫
供養為護一切諸衆生
故於後時亦令彼衆
生悉得聞知不墮地
獄及諸惡趣我等為
報如來大恩咸共守護
令廣流通尊重恭敬
如佛无異不令此法而
有壞滅佛言善哉
善哉汝等乃能堅
固守護住持如是陁
羅尼法時諸大衆聞
佛說已歡喜奉行
無垢淨光大陁羅尼經

圖 2.4　韓國慶州佛國寺釋迦塔藏《無垢淨光大陀羅尼經》

從以上分析可以看出,在書寫、鎔鑄和雕印三種形成方式中,毛筆都起到了唯一或基礎性的作用。以刻畫方式產生的部分文獻,如甲骨文,最初也離不開書寫。所以說,中國古典文獻最重要、最基本的形成方式,自非書寫莫屬。我國古代流傳著許多關於書寫的故事,如“薪火寫書”“燃薪寫書”“傭書供筆”等。《北堂書鈔》卷一百一引謝承《後漢書》公孫曄傳云:“曄到太學,受尚書,寫書自給。”

第二節　文獻的形態

人類所要表達傳播的信息,皆需要依附於一定的形態或載體。而文獻的形態或載體,又與社會發展水平、文字演變情況等因素密切相關。

大致而言,運載信息的文獻形態有:

一、人體形態

作爲"獻"的各類"賢"人,其傳遞信息的載體首先即其肉體、種種表情和動作。古人非常善於利用這類載體,以眼、臉、手、腳等各個部位表達特定的情感或其他内容。以手爲例,兩手先置地上,頭隨即低下去,接觸到手,是謂"手拜",乃婦女在喪事時所行的一種禮節。《禮記·少儀》:"婦人吉事雖有君賜,肅拜;爲尸坐,則不手拜,肅拜;爲喪主,則不手拜。"鄭玄注:"肅拜,拜低頭也。手拜,手至地也。婦人以肅拜爲正,凶事乃手拜耳。"男性平時以兩手相合以示敬意,是爲"拱手"。《禮義·曲禮上》:"遭先生於道,趨而進,正立拱手。"唐時溫庭筠入試時,兩手相拱而構思,拱一次而成一韻,八次成八韻,人稱"溫八叉"——因時稱拱手爲叉也。宋孫光憲《北夢瑣言》卷四:"(溫庭筠)工於小賦,每入試,押官韻作賦,凡八叉手而八韻成。"人們遂以"八叉"或"手八叉"比喻才思敏捷。

古時以手放在額上表示慶幸。明高攀龍《陳志行八十序》:"世有斯人而久長於世,人必相與欣欣手額曰:'幸甚哉,斯人之有斯年也!'"在宴飲時,以手作種種姿勢,是爲酒令的一種,即"手勢令"。《舊五代史》卷一百七《列傳四·史弘肇》"酒酣,爲手勢令。弘肇不熟其事,而閻晉卿坐次弘肇,屢教之。"因下圍棋時須以手指拈棋子,故稱下圍棋爲"手談"。南朝宋劉義慶《世說新語·巧藝》:"王中郎以圍棊是坐隱,支公以圍棊爲手談。"唐薛戎《遊爛柯山》詩:"不語寄手談,無心引樵子。"

明謝肇淛《五雜俎》卷六《人部二》:"後漢諸將相宴集,爲手勢令,其法以手掌爲虎膺,指節爲松根,大指爲蹲鴟,食指爲鉤戟,中指爲玉柱,無名指爲潛虬,小指爲奇兵,腕爲三洛,五指爲奇峯。但不知其用法云何。"人一緊張,手的動作或誤。如晉末王坦之見桓溫而流汗沾衣,倒執手板,唯謝安顏色從容[1]。後以"手板倒持"比喻在危難時刻驚慌失措。古人還用其他手勢表示意思,唐裴鉶《傳奇·昆侖奴》:"知郎君穎悟,必能默識,所以手語耳。"清蒲松齡《聊齋志異·仙人島》:"兩情益篤,時色授而手語之。"另外,聾啞人亦以指語、手勢語這兩種手語傳遞思想。

正因爲手在人們生活中扮演著核心角色之一,故而多以親手所做表達尊敬、重視等含義,於是有親手鈔錄之"手錄"、上級或尊長親手書寫指示之"手諭"、帝王親手寫詔書的"手詔"等辭語的出現和使用。甚至以手中在契券、供詞和其他文書上按印指紋以示同意或作爲證據,是爲"手印"。《清平山堂話本·快嘴李翠蓮記》:"今朝隨你寫休書,搬去粧奩莫要怨。手印縫中七個字:永不相逢不見面。"需要說明的是,密教

---

[1]　《晉書》卷七十九《謝尚》。

以"手印"作爲三密之一,將種種手形配以誦呪、禪定觀照,以求達到"三密相應"。《顯密圓通成佛心要集》卷上:"若上根持,謂須得三密相應:一身密結印;二語密誦呪;三意密或想真言梵字,或緣持誦之聲,或想準提菩薩,或想菩薩手中所執杵瓶華果等物。"

二、口頭形態

以人口裏所發出聲音來傳遞信息,是即口頭形態,或可稱爲聲音載體。這些聲音,一部分爲語言,一部分乃語言之外的、其他含有一定信息的聲音。沒有文字的民族,其文明狀態全憑口頭形態保存和傳達。即便有文字的民族,絕大部分信息也是以日常口語形態傳播的。特別是在認爲文字形式不安全的情況下,機密信息遂多由口頭送達。《後漢書》卷五十三《竇融傳》:"融小心,久不自安,數辭讓爵位,因侍中金遷口達至誠。"宋司馬光《涑水記聞》卷十四:"凡有所需索,不行文書,但遣人口傳指揮。"[1]傳語或帶話這種傳遞方式,直到今天依然還偶爾爲各國政府首腦使用。再比如,被譽爲漢族創世史詩的《黑暗傳》,很長一段時期皆以口頭形式在民間流傳,到後來方形諸文字。

需要注意的是,倘爲了持久保存,人們還是推薦書面文獻的。《淮南子·氾論》:"此皆不著於法令,而聖人之所不口傳也。"唐韓愈《進順宗皇帝實錄表狀》:"今之所以知古,後之所以知今,不可口傳,必憑諸史。"

西漢毛亨《〈詩〉序》曰:"情動於中而形於言,言之不足故嗟歎之,嗟歎之不足故永歌之,永歌之不足,不知手之舞之、足之蹈之也。"[2]其實,最早表達心中感情者當爲手舞足蹈之類的動作語,再爲嗟歎詠歌之聲音也。

三、自然實物形態

自然界的實物,最早爲人類所使用的、除人軀體和聲音之外的文獻載體,諸如巖石、泥板、竹木、樹葉之類。

古印度人先在石板上刻寫數字及其他符號,後則普遍地以棕櫚樹葉或白樺樹皮作爲書寫材料。白樺皮(bhūrja)一般在阿育王之前的北方的中亞地區使用。而用於書寫的棕櫚樹葉較大、呈扇形,經冬不凋,人稱 pattra,譯爲貝多羅,意爲樹葉;將此葉剪裁成十至十五厘米寬、三十至六十厘米長的長條形,經過一定處理,即可在上以鐵筆書寫,所寫文獻稱爲貝葉經。寫成之後,再打孔,穿連成冊,上下以木板夾住,這種裝幀形

---

① (宋)司馬光:《涑水紀聞》,鄧廣銘、張希清點校,中華書局,1989 年 9 月第 1 版。
② 《毛詩》。《四部叢刊初編》本。

式稱爲梵夾裝。生長 pattra 之樹，即 tala，譯爲"多羅樹"；學名 Borassusflabelliformis，即 palmyra tree，意爲扇椰；樹高達十八至三十米。另外，talipat tree（學名 Corypha umbrac-ulifera）、tara（C. taliera）等樹之葉，亦可作書寫之用。此種書寫材料，直到近世還在南印度、斯里蘭卡及緬甸等地使用。《大唐西域記》卷十一："城北不遠，有多羅樹林，周三十餘里。其葉長廣，其色光潤，諸國書寫莫不採用。"①唐段成式《酉陽雜俎》卷十八："貝多，出摩伽陀國。長六七丈，經冬不凋。此樹有三種：一者多羅娑力叉貝多，二者多梨婆力叉貝多，三者部婆力義多羅梨。並書其葉部，闊一色，取其皮書之。貝多是梵語，漢翻爲葉。貝多婆力叉者，漢言葉樹也。西域經書用此三種皮葉，若能保護，亦得五六百年。"以貝葉書寫材料的方式，隨著佛教而傳入我國，在我國雲南傣族等地區使用；梵夾裝形式，更是影響到我國書籍的裝幀②。

中土古代間或使用蒲草。《漢書》卷五十一路溫舒傳："路溫舒，字長君。鉅鹿東里人也。父爲里監門，使溫舒牧羊。溫舒取澤中蒲，截以爲牒，編用寫書。"顏師古注："小簡曰牒。編，聯次之。"南朝梁劉勰《文心雕龍·書記》："牒者，葉也。短簡編牒，如葉在枝，溫舒截蒲，即其事也。"後遂以截取蒲葉寫字之"截蒲"表示苦學。《藝文類聚》卷八十二"蒲"條，引梁元帝《賦得蒲生我池中》詩曰："池中種蒲葉，葉影蔭池濱。未好中宮薦，行堪隱士輪。爲書聊可截，匹柳復宜春。瑞葉生苻苑，鏤碧獻周人。"

如果說截蒲尚是貧寒之士不得已之舉動，那麼，書於芭蕉書則是文人鍾愛的雅興，一直瓜瓞緜緜。唐韋應物《閒居寄諸弟》："秋草生庭白露時，故園諸弟益相思。盡日高齋無一事，芭蕉葉上獨題詩。"③宋陶穀《清異錄》卷上"綠天"條："懷素居零陵，菴東郊治芭蕉，亘帶幾數萬。取葉代紙而書。號其所曰綠天，菴曰種紙。厥後道州刺史追作《綠天銘》。"後以"綠天"代指懷素在今湖南永州市東門外的住所。陸遊〈幽興〉詩云："雨後梅花無復在，老來酒盞頓成疎。身如海燕不逢社，家似瓜牛僅有廬。短髮垂肩嬾中散，深居謝客病相如。從今何以消長日，剩種芭蕉學草書。"④明李漁《閑情偶寄·眾卉第四》"芭蕉"嘗細論芭蕉之好處，以蕉上寫字爲核心：

> 幽齋但有隙地，即宜種蕉。蕉能韵人而免於俗，與竹同功，王子猷偏厚此君，未免挂一漏一。蕉之易栽，十倍於竹，一二月即可成蔭。坐其下者，男女皆入畫圖，且能使合樹軒窗盡染碧色，"綠天"之號，洵不誣也。

---

① （唐）玄奘、辯機原著，季羨林等校注：《大唐西域記校注》，中華書局，1985 年 2 月第 1 版。
② 周一良：《關於貝葉》，載周一良著、錢文忠譯：《唐代密宗》，"學術集林叢書"，上海遠東出版社，1996 年 7 月第 1 版，第 306-308 頁。
③ 《韋江州集》卷第三。《四部叢刊初編》本。
④ （宋）陸遊：《劍南詩藁》卷二十六。

竹可鑱詩,蕉可作字,皆文士近身之簡牘。乃竹上止可一書,不能削去再刻;蕉葉則隨書隨換,可以日變數題,尚有時不煩自洗,雨師代拭者,此天授名箋,不當供懷素一人之用。予有題蕉絕句云:"萬花題遍示無私,費盡春來筆墨資。獨喜芭蕉容我儉,自舒晴葉待題詩。"此芭蕉實録也。

吴梅村詩:一葉芳心任卷舒,客愁鄉愁待何如? 平生枉用藤溪紙,緑玉窗前好寫書。書於芭蕉葉上,是為"蕉書"。唐孟郊〈同從叔簡酬盧殷少府〉:"梅尉吟楚聲,竹風為淒清。深盧冰在性,高潔雲入情。借水洗閒貌,寄蕉書逸名。羞將片石文,闖此雙瓊英。"①黄庭堅《戲答史應之三首》詩之三:"甑有輕塵釜有魚,漢庭日日召嚴徐。不嫌藜藿來同飯,更展芭蕉看學書。"②明李夢陽〈蕉石亭〉:"看石忽有詩,攀蕉書其上。夜來雨打葉,驚聞金石響。"③

四、甲骨形態

中土最早使用的經過加工過的書寫材料之一,爲甲骨④。所謂"甲骨",指龜甲和獸骨。商周時代,用龜甲、獸骨占卜:先用墨在甲骨上做記號,然後灼烤甲骨,根據上面灼出的裂紋推斷吉兇;再將占卜內容即卜辭,用當時的書體,契刻在甲骨的卜兆旁邊。這就是甲骨文。郭沫若《今昔集·論古代社會》:

> 殷代尚相當原始,對於鬼神有深厚的信仰。逢到一件事情,就卜兆問神,更將卜問所得,書刻在牛胛骨上或龜甲上,故稱甲骨文。甲骨文和公文一樣,有一定的格式。內容大概是祭事、田獵、風雨、戰爭、疾病之類。⑤

燒灼甲骨而呈顯的、時人以爲能夠預示吉兇的裂紋,稱作"兆"或"坼"。《尚書·洪範》以爲有七種兆:"七、稽疑。擇建立卜筮人,乃命卜筮。曰雨,曰霽,曰蒙,曰驛,曰克,曰貞,曰悔,凡七。卜五,占用二。"《周禮·春官·大卜》則歸納爲三種:"掌三兆之一曰玉兆,二曰瓦兆,三曰原兆。" 鄭玄注:"兆者,灼龜發於火,其形可占者,其象似玉、瓦、原之璺罅,是用名之焉。"謂裂紋與玉紋之類相似也。《周禮·春官·卜師》又曰,卜兆有四:"卜師掌開龜之四兆,一曰方兆,二曰功兆,三曰義兆,四曰弓兆。" 鄭玄注:"其云方、功、義、弓之名未聞。灼燒時用荆之類,《漢書·文帝紀》:"卜之,兆得大

---

① (唐)孟郊:《孟東野詩集》卷七。
② (宋)黄庭堅:《山谷集》卷十。
③ (明)李夢陽:《空同集》卷三十四。
④ [日]内藤湖南著、馬彪譯:《中國史學史》:"說到現存的古代記錄,有龜板、彝器、刻石三種。若論其中最古者,確切可知的當爲龜板。"(上海古籍出版社,"日本中國史研究譯叢"之一,2008年6月第1版,第20頁)
⑤ 郭沫若:《今昔集》。東方書社,1943年版。

横。"顏師古注引應劭曰:"卜以荆灼龜,丈正横也。"占卜各個環節皆有專人負責,據《周禮·春官》,除大卜掌三兆之灋、卜師掌開龜之四兆外,另有龜人掌六龜之屬,菙氏掌共燋契,占人掌占龜。

對於龜在中國古典文獻中所起的獨特作用,《史記·龜策列傳》曾作了全面敘述。而占卜所用龜,多來自南方長江流域的四大地區。而且,用龜殼還是獸骨,有著不同的來源和時代界限:"當殷以前之'黑陶時代',雖已普知占卜,然皆用牛骨,絕不用龜。及殷人襲東方之黑陶文化,仍行占卜,並大加革新,因與南方已有繁盛之交通,乃廣取龜甲而用之。自後乃產生'龜靈'之一觀念。"[1]

殷商時代的公家大事,皆是由占卜決定。《左傳·昭公五年》:"龜兆告吉,曰:克可知也。"直到西周建立後的一段時期,還在使用甲骨占卜,但卜辭則漸次寫於竹帛上矣[2]。此後,即湮沒

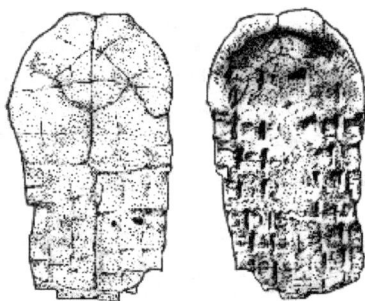

圖2.5　齊家村西周卜骨

於歷史長河中,僅在文獻中留有記載[3]。在古殷都一帶,長期以來有農民從地面檢到、或從地下翻出甲骨,或呼爲"龍骨",賣給藥店充當中藥材、刀傷藥。1898年、1899年之交,河南安陽縣西北小屯村農民再次從泥土中挖出了一批龜甲獸骨。來自山東濰縣的一位范姓骨董商人注意到上面多刻有文字,視爲奇貨,運往北京市場。王懿榮到藥店買藥,識別出了"龍骨"上面的符號原來是殷商文字,王氏遂成爲第一個認出甲骨文的人,而這種距今已三千多年的書寫材料方再進入世人視野。1900年,王懿榮在北京率團練抵抗入侵的八國聯軍,兵敗自殺。其所收藏甲骨,爲劉鶚所得。劉氏於1930年選擇部分甲骨,石印出版,是爲《鐵雲藏龜》。直到1910年,羅振玉方從其他骨董商口中弄清楚,甲骨出自安陽小屯村[4]。"龜甲獸骨濰縣范姓估人始得之。亡友劉君鐵雲問所自出,則詭言得之湯陰。予訪之數年,始知實出洹濱。"[5]羅振常宣統三年(1911)2月23日小屯遊記有云:

---

① 胡厚宣:《殷代卜龜之來源》,載氏著《甲骨學商史論叢初集》(外一種)上、下,河北教育出版社,2002年11月第1版,第454-490頁。

② 1.錢存訓:《書於竹帛》,上海書店出版社,2004年1月第1版,第18頁。2.胡厚宣主編:《甲骨文與殷商史》,上海古籍出版社,1983年3月第1版。

③ 陳夢家:《殷虛卜辭綜述》,"陳夢家著作集"之一,中華書局,1988年1月第1版,2008年7月北京第3次印刷。

④ 郭沫若:《中國古代社會研究》(外一種),"二十世紀中國史學名著"之一,河北教育出版社,2000年12月第1版,上冊,第179-180頁。

⑤ 羅振玉:《五十日夢痕錄》,載《雪堂叢刻》第二十冊,1915年。

此地埋藏龜甲,前三十餘年已發現,不自今日始也。謂某年某姓犁田,忽有數骨片隨土翻起,視之,上有刻畫,且有作殷色者①,不知爲何物。北方土中埋藏物多,每耕耘,或見稍奇之物,隨即其處掘之,往往得銅器、古泉、古鏡等,得善價……且古骨研末,又愈刀創,故藥鋪購之,一斤才得數錢。骨之堅者,或又購以刻物。鄉人農暇,隨地發掘,所得甚夥,撿大者售之。購者或不取刻文,則以鏟削之而售。②

至今發現的甲骨計十萬片以上,其拓片大都收集在郭沫若主編《甲骨文合集》(北京:中華書局,1979—1983 年影印本)。甲骨上面的文字約四千五百多個,而學者所識者僅有三分之一。甲骨文的字形結構與後世漢字基本一致,是最早的、最爲系統的漢字書體③。其他主要參考文獻有:陳夢家《殷虛卜辭綜述》(北京:科學出版社,1956 年);王國維《殷卜辭中所見先公先王考》、《續考》、《生霸死霸考》,見《觀堂集林》卷九、一(北京:中華書局,1959 年);郭沫若《甲骨文字研究》(北京:人民出版社,1952 年;北京:科學出版社,1962 年重印本);于省吾:《甲骨文字釋林》(北京:中華書局,1979 年)。

五、金石形態

金石,本指金屬和石頭。《大戴禮記·勸學》:"故天子藏珠玉,諸侯藏金石,大夫畜犬馬,百姓藏布帛。"因古時常在碑碣和鐘鼎之類的上面鑴刻文字以頌功紀事,故又以"金石"特指這類物體。《墨子·兼愛下》:"以其所書於竹帛,鏤於金石,琢於槃盂,傳遺後世子孫者知之。"孫詒讓曰:"《吕氏春秋·求人》篇云:'功績銘乎金石,著於槃盂。'高注云:'金,鐘鼎也;石,豐碑也。'"④鑄刻於銅器上的文字,稱"金文"或"鐘鼎文";施於石上者,則稱"碑銘",即碑文和銘文:二者或統稱"銘文"。在金石上鑄刻文字,所求爲何?《墨子·明鬼》:"古者聖王必以鬼神爲,其務鬼神厚矣。又恐後世子孫不能知也,故書之竹帛,傳遺後世子孫。咸恐其腐蠹絶滅、後世子孫不得而記,故琢之盤盂、鏤之金石以重之。"其實,除了能夠傳之久遠外,當還蘊含著莊嚴和神聖之義。

以金屬爲形體者,主要是六彝⑤、六尊⑥,後者指獻尊、象尊、壺尊、著尊、大尊、山尊

---

① 謂塗成朱色。
② 羅振常:《洹洛訪古遊記》,河南人民出版社,1987 年 1 月第 1 版。
③ 陳偉湛:《甲骨文簡論》,上海古籍出版社,1987 年。
④ 孫詒讓:《墨子閒詁》,中華書局,2009 年 1 月第 1 版。
⑤ 《左傳·襄公十九年》:"且夫大伐小,取其所得以作彝器。"杜預注:"彝,常也。謂鐘鼎爲宗廟之常器。"《國語·楚語下》:"採服之儀,彝器之量。"韋昭注:"彝,六彝;器,俎豆。"阮元《商周銅器說》(《揅經室三集》卷三)、龔自珍《說宗彝》(《定盦續集》卷一)皆對彝器作了概括性研究;龔氏將彝器分爲祭、養、享、藏、陳、好、征、旌、約劑、分、賂、獻、腰、服、抱、殉、樂、徵、瑞命等十九種。
⑥ 《周禮·春官·小宗伯》:"辨六尊之名物,以待祭祀賓客。"鄭玄注引鄭司農曰:"六尊,獻尊、象尊、壺尊、著尊、大尊、山尊。"

六種注酒器,前者指鐘、鼎、尊、罍、俎、豆這六種宗廟用青銅祭器,它們一般是作爲國家重器;但也常鏤於樂器、兵器、度量衡、錢幣等一般公共用具之上,甚至銅鏡等居家用品。而石質載體則包括石鼓、碑銘、摩巖石刻、造像等①。

圖2.6　陽信家鐘銘文

圖2.7　毛公鼎及銘文

上徵《墨子》文中,將"竹帛""盤盂"和"金石"對舉,可見在墨子生活的戰國時代,金石、竹帛是並用的。實際上,更早使用的乃金石。用於祭祀和宴飲的青銅禮器彝器和尊器,統稱"尊彝"。"彝"字在甲骨文及金文中本即雙手被反縛的人牲之形②。現存青銅器中,年代最古的爲殷代③,而所載文字最長者爲彝器。如清末道光年間在陝西省寶雞市岐山縣出土的西周晚期宣王時的毛公鼎,因作器人爲毛公而得名;鼎腹內鑄有銘文三十二行,共四百九十九字,是現存最長的青銅器銘文;該銘文記載了周宣王的誥誡,以授權毛公治理邦家內外、改變目前時局不靖局面爲中心,郭沫若譽爲"泱泱然存宗周宗主之風烈""抵得上一篇尚書",其書法也堪稱典範,近人李瑞清說:"毛公鼎爲周廟堂文字,其文則《尚書》也,學書不學毛公鼎,猶儒生不讀《尚書》也。"以青銅器爲文獻形體,一直延續到秦漢。

有關青銅器的參考文獻,主要有:容庚、張振林《殷周青銅器通論》(科學出版社,1958年);郭沫若《兩周金文辭大系圖錄考釋》④(東京:文求堂影印增訂本,1935年;修訂本,北京:科學出版社,1957年);容庚:《金文編》(北京:中華書局,1985年7月);唐蘭《西周青銅器銘文分代史征》(北京:中華書局,1986年);中國社會科學院考古研究

①　施蟄存:《金石叢談》,中華書局,1991年7月第1版。
②　詹鄞鑫:《釋甲骨文"彝"字》,載《北京大學學報(哲學社會科學版)》,1986年2期。
③　吳振錄:《保德縣新發現的殷代青銅器》,載《文物》1972年4期。
④　劉正:《重評〈兩周金文辭大系圖錄考釋〉》,載《南方文物》2009年4期。

所編:《殷周金文集成》(修訂增補本,全八冊)(北京:中華書局,2007 年 1 月);中國社會科學院考古研究所編:《金文文獻集成》(北京:線裝書局,2009 年 5 月);楊樹達《積微居金文說》(增定本)(北京:中華書局,1997 年)。

　　古人雕琢玉石遠在制造青銅器之前,但玉上很少刻字,現知最早有文字的玉器,爲河南安陽殷墟出土的玉符、玉魚和其他玉飾,上面分別刻有朱文、三字和十一字。此後直到漢代,間有玉簡、圭等上刻字者①。

　　現存最古的非玉質石刻,爲東周初年秦國的石鼓②,共十個;因其形狀凸出如鼓,故稱石鼓。七世紀在歧州雍縣三畤原(今陝西鳳翔縣南原)被發現,故在唐初方見於文獻記載③。現存北京故宮博物院。每件石鼓的四周刻有籀文四言詩一篇,約七十字,豎排,每行五至八字;十個石鼓本鐫字約七百個,目前僅存二百七十二字,而現存宋拓本則有四百六十五字④。其風格頗近於《詩經》大小雅,內容記秦國國君狩獵事,如曰"吾車既工,吾馬既同。吾車既好,吾馬既駒",故又稱爲"獵碣"。《史記》卷五《秦本紀》:"三年,文公以兵七百人東獵。四年,至汧、渭之會,曰:'昔周邑,我先秦嬴於此,後卒獲爲諸侯。'乃卜居之,占曰吉,即營邑之。"文公三年,相當於公元前 763 年。汧、渭之會,正爲今鳳翔一帶,而石鼓文中亦有一詩所記爲在汧水捕魚之事,故而石鼓文很可能是在此年前後、並於此地所琢也。

　　在秦惠文王和楚懷王時,秦舉行宗教儀式,祈求自己所奉祀的神靈幫助秦國制克楚兵,復其邊城,咒詛楚國失敗,刻石爲記,故後世稱"詛楚文",省稱"詛楚"。十一世紀中葉的北宋時期發現三石,根據所祈神祇分別稱爲"巫咸",三百二十六字;"大沈厥湫",三百一十八字;"亞駝",三百二十五字。這反映了春秋戰國時代諸侯國之間以詛咒而祈求神靈懲罰違背盟誓的現象⑤。《周禮·春官》,"宗伯":"詛祝,下士二人,府一人,史一人,徒四人。""詛祝,掌盟、詛、類、造、攻、說、禬、禜之祝號,作盟詛之載辭,以敘國之信用,以質邦國之劑信。"秦始皇出巡時,亦多勒石以紀功德。《史記》卷六《秦始皇本紀》:"作琅邪臺,立石刻,頌秦德,明德意。"

　　因巖石易得、易鐫復易於保存,故秦漢以後,即漸次取代青銅器,成爲主要的保存

---

① 錢存訓:《書於竹帛》,第 64-66 頁。
② 另外,還有據說爲周以前的壇山刻石等,但一般不爲學術界認可。參[日]內藤湖南:《中國史學史》,第 27-28 頁。
③ 1.《中國大百科全書》"考古學"卷,李學勤撰"石鼓文"條。2.《中國大百科全書》"美術"卷,王玉池撰"石鼓文"條。
④ 郭沫若《石鼓文研究》,商務印書館,1939 年。又載《郭沫若全集·考古編》第九卷《石鼓文研究、詛楚文考釋》,科學出版社,2003 年 3 月。
⑤ 郭沫若:《詛楚文考釋》,載《郭沫若全集·考古編》第九卷《石鼓文研究、詛楚文考釋》。

永久的文獻載體。

漢代以前的石刻多爲花崗石質、平底圓頂、鼓狀，呼爲"碣"，漢代伊始方有長方形之"碑"。《後漢書》卷五十三"竇憲"，載班固燕然山銘"封神丘兮建隆碣"，唐李賢注："方者謂之碑，員者謂之碣。碣，亦碣也。"碑原本亦記載重大史實，或用於紀念逝者，一般立於地面；葬入墓中者，爲"墓志"。

圖2.8　東周秦國石鼓

漢平帝元始元年，王莽令甄豐在石上描摹古文《易》、《書》、《詩》、《左傳》，是爲在石上雕刻儒家文獻、即所謂"石經"之始。此後，至少還進行了七次以儒家經典刻石的活動：一者，漢靈帝熹平四年(175)，蔡邕以隸書所寫之"熹平石經"；二者，三國魏齊王曹芳在正始年間(240—248)分別以古文、篆、隸三體所刻之"正始石經"，亦稱"三體石經"；三者，唐文宗開成二年(837)，楷書之"唐開成石經"；四者，後蜀孟昶命毋昭裔督造之楷書"蜀石經"，亦稱"廣政石經"；五者，北宋仁宗嘉祐六年(1061)所刻之篆、隸二體之"二字石經"，又稱"北宋石經"；六者，南宋高宗親書之"宋高宗御書石經"，又稱"南宋石經"；七者，清乾隆時之"清石經"[1]。

受石鼓文、碑志和石經影響，民間或宗教團體亦在野外石崖上雕刻文字或圖像，是爲摩崖石刻、摩崖造像，簡稱"摩崖"；若所刻爲宗教經典，則亦稱"石經"。佛教、道教皆有石經，而以佛教石經歷時最長、數量和規模更大。

其實，古時石質的塔、廟、買地券等宗教器物，官方或民間的各類建築，橋、井、印章等日用器具等之上，亦經常刻有文字[2]。有關石刻圖像、文字的文獻主要有：《北京圖書館藏中國歷代石刻拓片匯編》，全一百零一冊；《中國歷代石刻史料匯編》，輯錄了從先秦到近代的一萬五千餘篇石刻材料、歷代學者的考釋文字，共計一千一百五十萬字左右，內容涵蓋社會各個方面(原書由臺灣新文豐公司出版，北京書同文公司推出有電子全文檢索版)；楊殿珣《石刻題跋索引》(上海：商務印書館，1940年11月版)；胡海帆、容媛《秦漢石刻題跋輯錄》(上海：古籍出版社，2009年9月版)。

比金石甚至甲骨更早的非自然文獻狀態，爲泥質載體，主要是各類陶器和磚瓦[3]。

---

① 參考：1.清顧炎武《石經考》。2.清萬斯同《石經考》。3.張國淦《歷代石經考》。
② 參考：1.趙超：《中國古代石刻概論》，文物出版社，1997年。2.趙超：《古代石刻》，文物出版社，"20世紀中國文物考古發現與研究叢書"之一，2001年4月。
③ 錢存訓：《書於竹帛——中國古代的文字記錄》，第46-49頁。

我國各地出土的新石器時代的陶器上，已經有一些單獨的刻劃符號，可能是族徽、數字甚至原始文字①。自殷至戰國時代的陶器，每件上亦多爲幾個字，通常爲人名、官名、年代、地點、時間、吉祥語之類；現存陶器的文字共有一千多個。目前搜集最齊全的爲《古陶文匯編》②。古代作爲建築材料的磚瓦，多在燒制之前用印模壓制吉祥語、姓名、年代等文字。放在屋檐最前面的一片瓦爲"瓦當"，俗稱"瓦頭"，用於保護木制飛檐或美化屋面；瓦當上多刻圖像圖案，有字者很少，皆爲吉祥語③。

圖2.9　漢瓦當"長樂未央"

還有一類泥質、少人注意的載體，即墙壁。古時文人常在墙壁上題寫詩文，此風在唐宋時猶濃。唐孟浩然《秋登張明府海亭》詩："染翰聊題壁，傾壺一解顏。"王勃《普安建陰題壁》詩："江漢深無極，梁岷不可攀。山川雲霧裹，遊子幾時還。"④唐權德輿有詩，起首序曰："從叔將軍宅薔薇花開，太府韋卿有題壁長句，因以和作"⑤。需要注意者，"壁記"一辭指的是嵌在墙壁上的碑記，其載體並非泥質也⑥。唐封演《封氏聞見記·壁記》："朝廷百司諸廳，皆有壁記。叙官秩創置及遷授始末，原其作意，蓋欲著前政履歷，而發將來健羨焉。"

六、竹木形態

我們這里所說竹木形態，即以加工過的竹木作爲文獻載體。上寫有文字的竹木形態，我國學術界一般稱爲"簡牘"，即"竹簡"和"木牘"之合稱也。簡、牘之中，又以竹簡出現得更早，其原因首先是，"簡"字從竹，其他與書籍有關的"策""篇"和"簿"之類皆從竹，而"簡"字在先秦文獻中屢見，如《詩·小雅·出車》："豈不懷歸，畏此簡書。"《墨子·非命下》："子胡不尚考之乎商、周、虞、夏之記？從十簡之篇以尚，皆無之。"《左傳·襄公二十五年》："南史氏聞大史盡死，執簡以往，聞既書矣，乃還。"而"牘"字漢代始見於文獻，如董仲舒《春秋繁露·玉杯》："今趙盾弑君，四年之後，別牘復見，非《春秋》之常辭也。"《漢書》卷六十三《武五子傳》："佩玉環，簪筆，持牘趨謁。"《說文解

---

①　饒宗頤：《符號·初文與字母：漢字樹》。

②　高明：《古陶文匯編》，中華書局，1990 年 3 月第 1 版。

③　參考：1.陳直：《秦漢瓦當概述》，載《文物》1963 年第 11 期。2.申雲艷：《中國古代瓦當研究》，文物出版社，2006 年 7 月第 1 版。3.傅嘉儀：《中國瓦當藝術》，上海書店出版社，2002 年 8 月第 1 版。

④　《王子安集》卷三，《四部叢刊初編》本。

⑤　《權載之文集》卷七，《四部叢刊初編》本。

⑥　周勛初：《唐詩研究入門》，鳳凰出版社，2008 年 12 月第 1 版，第 50-57 頁。

字》亦初收"牘"。其次,戰國至漢初出土的皆爲竹簡,牘則在出現於東漢或西北偏遠地方[1]。也就是說,西漢及以前實際上只有竹簡。當年劉向整理前代典籍,《漢書》卷三十《藝文志》載:"劉向以中古文校歐陽、大、小夏侯三家經文,《酒誥》脱簡一,《召誥》脱簡二。率簡二十五字者,脱亦二十五字;簡二十二字者,脱亦二十二字。文字異者七百有餘,脱字數十。"内中多次提到"簡",而其他有關劉氏的記載皆未見"牘",可知劉向所接觸的並爲竹簡矣。

前已言及,西周建立之後不久,竹帛迅速取代龜甲而成爲主要的書寫材料。需要注意的是,"册"、"典"之本義實與竹簡無預焉。甲骨文中已有"册"字,見於粹一〇二七、前四·三七·六、甲一四八三、乙一七一二[1]等,其形頗像以豎排之簡牘,中貫以二道書繩。《說文解字》:"册,符命也。諸侯進受於王者也。象其札一長一短、中有二編之形。"[2]另有"典",見於佚九三一、後下二〇·七、前七·六·一;其上面部首即"册"也。《說文解字》"丌"部:"典,五帝之書也。從册在丌上,尊閣之也。莊都說,典,大册也。"其實,從甲骨文形體可以清晰看出,"丌"乃雙手之變形,換言之,"典"當從册、手[3]。"册"及從"册"之字在甲骨文中數見,表示當時"册"這種文獻形態已相當平常矣。然"册"原當指編連之龜甲,"典"亦本謂手捧此類串連之大"册"也。董作賓曰:"此'册'字最初之象形非簡非札,實為龜板。其證有二:第一,自積極方面證之,吾人既知商人貞卜所用之龜,其大小長短曾無兩甲以上之相同者,又知其必為裝訂成册之事,則此龜板之一長一短參差不齊,又有孔以貫韋編,甚似'册'字之形狀,而'册'字當然為其象形字也。其二,自消極方面證之,……是古代簡策雖有長短之異,而其為一種書,一策書中策之長短必同,……簡牘與札在一册之中,其形狀大小長短必同。而'册'字之所象,乃一長一短,則非簡札可斷言也。"[4]實際上,殷朝的龜版上確實有供穿連以編成"册"之孔[5]。也就是說,"惟爾知:惟殷先人,有册有典,殷革夏命"[6]之"典"、"册",指的是串起來的龜板。許氏據戰國時經見的簡牘而釋義,稱"册""象其札",實有乖於史實也。

---

① 錢存訓:《書於竹帛》,第72-73頁。

② 段玉裁:《說文解字注》,第85頁下欄至86頁上欄。

③ 錢存訓《書於竹帛》亦稱,"和'册'字相關的'典'字象征册在幾上,亦見於兩周金文。"(第72頁)如上所言,"典"最早見於甲骨文,且並不象册在"幾"上。

④ 董作賓:《殷代龜甲之推測》,載《安陽發掘報告》第一册,歷史語言研究所,1929年版。

⑤ 曹定雲:〈論"惟殷先人,有册有典"及相關問題——兼釋《英藏》1616中另類"典"字〉,載《考古》2013年第9期,第68-75頁。

⑥ 《尚書》卷九《多士》。《四部叢刊初編》經部。

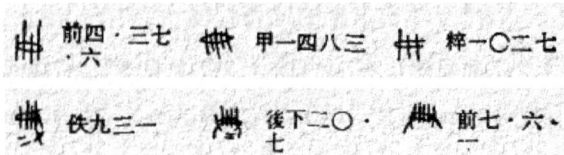

圖 2.10　甲骨文"冊""典"①

　　當然,從後世出土的戰國及秦漢實物來看,竹簡確實也是編連使用的。以繩子編綴簡稱"韋編",《史記·孔子世家》:"孔子晚而喜《易》……讀《易》,韋編三絶。曰:'假我數年,若是,我於《易》則彬彬矣。'"《漢書·儒林傳序》:"蓋晚而好《易》,讀之韋編三絶,而爲之傳。"顏師古注:"編,所以聯次簡也。言愛玩之甚,故編簡之韋爲之三絶也。"因此故實,後以"韋編"借指《易》或泛指古籍,以"韋編三絶"喻刻苦學習。"韋編"之"韋",過去一般認爲乃皮繩②。誠然,"韋"可指熟治之獸皮或皮繩,《儀禮·聘禮》:"君使卿韋弁。"鄭玄注:"皮韋同類,取相近耳。"賈公彥疏:"有毛則曰皮,去毛熟治則曰韋。本是一物,有毛無毛爲異,故云取相近耳。"《韓非子·觀行》:"西門豹之性急,故佩韋以自緩;董安於之心緩,故佩弦以自急。"西門豹所佩之"韋"即是繩類。然出土文物中,從未見以皮繩編系之竹簡,而是皆爲麻繩、絲繩或其他纖維類繩子;且讀書而至於皮繩多次斷絶,於情理似無可能。"韋"當爲"緯"的古字,指橫著編連,這與"冊"的字形恰好相合③。

　　自然生長的竹子在成爲書寫材料之前,必須經過一定的加工。王充《論衡·量知》:"截竹爲筒,破以爲牒,加筆墨之跡,乃成文字,大者爲經,小者爲傳記。"實際上,將竹子截剖爲竹片,尚不能直接書寫,還需刮去其表面青皮以便於吸墨、烤乾整個竹片以便於保存,這一過程稱為"殺青"④正如《太平御覽》卷六百六引《風俗通》所言:"劉向《別錄》:殺青者,直治竹作簡書之耳。新竹有汁,善朽蠹。凡作簡者,皆於火上炙乾之。陳楚間謂之汗,汗者,去其汁也。"同書卷九百六十二引《風俗通》亦曰:"殺青。按,殺青作簡書之。新竹有汁,後加於火上。故作簡者,於火上炙乾之。"

　　簡的長度,鄭玄《論語》序謂:"《易》、《詩》、《書》、《禮》、《樂》、《春秋》,策皆二尺四寸。《孝經》謙半之,《論語》八寸。"⑤這個尺寸是漢代的標準,當時的一尺約二十三厘米。《易》等乃六經。上引王充"大者爲經,小者爲傳記"語,大者蓋謂二尺四寸,小

---

① 《漢語大字典》,第 1 冊,第 99、247 頁。
② 《漢語大詞典》"韋編"條。
③ 林小安:《"韋編三編"正讀》,載《中國文物報》1991 年 11 月 3 日。參考:[日]富谷至著,劉恒武譯、黃留珠校:《木簡竹簡述說的古代中國——書寫材料的文化史》,人民出版社,2007 年 5 月第 1 版,第 44-45 頁。按,林氏認爲,"韋"通"緯"。其實,"韋""緯"本爲古今字關係,"韋"原有橫著之義。
④ 張子開:〈"以殺青書"補議〉,載《西南民族學院學報(哲學社會科學版)》1995 年 3 期,第 46 頁。
⑤ 《玉海》卷四十一引。

者指八寸吧。然西晉荀勗《穆天子傳序》:"序古文《穆天子傳》者,太康二年,汲縣民不準盜發古塚所得書也。皆竹簡素絲編。以臣最前所考定古尺度其簡,長二尺四寸,以墨書,一簡四十字。汲者,戰國時魏地也。"是則不止經用二尺四寸,其他重要著述亦可也。至於一尺二寸,多爲皇室使用①。竹簡大致寬一厘米,不超過二厘米,只能豎寫(直書)一行字②;最寬者可寫兩行,漢代稱此類簡爲"兩行"。"鄭康成言,《易》、《詩》、《書》、《春秋》簡長尺二寸,每簡三十字,《孝經》半之,《論語》簡八寸。蓋古今簡冊,字有定數,每一簡三十字"③。每支簡書三十字,蓋爲二尺四寸簡。"聘禮疏,服虔注:左氏云,古文篆書,一簡八字"④,書寫《左傳》的應該是八寸簡。

遲至漢代方出現的"牘"字,原指寫字用的木板。《文選·謝莊〈月賦〉》:"抽毫進牘,以命仲宣。"李善注:"牘,書板也。"其制作方式,王充《論衡·量知》曰:"夫竹生於山,木長於林,未知所入。……斷木爲槧,析之爲板,力加刮削,乃成奏牘。"參之以上引《論衡》文,可知治作木牘比竹簡要容易得多。

由於木牘遠晚於竹簡,又多見於西北地區,且其制作材料爲楊、柳、松等西埵常見樹木,故人多以爲牘乃簡的替代品⑤。雖然此說爲實情,但在古代,簡、牘的用途實有所不同:竹簡編連起來,用於書寫長篇文章、行政檔案或書籍;木牘則一般單獨使用⑥。當然,也有在無法得竹簡的情況下,不得已而木牘編綴成冊的例子⑦。

圖2.11　上海博物館藏戰國楚竹簡

另外,即便是單用的木牘,其用途也有多種,且與牘的長度等密切相關:

(1)最短之牘,五寸長。製爲"符",一般兩枚一組,牘面寫字,側面有刻齒;兩枚拼合,即可爲信。《說文解字》:"符,信也。漢制以竹長六寸,分而相合。"可見本爲竹制。《太平御覽》卷二百三十引《漢官解詁》:"又有籍,皆復有符,用木二寸,以所長官兩字爲鐵印。分符當出入者,按籍畢,復齒符,乃引內之也。"《漢官解詁》作者

---

① [日]富谷至:《木簡竹簡述說的古代中國》,第43頁。
② 富谷至曰"漢代稱一行簡爲'札'"(《木簡竹簡述說的古代中國》,第43頁)。似有問題,因爲"札"一般指的木片也。
③ (元)陸友仁:《研北雜志》卷下。
④ 《玉海》卷四十。
⑤ [日]富谷至:《木簡竹簡述說的古代中國》,第58-63頁。
⑥ 錢存訓《書於竹帛》,第83頁;富谷至:《木簡竹簡述說的古代中國》,第61頁。
⑦ [日]富谷至:《木簡竹簡述說的古代中國》,第62頁。

王隆爲東漢人,則其時符已多爲木製也。"符"一般作爲通行證明的出入符券、買賣證明的契約券。

(2)一尺長,多用於書信,故以"尺牘"代指民間信函,《後漢書·北海靖王興傳》:"及寢病,帝驛馬令作草書尺牘十首。"李賢注:"《説文》云:'牘,書版也。'蓋長一尺,因取名焉。"一尺之牘也可作爲"傳",亦稱"過所""棨",即旅行時的身份證明。另外,漢時亦在一尺牘上寫上自己的姓名,作爲晉見上級或長輩時的"謁"、同僚朋友之間用的"刺",即名刺。一般而言,謁面預留有空白,用以填寫禮品。《史記·高祖本紀》:"高祖爲亭長,素易諸吏,乃紿爲謁曰:'賀錢萬',實不持一錢。"司馬貞索隱:"謁,謂以札書姓名,若今之通刺,而兼載錢穀也。"可見至少在秦末漢初已經有謁矣。

(3)一尺半者,書寫公文報告。

(4)二尺者,下達命令用。其中有一種多面體牘,上書上級用於征召、曉喻或聲討的下行文書,稱爲"檄"。《史記·張耳陳餘列傳》:"誠聽臣之計,可不攻而降城,不戰而略地,傳檄而千里定,可乎?"明徐師曾《文體明辨·檄》:"《釋文》云:檄,軍書也。《説文》云:以木簡爲書,長尺二寸,用以號召。若有急,則插雞羽而遣之,故謂之羽檄,言如飛之疾也。"

有一種特別的牘,上部爲半圓形,涂成黑形,鑽有孔,下部則書寫物品名、文書名和賬簿名,顯然是作爲標簽或貨簽使用。有學者認爲,這就是墓碑的起源①。至于後世之牘,雖然功用相同,然長度卻不一定一致。這或許是因應重要程度而有所變化吧。《隋書》卷九《禮儀志》:"後齊正日,侍中宣詔,慰勞州郡國使。詔牘長一尺三寸,廣一尺,雌黃塗飾,上寫詔書三。計會日,侍中依儀勞郡國計吏,問刺史太守安不,及穀價、麥苗善惡、人間疾苦。又班五條詔書於諸州郡國使人,寫以詔牘一枚,長二尺五寸,廣一尺三寸,亦以雌黃塗飾,上寫詔書。正會日,依儀宣示使人,歸以告刺史二千石。"同樣是詔牘,後者竟比前者長近一倍矣。

至于尚未刮削的木片、或未寫之牘,稱作"槧",長達三尺。漢揚雄《答劉歆書》:"雄常把三寸弱翰,齎油素四尺,以問其異語,歸即以鉛摘次之於槧,二十七歲於今矣。"按《漢語大詞典》認爲,槧指未經書寫的素牘②。需要注意的是,漢代伊始的木牘的長度,皆爲五寸的倍數,而竹簡長度則多爲六的位數,這與戰國竹簡遵循周秦制度蓋有關係吧③。

---

① [日]富谷至:《木簡竹簡述說的古代中國》,第 52-54 頁。
② 第 4 卷,第 1257 頁。
③ 錢存訓:《書於竹帛》,第 84 頁。

木牘的寬度不定,多窄至一厘米左右,僅能直書一行字,但亦有寬至可書五行或以上文字者。

總之,雖然木牘是竹簡的模仿或替代品,牘的製作也更容易一些,但木牘的用途要廣泛得多。

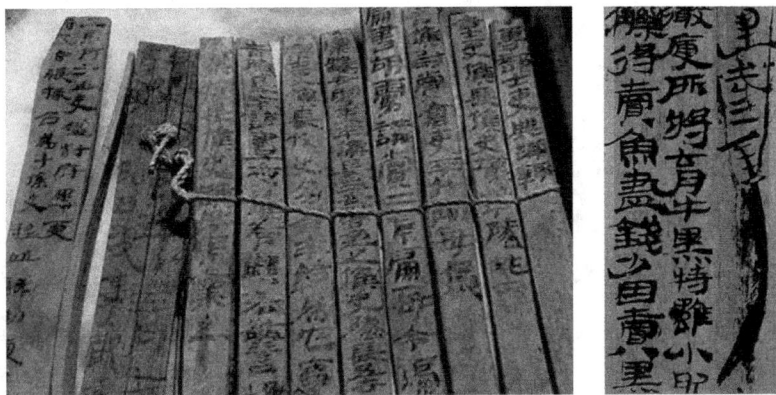

圖 2.12　居延漢牘

需措意者,雖然後"簡牘"自漢以來常連用,錄《藝文類聚》卷五十八引三國吳謝承《後漢書》:"王充於宅內門户墟柱,各置筆硯簡牘,見事而作,著《論衡》八十五篇。"晋杜預《〈春秋經傳集解〉序》亦言:"諸侯亦各有國史,大事書之於策,小事簡牘而已。"但二者的質材迥異,稱木牘爲"漢簡"之類,委實欠妥,不如改呼"漢牘"。

目前有關簡牘的參考文獻,大致有:陳夢家《漢簡輟述》,"陳夢家著作集"之一(北京:中華書局,1980 年 12 月第 1 版,2008 年 7 月北京第 3 次印刷);鄭有國《簡牘學綜論》(上海:華東師範大學出版社,2008 年 10 月第 1 版);甘肅省博物館、中國科學院考古研究所《武威漢簡》(北京:中華書局,2005 年 9 月第 1 版);陳直《居延漢簡研究》(北京:中華書局,2009 年 6 月第 1 版);汪濤、胡平生、吳芳思《英國國家圖書館藏斯坦因所獲未刊漢文簡牘》(上海:辭書出版社,2007 年 12 月第 1 版)。

七、縑帛形態

《墨子·天志中》:"又書其事於竹帛,鏤之金石,琢之槃盂,傳遺後世子孫。"雖然古時"竹帛"並稱,竹簡卻先於絹帛,而絹帛又早於木牘。

帛乃古代絲織物的統稱。《急就篇》:"綈、絡、縑、練、素、帛、蟬。"顏師古注:"帛,總言諸繒也。"《說文解字·帛部》:"帛,繒也。"段玉裁注:"《糸部》曰:'繒,帛也。'《聘禮》、《大宗伯》注皆云:'帛,今之璧色繒也。'"徐灝箋:"帛者,縑素之通名。璧色,白色也,故從白。引申爲雜色繒之偁。"可見"帛"本白色絲織物。然用於書寫者並不一定爲此色,故我們以"縑帛"代之。縑,本指雙絲(雙經或雙緯)織的淺黃色細絹。

《淮南子·齊俗訓》:"夫素之質白,染之以涅則黑;緜之性黄,染之以丹則赤。"《漢書·外戚傳上·史皇孫王夫人》:"媪爲翁須作緜單衣。"顏師古注:"緜,即今之絹也。"

絲織品除了作爲高級衣料、貨幣和禮物等之外,亦作爲書寫材料。宋趙彦衛《雲麓漫鈔》卷七:"故有刀筆鉛槧之説,秦漢末用緜帛。"沙畹(Edouard Chavannes)亦稱,毛筆爲秦代蒙恬所發明,故亦是從秦始皇時代始以緜帛書寫①。然《論語·衛靈公》有云:"子張書諸紳。"孔安國曰:"紳大帶也。"邢昺疏:"此帶束腰,垂其餘以爲飾,謂之紳。"紳乃一種束於腰間、一端下垂的大帶,一般爲士大夫所用。《禮·玉藻》:"紳長,制:士三尺,有司二尺有五寸。"鄭玄注:"紳,帶之垂者也。"子張所書很可能爲一般布質紳,而非絲帶,但這條記載表明春秋時人們亦或時在布絲類物品上書寫。《晏子春秋》:"景公謂晏子曰:'昔吾先君桓公予管仲狐與穀,其縣十七,著之於帛,申之以策,通之諸侯,以爲其子孫賞邑。……'"管仲、齊桓公亦生活於公元前八到前七世紀的春秋時期。有人認爲,緜帛文獻起源於春秋時代②。其實,在布或絲質品上書寫的起源當更早,《書·君牙》:"厥有成績,紀於太常。"孔傳:"王之旌旗畫日月曰太常。"太常,旌旗。《文選·張衡〈東京賦〉》:"建辰旒之太常,紛焱悠以容裔。"薛綜注:"辰謂日月星也,畫之於旌旗,垂十二旒,名曰太常。"字亦作"大常"。《周禮·夏官·司馬》:"有功者銘,書於王之大常,祭於大烝,司勳詔之。"同書《春官·巾車》:"建大常,十有二斿。"鄭玄注:"大常,九旗之畫日月者,正幅爲縿,斿則屬焉。"在"太常"上"紀""成績",當用文字吧;君牙爲周穆王(約)臣下,而穆王約前976至前923年在位③:以絲或布書寫,至少在公元前十世紀已然存在矣。而在《墨子》中,除前引《兼愛下》、《明鬼》和《天志中》之外,《貴義》、《尚賢》、《非命》等諸篇中,亦有"書之竹帛"之語,表明戰國時代以帛書寫已相當常見。

書以文字的緜帛,早在19世紀初即由斯坦因在敦煌等地有所發現,但多屬書信或殘片。真正最早的緜帛書籍爲1942年被盜掘的長沙子彈庫楚國楚墓中的文圖並茂的緜帛文獻,可能是術數著作,但原件已流失到國外。1973年,再次發掘此墓,出土了戰國"人物御龍帛畫"。1970年代,在長沙馬王堆1、3號漢墓,以及山東臨沂雀山9號漢墓,皆出土了這類帛畫。1973年在長沙馬王堆3號漢墓,又出土了二十八種帛書,共計十二萬多字,包括《戰國縱橫家書》、《老子》、《五星占》等④。

緜帛可根據需要而剪裁,一般高度是四十八厘米或二十四厘米,長度則隨書寫要

---

① Edouard Chavannes, "Les livres chinois avant l'invention du papier", *Journal Asiatique*, series 10, V(1905), p. 8.

② 1.《中國大百科全書》"圖書館學·情報學·檔案學"卷,王紅元撰"緜帛文獻"條。2. 錢存訓《書於竹帛》,第96-97頁。

③ 陳久金編著:《中朝日越四國歷史紀年表》,群出版社,2008年5月第1版,第9-10頁。

④ 《中國大百科全書》"圖書館學·情報學·檔案學"卷,王紅元撰"緜帛文獻"條,董俊撰"緜帛檔案"條。

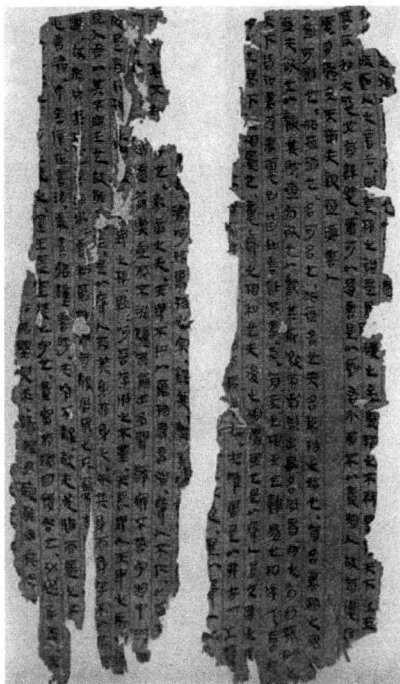

圖 2.13　長沙馬王堆帛書

求而定。以縑帛書寫的文獻，多稱爲"帛書"，或呼爲"繒書""素書"。《後漢書·宦者傳·蔡倫》："自古書契多編以竹簡，其用縑帛者謂之紙。"則帛書亦可稱"紙"，且"紙"的本義應指用於書寫的縑帛。後來發明了植物紙之後，另造"帋"以表示縑帛之紙。《太平御覽》卷六百五引晉王隱《晉書》："魏太和六年，博士河間張揖上《古今字詁》。其《巾部》'紙'，今也其字從巾。"

單簡窄小難書，編簡又體重難攜難藏，但竹子易得，竹簡賤；縑帛雖然長寬隨意、易寫，柔軟輕便而易捲、便攜、易貯，卻又稀少貴重：所以即便在縑帛最爲流行的戰國秦漢時期，它也沒有簡牘一樣普及、也沒有取代簡牘成爲主要載體，而是僅用於少數慎重場合下的書信、繪畫、地圖和少數重要著作。因其下筆即難於更改，故而縑帛又多抄寫定本。《太平御覽》卷六百六引應劭《風俗通》："劉向爲孝成皇帝典校書籍二十餘年，皆先書竹，改易刊定。可繕寫者，以上素也。"可見當年劉向校書，是將前代之簡牘文獻加以校勘，而寫定爲縑帛也。

在植物紙大量使用之後，縑帛仍未如簡牘一般退出歷史舞臺，而是依然用於書法、繪畫、地圖，敕書、告身、科舉榜單、誥命、敕命等重要官府文件，以及其他特殊場合，只是數量相對減少而已。清周亮工《與胡元潤書》："王荆公作字，未嘗輕用縑帛，獨於佛語用之。"荆公蓋是獨對佛語表示尊崇也。

有關縑帛文獻，可參考：商承祚《戰國楚帛書述略》（載《文物》1964 年 9 期）；湖南省博物館編《馬王堆漢墓研究》（長沙：湖南人民出版社，1981 年）；趙超《中國古代簡牘帛書發現與研究》（福州：福建人民出版社，2005 年 6 月）。

八、紙張形態

如前舉《太平御覽》卷六百五引晉王隱《晉書》所言，"紙"本指縑帛，至晉方另造"帋"字以稱縑帛，"紙"方專指植物紙。同處引王隱書尚曰："古之素帛，依舊長短，隨事截絹，枚數重沓，即名幡紙。從系，此形聲也。後和帝元興中，中常侍蔡倫以故布擣剉作紙。故字從巾，是其聲。雖同系巾，爲殊不得言古紙爲今紙。"然有學者仍以爲，有關漢代的文獻中多處出現的"紙"，甚至湖北雲夢睡虎地戰國秦簡《日書》中的

“紙”，並皆是纖維紙①。

植物紙的產生，一般認爲與東漢蔡倫（63—121）有關。《後漢書·宦者傳·蔡倫》：“自古書契多編以竹簡，其用縑帛者謂之爲紙。縑貴而簡重，並不便於人。倫乃造意，用樹膚、麻頭及敝布、魚網以爲紙。元興元年奏上之，帝善其能。自是莫不從用焉，故天下咸稱‘蔡侯紙’。”唐李賢注引《湘州記》曰：“耒陽縣北有漢黃門蔡倫宅，宅西有一石臼，云是倫舂紙臼也。”元興爲漢和帝劉肇年號，元興元年相當於公元 105 年。其實，蔡倫不過是推廣以樹皮之類作爲原料的新方法，並在一定程度改良了造紙技術罷了，造紙之法早已有之。“紙”原指漂洗鹽繭時附著在筐上的絮渣，呈方形；再後來指以絲爲原料的縑帛②。《說文解字》：“紙，絮一笘也。從糸，氏聲。”段玉裁改“笘”爲“箈”，箈爲土法造紙的工具。“絮”原指絲綿，以鹽繭爲之。《急就篇》卷二：“絳緹絓紬絲絮綿。”顏師古注：“漬繭擘之，精者爲綿，粗者爲絮。今則謂新者爲綿，故者爲絮。”我國早在西漢時已經有“絮紙”，乃以絮棉絲爲之③。植物纖維之紙，蓋仿絮渣或絮紙而創。造紙之初衷，乃以之爲縑帛的替代品。1957 年，陝西灞橋西漢古墓中發現的紙片，色澤微黃，質地粗厚，上面有清晰的麻絲，顯然是以麻製成的，這批殘片被稱爲“灞橋紙”，是目前爲止最早的植物紙實物④。1990—1992 年，敦煌懸泉置遺址出土了寫有文字的十件紙質殘片，其中漢代的九件，有三件屬於西漢武帝（公元前 140—前 87 在位）、昭帝時代（公元前 86—前 74 在位），上有隸書“付子”“薰力”“細辛”諸字，應爲藥方。這是最早有文字的植物紙⑤。1986 年在甘肅天水放馬灘五號漢墓中，出土了一件紙質地圖殘片，時爲文景時期（公元前 179—前 150），這是世界上最早的地質地圖，也是最早的紙質文獻⑥。

植物紙按造紙原料，可區分爲麻紙、皮紙、竹紙等。皮紙乃以樹皮所造。明宋應星《天工開物·紙料》：“凡紙質，用楮樹（一名穀樹）皮與桑穰、芙蓉膜等諸物者爲皮紙。”相應地，紙質文獻可分爲麻紙文獻、皮紙文獻和竹紙文獻⑦。

自西漢王莽新朝之後，質量較爲低劣之植物紙漸次在民間流行。隨著蔡倫造紙法的推廣，紙在公元二世紀亦推展到部分行政領域，但官府公文仍以簡牘爲主。《太平御覽》卷六百五引桓玄《僞事》曰：“古無紙，故用簡，非主於敬也。今諸用簡者，皆以黃

---

① 錢存訓：《書於竹帛》，第 110-113 頁。
② 《漢語大字典》，第 5 冊，第 3375 頁。
③ 《中國大百科全書》“圖書館學·情報學·檔案學”卷，詹德優撰“紙質文獻”條。
④ 潘吉星：《世界上最早的植物纖維物》，載《文物》1964 年 11 期，第 48-49 頁。
⑤ 甘肅省文物考古研究所：《敦煌漢代懸泉置遺址發掘簡報》，載《文物》2000 年第 5 期，第 4-15 頁，圖 11-18。
⑥ 甘肅省文物考古研究所、天水市北道區文化館：《甘肅天水放馬灘戰國秦漢墓群的發掘》，載《文物》，1989 年第 2 期，第 1-11、13 頁。
⑦ 《中國大百科全書》“圖書館學·情報學·檔案學”卷，詹德優撰“紙質文獻”條。

紙代之。"又曰:"玄令平準作青、
赤、縹、綠、桃花紙,使物精,令速
作之。"可知玄所謂紙實爲纖維所
造。考桓玄於公元403年底代晉
自立,上述言論乃當時語,故直到
五世紀初,紙質文獻方正式取代
了簡牘的地位,一躍而成爲公私
領域的主流載體①。

圖 2.14　西漢"灞橋紙"

敦煌吐魯番出土文書中,有
"黃紙"(黃色、質量最好的紙,一
般用於抄寫以皇帝名義下達的文
件即"敕""旨"之類②、上報朝廷
的公文,銓選和考績官吏③、登記姓名等,以及道教經典)、"案紙"(辦案用的、質量較
好的紙)、"次紙"(質量稍次之紙)、"料紙"(一般官吏每月用紙)等之別;普通百姓自
己打官司時,要支付紙筆費用,敦煌寫本《鷰子賦》:"今日之下,[乞與]些些方便。還
有紙筆當直,莫言空手冷面。"甚至在交納的日常賦稅中,也有政府的紙張筆墨費用一
項,《唐六典》卷三"尚書戶部":"每一歲一造計賬,三年一造戶籍。縣以籍成於州,州
成於省,戶部總而領焉。"注:"諸造籍,起正月,畢三月。所須紙筆裝潢軸帙,皆出當戶
內,口別一錢,計賬所須,戶別一錢。"王梵志詩亦云:"前人心里怯,干言愧曹長。紙筆
見續到,仍送以縑想。""在縣用紙多,從吾相便貸。"上述諸方面,皆充分表明唐五代時
紙在生活中所占的重要地位。

需要說明者,盬繭紙實際上至少至清代都還在使用唐代都還存在,如趙萬里
《默堂先生文集》"跋":"此本有'東郡楊氏宋存書室珍藏'、'東郡楊紹和字彥合藏
書之印'、'彥合珍存諸印',知是海源閣故物,繭紙精寫,乃康、乾間人手,跡彌可
珍也。"

植物紙的大量運用,導致書籍的裝幀形式亦發生變化。如前所述,單片的竹簡

---

① 《中國大百科全書》"圖書館學·情報學·檔案學"卷,丁永奎撰"紙質檔案"條。《中國大百科全書》"圖書館
學·情報學·檔案學"卷,詹德優撰"紙質文獻"條稱,"從西晉時紙已取代了竹帛而成爲主要的文獻載體";
錢存訓《書於竹帛》謂,"紙的風行當在三世紀至四世紀的晉代,取代了竹簡和部分縑帛的用途",並說桓玄是
在4世紀時下的令;富谷至認爲,"隨著紙張出現並成爲普遍的書寫材料,木簡不久就銷聲匿跡了"(氏著《木
簡竹簡述說的古代中國》,第35頁):皆有悖實情。因倘若早以紙爲主,桓玄又何必下令用"黃紙"代"簡"?

② 《晉書·石季龍載記上》:"先帝創臨天下,黃紙再定。"

③ 《隋書·百官志上》:"若勅可,則付選,更色別,量貴賤,內外分之,隨才補用。以黃紙錄名,八座通署,奏可,
即出付典名。"

木牘以繩子編連,再捲裹起來,其單位當爲"篇"或"編"①;亦可呼爲"策",《儀禮·聘禮》:"若有故,則卒聘,束帛加書將命,百名以上書於策,不及百名書於方。"鄭玄注:"策,簡也,方,板也。"賈公彥疏:"云策簡、方板也者,簡謂據一片而言,策是編連之稱"。縑帛書籍的單位則爲"卷"。而紙張既爲縑帛的替代品,其單位也襲用"卷",也就是說,最初亦是捲裹起來的;卷末,一般黏以軸,故一卷亦稱一"軸"。至少在唐代,卷、軸已然是主流,葉德輝《書林清話·書之稱卷》:"《舊唐書·經籍志》:'集賢院御書,經庫皆鈿白牙軸,朱帶,白牙籤。'蓋隋唐間簡册已亡,存者止卷軸,故一書又謂之幾軸。韓愈詩:'鄴侯家多書,插架三萬軸。——懸牙籤,新若手未觸。'三萬軸即三萬卷也。"大致從唐朝開始,從中分化出了折疊形式的册頁,再演化爲旋風裝、經折裝、蝴蝶裝、包背裝和線裝,後者且成爲主流,卷軸裝雖仍延續至今,卻多限於字畫裝幀矣。

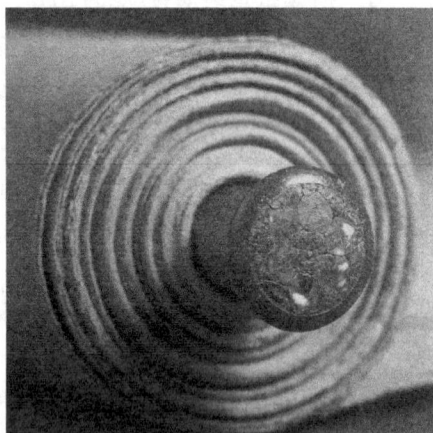

圖 2.15　唐代原裝鑲嵌蓮花軸頭②

（浙敦 193）

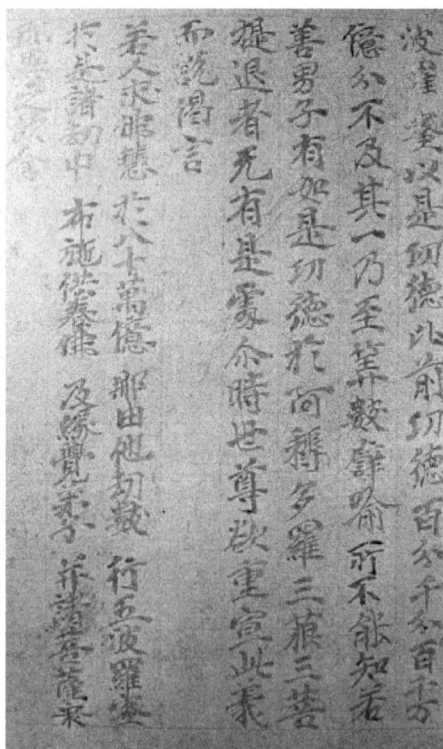

圖 2.16　敦煌唐血書《妙法蓮花經》③

（浙敦 148）

另需要說明者,古來毛筆書寫多用墨色、間用紅色校勘,然在特別情形下,亦有用

---

① 1.錢存訓:《書於竹帛》,第 86-90 頁;2.[日]富谷至:《木簡竹簡述說的古代中國》,第 45-50 頁。
② 《浙藏敦煌文獻》,浙江教育出版社,2000 年 7 月第 1 版。
③ 《浙藏敦煌文獻》,第 148 頁。

血書寫者。《公羊傳·哀公十四年》"撥亂世反諸正,莫近諸《春秋》",漢何休注:"得麟之后,天下血,書魯端門 …… 子夏 明日往視之,血書飛爲赤鳥。"一般以血書表示詛咒、深仇、重誓甚或極度恭敬。這種情況在宗教信仰中常見,如佛教經典屢言此乃積德之舉,《大方廣佛華嚴經》卷四十《入不思議解脫境界普賢行願品》:"剝皮爲紙,折骨爲筆,刺血爲墨,書寫經典,積如須彌,爲重法故,不惜身命。"①《大智度論》卷十六《序品》:"若實愛法,當以汝皮爲紙,以身骨爲筆,以血書之,當以與汝。"②不僅僅文獻中提倡,中土現實生活中亦頗有實行者,如敦煌寫本中就有血書之佛經。

第三節　文獻的流傳

文獻流傳方式,與形成方式有一定聯係,如書寫或謄抄、鐫刻和印刷既產生了種種文字型文獻,又促進了文獻的流傳。有學者將流傳方式總結爲銘刻、抄寫、傳拓或各種印刷的方式加以復制,以及藉以保存於或輯錄早期資料的引證之中③。其中,銘刻、抄寫、傳拓或復製,亦皆屬於生產方式;至於在引證中保存,多指類書或注疏著作,我們在後面的類書部分還將探討。其實,文獻流傳方式並不止於此,而是還要更多一些,且隨著環境不同和時代變化而有異,如翻譯、日常購求、朝廷或私人賜贈、口耳相傳、官學和私學中師徒授受研習、公私收藏、寺院及民間信仰、研究、對外交流等,甚至今天的電話、傳真、電子郵件、手機短信、藍牙(Bluetooth)傳輸之類,皆爲文獻傳播方式,皆促進了古典文獻的擴散流通④。

古典文獻流傳到域外,乃對外交流的結果。倘以漢籍流布日本而論,其形式大致有四:以人種交流爲自然通道的傳播形式(六至八世紀末)、以貴族知識分子爲主體的傳播形式(八世紀末至十二世紀)、以禪宗僧侶爲主體的傳播形式(十三至十六世紀)、以商業爲主要通道的傳播形式(十七至十九世紀)⑤。實際上,佛教僧人在漢籍流傳史上從來皆扮演着重要角色,且並不始於十三世紀。日本平安初期的八位僧人,即所謂"入唐八家"或"八家真言""真言八家祖師",先後奉敕入唐留學,在歸國時攜回了大量佛教文物文獻;返日後,並將請回的經論、圖像、法具等撰爲目録而獻予朝廷:

① 《大正新脩大藏經》,第 10 冊,第 845 頁 c 欄。
② 《大正新脩大藏經》,第 25 冊,第 178 頁 c 欄。
③ 錢存訓:《書於竹帛》,第 157-158 頁。
④ 李瑞良:《中國古代圖書流通史》,上海人民出版社,2000 年 1 月第 1 版。
⑤ 嚴紹璗:《漢籍在日本的流布研究》,江蘇古籍出版社,1992 年 6 月第 1 版,2000 年 1 月第 2 次印刷,第3-65 頁。

（1）最澄（Saichō,767—822），延曆二十三年（唐貞元二十年,804）七月入唐,翌年六月回國。撰有《傳教大師將來臺州錄》（或稱"圓宗錄"）、《傳教大師將來越州錄》（或稱"越府錄"）,著錄經疏二百三十部、四百六十卷,以及《金字妙法蓮華經》和法具等。

（2）空海（Kukai, 774—835）,與最澄同時入唐,大同元年（806）八月返日。撰《御請來目錄》,收經論等二百一十六部、四百六十一卷。

（3）常曉（？—865）,承和五年（唐文宗開成三年,838）六月入唐,翌年八月返日。撰《常曉和尚請來目錄》,著錄所請經論三十一部、六十三卷。

（4）圓行（800—853）,承和五年六月與常曉一同入唐,翌年十二月回國。撰《靈岩寺和尚請來法門道具等目錄》,著錄經論章疏等六十九部、一百二十三卷,以及大量佛舍利、佛像曼荼羅樣、諸種道具等。

（5）圓仁（Ennin ,794—864）,承和五年與常曉一起入唐,宣宗大中元年（日本承和十四年,847）九月回日本。撰《日本國承和五年入唐求法目錄》、《慈覺大師在唐送進錄》、《入唐新求聖教目錄》,共計著錄所請回經卷八百四十八部、一千一百四十五卷,以及法器等。

（6）慧運（800—871）,承和五年入唐,承和十四年（唐宣宗大中元年,847）回日。撰《慧運禪師將來教法目錄》,著錄真言經儀軌等共一百二十二部、一百八十卷。又撰《慧運律師書目錄》,著錄請來經儀軌等計二百二十卷。

（7）圓珍,（Enchin 814—891）,仁壽三年（唐大中七年,853）八月乘船入唐,天安二年（唐大中十二年,858）五月回日。撰《開元寺求得經疏記等目錄》,著錄所求得經論疏記等一百五十六卷;撰《福州溫州臺州求得經律論疏記外書等目錄》,著錄所求得經律論疏記外書等四百五十八卷;撰《青龍寺求法目錄》;撰《日本比丘圓珍入唐求法目錄》,著錄所求得教法、圖像、道具以及碑銘等三百四十一本、七百七十二卷;就《智證大師請來目錄》,著錄所求得經律論傳記等四百四十一本、一千卷[①]。

（8）宗睿（809—884）,日本貞觀四年（唐懿宗咸通三年,862）七月入唐,貞觀七年（唐咸通六年,865）十一月回日。撰《新書寫請來法門等目錄》,著錄佛教文獻一百三十四部、一百四十三卷;撰《禪林寺宗睿僧正目錄》,著錄經軌二十七種[②]。

另外,中國僧人在漢籍傳入日本的過程亦起到了重要作用。如鑒真（687—763）曾五次東渡而未能成行,其間顛沛流離達十一年,甚至導致雙目失明,但卻更加增益其赴日之願。天寶十二年（753）,隨日本遣唐使藤原清河等人第六次東渡,終獲成功,時

---

① 周一良《入唐僧圓珍與唐朝史料》,載氏著《中日文化關係史論》,"東方文化叢書"之一,江西人民出版社,1990年6月第1版,第96-103頁。
② 參考:張子開:《唐五代傳入日本的禪宗文物文獻——以"入唐八家"求法目錄爲攷查中心》。

年已六十六矣。帶去的經像法物包括：如來舍利,彌陀、藥師、觀音、彌勒等造像;金字《華嚴經》、《大佛名經》、《大品經》、《大集經》、南本《涅槃經》、《四分律》,法礪、光統《四分律疏》,天台《止觀法門》、《法華玄義》、《法華文句》、《四教儀》、《小止觀》、《六妙門》等,定賓《飾宗義記》,觀音寺亮律師《義記》,南山道宣《含注戒本疏》、《行事鈔》、《羯磨疏》,懷素《戒本疏》,《比丘尼傳》、《西域記》、《戒壇圖經》等計四十八部;菩提子、青蓮華莖、天竺革履,晉王羲之、王獻之的真跡行書等。更特別的是,隨鑒真去的還有:揚州白塔寺僧法進、泉州超功寺僧壇靜、臺州開元寺僧思托、揚州興雲寺僧義靜、衢州靈耀寺僧法載、竇州開元元寺僧法成等十四人,藤州通善寺尼智首等三人,揚州優婆塞潘仙童、胡國人安如寶、昆侖國人軍法力、瞻波國人善聽共二十四人[①]。

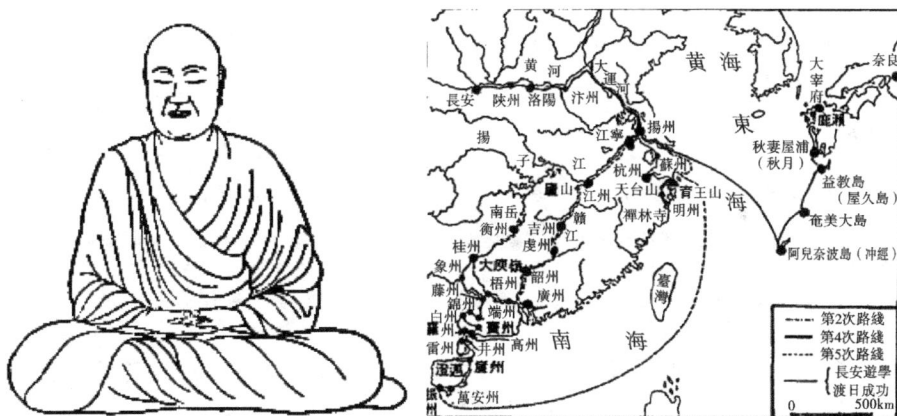

圖 2.17 鑒真畫像及行跡圖

至於日常購求,除了在本土書肆等地尋訪外,亦包括到他國搜求文獻。我國學者、作者或畫家如董康、傅增湘、張元濟、魯迅、郭沫若、郁達夫、傅抱石等,皆到過日本文求堂等書店。同樣,日本學人亦很重視到中國求訪古籍,其中較突出者如內藤湖南、田中慶太郎、武內義雄、神田喜一郎、長澤規矩也和吉川幸次郎等[②]。

當然,不得不承認的是,中土所藏珍貴文物文獻流失到海外,部分國人亦有愆焉。如清末藏書家歸安陸心源逝後不到十三年,其皕宋樓所藏宋元雕版圖書和名人手抄本等計四千一百四十六部、四萬三千二百一十八冊,在日本學者島田翰(彥楨)的居中斡旋下,於 1907 年被其兒子以十二萬大洋的價格,悉數賣給日本人岩崎彌之助。這部分文獻,遂成為東瀛專門收藏中國和日本古籍的靜嘉堂文庫的核心收藏。島田氏後來撰

---

① 參考:《宋高僧傳》卷十四,《唐大和上東征傳》,《戒律傳來記》卷上,《今昔物語》卷十一,《元亨釋書》卷一,《本朝高僧傳》卷二。

② ［日］內藤湖南、長澤規矩也等:《日本學人中國訪書記》,中華書局,2006 年 1 月第 1 版。

《皕宋樓藏書源流考并購獲本末》①，詳記其事。陸氏舊藏之詳情，國人今僅可假《靜嘉堂祕籍志》②一覽大概矣。

我國古籍流傳方式中有一種帶有行政性質，是即賞賜。一般是朝廷將貴重稀少的圖書賜予有功之臣。《北堂書鈔》卷一百一《藝文部》"賜書"則，載錄了數條：

> 家有賜書　《後漢書》。班彪幼與從兄嗣伯同遊太學，家有賜書，內足於才，好古之士自遠方至焉。
>
> 賜祕閣書　《續晉陽秋》。太元三年，詔賜會稽王祕閣書八千卷。
>
> 賜黃香《孟子》　《東觀漢記》。章帝賜黃香《淮南》、《孟子》各一通。
>
> 《韓子》賜太子　《晉中興書》。中宗任刑法，以《韓子》賜太子。
>
> 詔與一千卷　《義熙起居注》云：何無忌在祕閣，求賜祕書，詔與一千卷。
>
> 送一車與之　《晉書》云：皇甫謐自表，就帝借書。帝送一車書與之。謐雖羸疾，而披閱不怠。
>
> 賜祕書之副　《漢書》。班游以選受詔，進讀羣書。上器其能，賜以祕書之副。
>
> 賜書四千卷　《蔡琰別傳》。曹操問琰曰："聞夫人家先多墳籍，猶能憶識之不？"文姬曰："昔亡父賜書四千許卷，流離塗炭，罔有存者。今所誦憶，裁四百餘篇耳。" 補

這種方式，在整個古代社會時有出現。清朝編纂《四庫全書》，各省盡力訪求珍本佚籍，私家亦多有奉。書成之後，皇帝下令，頒賜《古今圖書集成》、《佩文韻府》給有卓越功績的私人藏書家。乾隆三十九年（1774）五月十四日諭曰：

> ……今閱進到各家書目，其最多者如浙江鮑士恭、范懋柱、汪啟淑、兩淮之馬裕四家，爲數至五六七百種，皆其累世弆藏，子孫克守，其業甚可嘉尚。因思內府所有《古今圖書集成》爲書城鉅觀，人間罕覯。此等世守陳編之家，宜俾專藏勿失，以示留貽。鮑士恭、范懋柱、汪啟淑、馬裕四家，著賞《古今圖書集成》各一部，以爲好古之勸。又如進呈一百種以上之江蘇周厚堉、蔣曾瑩、浙江吳玉墀、孫仰曾、汪汝瑮，以及朝紳中黃登賢、紀昀、勵守謙、汪如藻等，亦俱藏書舊家，並著每人賞給內府初印《佩文韻府》各一部，俾亦珍爲世寶，以示嘉獎。以上應賞之書，其外省各家，著該督撫鹽政派員赴武英殿領回分給；其在京各員，即令其親赴武英殿祗領。仍將此通諭知之。欽此。

同年七月二十五日，又下諭旨曰：

---

①　[日]島田翰：《皕宋樓藏書源流考》，光緒丁未（三十三年。約1907）六月，武進董康刊於京師。
②　河田羆編：《靜嘉堂祕籍志》，東京：靜嘉堂刊本，大正六年（1917）。

……第此次各省搜訪書籍，有多至百種以上至六七百種者，如浙江范懋柱等家，其裒集收藏，深可嘉尚。前已降旨，分別頒賞《古今圖書集成》及初印《佩文韻府》，并擇其書尤雅者，製詩親題卷端，俾其子孫世守，以爲稽古藏書者勸。……

此外，或應新羅、高麗等屬國之請，或表示恩情，亦時將漢文典籍賜與之。《舊唐書》卷一百九十九上《新羅國》："垂拱二年，政明遣使來朝，因上表請《唐禮》一部并雜文章。則天令所司寫《吉凶要禮》并，於《文館詞林》採其詞涉規誡者，勒成五十卷以賜之。"《宋史》卷四百八十七《外國三·高麗》："（熙寧）八年，遣其弟僧統來朝求問佛法，并獻經像。哲宗立遣使金上琦奉慰林暨致賀，請市刑法之書、《太平御覽》、《開寶通禮》、《文苑英華》。詔惟賜《文苑英華》一書，以名馬錦綺金帛報其禮。"宋李燾《續資治通鑑長編》卷三百六十五："（哲宗元祐元年）館伴高麗使言，高麗人乞《開寶正禮》、《文苑英華》、《太平御覽》。詔許賜《文苑英華》。"《宋史》卷十七《本紀·哲宗》："二月已酉……辛亥禮部尚書蘇軾言：高麗使乞買歷代史及《冊府元龜》等書，宜却其請，不許省臣。許之。"可見，朝廷對番國的請求並非有求必應，還是有所保留的。這種情況一直延續到明清，如 1464 年，日本建仁寺住持天與清啟向明王朝上表，上列希望得到的文獻：

書籍銅錢，仰之上國，其來久矣。今求二物，伏希上達，以滿所欲。書目見於左方：

《教乘法數》，全部。《三寶感應錄》，全部。《賓退錄》，全部。《北堂書鈔》，全部。《兔園策》，全部。《史韻》，全部。《歌詩押韻》，全部。《退齋集》，全部。《張垶休畫墁集》，全部。《遁齋閒覽》，全部。《石湖集》，全部。《揮麈錄》，全部，附《後錄》十一卷並三卷，並《餘錄》一卷。《百川學海》，全部。《老學庵筆記》，全部[1]。

【本章參考文獻】

錢存訓：《書於竹帛——中國古代的文字記錄》，上海書店出版社，2004 年 1 月第 1 版。

錢存訓著、鄭如斯編訂：《中國紙和印刷文化史》，廣西師範大學出版社，2004 年 5 月第 1 版。

李零：《簡帛古書與學術源流》（修訂本），三聯書店，2008 年 1 月北京第 2 版。

嚴紹璗：《漢籍在日本的流布研究》，江蘇古籍出版社，1992 年 6 月第 1 版，2000 年

---

① 嚴紹璗：《漢籍在日本的流布研究》，第 47-48 頁。

1 月第 2 次印刷。

[日]內藤湖南、長澤規矩也等:《日本學人中國訪書記》,中華書局,2006 年 1 月
第 1 版。

王勇、大庭修主編:《中日文化交流史大系》典籍卷,浙江人民出版社,1996 年。

◎原典閱讀

一、宋高承《事物紀原》卷四《經籍藝文部十七》(節錄)

文字

《淮南子》曰:蒼頡之初作書,以辨治百官,領理萬事。愚者得以不忘,智者得以
志遠。

又曰:昔者蒼頡作書,而天雨粟。

又曰:見鳥跡而知著書。

《呂氏春秋》曰:蒼頡作書。注云:蒼頡生而知書,寫倣鳥跡,以造文字。

《黃帝內傳》曰:帝煞蚩尤,因命蒼頡造文字以變質。

《帝王世紀》曰:蒼頡取像鳥跡,始作文字。

李瀚《蒙求》曰:蒼頡,黃帝史臣。觀鳥跡以作文字,鬼夜哭,龍潛藏。

晉衛恒曰:昔在黃帝,創制造物,有沮誦、蒼頡始作書,蓋觀鳥跡以興思。

《世本》亦曰:沮誦、蒼頡造書。宋衷云:皆黃帝史也。

《字源》曰:太昊時,始有文字,或云篆。黃帝變古爲文字。

又曰:庖犧氏獲景龍,作龍書。炎帝因嘉禾,作穗書。蒼頡變古文,寫鳥跡,作鳥跡
篆。少昊作鸞鳳書,取似古文。高陽作科斗書。堯因軒轅龜圖,作龜書。夏后氏作形
似篆,商務光作倒薤篆,今曰薤葉。周瑞赤雀、丹烏,作鳥書。又媒氏作填書,今曰勒
字,《書斷》曰古文。黃帝史蒼頡作大篆,周宣王史史籀作小篆,秦丞相李斯作八分,秦
羽人、上谷王次仲作隸書,秦獄吏、下邽程邈作飛白,漢左中郎將蔡邕作章草,漢黃門令
史史游作行書,後漢潁川劉德升作草書,王右軍云其先出。杜氏,名伯度。趙壹云,興
於秦末,或云漢時。杜伯度屬草,所作因章帝所好,名章草。韋誕謂之草聖。漢興有
之,不知誰作,《書斷》謂如淳之作,起草爲藳,草書蓋起於此。一說,李斯又作刻符書,
雲頭鳥腳,斯及趙高俱善之。章帝時,曹喜作垂露、懸針二體。晉王羲之作龍爪篆,山

胤作花篆。魏鍾繇作正書、散隸。漢蔡邕見門吏帛飛自成字,故名飛帛。

《劉公嘉話》曰:飛帛始於蔡邕在鴻都學,見匠人施堊帚,遂枊意焉。

《唐會要》曰:貞觀十八年五月,太宗爲飛白書,作鸞鳳蝶龍等,字蓋自是始改舊體。

又李陽冰《論篆》云:秦始皇時,王次仲作八分。蕭子良云:漢靈帝時人,與秦人同姓名。鍾繇謂之章程。繇善隸書,始爲楷法鶴頭、偃波二書。繇又善八分,有隼尾。行書亦繇作,謂之行押。

或曰:秦程邈變篆作隸。李瀚云:邈,字元岑。始皇用爲獄吏。得罪雲陽獄中,幽囚十年,改篆爲隸,今楷字是也。

酈道元《水經》曰:臨淄有人發古塚,棺前隱起爲隸字,言"齊太公六代孫胡公之棺"。唯三字是古,餘同今字。元則謂,證知隸字出於古,非始於秦也。

其餘諸家體法更有百餘種,各記所作見《太平御覽》也。

孟詵《錦帶前書》載周處云,小篆,秦徐邈造,刻符扶風。曹喜造籀。篆書,周柱下史所造。

圖書

《易》曰:河出圖,洛出書,聖人則之。張晏曰:庖犧氏將興,神龍負圖而至。《帝王世紀》曰:黃帝游於洛水上,見大魚,煞五牲祭之,雨七日夜,魚流始得圖書。《春[秋]緯》云:河以通乾出天苞,洛以流坤出地符。河龍圖發,洛龜書發。孔安國以爲河圖八卦,是也。洛書,九疇是也。

書契

《尚書序》曰:古者伏犧氏之王天下也,始畫八卦、造書契,以代結繩之政。《帝王世紀》曰:伏犧氏仰觀象於天,俯察理於地,觀鳥獸之文與地之宜,近取諸身,遠取諸物,於是造書契。

((宋)高承:《事物紀原》,中華書局,1989 年 4 月第 1 版)

二、西漢司馬遷《史記》卷一百二十八《龜策列傳》（節錄）

太史公曰:自古聖王將建國受命、興動事業,何嘗不寶卜筮以助善。唐虞以上,不可記已。自三代之興,各據禎祥:塗山之兆從,而夏啓世;飛燕之卜順,故殷興;百穀之筮吉,故周王。王者決定諸疑,參以卜筮,斷以蓍龜,不易之道也。

蠻、夷、氐、羌雖無君臣之序,亦有決疑之卜:或以金石,或以草木,國不同俗。然皆可以戰伐攻擊,推兵求勝,各信其神,以知來事。

昔聞夏、殷欲卜者,乃取蓍龜,已則棄去之,以爲龜藏則不靈,蓍久則不神。至周室之卜,官常寶藏蓍龜,又其大小先後各有所尚,要其歸等耳。或以爲聖王遭事無不定,決疑無不見,其設稽神求問之道者,以爲後世衰微,愚不師智,人各自安,化分爲百室,道散而無垠,故推歸之至微,要潔於精神也。或以爲昆蟲之所長,聖人不能與争。其處吉凶、別然否,多中於人。至高祖時,因秦太卜官。天下始定,兵革未息。及孝惠享國日少,呂后女主,孝文、孝景因襲掌故,未遑講試,雖父子疇官,世世相傳,其精微深妙,多所遺失。至今上即位,博開藝能之路,悉延百端之學,通一伎之士咸得自効,絕倫超奇者爲右,無所阿私,數年之間,太卜大集。會上欲擊匈奴,西攘大宛,南收百越,卜筮至預見表象,先圖其利。及猛將推鋒執節,獲勝於彼,而蓍龜時日亦有力於此。上尤加意,賞賜至或數千萬。如丘子明之屬,富溢貴寵傾於朝廷。至以卜筮射蠱道,巫蠱時或頗中。素有眦睚不快,因公行誅、恣意所傷以破族滅門者,不可勝數。百僚蕩恐,皆曰龜策能言。後事覺姦窮,亦誅三族。

夫撻策定數,灼龜觀兆,變化無窮,是以擇賢而用占焉,可謂聖人重事者乎。周公卜三龜,而武王有瘳;紂爲暴虐,而元龜不占。晉文將定襄王之位,卜得黃帝之兆,卒受彤弓之命。獻公貪驪姬之色,卜而兆有口象,其禍竟流五世。楚靈將背周室,卜而龜逆,終被乾溪之敗。兆應信誠於內,而時人明察見之於外,可不謂兩合者哉。君子謂夫輕卜筮、無神明者,悖;背人道、信禎祥者,鬼神不得其正。故《書》建稽疑,五謀而卜筮居其二,五占從其多,明有而不專之道也。

余至江南,觀其行事,問其長老,云龜千歲乃遊蓮葉之上,蓍百莖共一根。又其所生,獸無虎狼,草無毒螫。江傍家人常畜龜飲食之,以爲能導引致氣,有益於助衰養老。豈不信哉。

(按,以下省去漢褚少孫所續"褚先生曰"云云的內容)

(中華書局,1982 年 11 月第 2 版,第 10 冊,第 3223-3225 頁)

三、宋李昉等《太平御覽》卷六百一《文部十七·著書上》

張華《博物志》曰:聖人制作曰經,賢者著述曰傳。

《史記》太史公自序曰:夫《詩》、《書》隱約者,欲遂其志之思也。昔西伯拘於羑里,演《周易》;孔子厄陳蔡,作《春秋》;屈原放逐,著《離騷》;左丘明失明,厥有《國語》;孫子臏腳,而論兵法:此人皆意有所鬱結,其不得通道也。

《漢書》曰:公孫弘著《公孫子》,言刑名,謂字直百金也。

又曰:淮南王安爲人,好書鼓琴,不喜弋獵、狗馬馳騁。招致賓客方術之士數千人,作爲《內書》二十一篇,《外書》甚衆。又有《中篇》八卷,言神仙黃白之術,亦二十餘萬言。初，安入朝，獻所作《内篇》新出。上愛祕之，使爲《離騷》傳。旦受詔，日食時上。

又曰：陸賈在高祖前，時時稱說《詩》、《書》。帝罵之曰："乃公馬上得之。"賈曰："寧可以馬上治乎。湯武逆取，而順守之，文武並用，久長之術也。"帝乃令賈著古今成敗之書，名曰《新語》。每奏一篇，帝未嘗不稱善。

又曰：董仲舒作《玉杯》、《繁露》、《清明》、《竹林》之書，《曲臺》、《后倉》之書，《禮射》之書。

又曰：王莽傳。大司馬護軍褒奏，言安漢公遭子宇陷於管蔡之辜，[子]愛至深，爲帝室故，不敢顧私。唯宇遭罪，喟然憤發，作書八篇誡（子宇）子孫。宜班郡國，令學官以教授，請令天下吏能誦公誡者，以著官，薄比孝經。

《後漢書》曰：梁竦以經書自娛，著書數篇，名曰《七序》。班固見而稱之曰："昔孔子作《春秋》而賊臣亂子懼，梁竦作《七序》而竊位素飡者慙。"

又曰：王充好論說，始詭異，終有理。實以爲俗儒守文，多失其真，乃閉門潛思，絕慶弔之禮，戶牖墙壁各置刀筆，著《論衡》八十五篇，二十餘萬言。

《後漢書》列傳曰：荀悦，字仲豫，儉之子。悦志在獻替，而謀無所用，乃作《申鑒》五篇；其所論辯，通見政體。既成而奏之，帝覽而善焉。帝好典籍，常以班固《漢書》文繁難省，乃令依《左氏傳》體以爲《漢紀》。詔尚書給筆札，辭約事詳，論辯多美。

《晉書》曰：干寶性好陰陽術數，留思京房、夏侯勝等傳。寶父先有所寵侍婢，母甚妬忌。及亡，母乃生埋婢於墓中。寶兄弟年少，不知審也。後十餘年，母喪，開墓而婢伏棺如生。載還經日，乃蘇，言其父常取飲食與之，恩情如生，家中吉凶輒語之。考校悉驗。地中亦不覺爲惡。既而嫁之，生子。又寶兄嘗病氣絕，積日不冷，後遂悟，見天地間鬼神事如夢覺，不自知死。寶以此遂撰集古今神祇靈異人物變化，名爲《搜神記》，凡三十卷，以示劉惔。惔曰："卿可謂鬼之董狐也。"干寶表曰："臣前聊欲撰記古今怪異非常之事，會聚散逸，使同一貫，博訪知之者，片紙殘缺，事事各畢。"

又曰：孫盛著《晉陽秋》，詞直而理正，咸稱良史焉。既而桓溫見之，怒謂盛子曰："枋頭誠爲失利，何至乃如尊君所說？"其子遽拜謝曰："請刪定之。"時盛年老還家，性方嚴，有軌憲，雖子孫班白而庭訓愈峻。至此，諸子乃共號泣，稽顙請爲百口計。盛大怒，諸子遂私改之。盛寫定兩本，寄於慕容儁。泰元中，孝武帝博求異聞，始於遼東得之。以相考校，多有不同，書遂兩存。

又曰：曹志，植之子也。帝嘗閱《六代論》，問志曰："是卿先王所作耶？"志對曰："先王有手所作自錄，請歸尋案。"還奏曰："案錄無此。"帝曰："誰作？"志曰："以臣所聞，是臣族父冏所作。以先王文高名著，欲令書傳於後，是以假託。"帝曰："古來亦有是。"顧謂公卿曰："父子證明，足以爲審。自今已後，可無復疑。"

又曰:王長文,字德叡。廣漢郪人也。少以才學知名,而放蕩不羈。州府辟命,皆不就。州辟別駕,乃微服竊出,舉州莫知之。後於成都市中蹲踞,齧胡餅。刺史知其不出,屈禮遣之,閉門自守,不交人事。著書四卷,擬易名曰《通玄經》。有文言卦象,可用卜筮。時人比之楊雄《太玄》。同郡馬秀曰:"楊雄作《太玄》,唯桓譚以爲必傳後世。晚遭陸績,玄道遂明。長文《通玄經》未遭陸績君山耳。"

又曰:王隱,字處叔。太興初,典章稍備,乃召隱及郭璞俱爲著作郎,令撰《晉史》。著作郎虞預私撰《晉書》,而生長東南,不知中朝事。數訪於隱,并借隱所著書竊寫之,所聞漸廣。是後,更嫉隱,形於言色。預既豪族,交結權貴,共爲朋黨以斥隱。竟以謗免黜歸於家。貧無資用,書遂不就。乃依征西將軍庾亮,供其紙筆,書乃得成,詣闕上之。隱雖好著述,而文辭鄙拙,蕪舛不倫。其書次弟可觀者,皆其父所撰。文體混雜,義不可解者,隱之作也。

《宋書》曰:王淮之,字元魯。晉尚書僕射彬玄孫也。曾祖彪之,位尚書令,博聞多見,練悉朝儀,自是家世並記江左舊事,緘之有青箱,世謂之王氏青箱學。

又曰:高平郗紹作《晉中興書》,數以示何法盛。法盛有意圖之,謂紹曰:"卿名位貴達,不復俟此延譽。我寒士無聞於時,如袁宏、干寶之徒,賴有著述流聲於後。宜以爲惠。"紹不與。至書成,在齋內廚中。法盛詣紹,紹不在,直入竊書。紹還失之,無復兼本,於是遂行何書。

《齊春秋》曰:王儉,字仲寶。以四部衆書盈溢機閣,自劉歆《七略》以來應更區別,乃著《七志》上之。時人以比相如封禪焉。

《梁書》曰:武帝取鍾王真迹,授周興嗣,令選不重復者千字,韻而文之。興嗣一宿即上,鬢髮皆白。大被賞遇。後興嗣目疾,武帝親爲之合藥。

又曰:劉勰,字彦和。自齊入梁,撰《文心雕龍》五十篇,論古今文體。其序畧云:予齒在逾立,嘗夜夢執丹漆之禮器,隨仲尼而南行。寤而喜曰:"大哉聖人之難見也,乃小子之垂夢歟。"自生靈已來,未有如夫子者也。敷讚聖旨,莫若注經,而馬、鄭諸儒,弘之已精。唯文章之用實、經典之條枝,五禮資之以成文,六典因之以致用。由是搦筆和墨,乃始論文。其爲文用四十九篇而已。既成,未爲時流所稱。勰欲取定於沈約,無由自達,乃負書候約於車前,狀若欲貨鬻者。約取讀,大重之,謂深得文理,常陳諸几案。

《後周書》曰:齊王憲嘗以古今兵書繁廣,難求指要,乃自列定爲五篇。表陳,高祖覽而稱善。

《陳書》曰:陸瓊,字伯玉。吳人。初瓊父雲公奉武帝勑,撰《嘉瑞記》。瓊述其旨而續焉。

《三國典畧》曰:齊主如晉陽,尚書右僕射祖斑等上言:"昔魏文帝命韋、誕諸人撰著《皇覽》,包括羣言,區分義別。陛下聽覽餘日,眷言緗素,究蘭臺之籍,窮策府之文,以爲觀書貴愽,博而貴要,省曰兼功,期於易簡。前者脩文殿令臣等討尋舊典,撰録斯書。謹馨庸短,登即編次,放天地之數爲五十部,象乾坤之策成三百六十卷。昔漢世諸儒集論經傳,奏之白虎閣,因名《白虎通》。竊緣斯義,仍曰《脩文殿御覽》。今繕寫已畢,并目上呈。伏願天鑒,賜垂裁覽。"齊主命付史閣。初,齊武成令宋士素録古來帝王言行要事三卷,名爲《御覽》,置於齊主巾箱。陽休之創意取《芳林遍畧》,加《十六國春秋》、《六經拾遺録》、《魏史》舊書,以士素所撰之名稱爲《玄洲苑御覽》,後改爲《聖壽堂御覽》。至是,斑等又改爲《脩文殿》上之。徐之才謂人曰:"此可謂床上之床,屋下之屋也。"

《三國典畧》[曰]:齊魏收以子姪少年湏誡厲,遂著《枕中篇》以訓之。

《隋書》曰:杜臺卿嘗採《月令》,觸類而廣之,爲書名《玉燭寶典》十二卷奏之。臺卿患聾,不堪吏職,請脩國史。上許之,拜著作郎。

《國朝傳記》曰:虞世南之爲祕書也,於省後堂集羣書中事可爲文用者,號爲《北堂書鈔》。今北堂猶存,而書益行於代。

《唐書》曰:太宗以特進魏徵所撰《類禮》賜皇太子及諸王,并藏本於祕府。初,徵以《禮經》遭秦滅學,戴聖所編條流不次,乃刪其所記,以類相從,爲五十篇,合二十卷。太宗善之,賜物一千(叚)[段]。

又曰:太宗閱陸德明《經典音義》,美其弘益;學者歎曰:德明雖亡,此書可傳習。因賜其家布帛百疋。

又曰:高宗時,太子賢敗,太子洗馬劉訥言、給事中唐之奇並坐,私附庶人,配流嶺外。訥言博學有文詞,以《漢書》授賢,賢甚重之。嘗撰《續排諧集》十五卷,賢覽之,以爲笑樂。及賢廢,宮中搜得之,上怒曰:"經典誘人,猶恐不能遷善。排諧鄙說,是導之以邪也。"遂徙於震州而死。

又曰:天后聖曆中,上以《御覽》及《文思博要》等書聚事多未周備,令麟臺監張昌宗與麟臺少監李嶠廣召文學之士,給事中徐彥伯、水部郎中貟半千等二十六人,增損《文思博要》,勒成一千三百卷。於舊書外,更加佛教、道教及親屬、姓氏、方域等部。至是畢功,上親製名曰《三教珠英》。彥伯已下,改官,加級,賜物。

又曰:天后自咸亨已後,嘗召文學之士周思茂、范履氷等入禁中,令撰《玄鑒》百卷、《青宮要紀》、《少陽政範》各三十卷,《孝子傳》及《列女傳》、《維城典訓》、《鳳樓新誡》各二十卷,《古今内範》百卷,《樂書要録》十卷,《百寮新誡》五卷,《垂拱格》四卷,《臣軌》二卷,《兆人本業》五卷,又有《文集》一百二十卷。並藏於祕閣。

又曰：劉允濟善屬文，與絳州王勃齊名。採摭魯哀公後十二代至於戰國遺事，撰《魯後春秋》一十卷。表上之，遷左右史。

又曰：許叔牙嘗撰《毛詩纂義》十卷以進，太子賜帛二百(段)[段]，兼令寫本，付司經局。其後御史大夫高智周謂人曰：“凡欲言《詩》者，必須先讀此書始可也。”

又曰：大曆中，刑部尚書顏真卿以陸法言《切韻》未弘，乃纂《九經子史字義》、著《韻海鏡源》三百六十卷獻之。詔下祕閣及集賢書院貯之。

又曰：馮伉爲醴泉縣令，患百姓多猾，爲著《論蒙》十四篇，大略指明忠孝仁義，勸學務農。每鄉給壹卷，俾其傳習。在縣七年，韋渠牟薦爲給事中，充皇太子及諸王侍讀。召見於別殿，賜金紫。著《三傳異同》三卷。

又曰：貞元十三年，韓譚進《統載》三十卷。其書採虞夏以來至於周隋，録其事跡善於始終者六百六十八人，爲立傳。

又曰：路隋爲侍講學士，採三代皇王興衰，著《六經法言》二十卷。奏之，旋拜諫議大夫，依前侍講學士，將脩憲宗實録，復命兼充史職。

又曰：貞元十一年，左僕射平章事賈躭進《海内華夷圖》及《古今郡國縣道》四十卷，圖廣三丈，率以寸折成百里，權德輿作序。

又曰：韋處厚爲中書舍人侍講學士時，穆宗荒恣，不親政務。既居納誨之地，宜有以啓導情虛，乃銓擇經義雅言，以類相從，爲二十卷，謂之《六經法言》。獻之，錫以繒帛。

又曰：唐次貶開州刺史，在巴峽間十餘年，不獲進用。西川節度使韋臯抗表請爲副使。德宗密諭臯，令罷之。次滯蠻荒孤，心抑鬱怨，謗所積孰與申明，乃採自古忠臣賢士遭罹讒謗放逐遂至殺身而君猶不悟，其書三篇，謂之《辨謗略》，上之。德宗省之猶怒，謂左右曰：“唐次乃以吾爲昏主，何自論如此。”次卒，章武帝明哲嫉惡，尤惡人朋比傾陷。當閱書禁中，得次所上書三篇，覽而善之，謂學士沈傳師曰：“唐次所集《辨謗》之書，實君人者時宜觀之。朕思古書中多有此事，次編録未盡，卿家傳史學，以類例廣之。”傳師奉詔，與令狐楚、杜元穎等分功脩續，廣爲十卷，號《元和辨謗畧》。

又曰：鄭處誨方雅好古，勤於著述，撰集至多。爲校書郎時，撰次《明皇雜録》三篇，行於世。

又曰：裴潾充集賢殿學士，集歷代文章，續梁昭明太子《文選》，成三十卷，目曰《大和通選》，并《音義目》一卷上之。當時文士非素與潾遊者，其文章少在其選，時論薄之。

又曰：柳玭嘗著書誡其子弟曰：“夫門地高者，可畏不可恃。可畏者，立身行己一事。有墜先訓，則罪大於它。人雖生可以苟取名位，死何以見祖先於地下？不可恃者，門高則自驕,族盛則人之所嫉,實藝懿行。人未必信,纖瑕微累,十手爭指矣。又數其[尤大者]五條,詞多不載。

（《四部叢刊初編》本。校以《四庫全書》本）

四、宋李昉等《太平御覽》卷六百二《文部十八·著書下》

《呂氏春秋》曰:呂不韋爲秦相國,集諸儒,使著其所聞,爲十二記、八覽、六論,合十餘萬言,名爲《呂氏春秋》。暴之咸陽市,門懸千金於其上,有能增損一字者,與之金。時人無能增損。說者以爲非不能也,蓋憚相國,畏其勢耳。然其書以道德爲準的,以無爲爲紀綱,以忠義爲品式,以公方爲撿格,與孟軻、孫卿相表裏也。

《列仙傳》曰:李耳,字伯陽。陳人也。生於殷時,爲周柱下史。好養精氣,貴無名,接而不施,轉爲守藏吏。積年,乃知其真人也。仲尼師之。去入大秦,過關,令尹喜待迎之,彊使著書,作《道德》上下經二卷。

《鶡冠子》。或曰:楚人隱居,衣弊履穿,以鶡爲冠,莫測其名,因服成號,著書言道家事。馮煖常師事之。

《西京雜記》曰:淮南王著《鴻列》二十篇。鴻,大也。烈,明也。言大明禮教也。號爲《淮南子》。一曰《劉安子》。自云:"字中有風霜之氣。"楊子雲以爲一出一入,字直百金。

又曰:董仲舒夢蛟龍入懷,乃作《春秋繁露》。

又曰:葛洪家世有劉子駿《漢言》百卷,首尾無題目,但以甲乙丙丁記其卷數。先父傳之劉歆,欲撰書編錄《漢事類》,未得撰而亡,故書無宗,本止雜記,而前後無事類。後好事者以意次第之,始甲之癸爲十帙,帙十卷,合百卷。洪家有小同異。

又曰:楊雄著《太玄經》,夢吐白鳳皇,集其頂上而滅。

楊雄傳贊曰:雄好古而樂道,其志欲窮文辭、成名於後世。以爲經莫大於《易》,於是故作《太玄》;傳莫大於《論語》,故作《法言》。

桓譚《新論》曰:楊子雲才智閩達,卓絕於衆,漢興已來,未有此也。國師子駿曰:"何以言之?"答曰:"通才著書以百數,唯太史公爲廣大,餘皆叢殘小論,不能比之。子云所造《法言》、《太玄》也,人貴所聞、賤所見,故輕易之;若遇上好事,必以太玄次五經也。"

《抱樸子》曰:王充作《論衡》,北方都未有得之者。蔡伯喈嘗到江東,得之,歎其文高度越諸子。及還中國,諸儒覺其談論更遠,嫌得異書。或搜求至隱處,果得《論衡》,捉取數卷將去。伯喈曰:"唯我與爾共之,勿廣也。"

又曰:盧生問曰:"蔡伯喈、張平子,才足著子書,正恐言遠旨深,世人不解,故不著也。"余難云:"若如來言,子雲亦不應作《太玄經》也。瓦甒木杯,比門所饒,金觴玉爵,萬家無一也。"

又曰:孔、鄭之門,耳聽口受者滅絶,而託竹素者爲世寶也。

又曰:余家遭火,典籍蕩盡,困於無力,不能更得,故抄撮衆書,撮其精要,用功少而所收多,思不煩而所見博。或謂洪曰:"流無源則乾,條離株則悴。吾恐玉屑盈車,不如金璧。"余答曰:"詠圓流者採珠而捐蚌,登荆嶺者拾玉而棄石。余之抄畧,譬猶擿翡翠之藻羽,脱犀象之角牙。"

又曰:嵇君道問二陸優劣。抱撲子曰:"朱淮南嘗言,二陸重規沓矩,無多少也。一手之中,不無鈍利,方之它人,若江漢之與潢潦。《陸子》十篇,誠爲快書者:其辭之富者,雖覃思不可損也;其理之約者,雖潜筆腐豪不可益也。陸平原作子書未成,吾門生有在陸君軍中,嘗在左右,說陸君臨亡曰:'窮通,時也。遭遇,命也。古人貴立言以爲不(杇)[污],吾所作子書未成,以此爲恨耳。'余謂仲長統作《昌言》未竟而亡,後董襲撰次之;桓譚《新論》未備而終,班固謂其成琴道。今才士何不贊成陸公子書。"

潁容《春秋例》曰:著述之事,前有司馬遷、楊雄,後有鄭衆、班固,近即馬融、鄭玄。其所著作違義正者,畧舉一兩事以言之。遷《史記》不識畢公文王之子,而言與周同姓;楊雄《法言》不識六十四卦,云所從來尚矣。

《論衡》曰:畫工好畫上世人、不畫秦漢士者,尊古卑今。楊子雲作《太玄經》、《法言》,張伯松不肯一觀,與並肩,故賤其言也。若生周世,則爲金匱也。

又曰:《淮南》、《吕覽》,文不無累害,所以出者,家富官貴也。人有難充書者繁重,云不在多,以爲"龍少魚衆,少者爲神"。充答曰:"文衆勝寡。財富愈貧,世無一分。吾有百篇,人無一字;吾有萬言,孰爲賢也?"充仕數不遇,以章和二年徙家避難揚州、丹陽,入爲治中。才小任大,職在刺劾,筆札之思,歷年寢廢。章和三年,罷州還,年漸七十,時可懸輿。髮白齒落,日月逾邁,貧無供養,志不娱快,乃作養生之書凡十六篇。《論衡》造於永平末,定於建初之年耳。

《新論》曰:余爲《新論》,術辨古今,亦欲興治也,何異《春秋》褒貶耶。今有疑者,所謂蚌異蛤、二五爲非十也。(桓)譚見劉向《新序》、陸賈《新語》,乃爲《新論》;莊周寓言,乃云堯問孔子;《淮南子》云共工争帝、地維絶:亦皆爲妄作。故世人多云短書不可用。然論天間,莫明於聖人,莊周等雖虛誕,故當採其善,何云盡棄耶?

《風俗通》應邵撰《序》云:風者,天氣有寒煖,地形有陰陽,泉水有美惡,草木有剛柔,俗者含血之類,象而生之,百里不同風,千里不同俗。周秦嘗以月遣輶軒,使採異代方知,載之祕府。及嬴氏之亡,遺棄殆盡。蜀人嚴君平有千餘言,林閭翁儒才有捷檊,與楊雄續注二十七年,凡九千字,猶不如《尔雅》之宏麗。張竦云:"縣諸日月不刊之書,余不才,敢比隆於斯人。"

《金樓子》曰:王仲宣昔在荊州,著書數十篇。荊州壞,盡焚其書。今在者一篇,知名之士咸重之。見虎一毛,不知其班。

又曰:劉輔性矜嚴,有盛名,沉深好經書,善說京氏易論。集經傳及圖讖文,作《五經通論》。世號之曰沛王通。明帝甚敬重之,賞賜恩寵加異。

又曰:或問余曰:"子何不詢之有識,共著此書?曷爲區區自勩如此?"予曰:"夫荷旃被毳者,難與道純緜之緻密。羹藜唅糗者,不足論大牢之滋味。故服絺綌之凉者,不知盛暑之鬱燠;襲貂狐之煖者,不知至寒之悽愴。予之術業,豈賓客之能闚?斯蓋以筳撞鍾,以蠡測海也。予常切齒淮南、不韋之書,謂爲賓遊所製。每至著述之間,不令賓客闚之也。

又曰:桓譚《新論》,華譚又有《新論》。楊雄有《太玄經》,楊泉有《太元經》。談此多誤動形色。或云:"桓譚有《新論》,何處復有華譚?楊子但有《太玄經》,何處復聞《太元》也?"皆由不學使之然矣。

隋《大業拾遺》曰:大業之初,勑内史舍人竇威、起居舍人崔祖濬及龍川贊治侯偉等三十餘人,撰《區宇圖志》一部五百餘卷。新成奏之。又著《丹陽郡風俗》,乃見以吳人爲東夷,度越禮義及屬辭比事,全失脩撰之意。帝不悦,遣内史舍人柳述宣勑責威等云:"昔漢末三方鼎立,大吳之國以稱人物。故晉武帝云,江東之有吳會,猶江西之有汝潁。衣冠人物,千載一時。及永嘉之末,華夏衣纓盡過江表。此乃天下之名都,自平陳之後,碩學通儒、文人才子,莫非彼至。尔等著其風俗,乃爲東夷之人,度越禮義,於尔等可乎?然於著術之體,又無次序。各賜杖一頓。"即日勑追祕書學士十八人脩十郡志,内史侍郎虞世基惣檢。於是世基先令學士各序一郡風俗,擬奏請體式。學士、著作佐郎虞綽序京兆郡風俗,學士、宣惠尉陵敬序河南郡風俗,學士、宣德郎杜寶序吳郡風俗。四人先成,以簡世基。世基曰:"虞綽序京兆,文理俱贍,優博有餘,然非衆人之所能繼。陵敬論河南,雖文華才富,序事過繁。袁朗、杜寶吳、蜀二序,不署不繁,文理相副,宜具狀以四序奏聞,去取聽勑。"及奏,帝曰:"學士脩書,頗得人意。各賜物二十(段)〔段〕付世基,擇善用之。"世基乃鈔吳郡序付諸頭,以爲體式。及圖志第一副本新成八百卷,奏之。帝以部秩太少,更遣子細重脩,成一千二百卷。卷頭有圖,別造新樣紙,卷長二尺。敘山川則卷首有山水圖,敘郡國則卷首有郭邑圖,敘城隍則卷首有公館圖。其圖上山水、城邑題,書字極細,並用歐陽肅書。即率更令詢之長子攻於草隸,爲時所重。

幼屬文

《東觀漢記》曰:班固,字孟堅。九歲能作賦頌,因數入讀書禁中。每行巡狩,輒獻上賦頌。

《魏志》曰:陳思王植年十歲,善屬文。太祖曰:"汝倩人耶?"植跪對曰:"出言爲論,下筆成章,願當面試。"時銅雀臺新成,太祖悉將諸子登臺,使各賦之。植援筆立就。

又曰:文帝八歲屬文。

《魏氏春秋》曰:阮籍幼有奇才異質,八歲能屬文。性恬静兀然,彈琴長嘯,以此終日。

又曰:庾闡,字仲初。少孤,年九歲能屬文,鄉里重之。

崔鴻《十六國春秋》曰:《南涼録》,禿髮傉檀子歸,年十三,命爲高昌殿賦。援筆即成,影不移漏。傉檀覽而異之,擬之曹子建。

《後魏書》曰:胡叟入長安觀風化,隱匿名行,懼人見知。時京兆韋祖思少閱典墳,多蔑時彦。知叟至,召而見之。祖思習常待,叟不足,聊與温涼,拂衣而出。祖思固留之曰:"當與君論天人之際,何遽而反乎?"叟對曰:"論天人者,其亡久矣。與君相知,何夸言若是也?"遂不坐而去。至主人家,賦韋、杜二族,一宿而成。時年十有八矣。具述前載,無違舊美。叙中世有愜時事,而末及鄙黷。人皆奇其才,(思)〔畏〕其筆。世猶傳誦之,以爲笑狎。

《齊書》曰:張率,字士簡。性寬雅。年十二,能屬文。常日限爲詩一篇,或數日不作,則追補之。稍進,作賦頌。至年十六,向作二千餘首。有虞訥者見而詆之,率乃一旦焚毀,更爲詩示焉,託云沈約。訥便向之嗟,稱無字不善。率曰:"此吾作也。"訥慙而退。

《南史》曰:劉孝綽,本名冉。幼聰敏,七歲能屬文。舅齊中書郎王融深賞異之,與同載以適親友,號曰神童。融每曰:"天下文章若無我,當歸阿士。"阿士,即孝綽小字也。

又曰:謝貞八歲,嘗爲《春日閑居》詩。從舅王筠奇之,謂所親曰:"至如風定花猶落,乃追步惠連矣。"年十三,尤善《左氏春秋》,工草隸蟲篆。

《後周書》曰:李旭幼年已解屬文,有聲洛下。時洛陽枊置明堂,旭年十歲,數爲明堂賦。雖優洽未足,才制可觀。見者咸曰,有家風矣。

《三國典略》曰:蕭大心,字仁恕,小名英童。與大臨同年。十歲,並能屬文。嘗雪朝入見,梁武帝詠雪,令二童各和,並援筆立成。

《梁書》曰:柳惲早有令名,少工篇什。爲詩云:"亭皋木葉下,隴首秋雲飛。"琅邪王融見而嗟賞,因書齋壁及所執白圑團扇。

又曰:太祖文帝,諱綱,字世讚。六歲能屬文。高祖驚其早就,不之信也。及於御前面試,辭彩甚美。高祖難曰:"此子吾家之東阿也。"

又曰:丘遲,字子希。年八歲,便屬文。父靈鞫有才名,常謂:"氣骨似我。"徵士何點見而異之。

又曰:庾肩吾八歲能賦詩,特爲兄於陵所友愛。

又曰:何遜,字仲言。八歲能賦詩。弱冠,州舉秀才。南鄉范雲見對策,大相稱賞,謂所親曰:"頃觀文人,質則過儒,文則傷俗,其能含清濁、守今古,見之何生矣。"沈約亦愛其文。

又曰:陸從典,字由儀。幼聰敏。年八歲,讀沈約集,見廻文妍麗,援筆擬之,便有佳致。十二作柳賦,其辭甚美。從父瑜特所賞愛。

《隋書》曰:李德林幼聰敏。年數歲,誦左思《蜀都賦》十餘日便度。高隆之見而嗟歎,遍告朝士云:"若假其年,必爲天下偉器。"鄴京人士多就宅觀之,月餘日中,車馬不絕。年十五,誦五經及古今文集,日數千言。俄而該博墳典,陰陽、緯候無不通涉。善屬文,辭繁而理暢。

又曰:于宣敏,字仲達。少沉密,有才思。年十一,詣周趙王。王命之賦詩。宣敏爲詩,甚有幽貞之志。王大奇之,坐客莫不嗟賞。起家右侍上士。

《文選人名錄》曰:曹植年十歲,誦讀詩論及賦數萬言,能屬文。

又曰:謝靈運幼而聰慧,善屬文,舉筆立成。文章之盛,獨絕當時。

《幼童傳》曰:謝瞻,字宣遠。幼而聰悟,五歲能屬文,通玄理。

又曰:孫士潛,字石龍。六歲上書,七歲屬文。

《金樓子》自叙曰:余六歲解爲詩,奉勑爲詩曰:"池萍生已合,林花發稍周。風入花枝動,日照水光浮。"因尒稍學爲文也。

(《四部叢刊初編》本)

第三章　古典文獻簡史

　　文獻是人類文明昇華的產物，也是人類智慧發展的結晶。中華古典文獻如滄海浩茫，星漢燦爛，具有四大特點：

　　其一，源遠流長，未有間斷。中華文獻的產生，幾乎與文明的產生同步（當然，要略晚一些），距今約八千年。有語言文字文物佐證的文獻（甲骨文）歷史已有三千多年，甚爲悠久。日月常新，世事萬變，文獻的創造始終沒有停止。戰火的洗禮，水火的攻擊，文獻儘管受到巨大的毀損，但仍然有大量文獻完好地保存下來，沒有出現大的斷檔。中華文獻發展的歷史，真如浩浩長江，奔騰不息。

　　其二，品類繁多，數量浩大。中華古典文獻自原始社會就源源不斷產生，至清代滅亡，所產生的古典文獻的數量是非常驚人的。《隋書·經籍志》所載各種文獻一萬四千四百六十六種。《四庫全書總目》著錄的書壹萬零二百五十種。整個古代究竟產生了多少文獻，由於大量的文獻已毀滅湮沒，無法統計。我們推測有數十萬種。文獻的種類也非常多。《四庫全書》即將所收的書分爲四部四十四類，包括經部十類、史部十五類、子部十四類、集部五類。這當然是宏觀的分類，如果細分，完全可以分出上千類。中國古代社會源遠流長，紛繁複雜，記錄它的文獻品類也是五彩繽紛，萬紫千紅。

　　其三，內容豐富，包羅萬象。中華古典文獻內涵深厚，表現的面特別廣。清代大型類書《古今圖書集成》共六千一百零九部，每部又分十類左右，全書約六萬類，儲存著多大的信息量，內容是何等的豐富多彩！一部書尚且如此，整個中華古典文獻的博大精深簡直無法用語言來形容。上古把天地人稱爲"三才"，老子又把天地人和道稱爲"四大"，中國古典文獻表現的就是天地人和萬物。說得詳細一點，中華古典文獻記錄的，是中華民族與他們生活的神州大地，以及周圍的海、與之對應的天空、天地之間的萬物；進而表現與之相關的一切，表現無窮的宇宙，表現道。中華古典文獻真是無奇不有，無所不包。

　　其四，展現歷史，全面生動。從根本上說，歷史是由文獻和文物講述的。文獻用嘴（語言）講述，文物用肢體（形體語言）講述。沒有文獻和文物的依據去回顧歷史，恰似站在黑暗的隧道口回望隧道一樣,一無所見。中華文明哺育中華文獻,中華古典文獻又復活了過去的中華文明。文獻多的時候,展示的歷史鮮活生動,細緻入微,完全是歷史的再現。文獻少的時候,歷史的展示不免模糊,甚至出現跳躍,但始終沒有出現斷裂。宏觀地說,浩如煙海的中華文獻,多角度全景觀地展示了中華民族發展演進的歷史,展示了中華民族的頑強奮鬥,聰明智慧,偉大精神。這正是中華古典文獻的偉大價值所在!

要爲如此輝煌燦爛的中華古典文獻做一部教學用的篇幅極小的簡史,無疑是非常困難的事。經過反復思索,我們決定從宏觀著眼,選取有代表性的重要的古典文獻作家和作品,放在時代和社會發展中進行論述,來展現各個時期古典文獻的特點、成就,展現古典文獻發展的歷史。文獻的主要內容是記錄人的生活與內心世界和環境的情況與變化,故而從本質上說,我們的古典文獻簡史,也是一部特殊的中華民族與神州大地萬物的發展演進史。

需要說明的是,文獻的產生是複雜的,文獻的內容也是複雜的。對文獻的產生背景和內容的解讀有時差異很大,所謂仁者見仁,智者見智。我們的簡史有一些與學術界不一樣的看法,這是正常的。希望讀者將我們的看法視爲一家之言,而不必對之感到驚詫。自然,簡史篳篥籃縷,不足之處在所難免,希望讀者海涵與哂正。

第一節 上古:原始社會至夏商周秦

一、原始社會至夏

中華民族最早的文獻產生於原始氏族社會。隨着氏族社會的發展,氏族的人多了,事也多了,有思想要表達,想記下一些東西,就產生了文獻。在陝西西安的半坡村和臨潼姜寨的仰韶文化遺址中出土的陶器上,刻有類似甲骨文的文字符號,其年代約距今六千八百年。山東莒縣陵陽河遺址出土的陶器上,刻有類似甲骨文和金文的文字符號,距今約六千三百年。這些文字符號就是中華民族已知的有實物證明的最早文獻。而事實上,真正最早的文獻要比這些文字形式的文獻早得多。從理論上推測,最早的文獻當在最早的文字形式文獻產生約千年前產生,故我們認爲,中華文獻最早誕生的時間距今約八千年左右。那些文獻雖名曰文獻,其實不過是一些簡單的刻痕與畫跡,即一些簡單的符號和粗略的有點象形的畫。它們當是刻在或畫在石上或木上的。

　　古書有黃帝命史官倉頡造字的記載,後世頗有人懷疑。我們寧願相信確有其事。不過,我們認爲所謂造字,並非向壁虛構,而是將人們隨意創造的似象形的圖畫刪削演化而成固定的字,一種比甲骨文更象形更古樸的字,大約數量也不太多,但已有相當的規模,大約已經可以構成簡單的語言。語言文字產生無疑是文獻史上最重要的事情,它標誌著真正的文獻時代的開始。因爲真正有確切表意的文獻都是用語言文字完成的。總之,不管別人怎麽看,我們相信,最早的簡樸的表意的語言文字應該是原始社會後期形成的。

　　流傳至今的原始社會的文獻是《尚書·虞書》。《虞書》所記爲堯舜時之事,自然會有人懷疑它的真實性。因爲按照常理,原始社會是不會有如此完整的語言文字流傳下來。但是,我們認爲《虞書》的真實性毋庸置疑。古代就有左史記言的說法,《虞書》可以通過史官口耳相傳,直到用語言文字記錄記載下來。即便不是如此,我們相信古人自有古人的辦法,將其流傳下來。因爲那個時代神秘莫測。我們不能以常理來揣測我們的祖先。當然《虞書》經過春秋、戰國甚至漢代等朝代的人的加工也是事實。

　　夏是中華民族建立的第一個國家。國家的建立開啟了文獻發展的新紀元。夏代當有國家文獻,有編撰和管理文獻的官員和機構。《國語》說:"有夏商之嗣典。"(《晉語四》)《呂氏春秋》載:"夏太史令終古,出其圖法,執而泣之。"(《呂氏春秋·先識覽》)文中的"圖法"就是文獻,管理的官員就是太史令。孔子說"夏禮吾能言之",而且從言談中可以看出他是讀過夏禮的。《左傳》多次引夏書。以上材料說明,夏代國家有相當數量的文獻。

　　夏代流傳下來的文獻是《尚書·夏書》。《夏書》是經過後世加工的,文獻已非夏代之舊,但仍反映了夏代的一些史實。

二、商

　　商是一個奴隸制國家,相當高的青銅工藝,表明其生產力已經達到一定的高度。國家積聚了一些財富,文化的發展也達到一定的高度。語言文字已經形成較完備的表現體系,具備創造較多文獻的條件。

　　國家擁有相當數量的文獻。單部文獻分量已大,形體已似周代的典冊,相當於後世多頁的書。周公旦說:"唯殷先人,有典有冊。"(《尚書·多士》)而據《呂氏春秋》載,商紂王時,內史向摯不滿紂王"愈亂迷惑""載其圖法(即文獻),出亡之周"。(《呂氏春秋·先識覽》)足見商代朝廷確實有相當多的文獻。

　　商代一些重要文獻保存在《尚書·商書》中。《商書》記載了商代一些重要的史實。值得重視的是,商有大量甲骨文獻保存至今。甲骨文是一個商代文獻寶庫。1982

年,河南安陽王榮懿偶然發現藥用的骨上有文字,稱爲甲骨文。河南安陽是商王朝的都城遺址,經過多次發掘,出土大量甲骨文。所謂甲骨文,是指契刻在龜甲(包括腹甲和背甲)和獸(包括牛、羊、豬,還有鹿)的肩胛的文字。甲骨文又稱卜辭。商代國家有重大事情和活動,都要占卜求神,燒灼甲骨,以占吉凶。甲骨文就是占卜的記載,涉及的内容非常廣泛,如征戰、農耕、畜牧、災異等,因此,甲骨文具有重要的文獻價值。由中國社科院歷史研究所編的《甲骨文合集》搜集甲骨文較爲齊全。

甲骨文的大量發現,從一個側面反映商代文獻已相當豐富。商代文獻主要是寫在竹簡木牘上,刻在石上和鑄在金屬上的,可以推測,其數量遠超甲骨文卜辭的數量。

三、周

周代是奴隸社會最繁榮的時期。春秋戰國時期已向封建社會過渡。長期戰亂,社會動盪。文化由官府走向社會。社會開始成爲文獻創造的主力。社會大變革,思想非常活躍,文化蓬勃發展,是產生文獻的良好土壤。因而周代成爲一個創造文獻的新時代,一個創造文獻的偉大的時代。

國家設立專門的機構,任用官員修撰和管理文獻。《周禮·春官》記載,史官負責修撰和管理文獻。史官多人,分工明確,各司其職。太史“掌建邦之六典”,小史“掌邦國之志”,内史“執國法及國令之式(式即法令的副本)”“掌書王命”,外史“掌書外令,掌四方之志,掌三皇五帝之書,掌達書名於四方”。從這裡也可以看出周朝文獻種類繁多,數量相當龐大。

周代流傳至今的文獻,内容年代最遠的當推《尚書》中的文獻。《尚書》意即上古之書,原名爲《書》。它包含《虞書》、《夏書》、《商書》、《周書》,是古代最高統治者的講話、命令,最高權力機構的文告,即誥、命、謨、誓一類,實際上是周和周以前重要文獻的總匯。它可能是周代朝廷用掌握的文獻編成的。不過,《尚書》在流傳中後世有人進行了一些篡改,加入了一些内容,使人們對《尚書》的真實性產生懷疑,對其中很多内容產生懷疑。我們認爲《尚書》主體文獻的基本内容,是出於上古當事人的原創,後世雖有改易,但並不能否定原創的事實。

《周易》是一部占卜的書,原名《易》。今傳《周易》包括正文和傳文。正文是六十四卦的卦辭、爻辭和卦象,傳文是對正文的解說。卦辭、爻辭可能是原始卜者的筮辭,大約經周代卜史官編纂而成。傳文則非出一時一人之手,主要作於春秋戰國時期。

《詩經》有三百零五篇詩,是古代的詩歌總集,原名《詩》。它大多數是西周至春秋前期的作品。《風》是官府採集的民歌,《大雅》主要是王室貴族的作品,《小雅》則爲一般貴族的作品。《詩經》所表現的,是周代人的勞動、愛情、戰爭和廣泛的生活與思想感情。《詩經》是周代詩歌的一部分。周代的詩是很多的,據《史記》記載有三千餘篇之多。

中華民族自遠古就重視典章制度,重視禮。周代留下很多關於禮的資料。《儀禮》是記載禮節儀式的書。現在所存的《儀禮》是有關士的禮儀,故有"士禮"之稱。《儀禮》當是論述和記載整個社會禮儀的,其餘部分當亡佚。《禮記》是孔子和後學傳述禮制和論述禮義的書。其傳述和論述在周代本以單篇流傳或散見於其他著作中,在漢代加以整理編纂而成。《禮記》在流傳中出現差異非常大的兩大版本體系,即大戴《禮記》和小戴《禮記》。"戴德傳《記》八十五篇,則《大戴禮》是也,戴聖傳《禮》四十九篇,則此《禮記》是也。"現在流行的《十三經注疏》本《禮記》是爲戴聖傳的《禮記》。《周禮》是關於周代政治制度的書。該書作於戰國時期,反映的是西周至戰國的制度,也有編纂者自己的主張。

春秋戰國時代產生了很多歷史文獻。《春秋》是魯國史官所做的時代大事記,起自魯隱公元年(公元前722年),終於魯哀公十四年(公元前481年),是一部編年體的史書。《左傳》是記春秋時代各國的歷史,因爲傳統認爲是左丘明所作,又是演繹《春秋》所記的,故稱《左氏春秋傳》,簡稱《左傳》。我們認爲最早當是左丘明作,爲後世不斷增改而成。它實際上是"採列國之史"而編著的一部春秋史。《戰國策》是漢代劉向將戰國時的《國策》、《國事》、《短長》、《事語》、《長書》、《修書》六種書彙編而成,是一部反映戰國歷史的書。

春秋戰國時期天下大亂,社會處在轉型時期。人們紛紛著書立說,宣揚自己的思想和社會發展主張,形成百家爭鳴的態勢。道家學派是當時的大學派。老聃(或作李耳),楚國苦縣(今河南鹿邑縣)人,約生活於周靈王時代,曾爲守藏史,是道家學派的創始人。戰國時人將其所著編爲《道德經》,該書又稱《老子》。其思想貫穿一個"道",認爲道是萬物的本原,道生天地,道法自然,故人應該清靜無爲,以達到無爲而無不爲的境界。莊子,宋國蒙(今河南商丘縣)人,曾爲漆園吏,作《莊子》(其間有後學的作品),發展了老子的思想,成爲道家的又一代表,故道家學派又稱老莊學派。儒家學派的創始人爲孔子。孔子名丘,字仲尼,魯國昌平鄉陬邑(今山東曲阜)人,爲魯國中都宰,進司空,任大司寇,遊歷天下,後回家教育學生,整理過《易》、《詩》、《書》、《禮》、《樂》、《春秋》。孔子是偉大的文獻學家、教育家,偉大的思想家。他的學生記錄他的言論,編成《論語》一書。孔子提倡仁,提倡克己復禮,主張建立君君臣臣父父子子的人倫關係,建立穩定和諧的社會。孟子,名軻,字子輿,一字子車,魯國鄒(今山東鄒縣)人,授業於孔子弟子子思門人。遊歷梁、齊、宋、魯、滕諸國,所至皆不合而歸,與門人萬章等著書以終,有《孟子》(其外書四篇爲後出之作)傳於世。孟子發展了孔子的學說,主張尊王道,輕霸道,主張民爲本,重仁義,輕功利,成爲儒家的另一領袖,故儒家學派又稱孔孟學派。儒家學派還有一位重要人物是荀況。荀況,趙國(今山西安澤縣)人,遊齊,爲祭酒,又遊秦,遊趙,後遊楚爲蘭陵令,遂居蘭陵以終,著有《荀子》。他的思想以儒家爲主,雜有道家與法家思想。他講仁義,講王道,但主張王道與霸道並用,仁義和法度並重。

戰國時期,儒家還有一些重要著作。《春秋公羊傳》,相傳是齊國公羊高所著,是闡釋《春秋》的,一直口頭流傳,至漢代初期成書。《春秋穀梁傳》,魯國穀梁赤撰。穀梁赤,一名俶,字原始,受學於子夏。《春秋穀梁》就是解釋《春秋》的。《孝經》,一般認爲成書於戰國時期。全書講的是孝道,講孝的理念,講自天子至百姓怎樣盡孝道。推孝及忠,臣子要對君主忠誠。《爾雅》,解釋名物和詞意的書,前三篇《釋詁》、《釋言》、《釋訓》,解釋語辭,後十六篇解釋名物,可能是孔子門徒解釋六藝之作,後經秦漢時人增益而成書。儒家逐漸發展成勢力極大的學派。墨家在當時也是一個勢力很大的學派,創始人墨翟,魯國(一說宋國)人,爲宋國大夫,著有《墨子》,主張非禮非樂,節用兼愛,反對戰爭,主張尚賢,建立賢人治理的國家。法家的代表人物是商鞅、申不害、慎到、韓非。商鞅,秦國丞相,著有《商君書》。韓非,戰國時期韓國的貴族,著有《韓非子》(其中有非韓非所著之文),該書主張用法治理國家,"以法爲教""明其法禁,必其賞罰",認爲"事在四方,要在中央",主張建立集權的君主統治。

這一時期還有一些重要的著作。管仲,名夷吾,字仲,事公子糾,後爲齊桓公丞相,輔佐齊國成爲當時霸主,有《管子》,當是戰國時成書,而在一定程度上反映了管仲的思想。晏嬰,字平仲(一說謚平仲,一說平爲謚,仲是字),春秋齊國夷維(今山東高密縣)人,爲齊卿,後爲齊國丞相。舊題《晏子春秋》爲晏嬰所作,實際當爲戰國人所編著,記錄晏嬰遺事,記錄其思想。呂不韋,衛國濮陽(今河南濮陽縣)人,秦國陽翟巨商,幫助爲人質的秦公子子楚繼承王位。子楚爲莊襄王,呂不韋爲丞相。秦始皇即位年幼,稱呂不韋爲仲父。呂不韋後流放,途中自殺。題爲呂不韋所著的《呂氏春秋》,又名《呂覽》,是呂不韋令其門客編纂成書。全書分十二紀、八覽、六論。該書記載了許多先秦史實和傳聞,也保存了儒、道、名、法、墨、農、陰陽家的言論與思想。

周代文學已非常繁榮,散文與詩皆佳作如林。而真正以文學鳴世的是戰國時楚國的屈原和宋玉。屈原,字平,與楚王同族,爲楚國左徒,又爲三閭大夫,被讒遭放逐,投江以終,著《離騷》、《九章》、《天問》、《九歌》等。屈原馳騁想象,用香草美人的象徵,美麗動人的辭彩,來表現自己的理想,揭露楚國政治的黑暗,抒發自己的愛國情操,同時描繪楚國的民俗,楚國的神靈和敬神文化。宋玉,楚國人,曾做過小官,著有《九辯》、《風賦》、《高唐賦》、《神女賦》、《登徒子好色賦》等。宋玉才華橫溢,用筆靈活,無論是詩文是賦,都寫得淋灕酣暢,動人心旌,所寫的題材都很別致。

戰爭是自原始社會就有的,軍事思想和戰略戰術不斷發展,在春秋戰國時已經產生了偉大的軍事理論家。孫武,字長卿,齊國人,生活於春秋末期,著《孫子兵法》。該書構建了偉大的軍事思想體系,從“道”的高度來看待戰爭。在戰略上,認爲“道、天、地、將、法”決定戰爭勝負。在戰術上,強調“知己知彼,百戰不殆”,主張靈活,所謂“兵無常勢”,主張出奇兵,所謂“攻其不備,出其不意”。《孫子兵法》是古代兵法的最高經典。吳起,戰國時衛國人,著《吳子》。該書發展了孫子兵法,總結出一些新的軍事思想,提出一些新的戰略戰術,如用騎兵與兵車、步兵配合作戰的戰法。題爲周代呂尚的《六韜》,當成書於戰國時期,該書用對話體論述軍事理論,軍事原則與戰略戰術,分六卷。前二卷《文韜》、《武略》闡述戰略問題,後四卷《龍韜》、《虎韜》、《豹韜》、《犬韜》闡述治軍和作戰指揮方法。該書是上古軍事總結性的重要著作。

科學技術在原始社會已經萌芽,經過夏商的發展,到周代已經達到相當高的水平。《考工記》(收入《周禮》中)爲齊人所作,作於春秋末期。該書是手工技術規範性的著作。該書將手工業分爲三十個行業,對行業產品設計和製作工藝進行規範性的論述。其間涉及廣泛的科學理論和科學技術。就表述的理論和技術看,很多方面處於當時世界領先的水平。《周髀算經》雖說成書於西漢,而就其內容很多則反映了周代的數學水平。該書共二卷,上卷一用周公與商高對話,談勾股定理,表、圖、方的使用,高和遠的測量。二用陳子和榮方對話,談論日影有關問題。下卷論說天文問題,記載太陽周年運動的計算,論述恒星中天、二十八宿、十九年閏周等。該書是我國天文數學的經典。上古醫已相當發達,戰國時產生了《黃帝內經》。《黃帝內經》原名《內經》,分《素問》、《靈樞》兩部分。該書運用陰陽五行學說,論述因時、因地、因人而異的治療原則,建立臟腑經絡學說,記錄人體十二正經、奇經八脈和全身經絡腧穴的分佈以及針灸,總結找尋病因、診斷、治療的原則與方法。該書是中醫學的最高經典。地理學著作有《山海經》和《禹貢》(載入《尚書》中)。《山海經》分《山經》、《海經》、《荒經》三部分。《山經》分東西南北中五部分,以山爲綱,敘述了山的位置、水文、動物植物、礦物與特產。書中有許多神話,是一部奇特的地理著作。《禹貢》將中國分爲九州,記敘了九州在貢品、田賦、運輸等方面各自的特點,記敘了各區的自然條件與地理特點。該書有經濟地理學的特點。

周代還流傳下來大量的金文(鐘鼎彝器上的語言文字)資料,也是重要的文獻。

上古文獻是中國古典文獻的根,也是中華民族智慧和精神的源頭,對中華民族的發展所產生的影響是無法估量的。其中道家思想和儒家思想的影響非常大,而儒家思想影響尤爲深遠。上古的儒家重要著作,後世漸次成爲最高經典。先有五經之說,又説九經,十二經,至宋末確立十三經。十三經是《周易》、《尚書》、《詩經》、《周禮》、《儀禮》、《禮記》、《春秋左氏傳》、《春秋公羊傳》、《春秋穀梁傳》、《論語》、《孝經》、《爾雅》、《孟子》。

四、秦

秦統一中國,建立中央集權的政權。在長期分裂後,採取強力措施維護國家的穩定與統一,是完全必要的。而秦始皇的政策過於殘暴,過於嚴厲,結果適得其反。焚書坑儒,毀滅了古代的文獻。偶語棄市,威懾人們對文獻的創造。更加上秦統治只有二十餘年,故秦代生產的文獻數量比較少,也沒有什麼重大的文獻。倒是秦始皇巡幸所到之處的一些石刻,具有一些價值。

第二節　中古(一):兩漢

漢代是宏大的統一國家,國家鼓勵生產,而生產力的提高促進了農業迅速發展。社會太平,國力強大,文化繁榮。在這樣的社會環境里,文獻得到蓬勃發展。漢代是封建社會的輝煌時期,開辟了文獻發展的新紀元。

一、西漢

自漢武帝"罷黜百家,獨尊儒術",儒家思想就成爲封建社會的統治思想,經學也就成爲兩漢最重要最熱門的學術。漢代社會昌盛,政治家和思想家很活躍,他們滿懷激情地宣揚自己的政治抱負和推行自己的思想主張。很多政治家和思想家同時也是經學家。因此,我們將漢代(分西漢和東漢)經學家和政治思想家創造的文獻放在一起陳述。

賈誼,洛陽(今河南洛陽市)人。年二十,文帝召爲博士,遷太中大夫,力主改革,被讒貶長沙王太傅,改梁懷王(文帝子)太傅。懷王墜馬而死,賈誼憂憤而卒。賈誼著有《新書》,有散佚。明代輯有《賈長沙集》。賈誼是政治家,主張"驅民而歸之農"(《論積貯疏》),多分諸侯而抑制其力量,所謂"眾建諸侯而少其力"(《論積貯疏》),強化中央集權。陸賈,楚人,以客從高祖定天下,先后兩次出使南越,爲太中大夫。勸丞相陳平結交太尉周勃,合謀誅諸呂,立文帝,著有《新語》。該書闡述存亡之征,多闡述《春秋》和《論語》文意,主張崇王道,黜霸道,強調修身。(有人認爲流傳的《新語》

爲後人依托。)晁錯,潁川(今河南禹縣)人,爲太常掌故,太子舍人,門大夫,遷博士。爲太子家令,遷中大夫。爲內史,御史大夫。著有《晁錯》,已佚,清有輯本。晁錯是著名政治家,主張重農抑商,認爲發展農業是"政之本務"。對內主張削藩,對外主張加強邊防,加強中央集權。劉安,沛郡豐(今江蘇豐縣)人。漢高祖孫,封阜陵侯。襲父封爲淮南王。謀反,事泄自殺。著有《淮南子》(亦稱《淮南鴻烈》)。該書是劉安與門客所撰,散佚,今存內篇。內容豐富,思想龐雜,主要宣揚道家自然的天道觀,又融入先秦多家學說。董仲舒,廣川(今河北棗強縣)人,爲博士。以賢良對策被舉,任江都王相。又爲膠西王相,稱病回家,專心讀書著述。著有《春秋繁露》,原書已佚,今《春秋繁露》爲後世輯本。董仲舒是今文經學大師,思想家,提出"三綱五常"封建倫理觀念,主張"罷黜百家,獨尊儒術",在封建社會的發展中,有非常重要的地位。《春秋繁露》闡述和附會《春秋》的微言大義,建立"天人感應"說,認爲"國家將有失道之敗,而天乃先出災異以譴告之。不知自省,又出怪異以驚懼之。尚不知變,而傷敗乃至"(《漢書》卷五十六《董仲舒傳》)。希望統治階級畏上天,以此達到匡正君王的目的。同時,用《春秋》治獄,利用經書爲統治者服務。恒寬,字次公,汝南(今河南上蔡縣)人。宣帝時爲郎,任廬江太守丞。治《公羊春秋》。昭帝始元六年(前81年),朝廷召開鹽鐵會議。恒寬根據會議,作《鹽鐵論》。該書"推衍鹽鐵之議,增廣條目,極其論難,著數萬言,亦欲以究治亂,成一家之法焉"(《漢書》卷六六《公孫劉田王楊蔡鄭傳》),該書是研究當時經濟與政治的重要文獻。劉向,原名更生,字子政,沛(今江蘇沛縣)人,官散騎常侍、給事中。被誣下獄,後拜爲中郎,使領護三輔都水,遷光祿大夫,領校中五經秘書,官中壘校尉。劉向著作甚多,如《五經通義》等已失傳,現存著作《新序》、《說苑》、《列女傳》、《別錄》。《新序》記載舜禹之時至漢代故事,是採百家傳記與民間傳說寫成。意在給統治者提供一些借鑒的資料,"古人嘉言善行亦往往而在"(曾鞏《新序·序》)。《說苑》編撰體例和主旨與《新序》大致相同,採摭先秦至漢代的故事,分二十門,即《君道》、《臣術》、《立節》、《貴德》、《復恩》、《政理》、《尊賢》、《正諫》、《敬慎》、《善說》、《奉使》、《權謀》、《至公》、《指武》、《談叢》、《雜言》、《辨物》、《修文》、《反質》,將所述故事與現實結合,闡明國家興亡成敗之理。《列女傳》分七門,即《母儀》、《賢明》、《仁智》、《貞順》、《節義》、《辨通》、《孽嬖》,分別記載古代婦女的善言嘉行,所記婦女一百零五人。宋時定爲八篇,有劉向之後的人物,《崇文總目》以爲後人所增。其所作《別錄》,是對書所做的提要,"條其篇目,撮其旨要"(《漢書·藝文志·總序》)是目錄學的開山之作。劉歆,字子俊,向之子。任黃門郎,任中壘校尉,領校秘書,爲京兆尹。王莽篡位,爲國師。謀誅王莽,事泄,自殺。劉歆在《別錄》的基礎上,編成分類目錄《七略》。《七略》雖佚,而基本內容保存在《漢書·藝文志》中。《七略》是文獻學的重要著作。《西京雜記》,舊題西漢劉歆著(《隋書・經籍志》注謂晉葛洪撰)。"西京"指西漢都城長安,該書所記主要是西漢朝廷、達官、文人的逸聞軼事。有些有很高的史料價值,也雜有怪誕的傳說。

朝廷非常重視史的編修,常設有專門的官署修史。司馬遷,字子長,夏陽(今陝西韓城縣)人。長期任太史令,掌文史星歷。繼承父親修通史的遺志,寫出《史記》。該書所記起自黃帝,終於漢武帝之世,是一部反映三千年紛繁復雜社會的通史。該書創造本紀、世家、列傳、表、書的體裁,是一部偉大的歷史著作。

社會環境和科技發展是良性互動的。西漢社會的高度發展,促進了科技的高度發展。漢代對天文歷法有廣泛深入的研究,著述較多。司馬遷著《太初歷》,劉歆著《三統歷》最著名。西漢歷法著作,已有相當高的天文理論,已有較爲嚴密的推算,已基本建立中國獨特的歷法體系,包含氣、朔、閏、交食、晷漏、五星等。在數學方面,《九章算術》堪稱經典。全書九章,每章一卷,分列二百四十六題並加以解答。其間有分數四則運算與比例運算,有各種面積與體積的算法,有用勾股定理進行測量的方法,有開平方和開立方的方法,求解一般一元二次方程的方法,聯立一次方程解法。該書還有負數概念和正負數加減運算法則。該書的數學理論與方法大大領先於當時的世界水平。在農業方面,氾勝之,又名氾勝,曹縣(今山東曹縣)人。成帝時爲議郎,後爲御史。著有《氾勝之書》。該書對北方農業,特別是關中地區農業生產技術進行了記載和總結。耕作方面有"趣時"和土"務糞澤""早鋤早穫",提高產量有"區種法",育種有"溲種法",已經達到相當高的水平。原書已佚,現散見於《齊民要術》。產生了重要的醫學文獻《神農本草經》,這是現存最早的醫學著作。該書總結了自戰國、秦至漢的藥學理論和藥物知識。提出"君、臣、佐、使"的基本配方原則,提出藥物"四氣五味"說。記載藥物共三百六十五種。

文學繁榮,最有代表性的作家是司馬相如和揚雄。司馬相如,字長卿,蜀郡成都(今四川成都市)人。景帝時爲武騎常侍,稱病免官。爲梁孝王門客,歸蜀,受武帝賞識,任爲郎,出使西南。後被讒毀,免官。晚年爲孝文園令。有文集《司馬文園集》。他的風格是雄偉豐美、鋪張揚厲。其作品多是勸百諷一的賦與重要的政治論文。揚雄,字子雲,蜀郡(今四川成都市)人。年四十餘,游京師,爲大司馬車騎將軍門下吏,向朝廷獻賦爲郎,給事黃門。王莽時,轉爲大夫,校書天祿閣。有文集《揚子雲集》。他的風格是沉博絕麗、意味雋永。代表作是《甘泉賦》、《羽獵賦》、《長楊賦》,爲漢王朝歌功頌德。揚雄也是著名的哲學家和語言學家,著《太玄》、《法言》。恒譚以爲"文意至深,而論不詭於聖人"(《漢書・揚雄傳》)。又有《方言》,該書是我國最早的方言著作。

二、東漢

　　現在來談東漢的經學家、思想家和政治家的著作。恒譚，字君山，沛國相（今安徽濉溪縣）人。爲郎。王莽當政時任掌樂大夫。光武帝時爲議郎給事中，貶六安郡丞，卒於道。著《新論》。該書已散佚。恒譚作品現存《形神》、《陳時政疏》、《論讖記疏》等。恒譚指斥時弊，反對讖緯，光武帝言其"非聖非法"。《形神》用燭與火喻神與行，對物質與精神的關係作了唯物主義的闡述。王充，字仲任，上虞（今浙江上虞縣）人，少游洛陽太學。官郡功曹、治中。罷職還家，潛心著書。著書多，今存《論衡》。該書對當時政局的丑惡現象和社會的迷信進行批評，表現卓立不群的見解。賈逵，字景伯，平陵（今陝西咸陽市）人。爲侍中，左中郎官。賈逵是著名的經學家，一生著作甚多，有《左傳解詁》、《國語解詁》、《周易賈氏義》、《古文尚書義》、《古文尚書訓》、《毛詩賈氏義》、《春秋左氏長經章句》等。王符，字節信，臨涇（今甘肅鎮原縣）人。性耿介，有志操，隱居不仕。著有《潛夫論》。該書評論時政得失，論說安邦治世的理念與方略。許慎，字重叔，汝南召陵（今河南郾城縣）人。爲郡功曹，官至太尉、南閣祭酒。他是著名經學家，"時人謂之語曰'五經無雙許重叔'"（《後漢書·儒林傳·許慎傳》）。經學著作已佚，現存《說文解字》。該書收字九千三百五十三，按文字形體和偏旁構造，分爲五百四十部，基本以六書來解釋字義，是第一部從文字結構來解說字音字義的著作，是文字學的經典之作。馬融，字季長，茂陵（今陝西興平縣）人。爲大將軍舍人，拜校書郎中。遭禁錮，安帝親政召還郎署。爲河間王長史，拜爲郎中、議郎、從事中郎。爲武都太守、南郡太守。流放朔方，復爲議郎。馬融是東漢著名經學家，著有《周易注》、《尚書注》、《禮記注》、《毛詩注》、《周官注》、《孝經注》、《儀禮注》、《論語注》、《喪服經傳注》、《春秋三傳異同說》。尚有《老子》、《離騷》、《淮南子》、《列女傳》等書的注。鄭玄，字康成，北海高密（今山東高密縣）人。做過鄉嗇夫（聽訟、收稅之吏）。遊學，四十歲歸縣里。大將軍何進征辟，逃歸。被征爲大司農，稱病請求還家。鄭玄以古文經學爲主，融入今文經學，是漢代經學集大成的學者，漢學的偉大代表。鄭玄著述宏豐，注釋《周易》、《尚書》、《周禮》、《儀記》、《禮記》、《論語》、《孝經》、《尚書大傳》、《（尚書）中候》、《乾象歷》。著有《六藝論》、《毛詩譜》、《天文七政論》、《魯禮禘祫》、《駁許慎五經異義》、《答臨孝存周禮難》等。這些著作多散佚，清人有多種輯佚之作。鄭玄流傳的完整的著作是《毛詩箋》、《三禮注》。趙岐，字邠卿，長陵（今陝西咸陽市）人，爲司空掾，轉皮氏長。任并州長史。遭黨錮之禍長期禁錮，後任議郎、太僕、太常。著《孟子章句》。應劭，字仲遠，南頓（今河南項城縣）人。舉孝廉，爲泰山太守。後依袁紹。著有《風俗通義》。該書是一部論述風俗的書。應劭自序說："謂之《風俗通義》，言通於流俗之過謬,而事該之於義理也。"書三十卷,以一卷爲一篇,分一百三十四個子目。該書因事而立論,釋時俗,談典禮,糾俗之謬。

　　漢代有很多軍事著作。代表著作是《黃石公三略》。該書托名爲給張良傳授兵書的黃石公所作,實際是漢末的兵家所著。它是一部從戰略的高度來論述軍事的著作。古代認爲它是軍事經典著作之一。

　　在社會的苦難中,張道陵的五斗米教信眾甚多,發展成爲道教。道教迅速傳播,其文獻也迅速發展。最早的道教文獻是《太平經》。《太平經》又名《太平清領書》。該經假托神人(天師)與六方真人問答,演說原始道教教義方術。大意說,天地萬物都來自元氣,五行相配,陰陽交感,生成萬物。人應該順天而行。將有大德之君生世,天下將是太平盛世。魏伯陽,一說名翺,自號雲陽子,會稽上虞(今浙江上虞縣)人,東漢煉丹家。葛洪把他載入《神仙傳》,記有他與弟子和狗服其所煉丹死而復生之事。後世稱爲"丹經王",撰《周易參同契》。葛洪《神仙傳》說:"其說如解釋《周易》爻象以論作丹之意。該書用黃老思想和《周易》爻象,論述修仙煉丹的思想與方法。因其參同"大易""黃老""爐火"三家之理而契合爲一,故名曰"參同契"。

　　史學上,又有新的成就。班固,字孟堅,安陵(今陝西咸陽市)人。因私修國史入獄。爲蘭臺令吏,典校秘書。後因事受牽連,死獄中。班固是著名的史學家、文學家、經學家。著《漢書》、《東觀漢紀》、《班蘭臺集》。《漢書》記載漢高祖(劉邦)元年至王莽地黃四年二百三十年間的史實。《漢書》是歷史上第一部斷代史,也是斷代史的典範。班固又是漢代著名的辭賦家,代表作《兩都賦》用西都賓客與東郡主人對話形式,"盛稱洛邑制度之美,以折西賓淫侈之論",表現了當時都城的宏偉壯麗和繁榮富足。

　　科技沿著西漢的道路發展。賈逵著《四分歷》,劉洪著《乾象歷》,歷法已達到相當高的水平,爲後世歷法的發展奠定了良好的基礎,對歷法有新的發展。漢代張衡,字平子,南陽西鄂(今河南南陽市)人,爲南陽太守主簿,任太史令,官河間相,召爲尚書。張衡是著名的科學家、文學家、經學家,著有《周官訓詁》、《算罔論》和《渾天儀圖注》、《靈憲》,文集《張河間集》。張衡發明了地動儀和渾天儀。《渾天儀圖注》則是渾天儀構造原理的論說和構造的圖解。《渾天儀圖注》已佚。《靈憲》是講宇宙生成和演化的,記載了二千五百顆恒星,繪制出我國最早的完備的天體圖。張衡的賦和詩都非常有名。《二京賦》鋪寫漢代兩京的高度繁華,包括出現的新事物,並用議論告誡統治者不能貪圖享樂,要體恤民情。該賦成爲京城賦"長篇之極軌"。在農業方面,產生了崔寔的《四時月令》。該書是一部農家歷。以月令的形式列舉一年內農家從事的主要經濟活動,大多是農業勞動。從中可以看出當時農業生產的很多情況。該書已佚,有一些內容保存在《齊民要術》中。

張機,字仲景,南陽郡涅陽(今河南南陽市)人。靈帝時舉孝廉,建安中爲長沙太守,著《傷寒雜病論》、《金匱玉函要略》。《傷寒雜病論》原著已佚,晉代王叔和將其整理成爲《傷寒論》流傳至今。該書講辯證,講治療,載有大量藥方。其治療原則具有重要的理論和指導意義,該書被奉爲醫學經典。

東漢時期的文學的代表作家爲班固和張衡,前面已有論述。蔡邕也值得注意。蔡邕,字伯喈,陳留圉人(今河南杞縣)人,爲郎中、議郎,隱居吳會。董卓專權,脅迫任左中郎將,後被朝廷所殺。蔡邕是著名文學家,也是書法家。著有《蔡中郎集》。兩漢的詩歌代表作是《漢樂府》,它主要是漢代朝廷的音樂機構樂府採集的民間詩歌,真實地表現漢代民間的生活和思想。

第三節　中古(二):魏晉南北朝隋

漢末天下大亂,中國進入長期戰爭與分裂的時代。期間建立的國家有魏晉與南方的宋、齊、梁、陳和北方的北魏、北齊、北周,尚有五胡十六國。至楊堅奪取政權,建立隋,戡平戰亂,天下才歸於一統。戰爭無情地毀掉了一些文獻,亂世無疑也不利於文獻的創造。然而,這是一個特殊的時代,篤信著述(立言)可以使人流芳後世,達觀對待戰亂生死,促進文獻在戰亂與分裂中頑強地發展,催生著新的文獻樣式和內容的出現。就文獻的數量和內容的豐富而言,就創新而言,相比太平盛世,都沒有多少遜色。

一、魏晉南北朝

戰亂使人們的思想發生了變化,玄學非常盛行。人們崇尚老莊,侈談玄理。在論說儒家思想的時候,也注入道家思想,形成外儒內道的特色,或者說是儒道交融的特色。開風氣的人物是魏晉時期的何晏與王弼。何晏,字平叔,南陽宛(今河南南陽市)人。爲曹操收養,娶魏金鄉公主,官至尚書,主持編《論語集解》。該書就引用道家之論來解說《論語》。王弼,字輔嗣,山陽(今河南焦作市)人。爲尚書郎,年二十餘卒。著有《周易注》、《周易略例》、《老子注》、《老子指略例》、《論語釋疑》。王弼以道釋儒,也以儒釋道,將兩種體系不同的思想有機地融合在一起。(晉)郭象,字子玄,河南(今河南洛陽市)人。爲黃門侍郎,東海王任爲太傅主簿。郭象作有《莊子注》。他將向秀的《莊子注》加以發揮,成爲新的著作,全面闡釋道家思想。他有一些自己的見解,如認爲物並非由無所生,而是物自生物:"然則生生者誰哉? 塊然而自生耳。"(《莊子·

齊物論注》)郭象注出后,道家之言更加盛行。

道教蓬勃發展,產生了一些著名的道教學家。(晉)葛洪,字稚川,句容(今江蘇句容縣)人。任咨議參軍。好道,聞交趾產丹砂,求爲勾漏令。著《抱樸子》。該書分内外篇。内篇是關於道家的,講神仙、煉丹、符籙等道家事。外篇講政治與社會,論時政得失和評論人物等。《神仙傳》是記載神仙和神仙故事的。還有醫學著作《金匱藥方》。(梁)陶弘景,字通明,秣陵(今江蘇江寧縣)人。齊代爲諸王侍讀。好神仙,隱居茅山。受梁武帝器重,國家有大事,必向其咨詢,時稱"山中宰相"。一生著作非常豐富。道教方面的著述有《真誥》、《登真隱訣》、《集金丹黄白方》、《太清諸丹集要》、《合丹藥諸法式節度》。《真誥》是根據顧歡所,纂爲《真經》重加編修而成,記楊義與許翽父子自稱得南岳魏夫人所授《上清大洞真經》及符籙。其餘諸書主要談道教丹道與修煉。天文曆法著作有《天文星經》、《天儀說要》、《七曜新舊术疏》、《帝代年曆》、《象曆》。醫學著作有《本草集注》、《藥總訣》、《效驗方》。有文集《陶弘景集》。尚有儒學和地理學等方面的著作。

佛教迅速發展,很多高僧翻譯了大量佛經。這些翻譯的佛經都是佛教的重要文獻,對佛教的發展起著重要作用。(梁)慧皎撰《高僧傳》。該書分十科,即譯經、義解、神異、習禪、明律、遺身、誦經、興福、經師、唱導。爲二百五十七位僧人立傳,另附有二百餘人。時間起自東漢永平十年,至於梁天監十八年。(北魏)楊衒之,北平(今北京市)人。官秘書監,爲期城太守,魏末爲撫軍府司馬。撰《洛陽伽藍記》。該書是作者在永熙之亂後經洛陽,記洛陽四十八寺的建置興廢,也記載當時的政治與社會、民間風俗。

有一些有影響的學術著作。(晉)杜預,京兆杜陵(今陝西西安市)人,爲河南尹,度支尚書,任都督荆州都軍事,鎮南大將軍。博學多謀略,時稱杜武庫。著《春秋左氏傳集解》。該書是流傳下來的《左傳》的最早註釋之作。(北齊)顏之推,字介,琅琊臨沂(今山東臨沂市)人。梁湘王蕭繹鎮郢州,引爲記室,遷散騎常侍。至北齊,爲中書郎,除黄門侍郎。入周,爲御史上士。隋時太子召爲文學。著有《顏氏家訓》。該書爲教育子孫而作。主要講修身治家的理念方法,也辯證時俗之謬,考證典故,品評文藝,論字畫音訓。内容廣博。

當時也有一些重要的記錄性的文獻。(宋)劉義慶,彭城綏裡(今江蘇徐州市)人。襲封南郡公,爲豫州刺史。襲封臨川王,徵爲侍中。爲荆州刺史,南兗州刺史。著《世說新語》。該書原名《世說》,分三十六門,記漢末至東晉間有名士人的氣質形象,包括德行、言語、政事、文學等。(晉)張華,字茂先,滄陽方城(今河北固安縣)人。魏時爲太常博士,入晉爲中書令,拜黄門侍郎,封廣武侯。拜太子少傅。爲孫秀等所害。著

《博物志》。該書記異物、異境、異事、異俗、異聞,內容怪異複雜,多爲神仙方術之事。(梁)蕭繹,即梁元帝,字世誠,武帝第七子。封湘東王,鎮江陵。侯景亂梁,命王僧辯討之。在江陵即帝位。後西魏來攻,江陵城陷被殺,追尊爲元帝。著《金樓子》。蕭繹在藩時,自號"金樓子",書故名。今本爲《永樂大典》輯本。該書内容非常廣博,"古今聞見事跡,治忽貞邪,咸爲苞載"(《四庫全書總目》)。作者有議論,多爲勸戒之意。(梁)宗懍,字元懍,居江陵(今湖北江陵縣)人。梁元帝鎮荊州時,任爲記室,後官至吏部尚書,周時爲車騎大將軍,著《荊楚歲時記》。原書久佚,明人輯自類書而編定。該書記錄荊楚一帶,元日至除夕的風物風俗故事,共二十餘事。也記錄了一些神話傳說。

史學非常興盛。(宋)範曄,字蔚宗,順陽(今河南淅川縣)人。任秘書丞,尚書吏部郎,宣城太守。受彭城王義康案牽連,處死。撰《後漢書》,記錄東漢的歷史。(晉)陳壽,字承祚,安漢(今四川南充市)人。官佐著作郎。爲平陽令,任著作郎,治書侍御史。撰《三國志》,詳細記載了魏蜀吳三國的歷史。(梁)沈約,字休文,吳興武康(今浙江德清縣)人。宋時爲參軍兼記室,入爲尚書度支郎。齊爲太子管書記,任爲御史中丞。出爲東陽太守。爲尚書僕射,遷尚書令,任太子少傅。撰《宋書》,記南朝宋的史實。(梁)蕭子顯,字景陽,蘭陵(今江蘇常州市)人。封寧都縣侯,以王子例拜給事中。降爵爲子,累遷太尉錄事。爲吏部尚書,加侍中,出爲宜興太守。著有《南齊書》,記南齊的歷史。另有《後漢書》及文集。(北齊)魏收,字伯起,鉅鹿曲陽(今河北晉縣)人。北魏時爲太常博士,典起居注,兼修国史。北齊爲中書令,兼著作佐郎。爲開府右僕射,開府中府監。撰《魏書》,記北魏歷史。

亂世出英雄。(魏)曹操,字孟德,沛国譙(今安徽亳縣)人。漢末舉孝廉,徵拜議郎。爲騎都尉,遷濟南相。合義兵討董卓。又征伐割據者,自爲大將軍,領冀州牧。位進丞相,封魏王,權傾人主。著有文集《曹操集》,還有《孫子兵法注》。曹操是著名的政治家、軍事家、文學家。他的著作是研究漢末和三國時期政治、軍事、文學的重要文獻,其《孫子兵法注》和文集中有關軍事的論述,表現了他的軍事思想。他的詩表現他的政治抱負,人生理念和戰亂現實,雄渾健勁,慷概悲壯。諸葛亮,琅琊陽都(今山東沂南縣)人,青年時隱居隆中,受劉備之聘,爲軍師。劉備稱帝,爲丞相。劉備卒,受遺詔輔佐后主。諸葛亮長期掌軍政大權,晚年屢出師北伐,病死軍中。著有《諸葛忠武侯文集》(今有《諸葛亮集》)。諸葛亮是著名的政治家、軍事家,他的文集是研究三國時期政治、軍事的重要文獻。文集中的《將苑》和卷二中的一部份都是集中談論軍事的,表現出傑出的軍事思想。諸葛亮和曹操都是這一時期偉大的軍事家。諸葛亮也是著名的文學家,其作品《隆中對》和《出師表》都是流傳千古的名作。

科學技術開創新局面。天文曆法和數學有新的發展。(宋)祖沖之,字文遠,范陽薊(今北京市)人。爲公府參軍,婁縣令,長水校尉。他是著名科學家,創制指南車,千里船,木牛流馬。著《大明曆》,在歲差、回歸年長度值等研究方面,取得新的成績,數學著作爲《綴術》,將圓周率推算爲 3.1415926 和 3.1415927 之間,比西方人的同類計算早一千多年。《綴術》已佚,而圓周率的推算結果還保存在《隋書·律曆志》裏。農業方面,也產生重要文獻。(北魏)賈思勰,益都(今山東壽光縣)人。任北魏高陽郡太守。著《齊民要尤》。該書是一部全面系統的農業科學著作。講耕作和農作物的種植,蔬菜、果樹的栽種,講林木和染料作物、畜牧和漁業、釀造與食品加工、烹調、保存、記域外農作物。講述非常具體,又有很高的科學性。在醫學方面,也有新的重要著作。(晉)王叔和撰《脈經》,列二十四種脈象,一一分析研究,是中醫脈學的重要總結。(晉)皇甫謐,字士安,安定朝那(今甘肅平涼縣)人。帶經種田,博通百家。以著述爲務,不受征辟。著《針灸甲乙經》。該書共載三百四十九個經穴,説明穴位針刺深度,停針時間和用艾炙的時間。該書是古代的針灸的總結,是一部非常重要的針灸著作。皇甫謐尚有《高士傳》、《逸士傳》、《列女傳》。(晉)常璩,字道將,蜀郡江原(今四川崇慶縣)人。仕漢李勢,任散騎常侍。桓溫率師平蜀,表爲參軍。著《華陽国志》。華陽,取《尚書·禹貢》"華陽黑水唯梁州"之意,即巴蜀之地。該書記載由遠古至東晉巴蜀的地理、歷史、風俗、文化,是關於四川的非常重要的文獻。(北魏)酈道元,字善長,范陽(今北京市)人。任穎州太守,河南尹、御史中尉。著《水經注》。《水經》是舊題漢代桑欽所著的一部記河流的書,篇幅短小。酈道元之注則是洋洋大作。《水經》記河流水道一百三十七條,注則將記河流水道補充至一千二百五十二條。注以河流水道爲綱,詳細記載流域一帶的地理、歷史、風土民俗與文化,内容非常豐富,是一部將自然地理與人文地理結合的重要著作。

文學家大量湧現。漢末三國時有曹操、曹丕、曹植。關於曹操前面已有論述。(魏)曹丕,字子桓,沛国譙(今安徽亳縣)人。曹操之子,爲五官中郎將,副丞相。立爲魏太子,曹操死,爲丞相,魏王。建安末,廢漢獻帝,自立爲天子。著《典論》。其《典論·論文》被認爲是中國文學批評之始。其文流麗婉轉,情真意切。曹植,字子建,曹操第三子。封平原侯,徙封臨菑侯,曹丕爲帝,封曹植於陳,不得志,鬱鬱而終。著有文集《曹子建集》。曹植的風格雄偉豪壯,絢爛高華,是魏晉南北朝時期最有才華的作家。(魏)阮籍,字嗣宗,陳留尉氏(今河南尉氏縣)人。司馬懿命爲從事郎中,封關内侯。徙散騎常侍,拜東平相,爲大將軍從事郎中。聞兵部廚善釀,求爲兵部校尉。作《詠懷詩》,清新隱約,托意深遙。有文集《阮籍集》。嵇康,字叔夜,譙国銍(今安徽宿西縣)人。與魏宗室婚,拜中散大夫。受牽連下獄,被殺。著有文集《嵇中散集》。嵇康長於散文,文風清峻流利,新穎活潑。(晉)左思,字太沖,齊國臨淄(今山東臨淄市)

人。爲,秘書郎。退居宜春里。後遷居冀州。著有文集《左太沖集》。他作《三都賦》,豪貴之家,競相傳抄,洛陽爲之紙貴。其文風高亢豪邁,沉雄遒勁,帶有一些浪漫色彩。(晉)干寶,字令昇,新蔡(今河南新蔡縣)人。召爲著作郎,有功,賜爵關内侯,領國史。以家貧求補山陽令。爲始安太守,遷散騎常侍。著有《搜神記》。該書記當世和古代的神靈和怪異之事。其間不乏神話傳説與民間故事。雖意在"發明神道之不誣"(《搜神記序》),卻有揚善懲惡的正義。(晉)王嘉,字子年,隴西安陽(今甘肅渭源縣)人。隱居東陽穀,後隱於終南山。姚萇入長安,爲其所殺。著有《拾遺記》。該書共十卷,前九卷記遠古庖犧神農至晉時奇聞異事,末卷記昆侖蓬萊一類仙境神山。多是神仙方術,名人軼事。(晉)陶淵明,名潛,尋陽柴桑(今江西九江市)人。起爲州祭酒,少日自解歸。爲鎮軍建威參軍,任彭澤令。辭官歸鄉裏。著有文集《靖節先生集》。陶淵明是著名的隱士,也是偉大的文學家。他的作品高遠平和、雅潔清深,主要表現他的隱逸生活和高尚情懷,也有對現實的不滿和對美好生活憧憬。(宋)謝靈運,陳郡陽夏(今河南太康縣)人。晉時襲封康樂公,爲琅琊王大司馬行參軍,劉裕以爲太尉參軍。宋時遷太子左衛率,出爲永嘉太守。徵爲秘書監,遷侍中。爲臨川内史。徙廣州。被告謀反,棄市。著有文集《謝康樂集》。謝靈運的詩絢麗精致、新穎高雅。他創作了大量山水詩,是山水詩的開創者。(宋)鮑照,字明遠,東海(今江蘇漣水縣)人。獻詩臨川王劉義慶,爲國侍郎,任海虞令,秣陵令、永嘉令。爲中書舍人。臨海王劉子頊任爲前軍參軍。後劉子頊叛亂,鮑照爲亂軍所殺。有文集《鮑參軍集》。鮑照有很多表現社會現實的作品,其風格是雄勁俊逸、華麗鏗鏘。(齊)鐘嶸,字仲偉,潁川長社(今河南長葛縣)人。齊時秀才,爲南康王侍郎,任司徒行參軍,出爲安國令。梁時,爲中軍行參軍。衡陽王引爲記室,又爲晉安王記室。著有《詩品》,評論兩漢至梁的一百二十多位詩人,論其詩之優劣,表現自己的詩歌創作主張。(梁)劉勰,字彥和,東莞莒縣(今山東莒縣)人,世居京口(今江蘇鎮江市)。家貧,依和尚僧佑在寺廟生活。梁武帝天監時出仕,爲奉朝請,歷任藩王參軍,記室,任東宮通事舍人,遷步兵校尉。晚年出家爲僧。劉勰是偉大的文學理論家,著《文心雕龍》。該書對文學進行了全面的論述,主要論説文體、創作方法、語言藝術、文學理念,思想深邃,結構宏大,佈局嚴密,實在是一部偉作。(梁)蕭統,字德施,南蘭陵(今江蘇常州市)人。梁武帝蕭衍長子,立爲太子,未即位而亡。諡昭明,後世稱昭明太子。編《文選》。《文選》選上古至梁一百三十位作家和一些佚名作家的詩文辭賦作品七百餘篇,是我國古代最著名的文學選集。(梁)庾信,字子山,南陽新野(今河南新野縣)人。爲湘東王國常侍,轉安南府參軍,爲抄撰學士,任通直散騎常侍。任右衛將軍,封武康縣侯。使西魏,梁滅,遂留仕西魏,後仕北周。官至驃騎將軍,開府儀同三司。著有文集《庾子山集》,亦名《庾開府集》。庾信文章風格早年綺麗輕華,晚年健勁蒼涼,早年多奉和應制之作,晚年多人生感喟和故國之思。(梁陳間)徐陵,字孝穆,東海郯(今山東郯城縣)人。仕梁,爲散騎侍郎,東宮學士。陳時爲吏部尚書、領大著作,加侍中。以事免,起爲太子詹事,右光祿大夫,中書監。任太子少傅。有文集《徐孝穆集》。編《玉臺新詠》。《玉臺新詠》即供宮廷歌詠的新詩集。選漢魏至梁的有關"艷歌"(男女愛情及閨情詩)七百六十九首。

二、隋

隋代統治很短,僅三十九年,雖然產生的文獻並不太少,但並沒有特別重大的文獻產生。隋代有很多英才,在唐代叱吒風雲,人們習慣將他們稱爲唐人,他們的文獻也習慣都算作唐代的文獻。這就給人隋代沒有什麼文獻的印象。現在我們舉一些隋代比較重要的文獻。

虞世南,在隋代任秘書郎輯《北堂書鈔》。該書是類書,摘錄群書精彩詞句,供文人作文時選擇詞藻用。全書共八百五十二類。北堂是秘書省的後堂,故書名《北堂書鈔》。隋代編纂地理著作《諸郡物產土俗記》,記地方的物產和風土人情。巢元方著的《諸病源候論》,是重要的中醫學著作。

第四節　中古(三):唐五代

一、唐

唐代政治清明,經濟發達,文化繁榮。國家充滿活力,非常強盛,是當時世界的強國。唐代是封建社會的鼎盛時期,是富有創造精神的時代,創造和保存的文獻都非常豐富。

國家有專門的修書機構集賢院和史館,羅織時代的精英,從事文獻的編修。編修了大量價值很高的文獻。

第一,編修了大量政治和典章制度文獻。長孫無忌,字輔機,洛陽(今河南洛陽市)人。唐高祖李淵起兵,授渭北道行軍典簽。定天下,以功封吏部尚書,封齊國公,又徙趙國公、太子太師。高宗即位,進太師,兼修國史。後被誣謀反,流黔州。自殺。長孫無忌奉敕作《唐律疏義》。《唐律》,是房玄齡奉詔對隋開皇所訂新律進行刪訂而成的唐代法律。唐律分爲名例、衛禁、職制、戶婚、廐庫、擅興、盜賊、斗訟、詐偽、雜律、捕亡、斷獄十二篇。疏義是對唐律的考證與闡釋。張九齡,字子壽,韶州曲江(今廣東韶關市)人。景龍進士,中"道保伊吕科"策試高第,拜左拾遺,爲集賢院學士,累官至中書侍郎同平章事,遷中書令。受李林甫排擠,貶荆州長史。主持修《唐六典》。該書分理典、教典、禮典、政典、刑典、事典,故稱"六典"。全面記載了唐代政治理念和國家各種重要的典章制度。杜佑,字君卿,萬年(今陝西西安市)人。任司法參軍、工部郎中、蘇州刺史,爲司徒同平章事。編撰《通典》。該書記載了自遠古黄帝、堯、舜至唐代天寶(間或記中唐)的典章制度,并論其得失。共分八門:食貨、選舉、職官、禮、樂、兵志、州郡、邊防。門下又分若干子目。體例嚴密,材料豐贍。

第二,編修了大量皇帝的實錄。所謂實錄,就是用編年體,專記(某一)皇帝統治時大事。現存有韓愈編的《順宗實錄》。

第三,注釋儒家經典。孔穎達,字沖遠,衡水(今河北衡水縣)人。隋時明經高第,授河内郡博士,唐爲國子博士。轉給事中,爲國子司業。遷太子右庶子。受詔與顔師古、司馬才章、王恭、王琰撰《五經義訓》,後改爲《五經正義》。即《周易正義》、《尚書正義》、《毛詩正義》、《禮記正義》、《春秋左傳正義》。唐代注經,吸收融合了前代,特别是南北朝的經學成果,加以新的闡釋,把經學提高到一個新的水平。

第四,編地方總志。李吉甫,字弘憲,趙郡(今河北趙縣一帶)人。以蔭補倉曹參軍,爲太常博士。任忠州刺史。元和二年和元和六年兩度任宰相。主持編撰《元和郡縣圖志》。該書將全國分四十七鎮,分鎮記載府、州、縣的政治沿革、户口、山川、道里、貢賦等。每鎮首頁有圖。圖已亡,故後稱《元和郡縣志》。

第五,編修類書。歐陽詢奉旨編《藝文類聚》,全書分四十六部,部下分目,共七百二十七目。每一條目下,前列事(具體事實),後載文(詩、歌、賦、文)。徐堅奉旨編《初學記》。該書是爲皇室子弟寫作詩賦而編的類書。全書分二十三部,部之下共分三百一十三目。體例是對事類(義項)提供三方面資料:一、"叙事",即摘引群書資料。二、"事對",即列舉有關的對偶句。三、"詩文",即列舉有關詩文歌賦的範文。

第六,朝廷主持編修大量正史。朝廷委任宰相或當時最擅長文史的重要官員總領編修。房玄齡,字喬松,齊州臨淄(今山東淄博市人)。舉進士,授羽騎尉。見唐太宗,署行軍記室參軍,封臨淄侯。唐太宗即位,累官至左僕射,封梁國公。主持修《晉書》。姚思廉,字簡之(或作名簡,以字行),京兆萬年(今陝西西安市)人。陳時爲會稽王主簿,隋時爲代王侍讀。唐太宗時官弘文館學士,拜散騎常侍。撰《梁書》、《陳書》。史言與魏徵同撰二書。姚思廉父在陳時撰《梁書》、《陳書》未就,姚思廉續成之。李百藥,字重規,定州安平(今河北安平縣)人。隋時授太子通事舍人,兼學士。襲父爵。廢還鄉里。唐時拜中書舍人,封平安縣男。撰《北齊書》。令狐德棻,宜州華原(今陝西耀縣)人。唐高祖入關,爲直大丞相府記室。武德初,爲秘書丞。官弘文館學士,累官至禮部侍郎,國子祭酒,進爵爲公。主持撰《周書》。魏徵,字玄成,魏州曲城(今河北館陶縣)人。隋亂,詭爲道士。入京見唐高祖,擢秘書丞。太宗時拜諫議大夫,檢校侍中,爲太子太師。撰《隋書》。李延壽,字遐齡,相州(今河南安陽市)人。爲集賢館學士,御史臺主簿,兼修國史。以一己之力修《南史》和《北史》。《南史》記載南朝宋、齊、梁、陳的史實。《北史》記北朝魏、北齊、周和隋的史實。據宋、齊、梁、陳、魏、北齊、周、隋八朝史書刪削增補編修而成,具有綜觀統記南朝和北朝史實的特點。

唐代個人著述非常興盛。有些官員的著述和任職有關,但并不代表官府,我們也放在個人著述中。

注釋儒家經典和其他重要典籍。陸德明,名元朗,以字行。蘇州吳(今江蘇蘇州市)人。南朝陳時任始興王國左常侍,國子祭酒。隋爲秘書學士,國子祭酒。唐爲國子博士。撰《經典釋文》。該書對儒家經典作音義之外,又作《老子音義》、《莊子音義》。賈公彥,洺州永年(今河北永年縣)人。唐高宗時官太常博士。著有《周禮疏》、《儀禮疏》。徐彥,生平不詳,其時代“意在貞元、長慶之後”(《四庫全書總目·春秋公羊傳疏》)。著《春秋公羊傳疏》。對《春秋公羊傳》進行疏解。內容主要是注明史實、注文出處、闡釋義例。楊士勛,官四門博士,貞觀時人。著《春秋穀梁傳疏》。該書對《春秋穀梁傳》進行闡釋,見解較爲通達,又保存著漢魏人舊注和六朝的有關材料。阮元認爲“爲《穀梁》學者,未有能過之者也”(阮元《春秋穀梁傳注疏校勘記序》)。劉知幾,字子玄,彭城(今江蘇徐州市)人。進士,爲獲嘉縣主簿。累官太子左庶子,兼崇文館學士。遷左散騎常侍。貶安州別駕。著《史通》。該書五十二篇,亡佚三篇(《體統》、《紕繆》、《弛張》),存四十九篇。分《內篇》與《外篇》。外篇談史籍體例,辨別是非。內篇談史籍源流,評論古人得失。李善,江都(今江蘇揚州市)人。補太子內率府錄事參軍,爲崇賢館直學士、蘭臺郎,兼沛王侍讀。有《文選注》。《文選》是古代顯學,流傳甚廣。李善注富贍精確,體例宏大精密。後世稱其爲完善的注釋的典範之作。

道教繁榮,產生了很多道教理論著作。吳筠,字貞節,華州華陰(今陝西華陰縣)人。隱居南陽倚帝山。召至京師,請隸道士籍,入嵩山。中原大亂,東游會稽,終於越中。著《玄綱論》、《心目論》、《神仙可學論》、《神形可固論》。司馬承禎,字子微,洛州溫(今河南溫縣)人。從道士潘居正受傳符篆、辟穀、導引等方術。住浙江天臺山。武后、睿宗、玄宗多次召見。玄宗親受其法篆。居王屋山陽臺觀。朝廷謚爲貞一先生。著《坐忘子》、《天隱子》、《服氣精義論》、《道體論》。其道教思想以道爲萬物之源,以氣爲宇宙之本,以形神互衛爲修煉宗旨,主張靜心無欲的修煉方式。

佛教興盛,產生了很多重要的佛教著作。玄奘,稱三藏法師,高僧。俗家姓陳,名袆,洛州緱氏(今河南偃師縣)人。十三歲出家。貞觀元年從長安至印度求佛法,入戒賢法師之門,貞觀十九年回長安。攜回經書六百五十七部。奉詔在弘法寺和大慈恩寺從事譯經。十年與弟子共譯經七十三部,所譯經書成爲中國佛教重要文獻。著《大唐西域記》,記到印度學佛法所經西域的見聞。釋道宣,高僧。俗家姓錢,丹徒(今江蘇丹徒縣)人。十六歲削髮。隋大業中從智首法師受具戒。唐武德中爲西明寺上座。撰有《廣弘明集》、《續高僧傳》。《續高僧傳》爲續慧皎《高僧傳》,記梁初至唐武德二年高僧,正傳四百八十五人,附見二百一十九人。《廣弘明集》爲繼梁僧祐《弘明集》而作。該書分歸正、辨惑、佛德、法義、僧行、慈濟、戒功、啟福、悔罪、統歸十篇,選收作者一百三十四人之文。篇前有小序,宣揚佛家思想。慧能,俗姓盧,新州(今廣東新興縣)人。師事五祖弘忍禪師,承受衣鉢。五祖圓寂,慧能爲禪宗六祖,住韶州曹溪廣果寺。作《壇經》。該書是禪宗思想的代表作。分兩部分。第一部分敘述慧能學佛傳宗的事跡。第二部分記載向門徒傳法的言教。核心思想是"直見心性"與"頓悟成佛"。

軍事著作豐富。佚名的《李衛公問對》,又稱《唐太宗李衛公問對》,用問答的形式,對軍事問題進行了全面論述,主要是論述作戰,而關於"奇正"陣法的論述更有創造。此書當不一定是李靖所著,但在軍事史上有重要地位。李筌,撰《太白陰經》。該書是一部綜合性的軍事著作,輯錄了古代大量軍事和與軍事有關的資料。有謀略、軍事器械、攻城、屯田、戰馬、營壘、陣圖,有治軍任將、軍事儀禮,有唐代與軍事有關的山川、關塞等地理記載,內容非常豐富。

科技繼續發展。在天文歷法方面,又有新的進展。僧一行,俗名張遂,魏州昌樂(今山東昌樂縣)人。精通歷算。從善無畏筆受《大日經》,爲我國佛教密宗(真言宗)之祖。著《大衍歷》,一名《開元大衍歷》。僧一行測各地緯度,步九服日晷,定各地見日食分數,測見恒星移動。所制定歷法準確度大爲提高。該書已佚。在數學方面,對前代數學進行總結性的研究。王孝通,作《緝古算經》。該書利用數學的三次方程,來解體積,來解勾股問題。李淳風,雍人。任太常博士、太史令、秘閣郎中。受唐高宗之令,李淳風將自古以來的十部重要數學著作,編成《算經十書》,加以注釋,供國學學習。在農業方面,又有新的著述。陸羽,字鴻漸,復州竟陵(今湖北天門縣)人。隱居苕溪。詔徵太子文學,徙太常寺太祝,不就。杜門著書。著《茶經》。論述茶的性與形狀、產地、採與制、烹與飲。該書是我國最早的茶的專著。陸龜蒙,字魯望,吳郡(今江蘇蘇州市)人。舉進士,不中。退居松江甫里。時謂江湖散人。召拜左拾遺,詔下,會卒。撰《耒耜經》。記載當時的農具,對犁的制造記載尤爲詳細。在醫學方面,產生了重要的醫學著作。孫思邈,華原(今陝西耀縣)人。研究諸子百家,通佛典,尤精醫藥。隋文帝徵爲國子博士,不就。唐太宗召至京,欲授以官職,也不願意接受。孫思邈是著名的醫學家,著有《千金方》、《千金翼方》。所謂"千金",極言其價值高,意即醫之寶。二書皆是中醫方劑的重要著作。

　　社會的高度繁榮,帶來文學的高度繁榮,產生了很多文學巨匠。李白,字太白,祖籍隴西成紀(今甘肅天水市),居綿州彰明(今四川江油市)。出蜀漫遊,唐玄宗召至長安,授翰林供奉。請求放還,浮游四方。安祿山反,永王李璘辟爲幕僚。長流夜郎,遇赦,還。著有《李太白全集》。李白是我國古代的偉大詩人,詩雄奇奔放,浪漫飄逸。他的作品表現他多彩的一生,抒發他的豪性壯志。也描繪美好的河山,表現社會現實。杜甫,字子美,先祖居襄陽(今湖北襄樊市),徙居河南鞏縣。天寶末,獻《三大禮賦》,授京兆府兵曹參軍。安祿山反,肅宗立,拜右拾遺。貶華州司功參軍。棄官客秦州,流寓蜀,嚴武表爲節度參謀檢校工部員外郎。游東蜀湖湘。著有《杜工部集》。杜甫是我國古代偉大的詩人,風格是渾涵浩茫、沉鬱頓挫。他的詩真實地表現了廣闊的社會生活,也表現了他自己的生活歷程。抒發了他的憂國憂民的思想感情,故有"詩史"之稱。柳宗元,字子厚,河東(今山西永濟縣)人。進士,爲校書郎,禮部員外郎,貶永州司馬,任柳州刺史。著文集《柳河東集》。柳宗元是思想家和著名的文學家,他的文章"漱滌萬物,牢籠百志"(《柳河東集·愚溪詩序》),從他自己的視角反映了當時的社會。韓愈,字退之,河陽(今河南孟縣)人。進士,爲監察御史,貶潮州刺史,任吏部侍郎。著文集《昌黎先生集》。他是偉大的思想家和文學家。風格是氣象恢弘、變化多端。他的作品內容廣泛,有反映社會時事的,有表現個人生活遭際的,也有發表他的政治思想見解的。白居易,字樂天,其先太原人,后居下邽(今陝西渭南縣)。進士。爲秘書省校書郎,任盩屋尉,入爲翰林學士,爲左拾遺,任太子左贊善大夫,貶江州司馬。累遷至杭州刺史,蘇州刺史。召爲秘書監,遷刑部侍郎,除太子賓客分司東都,拜河南尹,改太子少傅,致仕。著有《白氏長慶集》。他的詩清新俊秀、自然高妙。作品反映了廣闊的社會生活,尤其是勞動者的艱辛與貧困,揭露了朝政的弊端與社會的黑暗。也有不少表現自己閒適與感傷的作品。唐代產生了大量的傳奇小說,一般稱作唐傳奇,也是重要的文學作品。

二、五代

　　戰亂是文獻的剋星。五代戰火紛飛,社會動蕩。大量文獻遭到毀滅。生存的環境惡劣,人們創作文獻的工作難以進行。但是,在偏安的環境中,在相對和平的環境里,人們仍然頑強地進行著文獻的創作。然而,和太平盛世相比,創作的文獻的種類和數量要少得多,更不用說產生大型的和重要的文獻著作。

　　值得重視的是,後晉爲搶救唐代文獻,官修《舊唐書》。皇帝詔云:"有唐遠自高祖,下暨明宗,紀傳未分,書志咸闕,今耳目相接,尚可尋求,若歲月浸深,何由尋訪？"（《五代會要》卷一八）於是,令張昭遠、賈緯等修撰,令宰相趙瑩和劉昫先後監修。《舊唐書》記唐代史實,保存了大量重要的資料。

偏安西南的蜀,留下一些較重要的文獻。後蜀趙崇祚編成《花間集》。《花間集》收錄晚唐五代溫庭筠、皇甫松、韋莊等十八家的詞,共五百首。其內容大多寫歡飲遊樂的生活,語言豔麗輕婉。韋莊,字端己,京兆杜陵（今陝西西安市）人。乾寧進士,授校書郎,左補闕。李詢辟爲判官,以中原多亂,依西川節度使王建,王建辟爲掌書記。王建稱帝,拜韋莊爲平章事（宰相）。著有《浣花集》。韋莊的作品有反應戰爭的,有寫農民起義的,有寫農民貧困生活的,表現出對人民的同情和對戰亂的感傷；更多的是寫羈旅與思鄉。杜光庭,字聖賓,處州縉雲（一作括蒼）（今浙江縉雲縣）人。道士,唐末入天臺山修道,避亂入蜀,唐僖宗至蜀,充麟德殿文章應制。王建建國,爲金紫光祿大夫,進戶部侍郎。後主時,爲傳真天師,崇真觀大學士。解官隱青城山。著有《道德真經廣聖義疏》和《道門科範大全集》。《道德真經廣聖義疏》從道教角度對《老子》進行道教義理發揮,對道教理論有重要提升。《道教科範大全集》則是對道教科儀的規範統一,該書定的科儀規範一直爲後世道教所運用。

南唐李煜,字重光,徐州（今江蘇徐州市）人。南唐後主。南唐稱臣於宋,爲宋所滅。封隴西郡公,爲宋太宗鴆殺。李煜是五代著名詞人。詞見《南唐二主詞》中。李煜詞前期多寫宮廷生活,風格綺麗華柔。晚年詞多懷念國家江山,感慨人生變化。其風格是高遠深沉、明淨悲涼。

第五節　中古（四）：宋遼金元

一、宋

宋統一天下后,經濟迅速發展,文化欣欣向榮。軍力不強,常年與遼、西夏、金戰爭,均處於劣勢,遭靖康之難,更偏安江南。南宋經濟和文化依然蓬勃發展,而政治的無能和軍事的軟弱最終導致亡國。兩宋時代是文獻繁榮的時代,大量高質量的文獻不斷湧現。

國家重視大型文獻的編撰,尤其重視對政書、典制和歷史、文學文獻的編撰。個人也編撰大型文獻。爲了論述的方便,將國家編撰的文獻和個人編撰的文獻一起論述。

宋初，朝廷組織編修了四大類書《太平御覽》、《太平廣記》、《文苑英華》、《冊府元龜》。其中《太平御覽》和《冊府元龜》作爲政書，供皇帝治國時的參考。李昉，字明遠，深州饒陽（今河北饒陽縣）人。後唐以蔭補齋郎，選授太子校書。漢乾祐中進士，爲秘書郎，右拾遺。集賢院修撰，周時爲記室，主客員外郎，集賢院直學士、翰林學士。宋時爲中書舍人，翰林學士，右僕射、中書侍郎、平章事。主持編修《太平御覽》、《太平廣記》、《文苑英華》。《太平御覽》，初名《太平總類》，因爲宋太宗命每日呈進三卷，供他閱讀，就改名《太平御覽》。全書分五十五部，分四千五百五十八個子目，資料非常豐富。《太平廣記》採漢、晉到宋初時筆記、小說和野史等故事，編輯成書。全書共九十二大類，附一百五十小類。所列故事有小標題，內容非常廣博。《文苑英華》是一部文章總集，上續《文選》，選取自梁末至五代的二千二百位作家的作品近兩萬篇，唐代作品占十分之九。王若欽，字定國，新喻（今江西新余縣）人。進士，爲司空、門下侍郎同平章事，昭文館大學士。真宗命王若欽、楊億等編修《冊府元龜》。該書集上古至五代歷代君臣事蹟，分門類編纂。分三十一部，子目一千一百零四門。部有總序，門有小序。爲皇帝提供鑒古治國的資料。

國家編撰了大量典章制度文獻。會要類著作尤爲重要。王溥，字齊物，並州祁（今山西祁縣）人。五代漢時進士第一，爲秘書郎，歷仕後漢後周，爲中書舍人，翰林學士，右僕射。宋代進位司空，爲參知樞密院，封祁國公。著《唐會要》、《五代會要》。唐代蘇冕把唐高宗至德宗時的典章制度等輯錄爲《會要》。大中時詔楊紹複等續錄德宗至宣宗時事爲《續會要》。王溥據二書原本，又補錄宣宗至唐末之事，成《唐會要》。《唐會要》是最早的一代之會要。《五代會要》有二百七十九目，記載了五代的典章制度及重要史實，材料豐富而翔實。五代大量史料亡佚，此書彌足珍貴。朝廷建有會要館，專門編宋代會要一類文獻。先後十次編宋代會要，所編超過二千八百卷。但沒有出版，散失較多。明代編《永樂大典》將存世的錄入。清代徐松又從《永樂大典》輯出，編成《宋會要輯稿》。《宋會要輯稿》分十七門，詳細記載了宋代的典章制度和官吏的政治史實。該書是非常重要的宋代文獻。

鄭樵，字漁仲，興化軍莆田（今福建莆田縣）人，居夾漈山。紹興中授右迪功郎，禮部和兵部架閣，改監南嶽廟，入爲樞密院編修官。撰《通志》。該書爲通史體，分爲六部分：本紀、世家、列傳、載記、年譜和略。而其精華在《略》。鄭樵說：“總天下之大學術，而條其綱目，名之曰‘略’，凡二十略。百家之憲章，學者之能事，盡於此矣。其五略，漢唐諸儒所得而聞，其十五略，漢唐諸儒所不得而聞也。（《通志·總序》）”

軍事著作非常豐富。曾公亮、丁度奉敕編撰《武經總要》。該書爲前、後二集。“前集備一朝之制度，後集具歷代之得失”（《四庫全書總目·武經總要提要》）。它記載了宋代的軍事組織,也論述了軍事理論,彙集了大量戰例,還記載了各種武器。王鳴鶴,著《登壇必究》。該書是一部百科全書式的軍事著作,輯錄大量兵書材料,詳細分類編排。共分七十二目,附有圖五百六十多幅。王鳴鶴與何仲叔合著《兵法百戰經》,闡述他們的軍事思想。陳傅良,字君舉,溫州瑞安(今浙江瑞安縣)人。撰《歷代兵制》。該書記述了西周至北宋時代的軍事制度以及演變,評論制度的優劣得失。按朝代順序編排,尤重對漢、唐、宋軍制的論述。該書是我國第一部軍事通史。宋代重要的軍事著作尚有何吉非《何博士備論》,論歷代軍事人物。張預《百將傳》,爲自周代的太公至五代劉詞的一百名戰將的傳記。陳規、湯璹《守城錄》論在火器用於戰爭形勢下的守城原則與戰略戰術。

地理著作興盛。樂史,字子正,撫州宜黃(今江西宜黃縣)人。爲秘書郎,佐武成軍。賜進士及第。擢著作佐郎,知陵州。召爲三館編修。任著作郎,直史館。出知商州。出掌西京磨勘司。著《太平寰宇記》。該書仿《元和郡縣志》體例,又增列姓氏、人物、風俗、土產等條目,詳細記載州縣的地理沿革及社會、經濟、文化的情況。該書是一部重要的地理總志。朝廷重視對地理總志的編撰。元豐時,王存主持編撰《元豐九域志》。該書根據元豐時的行政區劃來修志。其時全國分爲四京二十三路和化外羈縻州,該書分路記載府、州、軍、監、縣的戶口、鄉鎮、山澤、道里和土貢等,是國家所編的非常重要的方志。

朝廷非常重視歷史,設史館和書局修史。薛居正,字子平,開封浚儀(今河南開封市)人。後唐清泰進士。宋時官兵部侍郎,並參知政事。進平章事。太平興國初,加左僕射,昭文館大學士。進位司空。編撰《五代史》,記載公元 907 年至 960 年五代梁唐晉漢周的歷史。又稱《舊五代史》。歐陽修,字永叔,廬陵吉水(今江西永豐縣)人。天聖進士,爲西京留守推官,任館閣校勘,集賢校理,知諫院,爲龍圖閣直學士,河北轉運使。知滁州、揚州、潁州、開封府。任翰林學士,爲樞密副使、參知政事、刑部尚書、兵部尚書。主持編撰《新唐書》,記載唐代的史實。在《舊唐書》之外網羅了很多新的資料。又編撰《五代史紀》,世稱其爲《新五代史》,記載梁唐晉漢周五代的歷史。補充了很多《舊五代史》沒有的材料。司馬光,字君實,陝州夏縣(今山西夏縣)人,進士,爲開封府推官,任天寶閣待制、侍講、翰林學士、御史中丞,官至宰相。主持修《資治通鑑》。該書是一部起自戰國,終於五代的通史。材料豐贍,脈絡清晰,觀點鮮明,是一部總結歷史供統治者治理國家借鑒的巨著。

宋代修史有一大特點,就是史學家修自己時代的歷史。李燾,字仁甫,丹棱(今四川丹棱縣)人。紹興進士,調華陽簿,爲雅州推官。累官至禮部侍郎,進敷文閣學士兼侍讀,同修國史。著《續資治通鑑長編》。該書爲《資治通鑑》續書。記自宋建隆至靖康時期一百六十八年的史實。李心傳,字微之,井研(今四川井研縣)人。著《建炎以來係年要錄》,該書記錄南宋高宗時三十六年間的史實。作者有意將此書作爲李燾《續資治通鑒長編》的續書。李心傳另有《建炎以來朝野雜記》,記南宋高宗、孝宗、光宗、寧宗四朝史實。分甲乙二集,每集分上德、郊廟、典禮、製作、朝事、時事、故事、雜事、官制、取事、財賦、兵馬、邊防十三門(乙集無"郊廟"),材料豐富,與《建炎以來係年要錄》互相補充。

宋人喜歡作筆記,很多筆記記錄了當時社會的狀況,具有很高的文獻價值。還有關於科學的筆記和學術隨筆。沈括,字存中,錢塘(今浙江杭州市)人。嘉祐進士,爲沭陽主簿,揚州司理參軍,任提舉天監司、集賢校理。著《夢溪筆談》。該書廣泛記載了作者生活的北宋的眾多的社會現象,如朝廷事件、官員生活、軍事情況、民間軼事與傳說、占卜等,尤其值得注意的是對當時科學技術的記載。記載了當時天文曆法、數學、物理、化學、氣象、地質、地理、工程、冶金、生物、植物、動物學的科學水平和成果。周密,字公謹,吳興(今浙江吳興縣)人。淳祐時爲義烏令,景定時爲浙西帥司幕官,奉檄至宜興,去官。咸淳中,監杭豐儲倉。宋亡,以著述自娛。有筆記《癸亥雜識》、《齊東野語》、《武林舊事》。《癸亥雜識》所記多爲人物瑣言和雜事,主要是民間的內容。《齊東野語》多記南宋史實,主要來自作者的耳聞目見和先人的舊聞記錄,價值很高。《武林舊事》是作者在宋亡后記南宋都城臨安的逸聞軼事,如說唱藝人、手工業、物產、西湖風景,流露出思念故國的感情。孟元老撰《東京夢華錄》。該書是作者南渡後在南宋追憶北宋都城汴京的繁華所作。所記爲汴京的典禮儀衛、朝章制度、城市風貌、風土民俗、歲時物產。署名灌園(一作圃)耐得翁撰《都城紀勝》。作者生平不詳,只知道其姓爲趙,南宋人。該書所記皆南宋都城臨安勝事。全書分爲十四門,即市井、諸行、酒肆、食店、茶坊、四司六局、瓦舍眾伎、社會、園苑、舟船、鋪席、坊院、閒人、三教外地。該書對宋代都城記述全面,是研究宋代都城的重要文獻。洪邁,字景廬,鄱陽(今江西波陽縣)人。紹興進士,爲兩浙轉運司干辦公事,入爲敕令所刪定官。任吏部郎。除知贛州,徙知婺州。遷敷文閣待制,以端明殿學士致仕。所作《夷堅志》,以志怪小說的形式反映了一些社會現實。所作《容齋隨筆》是一部隨筆性的學術著作,論題廣泛,資料豐富,論述精闢,是宋代學術的代表作。

宋代產生了道學,又稱理學。其代表人物是程顥和程頤兄弟。程顥,字伯淳,世居中山,后徙開封(今河南開封市)。舉進士,調鄠縣主簿。熙寧初爲太子中允,出簽書鎮寧軍判官。知扶溝縣,罷歸。程頤,字正叔。授學職,擢崇正殿說書。出管勾西京國子監。加直秘閣。其後去職,複職,又去職。程顥著有《明道先生集》,程頤著有《伊川集》。朱熹將二人著作編爲《二程遺書》。《二程遺書》是理學極爲重要的著作。該書思想的核心就是一個"理"。二程說："萬物皆是一個天理。(《二程遺書》第二上)"
"天有是理,聖人循而行之,所謂道也。(《二程遺書》第二十一下)""克己復禮,乃所
以爲道也,更爲別處。(《二程遺書》第一)"。朱熹是道學的集大成者。朱熹,字元晦,
婺源(今江西婺源縣)人。爲泉州同安縣主簿,任樞密院編修官、秘閣修撰。知南康
軍、提舉兩浙東路常平茶鹽公事、提點江南西路刑獄公事、知漳州,官煥章閣待制兼侍
講。著有《朱子全書》。朱熹思想的核心是理。他說:"天下莫尊於理,故以帝名之。"
(《語類》卷九四),"聖賢千言萬語,只是教人明天理,滅人欲。"(《語類》卷一二)朱熹
所輯《四書》,朱熹注《論語》,又從《禮記》中取出《大學》、《中庸》兩部分,進行註釋,加
入《孟子》,合爲一書,名《四書章句集注》。一般簡稱《四書》。該書在元明清時影響
非常大。陸九淵,字子靜,撫州金溪(今江西金溪縣)人。乾道進士,調靖安縣主簿,除
敕令所刪定官,主管臺州崇道觀。知荊門軍。著有《象山先生全集》。陸九淵建立了
自己的心學思想體系。他說:"人皆有是心,心皆具是理,心即理也。"(《象山先生全
集》卷一一《與李宰書》),"宇宙便是吾心,吾心便是宇宙"(《象山先生全集》卷二二
《雜說》)。

道教和佛教也非常興盛。在道教方面,編有大型道書。張君房,岳州安陸(今湖
北安陸縣)人。景德進士,官度支員外郎,充集賢校理。自御史臺謫官寧海。受薦編
道藏《大宋天宮寶藏》(已佚),書成,遷著作佐郎。張君房又取《大宋天宮寶藏》精華,
編成《雲笈七籤》。《雲笈七籤》,即道教全部秘笈之精要之意。陳搏,字圖南,亳州真
源(今安徽亳縣)人。道士。後唐時舉進士不第,遂隱居華山修道。宋太宗賜號希夷
先生。著《無極圖》、《先天圖》,認爲萬物皆是一體,只有超絕萬有的"一大法理"存
在。還著有《指玄篇》。《指玄篇》論述宇宙生成理論,提出內丹修煉的五種境界,把內
丹修煉的理論提高到新的境界。張伯端,字平叔,號紫陽,天臺(今浙江天臺縣)人。
通三教典籍,傳說在成都受異人傳授丹訣。作《悟真篇》。該書用詩歌形式講述道家
丹道修煉的理論與方法,是非常重要的道教修煉著作。

在佛教方面,釋贊寧,著《宋高僧傳》。該書爲續釋道宣《續高僧傳》之作。所載起
自唐高宗之時至宋雍熙年間爲止。正傳五百三十二人,附見一百二十五人。所載絕大
多數爲唐人。因作者是宋人,故稱《宋高僧傳》。

普濟,編《五燈會元》。該書利用道原《景德傳燈錄》、李遵勗《天聖廣燈錄》、惟白
《建中靖國續燈錄》、悟明《聯燈會要》、正受《嘉泰普燈錄》五種有關燈錄著作刪削而
成,故名。是宋代禪宗傳法世系的記載。

釋祖琇,著《隆興佛教編年通論》。該書是始於漢明帝永平八年(65),終於五代後
周顯德四年(957),長八百九十三年的佛教編年史。

　　科技發達,火藥、指南針和印刷術(號稱古代"四大發明"的三大發明)產生并廣泛運用。宋代有很多重要的科技文獻。楊忠輔,著《統天曆》。《統天曆》是宋代較爲完整的曆法。用截元法,創斗分諸法,把曆法又向前推進了一步,成爲後來授時歷的開導者。

　　秦九韶,字道古,普州安嶽(今四川安嶽縣)人。早年居金國中都,訪習於太史。又從隱者受數學。及長,寓居湖州。以精曆學薦於朝。知瓊州、知梅州。著《數書九章》,該書發明"大衍求一術"與正負開方術來解高次方程,對數學的發展有非常重要的意義。

　　李誠,著《營造法式》。該書是一部建築學的專著,分五部分:總例釋例、制度、功限、料例、圖樣。記載了當時多種建築的結構、構件、工料和施工工藝的規範規定。

　　楊輝,字謙光,錢塘(今浙江杭州市)人,著《詳解九章算法》、《日用算法》和《楊輝算法》。他用"增乘開方方法""開方做法本源"來解高次方程。陳旉著《農書》。該書談農業和養牛。農業以農事分類論述。該書對宋和宋以前的農村生產經營進行了總結。

　　秦觀,字少遊,揚州高郵(今江蘇高郵縣)人。元豐進士,爲定海主簿,蔡州教授。任秘書省正字,兼國史院編修官。貶監處州酒稅,徙彬州。編管橫州,徙雷州,至藤州卒。著《蠶書》,總結養蠶技術。在醫藥方面,出現大量方劑書籍。官修的方劑著作有《太平聖惠方》、《聖濟總錄》、《太平惠民和劑局方》。

　　文學著作甚多。王安石,字介甫,臨川(今江西撫州市)人。慶曆進士,爲簽書淮海判官,知鄞縣。爲舒州通判,群牧通判。知常州,提點江東刑獄。上書言事,任三司度支判官、知製誥。官參知政事,同中書門下平章事。罷相,又入相,爲鎮南軍節度使,同平章事,判江陵府,改集賢院使,封舒國公。有文集《王臨川集》。他是著名的政治家,又是著名的文學家。他的風格雄奇峻峭,精煉嚴密,他的文集多表現重大的社會現實問題和政治問題,是熙寧變法時代重要的政治文獻,也是宋代重要的文學文獻。

　　蘇軾,字子瞻,眉州眉山(今四川眉山市)人。嘉祐進士,任大理評事,簽書鳳翔府判官。任大理寺丞,太常博士,出爲杭州通判,知密州、徐州、湖州。烏臺詩案,貶爲黃州團練副使。任登州知州、中書舍人、翰林學士、知製造、充任侍讀。出知杭州、潁州、揚州,官兵部尚書兼侍讀,端明殿學士兼翰林侍讀學士,守禮部尚書。貶惠州安置,儋州別駕,昌化軍安置。大赦,復爲朝奉郎,卒於北歸途中。蘇軾是偉大的文學家,他的風格雄渾奔放、自然深邃。他的作品題材廣泛,不少涉及當時的社會和政治,也大量描寫個人經歷和思想。他是宋代文學最傑出的代表。

　　黃庭堅,字魯直,分寧(今江西修水縣)人。治平進士,爲葉縣尉。任北京國子監教授,知太和縣。任校書郎,遷著作佐郎,加集賢校理。爲起居舍人,秘書丞兼國史編修官。貶涪州別駕,黔州安置。徙戎州。知太平州,貶宜州。著有《山谷集》。他是江西詩派的領袖,他的詩風是奇拗生新、清雅硬朗。有一些反映民間疾苦和關心邊防的詩。他的詩是宋詩的典型代表。

李清照,濟南(今山東濟南市)人。著名學者李格非之女。與趙明誠結婚,生活幸福。靖康之難,李清照和丈夫逃難來到南方。不久丈夫病逝,她隻身漂泊於杭州、越州、金華一帶。晚年生活悲苦淒涼。著有文集《李清照集》。李清照是我國最偉大的女文學家,是婉約詞派的最典型代表。她的文風清麗曼妙、尖新婉曲。她的作品以寫她個人的生活和抒發她的感情爲主。而晚年表現出對淪陷的故鄉的懷念,抒發自己的愛國感情。

辛棄疾,字幼安,歷城(今山東濟南市)人。參加抗金起義軍,任掌書記。奉表南歸,爲承務郎,轉江陰簽判,建康通判,任司農寺主簿,知滁州。知江陵府兼湖北安撫使,知隆興府兼江西安撫使,湖北轉運副使。知潭州兼湖南安撫使。閒居二十餘年,晚年知紹興府兼浙東安撫使,知鎮江府。著有《稼軒長短句》。辛棄疾是偉大的詞人,他的風格豪放激越、繁富流暢。他的作品多以國家與民族的現實爲題材,表現抗擊外來侵略,實現國家統一的愛國情懷,抒發對朝廷軟弱偷安的憂慮和愛國才智不能施展的悲憤。還有一些寫閒居生活和鄉村田園的作品。

陸游,字務觀,山陰(今江西紹興市)人。爲寧德主簿,除樞密院編修。任鎮江、隆興通判,爲夔州通判。先後在四川宣撫使王炎和四川製制使範成大幕府任職,後在福建、江西、浙江任地方官。晚年在故鄉山陰度過。著有《劍南詩稿》、《渭南文集》。陸游的風格是豪放雄渾、壯麗凝練。他的作品題材非常廣泛,內容極爲豐富,全面反映了南宋前期的社會生活。而愛國主義題材的作品最爲耀眼。他們表現了作者對侵略者的痛恨,對國家統一的渴望,表現了作者捨身報國的愛國主義精神和壯志不能實現的悲憤。

二、遼金元

元帝國是蒙古貴族建立的幅員遼闊的強大國家。在它的統治穩定後,經濟發展,多元文化蓬勃開展,文獻也迅速發展起來。一方面是傳統的文獻形成得以繼承,另一方面是獨具時代特徵的文獻大量產生。元代統治比較殘酷,文獻自然也要避開政治敏感問題,以免招致災禍。

元代朝廷設翰林國史院,作爲官方修書機構,官修大量的皇帝實錄。編修《元朝秘史》。原書用蒙古文寫成,元代即有漢譯本。該書詳細記錄了蒙古族的起源和發展,記錄了成吉思汗和窩闊臺漢時期的大量史實,有著非常高的文獻價值。編修《元典章》。該書全名《大元聖政國朝典章》,仿唐代政書《唐六典》體例,分十門即詔令、聖政、朝綱、臺綱、吏部、戶部、禮部、兵部、刑部、工部來表述元代的政治體制。《經世大典》是一部會要性質的著作,彙集了大量國家重要的政治、經濟、軍事、文化的史實。該書已亡佚。

岳璘等編《大元一統志》,是根據元代的行政區劃所編的全國地理書,內容非常豐富,該書已殘缺。私家編的政書是馬端臨的《文獻通考》。馬端臨,字貴與,樂平(今江西樂平縣)人。父爲宰相,以蔭補承事郎。宋亡不仕,教學著述,任衢州路柯山書院山長,著《文獻通考》。《文獻通考》記錄和研究上古時代至宋寧宗時代的典章制度的沿革發展。全書共分二十四門,其中對宋代典制記載尤爲詳細,保存大量珍貴史料。

元代重視前朝歷史的編修,丞相脫脫主持編修《宋史》、《遼史》和《金史》。

在道教方面,王重陽建立全真教。王重陽,名嚞,字知明,一字德成,號重陽子,咸陽(今陝西咸陽市)人。金代道士。棄家於終南山一帶修道。後住山東昆嵛山,在文登、寧海、萊州等地講道。王重陽制定道士出家制度,故世稱其教派爲全真教。其著作有《重陽全真集》、《教化集》、《立教十五論》。他的著作充分闡述了他的道教思想,道教修煉方法,同時記錄了有關全真教創建重要資料。丘處機(一作邱處機),字通密,號長春子,登州棲霞(今山東棲霞縣)人。道士,拜王重陽爲師。後正式建立全真教,尊王重陽爲教主。王重陽去世後,丘處機潛修於龍門山,形成龍門派。成吉思汗召見於雪山,尊爲神仙。著有《大月直指》、《攝生信息論》、《磻溪集》。他的著作是研究金代和元代道教的重要資料。

在科技方面,最值得注意的是農業科技。元在用武力征服和統一中,對農業造成極大的破壞,并强制將很多農田變成牧場。但後來元朝統治者認識到必須發展農業才能鞏固統治,因此國家司農司編修《農桑輯要》。該書十部分,即典訓、耕墾、播種、栽桑、養桑、瓜菜、果實、竹木、藥草、孳畜,并附"歲用雜事"。講一年十二月中的農事活動。全書談北方農業科學精要而全面。

王禎,字伯善,東平(今山東東平縣)人。曾任旌德永豐縣尹,著《農書》。該書由《農桑通訣》、《農器圖譜》和《谷譜》三部分組成,全面論述了農業發展的歷史、農作物的耕種與栽培技術、農具的製作與運用。

郭守敬、王恂編成《授時曆》,其推算的一些天文數據在當時的世界是最精確的,其曆法體系在古代最完善。李治著《測圓海鏡》、《益古演段》,創"天元術",建立數字高次方程。朱世杰《四元玉鑒》,論述多元高次方程組解法和高階等差級數問題。

金與元的文學較爲興盛。金國的元好問,字裕之,秀容(今山西忻縣)人。金興定進士,曾爲内鄉令、南陽令,任尚書省掾、左司都事員外郎、翰林知制誥。金亡不仕。著有《遺山先生文集》。其文學風格雄渾豪邁,清深頓挫。他有很多反映現實生活的作品。反映國家破亡的喪亂詩,更是金朝滅亡時的社會生活的真實寫照。

董解元,解元是金元時對讀書人的通稱,并非其名。金章宗時(1190—1208)人。根據《西廂記諸宮調》的推測,可能是一位狂放的不滿社會現實的士人。戲劇作家,著《西廂記諸宮調》。該書用諸宮調的形式寫書生張珙與相國之女崔鶯鶯美滿結合的故事,具有反封建禮教的思想。它雖取材於元稹的《鶯鶯傳》,卻有新的創造。

元代戲曲作家特別多。關漢卿,大都(今北京市)人,太醫院尹。他是元代雜劇劇壇最重要的領袖,古代最偉大的劇作家。著有大量雜劇作品,今編有《關漢卿集》。其作品以高超的藝術表現了廣闊的社會生活,尤其是表現民眾受壓迫受剝削的悲慘生活,揭露了社會的種種醜惡,贊美了民眾的美好品德和他們頑強抗爭的精神。

白樸,字仁甫,一字太素,號蘭谷,陝州(今山西河曲縣)人,流寓真定。著有雜劇《裴少俊墻頭馬上》、《唐明皇秋夜梧桐雨》。

馬致遠,大都(今北京市)人。做過浙江行省地方官,五十歲左右歸隱。著有雜劇《漢宮秋》等,并作有大量散曲。

鄭光祖,字德輝,平陽襄陵(今山西臨汾縣)人。做過杭州路吏。著有雜劇《倩女離魂》等。

王實甫,字德信,大都(今北京市)人。做過官,后隱居。著有雜劇《西廂記》,該劇非常有名,人稱"天下奇魁"。

第六節　近古(一):明

時代向前發展,生產技術發展,促進農業發展,帶動整個經濟發展。商品經濟不斷滋生,城市更具有活力。西方文化傳入中國,產生影響。古老的封建制度與時代顯得不和諧,蓬勃發展的文化,卻有着新的時代氣息。在新的社會環境里,文獻也有着新的特點。傳統樣式的文獻不斷產生,依然佔據主流。新的文獻樣式不斷被創造,顯出鬱鬱的生機。而所有文獻的內容則具有明代社會的特質。

國家編修了大量政治文獻。職官類有《大明官制》、《諸司職掌》。禮儀類有《皇朝禮制》、《大明禮制》。刑法類有《大明律》、《更定大明律》。綜合典章制度與史實類有《大明會典》、《大明會要》。《大明會典》(重修本),該書由弘治時官修,嘉靖時續修,萬曆時重修。其内容是以朝廷六部爲主要架構,記敍政治體制與作用,記敍重要事例。重修本四庫館臣言其未見,所存爲弘治修撰本。該書"一代典章最爲該備"(《四庫全書·明會典提要》)。

明代修撰大量皇帝實錄,有《太祖實錄》、《太宗實錄》、《仁宗實錄》、《宣宗實錄》、《英宗實錄》、《憲宗實錄》、《孝宗實錄》、《武宗實錄》、《睿宗實錄》、《世宗實錄》、《穆宗實錄》、《神宗實錄》、《光宗實錄》、《熹宗實錄》等。實錄保存了很多國家政治、軍事、經濟、文化的重要材料。

王圻,字元翰,上海(今上海市)人,嘉靖進士。爲清江知縣,擢御史,出爲福建按察僉事,後官陝西布政參議,著《續文獻通考》。該書所續爲馬端臨《文獻通考》,其體例亦倣此書。上接宋寧宗嘉定朝,下迄明神宗萬曆時,所記爲宋遼金元明事。而以明代事爲多,也最有價值。

李賢等奉敕修撰《明一統志》。其體例基本依元代《大一統志》。依州和府爲基本單位,記載其建制沿革、形勝、風俗、山川、土產、古跡、人物等。該書是關於明地方的非常重要的文獻。

產生了大量軍事著作。王鳴鶴著《登壇必究》。該書是一部百科全書式的軍事著作,輯錄了大量兵書材料,詳細分類編排。共分七十二目,附有圖五百六十多幅。王鳴鶴、何仲叔合著《兵法百戰經》,闡述他們的軍事思想。該書輯錄古代兵書精華,共分七十二目,内容豐富。茅元儀著《武備志》。該書廣泛採集古代兵書材料,編成《兵訣評》、《戰略考》、《陣練制》、《軍資乘》、《戰度載》五編。每類前後有序言,文中有批註。該書是一部有作者自己軍事思想的集成性的軍事著作。戚繼光,字元敬,定遠(今山東蓬萊市)人。世襲登州衛指揮僉事,任浙江參將。以抗倭功,爲福建總督,威震南方,人號戚家軍。以都督同知總理薊州、昌平、保定三鎮練兵事,改之廣東。罷歸。著有《紀效新書》、《練兵實記》、《武備新書》。三書是作者長期帶兵和作戰的理論總結,閃耀着軍事思想的新光輝,又具有很大的實用價值。

意識形態領域也產生很多文獻。官修《五經大全》(《周易大全》、《書傳大全》、《詩經大全》、《禮記大全》、《春秋大全》),對五經經義進行闡釋。該書雖是鈔纂成書,創見不多,但卻代表了官方的思想意識,反映了明代的儒學思想和學術水平。官修《四書大全》,闡釋四書之義,弘揚孔子思想和理學思想。明代是四書與五經並稱,同是經書。而《四書大全》的影響超過《五經大全》。胡廣、楊榮等編修《性理大全》。該書將理學家周敦頤、程頤、程顥、張載、朱熹的性理言論,分爲十三類:理氣、鬼神、性理、道統、聖賢、諸儒、學、諸子、歷代、君臣、治道、詩、文,編輯成書。該書是官修書,表現朝廷的思想意識導向。明代出現了反對傳統思想的思想家。李贄,本名載贄,字卓吾、宏甫,晉江(今福建晉江市)人。爲河南輝縣教諭,任國子監博士,禮部司務,官南京刑部員外郎、郎中。任雲南姚安府知府,遁通州,以"敢倡亂道,惑世誣民"罪入獄,死於獄中。作《焚書》、《藏書》。李贄是一位具有叛逆性的思想家,受王學左派和佛學思想影響,自己以"異端"相標榜。他大膽否定儒家思想,反對"以孔子之是非爲是非",強力抨擊程朱理學,鼓吹個性解放。其思想多少反映成長中的市民意識。

在道教方面,有很多道士著作。張三豐,名全一,又名君寶,三豐爲號,遼東懿州(今遼寧彰武縣)人。道士,居武當山。不修邊幅,行跡飄忽,具有傳奇色彩。英宗贈通微顯化真人。著有《張三豐全集》。該書全面闡述了他的道教理論和修煉方法,記錄了武當道教和張三豐的一些重要事蹟。伍守陽著《丹道九篇》、《金丹要訣》。二書綜合南北宗的丹法,形成新的有特點的修煉方法。明代道教最重要的文獻是明代編輯的道藏。明成祖命天師張宇初編修道藏,未完成。英宗又命通妙真人邵以正繼續編修,編成,刻於正統年間,稱《正統道藏》。神宗又命天師張國祥續編刊道藏,刻於萬曆年間稱《萬曆續道藏》。二道藏後合刻統稱《道藏》。《道藏》收錄了編修者認爲最重要的道教典籍,按三洞、四輔、十二部進行分類編排。《道藏》是道教最高的經典,也是道教最大的文獻寶庫。

在佛教方面,最重要的文獻是明代編成的《大藏經》。明代先後五次編大藏經。各次所編大藏經皆有不同。《大藏經》是佛教典籍的總彙。"大藏經"古代稱爲"一切經",是把印度和西域傳入的佛教典籍的譯文和中國本土的各類佛教著作彙集編纂的巨型書籍。明代第五次編刻的大藏經由僧人紫柏、憨山發起,萬曆時編刻於五臺山,後由貴州僧繼慶在清康熙時刻成。此大藏稱《嘉興藏》,又稱《經山藏》。明代編修大藏經搜集和保存大量珍貴的佛教文獻。

如惺著《明高僧傳》,明河著《補續高僧傳》。

官修《元史》。

明代的筆記,對現實有廣泛的記錄。田汝成,字叔禾,錢塘(今浙江杭州市)人。嘉靖進士,任廣西右參議,守右江。爲福建提學副使。著《西湖遊覽志》、《西湖遊覽志餘》。二書以記杭州西湖名勝爲主,進而記載山川、建築、人物、風俗,立體地反映了明代杭州社會多方面情況。朱國楨,字文寧,烏程(今浙江吳興市)人。官至禮部尚書,文淵閣大學士。著《涌幢小品》。該書主要記見聞,雜有考證。多記明代朝野故事、典章制度,也載詩文藝術、蟲魚鳥獸。還有關於明代農民起義的記載。謝肇淛,字在杭,福建長樂(今福建長樂縣)人。萬曆進士,爲湖州推官。累官工部郎中,任廣西左布政使。著《五雜組》。該書分五部:天部、地部、人部、物部、事部。所記內容廣泛,除自然的草木鳥獸和藥物外,更多地記載了明代的政治、經濟、文化和社會的諸多情況。

　　科技文獻很多。徐光啟,字子先,上海(今上海市)人。萬曆進士,累官至禮部尚書兼東閣大學士、文淵閣大學士。他早年學習研究西方科學,將東方科學與西方科學結合,是明代著名的科學家。著有《崇禎曆書》、《農政全書》。《崇禎曆書》在繼承傳統曆法的基礎上,吸收西方曆法的一些長處,把古代曆法提高到一個新的高度。《農政全書》是在總結古代農業技術,吸收西方有關科技,在深入研究明代農業的基礎上寫成的。全書共十二類:農本、田制、農事、水利、農器、樹藝、蠶桑、蠶桑廣類、種植、牧養、製造、荒政。該書對農業的發展做了全面的論述,代表了明代農業科技的最高水平。宋應星,字長庚,奉新(今江西奉新縣)人。任分宜教諭,汀州推官,爲亳州知州。著《天工開物》。該書分三編,對明代的農業和工業的生產技術進行了全面的記載,是一部全面總結明代科學技術的著作。李時珍,字東璧,蘄州(今湖北蘄春縣)人。爲楚王府奉祠正。一生致力於醫藥的研究,是偉大的醫藥學家。著《本草綱目》。該書是中藥學著作。載藥物一千八百九十二種,附藥方一萬一千零九十六個。對中藥進行系統分類,并記載中藥名稱、產地、形態、採集與炮製、藥性與功用。該書是古代最重要的中藥學典籍。徐霞客,名弘祖,字振之,霞客爲號,江陰(今江蘇江陰縣)人。少年閱讀圖經地志,見當時黨爭激烈,不願入仕。自二十二歲開始遠遊,歷時三十餘年,足跡至十餘省。作《徐霞客遊記》。該書是著名的遊記,也是重要的綜合性科學著作。作者以科學考察的形式,記載了全國很多地方的地形地貌、動物植物、水文河流、生產技術、物產礦藏、民風民俗,并進行深入研究和探討。原稿多散佚,現存《徐霞客遊記》,僅是原稿的六分之一。

　　西方文化傳入中國,一些西方科技著作譯成中文。徐光啟和意大利傳教士合譯《幾何原本》,還譯有《勾股義》、《測量義法》,王徵與瑞士鄧玉函合譯力學機械的《遠西奇器圖說》。

　　文學欣欣向榮。在傳統的詩歌散文方面,沒有特別超群的作家,可以李夢陽、楊慎和王世貞爲代表。李夢陽,字獻吉,又字天賜,慶陽(今甘肅慶陽縣)人,徙居河南開封。弘治進士,授戶部主事,爲郎中,以氣節名世。與權要人物鬥爭,幾次下獄。爲江西提學副使,罷職居家,晚年更遭削籍。著有文集《空同集》。他的風格雄俊清深、雅致尚古。他的作品有濃厚的崇古傾向。但像《秋望》、《秋夜嘆》也揭露社會的黑暗,抒發愛國的情感。楊慎,字用修,新都(今四川成都)人。正德進士,任翰林修撰,翰林學士,議大禮而下獄,長期貶雲南永昌衛。有文集《升庵集》。王世貞,字元美,太倉(今江蘇太倉縣)人。嘉靖進士,授刑部主事。棄官歸家。後任浙江右參政,山西按察使,累官至南京刑部尚書。著有文集《弇州山人四部稿》、《弇山堂別集》。王世貞是當時文壇領袖,文風富贍華美,晚年趨於平淡。他的作品內容廣泛博雜,有少數揭露社會現實黑暗的作品。戲劇方面,最著名的作家是湯顯祖。湯顯祖,字義仍,江西臨川(今江西撫州市)人。萬曆進士,除南京太常寺博士。爲祠部郎。上疏抨擊大臣,貶廣東徐聞縣典記。爲浙江遂昌縣知縣,棄官歸臨川,閒居。著有傳奇《臨川四夢》,即《紫釵記》、《還魂記》(《牡丹亭》)《南柯記》、《邯鄲記》。《牡丹亭》是寫杜麗娘因追求與柳夢梅的自由愛情被迫害致死而還魂,終與愛人結爲伉儷的故事,最負盛名。小說的成就最高。最有名的長篇小說有施耐庵的《水滸傳》,羅貫中的《三國演義》和吳承恩的《西遊記》。還有署名爲蘭陵笑笑生的《金瓶梅詞話》。《金瓶梅詞話》描寫西門慶和幾個女人的故事,表現明中葉統治階層的橫暴、醜惡和荒淫,也表現了商品經濟發展給社會所帶來的巨大變化。小說集則有馮夢龍的"三言"和凌濛初的"二拍"。馮夢龍,字猶龍,長洲(今江蘇蘇州市)人。屢試不第,中年後爲丹徒訓導,任福州壽寧知縣。編著"三言",即《喻世明言》、《醒世恒言》、《警世通言》。馮夢龍將宋元明三代的話本小說整理和改編而成"三言",反映了廣闊的社會生活,同時也勸喻和警醒世人要做善良和高尚的人。凌濛初,字玄房,烏程(今浙江吳興縣)人。以副貢選授上海縣丞。爲徐州通判,入何騰蛟幕。著《初刻拍案驚奇》、《二刻拍案驚奇》。

第七節　近古(二):清

　　清朝是滿族建立的國家,又處於封建社會末期,政治體制有著太多的弊病。而生產力相對強大,經濟比以前更發達,文化比以前更繁榮。隨著王朝統治者的日益腐朽,無力抵抗帝國主義列強的滲透和侵略,國家滑進半封建半殖民地的深淵。愛國的志士仁人,維新與革命,奮力拯救自己的國家與民族。反帝反封建的鬥爭風起雲湧。在"驅除韃虜,恢復中華"的口號和槍炮聲中,結束了幾千年的封建帝制,開創了新的時代。產生於這樣的時代的文獻,數量最大,品類最多,內容也最爲紛繁複雜,多姿多彩。保存下來的文獻,也是最豐富的。

　　朝廷建立規模宏大的文獻編撰機構翰林院,網羅大量英才,編撰出很多重要的文獻。

一、政治與典章制度文獻

　　重要的有《大清律例》、《大清律續纂條例》、《吏部則例》、《工部則例》、《欽定大清會典》、《清通典》、《清通志》、《清文獻通考》。

《欽定大清會典》是一部大型的典制與史實結合的文獻。其體例是分列朝廷機構,先列內閣、軍機處,再列六部、都察院、九卿、翰、詹。後附八旗、內務府。以官職統列相關國家大事。始修於康熙時,雍正、乾隆、嘉慶時續修。乾隆時將會典列於事例之外,使典與事有分別。光緒時增纂并編成書。典制爲一百卷,事例達一千二百二十卷。記載清代的典章文物制度和相關史實皆甚詳備。

《清通典》,本名《皇朝通典》。體例與《通典》、《續通典》相同,分九門,而門下的子目根據清代的情況有增刪。該書主要採用《清會典》、《清律例》、《清一統志》等書爲材料編成。資料豐富,門類分明。

《清通志》是《續通志》的續編。該書體例則與《通志》、《續通志》不同,去掉本紀、列傳、世家、年譜,只有二十略。氏族、六書、七音、校讐、圖略、金石、昆蟲草木諸略內容有特色,其餘內容與《清通典》有重複。

《清文獻通考》,本名《皇朝文獻通考》。體例與《欽定續文獻通考》相同,分二十六考,但增設有清代特色的子目,如八旗田制、八旗壯丁、外藩、八旗官學等。

二、皇帝實錄

所修實錄有《滿洲實錄》、《太祖實錄》、《太宗實錄》、《世祖實錄》、《聖祖實錄》、《世宗實錄》、《高宗實錄》、《仁宗實錄》、《宣宗實錄》、《文宗實錄》、《穆宗實錄》、《德宗實錄》等。實錄雖一般以一位皇帝命名,而所記實爲一個時代的國家大事,具有重要的文獻價值。

三、經學與思想意識文獻

官修經學書很多,如《易經通注》、《易經解義》、《日講書經解義》、《書經傳說匯纂》、《詩經傳說匯纂》、《詩義折中》、《日講春秋解義》、《春秋直解》、《周禮義疏》、《儀禮義疏》、《禮記義疏》、《日講禮記解義》、《孝經集注》和《日講四書解義》、《性理精義》。

四、天文歷象文獻

古人尊重天,重視天文歷法的編修。重要的著作有《星歷考源》、《天文正義》、《歷象考成》、《歷象考成後編》。

五、大量志書

著名的有《八旗通志》、《盛京通志》、《大清一統志》。《八旗通志》記載滿旗八旗歷史。全書分志、表、傳,其下又各有八目,以兵制爲基礎,并載典制、爵秩、人物與藝文。《清一統志》在康熙、乾隆、嘉慶屢經修編。通行的爲乾隆四十九年所修之本。嘉慶補纂本《嘉慶重修一統志》晚出,內容較佳。一統志爲國家修地方總志,先分省,省有圖、表、總敘。再按州、直隸廳建志。內容有二十五目,如疆域、分野、建置沿革等。

六、大量文化文獻

如《歷代賦匯》、《歷代詩餘》、《子史精華》、《皇清文穎》、《清續文穎》、《淵鑒類函》、《佩文韻府》、《駢字類編》、《康熙字典》。《康熙字典》是古代最大型的字典,收字四萬七千零三十五個,每個字有注音和詳細釋意。

七、前朝史書和政書

朝廷設明史館,歷六十年編修《明史》,記自洪武元年至崇禎十七年明代的史實。編修前代典制文獻《續通典》、《續通志》、《續文獻通考》。《續通典》續唐代杜佑《通典》,乾隆時奉敕修撰,體例依《通典》,按年編次,分門分目。記唐肅宗至德元年至明崇禎末年的典章制度。《續通志》續宋代鄭樵《通志》,乾隆時奉敕修撰,體例仿《通志》,記唐、五代、宋、遼、金、元要事,補唐代紀傳。《續文獻通考》,續元代馬端臨《文獻通考》,乾隆時奉敕修撰,體例仿《文獻通考》,記宋、遼、金、元、明重要之事。

八、巨型叢書、類書

清代編修古代最大的類書《古今圖書集成》和最大的叢書《四庫全書》。陳夢雷,康熙進士,授翰林院編修。謫戍奉天尚陽堡。釋歸,附誠親王。雍正時又遭流放。主持編《古今圖書集成》。該書原名《古今圖書彙編》,編成未刊,朝廷命蔣廷錫重爲編校,改名《古今圖書集成》。全書分曆象、方輿、明倫、博物、理學、經濟六編,下列三十二典,再分六千一百零九部,每部有匯考、總論,有圖表、列傳、藝文造句、紀事、雜錄、外編等目,內容非常豐富。朝廷設四庫全書編修館,編《四庫全書》。乾隆三十七年開館編修,歷時十年完成。《四庫全書》共收書三千五百零三種,分經、史、子、集四部編排。另有六千八百一十九部書只存書名,未收錄。《四庫全書》編成后,朝廷又命館臣作《總目提要》,對每種所收書,摘舉要點,考其源流,評論得失。《四庫全書》薈萃了古代大量重要典籍,在文獻史上有非常重要的地位。

清朝的地方官府,省、州、縣不少也有修志機構,編修了大量地方志和地方文獻。據有的學者統計,現存清代方志達四千八百八十九種。這些方志絕大多數出於地方修志機構之手。這些方志和地方文獻的編修,對於研究地方古代的政治、經濟、文化有非常重要的意義。

　　清代揭暄著《兵經百篇》、陳澹然著《權制》，都是闡述軍事理論的重要著作。徐千家著《洋防略說》，談防洋人侵略。朱璐著《防守集成》，講論城防。佚名所著《三十六計》，是論述戰略戰術的著作。"三十六計"的說法已非常久，但未見專書論述。該書將戰略戰術歸納爲三十六種戰法，并對具體計名與相應內容作了闡述，可以說是對民間傳統軍事思想的一種總結。堪稱精妙。魏源，字默深，湖南邵陽（今湖南隆回縣）人。爲內閣中書，改知州。道光二十四年中進士，權知東臺、興化縣事，知高郵州。著《海國圖志》。該書是全面介紹世界的書，介紹各國的地理位置、歷史情況、氣候物產、曆法宗教。尤其重視軍事情況的介紹。用大量篇幅介紹外國的船、槍、炮、水雷、望遠鏡等武器和軍用品的製造和使用方法。該書有重要的軍事價值。

　　清代發生了很多重要的事件，其領導者和重要參與者留下重要的文章，是非常重要的文獻。林則徐，字元撫，又字少穆，福建侯官（今福建福州市）人。嘉慶進士，爲御史、道員、按察使、布政使、巡撫，道光十七年任湖廣總督，次年爲欽差大臣赴廣州查禁鴉片。林則徐和侵略者進行了堅決鬥爭，取得了很大勝利。遭投降派陷害而被革職，充軍伊犁。道光二十七年，復起爲雲貴總督。後命爲欽差大臣，赴廣西辦軍務。至潮州病卒。著有《政書》、《信及錄》、《雲左山房詩鈔》。他的著作是研究鴉片戰爭及其時代的重要資料。梁啟超，字卓如，廣東新會（今廣東新會縣）人。從康有爲學習變法維新理論，跟隨康有爲從事變法維新活動。戊戌政變后，流亡日本。創《新民叢報》、《國風報》，介紹西方政治學說。遍遊歐美，考察政治社會。民國成立，回國創《庸言報》，任司法總長。反對袁世凱稱帝。段祺瑞任爲財政總長，段祺瑞政府倒臺，梁啟超出遊西方各國。回國后退出政治舞臺，專心從事學術。著有《飲冰室合集》（又編有《飲冰室全集》和《飲冰室叢著》）。《飲冰室合集》由《文集》和《專集》兩部分組成。《專集》中有《戊戌政變記》。整個《飲冰室合集》是有關戊戌變法和那個時代的重要資料。孫中山，本名文，字逸仙，廣東香山（廣東中山市）人。香港西醫書院畢業，在澳門、廣州行醫。早年就有志反清。在廣州準備起義未成，惠州起義失敗。孫中山到日本，領導興中會，聯合華興會和光復會組成中國同盟會，被推爲總理。多次發動武裝起義。1911 年武昌起義，全國紛紛響應，推翻滿清政府，孫中山被推選爲臨時大總統。後革命遭受失敗，將中華革命黨改組爲中國國民黨，後改組國民黨，提出新三民主義。著有《中山全書》（又編爲《總理全集》）。孫中山的文章反映了清末的反清革命，是研究清朝末期的重要資料。

　　大量的筆記小說，也是很有價值的文獻。劉獻廷，字繼莊，順天大興（今北京市）人。未仕。著有《廣陽雜記》。該書記載明清的軼聞雜事，歷代典制，還記載一些地區的風土人情、習俗、古跡、財賦、醫藥、邊關要塞、天文數學。葉夢珠，字濱江，上海（今上海市)人。大約生於明崇禎時,主要生活在清代。作者將自己六十餘年的見聞記錄下來,成《閱世編》。全書分十卷,二十八門:卷一:天象、曆法、水利、災祥、田產。卷二:學校、禮樂、科舉。卷三:建設。卷四:士風、宦跡、名節。卷五:門祚。卷六:賦稅、徭役。卷七:食貨、種植、錢法。卷八:冠服、內裝、文章、交際。卷九:宴會、師長、及門、釋道。卷十:居第、紀聞。它以松江爲中心,廣泛記錄了明清之際的政治、經濟、文化、風俗、自然的情況。李斗,字艾塘,又字北有,江蘇儀徵(今江蘇儀徵縣)人。著《揚州畫舫錄》。該書記作者居揚州期間的見聞,用三十多年時間寫成。內容非常廣泛,如揚州城垣沿革、運河變遷、園林亭臺、廟觀古跡、商業工藝、風俗人情、歌妓舞樹,對清代揚州一帶的社會、經濟、文化、地理、風俗,提供了有價值的資料。現代徐珂,字仲可,杭州(今浙江杭州)人。編《清稗類鈔》。該書採錄數百種清人筆記和大量清代報刊,編輯而成。具有類書性質。分九十餘類,如時令、地理、外交、風俗等,載一萬三千五百餘條材料,堪稱廣博,是紀實隨筆材料的淵藪。

學術鼎盛,產生了大量的學者和思想家,學術著作更是燦若星斗。在社會科學方面:顧炎武,字寧人,原名絳,昆山(今江蘇昆山縣)人。清軍南下,參加抗清鬥爭。明亡,誓死不仕清朝。四處遊歷,先後居山東章丘長白山,墾荒於山西雁門之北,晚年定居陝西華陰。一生有經世致用的抱負。著有《日知錄》、《天下郡國利病書》,二書是清代重要的學術著作。文集《亭林文集》。他的風格是沉雄蒼勁、凝練清深。作品表現富豐的社會內容和深摯的愛國感情。黃宗羲,字太沖,余姚(今浙江余姚縣)人。不事科舉。明亡,參加抗清的鬥爭,爲南明左副都御史。清朝時,堅不出仕,以講學和著述爲務。著有《明夷待訪錄》、《宋元學案》、《明儒學案》、《南雷文定》等。《明夷待訪錄》反對君王專制,主張重用賢臣,均田薄賦,發展工商,允許清議。其思想表現出一些市民階層的意識。王夫之,字而農,衡陽(今湖南衡陽市)人。明崇禎舉人。明亡,於衡山舉兵反清,爲南明桂王政府行人司行人。不仕清朝,隱居深山。晚年定居衡陽石船山。著有《船山遺書》。他具有樸素的唯物主義和樸素的辯證法思想,並將二者做一定程度結合,發展到一定的高度。錢大昕,字曉徵,一字及之,嘉定(今江蘇嘉定縣)人。乾隆進士,爲內閣中書,任翰林院編修,侍講學士、詹事府少詹事、爲提督廣西學政。著《廿二史考異》、《十駕齋養新錄》、文集《研經堂文集》。《十駕齋養新錄》主要是對經、史、小學的考證。錢大昕是清代以治史爲專長而兼治經的著名學者。戴震,字東原,安徽休寧(今安徽休寧縣)人。久試不第,入四庫館充纂修官。賜同進士出身,授翰林院庶吉士。著有《戴氏遺書》(段玉裁編有《戴東原集》)。《戴氏遺書》包括《文集》、《毛鄭詩考正》、《詩經補注》、《方言疏證》、《續天文略》、《水地記》、《原善》、《原象》、《孟子字義疏證》、《聲韻考》、《聲類表》、《考工記圖》、《水經注(校本)》、《策算》、

《勾股割圜記》。戴震是清代考據派的集大成學者，在人文科學與自然科學領域皆有巨大成就。段玉裁，字若膺，號茂堂，江蘇金壇(今江蘇金壇縣)人。爲貴州玉屏知縣、重慶巫山知縣。辭官歸故鄉。主要著作有《古文尚書撰異》、《毛詩故訓傳定本》、《春秋左氏古經》、《詩經小學》、《周禮漢讀考》、《儀禮漢讀考》、《六書音均表》、《聲韻考》、《說文解字注》，文集《經韻樓集》。段玉裁對經學與小學有精深的研究，是乾嘉學派的重要代表。王念孫，字懷祖，江蘇高郵(今江蘇高郵縣)人。乾隆進士，選庶吉士，乞假歸。任工部主事，辭官。長期進行學術研究。主要著作有《廣雅疏證》、《讀書雜誌》，又有文集《王石臞先生遺文》。王引之，字伯申，嘉慶進士，爲翰林院編修，任禮部尚書，改工部尚書。主要著作有《經傳釋詞》、《經義述聞》，又有文集《王文簡公文集》。王引之爲王念孫之子，合稱"二王"。二王對經學的研究，對音韻訓詁的研究非常深入，在文獻學方面代表著清代的最高成就。

科技方面：王錫闡著《曉庵新法》。該書在繼承傳統曆法的基礎上，吸收西方曆法的優點，加以創新，運用計算日月食時初虧、複圓的方位角，創造計算金星、水星凌日的方法，創造月掩行星及五星凌犯初終時刻的方法，將曆法提到一個新的水平。梅文鼎，字定九，安徽宣城(今安徽宣城市)人。著有《梅氏曆算全書》。該書包括作者的所有曆法和數學著作。數學著作包括算術、代數、幾何、平面三角學和球面三角學，代表了當時數學的最高成就，當時尊稱爲數學第一人。官修農書《授時通考》。其內容大致有八門：天時、土宜、谷種、功作、勸課、蓄聚、農餘、蠶桑。各自又分子目。八門中，"天時冠以總論，余七門各冠以匯考"(《授時通考·御制序文》)。該書是一部詳盡論述農業生產和有關運作的重要理論著作。吳謙等編《醫宗金鑒》。江瓘編《名醫類案》。

西方文化和科技大量傳入清朝，產生了大量的翻譯著作。官方編譯數學著作《數理精蘊》，李善蘭編譯英國天文學家赫歇爾的著作《談天》，嚴複編譯英國生物學家的著作《進化論和倫理學》爲《天演論》。

文學著作群星燦爛，但傳統的詩與文沒有特別偉大的作家，我們姑且選王士禎、袁枚、龔自珍、秋瑾爲代表。王士禎，字貽上，山東新城(今山東桓臺縣)人。順治進士，爲揚州推官，後任禮部員外郎、戶部郎中、翰林院侍讀、國子監祭酒、戶部侍郎、兵部侍郎、遷刑部尚書，因事免官，回家鄉。著有文集《帶經堂集》。王士禎的風格是清新俊逸，沖淡雋永。他的作品多是紀行、詠景、懷古、交遊、詠懷，表現自己的生活行跡與思想感情。早年也有一些關注社會與民生疾苦的作品。袁枚，字子才，錢塘(今浙江杭州市)人。乾隆進士，爲翰林院庶吉士，任江寧知縣。中年不仕，居南京小倉山。性格放達。著有文集《小倉山房集》。他的風格是活潑清新、曉暢天然。作品多表現自己的生活，抒發自己思想感情，所謂抒寫性靈。但有一些寫景和表現社會現實的作品。

龔自珍,字璱人,浙江仁和(今浙江杭州市)人。任內閣中書。中進士,爲宗人府主事、禮部主客司主事。四十八歲辭官南歸,後暴卒於丹陽雲陽書院。著有《龔自珍全集》。他的風格是雄奇豪邁、絢爛有力。作品敢於描寫現實,揭露社會的諸多弊端,抒發個人的憂慮和憤懣。

秋瑾,字璇卿,浙江紹興(今浙江紹興)人。自幼不滿封建禮法,1903年寓居北京,革命思想大進。次年到日本留學,參加了光復會和同盟會。1906年回國,在上海、杭州等地從事革命活動,組織起義,1907年被捕,就義於紹興古軒亭口。著有文集《秋瑾集》。秋瑾是著名的女革命家和詩人。她的風格是豪放激越、犀利宏肆。她的作品具有鮮明的反對帝國主義和滿清政府的傾向,充滿著強烈的愛國主義精神。

小說成就非常高。蒲松齡,字留仙,淄川(今山東淄博市)人。屢試不第,三十一歲時,應孫惠之請,到江蘇寶應等縣充幕賓,約一年。長期在私塾教授學生。著有《聊齋志異》和文集《蒲松齡集》。《聊齋志異》是短篇小說集,用花妖狐魅擬人的方法,來表現當時廣闊複雜的社會生活。該書"風行天下,萬口傳誦"(清馮鎮巒《讀聊齋雜說》)。曹雪芹,名霑,字夢阮,雪芹爲號,祖籍河北豐潤縣,爲內務府"包衣"(滿洲貴族家奴),屬滿洲正白旗。曾祖父、祖父和父輩連任江寧織造,後被革職抄家。曹雪芹少年即經歷家境由大盛而至大衰。他曾在宗學(皇帝家族學校)任職,後流落北京西郊,靠賣畫和朋友接濟生活。著有《紅樓夢》。該書是我國古代最負盛名的長篇小說,它用假語村言,演繹四大家族賈王史薛的盛衰故事,預示封建社會如大廈將傾,行將顛覆滅亡的命運。李伯元,名寶嘉,江蘇武進(今江蘇武進縣)人。秀才,後屢試不第。戊戌變法興起,李伯元到上海,主辦過《指南報》、《遊戲報》、《世界繁華報》等報紙,創作多部長篇小說。代表作爲《官場現形記》。該書六十回,由短篇故事聯綴而成。寫晚清社會官吏貪污腐化、殘害百姓、媚洋求榮的種種劣跡和卑鄙醜惡的靈魂。該書反映封建社會已非常腐朽,行將崩潰的現實。吳趼人,原名吳沃堯,字小允,廣東南海(今廣東南海縣)人。因居住在佛山鎮,自稱我佛山人。出身在一個破落的官僚地主家庭。二十歲左右到上海謀生,在江南製造軍械局工作。戊戌變法后,從事小說創作。創作了多部長篇小說。代表作爲《二十年目睹之怪現狀》。全書一百零八回,以自號"九死一生"的青年幕僚爲線索,描繪二十多年所經歷的種種怪現狀。主要描寫官場的卑劣、險惡、腐敗,也描寫了商場的骯髒,虛偽和惡劣。該書是當時社會現實的真實寫照。

結 語

浩如煙海的中華古典文獻,究竟有多少流傳至今呢?這是人們所關心的話題。遺憾的是,流傳至今的中華古典文獻的數量,誰也不清楚。現實是,社會尚未對古典文獻進行全面的搜集整理,也未對古典文獻的數量進行統計。可是,宏觀掌握現存古典文獻的總量,對於瞭解和研究古典文獻相當重要,故而我們就做一個大膽的估計:現存古典文獻的數量可能在十六萬種(不包括各種古代檔案)以上。現存古典檔案文獻大約一千五百萬件。

現存的古典文獻是由兩部分構成的:一部分是已載入現代重要古典文獻書目的漢語文獻,人們已有大致的統計,大約在八萬種以上[1]。另一部分是尚未全面搜集整理和統計的古典文獻。未計入的主要有:一、大量的各種古代檔案。僅故宮博物院收藏的明清檔案就有九百多萬件(冊)。二、眾多的少數民族的古典文獻。三、散在民間的不少文獻,如家譜、手稿、契約等。四、散在各地的大量清代和一些明代碑刻。五、各地保存的尚未載入重要書目的文獻。六、地下存在而尚未發掘的文獻。我們認爲這些未進入統計的古典文獻的數量也可能在八萬種(不包括古代檔案)以上。古典檔案文獻則全部未統計過,大約一千五百萬件。這裡,有兩點需要特地說明:一、儘管我們估計未進入統計的古典文獻和已統計的古典文獻種數大致差不多,而實際上未統計的古典文獻的分量卻比已統計的古典文獻的分量少得多。原因是我們所用的"種"這個量詞,彈性非常大。大型《四庫全書》是一種文獻,短短幾百字的一篇碑文也是一種文獻。在已統計的古典文獻中有許多部帙很大的文獻,而在未統計的古典文獻中則大多是短小的文獻,部帙巨大的文獻比較少。二、未統計的古典文獻,其實絕大多數都保存在國家各級圖書館,並且絕大多數已編目,只是未進入全國性的古典文獻書目。未搜集的古典文獻數量相對比較小。但這些未搜集的古典文獻有它們的重要文獻價值,不能不搜集,而要搜集它們需要投入大量的人力、物力,需要付出艱辛的勞動。

中華古典文獻是先人留下的遺產,是巨大的寶藏。我們所要做的,是全面搜集,悉心保存,科學整理,深入研究。古典文獻有多種價值,而最大的價值是可以直接爲社會現實利用。我們應該不斷從古文獻中吸取文化元素,創新智慧、民族精神,來推進我們的物質文明和精神文明建設。古典文獻會因爲不斷融入社會而獲得永久的生命,現實社會也會因古典文獻元素的融入而更有文化底蘊,更加絢爛多彩。

---

[1] 參看吳楓《中國古典文獻學》,齊魯書社,1982年版,第15頁。

◎ 原典閱讀

一、唐魏徵等《隋書·志·經籍》序（節選）

夫經籍也者，機神之妙旨，聖哲之能事，所以經天地，緯陰陽，正紀綱，弘道德，顯仁足以利物，藏用足以獨善。學之者將殖焉，不學者將落焉。大業崇之，則成欽明之德；匹夫克念，則有王公之重。其王者之所以樹風聲，流顯號，美教化，移風俗，何莫由乎斯道。故曰：其爲人也，溫柔敦厚，《詩》教也；疏通知遠，《書》教也；廣博易良，《樂》教也；潔靜精微，《易》教也；恭儉莊敬，《禮》教也；屬辭比事，《春秋》教也。遭時制宜，質文迭用，應之以通變，通變之以中庸。中庸則可久，通變則可大。其教有適，其用無窮。實仁義之陶鈞，誠道德之橐籥也。其爲用大矣，隨時之義深矣，言無得而稱焉。故曰：不疾而速，不行而至。今之所以知古，後之所以知今，其斯之謂也。是以大道方行，俯龜象而設卦；後聖有作，仰鳥跡以成文。書契已傳，繩木棄而不用；史官既立，經籍於是興焉。

夫經籍也者，先聖據龍圖，握鳳紀，南面以君天下者，咸有史官，以紀言行。言則左史書之，動則右史書之。故曰"君舉必書"，懲勸斯在。考之前載，則《三墳》、《五典》、《八索》、《九丘》之類是也。下逮殷、周，史官尤備，紀言書事，靡有闕遺，則《周禮》所稱，太史掌建邦之六典、八法、八則，以詔王治；小史掌邦國之志，定世系，辨昭穆；內史掌王之八柄，策命而貳之；外史掌王之外令及四方之志，三皇、五帝之書；禦史掌邦國都鄙萬民之治令，以贊塚宰。此則天子之史，凡有五焉。諸侯亦各有國史，分掌其職。則《春秋傳》，晉趙穿弑靈公，太史董狐書曰"趙盾殺其君"，以示於朝。宣子曰"不然。"對曰："子爲正卿，亡不越境，反不討賊，非子而誰？"齊崔杼弑莊公，太史書曰"崔杼弑其君"，崔子殺之。其弟嗣書，死者二人。其弟又書，乃舍之。南史聞太史盡死，執簡以往，聞既書矣，乃還。楚靈王與右尹子革語，左史倚相趨而過。王曰："此良史也，能讀《三墳》、《五典》、《八索》、《九丘》。"然則諸侯史官，亦非一人而已，皆以記言書事，太史總而裁之，以成國家之典。不虛美，不隱惡，故得有所懲勸，遺文可觀，則《左傳》稱《周志》，《國語》有《鄭書》之類是也。

暨夫周室道衰，紀綱散亂，國異政，家殊俗，褒貶失實，隳紊舊章。孔丘以大聖之才，當傾頹之運，歎鳳鳥之不至，惜將墜於斯文，乃述《易》道而刪《詩》、《書》，修《春秋》而正《雅》、《頌》。壞禮崩樂,鹹得其所。自哲人萎而微言絕,七十子散而大義乖,戰國縱橫,真偽莫辨,諸子之言,紛然淆亂。聖人之至德喪矣,先王之要道亡矣。陵夷踳駮,以至於秦。秦政奮豺狼之心,劌先代之跡,焚《詩》、《書》,坑儒士,以刀筆吏爲師,制挾書之令。學者逃難,竄伏山林,或失本經,口以傳說。

漢氏誅除秦、項,未及下車,先命叔孫通草綿蕝之儀,救擊柱之弊。其後張蒼治律曆,陸賈撰《新語》,曹參薦蓋公言黃老,惠帝除挾書之律,儒者始以其業行於民間。猶以去聖既遠,經籍散逸,簡劄錯亂,傳說紕繆,遂使《書》分爲二,《詩》分爲三,《論語》有齊、魯之殊,《春秋》有數家之傳。其餘互有踳駮,不可勝言。此其所以博而寡要,勞而少功者也。武帝置太史公,命天下計書,先上太史,副上丞相,開獻書之路,置寫書之官,外有太常、太史、博士之藏,內有延閣、廣內、秘室之府。司馬談父子世居太史,探採前代,斷自軒皇,逮於孝武,作《史記》一百三十篇。詳其禮制,蓋史官之舊也。至於孝成,秘藏之書,頗有亡散,乃使謁者陳農,求遺書於天下。命光祿大夫劉向校經傳諸子詩賦,步兵校尉任宏校兵書,太史令尹鹹校數術,太醫監李柱國校方技。每一書就,向輒撰爲一錄,論其指歸,辨其訛謬,敘而奏之。向卒後,哀帝使其子歆嗣父之業。乃徙溫室中書於天祿閣上。歆遂總括群篇,撮其指要,著爲《七略》:一曰《集略》,二曰《六藝略》,三曰《諸子略》,四曰《詩賦略》,五曰《兵書略》,六曰《術數略》,七曰《方技略》。大凡三萬三千九十卷。王莽之末,又被焚燒。光武中興,篤好文雅,明、章繼軌,尤重經術。四方鴻生巨儒,負袠自遠而至者,不可勝算。石室、蘭臺,彌以充積。又於東觀及仁壽閣集新書,校書郎班固、傅毅等典掌焉。並依《七略》而爲書部,固又編之,以爲《漢書·藝文志》。董卓之亂,獻帝西遷,圖書縑帛,軍人皆取爲帷囊。所收而西,猶七十餘載。兩京大亂,掃地皆盡。

魏氏代漢,採掇遺亡,藏在秘書中、外三閣。魏秘書郎鄭默,始制《中經》,秘書監荀勖,又因《中經》,更著《新簿》,分爲四部,總括群書。一曰甲部,紀六藝及小學等書;二曰乙部,有古諸子家、近世子家、兵書、兵家、術數;三曰丙部,有史記、舊事、皇覽簿、雜事;四曰丁部,有詩賦、圖贊、汲塚書。大凡四部合二萬九千九百四十五卷。但錄題及言,盛以縹囊,書用緗素。至於作者之意,無所論辯。惠、懷之亂,京華蕩覆,渠閣文籍,靡有孑遺。

東晉之初,漸更鳩聚。著作郎李充以勖舊簿校之,其見存者,但有三千一十四卷。充遂總沒眾篇之名,但以甲乙爲次。自爾因循,無所變革。其後中朝遺書,稍流江左。宋元嘉八年,秘書監謝靈運造《四部目錄》,大凡六萬四千五百八十二卷。元徽元年,秘書丞王儉又造《目錄》,大凡一萬五千七百四卷。儉又別撰《七志》:一曰《經典志》,紀六藝、小學、史記、雜傳;二曰《諸子志》,紀今古諸子;三曰《文翰志》,紀詩賦;四曰

《軍書志》，紀兵書；五曰《陰陽志》，紀陰陽圖緯；六曰《術藝志》，紀方技；七曰《圖譜志》，紀地域及圖書。其道、佛附見，合九條。然亦不述作者之意，但於書名之下，每立一傳，而又作九篇條例，編乎首卷之中。文義淺近，未爲典則。齊永明中，秘書丞王亮、監謝朏，又造《四部書目》，大凡一萬八千一十卷。齊末兵火，延燒秘閣，經籍遺散。梁初，秘書監任昉躬加部集，又於文德殿內列藏衆書，華林園中總集釋典，大凡二萬三千一百六卷，而釋氏不豫焉。梁有秘書監任昉、殷鈞《四部目錄》，又《文德殿目錄》。其術數之書，更爲一部，使奉朝請祖晅撰其名。故梁有《五部目錄》。普通中，有處士阮孝緒，沉靜寡欲，篤好墳史，博採宋、齊已來王公之家凡有書記，參校官簿，更爲《七錄》：一曰《經典錄》，紀六藝；二曰《記傳錄》，紀史傳；三曰《子兵錄》，紀子書、兵書；四曰《文集錄》，紀詩賦；五曰《技術錄》，紀數術；六曰《佛錄》；七曰《道錄》。其分部題目，頗有次序，割析辭義，淺薄不經。梁武敦悅詩書，下化其上，四境之內，家有文史。元帝克平侯景，收文德之書及公私經籍，歸於江陵，大凡七萬餘卷。周師入郢，鹹自焚之。陳天嘉中，又更鳩集，考其篇目，遺闕尚多。

其中原則戰爭相尋，干戈是務，文教之盛，苻、姚而已。宋武入關，收其圖籍，府藏所有，才四千卷。赤軸青紙，文字古拙。後魏始都燕代，南略中原，粗收經史，未能全具。孝文徙都洛邑，借書於齊，秘府之中，稍以充實。暨於爾朱之亂，散落人間。後齊遷鄴，頗更搜聚，迄於天統、武平，校寫不輟。後周始基關右，外逼強鄰，戎馬生郊，日不暇給。保定之始，書止八千，後稍加增，方盈萬卷。周武平齊，先封書府，所加舊本，才至五千。

隋開皇三年，秘書監牛弘，表請分遣使人，搜訪異本。每書一卷，賞絹一匹，校寫既定，本即歸主。於是民間異書，往往間出。及平陳已後，經籍漸備。檢其所得，多太建時書，紙墨不精，書亦拙惡。於是總集編次，存爲古本。召天下工書之士，京兆韋霈、南陽杜頵等，於秘書內補續殘缺，爲正副二本，藏於宮中，其餘以實秘書內、外之閣，凡三萬餘卷。煬帝即位，秘閣之書，限寫五十副本，分爲三品：上品紅琉璃軸，中品紺琉璃軸，下品漆軸。於東都觀文殿東西廂構屋以貯之，東屋藏甲乙，西屋藏丙丁。又聚魏已來古跡名畫，於殿后起二臺，東曰妙楷臺，藏古跡；西曰寶跡臺，藏古畫。又於內道場集道、佛經，別撰目錄。

大唐武德五年，克平僞鄭，盡收其圖書及古跡焉。命司農少卿宋遵貴載之以船，溯河西上，將致京師。行經底柱，多被漂沒，其所存者，十不一二。其《目錄》亦爲所漸濡，時有殘缺。今考見存，分爲四部，合條爲一萬四千四百六十六部，有八萬九千六百六十六卷。其舊錄所取，文義淺俗、無益教理者，並刪去之。其舊錄所遺，辭義可採，有所弘益者，鹹附入之。遠覽馬史、班書，近觀王、阮志、錄，把其風流體制，削其浮雜鄙俚，離其疏遠，合其近密，約文緒義，凡五十五篇，各列本條之下，以備《經籍志》。雖未能研幾探賾，窮極幽隱，庶乎弘道設教，可以無遺闕焉。夫仁義禮智，所以治國也，方技數術，所以治身也；諸子爲經籍之鼓吹，文章乃政化之黼黻，皆爲治之具也。故列之於此志雲。

（（唐）魏徵等：《隋書》，中華書局，1973 年 8 月第 1 版）

二、后晉劉昫等《舊唐書·志·經籍》序（節選）

夫龜文成象，肇八卦於庖犧；鳥跡分形，創六書於蒼頡。聖作明述，同源異流。《墳》、《典》起之於前，《詩》、《書》繼之於後。先王陳跡，後王準繩。《易》曰："觀乎人文以化成天下。"《禮》曰："君子如欲化民成俗，其必由學乎！"學者非他，方策之謂也。琢玉成器，觀古知今，歷代哲王，莫不崇尚。自仲尼沒而微言絕，七十子喪而大義乖。嬴氏坑焚，以愚黔首；漢興學校，複創石渠。雄、向校讎於前，馬、鄭討論於後，兩京載籍，由是粲然。及漢末還都，焚溺過半。爰自魏、晉，迄於周、隋，而好事之君，慕古之士，亦未嘗不以圖籍爲意也。然河北江南，未能混一；偏方購輯，卷帙未弘。而荀勖、李充、王儉、任昉、祖暅，皆達學多聞，歷世整比，群分類聚，遞相祖述。或爲七錄，或爲四部，言其部類，多有所遺。及隋氏建邦，寰區一統，煬皇好學，喜聚逸書，而隋世簡編，最爲博洽。及大業之季，喪失者多。貞觀中，令狐德棻、魏徵相次爲秘書監，上言經籍亡逸，請行購募，並奏引學士校定。群書大備。

開元三年，左散騎常侍褚無量、馬懷素侍宴，言及經籍。玄宗曰："內庫皆是太宗、高宗先代舊書，常令宮人主掌，所有殘缺，未遑補緝，篇卷錯亂，難於檢閱。卿試爲朕整比之。"至七年，詔公卿士庶之家，所有異書，官借繕寫。及四部書成，上令百官入幹元殿東廊觀之，無不駭其廣。九年十一月，殷踐猷、王愜、韋述、余欽、毋煚、劉彥真、王灣、劉仲等重修成《群書四部錄》二百卷，右散騎常侍元行沖奏上之。自後毋煚又略爲四十卷，名爲《古今書錄》，大凡五萬一千八百五十二卷。祿山之亂，兩都覆沒，幹元舊籍，亡散殆盡。肅宗、代宗崇重儒術，屢詔購募。文宗時，鄭覃侍講禁中，以經籍道喪，屢以爲言。詔令秘閣搜訪遺文，日令添寫。開成初，四部書至五萬六千四百七十六卷。及廣明初，黃巢幹紀，再陷兩京，宮廟寺署，焚蕩殆盡，曩時遺籍，尺簡無存。及行在朝諸儒購輯，所傳無幾。昭宗即位，志弘文雅。秘書省奏曰："當省元掌四部禦書十二庫，共七萬餘卷。廣明之亂，一時散失。後來省司購募，尚及二萬餘卷。及先朝再幸山南，尚存一萬八千卷。竊知京城制置使孫惟晟收在本軍，其禦書秘閣見充教坊及諸軍人占住。伏以典籍國之大經，秘府校讎之地，其書籍並望付當省校其殘缺，漸令補輯。樂人乞移他所。"並從之。及遷都洛陽，又喪其半。平時載籍，世莫得聞。今錄開元盛時四部諸書,以表藝文之盛。四部者,甲、乙、丙、丁之次也。

((後晉)劉昫等:《舊唐書》,中華書局,1975 年 5 月第 1 版)

三、宋歐陽修等《唐書·志·藝文》序(節選)

自《六經》焚於秦而複出於漢,其師傳之道中絕,而簡編脫亂訛缺,學者莫得其本真,於是諸儒章句之學興焉。其後傳注、箋解、義疏之流,轉相講述,而聖道粗明,然其爲說固已不勝其繁矣。至於上古三皇五帝以來世次,國家興滅終始,僭竊僞亂,史官備矣。而傳記、小說,外暨方言、地理、職官、氏族,皆出於史官之流也。自孔子在時,方修明聖經以紬繆異,而老子著書論道德。接乎周衰,戰國游談放蕩之士,田駢、慎到、列、莊之徒,各極其辯;而孟軻、荀卿始專修孔氏,以折異端。然諸子之論,各成一家,自前世皆存而不絕也。夫王跡熄而《詩》亡,《離騷》作而文辭之士興。歷代盛衰,文章與時高下。然其變態百出,不可窮極,何其多也。自漢以來,史官列其名氏篇第,以爲六藝、九種、七略;至唐始分爲四類,曰經、史、子、集。而藏書之盛,莫盛於開元,其著錄者,五萬三千九百一十五卷,而唐之學者自爲之書者,又二萬八千四百六十九卷。嗚呼,可謂盛矣!

《六經》之道,簡嚴易直而天人備,故其愈久而益明。其餘作者眾矣,質之聖人,或離或合。然其精深閎博,各盡其術,而怪奇偉麗,往往震發於其間,此所以使好奇博愛者不能忘也。然凋零磨滅,亦不可勝數,豈其華文少實,不足以行遠歟?而俚言俗說,猥有存者,亦其有幸不幸者歟?今著於篇,有其名而亡其書者,十蓋五六也,可不惜哉。

初,隋嘉則殿書三十七萬卷,至武德初,有書八萬卷,重複相糅。王世充平,得隋舊書八千餘卷,太府卿宋遵貴監運東都,浮舟溯河,西致京師,經砥柱舟覆,盡亡其書。貞觀中,魏徵、虞世南、顏師古繼爲秘書監,請購天下書,選五品以上子孫工書者爲書手,繕寫藏於內庫,以宮人掌之。玄宗命左散騎常侍、昭文館學士馬懷素爲修圖書使,與右散騎常侍、崇文館學士褚無量整比。會幸東都,乃就幹元殿東序檢校。無量建議:御書以宰相宋璟、蘇頲同署,如貞觀故事。又借民間異本傳錄。及還京師,遷書東宮麗正殿,置修書院於著作院。其後大明宮光順門外、東都明福門外,皆創集賢書院,學士通籍出入。既而太府月給蜀郡麻紙五千番,季給上穀墨三百三十六丸,歲給河間、景城、清河、博平四郡兔千五百皮爲筆材。兩都各聚書四部,以甲、乙、丙、丁爲次,列經、史、子、集四庫。其本有正有副,軸帶帙簽皆異色以別之。

安祿山之亂,尺簡不藏。元載爲相,奏以千錢購書一卷,又命拾遺苗發等使江淮括訪。至文宗時,鄭覃侍講,進言經籍未備,因詔秘閣搜採,於是四庫之書複完,分藏於十二庫。黃巢之亂,存者蓋鮮。昭宗播遷,京城制置使孫惟晟斂書本軍,寓教坊於秘閣,有詔還其書,命監察禦史韋昌範等諸道求購,及徙洛陽,蕩然無遺矣。

((宋)歐陽修、宋祁等:《新唐書》,中華書局,1975 年 2 月第 1 版)

四、元脫脫等《宋史·志·藝文》序(節選)

《易》曰:"觀乎天文,以察時變;觀乎人文,以化成天下。"文之有關於世運,尚矣。然書契以來,文字多而世代日降;秦火而後,文字多而世教日興,其故何哉? 蓋世道升降,人心習俗之致然,非徒文字之所爲也。然去古既遠,苟無斯文以範防之,則愈趨而愈下矣。故由秦而降,每以斯文之盛衰,占斯世之治忽焉。

宋有天下,先後三百餘年,考其治化之汙隆,風氣之離合,雖不足以擬倫三代,然其時君汲汲於道藝,輔治之臣莫不以經術爲先務,學士搢紳先生,談道德性命之學,不絕於口,豈不彬彬乎進於周之文哉! 宋之不競,或以爲文勝之弊,遂歸咎焉,此以功利爲言,未必知道者之論也。

歷代之書籍,莫厄於秦,莫富於隋、唐。隋嘉則殿書三十七萬卷。而唐之藏書,開元最盛,爲卷八萬有奇。其間唐人所自爲書,幾三萬卷,則舊書之傳者,至是蓋亦鮮矣。陵遲逮於五季,干戈相尋,海寓鼎沸,斯民不復見《詩》、《書》、《禮》、《樂》之化。周顯德中,始有經籍刻板,學者無筆劄之勞,獲睹古人全書。然亂離以來,編帙散佚,幸而存者,百無二三。

宋初,有書萬餘卷。其後削平諸國,收其圖籍,及下詔遣使購求散亡,三館之書,稍複增益。太宗始於左升龍門北建崇文院,而徙三館之書以實之。又分三館書萬餘卷別爲書庫,目曰"秘閣"。閣成,親臨幸觀書,賜從臣及直館宴。又命近習侍衛之臣,縱觀群書。

真宗時,命三館寫四部書二本,置禁中之龍圖閣及後苑之太清樓,而玉宸殿、四門殿亦各有書萬餘卷。又以秘閣地隘,分內藏西庫以廣之,其右文之意,亦雲至矣。已而王宮火,延及崇文、秘閣,書多煨燼。其僅存者,遷於右掖門外,謂之崇文外院,命重寫書籍,選官詳覆校勘,常以參知政事一人領之,書成,歸於太清樓。

仁宗既新作崇文院,命翰林學士張觀等編四庫書,仿《開元四部錄》爲《崇文總目》,書凡三萬六百六十九卷。神宗改官制,遂廢館職,以崇文院爲秘書省,秘閣經籍圖書以秘書郎主之,編輯校定,正其脫誤,則主於校書郎。

徽宗時,更《崇文總目》之號爲《秘書總目》。詔購求士民藏書,其有所秘未見之書足備觀採者,仍命以官。且以三館書多逸遺,命建局以補全校正爲名,設官總理,募工繕寫。一置宣和殿,一置太清樓,一置秘閣。自熙寧以來,搜訪補輯,至是爲盛矣。

嘗曆考之,始太祖、太宗、真宗三朝,三千三百二十七部,三萬九千一百四十二卷。

次仁、英兩朝,一千四百七十二部,八千四百四十六卷。次神、哲、徽、欽四朝,一千九百六部,二萬六千二百八十九卷。三朝所錄,則兩朝不復登載,而錄其所未有者。四朝於兩朝亦然。最其當時之目,爲部六千七百有五,爲卷七萬三千八百七十有七焉。迨夫靖康之難,而宣和、館閣之儲蕩然靡遺。高宗移蹕臨安,乃建秘書省於國史院之右,搜訪遺闕,屢優獻書之賞,於是四方之藏,稍稍複出,而館閣編輯,日益以富矣。當時類次書目,得四萬四千四百八十六卷。至甯宗時續書目,又得一萬四千九百四十三卷,視《崇文總目》,又有加焉。

自是而後,迄於終祚,國步艱難,軍旅之事,日不暇給,而君臣上下,未嘗頃刻不以文學爲務,大而朝廷,微而草野,其所製作、講說、紀述、賦詠,動成卷帙,壘而數之,有非前代之所及也。雖其間觚裂大道,疣贅聖謨,幽怪恍惚,繁瑣支離有所不免,然而瑕瑜相形,雅鄭各趣,譬之萬派歸海,四瀆可分,繁星麗天,五緯可識,求約於博,則有要存焉。

宋舊史,自太祖至甯宗,爲書凡四。志藝文者,前後部帙,有亡增損,互有異同。今刪其重複,合爲一志,蓋以甯宗以後史之所未錄者,仿前史分經、史、子、集四類而條列之,大凡爲書九千八百十九部,十一萬九千九百七十二卷雲。

((元)脫脫等:《宋史》,中華書局,1985 年 6 月新 1 版)

五、清張廷玉等《明史·志·藝文》序(節選)

明太祖定元都,大將軍收圖籍致之南京,複詔求四方遺書,設秘書監丞,尋改翰林典籍以掌之。永樂四年,帝禦便殿閱書史,問文淵閣藏書。解縉對以尚多闕略。帝曰:"士庶家稍有余資,尚欲積書,況朝廷乎?"遂命禮部尚書鄭賜遣使訪購,惟其所欲與之,勿較值。北京既建,詔修撰陳循取文淵閣書一部至百部,各擇其一,得百櫃,運致北京。宣宗嘗臨視文淵閣,親披閱經史,與少傅楊士奇等討論,因賜士奇等詩。是時,秘閣貯書約二萬餘部,近百萬卷,刻本十三,抄本十七。正統間,士奇等言:"文淵閣所貯書籍,有祖宗禦制文集及古今經史子集之書,向貯左順門北廊,今移於文淵閣、東閣,臣等逐一點勘,編成書目,請用寶鈐識,永久藏(本處有一字:上爲"土",下爲"弁")。"制曰"可"。正德十年,大學士梁儲等請檢內閣並東閣藏書殘闕者,令原管主事李繼先等次第修補。先是,秘閣書籍皆宋、元所遺,無不精美,裝用倒折,四周外向,蟲鼠不能損。迄流賊之亂,宋刻元鏤胥歸殘闕。至明禦制詩文,內府鏤板,而儒臣奉敕修纂之書及象魏佈告之訓,卷帙既夥,文藻複優,當時頒行天下。外此則名公卿之論撰,騷人墨客一家之言,其工者深醇大雅,卓卓可傳。即有怪奇駁雜出乎其間,亦足以考風氣之正變,辨古學之源流,識大識小,掌故備焉。把其華實,無讓前徽,可不謂文運之盛歟!

　　四部之目,昉自荀勖,晉、宋以來因之。前史兼錄古今載籍,以爲皆其時柱下之所有也。明萬曆中,修撰焦竑修國史,輯《經籍志》,號稱詳博。然延閣廣內之藏,竑亦無從遍覽,則前代陳編,何憑記錄,區區掇拾遺聞,冀以上承《隋志》,而贗書錯列,徒滋訛舛。故今第就二百七十年各家著述,稍爲厘次,勒成一志。凡卷數莫考、疑信未定者,甯闕而不詳雲。

　　清起東陲,太宗設文館,命達海等翻譯經史。複改國史、秘書、弘文三院,編纂國史,收藏書籍,文教始興。世祖入定中原,命馮銓等議修明史,複詔求遺書。聖祖繼統,詔舉博學鴻儒,修經史,纂圖書,稽古右文,潤色鴻業,海內彬彬向風焉。高宗繼試鴻詞,博採遺籍,特命輯修四庫全書,以皇子永瑢、大學士於敏中等爲總裁,紀昀、陸錫熊等爲總纂,與其事者三百餘人,皆極一時之選,曆二十年始告成。全書三萬六千冊,繕寫七部,分藏大內文淵閣,圓明園文源閣,盛京文溯閣,熱河文津閣,揚州文匯閣,鎮江文宗閣,杭州文瀾閣。命紀昀等撰全書總目,著錄三千四百五十八種,存目六千七百八十八種,都一萬二百四十六種。複命於敏中、王際華擷其精華,別爲四庫薈要,凡一萬二千冊,分繕二部,藏之大內摛藻堂及禦園味腴書屋。又別輯永樂大典三百八十五種,交武英殿以聚珍版印行。時大典儲翰林院者尚存二萬四百七十三卷,合九千八百八十一冊。其宋、元精槧,多儲內府,天祿琳琅,備詳宮史。經籍既盛,學術斯昌,文治之隆,漢、唐以來所未逮也。各省先後進書,約及萬種,阮元既補四庫未收書四百五十四種,復刊經解一千四百十二卷,王先謙又刊續經解一千三百十五卷,而各省督撫,廣修方志,郡邑典章,粲然大備。其後曾國藩倡設金陵、蘇州、揚州、杭州、武昌官書局,張之洞設廣雅書局,延聘儒雅,校刊群籍,私家亦輯刻日多,叢書之富,曩代莫京。及至晚近,歐風東漸,競譯西書,道藝並重。而敦煌寫經,殷墟龜甲,奇書秘寶,考古所資,其有裨於學術者尤多,實集古今未有之盛焉。藝文舊例,胥列古籍,茲仿明史爲志,凡所著錄,斷自清代。唯清人輯古佚書甚夥,不可略之,則附載各類之後。

((清)張廷玉等:《明史》,中華書局,1974 年 4 月第 1 版)

第四章　文獻的收藏與散佚

第一節　文獻收藏

　　文獻收藏是伴隨着文獻的產生而出現的,是人類一項重要的文化活動。通過文獻收藏,人們將有史以來的思想、經驗和知識保存起來,並一代又一代地傳遞下去,使文化的發展具有無窮無盡的延續性。我國文獻收藏的歷史源遠流長。《禮記》中"龜策蔽而埋之"的記載,結合殷墟甲骨卜辭的發掘,說明至晚在商代就有文獻收藏活動。春秋戰國以後,由於學術活動的發展,文獻的積累逐漸增加,文獻收藏活動也日益興盛。

一、歷代官府藏書

　　春秋時期以前,文獻主要集中於官府,由史官掌管。如《呂氏春秋・先識覽》記載:"夏太史令終古出其圖法,執而泣之。夏桀迷惑,暴亂愈甚,太史令終古乃出奔如商。"[①]又如《周禮・春官》記載:"大史掌建邦之六典""小史掌邦國之志"等。殷周時期,也出現了專門的文獻收藏機構。如《周禮・龜人》載:"凡取龜用秋時,攻龜用春時。各以其物入於龜室。"《史記・龜策列傳》:"高廟有龜室。"龜室中的甲骨文獻收藏是整齊有序的,已經形成了嚴格的制度。此外,周王室還辟有"圖室"和"盟府",收藏史官記載的重要國家文獻和盟約檔案。

　　秦漢時期,官府藏書已形成定制。不僅有專門的文獻藏所,也有相應的職官。《史記・太史公自序》:"秦撥去古文,焚滅詩書,故明堂、石室、金匱玉版圖籍散亂。"[②]

---

① （漢）高誘注《呂氏春秋》,《諸子集成》本,中華書局,1954 年版,第 179 頁。
② （漢）司馬遷《史記》卷十五,中華書局,1959 年點校本,第 3319 頁。

又據《史記·六國年表》:"秦既得意,燒天下《詩》、《書》,諸侯史記尤甚……而史記獨藏周室,以故滅。"①可知秦朝文獻收藏的場所主要有明堂、石室、金匱、周室四處。秦朝掌管圖籍的官員主要是御史或侍御史,而御史大夫總其責。

秦亡之際,蕭何盡收秦丞相府圖籍文書,奠定了西漢官府藏書的基礎。《史記·蕭相國世家》記載:"沛公至咸陽,諸將皆爭走金帛財物之府,分之。何獨先入收秦丞相御史律令、圖書,藏之……漢王所以具知天下阨塞,戶口多少,強弱之處,民所疾苦者,以何具得秦圖書也。"②漢高祖命蕭何主持建造了石渠、天祿、麒麟三閣,爲皇家藏書之所。至漢武帝時,國家藏書達到了興盛的局面。班固《漢書·藝文志序》云:"漢興,改秦之敗,大收篇籍,廣開獻書之路。迄孝武之世,書缺簡脫,禮壞樂崩,聖上喟然而稱曰:朕甚憫焉!於是建藏書之策,置寫書之官。下及諸子傳說,皆充秘府。"③又,《太平御覽》引劉歆《七略》:"孝武皇帝敕丞相公孫弘廣開獻書之路,百年之間,書積如丘山。故外有太常、太史、博士之藏,內則延閣、廣內、秘室之府。"④經過百餘年的積累,至漢成帝時,乃召劉向等整理皇家藏書,數量多達三萬三千零九十卷。東漢時期,藏書規模有了進一步發展,著名的藏書之所有石室、蘭臺、東觀、仁壽閣、辟雍、宣明殿、鴻都學等。漢桓帝時設置秘書監,專管藝文圖籍。

魏晉南北朝時期,雖然社會動盪不安,但歷朝君主大都重視文獻的搜求與收藏。而且,隨着紙的推廣和普及,傳抄書籍更爲容易,藏書也更加便利。因此,這一時期的藏書事業得到了很大發展。晉武帝司馬炎屢次搜訪文獻,使得西晉官府藏書規模超過前代,達到二萬九千九百四十五卷。特別值得一提的是,咸寧五年(279),汲郡人不準盜掘戰國魏襄王之墓,出土了大批先秦簡策,史稱汲塚竹書。朝廷不僅妥善地對這批文獻進行收藏,還組織學者加以整理,共計十六種七十五篇,尚存於世的有《穆天子傳》、《竹書紀年》等。宋元嘉八年(421),秘書監謝靈運造四部目錄,著錄圖書六萬四千五百八十二卷。梁初,秘書監任昉"於文德殿內,列藏眾書;華林園中,總集釋典。大凡二萬三千一百六卷,而釋氏不與。"⑤史稱江左文獻,於斯爲極盛。

隋朝開國之初,接收前朝圖書僅一萬五千多卷,遠不如南北朝之盛。爲了充實國家藏書,秘書監牛弘在開皇三年(583)向隋文帝上《請開獻書之路表》(參見本章原典導讀),歷數列朝圖書的興盛與衰亡,建議廣征天下遺書。隋煬帝時,長安嘉則殿藏書多達三十七萬卷,在數量上超過了此前任何一個王朝的收藏。

① (漢)司馬遷《史記》卷十五,第686頁。
② (漢)司馬遷《史記》卷十五,第2014頁。
③ (漢)班固《漢書》卷三十,中華書局,1962年點校本,第1701頁。
④ (宋)李昉《太平御覽》卷八十八《皇王部十三》,中華書局,1960年影印本,第421頁。
⑤ (唐)魏徵等《隋書》卷三十二《經籍志》,中華書局,1973年點校本,第907頁。

唐高祖武德初,繼承隋朝遺書八萬卷,但重複相糅。唐太宗貞觀年間,魏徵、虞世南、顏師古先後任職秘書監,均重視圖書的搜求。除購買民間藏書外,還選五品以上官員子孫傳抄書籍,藏於內府。據《舊唐書·經籍志》,唐玄宗開元七年(719),詔公卿士庶之家,所有異書,官借繕寫。可見唐代收藏文獻的主要方式是傳抄。在機構的設置上,弘文館、史館、集賢殿書院是最重要的藏書之所。

宋初皇家藏書僅一萬二千卷,經宋太祖、太宗兩朝的征伐,後蜀、南唐、北漢、吳越、荊南等國藏書精華,盡歸宋室。如乾德三年(965)平蜀,遣右拾遺孫逢吉收其圖書一萬三千餘卷;開寶八年(975)滅南唐,又遣太子洗馬呂龜祥收金陵圖書數萬卷。至此,宋朝國家藏書才初具規模。此後不斷從民間徵集,除去重複,北宋累計入藏圖書六千七百零五部、七萬三千八百七十七卷。然宋金之戰使得皇家藏書幾乎蕩然無存,經過高宗、孝宗兩朝的慘澹經營,才稍複元氣。淳熙五年(1178)編定《中興館閣書目》,著錄藏書四萬四千四百八十六卷,雖然超過了《崇文總目》著錄圖書的數量,卻少於同時期的私家藏書。

明朝宮廷藏書繼承了宋、遼、金、元的國家藏書的精華,盛況空前,蔚爲巨觀,在古代藏書史上佔有重要地位。永樂十九年(1421),明成祖遷都北京。此前兩年,即派陳敬宗取文淵閣所貯典籍,自一部至百部以上,各取一部北運,得書一百櫃,裝了十幾船運至北京。宣德年間,秘閣貯書達二萬多部,將近百萬卷,爲歷代宮廷藏書之最。正統六年(1441)北京文淵閣建成,楊士奇等人清理藏書,編成《文淵閣書目》,著錄圖書七千二百餘部、四萬二千六百多冊。利用宮廷圖書編纂的《永樂大典》,多達二萬二千九百三十七卷,爲古往今來最大的一部類書。

清初,順治帝即位之後,多次詔令天下,搜羅記載明代天啟、崇禎二朝史事的檔案和典籍。歷經康熙、雍正時期,政府的征書活動到乾隆朝達到了頂峰。乾隆三十七年(1772)下詔求書:"今內府藏書,插架不爲不富。然古今來著作之手,無慮數千百家。或逸在名山,未登柱史,正宜及時採集,匯送京師,以彰千古同文之盛。其令直省督撫,會同學政等,通飭所屬,加意購訪。"①然藏書家畏懼文字獄,獻書者寥寥無已。乾隆三十八年開《四庫全書》館,責令各省官員着力搜求遺書。爲了打消藏書家疑慮,又頒上諭:"書中即有忌諱字面,並無妨礙,現降諭旨甚明。即使將來進到時,其中或有妄誕字句,不應留以貽惑後學者,亦不過將書毀棄,傳諭其家,不必收存。與藏書之人,並無關涉,必不肯因此加罪。至督撫等經手匯送,更無關礙,又何所用其畏疑乎?朕平日辦事光明正大,可以共信於天下。"②除了言語上的寬慰,還給予各種獎勵。如對獻書五

---

① 《四庫全書總目》卷首,中華書局,1997 年版,第 1 頁。
② 《清高宗實錄》卷九百二十九,中華書局,1986 年版。

百種以上的賞《古今圖書集成》一部，獻書一百種以上的賞內府初印《佩文韻府》一部。在乾隆的恩威並施下，征書活動取得了很大成效，全國各地呈送圖書多達一萬二千多種，其中十之八九出自江、浙二省。《四庫全書》修成後，共抄錄七部正本，分藏七閣，這就是所謂"四庫七閣"，即北四閣：文淵閣、文源閣、文津閣、文溯閣；南三閣：文宗閣、文匯閣、文瀾閣。現分別介紹如下。

文淵閣建於乾隆四十年（1775），在北京紫禁城內，第一部《四庫全書》收藏於此。1925 年移交北京故宮博物院，現在臺灣故宮博物院；

文源閣建於乾隆四十年（1775），在北京西郊圓明園內，咸豐十年（1860），英法聯軍入侵時，書與閣俱被焚毀；

文津閣建於乾隆四十年（1775），在河北承德避暑山莊。1915 年運至北京，現藏

圖 9.1　文淵閣

圖 9.2　文溯閣匾額（乾隆御筆）

國家圖書館；

文溯閣建於乾隆四十七年（1782），在今遼寧省瀋陽市故宮之西，1966 年 10 月移藏於甘肅圖書館；

文宗閣建於乾隆四十四年（1779），原在江蘇省鎮江市金山寺，太平天國戰爭中毀於戰火；

文匯閣建於乾隆四十五年（1780），原在江蘇揚州市大觀堂，太平天國戰爭中被毀；

文瀾閣建於乾隆四十九年（1784），就杭州孤山聖因寺藏書堂改建。咸豐十年（1860）太平天國戰爭中倒毀，書籍多有流散，賴杭州藏書家丁丙、丁申兄弟等搜集抄補齊全，現藏浙江省圖書館。

二、歷代私家藏書

官府藏書受政治的影響非常大，改朝換代之際，前代典籍淪亡，而新朝則重加搜

集。這時,統治者就會把眼光投向民間藏書。古代的重要典籍能夠流傳至今,離不開一代又一代藏書家的努力。據范鳳書統計,文獻中有記載並確有一定藏書故實的歷代藏書家有四千七百一十五人,其中北宋以前二百四十四人、南北宋七百零一人、元代一百七十六人、明代八百六十九人、清代一千九百七十人、近現代七百五十五人,藏書事蹟待考的有一千位上下,故歷代藏書家的總數,在六千人左右。

春秋以後,王室衰敗,學術下移,新興的"士"階層開始創辦私學,著書立說,應這種需要,私家藏書得以產生。《戰國策·秦策》記載蘇秦遊說秦王不成,狼狽回家,"乃夜發書,陳篋數十,得《太公陰符》之謀。"①《莊子·天下》記:"惠施多方,其書五車。"蘇秦、惠施等諸子藏書開啟了私家藏書的新時代。這時的私人藏書家往往也是著述家。

漢代的書籍載體仍以簡牘縑帛爲主,簡牘重而縑帛貴,私家藏書的主體只可能局限在社會上層。西漢歷代宗室諸王,如淮南王劉安、河間獻王劉德等,其藏書數量富可敵國。東漢學者蔡邕、李溪、杜林、鄭玄等,藏書規模皆有可觀。蔡邕藏書近萬卷,晚年載數車與王粲,後來又遞傳至王弼兄弟手中。此外,值得一提的是,洛陽等地已經興起了民間書肆,加速了圖書的流通,也刺激了藏書事業的發展。

魏晉南北朝時期,由於紙張成爲了主要的書寫載體,傳鈔書籍更爲容易,因此,這一時期藏書家人數和藏書數量都大大超過了漢代。如任昉、王僧孺、張緬等藏書萬余卷,沈約、蕭繹、張纘等藏書二萬卷。藏書家間相互借抄,推動了學術研究和文化發展。這一時期還出現了私家藏書目錄。據《梁書·任昉傳》記載,"昉卒後,高祖使學士賀縱共沈約勘其書目,官所無者,就昉家取之。"②

唐代國力強盛,社會安定,私家藏書規模較大,有的甚至與官府藏書不相上下。正史記載唐代藏書超過萬卷的就有十五六人。在長安,藏書最富盛名的是宰相李沁(722—789),藏書三萬餘卷,所藏經、史、子、集,分別用紅、綠、青、白四種顏色的牙籤標誌。韓愈曾贊之以詩:"鄴侯家書多,插架三萬軸。——懸牙籤,新若手未觸。"洛陽則有吳兢(670—749),聚書一萬三千餘卷,編有《吳氏西齋書目》行世。由於藏書數量較多,不少藏書家建有專門藏書樓或藏書室,更有利於圖書的保管。

宋代是雕版印刷的黃金時代,書籍數量激增,私家藏書也進入了一個新時代。不僅有事蹟可考的藏書家增多,藏書數量也蔚然可觀,尤其是南宋,藏書三四萬卷的藏書家比比皆是。南宋藏書數量最多的是葉夢得(1077—1148),本江蘇吳縣人,居浙江吳興石林穀,自號石林居士,有藏書十萬餘卷,爲南宋之冠。在南宋藏書史上,晁公武與

---

① (漢)劉向集錄《戰國策》,上海古籍出版社,1985年版,第85頁。
② (唐)姚思廉《梁書》卷十四,中華書局,1973年版,第254頁。

陳振孫值得永載史冊。這不僅是由於他們藏書多,而且能讀,並編有詳細的解題目錄。晁公武聚書二萬四千五百多卷,編有《郡齋讀書志》;陳振孫藏書達五萬一千一百八十餘卷,編有《直齋書錄解題》,著錄的圖書超過了《中興館閣書目》著錄的南宋館閣藏書四萬四千四百八十六卷。這兩部書目在藏書史、目錄學史上都佔有極爲重要的地位。此外,尤袤《遂初堂書目》著錄其家藏圖書三千一百五十餘種,簡要記錄版本,開私家藏書目錄著錄版本的先河。鄭樵《校讎略》在總結藏書理論方面也有開拓創新,提出了八種求書之道。

　　明清時期,私家藏書出現了最繁盛的局面,藏書大家層出不窮。這一時期,藏書的中心是江浙地區。明代著名的藏書家中,蘇州有葉盛、楊循吉、王世貞;常熟有趙琦美、錢謙益、毛晉;浙江有宋濂、項元汴、范欽、胡應麟、祁承爗;福建有徐爌等。其中尤以范欽所建天一閣歷時最久,至今尚存。天一閣是范欽在嘉靖四十年(1561)動工興建,位於浙江寧波市,現名天一閣博物館。閣名寓《易經》“天一生水”“地六成之”之意,其建築結構爲乾隆時期四庫七閣所效仿。由於范欽立下了“代不分書,書不出閣”的遺訓,故藏書歷經四百餘年,流傳至今。天一閣原有藏書七萬多卷,自清乾隆以後逐年散佚,到新中國成立前只剩一萬三千多卷。後不斷接收浙江藏書家捐贈或政府撥付,現有藏

圖9.3　寧波天一閣

書約三十萬卷,善本八萬卷左右,是中國古代私家藏書樓的代表。

　　清代私人藏書空前興盛,著名藏書家的數量超過明代以前的總和。較有代表性的有黃宗羲、錢曾、季振宜、全祖望、朱彝尊、徐乾學、黃丕烈、汪憲、汪啟淑、鮑廷博、盧址、朱筠、翁方綱、吳騫、周永年等。道光、咸豐後,由於連年戰事,江南私家藏書蒙受重大損失,但一些大藏書家也因勢崛起,如著名的清末四大藏書家,楊以增海源閣、瞿紹基鐵琴銅劍樓、陸心源皕宋樓、丁丙八千卷樓等,譜寫了中國古代私家藏書史最後輝煌的篇章。

第二節　文獻散佚

　　文獻的散佚與收藏總是同步的。縱觀歷史,沒有不走向滅亡的王朝,也沒有歷久

不衰的家族。無論官府藏書還是私家藏書，其始也藏，其終也散，這是亙古不變的定理。宋周密《齊東野語》卷十二《書籍之厄》條云："世間凡物未有聚而不散者，而書爲甚。"①

一、文獻散佚的事實

漢哀帝時，劉歆編成《七略》，這是我國第一部綜合性的分類目錄，著錄了六大類、三十八小類圖書，共計五百九十六家、一萬三千二百六十九卷。後來班固據之刪改而成《漢書·藝文志》。大約五百年後，南朝梁阮孝緒《七錄序目》附載《古今書最》云：

> 《七略》書三十八種，六百三家，一萬三千二百一十九卷。五百七十二家亡，三十一家存。《漢書·藝文志》書三十八種，五百九十六家，一萬三千三百六十九卷。五百五十二家亡，四十四家存。②

先唐文獻散佚的嚴重情況於此可見，後代亦不能倖免。元馬端臨《文獻通考序》云：

> 漢志所載之書，以隋志考之，十已亡其六七；以宋志考之，隋唐亦復如是。③

同樣，《千頃堂書目》所載明代之書、《清史稿·藝文志》所載清代之書，即目求書，大部分已散佚無存。

私家藏書同樣逃不脫散亡的命運。宋初，江正收吳越、南唐之藏，藏書富甲天下，多達數萬卷，但他的子孫不能守，全部流散，甚至有買來燒書做飯的。元末，吳中藏書家虞堪藏書甚多，且手自校勘。但他死後，其曾孫虞權妻，將其遺文及所藏書數篋，用魚罾裹置在屋樑，不久，連同魚罾一起亡佚了。葉昌熾《藏書紀事詩》慨歎說："俯仰遺文三太息，屋樑落月照魚罾。"明末清初，毛晉汲古閣以藏書、刻書聞名於世，其子毛褒、毛扆尚能繼承父業，但傳到第三代就散佚無存了。相傳其孫嗜茗飲，購得洞庭碧螺春茶、虞山玉蟹泉水，惟獨沒有好的木柴，因此，看着家藏《四唐人集》書板而歎息道："以此作薪煮茶，其味當更佳也！"於是逐日劈燒而盡。

二、文獻散佚的原因

由於文獻散佚對人類文化的發展是極大的損失，因此，我們有必要考察和了解散佚的原因，其目的是汲取歷史經驗教訓，盡可能地保管現存文獻，不讓文獻毀損於

---

① （宋）周密《齊東野語》，中華書局，1983 年版，第 216 頁。
② （唐）釋道宣《廣弘明集》卷三，《四部叢刊初編》本。
③ （元）馬端臨《文獻通考》卷首，中華書局，1986 年影印本。

當代。

陳登原在《古今典籍聚散考》中將古今典籍聚散的原因歸於四方面:一政治,志典籍之受厄於獨夫之專斷;二兵燹,志典籍之受厄於兵匪之蒞臨;三收藏,志典籍受厄於藏弄者之鮮克有終;四人事,志典籍受厄於人事之不臧而成其聚散。凡二十萬字,材料詳實,編排謹嚴,可以參看。

(一)政治

政治對文獻散佚的影響非常大。清乾隆年間開《四庫全書》館,借徵求文獻之名,行禁毀文獻之實。晚明天啟、崇禎間士人及明遺民的大量野史、筆記、文集被焚毀。四庫總裁陸錫熊《進銷毀違礙書籍劄子》云:

> 凡明季狂吠之詞,肆意妄悖,俱爲臣子者所當發豎皆裂。其有身入國朝,爲食毛踐土之人,而敢於逞弄筆端,意含憤激者,尤天理所不容。自當凜遵訓諭,務令淨絕根株,不得使有隻字流傳,以貽人心風俗之害。[①]

這是有意識的摧毀。此外,張舜徽先生在《中國文獻學》中又指出了無意識的摧毀。在歷代統治者大規模修書過程中,每一部新書修成,作爲資料來源的舊有文獻很有可能湮沒無聞。元戈直《貞觀政要集論》云:

> 太宗興起斯文,命顏師古考定五經,孔穎達撰定疏義。《易》主於王弼,《書》主於安國,《詩》主於毛、鄭,《三禮》主於康成,杜預之《左傳》,何休之《公羊》,范寧之《谷梁》,皆卓然顯行於世,而其他數十百家盡廢……由此論之,則明六經之義者疏義也,晦六經之道者亦疏義也。[②]

又如,唐以前編寫的晉史,有十八家之多,唐太宗認爲都不好,囑房玄齡改編,重修一百三十卷的《晉書》一出,其他諸書皆廢。

總之,在獨裁統治之下,統治者的意識形態對文獻存亡的影響最大。

(二)兵燹

在社會變革之際,戰爭對人類文化的破壞最大,歷代因兵燹而亡佚的典籍不計其數。隋初,牛弘上表請開獻書之路,指出古今書籍經過了五次大的災厄:秦始皇焚書坑儒;西漢末王莽之亂,赤眉入長安;東漢末,董卓移都之亂;西晉末永嘉之亂;南朝梁元帝,當周師入郢之際,自焚藏書。

明胡應麟在《少室山房筆叢》中補充牛弘之說,又增加了五厄:隋大業十四年

---

① (清)陸錫熊:《寶奎堂集》卷四,《續修四庫全書》本。
② (元)戈直:《貞觀政要集論》卷七《崇儒學》,上海書店,1984年據商務印書館1934年版重印。

（618），煬帝楊廣在江都被殺，圖書被焚；唐天寶中，毀於安、史之亂；唐末黃巢之亂，書籍蕩然無存；靖康之亂，汴京圖籍，散佚殆盡；南宋滅亡，蒙古軍入臨安，圖書禮器，運走一空。以上總計"十厄"。

此後，元末明初、明末清初及太平天國、義和團運動時期，農民起義戰爭對文獻的破壞也非常巨大。尤其是太平天國起義，對江南的藏書文化影響深遠。以蘇州爲例，咸豐十年（1860）太平軍攻克蘇州，這一年是庚申年，在蘇州藏書家的記載中則是慘痛的"庚申之難"。

民國時期，日本有目的、有計劃地掠奪文獻、文物，造成我國文獻的大量外流和焚毀。1932 年"一二八"事變中，被譽爲當時最大私人圖書館的東方圖書館毀於日軍炮火。據嚴紹璗對日本外交檔案、遠東國際軍事法庭檔案等的調查，發現從 1930 年至 1945 年的十五年間，中國文獻典籍被劫往日本的共計二萬三千六百七十五種，合二百七十四萬二千一百零八册，另有二百零九箱，内裝不知其數①。

（三）收藏

前面提到，藏書家對於文獻的保存與傳播居功至偉。但任何事情都有正反兩面。陳登原說："居嘗謂保存古籍，端賴藏家，然摧殘古籍，藏家亦與有罪焉。"②藏書家嗜書如命，或不惜重金，購求珍本；或節衣縮食，傳鈔秘本；或寒暑不輟，手自校勘。然由於種種原因，無法善始善終，於文獻之散佚，實有不可推卸之責任。藏書家於珍本秘笈，往往秘不肯借人，使文獻之藏、用分離。例如，唐代藏書家杜暹教導子孫，以借書與人爲不孝。這樣的後果是導致孤本流傳不廣，亡佚很快。又如，清錢謙益有惜書之癖，不肯輕易借人傳抄。他與曹溶是好友，曾屢次向曹溶借抄書籍，但有一次，曹溶向他借宋路振《九國志》、劉恕《十國紀年》，錢謙益則撒謊說沒有。順治七年，絳雲樓失火，二書被毀，錢謙益追悔莫及。因爲倘若曹溶錄有副本，則尚可借抄回去。這很好地說明了藏書家應該以流通爲藏，以廣播爲守。否則，很可能成爲文獻散佚的罪人。清曹溶撰有《古書流通約》，是藏書史上一篇重要文獻，内容見本章原典導讀。

（四）人事

文獻散佚中的人事因素，是指因管理不善，使書籍毀於水、火或蟲蛀、黴爛。

隋煬帝嗜書，即位之後，廣搜博採，蓄書三十七萬卷。唐興，命司農少卿宋遵貴以船載書，溯河西上，將之長安，中途覆舟，十不存一二。這是歷史上因水厄喪失典籍最多的一次記載。

---

① 嚴紹璗：《漢籍在日本的流布研究》，江蘇古籍出版社，1992 年版，第 194-202 頁。
② 陳登原：《古今典籍聚散考》，上海書店出版社，1983 年版，第 377 頁。

古代藏書樓多爲木結構,除兵燹外,平時因火燭管理不善,也很容易失火。如北宋真宗大中祥符八年(1015),榮王宮失火,延及崇文院,秘閣所存無幾。明正統十四年,南京文淵閣藏書,悉化爲灰燼。清順治七年,錢謙益絳雲樓失火。嘉慶十年,江甯學宮失火,其尊經閣所藏明南監本二十一史、《玉海》及《江南通志》書版,掃蕩無遺,等等。

水、火對古籍的損毀是突發性的,難以預計和防患,而蟲蛀和黴爛則是慢性的,可以防治,古人常用的方法有使用芸草、曝書等。關於芸草,宋沈括《夢溪筆談》云:

> 古人藏書辟蠹用芸。芸,香草也。今人謂之七裡香者是也。葉類豌豆,作小叢生。其葉極芬香,秋後葉間微白如粉汙,辟蠹殊驗。南人採置席下,能去蚤虱。予判昭文館時,曾得數株於潞公家,移植秘閣後,今不復有存者。[①]

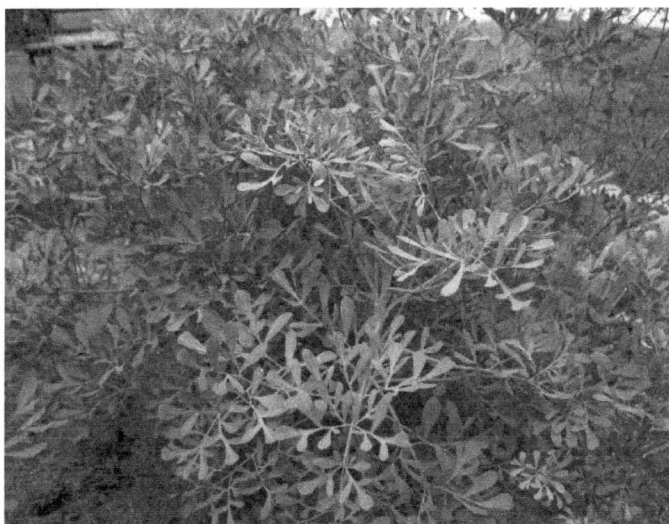

圖9.4　芸香草

而曝書之法,清孫慶增《藏書紀要》云:

> 曝書須在伏天,照櫃數目挨次曬,一櫃一日。曬書用板四塊,二尺闊,一丈五、六尺長,高凳擱起,放日中。將書腦放上面,兩面翻曬。不用收起,連板抬,風口涼透,方可上樓。遇雨,抬板連書入屋,擱起最便。攤書板上,須要早晾,恐汗手拿書,沾有痕跡。收放入櫃,亦然。入櫃亦須早,照櫃門書單點進,不致錯混。倘有該裝訂之書,即記出書名,以便檢點。收拾曝書,秋初亦可。漢、唐時有曝書會,後鮮有繼其事者。余每慕之,而更望同志者之效法前人也。[②]

詳細地記載了曝書的技巧及注意事項。孫慶增又認爲,古書很難避免蟲蛀,最好的辦

---

①　(宋)沈括撰,胡道靜校證《夢溪筆談校證》,古典文學出版社,1957年版,第130頁。

②　(清)孫慶增:《藏書記要》,《中國歷代書目題跋叢書·澹生堂藏書約(外八種)》,上海古籍出版社,2005年版。

法是經常翻閱,使其通風透氣。明謝肇淛《五雜俎》亦云:

> 書中蠹蛀,無物可辟,惟逐日翻閱而已。置頓之處,要通風日;而裝潢最忌糊漿厚裱之物。宋書多不蛀者,以水蛀也。日曬火焙固佳,然必須除冷,而後可入廚。若熱而藏之,反滋蠹矣。①

一些藏書家視古籍爲古董,束之高閣,秘不示人,時間一久,只能是飽蠹魚之腹,令讀書人徒有羨"魚"之情。

【本章參考文獻】

陳登原:《古今典籍聚散考》,上海書店出版社,1983 年版。

張舜徽:《中國文獻學》,中州書畫社,1982 年版。

徐雁、王燕均主編:《中國歷史藏書論著讀本》,四川大學出版社,1990 年版。

任繼愈主編:《中國藏書樓》,遼寧人民出版社,2000 年版。

傅璇琮、謝灼華主編:《中國藏書通史》,寧波出版社,2001 年版。

范鳳書:《中國私家藏書史》,大象出版社,2001 年版。

徐淩志主編:《中國歷代藏書史》,江西人民出版社,2004 年版。

◎ 原典閱讀

一、隋牛弘《請開獻書之路表》

經籍所興,由來尚矣。爻畫肇於庖羲,文字生於蒼頡。聖人所以弘宣教導,博通古今,揚於王庭,肆於時夏。故堯稱至聖,猶考古道而言;舜其大智,尚觀古人之象。《周官》外史掌三皇五帝之書,及四方之志。武王問黃帝、顓頊之道,太公曰:"在《丹書》。"是知握符御曆,有國有家者,曷嘗不以《詩》《書》而爲教,因禮樂而成功也。昔周德既衰,舊經紊棄。孔子以大聖之才,開素王之業,憲章祖述,制《禮》刊《詩》,正五始而修《春秋》,闡《十翼》而弘《易》道。治國立身,作範垂法。及秦皇馭宇,吞滅諸侯,任用威力,事不師古,始下焚書之令,行偶語之刑。先王墳籍,掃地皆盡。本既先亡,從而顛覆。臣以圖讖言之,經典盛衰,信有徵數。此則書之一厄也。漢興,改秦之弊,敦尚儒

---

① (明)謝肇淛:《五雜俎》卷九,中華書局,1959 年版。

術，建藏書之策，置校書之官，屋壁山岩，往往間出。外有太常、太史之藏，內有延閣、秘書之府。至孝成之世，亡逸尚多，遣謁者陳農求遺書於天下，詔劉向父子讐校篇籍。漢之典文，於斯為盛。及王莽之末，長安兵起，宮室圖書，並從焚燼。此則書之二厄也。光武嗣興，尤重經誥，未及下車，先求文雅。於是鴻生巨儒，繼踵而集，懷經負帙，不遠斯至。肅宗親臨講肄，和帝數幸書林，其蘭臺、石室、鴻都、東觀，秘牒填委，更倍於前。及孝獻移都，吏民擾亂，圖書縑帛，皆取為帷囊。所收而西，載七十餘乘。屬西京大亂，一時燔蕩。此則書之三厄也。魏文代漢，更集經典，皆藏在秘書、內外三閣，遣秘書郎鄭默刪定舊文。時之論者，美其朱紫有別。晉氏承之，文籍尤廣。晉秘書監荀勗定魏《內經》，更著《新簿》。雖古文舊簡，猶云有缺，新章後錄，鳩集已多，足得恢弘正道，訓範當世。屬劉、石憑陵，京華覆滅，朝章國典，從而失墜。此則書之四厄也。永嘉之後，寇竊競興。因河據洛，跨秦帶趙。論其建國立家，雖傳名號，憲章禮樂，寂滅無聞。劉裕平姚，收其圖籍，五經子史，才四千卷，皆赤軸青紙，文字古拙。僭偽之盛，莫過二秦，以此而論，足可明矣。故知衣冠軌物，圖畫記注，播遷之餘，皆歸江左。晉、宋之際，學藝為多，齊、梁之間，經史彌盛。宋秘書丞王儉，依劉氏《七略》，撰為《七志》。梁人阮孝緒，亦為《七錄》。總其書數，三萬餘卷。及侯景渡江，破滅梁室，秘省經籍，雖從兵火，其文德殿內書史，宛然猶存。蕭繹據有江陵，遣將破平侯景，收文德之書，及公私典籍，重本七萬餘卷，悉送荊州。故江表圖書，因斯盡萃於繹矣。及周師入郢，繹悉焚之於外城，所收十才一二。此則書之五厄也。後魏爰自幽方，遷宅伊、洛，日不暇給，經籍闕如。周氏創基關右，戎車未息。保定之始，書止八千，後加收集，方盈萬卷。高氏據有山東，初亦採訪，驗其本目，殘缺猶多。及東夏初平，獲其經史，四部重雜，三萬餘卷。所益舊書，五千而已。今御書單本，合一萬五千餘卷，部帙之間，仍有殘缺。比梁之舊目，止有其半。至於陰陽河洛之篇，醫方圖譜之說，彌復為少。臣以經書自仲尼已後，迄於當今，年逾千載，數遭五厄，興集之期，屬膺聖世。伏惟陛下受天明命，君臨區宇，功無與二，德冠往初。自華夏分離，彝倫攸斁，其間雖霸王遞起，而世難未夷，欲崇儒業，時或未可。今土宇邁於三王，民黎盛於兩漢，有人有時，正在今日。方當大弘文教，納俗升平，而天下圖書，尚有遺逸，非所以仰協聖情，流訓無窮者也。臣史籍是司，寢興懷懼。昔陸賈奏漢祖云"天下不可馬上治之"，故知經邦立政，在於典謨矣。為國之本，莫此攸先。今秘藏見書，亦足披覽，但一時載籍，須令大備。不可王府所無，私家乃有。然士民殷雜，求訪難知，縱有知者，多懷吝惜，必須勒之以天威，引之以微利。若猥發明詔，兼開購賞，則異典必臻，觀閣斯積，重道之風，超於前世，不亦善乎！伏願天鑒，少垂照察。

（《隋書》卷四十九《牛弘傳》，中華書局，1973 年點校本）

二、明高濂《遵生八箋·燕閑清賞箋》

論藏書

高子曰：藏書以資博洽，爲丈夫子生平第一要事。其中有二說焉：家素者，無資以蓄書；家豐者，性不喜見書。故古人因貧，日就書肆鄰家讀者有之，求其富而好學者，則未多見也。即有富而好書，不樂讀誦，務得善本，綾綺裝飾，置之華齋，以具觀美，塵積盈寸，經年不識主人一面，書何逸哉？噫，能如是，猶勝不喜見者矣。藏書者，無問冊帙美惡，惟欲搜奇索隱，得見古人一言一論之秘，以廣心胸未識未聞，至於夢寐嗜好，遠近訪求，自經書子史，百家九流，詩文傳記，稗野雜著，二氏經典，靡不兼收。故常景耽書，每見新異之典，不論價之貴賤，以必得爲期，其好亦專矣。故積書充棟，類聚分門，時乎開函攤幾，俾長日深更，沉潛玩索，恍對聖賢面談，千古悅心快目，何樂可勝？古云開券有益，豈欺我哉？不學無術，深可恥也。又如宋元刻書，雕鏤不苟，較閱不訛，書寫肥細有則，印刷清朗。況多奇書，未經後人重刻，惜不多見。佛氏醫家，二類更富。然醫方一字差誤，其害匪輕，故以宋刻爲善。海內名家，評書次第，爲價之重輕。若墳典、六經、《騷》、《國》、《史記》、《漢書》、《文選》爲最，以詩集百家次之，文集道釋二書又其次也。宋人之書，紙堅刻軟，字畫如寫，格用單邊，間多諱字，用墨稀薄，雖著水濕，燥無湮跡，開卷一種書香，自生異味。元刻仿宋單邊，字畫不分粗細，較宋邊條闊多一線，紙松刻硬，用墨穢濁，中無諱字，開卷了無嗅味。有種官券殘紙背印更惡。宋板書刻，以活襯竹紙爲佳，而蠶繭紙、鵠白紙、藤紙固美，而存遺不廣。若糊褙宋書則不佳矣。余見宋刻大板《漢書》，不惟內紙堅白，每本用澄心堂紙數幅爲副，今歸吳中，真不可得。又若宋板遺在元印，或元補欠缺，時人執爲宋刻元板。遺至國初，或國初補欠，人亦執爲元刻。然而以元補宋，其去猶未易辨，以國初補元，內有單邊雙邊之異，且字刻迥然別矣，何必辯論？若國初慎獨齋刻書，似亦精美。近日作假宋板書者，神妙莫測。將新刻模宋板書，特抄微黃厚實竹紙，或用川中繭紙，或用糊扇方簾綿紙，或用孩兒白鹿紙，筒卷用椎細細敲過，名之曰刮，以墨浸去臭味印成。或將新刻板中殘缺一二要處，或濕黴三五張，破碎重補。或改刻開卷一二序文年號。或貼過今人注刻名氏留空，另刻小印，將宋人姓氏扣填兩頭。角處或妝茅損，用砂石磨去一角。或作一二缺痕，以燈火燎去紙毛，仍用草煙熏黃，儼狀古人傷殘舊跡。或置蛀米櫃中，令蟲蝕作透漏蛀孔。或以鐵線燒紅，錘書本子，委曲成眼，一二轉折，種種與新不同。用紙裝襯綾錦套殼，入手重實，光膩可觀，初非今書彷彿，以惑售者。或劄夥囤，令人先聲指爲故家某姓所遺。百計瞽人，莫可窺測，多混名家，收藏者當具真眼辨證。

（（明）高濂編撰、王大淳校點：《遵生八箋》，巴蜀書社，1992 年版）

三、清曹溶《流通古書約》

自宋以來，書目十有餘種，燦然可觀。按實求之，其書十不存四五。非盡久遠散佚也，不善藏者，護惜所有，以獨得爲可矜，以公諸世爲失策也。故入常人手，猶有傳觀之望；一歸藏書家，無不絺錦爲衣、牙檀作室，扃鑰以爲常。有問焉，則答無有。舉世曾不得寓目，雖使人致疑於散佚，不足怪矣。

近來雕板盛行，煙煤塞眼，挾貲入賈肆，可立致數萬卷。於中求未見籍，如採玉深厓，旦夕莫覯。當念古人竭一生心力，辛苦成書，大不易事。渺渺千百歲，崎嶇兵攘，劫奪之餘，僅而獲免，可稱至幸。又幸而遇賞音者，知蓄之珍之，謂當繡梓通行，否，亦廣諸好事。何計不出此，使單行之本，寄篋笥爲命，稍不致慎，形蹤永絕，祇以空名掛目錄中。自非與古人深仇重怨，不應若爾。然其間有不當專罪吝惜者。時賢解借書，不解還書，改一瓻爲一癡，見之往記。即不乏忠信自秉、然諾不欺之流，書既出門，舟車道路，搖搖莫定，或僮僕狼藉，或水火告災，時出意料之外。一一不借，未可盡非。特我不借人，人亦決不借我，封己守株，縱累歲月，無所增益，收藏者何取焉？

予今酌一簡便法：彼此藏書家，各就觀目錄，標出所缺者，先經注，次史逸，次文集，次雜說，視所著門類同，時代先後同，卷帙多寡同，約定有無相易，則主人自命門下之役，精工繕寫，校對無誤，一兩月間，各齋所鈔互換。此法有數善：好書不出戶庭也，有功於古人也，己所藏日以富也，楚南、燕北皆可行也。敬告同志，鑒而聽許。

或曰：此貧者事也，有力者不然。但節燕遊玩好諸費，可以成就古人，與之續命。出未經刊佈者，壽之梨棗，始小本，訖巨編，漸次恢擴，四方必有聞風接響，以表章散佚爲身任者。山潛塚秘，羨衍人間，甚或出十餘種目錄外。嗜奇之子，因之覃精力學，充拓見聞。盛明之代，宜有此禎祥，余矯首跂足俟之矣。

（（清）曹溶：《流通古書約》，《中國歷代書目題跋叢書·澹生堂藏書約（外八種）》，上海古籍出版社，2005 年版）

四、清孫慶增《藏書記要》

購求

購求書籍，是最難事，亦最美事、最韻事、最樂事。知有是書而無力購求，一難也；力足以求之矣，而所好不在是，二難也；知好之而求之矣，而必欲較其值之多寡大小焉，遂致坐失於一時，不能復購於異日，三難也；不能搜之於書傭，不能求之於舊家，四難也；但知近求，不知遠購，五難也；不知鑒識真偽，檢點卷數，辨論字紙，貿貿購求，每多缺佚，終無善本，六難也。有此六難，則雖有愛書之人，而能藏書者，鮮矣。而我謂購之求之，得一善本爲美事者，何也？夫天地間之有書籍也，猶人身之有性靈也。人身無性靈，則與禽獸何異？天地無書籍，則與草昧何異？故書籍者，天下之至寶也。人心之善惡，世道之得失，莫不辨於是焉。天下惟讀書之人，而後能修身，而後能治國也。是書者，又人身中之至寶也。以天下之至寶而一旦得之，以人身之至寶而我獨得之，又不至埋沒於塵土之中，拋棄於庸夫之室，非人世間一大美事乎？且與二三知己，與能識古本、今本之書籍者，並能道其源流者，能辨原板翻板之不同者，知某書之久不刷印，某書之止有鈔本者，或偕之閑訪於坊家，密求於冷鋪，於無心中得一最難得之書籍，不惜典衣，不顧重價，必欲得之而後止。其既得之也，勝於拱璧，即覓善工裝訂，置之案頭，手燒妙香，口吃苦茶，然後開卷讀之，豈非人世間一大韻事乎？至於羅列已多，收藏既富，牙籤錦軸，鱗比星章，不待外求而珍寶悉備。以此爲樂，勝於南面百城多矣。

鑒別

夫藏書而不知鑒別，猶瞽之辨色、聾之聽音，雖其心未嘗不好，而才不足以濟之，徒爲有識者所笑，甚無謂也。如某書系何朝何地著作，刻於何時，何人翻刻，何人鈔錄，何人底本，何人收藏，如何爲宋元刻本，刻於南北朝何時何地，如何爲宋元精舊鈔本，必須眼力精熟，考究確切。再於各家收藏目錄、歷朝書目、類書總目、讀書志、敏求記、經籍考、志書文苑志、書籍志、二十一史書籍志、名人詩文集書序跋文內，查考明白，然後四方之善本、秘本，或可致也。大抵收藏書籍之家，惟吳中蘇郡、虞山、昆山，浙中嘉、湖、杭、寧、紹最多，金陵、新安、甯國、安慶及河南、北直、山東、閩中、山西、關中、江西、湖廣、蜀中，亦不少藏書之家，在其人能到處訪求，辨別真僞，則十得八九矣。

藏書之道，先分經、史、子、集四種。取其精華，去其穗秕。經爲上，史次之，子、集又次之。凡收藏者，須看其板之古今，紙之新舊好歹，卷數之全與缺，不可輕率。大略從十三經、二十一史、三通、三記辨起。十三經，蜀本爲最，北宋刻第一，巾箱板甚精；其次南宋本亦妙；唐本不可得矣。北監板無補板，初印亦可，其餘所刻，各有不同。十七史，宋刻九行十八字最佳，北宋本細字十三經注疏、十七史亦精美可愛。南北朝各家經、史、《漢書》，字畫甚精。其十七史北監板無補板，初印本亦妙。宋、遼、金、元四史，以初印好紙者爲佳，而零收雜板、舊板刻本湊成原印者，勝於南監本多矣。惟毛氏汲古閣十三經、十七史，校對草率，錯誤甚多，不足貴也。宋刻本書籍傳留至今，已成希世之寶。其未翻刻者及不全者，即翻刻過而又不全者，皆當珍重之。吉光片羽，無不奇珍，豈可輕放哉。宋刻有數種：蜀本、太平本、臨安書棚本、書院學長刻本、仕紳請刻本、各家私刻本、御刻本、麻沙本、茶陵本、鹽茶本、釋道二藏刻本、銅字刻本、活字本。諸刻之中，惟蜀本、臨安本、御刻本爲最精。又有元翻宋刻本、明翻宋刻本、金遼刻本、元初刻本作宋刻本、明初刻本作元刻本、金遼刻本，與宋刻本稍遜。而蘇人又將明藩本、明蜀本、明翻宋刻本，假刻本文序跋，染紙色，僞作宋刻，真贋雜亂，不可不辨。而宋元刻本，書籍雖真，而必原印初刻，不經圈點者爲貴。古人尊重宋刻，弗輕塗抹。後世庸流俗子，不知愛惜書籍，妄自動筆，有始無終，隨意圈點，良可歎也。

　　鑒別宋刻本，須看紙色、羅紋、墨氣、字畫、行款、忌諱字、單邊、末後卷數、不刻末行、隨文隔行刻，又須將真本對勘乃定。如項子京《蕉窗九錄》、董文敏《清秘錄》，講究宋刻，僅舉其大略耳。近又將新翻宋刻本，去其年月，染紙色，或將舊紙印本僞作宋刻，甚多。若果南北宋刻本，紙質羅紋不同，字畫刻手古勁而雅，墨氣香淡，紙色蒼潤，展卷便有驚人之處。所謂墨香紙潤、秀雅古勁，宋刻之妙盡之矣。汲古主人集大小各種宋刻《史記》一部，名曰《百合錦史記》。以此對勘，方爲精詳而無錯誤者也。元刻不用對勘，其字腳行款黑口，一見便知。而洪武、永樂間所刻之書，尚有古意。至於以下之板，更不及矣。況明代刻本甚繁，自南北監板以至藩院刻本、御刻本、欽定本、各學刻本、各省撫按等官刻本，又有閩板、浙板、廣板、金陵板、太平板、蜀板、杭州刻本、河南刻本、延陵板、王板、袁板、樊板、錫安氏板、坊板、淩板、葛板、陳明卿板、內監廠板、陳眉公板、胡文煥板、內府刻本、閔氏套板，所刻不能悉數，惟有王板翻刻宋本《史記》之類爲最精。北監板、內府板、藩板，行款字腳不同。袁板亦精美，較之胡文煥、陳眉公所刻之書多而不及。其外各家私刻之書，亦有善本可取者，所刻好歹不一耳。稚川淩氏與葛板無錯誤，可作讀本。獨有廣、浙、閩、金陵刻本最惡而多。陳明卿板、閔氏套板亦平常。汲古閣毛氏所刻甚繁，好者亦僅數種。本朝所刻之書，有御刻、精刻，可與宋並。惟《全唐詩》雖極精美，惜乎校正猶爲未盡也。若外國所刻之書，高麗本最好。《五經》、《四書》、醫藥等書，皆從古本。凡中夏所刻，向皆字句脫落、章數不全者，高麗竟有完全善本。天文、演算法，西洋爲最。宋本釋道二藏經典刻本行款，非長條行款即闊本，另自一種，與所刻不同。五代刻本，六經刻起，蜀本六經第一，今亦罕有。《史》、《漢》至宋初方行刻板，印本便於誦讀，相傳至今，盛行於世久矣。所以書籍首重經史，其次子集。鑒別書籍，經史中有疏義、注解、圖說、論講、史斷、互考、補缺、考略、刊正謬俗、稗官野史、各國春秋傳載、音釋句解者，當細心鑒之。至於雜記、小說、偶錄之書，有關行誼、考據、學問、政治者，紬繹而收藏之。述古文詞、翰苑經濟之文，小學、字學、韻學、山經、地志、遊覽、技藝、養生、博物、種植、歲時、醫卜、九流、雜技之書，有關利濟學術者，亦須留意。文辭、詩集、文集、詞曲、碑記、性理、語錄、子書、小說等書，皆當擇其最上者收藏之。各種書籍，務求舊刻、秘鈔、完全善本爲妙。又必於《稗統》、《稗海》、《百川學海》、《眉公秘笈》、《文煥叢書》、《漢魏》、《唐宋叢書》、《夷堅志》、《津逮秘書》、《邱林學山》、《顧氏四十小說》、《皇宋四十家小說》、《皇明小說》等書，擇其卷數完全刻本，與宋本、舊鈔、秘鈔本對明卷數字句，同與不同，一一記清，以便檢不全而未備者棄之，見有全而精美者收藏之。經解亦然。而本朝又有《說鈴》、《學海類編》、《昭代叢書》，亦當查清記出。漢、唐、宋、元、明詩文集，有《漢魏百三名家》、《唐音統籤》、《全唐詩》，趙孟頫《分類唐詩》、吳門席氏《百家唐書》等書，揀擇善本，校正宋刻底本，收藏爲美。若見有未入大部者，乃爲秘本，賞鑒者當究心別之。

鈔錄

書之所以貴鈔錄者，以其便於誦讀也。歷代好學之士，皆用此法。所以有刻本，又有鈔本，有底本。底本便於改正，鈔本定其字畫。於是鈔錄之書，比之刊刻者，更貴且重焉。況書籍中之秘本，爲當世所罕見者，非鈔錄則不可得，又安可以忽之哉！從未有藏書之家而不奉之爲至寶者也，則其道固不可不講也。宋人鈔本最少。字畫墨氣古雅，紙色羅紋舊式，方爲真本。若宋紙而非宋字，宋跋、宋款而非宋紙，即系僞本。或字樣、紙色、墨氣，無一不真，而圖章不是宋鐫，印色不舊，割補湊成，新舊相錯，終非善本。元人鈔本亦然。常見古人稿本，字雖草率，而筆法高雅，紙墨圖章，色色俱真，自當爲希世之寶。以宋、元人鈔本，較之宋刻本而更難也。明人鈔本，吳門朱性甫、錢叔寶、子允治手鈔本最富，後歸錢牧翁。絳雲焚後，僅見一二矣。吳寬、柳僉、吳岫、孫岫、太倉王元美、昆山葉文莊、連江陳氏、嘉興項子京、虞山趙清常、洞庭葉石君諸家鈔本，俱好而多，但要完全校正、題跋者，方爲珍重。王雅宜、文待詔、陸師道、徐鬐翁、祝京兆、沈石田、王質、王穉登、史鑒、邢參、楊儀、楊循吉、彭年、陳眉公、李日華、顧元慶、都穆、俞貞木、董文敏、趙凡夫、文三橋、湖州沈氏、寧波范氏、吳氏、金陵焦氏、桑悅、孫西川，皆有鈔本甚精。新鈔馮已蒼、馮定遠、毛子晉、馬人伯、陸敕先、錢遵王、毛斧季各家，俱從好底本鈔錄。惟汲古閣印宋精鈔，古今絕作，字畫紙張，烏絲圖章，追摹宋刻，爲近世無有能繼其作者，所鈔甚少。至於前朝內閣鈔本，生員寫校者爲上。《文苑英華》、《太平廣記》、《太平御覽》、《百官考傳》、《皇明實錄》等書，大部者，必須嘉隆鈔本方可。若內監鈔本、南北監鈔本，皆惡濫不堪，非所貴也。余見葉石君鈔本，校對精嚴，可稱盡美。錢遵王鈔錄書籍，裝飾雖華，固不及汲古之多而精，石君之校而備也。古人鈔錄書籍，俱用黃紙，後因詔誥用黃色紙，遂易以白紙。宋、元人鈔本用冊式，而非漢、唐時卷軸矣。其記跋校對，極其精細，筆墨行款，皆生動可愛。明人鈔本，各家美惡不一，然必有有用之書，或有不同常本之處，亦皆錄而藏之。然須細心紬繹，乃知其美也。吳匏庵鈔本，用紅印格，其手書者佳。吳岫、孫岫鈔用綠印格，甚有奇書，惜不多見。葉文莊鈔本，用綠、墨二色格，校對有跋者少，未對草率者多，間有無刻本者，亦精。至於《楊誠齋集》、《周益公集》、各朝《實錄》、《北盟會編》、《校正文苑英華》等書，雖大部，難以精鈔，亦不可忽。但須校正無訛，不遺漏爲要耳。大凡新鈔書籍，已屬平常，又弗校正，難言善也。凡書之無處尋覓者，其書少，必當另鈔底本，因無刻本故也。若鈔錄精工，則所費浩繁,雖書寫不工,亦必珍之重之,留爲秘本。前輩鈔錄書籍,以軟宋字小楷、顏、柳、歐字爲工。宋刻字更妙,摹宋板字樣,筆劃均勻,不脫落,無遺誤,烏絲,行款整齊,中帶生動,爲至精而備美。序跋、圖章、畫像,摹彷精雅,不可呆板,乃爲妙手。鈔書要明於義理者,一手書寫,無脫漏錯誤,無破體字,用墨一色,乃爲最善。若鈔底本,大部書用行書爲上,草書亦可,但以不差落爲主。若字好而不明文理者,僅可印鈔而已。鈔本書,畫圖最難,用白描法,運筆古雅秀勁爲主。人物畫像要生動,又要清雅而端莊,方爲合式。有《皇宋五彩畫本本草圖經》最精工,集天下名手,著色畫成。又有白描《列女傳》、《孝經》等書,無出其右者。近時錢遵王有五彩著色畫本《香奩集》、白描《鹵簿圖》、《營造法式》、《營造正式》等書,雖弗及前人,今亦不可得矣。所以鈔錄書籍,亦非易事也,識者鑒之。

校讎

校讎書籍,非博學好古、勤於看書而又安閒者,不能動筆校讎書籍。所以每見庸常之人,校書一部,往往弗克令終,深可恨也。惟勤學好問隱居君子,方能爲之。古人每校一書,先須細心紬繹,自始至終,改正字謬錯誤,校讎三四次,乃爲盡善。至於宋刻本,校正字句雖少,而改字不可遽改書上。元板亦然。須將改正字句,寫在白紙條上,薄漿浮簽,貼本行上,以其書之貴重也。凡校正新書,將校正過善本對臨可也。倘古人有誤處,有未改處,亦當改正。明板坊本、新鈔本錯誤遺漏最多,須覓宋、元板、舊鈔本、校正過底本或收藏家秘本,細細讎勘,反復校過,連行款俱要照式改正,方爲善本。若古人有弗可考究、無從改正者,今人亦當多方請教博學君子、善於講究古帖之士,又須尋覓舊碑版文字,訪求藏書家秘本,自能改正。然而校書,必數名士相好,聚於名園讀書處,講究討論,尋繹舊文,方可有成,否則終有不到之處。所以書籍不論鈔刻好歹,凡有校過之書,皆爲至寶。至於字畫之誤,必要請教明於字學、聲韻者,辨別字畫音釋,方能無誤。古用雌黃校書,因古時皆用黃紙寫,裝成卷軸,故名黃卷,其色相同,塗抹無痕跡也。後人俱用白紙鈔刻,又當用白色塗抹。今之改字,用淡色青田石磨細,和膠做成錠子,磨塗紙上,改字最妙。用鉛粉,終要變黑,最不可用。若大部書籍,延請多人分校,呈於總裁,計日乃成。若校正刊刻,非博雅君子有力而好古者不能也。書籍上板,必要名手校正,方可刊刻,不然枉費刻資,草率刻成,不但遺誤後人,反爲有識所笑。惜乎古今收藏書籍之人,不校者多,校者甚少。惟葉石君所藏書籍,皆手筆校正,臨宋本,印宋鈔,俱借善本改正,博古好學,稱爲第一。葉氏之書,至今爲寶,好古同嗜者賞識焉。

裝訂

裝訂書籍,不在華美飾觀,而要護帙有道,款式古雅,厚薄得宜,精緻端正,方爲第一。古時有宋本、蝴蝶本、冊本各種訂式，書面用古色紙，細絹包角。裱書面，用小粉糊入椒礬細末於內，太史連三層裱好，貼於板上，挺足候幹，揭下壓平用。須夏天做，秋天用。折書頁，要折得直，壓得久，捉得齊，乃爲高手。訂書，眼要細，打得正，而小草訂眼亦然。又須少，多則傷書腦，日後再訂，即眼多易破，接腦煩難。天地頭要空得上下相稱。副頁用太史連，前後一樣兩張。裁要快刀截，方平而光，再用細砂石打磨，用力須輕而勻，則書根光而平，否則不妥。訂線用清水白絹線，雙根訂結。要訂得牢，嵌得深，方能不脫而緊。如此訂書，乃爲善也。見宋刻本襯書紙，古人有用澄心堂紙，書面用宋箋者，亦有用墨箋灑金書面者。書簽用宋箋、藏經紙、古色紙爲上。至明人收藏書籍，講究裝訂者少，總用棉料古色紙，書面襯用川連者多。錢遵王述古堂裝訂，書面用自造五色箋紙，或用洋箋書面，雖裝訂華美，卻未盡善，不若毛斧季汲古閣裝訂，書面用宋箋、藏經紙、宣德紙，染雅色，自製古色紙更佳。至於松江黃綠箋紙書面，再加常錦套，金箋貼簽，最俗。收藏家間用一二錦套，須真宋錦或舊錦、舊刻絲，不得已，細花雅色上好宮錦則可，然終不雅，僅可飾觀而已矣。至於修補舊書，襯紙平伏，接腦與天地頭並。補破貼、欠口，用最薄棉紙熨平，俱照補舊畫法，摸去一平，不見痕跡，弗覺松厚，真妙手也。而宋、元板有模糊之處，或字腳欠缺不清，俱用高手摹描如新，看去似刻，最爲精妙。書套不用爲佳，用套必蛀。雖放於紫檀、香楠匣內藏之，亦終難免。惟毛氏汲古閣用伏天糊裱，厚襯料，壓平伏，裱面用灑金墨箋，或石青、石綠、棕色、紫箋，俱妙。內用科舉連裱裡，糊用小粉、川椒、白礬、百部草細末，庶可免蛀。然而偶不檢點，稍犯潮濕，亦即生蟲，終非佳事。糊裱宜夏，折訂宜春。若夏天折訂，手汗並頭汗滴於書上，日後泛潮，必致黴爛生蟲，不可不防。凡書頁少者宜襯，書頁多者不必。若舊書宋元鈔、刻本，恐紙舊易破，必須襯之，外用護頁方妙。書簽用深古色紙裱一層，簽要款貼，要整齊，不可長短闊狹、上下歪斜，斯爲上耳。虞山裝訂書籍，講究如此。聊爲之記，收藏家亦不可不知也。

編目

藏書四庫，編目最難，非明於典籍者，不能爲之。大凡收藏家編書目有四，則不致錯混顛倒、遺漏草率。檢閱清楚、門類分晰、有條有理，乃爲善於編目者。一編大總目錄，分經史子集，照古今收藏家書目行款，或照《經籍考》、連江陳氏書目，俱爲最好，可謂條分縷晰、精嚴者矣。前後用序跋，每一種書分一類寫。某書若干卷，某朝人作，該寫著者、編者、述者、撰者、錄者、注者、解者、集者、纂者，各各寫清，不可混書。系宋板、元板、明板、時刻、宋元鈔、舊鈔、明人鈔本、新鈔本，一一記清。校過者，寫某人校本，下寫幾本或幾冊，有套無套。一種門類寫完，後存白頁，以備增寫新得之書。編成一部，末後記書若干部、共若干冊總數於後，以便查閱有無，將來即爲流傳之本。其分年代，不能全定,因得書先後不一,就其現在而錄之可也。釋道二氏之經典語錄,附於後,寫清裝成,藏於家。二編宋元刻本、鈔本目錄,亦照前行款式寫。但要寫明北宋、南宋、宋印、元印、明印本,收藏跋記,圖章姓名,有缺無缺,校與未校。元板亦然。另貯一櫃,照式行款寫之。櫃用封鎖,不許擅開。精鈔、舊鈔、宋元人鈔本、秘本書目,亦照前行款式寫,但要寫明何人鈔本、記跋圖章姓名、有缺無缺、不借本、印宋鈔本、有板無板。校過者,書某人校本,或底本、臨本,錄成一冊。雖目錄,亦不可輕放,恐人借觀遺失。非常行書籍,皆罕有之至寶,收藏者慎之寶之。三編分類書櫃目錄一部,以便檢查而易取閱。先將書櫃分編字型大小,櫃內分三隔,櫃門背左,實貼書單三張,分上中下,各照櫃隔,寫書目本數於上,以便查取。右門背貼書數目,亦分三張,上、中、下,另寫一長條於旁,記書總數目。而所編之書目,照櫃字型大小,亦分寫上、中、下三隔,先寫經部,某字型大小櫃內上隔,某一部若干卷、某人作、某板、共幾冊。上隔共書若干部、共若干本。二、三隔照寫。一櫃則結總數。都寫完,則寫大總結數於末行後頁。如有人取閱借鈔,即填明書目上,某年某月某日某人借或取閱。一月一查,取討原書,即入原櫃,銷去前注。借者更要留心,若一月不還,當使催歸原櫃,不致遺失。此本書目,最為要緊,須託誠實君子經管,庶可無弊。四編書房架上書籍目錄,及未訂之書、在外裝訂之書、鈔補批閱之書,各另立一目,候有可入收藏者,即歸入櫃,增上前行各款書目內可也。寫書根,用長方桌一隻,坐身處桌面中挖一塊板,中空五本書厚縫一條,夾書於中,鈫緊,書與桌平,照書名行款卷數,要簡而明,細楷書寫之,用墨筆畫,勻細清朗,乃為第一。虞山孫姓行二者,寫書根最精,一手持書,一手寫小楷,極工,今亦罕有能者。書上掛籤,用礬紙,或細絹,折一寸闊,照書長短,夾籤於首冊內,掛下一二寸,依書厚薄為之,上寫書卷名數,角用小圖章。已上書目,如此編寫,可以無遺而有條目矣。

收藏

收藏書籍,不獨安置得法,全要時常檢點開看,乃為妙也。若安置雖妥,棄置不管,無不遺誤。至於書櫃,須用江西杉木,或川柏、銀杏木為之。紫檀、花梨小木,易於泛潮,不可用做。一封書式,樸素精雅,兼備為妙。請名手集唐句刻於櫃門上,用白銅包角裝訂,不用花紋,以雅為主。可分可並,趁屋高下,置於樓上。四面窗欞,須要透風。窗小櫃大,樓門堅實,鎖要緊密,式要精工。鎖匙上掛小方牌,或牙或香,將經史子集釋道字刻於正面,字外用圓線,嵌紅色,字嵌藍色,旁刻某字型大小、第某書櫃,嵌綠色,下刻小圈中,反面寫宋刻、元刻、明刻、舊鈔、精鈔、新鈔等名色為記。古有石倉,藏書最好,可無火患,而且堅久,今亦鮮能為之。惟造書樓藏書,四圍石砌風牆,照徽州庫樓式乃善。不能如此,須另置一宅,將書分新舊鈔刻,各置一室,封鎖匙鑰,歸一經管。每一書室,一人經理,小心火燭,不致遺失,亦可收藏。若來往多門,曠野之所,或近城市,又無空地,接連內室、廚竈、衙署之地,則不可藏書。而卑濕之地,不待言矣。藏書斷不可用套,常開看則不蛀。櫃頂用皂角炒爲末,研細,鋪一層,永無鼠耗。恐有白蟻,用炭屑、石炭、鍋鏽鋪地,則無蟻。櫃內置春畫、辟蠹石,可辟蠹魚;供血經於中,以辟火。書放櫃中,或架上,俱不可並,宜分開寸許,放後亦不可放足。書要透風,則不蛀不黴。書架宜雅而精,樸素者佳。下隔要高,四柱略粗,不可太狹,亦不可太闊,約放書二百本爲率。安置書架,勿於近窗並壁之處。案頭之書,三日一整,方不錯亂。收藏之法,惟此爲善也。

曝書

曝書須在伏天,照櫃數目挨次曬,一櫃一日。曬書,用板四塊,二尺闊,一丈五六尺長,高櫈攔起,放日中,將書腦放上面,兩面翻曬。不用收起,連板抬風口涼透,方可上樓。遇雨,臺板連書入屋內攔起,最便。攤書板上,須要早涼,恐汗手拏書,沾有痕跡。收放入櫃亦然。入櫃亦須早,照櫃門書單點進,不致錯混。倘有該裝訂之書,即記出書名,以便檢點收拾。曝書,秋時亦可。漢、唐時有曝書會,後鮮有繼其事者。余每慕之,而更望同志者之效法前人也。

((清)孫慶增:《藏書記要》,《中國歷代書目題跋叢書·澹生堂藏書約(外八種)》,上海古籍出版社,2005年版)

五、清葉德輝《藏書十約》

購置一

置書先經部,次史部,次叢書。經先《十三經》,史先《二十四史》,叢書先其種類多、校刻精者。初置書時豈能四部完備?於此入手,方不至誤入歧途。宋元刻本,舊抄名校,一時不能坐致;尋常官板、局板,每恨校勘不精。今有簡易之法,尚不近於濫收。經有明南監本,皆雜湊宋監、元學諸刻而成,其書亦尚易觀;而北監本、毛晉汲古閣本次之。此板之舊者,爲乾嘉以前學者通用之書。官刻有武英殿本爲最佳,廣東翻刻則未善。嘉慶末年,阮文達(元)以家藏宋元本注疏及單注、單疏合校刻於南昌府學,凡諸刻文字之異同,各爲校勘記附後,而於書中文字異同之處,旁刻墨圈識之,依圈以檢校勘,讀一本而眾本皆具。此在宋嶽珂刊《九經三傳例》外別開一徑,啟人神悟,莫善於斯。後來各省翻刻,盡去其圈,實爲乖謬。刻一書而一書廢,寧可闕如,不可取以充數也。史亦以明南監《二十一史》爲善。其板亦雜湊宋監、元路諸本而成,惟其板自明以來遞有補修。國朝嘉慶時,其板尚在江寧藩庫。

明正德時,印本補板尚少,難得其全。嘉靖、萬曆後,修板多諸生罰項爲之,最爲草率。而北監本之脫誤,尤爲荒唐。明沈德符《野獲編》云:"諸史校對鹵莽,訛錯轉多。

至於《遼》、《金》諸史，缺文動至數葉，俱仍其脫簡接刻，文理多不相續，即謂災木可也。"毛晉汲古閣僅刻《十七史》，中有據宋本重雕者，惜亦不全。或以邵經邦《弘簡錄》續之，究屬不類。故南監本外，則以武英殿刻本爲完全。當時館臣校刊多據宋刻善本，又處分頗嚴，故訛誤遂少。若得明南監正德前後本，則宜以明聞人詮刻《舊唐書》、武英殿活字聚珍本《舊五代》、康熙原修《明史》配合以成全書，不宜以尋常習見之本屬入也。叢書則明弘治間華珵重印宋左圭《百川學海》、程榮《漢魏叢書》、毛晉《津逮秘書》、《武英殿聚珍板叢書》（福州、江西、浙江均有重刻。福州最全，浙刻最少。及今訪求殿印原本，尚不甚難）、鮑廷博《知不足齋叢書》、潘仕誠《海山仙館叢書》、伍崇曜《粵雅堂叢書》，其書多而且精，足資博覽。俟有餘力，徐求他刻叢書及單行善本、舊刻名抄。於是次第收藏，舉古今四部之書，皆爲我有矣。

鑒別二

四部備矣，當知鑒別。鑒別之道，必先自通知目錄始。目錄以《欽定四庫全書總目提要》、阮文達（元）《揅經室外集》（即《四庫未收書目》，茲從全集原名）爲途徑。不通目錄，不知古書之存亡；不知古書之存亡，一切僞撰抄撮、張冠李戴之書，雜然濫收，淆亂耳目。此目錄之學所以必時時勤考也。

欲知板刻之良否，前有錢曾《讀書敏求記》，所見古子雜家，足資多識。而於刊刻年月、行格字數，語焉不詳。惟張金吾《愛日精廬藏書志》、黃丕烈《士禮居題跋記》以下，近有聊城楊紹和海源閣《楹書隅錄》、常熟瞿鏞《鐵琴銅劍樓書目》、仁和丁丙《善本書室藏書志》、歸安陸心源《皕宋樓藏書志》（張、瞿、丁、陸四家之目，全抄各書序跋，最足以資考據）所謂海內四大藏書家者。又有揭陽丁日昌《持靜齋書目》、日本森立之《經籍訪古志》（宜都楊守敬刻有《日本訪書志》、《留真譜》二書，可備參考，不盡可據）。此數家者，皆聚乾嘉諸老之精華，收咸豐兵燹之餘燼，雖宋槧、名抄，不免一網打盡。然同時傳校之本及北方故家百年未出之書，如劍氣珠光，時時騰躍。余藏子、集兩部，多得之商丘宋氏、諸城劉氏。故家志目，雖不能供我漁獵之資，而實藏書家不可少之郵表也。至於國朝諸儒校刻善本，罕有列於目者。然孫星衍《祠堂書目》時亦載之。倪模《江上雲林閣書目》、丁日昌《持靜齋書目》所載漸夥。近人張文襄（之洞）《書目答問》，則專載時刻，便於讀者購求。依類收藏，可無遺珠之憾。最要者無論經、史、子、集，但系仿宋、元舊刻，必爲古雅之書；或其書有國朝考據諸儒序跋題詞，其書亦必精善。明刻仿宋、元者爲上，重刻宋、元者次之；有評閱者陋，有圈點者尤陋。閔齊伋、淩濛初兩家所刻朱墨套印子、集各書，亦有評語圈點，而集部尚佳。抄本有元抄、明抄之分，有藍格、綠格、朱絲闌、烏絲闌之別，且有已校、未校之高低。元抄多薄繭，明抄多棉宣；元抄多古致，明抄多俗書（此就傭書者言之。名人手抄，則一朝有一朝之字體，一時有一時之風氣,明眼人自能辨之)。證以書中避諱,始於某帝,終於何時,尤易辨別(金元刻本、北宋膠泥活字本均不避諱。重刻宋本多存舊諱,則以紙墨定之)。有經名人手抄、手校者,貴重尤過於宋、元。有名人收藏印記者,非當時孤本,即希見之書。此類爲楊、瞿、丁、陸所未見者尚多,書攤廟集,時一遇之,是在有心人之勤於物色而已。

裝潢三

書不裝潢,則破葉斷線,觸手可厭。余每得一書,即付匠人裝飾。今日得之,今日裝之,則不至積久意懶,聽其叢亂。裝釘不在華麗,但取堅致整齊。面紙以細紋宣紙染古銅色,内裱以雲南薄皮紙,釘時書面内襯以單宣或汀貢(汀州所造竹料厚者),或潔淨官堆,或仍留原書面未損者。本宜厚,不宜薄,釘以雙絲線。書内破損處,覓合色舊紙補綴;上下短者,以紙襯底一層,無書處襯兩層,則書裝成不至有中凸上下低之病。書背逼至釘線處者,亦襯紙如之。襯紙之處鑽小孔,一孔在襯紙,一孔在原書之邊,以日本薄繭紙撚條,騎縫跨釘,而後外護以面紙,再加線釘。線孔占邊分許,而全得力於紙撚。日久線斷,而葉不散,是爲保留古書之妙法。斷不可用蝴蝶裝及包背本,蝴蝶裝如裱帖,糊多生黴而引蟲傷;包背如藍皮書,紙豈能如皮之堅韌?此不必邯鄲學步者也。蝴蝶裝雖出於宋,而宋本百無一二;包背本明時間有之,究非通用之品。家中存一二部以考古式,藉廣見聞。然必原裝始可貴,若新仿之,既費匠工,又不如線裝之經久,至無謂也。北方書喜包角,南方殊不相宜。包角不透風,則生蟲;糊氣三五年尚在,則引鼠。余北來之書,悉受其害。又北方多用紙糊布匣,南方則易合潮,用夾板夾之最妥。夾板以梓木、楠木爲貴,不生蟲,不走性,其質堅而輕;花梨、棗木次之,微嫌其重;其他皆不可用。二十年前,余書夾多用樟木,至今生粉蟲,無一部不更換,始悔當時考究之未精。宋、元舊刻及精抄、精校,以檀木、楠木爲匣襲之。匣頭鐫刻書名、撰人,宜於篆、隸二體。夾板系帶,邊孔須離邊二分,其上下則準書之大小。如書長一尺,帶離上下約二寸,以此類推,指示匠人遵守勿失。蓋離上下過近則眉短腹長,離上下過遠則頭足空而不着力,此亦裝訂時所宜講求者也。裝釘之後,隨時書邊,書名、撰人、刊刻時代不可省字,以便檢尋。凡作書論行氣,此爲橫看,一本分列有橫行,數本合併有直行,雖善書者不知其訣,則不如覓梓人之工宋體字者書之,校爲清朗入目也。

陳列四

編列書籍,經爲一類,史爲一類,子爲一類,集爲一類,叢書爲一類,其餘宋元舊刻、精校名抄別爲一類。單本一二卷者,袖珍巾箱長不及五寸,大本過尺許者,以別櫥庋之。單本、小本之櫥,其中間以直格,寬窄不一,再間以橫格,高二三寸或四五寸不等。橫格皆用活板,以便隨時抽放。叢書類少者,一部占一櫥,多者一部占二櫥、三櫥不等。由上至下,以三櫥爲一連。櫥寬工部尺一尺八寸,高二尺。每櫥列書三行,合三櫥一連,高六尺,並坐架一尺二寸,共七尺二寸,取閱時不至有伸手之勞。列書依撰人時代,亦以門戶相聚。如十子、七子、五子、三家、四家、八家之類,皆銜接相承,則易於查閱。又如總集,有以元、明、國朝人選集唐、宋者,有以國朝人選錄三代、秦漢、魏晉人者,仍以詩文時代爲衡,不論撰人之先後。其專詩、專文,各以類從,不使淩雜。至都會郡邑之詩文總集,依省次列之。欽定之書,冠於國朝之首。大抵陳列之次,不必與目錄相同。諸史志尚有以類相排比者,固未嘗拘拘於時代也。釋道二藏,本自有目。遠西各國藝學、宗教,自明以來,連床塞屋。錢謙益《絳雲樓書目》以西書爲一類,《四庫》則附之"雜家""雜學"。今中外交通,著述日眾,翻譯之作,家數紛歧,宜並釋藏,列室儲之,不復繩以四部之例。惟道家斷自隋唐,次於諸子。以古之道家,非宋之道流,其習不同,其書究有別也。陳列既定,按櫥編一草目,載明某書在某櫥。遇有增省,隨時注改。體例視正目有殊,明《文淵閣書目》蓋已先爲之矣。

抄補五

舊書往往多短卷、多缺葉,必覓同刻之本,影抄補全。或無同本,則取別本,覓傭書者錄一底本,俟遇原本,徐圖換抄,庶免殘形之憾。若遇零編斷冊,尤宜留心,往往有多年短缺之卷,一旦珠還合浦,仍爲一家眷屬者。

然此在明刻、國朝人所刻則有之,若宋元刻本,乃希遇之事,前人不得已而集百衲本,亦慰情聊勝於無耳。凡書經手自抄配者最佳,出自傭書之手,必再三覆校,方可無誤。己抄之書,則人校之;人抄之書,則己校之。多一人寓目,必多校出二三處誤字、脫文。經、史更不得草率,一字千金,省後人多少聚訟,豈非絕大功德哉?凡抄補之卷,苟其書不必影寫,當依原書行格,刻一印板,所費不過千文。抄者既有範圍,可以隨寫隨校,如某行某字起,至某字止,一行抄畢,訛脫朗然。省事惜陰,覆校亦易。使抄而不校,校而不精,不如聽其短缺,尚不至魚目混珠也。傭書人未有能爲唐人碑誌體者,無已,取其無破體、無俗字者。破體、俗字,令校者不改不能,遍改不盡,至爲眼花,敗興之事,余受此厄多矣。

傳錄六

士生宋元以後,讀書之福遠過古人;生國朝乾嘉後者,尤爲厚福。五代、北宋之間,經史正書鮮有刻本,非有大力者不可言收藏。既有刻本,又不能類聚一處;即有大力,搜求亦非易事。古人以窺中秘、讀老氏藏爲榮幸者,今則有貲,一日可獲數大部。國朝諸儒勤搜古書,於四部之藏,十刻七八,僅宋、元、明人集未得刻盡,究爲不急之書。至於日本卷子、唐抄、中原故家久藏秘笈,其爲乾嘉諸儒未見之足本、不傳之孤本,以及秦、晉、齊、魯發地之古器、古物,好事者繪圖釋義,著爲成書,既日出而不窮,亦石印之簡便。居今日而言收藏,可以坐致百城、琳琅滿室矣!而猶有待於傳錄者,蓋其書或僅有抄本,不能常留,過目易忘;未存副錄,校刻則有不給,久假復不近情。惟有彼此借抄,可獲分身之術。傳錄之法,多倩傭書者,以別舍處之。以工貲計,湘省最廉。善書者一日可書五千字,凡字一千,不過七八十文內外;若至百文一千,則謀者蠅集矣。故抄一書,字至十萬,僅費錢七八千,較之"千金買《漢書》""貂裘賄侍史",其廉爲何如耶!抄寫之紙以日本、高麗細繭紙爲上,其紙吸墨而滑筆,但使寫手輕勻,易於增色。其次中國之潔淨花胚(即官堆之高者)。杭連雖白,至爲不佳,墨幹則筆澀,墨濕則字毛,一遇積黴,或沾鼠溺,則腐碎不可觸手。此餘二十年所親歷,故能言其害也。

校勘七

書不校勘,不如不讀。校勘之功,厥善有八:習靜養心,除煩斷欲,獨居無俚,萬慮俱消,一善也;有功古人,津逮後學,奇文獨賞,疑竇忽開,二善也;日日翻檢,不生潮黴,蠹魚蛀蟲,應手拂去,三善也;校成一書,傳之後世,我之名字,附驥以行,四善也;中年善忘,恒苦搜索,一經手校,可閱數年,五善也;典制名物,記問日增,類事撰文,俯拾即是,六善也;長夏破睡,嚴冬禦寒,廢寢忘餐,難境易過,七善也;校書日多,源流益習,出門採訪,如馬識途,八善也。具此八善,較之古人臨池仿帖、酬願寫經,孰得孰失,殆有天壤之異矣。

顧知校書之善矣,而不得校之之法,是猶涉巨川而忘舟楫,遊名山而無籃輿,終歸無濟而已矣。今試言其法,曰死校,曰活校。死校者,據此本以校彼本,一行幾字,鉤乙如其書;一點一畫,照錄而不改。雖有誤字,必存原文。顧千里(廣圻)、黃蕘圃(丕烈)所刻之書是也。活校者,以群書所引改其誤字,補其闕文,又或錯舉他刻,擇善而從。別爲叢書,板歸一式。盧抱經(文弨)、孫淵如(星衍)所刻之書是也。斯二者,非國朝校勘家刻書之秘傳,實兩漢經師解經之家法。鄭康成注《周禮》,取故書杜子春諸本,錄其字而不改其文,此死校也;劉向校錄中書,多所更定,許慎撰《五經異義》,自爲折衷,此活校也。其後隋陸德明撰《經典釋文》,臚載異本;嶽珂刻《九經三傳》,抉擇眾長。一死校,一活校也。明乎此,不僅獲校書之奇功,抑亦得著書之捷徑也已。

題跋八

凡書經校過及新得異本,必系以題跋,方爲不負此書。或論其著述之指要,或考其抄刻之源流,其派別蓋有數家焉。論著述之指要者,記敘撰人時代、仕履及其成書之年月,著書中之大略,宋晁公武《郡齋讀書志》、陳振孫《直齋書錄解題》二家之目是也。辨論一書之是非與作者之得失,如吾家宋石林公《過庭錄》(引見元馬端臨《文獻通考·經籍》)、明王世貞《讀書後》二家之書是也。王士禎《香祖筆記》七:"遯園居士言:'金陵盛仲交家多藏書,書前後副葉上必有字,或記書所從來,或記他事,往往盈幅,皆有鈐印;常熟趙定宇少宰閱《舊唐書》,每卷畢,必有朱字數行,或評史,或閱之日所遇某人某事，一一書之；馮具區校刻監本諸史，卷後亦然，並以入梓。前輩讀書，游泳賞味處可以想見。'此語良然。然予所見劉欽謨（昌）家官河南督學時所刻《中州文表》，每卷亦然。予勸宋牧仲開府重刻《文表》及《梁園風雅》二書，且云'欽謨諸跋當悉刻之，以存其舊。'亦遯園先生之意。又嘗觀袁中郎所刻《宗鏡摘錄》，亦復如是。弇州先生《讀書後》同此意也。"其合二義以兼用之，斯則《四庫全書提要》之所本也。若夫考抄刻之源流者，官監、書棚，流傳有緒，毛抄、錢借，授受必詳，則錢曾《讀書敏求記》、何焯《義門讀書記》實導其源。至孫星衍《平津館藏書記》、《廉石居書籍題跋記》、黃丕烈《士禮居藏書題跋記》，專記宋元板之行字、新舊抄之異同，蓋從錢、何二家，益暢其流，以趨於別徑者也。道、咸間，錢熙祚《守山閣叢書》、伍崇曜《粵雅堂叢書》，一書刻成，必附一跋，斯由《四庫提要》而變其例者也。

綜稽眾體，各有門庭，竊謂宜集諸家之長，以成一家之說。撰人仕籍見於正史傳志者，不待詳言；如或正史未載，則博考群籍以補之。而一書之宗旨始末，先揭其大綱，使覽者不待卷終，可得其要領。其刻本之為宋為元，為仿宋為重刻宋，抄本之為影寫、為過錄以及收藏前人之姓名、印記，並仿《欽定天祿琳琅》之例，詳稽志乘私記，述為美談。俾前賢抱殘守缺之苦心，不至書存而人泯滅。吾宗鞠裳編修（昌熾）撰有《藏書紀事詩》六卷，於唐宋以來藏書家之姓名、印記搜輯靡遺。得其書讀之，於斯道所資，功過半矣。

收藏九

藏書之所，宜高樓，宜寬敞之淨室，宜高牆別院，與居宅相遠。室則宜近池水，引濕就下，潮不入書樓；宜四方開窗通風，兼引朝陽入室。遇東風生蟲之候，閉其東窗。窗櫺俱宜常開，樓居尤貴高敞。蓋天雨瓦濕，其潮氣更甚於室中也。列櫥之法，如寧波范氏天一閣式。《四庫》之文淵閣、浙江之文瀾閣，即仿為之。其屋俱空楹，以書櫥排列，間作坎畫形，特有間壁耳。

古人以七夕曝書，其法亦未盡善。南方七月正值炎薰，烈日曝書，一嫌過於枯燥，一恐暴雨時至，驟不及防。且朝曝夕收，其熱非隔宿不退，若竟收放櫥內，數日熱力不消。不如八九月秋高氣清，時正收斂，且有西風應節，藉可殺蟲。南北地氣不同，是不可不辨者也。春夏之交，宜時時清理，以防潮濕。四五月黃黴，或四時久雨不晴，則宜封閉。六七月以後至冬盡春初，又宜敞開。櫥下多置雄黃石灰，可辟蟲蟻。櫥內多放香烈殺蟲之藥品，古人以芸草，今則藥草多矣。肉桂、香油或嫌太貴，西洋藥水、藥粉品多價廉，大可隨時收用。食物引鼠，不可存留。燈燭字簍，引火之物，不可相近。絳雲樓之炬、武英殿之災，此太平時至可痛心之事也。閱過即時檢收，以免日久散亂。非有書可以互抄之友，不輕借抄；非真同志著書之人，不輕借閱。舟車行笥，其書無副本者，

147

不得輕攜。遠客來觀,一主一賓,一書童相隨,僕從不得叢入藏書之室。不設寒具,不著衣冠,清茗相酬,久談則邀入廳事。錢振笆注《義山文集》,每竊供用之書,京師書坊至今言之疾首。魏源借友人書,則裁割其應抄者,以原書見還,日久始覺。不獨太傷雅道,抑亦心術不正之一端。凡此防範之嚴,所以去煩勞、消悔吝,正非"借書一癡,還書一癡"也。

印記十

藏書必有印記。宋本《孔子家語》以有東坡折角玉印,其書遂價重連城。晉家明文莊公菉竹堂藏書,每抄一書,鈐以歷官關防,至今收藏家資以考證。名賢手澤,固足令人欽企也。然美人黔面,昔賢所譏;佛頭著糞,終為不潔。曾見宋元舊刻,有為書估偽造各家印記以希善價者,有學究、市賈強作解事,以惡刻閑印鈐滿通卷者。此豈白璧之微瑕,實為秦火之餘厄。

今為言印記之法,曰去閑文,曰尋隙處。何謂去閑文? 姓名表字、樓閣堂齋,於是二三印,一印四五字足矣。金石、書畫、漢瓦、漢磚、古泉之類,當別為一印。今人收藏印,多有以姓字齋堂、一切藏器累累至數十字者,此亦何異於自作小傳哉! 余見宋元人收藏書籍、碑帖、字畫,多止鈐用姓名或二字別號、三字齋名,此正法也。明季山人墨客始用閒章,浸淫至於士大夫,相習而不知其俗,此最刺目之事。況印體自明文、何以後,流派滋多,二三十年不遇一作手。

咸同以來,有鄧石如一派,其末流為江湖遊食之貲。而乾嘉時浙西六家之宗傳,久成絕響,故不得工於仿漢及善松雪、文、何體,不如不印,免至名跡受汙。藏家如黃丕烈"百宋一廛"、韓泰華"金石錄十卷人家",已覺體俗,何況其他乎! 何謂尋隙處? 凡書流傳愈久者,其藏書印愈多。朱紫縱橫,幾無隙紙。是宜移於書眉卷尾,以免齟齬。亦或視各印之大小朱白,間別用之。小印朱文重疊,尚無不可。若白文與大印聚於一行,則令閱者生厭矣。凡書有字處,朱文、白文俱不相宜。余藏抄本《續吳郡圖經》,原有董文敏"戲鴻堂"朱文方印,復經長白董齋學士收藏,乃於董印上加蓋"長白敷槎氏"白文方印。學士為曹子清通政(寅)外甥,淵源自正,而竟以特健藥之癡為此倒好嬉之事,是亦未尋隙處之過。余之藏書多未鈐印,蓋慎之至也。

((清)葉德輝:《藏書十約》,《中國歷代書目題跋叢書·澹生堂藏書約(外八種)》,上海古籍出版社,2005 年版)

第五章 文獻的著錄:目錄

第一節 目錄的體制及功用

一、目錄的起源、義界

"目錄"兩個字,姚名達說:"遍辨其名之謂目;詳定其次之謂錄;有多數之名目且有一定之次序之謂目錄。曰目曰錄,皆非單獨,義本相通,故成一體。"[①]概言之,目錄指對文獻之書名、篇卷、作者、主要内容等基本信息的著錄。關於其起源,《隋書·經籍志》說:"古者史官既司典籍,蓋有目錄,以爲綱紀,體制堙滅,不可復知。孔子刪書,別爲之序,各陳作者所由。韓、毛二《詩》,亦皆相類。漢時劉向《別錄》、劉歆《七略》,剖析條流,各有其部,推尋事蹟,疑則古之制也。"這個判斷大體不錯。上古學在王官,文獻分門別類由專人執掌,於是就有了編目的需要。西漢劉向、劉歆父子撰《別錄》、《七略》,對文獻各義項的著錄甚有條理,乃繼承前代古籍整理及目錄編訂的經驗又加以發展,形成了成熟、完善的體例,奠定了此後目錄學的基礎。

"目錄"這個詞,即伴隨劉向、劉歆的校書而出現。漢成帝時對圖書有一次大的整理,劉向校經傳、諸子、詩賦,步兵校尉任宏校兵書,太史令尹咸校數術,侍醫李柱國校方技,由劉向統籌。劉向去世後,其子劉歆總成其事。劉向父子在校讎圖書之後,又對其加以著錄。《七略》佚文云:"《尚書》有青絲編目錄。"[②]這是劉向父子校書時所見的目錄。《漢書·藝文志》云:"每一書已,向輒條其篇目,撮其指意,錄而奏之。"此處"目"指篇目,"錄"則包括篇目和敘錄(對書籍的簡要介紹),舉"錄"可以賅"目"。這

---

① 姚名達:《中國目錄學史·敘論篇》,上海古籍出版社,2002年版,第1頁。
② 蕭統編:《文選》卷三八任彥昇《爲範始興作求立太宰碑表》李善注引,中華書局,1977年版。

是劉向父子校書後所編的目錄。在如上兩則引文中,"目錄"皆指一本書的目錄。阮孝緒《七錄·序》云:"昔劉向校書,輒爲一錄,論其指歸,辨其訛誤,隨竟奏上,皆載在本書。時又別集眾錄,謂之《別錄》,即今之《別錄》是也。子歆撮其指要,著爲《七略》。"①則在"錄而奏之"之外,劉向又做了"別集眾錄"的工作,把單篇目錄匯總到了一起。其《別錄》,及其子劉歆在《別錄》基礎上刪繁就簡所作的《七略》,又是群書之目錄。至東漢班固修《漢書》,刪減《七略》爲《藝文志》,去掉篇目、敘錄,獨著書目、大小序。他說:"劉向司籍,九流以別,爰著目錄,略序洪烈。"②他的"爰著目錄",就專指群書之目錄了。後世目錄之學主要是在群書之目錄的意義上發展,"目"不僅包括篇目,也包括書目,"錄"則包括篇目、書目、敘錄、大小序等。目錄的義界,是從一書之目錄發展到群書之目錄,後來在群書之目錄的意義上定型。

二、《別錄》、《七略》開啟的目錄書體例

作爲最早的綜合性圖書目錄,《別錄》和《七略》開創了目錄編制的體例。

其一,目錄的編制首先建立在圖書分類的基礎上。劉向等校書,事先就有分工。其中,劉向主持校六藝、諸子、詩賦,另外兵書、數術、方技三類,分別委派專家。《別錄》、《七略》因此也分爲六藝、諸子、詩賦、兵書、數術、方技六大類,《七略》稱之爲六"略",大類(略)之下還分有小類。這開啟了目錄學圖書分類的先河。

其二,《七略》中的《輯略》,是對圖書的總論及對各類圖書所代表的學術流派、文體特徵的綜論,主要内容保存在《漢書·藝文志》中。以《輯略》對儒家學派的總評爲例:

> 儒家者流,蓋出於司徒之官,助人君順陰陽明教化者也。游文於六經之中,留意於仁義之際,祖述堯舜,憲章文武,宗師仲尼,以重其言,於道最爲高。孔子曰:"如有所譽,其有所試。"唐虞之隆,殷周之盛,仲尼之業,已試之效者也。然惑者既失精微,而辟者又隨時抑揚,違離道本,苟以嘩眾取寵。後進循之,是以《五經》乖析,儒學寖衰,此辟儒之患。③

這段文字對儒家思想探源溯流,並加以評述,不啻是對儒家學術思想史的簡要勾勒。由於圖書的分類即是對學科、學派、文體的分類,《輯略》的各類綜述,就有總括古代學術、辨析其源流的作用。《漢書·藝文志》把《輯略》的文字編排到目錄的開端及各類圖書的後面,成爲總序和小序,這就是後世目錄有總序和小序的開端。

---

① 釋道宣編:《廣弘明集》卷三,上海古籍出版社,影印磧砂藏本,1991 年版。
② (漢)班固:《漢書·敘傳》,中華書局,1962 年版。
③ (漢)班固:《漢書·藝文志》。

　　其三，具體到每一部書籍，劉向、劉歆的著錄也一絲不苟。《別錄》對所著錄書籍條列篇目，並詳作解題。《七略》由《別錄》的二十卷減爲七卷，當是對解題的内容有所删節。《別錄》著錄的體例，可以舉現存的一篇《列子書錄》作爲例子：

　　　　《列子》八卷

　　　　天瑞第一

　　　　黄帝第二

　　　　周穆王第三

　　　　仲尼第四(一曰極知)

　　　　湯問第五

　　　　力命第六

　　　　楊朱第七(一曰達生)

　　　　說符第八

　　　　右新書定著八篇。護左都水使者光祿大夫臣向言：所校中書《列子》五篇，臣向謹與長社尉臣參校讎，太常書三篇、太史書四篇、臣向書六篇、臣參書二篇，内外書凡二十篇，以校，除復重十二篇，定著八篇。中書多，外書少。章亂布在諸篇中，或字誤，以"盡"爲"進"，以"賢"爲"形"，如此者衆。及在新書有棧，校讎從中書。已定，皆以殺青書，可繕寫。列子者，鄭人也，與鄭繆公同時，蓋有道者也。其學本於黄帝、老子，號曰道家。道家者，秉要執本，清虛無爲。及其治身接物，務崇不競，合於六經。而《穆王》、《湯問》二篇，迂誕恢詭，非君子之言也。至於《力命》篇，一推分命；《楊子》之篇，唯貴放逸。二義乖背，不似一家之書。然各有所明，亦有可觀者。孝景皇帝時貴黄老之術，此書頗行於世。及後遺落，散在民間，未有傳者。且多寓言，與莊周相類，故太史公司馬遷不爲列傳。謹第錄。臣向昧死上。護左都水使者光祿大夫臣向所校《列子書錄》，永始三年八月壬寅上。①

　　上引文字由篇目和解題兩部分内容組成。篇目按次序條列篇名，解題簡述書籍的版本、校讎情況，介紹作者的籍貫、時代、所屬學派，對書籍内容略加評述。此爲後世提要之祖。

　　《別錄》、《七略》是我國目錄學史上最早的著作，但已具備完備的體例。後世目錄多依此體例有所損益，大體分爲如下三種②：

　　有的具備大小序、書目及解題(但無篇目)，現存的有晁公武《郡齋讀書志》，陳振

---

① 姚振宗：《七略别錄佚文》，上海古籍出版社，2008 年版，第 53-54 頁。

② 參余嘉錫：《目錄學發微》卷一，中國人民大學出版社，2004 年版。

孫《直齋書錄解題》，紀昀等《四庫全書總目提要》等。這樣的目錄體制最完備，也最能起到沿流溯源、提要鉤玄的作用，參考價值最大，對編寫者的要求也最高，非通才博學者不足以勝任。

有的具大小序而無解題，此體由《漢書·藝文志》開啟，《隋書·經籍志》等因之。這類書目綱舉目張，論述明晰，可以起到"推闡大義，條別學術異同，使人由委溯源，以想見於墳籍之初者"①的作用。

有的只列書目，沒有序和解題。最早可考的此類目錄是西晉荀勗的《中經新簿》，《隋書·經籍志》稱其"但錄題及言，盛以縹囊，書用緗素。至於作者之意，無所論辯"。此後，《通志·藝文略》等皆只著錄書名。此類書目以明類例為主，如鄭樵說的"類例既分，學術自明，以其先後本末具在"②。

要言之，目錄是著錄書籍的一種方式。通過對文獻的有序排列，進一步撰寫小序、解題，或附錄序跋等參考資料，將既往的文化成果整理為一種有意義的知識體系，為利用和查找古籍的人提供參考。《別錄》、《七略》已啟其例，後代目錄或部份沿用，或全面發展。

三、目錄的功用

目錄出現以前，各種圖書散亂無章，且版本情況混亂；目錄出現以後，知識得以整理為系統，學科得以分類，書籍有所歸屬。故目錄之學在文獻學中處於最核心的位置。清人王鳴盛說："目錄之學，學中第一緊要事，必從此問途，方能得其門而入。"③概言之，目錄主要有如下三個功用。

其一，利用目錄以辨明學術源流。

章學誠《校讎通義·自序》說："校讎之義，蓋自劉向父子部次條別，將以辨章學術，考鏡源流，非深明於道術精微、群言得失之故者，不足與此。""辨章學術，考鏡源流"指對學術進行分門別類，並對每類學術的源流加以考辨。余嘉錫說："目錄者，學術之史也。綜其體制，大要有三：一曰篇目，所以考一書之源流；二曰敘錄，所以考一人之源流；三曰小序，所以考一家之源流。三者亦相為出入，要之皆辨章學術也。"④所謂"一曰篇目，所以考一書之源流"者，即通過對書籍篇目的著錄，考見書籍的大體內容及定本的狀貌；所謂"二曰敘錄，所以考一人之源流"者，可通過對單本書的敘錄，考知

---

① 章學誠：《校讎通義·自序》，章學誠著、王重民通解：《校讎通義通解》，上海世紀出版集團，2009年版。
② 鄭樵：《通志·校讎略·編次必謹類例論》，中華書局，1995年版。
③ 王鳴盛：《十七史商榷》卷一，鳳凰出版社，2008年版。
④ 余嘉錫：《目錄學發微》卷二。

此書及此作者的學術淵源及獨特成就；所謂"三曰小序，所以考一家之源流"，謂通過對某家某派的分類、綜述，考見各家的源流利弊。

中國古代的書籍，通過目錄的分類、著錄和說明，成爲一種有序性的排列。書籍類型的出現，提示著一種文體或學術門類的存在；而書籍類型的分化合併，又意味著學術思潮的變化及文體的發展。《四庫全書總目·子部總序》云："自六經以外立說者，皆子書也。其初亦相淆，自《七略》區而列之，名品乃定。"[①]這是說中國學術中子學這一門類，因劉向《七略》的著錄而定其品目。又書籍在劉向那裏分六類，到了魏晉主要定型爲四類，這提示著史部書籍的異軍突起及子部等書籍的變化。不僅是書籍的分類，每類書的小序，單本書的篇目、敘錄，都勾勒和提示著學術源流、文體流別、書籍類型，令學者覽之有一種胸中九流清似鏡的學術史視野。這種啓迪是知識性的，也是方向性的，故古人多以目錄學爲治學的根本。

其二，利用目錄以查找圖書。

目錄是對圖書的著錄，我們要查找古代典籍，瞭解其撰人、名目、卷數、類型、版本、存佚、寫作時代、寫作背景、主要內容等情況，自然要向目錄書問途。鄭樵《通志·校讎略》："求書之道有八，一曰即類以求，二曰旁類以求，三曰因地以求，四曰因家以求，五曰求之公，六曰求之私，七曰因人以求，八曰因代以求，當不一於所求也。"其中"即類以求""旁類以求"等，多需依仗目錄，因目錄書的功用，如章學誠所說："蓋部次流別，申明大道，敘列九流百氏之學，使之繩貫珠聯，無少缺逸，欲人即類求書，因書究學。"[②]書籍因爲有所歸類，處在一種知識系統中，故有跡可查，也能因目錄的著錄窺其源流正變，並觸類旁通，摸得治學門徑。

需要注意的是，目錄有紀一代之藏書，如《漢書·藝文志》；有紀一代之著作，如《明史·藝文志》；有紀歷代之藏書，如《通志·藝文略》；有紀私人之藏書，如《直齋書錄解題》；有紀善本之藏書，如《天祿琳琅書目》；有紀經眼之圖書，如《宋元舊本書經眼錄》；有紀知見之圖書，如《四庫簡明目錄標注》；也有對圖書作舉要介紹的，如《書目答問》。我們在即類求書的時候，要注意甄別以資利用。

其三，利用目錄以考證古籍。

余嘉錫總結了目錄學在考辨古籍方面的幾種功用：

（1）以目錄著錄之有無，斷書之真偽；

（2）用目錄學考古書篇目之分合；

（3）以目錄書著錄之部次，定古籍之性質；

---

① （清）紀昀等：《四庫全書總目》卷九十一，中華書局，1965 年版。

② 《校讎通義·互著篇》。

(4)以目録考亡佚之書;

(5)以目録書所載姓名卷數,考古書之真僞。①

以上功用,涉及文獻的辨僞、輯佚、考訂等,若無目録書的説明,古籍整理很難理清頭緒。

要言之,目録是我們學習古代文化、整理與研究古籍的重要工具,無論是辨章學術,考鏡源流,還是即類求書,因書究學,亦或是借之以考證古籍,目録都爲我們起著指引路徑、以資查詢的作用。有志治學問途者,當從目録之學入。

第二節　圖書的分類

目録具有辨章學術,考鏡源流的功能,其中最爲基本的是對知識的整理和歸類。鄭樵説:"學之不專者,爲書之不明也。書之不明者,爲類例之不分也。……類例分,則百家九流各有條理,雖亡而不能亡也。"②圖書的分類反映了學術版圖的分割,有利於我們即類求書。中國圖書主要採用二級分類系統,其中大類主要經歷了從六分法到四分法的演變,小類的區分亦代有沿革。下面作簡要介紹之。

一、六分法

六分法是劉向、劉歆父子整理和著録圖書採用的分類法。他們把天下圖書分爲六略三十八種,它們是:

六藝略:易、書、詩、禮、樂、春秋、論語、孝經、小學;

諸子略:儒家、道家、陰陽家、法家、名家、墨家、縱橫家、雜家、農家、小説家;

詩賦略:屈原賦之屬、陸賈賦之屬、孫(荀)卿賦之屬、雜賦、歌詩;

兵書略:兵權謀、兵形勢、兵陰陽、兵技巧;

數術略:天文、曆譜、五行、蓍龜、雜占、形法;

方技略:醫經、經方、房中、神仙。③

六略之分,是對當時圖書的大的歸類。其中,六藝類圖書陳"五常之道",諸子類圖書集"各引一端崇其所善"的各家學説,詩賦類圖書録文學篇章,兵書類圖書談"王

---

① 《目録學發微》卷一。

② 《通志·校讎略·編次必謹類例論》。

③ 見《漢書·藝文志》。

官之武備”，數術類圖書述“明堂羲和史卜之職”，方技類圖書論“生生之具”的專門知識①。這六種分類大體體現了兩漢之際學術的主要分科，但不無滯後。如自司馬遷作《史記》之後，歷史類著述已有獨立發展之勢。但由於此學科剛剛興起，圖書數量尚少，《七略》並未爲它獨列一新的門類，而是附錄於六藝略的“春秋類”之下。可見，圖書分類還和圖書流傳的實際情況掛鉤，不完全等同於學科分類。

六分法基本奠定了圖書分類的基礎，也對中國學術的版圖作出大體分割。後來的四分法，就是在六分法基礎上稍作損益而來。

二、四分法

隨著藏書情況的變化，圖書種類的增多，《七略》的分類已不適當，有的已難容納。如太史公書，《七略》附於《春秋》，而後代紀傳愈來愈多，流別亦雜，《春秋》一類已無法盡容；漢代諸子之學衰微，漢初已無名家、墨家，武帝後無雜家、縱橫家，宣帝後無小說家，成帝後無農家。至西漢末，實只有儒、道、陰陽三家而已。②《七略》所分諸子、兵書、數術、方技四略，顯然已無必要。六分法已不能反映圖書流傳的實際情況，四分法就應運而生。

（一）四分法的產生

四部分類法始創於西晉荀勖的《中經新簿》。《中經新簿》是在魏鄭默《中經簿》的基礎上加以編訂的，首次將群書分爲甲乙丙丁四部。這四部爲：

甲部：六藝、小學；

乙部：古諸子家、近世子家、兵書、兵家、術數；

丙部：史記、舊事、皇覽簿、雜事；

丁部：詩賦、圖贊、汲冢書。③

《中經新簿》的甲部，相當於《七略》的六藝略；其乙部，合《七略》之諸子、兵書、數術、方技爲一部；丙部乃新增之史學書籍；丁部相當於《七略》的詩賦略，在內容上有所擴展，其中汲冢書爲晉武帝太康二年（281），汲郡人不準盜發魏襄王（或曰安釐王）墓所得竹書，主要爲史學書籍，因爲是新增文獻，故附於最後。

《中經新簿》久佚，它對中國目錄學史的貢獻，即合併諸子、兵書、數術、方技爲一部，新增史籍一部，後來的經史子集四個部類，至此已全部齊備。

---

① 參姚名達：《中國目錄學史·分類篇》。
② 參余嘉錫：《目錄學發微》卷四。
③ 見《隋書·經籍志一》，中華書局，1973 年版。

（二）四分法的完善

《中經新簿》已齊備經史子集四個部類，但在順序上爲經、子、史、集，子書列於史籍前面。東晉李充《晉元帝四部書目》根據史籍重要性的不斷上升的實際情況，將子書與史籍間的順序加以調換，使四分法更完善。《文選》卷四六任彥昇《王文憲集序》注引臧榮緒《晉書》云："李充字弘度，爲著作郎。於時典籍混亂，刪除頗（煩）重，以類相從，分爲四部，甚有條貫，秘閣以爲永制。五經爲甲部，史記爲乙部，諸子爲丙部，詩賦爲丁部。"這已是後世經、史、子、集四部分類的順序，只是其部類尚以天干爲序，未爲四部定名。

（三）四分法的確立

六朝官修簿錄，例用四分法。唐貞觀中，魏徵等修《隋書·經籍志》，分書籍爲四部，凡四十類，另以道、佛二部十五類作爲附錄。它們是：

經部：易、書、詩、禮、樂、春秋、孝經、論語、讖緯、小學；

史部：正史、古史、雜史、霸史、起居注、舊事、職官、儀注、刑法、雜傳、地理、譜系、簿錄；

子部：儒、道、法、名、墨、縱橫、雜、農、小說、兵、天文、曆數、五行、醫方；

集部：楚辭、別集、總集；

道經：經戒、服餌、房中、符錄；

佛經：大乘經、小乘經、雜經、雜疑經、大乘律、小乘律、雜律、大乘論、小乘論、雜論、記。

《隋書·經籍志》首次以經、史、子、集爲四部命名。此命名吸收了六朝目錄學的成果，如經部的命名從《七志》"經典志"化出，集部的命名則受到《七錄》"文集"類的影響。部類的命名，意味著著錄對象的明確化。經史子集的命名有極大的概括性，後來就成爲四部分類的定名。《隋書·經籍志》對四部分類法的重要推進，還在於小類的分割井然有序。如史部書籍從《中經新簿》的四類增爲十三類，集部"楚辭、別集、總集"的分類法亦爲後世所遵從，這主要是吸取了《七錄》的成果。至此，四部分類法完全確立。

（四）四分法的集大成

自《隋書·經籍志》確立了四分法的名目後，四分法目錄經、史、子、集的大類分割就定爲永制，但在小類的劃分上，卻代有新變。小類的新增、合併或移動，反映了學術的產生、變化，及各學科間不斷交叉融合的關係。清乾隆年間，紀昀等修《四庫全書》，撰《總目》，將書籍分爲四部四十四類，有的類下還有三級目錄，這四部四十四類是：

經部:易、書、詩、禮(周禮、儀禮、禮記、三禮總義、通禮、雜禮書)、春秋、孝經、五經總義、四書、樂、小學(訓詁、字書、韻書);

史部:正史、編年、紀事本末、別史、雜史、詔令奏議(詔令、奏議)、傳記(聖賢、名人、總錄、雜錄、別錄)、史鈔、載記、時令、地理(宮殿疏、總志、都會郡縣、河渠、邊防、山川、古跡、雜記、遊記、外紀)、職官(官制、官箴)、政書(通制、典禮、邦計、軍政、法令、考工)、目錄(經籍、金石)、史評;

子部:儒家、兵家、法家、農家、醫家、天文演算法(推步、算書)、術數(數學、占候、相宅相墓、占卜、命書相書、陰陽五行、雜技術)、藝術(書畫、琴譜、篆刻、雜技)、譜錄(器物、食譜、草木鳥獸蟲魚)、雜家(雜學、雜考、雜說、雜品、雜纂、雜編)、類書、小說家(雜事、異聞、瑣語)、釋家、道家;

集部:楚辭、別集、總集、詩文評、詞曲(詞集、詞選、詞話、詞譜詞韻、南北曲)。

《四庫全書總目》之二級類目,繼承前代目錄學的成果,並加以修訂,使之更能總括數千年的學術源流。以史部爲例,增設紀事本末、政書、史評類,肯定了唐宋以來新增的史書體例,以容納《通鑑紀事本末》、《文獻通考》、《史通》等重要史籍,可謂允當。至於其三級類目,以史部地理類下三級類目的設定爲例,其小序云:"其編類,首宮殿疏,尊宸居也;次總志,大一統也;次都會郡縣,辨方域也;次河防、次邊防,崇實用也。次山川、次古跡、次雜記、次遊記、備考核也;次外紀,廣見聞也。"[①]層次分明,條理明貫,是對中國圖書分類層級的拓展。總之,《總目》綜合了前代圖書分類成果,並續有新創,可視作四分法的集大成者。

從六分法到四分法,沿多於革。四部分類法比較符合我們古代學術的實際分科及古代圖書的實際類型,綱舉目張,簡明扼要,故沿用不衰。直到今天,我們研究中國學術,使用古籍,亦主要從經史子集四個門類入手。

三、其他分類法

除六分、四分法外,還有一些目錄學家嘗試著採用其他圖書分類法。茲介紹其中最有名的幾種。

(一)王儉、阮孝緒的七分法

劉歆目錄,名曰《七略》,事實上分爲六個部類。劉宋王儉、梁朝阮孝緒在四部分類法盛行的時代,追溯《七略》傳統,並加以改造,創立了圖書的七分法,二人的分類又各不相同。

---

① 《四庫總目提要》卷六八。

　　王儉於宋後廢帝時主持編《宋元徽元年四部書目錄》四卷,以爲它尚不能考索學術源流,遂依《七略》私撰《今書七志》四十卷,於元徽元年八月表上之。《七志》分類法追溯《七略》又有所革新。據阮孝緒《七錄序》,《七志》的分類,"改'六藝'爲'經典',次'諸子',次'詩賦'爲'文翰',次'兵書'爲'軍書',次'數術'爲'陰陽',次'方技'爲'術藝',以向、歆雖云《七略》,實有六條,故別立'圖譜'一志,以全七限。其外又條《七略》及二漢《藝文志》、《中經簿》所闕之書,並方外之經,佛經、道經,各爲一錄,雖繼《七志》之後,而不在其數。"可見《七志》的重要特徵,是增加圖譜一志,坐實七分法,其他各類依《六略》,在命名上有所改變。此外,《七志》還著錄佛經、道經,把它們作爲附錄。

　　《七志》是第一部七分法的目錄,它著錄了方外典籍,但以之爲附錄。梁處士阮孝緒撰《七錄》,就將佛教、道教典籍正式列爲目錄的部類。其書分內篇五錄(經典、記傳、子兵、文集、術伎)外篇二錄(佛法、仙道),共著錄七部五十五類,它們是:

　　　經典錄:易、尚書、詩、禮、樂、春秋、論語、孝經、小學;

　　　記傳錄:國史、注曆、舊事、職官、儀典、法制、僞史、雜傳、鬼神、土地、譜狀、簿錄;

　　　子兵錄:儒、道、陰陽、法、名、墨、縱橫、雜、農、小說、兵;

　　　文集錄:楚辭、別集、總集、雜文;

　　　術伎錄:天文、緯讖、曆算、五行、卜筮、雜占、形法、醫經、經方、雜藝;

　　　佛法錄:戒律、禪定、智慧、疑似、論記;

　　　仙道錄:經戒、服餌、房中、符圖。①

　　此分類法,阮孝緒自言"斟酌王(儉)、劉(歆)",事實上還參考了當時四部分類法的成果。如"記傳錄"的設立,其原因是:"劉、王並以眾史合於《春秋》。劉氏之世,史書甚寡,附見《春秋》,誠得其例。今眾家記傳,倍於經典,猶從此志,實爲繁蕪。且《七略》詩賦不從六藝詩部,蓋由其書既多,所以別爲一略,今依擬斯例,分出眾史序記傳錄爲內篇第二。"②這與四部分類法史部的設立理由相同。事實上,《七錄》內篇五錄即四部分類法加上"術伎"一錄,其外篇二錄是將當時數量眾多的佛、道典籍正式納入中國學術的版圖。此分類法實是斟酌於此前六分、四部和七分之間,予以折中,反映了當時圖書發展的實際情況。至於細目的擬定,則極富創造性,《隋書·經籍志》的二級分類,就多吸取了《七錄》的成果。

　　(二)鄭樵《通志·藝文略》的十二分法

　　南宋目錄學家鄭樵特重類例之分,主張以類別代替解題,在分類上有獨到的見解。

---

① 《七錄序》後附《七錄目錄》,《廣弘明集》卷三。

② 《七錄序》。

他在《通志·藝文略》中突破四部分類法，將群書分爲十二大類。此十二類爲：經、禮、樂、小學、史、諸子、天文、五行、藝術、醫方、類書、文。又在十二類下分出一百五十五個小類、二百八十四個目（第三位類）。《通志·藝文略》的總論說：“散四百二十二種書，可以窮百家之學；斂百家之學，可以明十二類之所歸。”此前分類只到兩類，至鄭氏才分到第三位類，這是圖書分類之一大進步。

（三）張之洞《書目答問》的五分法

五分法是對四分法的補充。張之洞《書目答問》在經史子集四部之外，增加了叢書一部。他在叢書類的小序中說：“叢書最便學者，爲其一部之中可該群籍，搜殘存佚，爲功尤巨，欲多讀古書，非買叢書不可。其中經、史、子、集皆有，勢難隸於四部，故別爲類。”①以往的四部分類不能很好地著錄跨越部類的叢書，故張之洞別制“叢書”一部以居之。這是對四部分類法的補充，有較高的實用價值。今人編《中國古籍善本書目》，就沿用了五分法。

第三節　目錄的類型

目錄之書門類眾多，我們今天按其編撰主體，分爲官修、私修和史志目錄三種。

一、官修目錄

官修目錄指國家統一組織的大型文獻著錄。國家藏書從來都是典藏文獻的重鎮，書籍收藏就需要編目；國家又有能力組織大規模的文獻整理，大規模的文獻整理也每每催生書目。西漢劉向、劉歆父子等奉詔校書，編撰《別錄》《七略》，這是最早的綜合目錄。此後，官修目錄代有編撰，下面以時代爲序，略加介紹。

（一）兩漢官修目錄

西漢是中國目錄學的發軔期。漢初承秦代禁書之後，廣收書籍，大力進行文化建設。漢惠帝時解除了挾書令；漢武帝時開獻書之路，置寫書之官，建藏書之策；至成帝時，又遣謁者陳農求遺書於天下。經過數代的圖書搜集，官藏圖書已非常可觀。如此多的圖書需要分類整理，校出定本。劉向父子領詔校書，《別錄》《七略》也應運而生。這奠定了中國目錄、尤其是官修目錄的基本原則和大體體例（體例已具前）。

---

① 張之洞撰、範希曾補正：《書目答問補正》卷五，上海古籍出版社，2008 年版。

東漢諸帝亦注意圖書的收集整理工作。《隋書·經籍志》云："光武中興，篤好文雅，明、章繼軌，尤重經術。四方鴻生巨儒，負袠自遠而至者，不可勝算。石室、蘭臺，彌以充積。又於東觀及仁壽閣集新書，校書郎班固、傅毅等典掌焉。並依《七略》而爲書部，固又編之，以爲《漢書·藝文志》。"王欣夫以爲所謂"書部"，只是泛指部次之事，猶如圖書的分類法，並沒有產生目錄。①

（二）魏晉南北朝官修目錄

魏晉南北朝戰亂頻仍，神州大地上版圖分割，並頻繁地改朝換代。圖書在兵火中散佚的情況非常嚴重，然每一個崛起的新王朝都重視圖書的收集和整理。此期官修目錄的數量很多，三國時期有魏國鄭默的《中經簿》，西晉時期荀勖在《中經簿》基礎上作的《中經新簿》開啟了四部分類法。到了東晉，李充《晉元帝書目》對四部分類法作了進一步完善，這已於第二節論述。此後，六朝的官修書目主要使用四分法，有《晉義熙四年秘閣四部目錄》、《晉義熙以來新集目錄》、《宋元嘉八年秘閣四部目錄》、《宋元徽元年四部書目錄》、《齊永明元年秘閣四部目錄》、《梁天監四年書目》、《梁天監六年四部書目錄》、《梁東宮四部目錄》、《梁文德殿四部目錄》、《陳天嘉六年壽安殿四部目錄》、《陳德教殿四部目錄》、《陳承香殿五經史記目錄》等②，均已亡佚。

（三）隋代官修目錄

隋代結束三百餘年戰亂分裂局面，自開國伊始就採用"每書一卷，賞絹一匹，校寫既定，本即歸主"③的政策鼓勵民間獻書，並派使者四出搜訪。到隋煬帝時，官藏圖書總量達到三十七萬卷之多，除去重複還有三萬七千餘卷。故《舊唐書·經籍志》說："隋世簡編，最爲博洽。"在藏書豐富的情況下，官目也屢經編訂。文帝時編有《開皇四年四部目錄》、《開皇八年四部目錄》、《香廚四部目錄》、《開皇二十年書目》，煬帝時編有《大業正御書目錄》，皆已佚。

（四）唐代官修目錄

唐代承平日久，藏書豐富，加之本朝人著述甚多，經籍大備。《新唐書·藝文志》說："藏書之盛，莫盛於開元。"開元三年（715），唐玄宗鑒於內庫藏書皆先代舊書，且篇卷錯亂，難以檢閱，命褚無量、馬懷素等整理。褚無量被委任爲修圖書使，檢括兩京及全國圖書。馬懷素任秘書監，組織二十六位學者從事目錄整理。六年，馬懷素死，七年，朝廷任命元行沖繼馬懷素任。開元九年，《群書四部錄》二百卷完成，元行沖奏上

---

① 《文獻學講義》第二章。
② 彭斐章《目錄學教程》第二章據《隋書·經籍志》、《古今書最》、《唐書·經籍志》統計，高等教育出版社，2004 年版。
③ 《隋書·經籍志一》。

之。該書共著錄圖書二千六百五十五部，四萬八千一百六十九卷。其分類多本《隋書·經籍志》，每書有解題，每類有小序，質量較高。已佚。

此外，唐代的官目還有《開元四庫書目》、《見在庫書目》、《集賢書目》、《貞元御府群書新錄》等，均佚。

（五）兩宋官修目錄

五代書籍又遭兵火，散佚嚴重，書目惟有《蜀王建書目》一卷。宋初藏書僅一萬二千餘卷，隨著南、北幾個割據政權的被征服，及宋王朝的下詔購募，各地及民間藏書源源不斷地收歸政府。宋代特重文治，太宗時建崇文院，徙昭文館、史館、集賢院之書以實之。又分三館書萬餘卷別爲書庫，目曰“秘閣”。三館和秘閣合稱“四館”，是國家圖書館，也是培養和儲備人才的地方。各館都編有自己的藏書目。宋代官修書目甚多，其中重要的是：

《崇文總目》六十六卷，敘錄一卷

王堯臣等撰。是書是在綜合整理四館藏書的基礎上，仿《開元四部錄》撰寫。書分四部四十五類，著錄書三千四百四十五部，三萬零六百六十九卷，有大小序、提要。佛、道書首次入子部。此目在徽宗朝一度被增廣更名爲《秘書總目》。南宋初刪其序釋，僅存書名，以訪求遺書。約在元代原書散佚。後人輯本有數種，清人錢東垣等《崇文總目輯釋》五卷、《補遺》一卷最爲通行。《四庫全書總目》對此目的評價爲：“數千年著作之目，總匯於斯，百世而下，藉以驗存佚，辨真贋，核同異，固不失爲冊府之驪淵，藝林之玉圃也。”①

《中興館閣書目》七十卷、《序例》一卷

陳騤等撰，分四部五十二門，著錄書四萬四千四百八十六卷。此書已佚，有近人趙士煒輯考五卷。

《中興館閣續書目》三十卷

張攀等撰，著錄書一萬四千九百四十三卷，已佚，有趙士煒輯考一卷。《書目》和《續書目》體例仿《崇文總目》，但由於人力及時間限制，解題只能鈔輯原書序跋，據《直齋書錄解題》，前者“考究疏謬”，後者“草率尤甚”②。

（六）明代官修目錄

元代雖然重視藏書，卻沒有官修目錄。到了明代，統一王朝收集的圖書山積雲委，但官目編撰頗爲粗率。這一時期重要的官修目錄有：

---

① 《四庫全書總目》卷八五。
② 陳振孫：《直齋書錄解題》卷八，上海古籍出版社，1987 年版。

《文淵閣書目》二十卷

楊士奇等撰,按《千字文》前二十字爲卷數,標分書櫥號。櫥號下再按內容標分類別,共三十九類,計收歷代圖書七千二百九十七部(一說七千二百五十六部),多爲宋元刻本和抄本。但是目只著錄書名、冊數、存闕,而無卷數,無撰人,有的甚至不註冊數,故前人一致訾其草率。《四庫全書總目》以爲"蓋本當時閣中存記冊籍",不是著作目錄。然而它是現存最早的國家書目,"惟藉此編之存,尚得略見一代秘書之名數,則亦考古所不廢也"①。

《內閣藏書目錄》八卷

張萱、孫能傳等撰。著錄圖書少於《文淵閣書目》,但也新入藏了不少。此目共分十八部,分類不很科學,但對所收之書多略注撰人姓名(有的無卷數)、官職及書之完闕情況,並間有解題,故優於《文淵閣書目》。

(七)清代官修目錄

清代重視文化控制與文化建設,在圖書的整理上寓毀於禁,編修了中國歷史上規模最大的叢書《四庫全書》,並撰寫了目錄。以《四庫提要》爲代表的清代官修目錄,將中國目錄學又推到一個新的高峰。此期的重要官目有:

《四庫全書總目提要》二百卷

紀昀等撰。該目是清乾隆年間所編大型叢書《四庫全書》的副產品。館臣每校定一書,皆在卷首作一篇提要,"將各書大旨及著作源流詳細考證,銓疏厓略"。② 然後彙集起來,加上存目提要,再按四部分類,加以整齊劃一,遂成《總目》。《總目》於乾隆四十六年(1781)完成,又陸續增改,於乾隆五十五至五十七年(1790—1794)刻成頒行。《總目》分四部四十四類,著錄圖書一萬零二百五十四種,其中《四庫全書》收錄三千四百六十一種,一萬九千三百零九卷,存目圖書六千七百九十三種,九萬三千五百五十一卷。此書總序、小序、案語、書目、解題俱全,收書宏富,分類明晰,體制完備,考證精審,是我國封建社會末期最重要的、有典範意義的一部目錄。余嘉錫評價道:"《四庫提要》述作者之爵里,詳典籍之源流,別白是非,旁通曲證,使瑕瑜不掩,淄澠以別。持比向、歆,殆無多讓。至於剖析條流,斟酌古今,辨章學術,高揭群言,尤非王堯臣、晁公武等所能望其項背。故曰:自《別錄》以來才有此書,非過論也。"③

《四庫全書簡明目錄》二十卷

紀昀等撰。由於《四庫全書總目》卷數過多,使用不便,紀昀等又壓縮刪節,不錄

---

① 《四庫全書總目》卷八五。
② 《辦理四庫全書檔案》上冊第九冊。
③ 余嘉錫:《四庫提要辯證目錄序》,中華書局,1980 年版。

“存目”，編成《四庫全書簡明目錄》二十卷，著錄圖書三千四百七十種。於乾隆四十七年（1782）完成，乾隆四十九年（1784）刊行。由於《簡目》比《總目》問世要早，故前者較後者內容有出入。

《天祿琳琅書目》十卷

于敏中等撰。乾隆九年（1744），詔令內廷翰林選擇藏書善本進呈御覽，於昭仁殿列架庋藏，賜名“天祿琳琅”。乾隆四十年（1775），令文華殿大學士于敏中撰目而成。共著錄善本書四百二十九部，其中宋版書七十一種（附金版一種）。書以經、史、子、集爲類，每類之中，宋、元、明刊版及影宋本各以時代爲次。或一書而兩刻皆工，則兩本並存；一版而兩印皆精好，亦兩本並存。所著錄圖書皆有解題，注明刻版年月，收藏家題識印記，並一一考證其時代爵里，論其授受源流。流傳到清的宋元本書，可據以知其詳。

《天祿琳琅書目後編》二十卷

彭元瑞等撰。完成於嘉慶二年（1797）。體例依《天祿琳琅書目》，共著錄宋、遼、金、元、明版書六百六十三部。

二、私修目錄

私修目錄是非官方組織的私人編撰目錄。中國歷史上私目編撰的動因有如下三種：一是私人藏書家編修書目；二是參與官目編訂者不滿官目的水準，轉而修撰私目；三是有志於辨章考鏡古今學術源流者，自撰目錄。私人藏書目錄能補充官目的不足，有較強的文獻價值；曾參編官目者修撰的私目青出於藍，有明晰的編輯思路和編撰體例，品質較高；以目錄編撰作爲學術追求者編撰的私目，往往有會通融合的氣魄，具有創新性和學術史意識。一般而言，私修目錄沒有充分利用官府藏書的便利，但卻有依照自己學術思想編撰的自由；沒有眾人合力的規模，卻有成於一人之手的精審。私目在目錄學史上佔有重要的地位，下面就以年代爲序，作簡要的介紹。

（一）六朝私修目錄

六朝是私修目錄的發軔期。上古學在王官，書籍收藏在皇室、官府，故目錄之學，亦爲官家之學，是政府組織的對書籍整理和記錄。然自春秋戰國以來，學術的重心下降到民間，漢代劉向校書，就以皇家藏書與私人藏書參校；魏晉以降私家藏書增多，出現私人藏書目錄。阮孝緒《七錄序》說：“凡自宋、齊已來，王公縉紳之館，苟能蓄聚墳籍，必思致其名簿。”是南朝貴族的私家藏書，已有“名簿”，即編目。梁代任昉藏書萬餘卷，他去世後，梁武帝派人去其家“勘其書目”①。此爲最早得到記錄的藏書家目錄。

----

① 《梁書》卷十四《任昉傳》，中華書局，1973 年版。

宋、齊之間的王儉是官修目錄《宋元徽元年四部書目錄》的修撰者,但他不滿官修目錄的四分法,私下裏編修《今書七志》。《今書七志》四十卷,分經典、諸子、文翰、軍書、陰陽、術藝等七類,並以佛經、道經爲附錄,著錄劉宋所能考見的圖書,收書至爲完備。此爲曾參編官目者修撰的私目。

如果說,前面的這些私目編撰者都以編官目、見識國家藏書的便利,或靠自身豐富的私家藏書編目,梁朝的處士阮孝緒編撰《七錄》,主要靠的是一種學術熱情。他對當時目錄皆不滿意,遂廣泛搜集宋、齊以來私家目錄,與官目相參校,更爲新錄。《七錄》十二卷,分七類五十五部,著錄圖書六千二百八十八部,四萬四千五百二十卷,兼收古今有無。如撰者所言:"天下之遺書秘記,庶幾窮於是矣。"①

《七志》與《七錄》有共通性,即都超越了官修目錄一成不變的四部分類,向《別錄》、《七略》吸取養分,嘗試使用其他分類法。至於其具體分類,第二節有介紹,此略。

(二)隋代私修目錄

隋代私家藏書增多,然有記載的私目唯有許善心的《七林》。《隋書·許善心傳》云:"善心仿阮孝緒《七錄》更制《七林》,各爲總敘,冠於篇首。又於部錄之下,明作者之意,區分其類例焉。"此目是繼《今書七志》、《七錄》之後,又一採用七分法的目錄。書有總序、小序,或亦有提要(所謂"明作者之意),體例較善。

(三)唐代私修目錄

唐代藏書家輩出,據《新唐書·藝文志》等記載,唐代私目有吳兢《西齋書目》、蔣彧《新集目錄》等數種。不過,此期最有影響的私目,非藏書家目錄,而是曾參與《開元群書四部錄》編撰的毋煚所撰的《古今書錄》。

《古今書錄》是對《開元群書四部錄》的補正和重編。毋煚對《群書四部錄》有諸多不滿,他所作的工作,主要是補錄《群書四部錄》漏收之書,增訂其未詳的作者姓名、作品分類,對空列之書目對照原書加以補正,改寫不妥當的小序。《古今書錄》對《群書四部錄》的改正有三百多處,另外還新增目錄六千餘卷,在增加書籍著錄的情況下,削減提要,比《群書四部錄》篇幅縮減了五分之四,爲四十卷,更爲簡明扼要。該錄分爲四部四十五家,著錄圖書三千零六十部,五萬一千八百五十二卷,其影響大於《群書四部錄》,《舊唐書·經籍志》即據之而編。

(四)宋代私修目錄

到了宋代,由於板行書豐富,收書更易,於是政府藏書有時反不如私家藏書。私家藏書的豐富,使官修目錄失去了領導地位,依官目修的紀藏書的史志目錄,已無多大意

---

① 《七錄序》。

義。因此，研究私目，就變得很重要了。宋代的私修目錄，重要的是如下三種。

《郡齋讀書志》袁本四卷、衢本二十卷

晁公武撰。晁公武出生於北宋的藏書世家，靖康之亂令其七代藏書尺素無存。後來他在蜀中得到四川轉運使井度的贈書五十篋，加上自己平時的收藏，共得圖書二萬四千五百餘卷，於公務之餘手自校讎，寫成《讀書志》。此書有袁本及衢本兩個傳本。袁本四卷，分四部四十三類，又有趙希弁編《附志》一卷、《後志》二卷，合爲七卷；衢本二十卷，分四部四十五類。《讀書志》的特點，一是收錄豐富，其中不少可補兩《唐志》、《宋志》之闕；二是體例完備，總序、大序、小序、書名、解題俱全；三是內容翔實，著錄的皆爲實藏，故所記書名、作者、卷數、篇次、編次、版本、真僞、異同，以及移錄的部分序跋、考訂、遺事皆可信。

《遂初堂書目》一卷

尤袤撰。著錄自藏圖書，按經史子集的順序分四十四類。此書只立書名，不撰解題，其對目錄學的貢獻，在往往一書而兼記數本，反映了雕版印刷時代圖書流傳的實際情況，開啟了版本目錄的先河。

《直齋書錄解題》五十六卷

陳振孫撰，著錄興化軍藏書家鄭氏、方氏、林氏、吳氏之書五萬一千一百八十餘卷。所著《直齋書錄解題》原本五十六卷，久佚，今存爲四庫館臣輯出的永樂大典本，編爲二十二卷（另有四卷元抄本）。全書分四部五十三類（現通行本逕自分爲五十三類），不僅著錄書名、卷數、學術淵源，而且著錄版本、款式、得書經過等。不僅量、而且在質上壓倒了官修書目，直到《四庫全書總目》，無出其右者。故四庫館臣評之曰："古書之不傳於今者，得藉是以求其崖略；其傳於今者，得藉是以辨其真僞，核其異同，亦考證之所必資，不可廢也。"①

（五）明代私修書目

明代私家藏書之風很盛，如菉竹堂、萬卷堂、汲古閣、絳雲樓等，都是有名的藏書堂。藏書家多，故書目亦多。有特色的書目有：

《百川書志》二十卷

高儒編。分四部九十三類，著錄家藏圖書二千一百多種。其特色，一是間有扼要的解題；二是在史部"傳記""外史""野史""小史"等門，收錄不少戲曲、小說類圖書，對研究元、明文學頗有價值。

《晁氏寶文堂書目》三卷

---

① 《四庫全書總目》卷八五。

晁瑮編。分三十三類,收其家藏書七千多種。主要著錄書名,在某些書名下注明版刻,可據以考見明人版本源流。在"子雜""樂府"兩類下收元明戲曲、小說甚多。

《趙定宇書目》

趙用賢編。此目爲賬簿式,分編不大講究,但收錄豐富。共三千三百多種,有的價值很高,如詳載《稗統》二百四十四冊的細目,而該書久佚,此目成爲後代研究文學史的珍貴資料。

《脈望館書目》

趙琦美編。琦美爲用賢之子,繼父業廣收圖書,使其脈望館藏書至富。此目的特點是多著錄俗文學,如《古今雜劇》二百多種,小說一百八十多種,還收有一些西方傳教士的自然科學譯著,如《幾何原理》之類。

《澹生堂書目》十四卷

祁承㸁撰,收圖書九千多種,十萬餘卷。《書目》附有《澹生堂藏書約》、《庚申整書略例》,對圖書館學、圖書分類學有所發展。《藏書約》提出了"審輕重,辨真僞,核名實,權緩急,別品類"的圖書鑒別法。而《略例》則提出分類的因、益、通、互四法,發展了分類理論。

(六)清代私修書目

清人治學重實證,目錄之學由於是讀書、考據的入門途徑,故受到學者的重視,私人藏書、私家治目錄的風氣大盛。據洪亮吉《北江詩話》,清代的目錄家,分爲考訂家、校讎家、收藏家、賞鑒家、掠版家五派。此期出現的目錄名著很多,茲舉最具有代表性的幾種。

《讀書敏求記》四卷

錢曾撰。錢曾是明末清初大藏書家錢謙益的族曾孫,得到謙益的贈書,再加搜集,藏書至四千一百八十餘部。《讀書敏求記》是錢曾爲家藏圖書所撰題跋的集錄,分四部四十一類,著錄圖書六百三十四種,多爲宋元舊刻及名家抄校本。著錄各書均標注卷帙完闕,作者名氏,或述授受源流,或記考證評論;對於一書繕寫刊刻之工拙,版本優劣之辨別論述較多。《四庫總目提要》評價說:"其中解題太略,多論繕寫刊刻之工拙,於考證不甚留意""然其述授受之源流,究繕刻之同異,見解既博,辨別尤精,但以版本而論,亦可謂之鑒賞家矣。"①

《蕘圃藏書題識》十卷、《續錄》四卷、《再續錄》一卷

黃丕烈撰。黃氏爲乾嘉時期的大藏書家,精校勘學、版本學,特重宋本,收得百餘

---

① 《四庫全書總目》卷八七。

種,建書室"百宋一廛"以藏之,自號"佞宋主人"。《蕘圃藏書題識》由繆荃孫等輯,收錄黃氏題跋六百二十二篇;《續錄》、《再續錄》由王大隆輯,分別收錄題跋一百一十七篇、七十四篇。這些題跋精於版本鑒別,詳論藏書源流,是高品質的版本目錄。

《愛日精廬藏書志》三十六卷、《續志》四卷

張金吾撰。張氏爲清代著名藏書家,藏書至八萬餘卷。《愛日精廬藏書志》按四部著錄有關實學且傳世很少的宋元刻、鈔本,及明以後的稀見圖書共七百六十五部。其中舊槧舊抄世鮮傳者,著其版式、輯錄各家序跋;常見者,只舉其書之題目;《四庫》修成以後所出書,或《四庫》未採之書,略加解題。這些特點,開創了"藏書志"這一目錄體例。顧廣圻在該書《序》中評價道:"今夫書之有目,其途每殊,凡流傳共見者,固無待論。若夫月霄之目,乃非猶人之目也。觀其某書必列某本舊新之優劣、鈔刻之異同,展卷具在,若指諸掌,其開聚書之門徑也歟?備載各家之序跋,原委粲然。復略就自敘校讎、考證、訓詁、簿錄薈萃之所得,各發解題,其標讀書之脈絡也歟!世之欲藏書、讀書者,苟循是而求焉,不事半功倍歟?"

《鐵琴銅劍樓藏書目錄》二十四卷

瞿鏞撰。晚清有四大藏書家:瞿鏞、楊紹和、陸心源、丁丙,其中瞿氏與楊氏名聲最著,號稱"南瞿北楊"。瞿氏鐵琴銅劍樓藏書十餘萬卷,所藏多爲陳揆稽瑞樓、張金吾愛日精廬、黃丕烈士禮居、汪士鍾藝芸精舍的珍品。《鐵琴銅劍樓藏書目錄》收書一千一百九十四種,其中宋刻一百七十三種,金刻三種,元刻一百八十四種、明刻二百七十五種、鈔本四百九十種、校本六十一種,其他七種,所收止於元人著述,記各書序跋,版本,間加按語評論。此目的特點在版本考訂的翔實。王欣夫舉例說:"《周易》、《左傳注疏》十行本,《穀梁注疏》宋監本,各附校勘記,體例極善,也是創例。又補《周易正義》之闕,正周氏本《毛詩傳箋》、汪氏本《公羊解詁》之訛脫,讀一書可得數書的功用。在近世藏書志中,尚沒有超過他的。"[1]

《楹書隅錄》五卷、《續編》四卷

楊紹和撰。楊氏海源閣多得黃丕烈百宋一廛舊藏,藏書達二十餘萬卷。《楹書隅錄》收書一百七十一種,《續編》收書九十八種,多錄宋、元、金刻本,及精校名抄本,版本皆極爲珍貴,按經史子集分卷。各篇記其行式印章評跋,並加以按語,考證較爲簡略。

《皕宋樓藏書志》一百二十卷、《續志》四卷

陸心源撰。陸氏藏書處曰皕宋樓、十萬卷樓、守先閣,藏書逾十五萬卷。皕宋樓多收藏宋元精槧及名人手抄手校本,故《藏書志》所錄,多陸氏珍藏秘笈。是書分四部四

---

[1]　王欣夫:《文獻學講義》第二章。

十四類,著錄圖書五百餘種。體例仿《愛日精廬藏書志》,除記書名、卷數、刊本外,凡《四庫總目》、《四庫未收書提要》所無者,均撰解題。又選錄諸書序跋,間加案語,從而使"一書原委,燦然俱陳"①。

《善本書室藏書志》四十卷

丁丙撰。丁氏有八千卷樓、小八千卷樓、後八千卷樓,藏書逾四十萬卷。此書專記所藏宋元刊本,名抄名校本及重要稿本,兼錄明初以還的古籍及鄉邦文獻。每書皆有解題,敘作者生平、書的內容、得失及版本。王欣夫評價道:"考訂雖不如瞿目的精審,而搜集材料卻非常豐富,在瞿目之上。"②

三、史志目錄

史志目錄指正史、地方誌等史籍中所撰寫的書目。正史、地方誌等一般都是官修,故史志目錄大部分是官修目錄,但因其目的和體制比較特殊,故析出別論。史志目錄只是歷史著作的一部分,而非專書,故篇幅不宜過長;又史志目錄多記錄一代之藏書,而非官府或私人的具體藏書,故多利用已有的目錄學成果。自《漢書·藝文志》創例後,史志目錄成爲史書的重要組成部分,亦是目錄書的重要門類,有其自身的傳統、體例和特點。史志目錄有如下幾種。

(一)正史目錄

正史指自《史記》到《明史》二十五部以帝王傳記爲綱領的紀傳體史書。這二十五部史書中,有六部有《藝文志》或《經籍志》,此即正史目錄。它們是:

《漢書·藝文志》一卷

漢班固撰,在《七略》的基礎上加以裁剪而成。將文獻分爲六類三十六種,具大小序、書目、小注。在文獻的著錄與歸類上對《七略》小有改動,用"出"(移出)、"入"(補入)、"省"(刪除)標明。《漢書·藝文志》不僅開創了史志目錄,而且後人欲考證西漢以前文獻,非據此書不可,故它是必讀的權威工具書。王鳴盛《十七史商榷》卷二二引金榜曰:"不通《漢書·藝文志》,不可以讀天下書。《藝文志》者,學問之眉目,著述之門戶也。"

《隋書·經籍志》四卷

唐魏徵等撰,採《隋大業正御書目錄》爲修撰的底本,還參考了《七錄》,在現存圖書基礎上加以增刪,既著錄隋的全部藏書,又反映六朝的圖書流通情況。《隋志》確立了經、史、子、集的四部分類法,具大小序和書目、注文。其注文說明圖書的亡佚、殘缺

① 陸心源:《皕宋樓藏書志·例言》,中華書局,1990年版。
② 王欣夫:《文獻學講義》第二章。

情況,反映異本,有簡單的辨僞及簡明內容提要。

《舊唐書·經籍志》二卷

後晉劉昫等撰,據《古今書錄》著錄,完整地保存了《古今書錄》原所著錄的五萬一千八百五十二卷(刪去了小序),於開元以後國家新增的藏書闕如。

《新唐書·藝文志》四卷

宋歐陽修、宋祁等撰,亦以《古今書錄》爲藍本,再補宋仁宗時所藏唐人著述,比《舊志》增錄唐人著作共二萬七千一百二十七卷,使唐人著作有了一個總目。以前史志都是著錄國家藏書,從《新志》起,開始紀著作。

《宋史·藝文志》八卷

元脫脫等撰,其著錄圖書的材料來源是《三朝國史》、《兩朝國史》、《四朝國史》、《中興四朝國史》等四部宋代的國史藝文志。《宋志》著錄圖書九千八百一十九部,十一萬九千九百七十二卷。嘉定以後還有近五十年,則仿《新唐志》加注“未著錄”的方法,著錄這段時期的著作。

《明史·藝文志》四卷

清張廷玉等撰,以黃虞稷所撰《明史稿·藝文志》爲底本,分四部三十五類,著錄明人著作四千六百三十三種,十萬五千九百七十卷。只錄明代一朝著作,是此志與前代藝文志不同的最大特點。

此外,《清史稿》爲《清史》之未定稿,其《藝文志》亦可視爲正史目錄。吳士鑒等撰《清史稿·藝文志》四卷,援《明史·藝文志》之例,只錄一代著作。共計著錄清人著作九千六百三十三種,十三萬八千零七十八卷。

(二)補史目錄

自《漢志》、《隋志》之後,史志被認爲是官修正史的必要組成部分。對沒有藝文志或經籍志的正史,如《後漢書》、《三國志》、《晉書》、《宋書》等,後人一般有補志的著作;對已有藝文志或經籍志的正史,如《漢書》、《隋書》、《宋史》、《清史稿》等,學者也做了大量的續補和考訂工作。來新夏曾作表統計,頗利檢索[1]:

補志名	撰　者	卷　數	刊　本
補後漢書藝文志	(清)顧櫰三	10	二十五史補編本(小方壺齋叢書二集本作三十一卷)

① 來新夏:《古典目錄學淺說》第一章,中華書局,2003 年新 1 版,第 23-25 頁。

續表

補志名	撰　者	卷　數	刊　本
補後漢書藝文志	(清)侯　康	4	二十五史補編本
後漢藝文志	(清)姚振宗	4	二十五史補編本
補後漢書藝文志	曾　樸	補1考10	二十五史補編本
補續漢書藝文志	(清)錢大昭	2	積學齋叢書本(二十五史補編本作一卷)
補侯康後漢書藝文志補	(清)陶憲曾		靈華舘叢稿卷四
三國藝文志	(清)姚振宗	4	二十五史補編本
補三國藝文志	(清)侯　康	4	二十五史補編本
補侯康三國藝文志補	(清)陶憲曾		靈華舘叢稿卷四
補晉書藝文志	(清)秦榮光	4	二十五史補編本
補晉書藝文志(附錄、補遺、刊誤)	丁國錫　丁辰	4(附1、補1、刊1)	二十五史補編本
補晉書藝文志	(清)文廷式	6	二十五史補編本
補晉書經籍志	吳士鑒	4	二十五史補編本
補晉書藝文志	黃逢元	4	二十五史補編本
補南北史藝文志	徐　崇	3	二十五史補編本
補宋書藝文志	(清)王仁俊	1	籀鄦詄雜著本(上海圖書館藏稿本)
補宋書藝文志	聶崇歧	1	二十五史補編本
補南齊書藝文志	陳　述	4	二十五史補編本
補梁書藝文志	(清)王仁俊	1	籀鄦詄雜著本(上海圖書館藏稿本)
補後魏書藝文志	李正奮		北京圖書館藏鈔本
隋代藝文志	李正奮	1	北京圖書館藏鈔本
南北史合八代史錄目	陳漢章		浙江圖書館藏本
補五代史藝文志	(清)顧櫰三	1	二十五史補編本
補五代史藝文志	(清)宋祖駿	1	樸學廬叢刻本
宋史藝文志補	(清)黃虞稷　盧文弨	1	二十五史補編本
宋史藝文志	(清)朱文藻		清吟閣書目存鈔本16冊
西夏藝文志	(清)王仁俊	1	二十五史補編本

補志名	撰　者	卷　數	刊　本
補遼史藝文志	黃任恆	1	二十五史補編本
遼藝文志	繆荃孫	1	二十五史補編本
金史補藝文志	鄭文焯	1	傳鈔本
金史藝文略	孫德謙	6	上海圖書館藏稿本
補元史藝文志	(清)錢大昕	4	二十五史補編本
補遼金元藝文志	(清)黃虞稷　盧文弨	1	二十五史補編本
補三史藝文志	(清)金門詔	1	二十五史補編本
明史藝文志	(清)尤侗	5	西堂全集本
明史經籍志	(清)金門詔	1	金太史全集本

(三)其他史志目錄

除正史藝文志外，國史、別史、政書、地方志等史籍也有《藝文志》或《經籍志》。國史類有宋《三朝國史藝文志》、《兩朝國史藝文志》、《四朝國史藝文志》、《中興四朝國史藝文志》，明焦竑《國史經籍志》等；別史類有宋鄭樵《通志·藝文略》、清《續通志·藝文略》、《清通志·藝文略》等；政書類有元馬端臨《文獻通考·經籍考》、明王圻《續文獻通考·經籍門》、清《續文獻通考·經籍考》、《清文獻通考·經籍考》、《清續文獻通考·經籍考》等；方志類有《湖錄經籍考》、《溫州經籍志》等。這些都屬於史志目錄的範圍。其中，《通志·藝文略》、《文獻通考·經籍考》和《溫州經籍志》最具代表性。《通志·藝文略》已於第二節略述，下面介紹餘下的兩種。

《文獻通考·經籍考》七十六卷

元馬端臨撰，分四部五十五類，著錄宋代現存或曾經有過的圖書。其解題不自作，而是採取輯錄的方式，"先以四代史志列其目，其存於近世而可考者，則採諸家書目所評，並旁搜史傳、文集、雜說、詩話，凡議論所及，可以紀其著作之本末，考其源流之真偽，訂其文理之純駁者，則具載焉。俾覽之者如入群玉之府，而閱木天之藏。不特有其書者，稍加研窮，即可以洞究旨趣；雖無其書者，味茲題品，亦可粗窺端倪，蓋殫見洽聞之一也"[1]。這開創了"輯錄體"目錄的新體例，是解題方式的一大發展。讀此一書，可知有關各種評論，更富參考價值。

《溫州經籍志》三十三卷、外編二卷、辯誤一卷

---

[1]　馬端臨:《文獻通考·自序》,中華書局,1986 年版。

清孫詒讓撰。此志爲地方文獻書目的代表作,分四部四十一類,記載了自唐至清道光間溫州人或有關溫州之著述,計一千七百五十九部。每書之下,注明存、佚、闕、未見,解題錄敘跋、前代提要,再加以撰者本人的評議。這種將輯錄和自撰提要相結合的方式,吸取了《經義考》等書目的經驗,後出轉精,余嘉錫評爲"斟酌諸家,擇善而從,條貫義例,益臻邃密矣"[1]。

以上介紹的是對各類圖書進行綜合著錄的目錄,這是中國古代書目的主幹。此外,佛教、道教典籍,經學、小學、史學、文學、醫學、金石學等圖書,尚有專科目錄,頭緒繁多,此不枚舉。

◎ 原典閱讀

一、漢班固等《漢書·藝文志》(節選)

昔仲尼沒而微言絕,七十子喪而大義乖。故《春秋》分爲五,《詩》分爲四,《易》有數家之傳。戰國從衡,真偽分爭,諸子之言紛然殽亂。至秦患之,乃燔滅文章,以愚黔首。漢興,改秦之敗,大收篇籍,廣開獻書之路。迄孝武世,書缺簡脫,禮壞樂崩,聖上喟然而稱曰:"朕甚閔焉!"於是建藏書之策,置寫書之官,下及諸子傳說,皆充秘府。至成帝時,以書頗散亡,使謁者陳農求遺書於天下。詔光祿大夫劉向校經傳諸子詩賦,步兵校尉任宏校兵書,太史令尹咸校數術,侍醫李柱國校方技。每一書已,向輒條其篇目,撮其指意,錄而奏之。會向卒,哀帝復使向子侍中奉車都尉歆卒父業。歆於是總群書而奏其《七略》,故有《輯略》,有《六藝略》,有《諸子略》,有《詩賦略》,有《兵書略》,有《術數略》,有《方技略》。今刪其要,以備篇籍。

《易》曰:"宓戲氏仰觀象於天,俯觀法於地,觀鳥獸之文,與地之宜,近取諸身,遠取諸物,於是始作八卦,以通神明之德,以類萬物之情。"至於殷、周之際,紂在上位,逆天暴物,文王以諸侯順命而行道,天人之占可得而效,於是重《易》六爻,作上下篇。孔氏爲之《彖》、《象》、《繫辭》、《文言》、《序卦》之屬十篇。故曰《易》道深矣,人更三聖,世歷三古。及秦燔書,而《易》爲筮卜之事,傳者不絕。漢興,田何傳之。訖於宣、元,有施、孟、梁丘、京氏列於學官,而民間有費、高二家之說,劉向以中《古文易經》校施、

---

① 余嘉錫:《目錄學發微》卷二,中國人民大學出版社,2004 年版。

孟、梁丘經，或脫去"無咎""悔亡"，唯費氏經與古文同。

《易》曰："河出圖，洛出書，聖人則之。"故《書》之所起遠矣，至孔子纂焉，上斷於堯，下訖於秦，凡百篇，而爲之序，言其作意。秦燔書禁學，濟南伏生獨壁藏之。漢興亡失，求得二十九篇，以教齊魯之間。訖孝宣世，有《歐陽》、《大小夏侯氏》，立於學官。《古文尚書》者，出孔子壁中。武帝末，魯共王懷孔子宅，欲以廣其宮。而得《古文尚書》及《禮記》、《論語》、《孝經》凡數十篇，皆古字也。共王往入其宅，聞鼓琴瑟鐘磬之音，於是懼，乃止不壞。孔安國者，孔子後也，悉得其書，以考二十九篇，得多十六篇。安國獻之。遭巫蠱事，未列於學官。劉向以中古文校歐陽、大小夏侯三家經文，《酒誥》脫簡一，《召誥》脫簡二。率簡二十五字者，脫亦二十五字，簡二十二字者，脫亦二十二字，文字異者七百有餘，脫字數十。《書》者，古之號令，號令於眾，其言不立具，則聽受施行者弗曉。古文讀應爾雅，故解古今語而可知也。

《書》曰："詩言志，歌詠言。"故哀樂之心感，而歌詠之聲發。誦其言謂之詩，詠其聲謂之歌。故古有采詩之官，王者所以觀風俗，知得失，自考正也。孔子純取周詩，上采殷，下取魯，凡三百五篇，遭秦而全者，以其諷誦，不獨在竹帛故也。漢興，魯申公爲《詩》訓故，而齊轅固、燕韓生皆爲之傳。或取《春秋》，采雜說，咸非其本義。與不得已，魯最爲近之。三家皆列於學官。又有毛公之學，自謂子夏所傳，而河間獻王好之，未得立。

《易》曰："有夫婦父子君臣上下，禮義有所錯。"而帝王質文世有損益，至周曲爲之防，事爲之制，故曰："禮經三百，威儀三千。"及周之衰，諸侯將踰法度，惡其害己，皆滅去其籍，自孔子時而不具，至秦大壞。漢興，魯高堂生傳《士禮》十七篇。訖孝宣世，后倉最明。戴德、戴聖、慶普皆其弟子，三家立於學官。《禮古經》者，出於魯淹中及孔氏，與十七篇文相似，多三十九篇。及《明堂陰陽》、《王史氏記》所見，多天子、諸侯、卿、大夫之制，雖不能備，猶愈倉等推《士禮》而致於天子之說。

《易》曰："先王作樂崇德，殷薦之上帝，以享祖考。"故自黃帝下至三代，樂各有名。孔子曰："安上治民，莫善於禮；移風易俗，莫善於樂。"二者相與並行。周衰俱壞，樂尤微眇，以音律爲節，又爲鄭、衛所亂，故無遺法。漢興，制氏以雅樂聲律，世在樂官，頗能紀其鏗鏘鼓舞，而不能言其義。六國之君，魏文侯最爲好古，孝文時得其樂人竇公，獻其書，乃《周官·大宗伯》之《大司樂》章也。武帝時，河間獻王好儒，與毛生等共采《周官》及諸子言樂事者，以作《樂記》，獻八佾之舞，與制氏不相遠。其內史丞王定傳之，以授常山王禹。禹，成帝時爲謁者，數言其義，獻二十四卷記。劉向校書，得《樂記》二十三篇，與禹不同，其道寖以益微。

古之王者世有史官。君舉必書，所以慎言行，昭法式也。左史記言，右史記事，事爲《春秋》，言爲《尚書》，帝王靡不同之。周室既微，載籍殘缺，仲尼思存前聖之業，乃稱曰："夏禮吾能言之，杞不足徵也；殷禮吾能言之，宋不足徵也。文獻不足故也，足則吾能徵之矣。"以魯周公之國，禮文備物，史官有法，故與左丘明觀其史記，據行事，仍人道，因興以立功，就敗以成罰，假日月以定曆數，藉朝聘以正禮樂。有所褒諱貶損，不可書見，口授弟子，弟子退而異言。丘明恐弟子各安其意，以失其真，故論本事而作傳，明夫子不以空言說經也。《春秋》所貶損大人當世君臣，有威權勢力，其事實皆形於傳，是以隱其書而不宣，所以免時難也。及未世口說流行，故有《公羊》、《穀梁》、《鄒》、《夾》之《傳》。四家之中，《公羊》、《穀梁》立於學官，鄒氏無師，夾氏未有書。

　　《論語》者，孔子應答弟子時人及弟子相與言而接聞於夫子之語也。當時弟子各有所記。夫子既卒，門人相與輯而論篡，故謂之《論語》。漢興，有齊、魯之說。傳《齊論》者，昌邑中尉王吉、少府宋畸、御史大夫貢禹、尚書令五鹿充宗、膠東庸生，唯王陽名家。傳《魯論語》者，常山都尉龔奮、長信少府夏侯勝、丞相韋賢、魯扶卿、前將軍蕭望之、安昌侯張禹，皆名家。張氏最後而行於世。

　　《孝經》者，孔子爲曾子陳孝道也。夫孝，天之經，地之義，民之行也。舉大者言，故曰《孝經》。漢興，長孫氏、博士江翁、少府后倉、諫大夫翼奉、安昌侯張禹傳之，各自名家。經文皆同，唯孔氏壁中古文爲異。"父母生之，續莫大焉""故親生之膝下"，諸家說不安處，古文字讀皆異。

　　《易》曰："上古結繩以治，後世聖人易之以書契，百官以治，萬民以察，蓋取諸夬。""夬，揚於王庭"，言其宣揚於王者朝廷，其用最大也。古者八歲入小學，故《周官》保氏掌養國子，教之六書，謂象形、象事、象意、象聲、轉注、假借，造字之本也。漢興，蕭何草律，亦著其法，曰："太史試學童，能諷書九千字以上，乃得爲史。又以六體試之，課最者以爲尚書、御史、史書令史。吏民上書，字或不正，輒舉劾。"六體者，古文、奇字、篆書、隸書、繆篆、蟲書，皆所以通知古今文字，摹印章，書幡信也。古制，書必同文，不知則闕，問諸故老，至於衰世，是非無正，人用其私。故孔子曰："吾猶及史之闕文也，今亡矣夫！"蓋傷其寖不正。《史籀篇》者，周時史官教學童書也，與孔氏壁中古文異體。《蒼頡》七章者，秦丞相李斯所作也；《爰曆》六章者，車府令趙高所作也；《博學》七章者，太史令胡母敬所作也：文字多取《史籀篇》，而篆體復頗異，所謂秦篆者也。是時始造隸書矣，起於官獄多事，苟趨省易，施之於徒隸也。漢興，閭里書師合《蒼頡》、《爰歷》、《博學》三篇，斷六十字以爲一章，凡五十五章，並爲《蒼頡篇》。武帝時司馬相如作《凡將篇》，無復字。元帝時黃門令史遊作《急就篇》，成帝時將作大匠李長作《元尚篇》，皆《蒼頡》中正字也。《凡將》則頗有出矣。至元始中，徵天下通小學者以百數，各令記字於庭中。揚雄取其有用者以作《訓纂篇》，順續《蒼頡》，又易《蒼頡》中重復之字,凡八十九章。臣復續揚雄作十三章,凡一百二章,無復字,六藝群書所載略備矣。《蒼頡》多古字,俗師失其讀,宣帝時征齊人能正讀者,張敞從受之,傳至外孫之子杜林,爲作訓故,並列焉。

凡六藝一百三家,三千一百二十三篇。(入三家,一百五十九篇;出重十一篇。)

六藝之文:《樂》以和神,仁之表也;《詩》以正言,義之用也;《禮》以明體,明者著見,故無訓也;《書》以廣聽,知之術也;《春秋》以斷事,信之符也。五者,蓋五常之道,相須而備,而《易》爲之原。故曰"《易》不可見,則乾坤或幾乎息矣",言與天地爲終始也。至於五學,世有變改,猶五行之更用事焉。古之學者耕且養,三年而通一藝,存其大體,玩經文而已,是故用日少而畜德多,三十而五經立也。後世經傳既已乖離,博學者又不思多聞闕疑之義,而務碎義逃難,便辭巧說,破壞形體;說五字之文,至於二三萬言。後進彌以馳逐,故幼童而守一藝,白首而後能言;安其所習,毀所不見,終以自蔽。此學者之大患也。序六藝爲九種。

儒家者流,蓋出於司徒之官,助人君順陰陽明教化者也。游文於六經之中,留意於仁義之際,祖述堯、舜,憲章文、武,宗師仲尼,以重其言,於道最爲高。孔子曰:"如有所譽,其有所試。"唐、虞之隆,殷、周之盛,仲尼之業,已試之效者也。然惑者既失精微,而辟者又隨時抑揚,違離道本,苟以嘩眾取寵。後進循之,是以《五經》乖析,儒學寖衰,此辟儒之患。

道家者流,蓋出於史官,歷記成敗存亡禍福古今之道,然後知秉要執本,清虛以自守,卑弱以自持,此君人南面之術也。合於堯之克攘,《易》之嗛嗛,一謙而四益,此其所長也。及放者爲之,則欲絕去禮學,兼棄仁義,曰獨任清虛可以爲治。

陰陽家者流,蓋出於羲和之官,敬順昊天,歷象日月星辰,敬授民時,此其所長也。及拘者爲之,則牽於禁忌,泥於小數,舍人事而任鬼神。

法家者流,蓋出於理官。信賞必罰,以輔禮制。《易》曰"先王以明罰飭法",此其所長也。及刻者爲之,則無教化,去仁愛,專任刑法而欲以致治,至於殘害至親,傷恩薄厚。

名家者流,蓋出於禮官。古者名位不同,禮亦異數。孔子曰:"必也正名乎!名不正則言不順,言不順則事不成。"此其所長也。及警者爲之,則苟鉤鈲鈲析亂而已。

墨家者流,蓋出於清廟之守。茅屋采椽,是以貴儉;養三老五更,是以兼愛;選士大射,是以上賢;宗祀嚴父,是以右鬼;順四時而行,是以非命;以孝視天下,是以上同;此其所長也。及蔽者爲之,見儉之利,因以非禮,推兼愛之意,而不知別親疏。

縱橫家者流,蓋出於行人之官。孔子曰:"誦《詩》三百,使於四方,不能專對,雖多亦奚以爲?"又曰:"使乎,使乎!"言其當權事制宜,受命而不受辭。此其所長也。及邪人爲之，則上詐諼而棄其信。

雜家者流，蓋出於議官。兼儒、墨，合名、法，知國體之有此，見王治之無不貫，此其所長也。及盪者爲之，則漫羨而無所歸心。

農家者流，蓋出於農稷之官。播百谷，勸耕桑，以足衣食，故八政一曰食，二曰貨。孔子曰"所重民食"，此其所長也。及鄙者爲之，以爲無所事聖王，欲使君臣並耕，誖上下之序。

小說家者流，蓋出於稗官。街談巷語，道聽塗說者之所造也。孔子曰："雖小道，必有可觀者焉，致遠恐泥，是以君子弗爲也。"然亦弗滅也。閭里小知者之所及，亦使綴而不忘。如或一言可采，此亦芻蕘狂夫之議也。

凡諸子百八十九家，四千三百二十四篇。（出蹴鞠一家，二十五篇。）

諸子十家，其可觀者九家而已。皆起於王道既微，諸侯力政，時君世主，好惡殊方，是以九家之術蜂出並作，各引一端，崇其所善，以此馳說，取合諸侯。其言雖殊，辟猶水火，相滅亦相生也。仁之與義，敬之與和，相反而皆相成也。《易》曰："天下同歸而殊塗，一致而百慮。"今異家者各推所長，窮知究慮，以明其指，雖有蔽短，合其要歸，亦《六經》之支與流裔。使其人遭明王聖主，得其所折中，皆股肱之材已。仲尼有言："禮失而求諸野。"方今去聖久遠，道術缺廢，無所更索，彼九家者，不猶愈於野乎？若能修六藝之術，而觀此九家之言，舍短取長，則可以通萬方之略矣。

凡詩賦百六家，千三百一十八篇。（入揚雄八篇。）

傳曰："不歌而誦謂之賦，登高能賦可以爲大夫。"言感物造耑，材知深美，可與圖事，故可以爲列大夫也。古者諸侯卿大夫交接鄰國，以微言相感，當揖讓之時，必稱《詩》以諭其志，蓋以別賢不肖而觀盛衰焉。故孔子曰"不學《詩》，無以言"也。春秋之後，周道寖壞，聘問歌詠不行於列國，學《詩》之士逸在布衣，而賢人失志之賦作矣。大儒孫卿及楚臣屈原離讒憂國，皆作賦以風，咸有惻隱古詩之義。其後宋玉、唐勒，漢興枚乘、司馬相如，下及揚子雲，競爲侈麗閎衍之詞，沒其風諭之義。是以揚子悔之，曰："詩人之賦麗以則，辭人之賦麗以淫。如孔氏之門人用賦也，則賈誼登堂，相如入室矣，如其不用何！"自孝武立樂府而採歌謠，於是有代趙之謳，秦楚之風，皆感於哀樂，緣事而發，亦可以觀風俗，知薄厚雲。序詩賦爲五種。

權謀者，以正守國，以奇用兵，先計而後戰，兼形勢，包陰陽，用技巧者也。

形勢者，靁動風舉，後發而先至，離合背鄉，變化無常，以輕疾制敵者也。

技巧者，習手足，便器械，積機關，以立攻守之勝者也。

凡兵書五十三家，七百九十篇，圖四十三卷。（省十家二百七十一篇重，入《蹴鞠》一家二十五篇，出《司馬法》百五十五篇入禮也。）

兵家者,蓋出古司馬之職,王官之武備也。《洪範》八政,八曰師。孔子曰爲國者"足食足兵""以不教民戰,是謂棄之",明兵之重也。《易》曰"古者弦木爲弧,剡木爲矢,弧矢之利,以威天下",其用上矣。後世耀金爲刃,割革爲甲,器械甚備。下及湯、武受命,以師克亂而濟百姓,動之以仁義,行之以禮讓,《司馬法》是其遺事也。自春秋至於戰國,出奇設伏,變詐之兵並作。漢興,張良、韓信序次兵法,凡百八十二家,刪取要用,定著三十五家。諸呂用事而盜取之。武帝時,軍政楊僕捃摭遺逸,紀奏兵錄,猶未能備。至於孝成,命任宏論次兵書爲四種。

天文者,序二十八宿,步五星日月,以紀吉凶之象,聖王所以參政也。《易》曰:"觀乎天文,以察時變。"然星事兇悍,非湛密者弗能由也。夫觀景以譴形,非明王亦不能服聽也。以不能由之臣,諫不能聽之王,此所以兩有患也。

曆譜者,序四時之位,正分至之節,會日月五星之辰,以考寒暑殺生之實。故聖王必正曆數,以定三統服色之制,又以探知五星日月之會。凶厄之患,吉隆之喜,其術皆出焉。此聖人知命之術也,非天下之至材,其孰與焉!道之亂也,患出於小人而強欲知天道者,壞大以爲小,削遠以爲近,是以道術破碎而難知也。

五行者,五常之形氣也。《書》雲"初一曰五行,次二曰羞用五事",言進用五事以順五行也。貌、言、視、聽、思心失,而五行之序亂,五星之變作,皆出於律曆之數而分爲一者也。其法亦起五德終始,推其極則無不至。而小數家因此以爲吉凶,而行於世,寖以相亂。

蓍龜者,聖人之所用也。《書》曰:"女則有大疑,謀及卜筮。"《易》曰:"定天下之吉凶,成天下之亹亹者,莫善於蓍龜。""是故君子將有爲也,將有行也,問焉而以言,其受命也如嚮,無有遠近幽深,遂知來物。非天下之至精,其孰能與於此!"及至衰世,解於齊戒,而妻煩卜筮,神明不應。故筮瀆不告,《易》以爲忌;龜厭不告,《詩》以爲刺。

雜占者,紀百事之象,候善惡之徵。《易》曰:"占事知來。"眾占非一,而夢爲大,故周有其官。而《詩》載熊羆虺蛇眾魚旐旟之夢,著明大人之占,以考吉凶,蓋參卜筮。《春秋》之說訞也,曰:"人之所忌,其氣炎以取之,訞由人興也。人失常則訞興,人無釁焉,訞不自作。"故曰:"德勝不祥,義厭不惠。"桑谷共生,大戊以興;雊雉登鼎,武丁爲宗。然惑者不稽諸躬,而忌訞之見,是以《詩》刺"召彼故老,訊之占夢",傷其舍本而憂末,不能勝凶咎也。

形法者,大舉九州島之勢以立城郭室舍形,人及六畜骨法之度數、器物之形容以求其聲氣貴賤吉凶。猶律有長短,而各徵其聲,非有鬼神,數自然也。然形與氣相首尾,亦有有其形而無其氣,有其氣而無其形,此精微之獨異也。

凡數術百九十家,二千五百二十八卷。

數術者，皆明堂羲和史卜之職也。史官之廢久矣，其書既不能具，雖有其書而無其人。《易》曰："苟非其人，道不虛行。"春秋時魯有梓慎，鄭有裨竈，晉有卜偃，宋有子韋。六國時楚有甘公，魏有石申夫。漢有唐都，庶得粗觕。蓋有因而成易，無因而成難，故因舊書以序數術爲六種。

醫經者，原人血脈經絡骨髓陰陽表裏，以起百病之本，死生之分，而用度箴石湯火所施，調百藥齊和之所宜。至齊之得，猶磁石取鐵，以物相使。拙者失理，以愈爲劇，以生爲死。

經方者，本草石之寒溫，量疾病之淺深，假藥味之滋，因氣感之宜，辯五苦六辛，致水火之齊，以通閉解結，反之於平。及失其宜者，以熱益熱，以寒增寒，精氣內傷，不見於外，是所獨失也。故諺曰："有病不治，常得中醫。"

右房中八家，百八十六卷。

房中者，情性之極，至道之際，是以聖王制外樂以禁內情，而爲之節文。傳曰："先王之作樂，所以節百事也。"樂而有節，則和平壽考。及迷者弗顧，以生疾而隕性命。

神仙者，所以保性命之真，而游求於其外者也。聊以蕩意平心，同死生之域，而無怵惕於胸中。然而或者專以爲務，則誕欺怪迂之文彌以益多，非聖王之所以教也。孔子曰："索隱行怪，後世有述焉，吾不爲之矣。"

凡方技三十六家，八百六十八卷。

方技者，皆生生之具，王官之一守也。太古有岐伯、俞拊，中世有扁鵲、秦和，蓋論病以及國，原診以知政。漢興有倉公。今其技術晻昧，故論其書，以序方技爲四種。

大凡書，六略三十八種，五百九十六家，萬三千二百六十九卷。（入三家，五十篇，省兵十家。）

（（東漢）班固：《漢書》，中華書局，1962 年 6 月）

二、清永瑢等《四庫全書總目》集部總序、楚辭類小序、《楚辭章句》提要

集部總敘（《四庫全書總目》卷一百四十八）

集部之目，楚辭最古，別集次之，總集次之，詩文評又晚出，詞曲則其閏餘也。

古人不以文章名，故秦以前書無稱屈原、宋玉工賦者。洎乎漢代，始有詞人。跡其著作，率由追錄。故武帝命所忠求相如遺書，魏文帝亦詔天下上孔融文章。至於六朝，始自編次。唐末又刊版印行。（事見貫休《禪月集序》）夫自編則多所愛惜，刊版則易於流傳。四部之書，別集最雜，茲其故歟！然典冊高文，清辭麗句，亦未嘗不高標獨秀，挺出鄧林。此在籯劉扈言，別裁僞體，不必以猥濫病也。

總集之作，多由論定。而《蘭亭》、《金谷》悉觴詠於一時，下及漢上題襟、松陵倡和，《丹陽集》惟錄鄉人，《篋中集》則附登乃弟。雖去取僉孚眾議，而履霜有漸，已為詩社標榜之先驅。其聲氣攀援，甚於別集。要之浮華易歇，公論終明，巋然而獨存者，《文選》、《玉臺新詠》以下數十家耳。

詩文評之作，著於齊梁。觀同一八病四聲也，鍾嶸以求譽不遂，巧致譏排；劉勰以知遇獨深，繼為推闡。詞場恩怨，亙古如斯。冷齋曲附乎豫章，石林隱排乎元祐。黨人餘釁，報及文章，又其已事矣。固宜別白存之，各核其實。

至於倚聲末技，分派詩歌，其間周、柳、蘇、辛，亦遞爭軌轍。然其得其失，不足重輕，姑附存以備一格而已。

大抵門戶構爭之見，莫甚於講學，而論文次之。講學者聚黨分朋，往往禍延宗社；操觚之士筆舌相攻，則未有亂及國事者。蓋講學者必辨是非，辨是非必及時政，其事與權勢相連，故其患大。文人詞翰，所爭者名譽而已，與朝廷無預，故其患小也。然如艾南英以排斥王、李之故，至以嚴嵩為察相，而以殺楊繼盛為稍過當。豈其捫心清夜，果自謂然？亦朋黨既分，勢不兩立，故決裂名教而不辭耳。至錢謙益《列朝詩集》，更顛倒賢奸，彝良泯絕。其貽害人心風俗者，又豈尠哉！今掃除畛域，一準至公。明以來諸派之中，各取其所長，而不回護其所短。蓋有世道之防焉，不僅為文體計也。

楚辭類

哀屈、宋諸賦，定名《楚辭》，自劉向始也。後人或謂之騷，故劉勰品論《楚辭》，以《辨騷》標目。考史遷稱"屈原放逐，乃著離騷"，蓋舉其最著一篇。《九歌》以下，均襲《騷》名，則非事實矣。《隋志》集部以《楚辭》別為一門，歷代因之。蓋漢、魏以下，賦體既變，無全集皆作此體者。他集不與《楚辭》類，《楚辭》亦不與他集類，體例既異，理不得不分著也。楊穆有《九悼》一卷，至宋已佚。晁補之、朱子皆嘗續編，然補之書亦不傳，僅朱子書附刻《集注》後。今所傳者，大抵注與音耳。注家由東漢至宋，遞相補苴，無大異詞。迨於近世，始多別解。割裂補綴，言人人殊。錯簡說經之術，蔓延及於詞賦矣。今並刊除，杜竄亂古書之漸也。

《楚辭章句》十七卷（兵部侍郎紀昀家藏本）

漢王逸撰。逸字叔師，南郡宜城人。順帝時官至侍中。事蹟具《後漢書·文苑傳》。舊本題"校書郎中"，蓋據其注是書時所居官也。初，劉向哀集屈原《離騷》、《九歌》、《天問》、《九章》、《遠遊》、《卜居》、《漁父》，宋玉《九辨》、《招魂》，景差《大招》，而以賈誼《惜誓》，淮南小山《招隱士》，東方朔《七諫》，嚴忌《哀時命》，王褒《九懷》及向所作《九歎》，共為《楚辭》十六篇。是為總集之祖。逸又益以己作《九思》與班固二敍為十七卷，而各為之注。其《九思》之注，洪興祖疑其子延壽所為。然《漢書·地理志》、《藝文志》即有自注，事在逸前。謝靈運作《山居賦》，亦自注之。安知非用逸例耶？舊說無文，未可遽疑爲延壽作也。

　　陳振孫《書錄解題》載，有《古文楚辭釋文》一卷，其篇第首《離騷》，次《九辨》、《九歌》、《天問》、《九章》、《遠遊》、《卜居》、《漁父》、《招隱士》、《招魂》、《九懷》、《七諫》、《九歎》、《哀時命》、《惜誓》、《大招》、《九思》，迥與今本不同。興祖據逸《九章》注中，稱皆解於《九辨》中，知古本《九辨》在前，《九章》在後。振孫又引朱子之言，據天聖十年陳說之序，謂舊本篇第混併，乃考其人之先後，重定其篇第，知今本爲說之所改。則自宋以來，已非逸之舊本。又黃伯思《東觀餘論》謂逸注《楚辭》，序皆在後，如《法言》舊本之例，不知何人移於前。則不但篇第非舊，併其序亦非舊矣。然洪興祖《考異》，於“離騷經”下注曰：“釋文第一”，無“經”字。而逸注明云：“離，別也。騷，愁也。經，徑也。”則逸所注本確有“經”字，與《釋文》本不同。必謂《釋文》爲舊本，亦未可信，姑存其說可也。

　　逸注雖不甚詳賅，而去古未遠，多傳先儒之訓詁。故李善注《文選》，全用其文。《抽思》以下諸篇注中，往往隔句用韻。如“哀憤結縎，慮煩冤也。哀悲太息，損肺肝也。心中結屈，如連環也”之類，不一而足。蓋仿《周易·象傳》之體，亦足以考證漢人之韻。而吳棫以來談古韻者，皆未徵引，是尤宜表而出之矣。

第六章　文獻的類型(上):傳統四部文獻

中國古代圖書的分類方法並不相同,《漢書·藝文志》記載說:"(劉)歆於是總群書而奏其《七略》,故有《輯略》、有《六藝略》、有《諸子略》、有《詩賦略》、有《兵書略》、有《術數略》、有《方技略》,今刪其要,以備篇籍。"後來荀勖分爲甲乙丙丁四部,即甲部紀六藝及小學等書;乙部有古今諸子及兵書術數;丙部有史記及故事;丁部有詩賦圖贊。大體上是把劉歆的《兵書》、《術數》、《方技》與諸子合併,從《春秋》類分出了《史記》類,其他不變。唐代開元年間分出了經、史、子、集四庫,基本上延續了荀勖的方法,我們也按照這種分類方法介紹一些比較重要的文獻。

第一節　經部文獻

中國傳統經書中《樂》已經亡佚,我們對其他十二種經部文獻作簡單介紹,即易、書、詩、三禮、春秋三傳、孝經、論語、爾雅、孟子。根據傳統的分類方法小學附屬於經學,所以小學文獻也附於此。

一、《易》

《易》,原本是占卜之書,從西漢後期開始,《易》成爲六經之首,《漢書·藝文志》把它稱爲"六藝之原"。卜筮在古代是一件大事,相傳伏羲、神農、黃帝時已經開始盛行卜筮,《周禮·春官·宗伯》說:"(太卜)掌三易之法:一曰連山,二曰歸藏,三曰周易。"相傳《連山》爲伏羲所作,《歸藏》爲神農(一說是黃帝)所作;又傳夏朝之《易》是《連山》,殷朝之《易》是《歸藏》。今存的唯有《周易》一部,故"易"又專指《周易》。

《周易》是由《易經》和《易傳》兩部分內容所構成的。《易經》分爲符號與文字兩個部分。最基本的符號是"——""— —"兩種,稱作"爻"。後人把"——"叫做"陽爻","— —"叫做"陰爻"。兩種符號連成三疊的樣式就是"卦",這樣就可以形成八個"卦",八卦相互重疊可以形成六十四重卦,卦名及卦象見下表。《易經》内容上分爲卦辭和爻辭兩部分,"卦辭"用來說明每一卦的意義,"爻辭"用來說明每一爻的意義。《易傳》包括《彖辭》上下、《象辭》上下、《繫辭》上下、《文言》、《說卦》、《序卦》、《雜卦》等十篇。其内容據說是輔助說明《易經》的,是《易經》的輔翼,所以又叫做十翼。

《易經》各個部分的創作年代並不相同,所以作者也要根據不同的部分分而論之。關於"八卦"的作者流傳最廣的就是"伏羲作八卦"的說法。《易經·繫辭下》:"古者庖犧氏之王天下也,仰則觀象於天,俯則觀灋於地,觀鳥獸之文與地之宜,近取諸身,遠取諸物,於是始作八卦,以通神明之德,以類萬物之情。"司馬遷、劉歆等人都相信這個說法。除此以外,還有神農作八卦說、周代筮人作八卦說、原始文字說等,至今尚無確論。

對於重八卦的人也是說法不一,孔穎達《周易正義序》說:"重卦之人諸儒不同,凡有四說:王輔嗣等以爲伏犧畫卦;鄭玄之徒以爲神農重卦;孫盛以爲夏禹重卦;史遷等以爲文王重卦。"兩漢學者如司馬遷、劉歆、揚雄等人多遵從"文王重卦說",唐代孔穎達則贊同王肅(輔嗣)的說法。

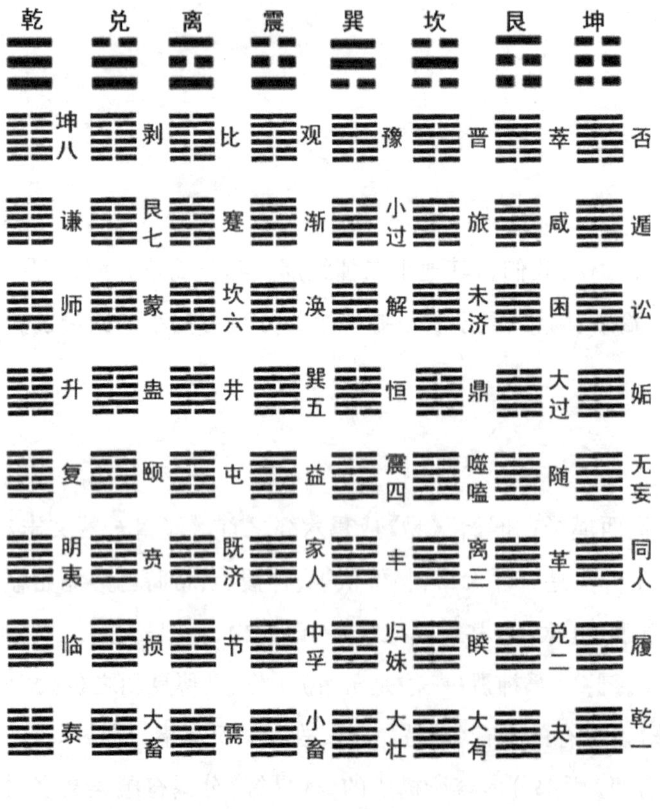

乾	兑	离	震	巽	坎	艮	坤
坤八	剥	比	观	豫	晋	萃	否
谦	艮七	蹇	渐	小过	旅	咸	遁
师	蒙	坎六	涣	解	未济	困	讼
升	蛊	井	巽五	恒	鼎	大过	姤
复	颐	屯	益	震四	噬嗑	随	无妄
明夷	贲	既济	家人	丰	离三	革	同人
临	损	节	中孚	归妹	睽	兑二	履
泰	大畜	需	小畜	大壮	大有	夬	乾一

圖 6.1

《易傳》的作者問題爭論也很大,司馬遷、劉歆、班固、陸德明、孔穎達等人認爲是孔子所作,如《史記·孔子世家》:"孔子晚而喜《易》,序《彖》、《繫》、《象》、《說卦》、《文言》。《漢書·藝文志》也說:"孔氏爲之《彖》、《象》、《繫辭》、《文言》、《序卦》之屬十篇。另一派則認爲《易傳》非孔子作所,如歐陽修在《易童子問》中說:"《文言》、《說卦》而下,皆非聖人之作,而眾說淆亂,亦非一人之言也。"近代學者如錢玄同、顧頡剛等人也認爲非孔子所作，而是一部非一人之作、一時之作的儒家經典。

綜上所述，《易經》的各個部分的作者基本上都沒有定論，是一部成於衆手的著作。

西漢初，有田何所傳的《易經》。自漢武帝聽從董仲舒"罷黜百家，獨尊儒術"的建議，設立"五經博士"，有施讎、孟喜、梁丘賀、京房所傳列於學官，而民間有費、高二家之說。劉向以皇室所藏《古文易經》與施、孟、梁丘經相校，或脫去"無咎""悔亡"，唯費氏經與古文同。以上各家都是今文經，先後亡佚。以此同時還有高相、費直所傳《易經》，一直在民間流傳。未能立於學官。據《隋書·經籍志》所說，高氏《易》亡於西晉，現已不可考。《漢書儒林傳》說費直"長於卦筮，亡章句，徒以彖象系辭十篇文言解說上下經"，《隋書·經籍志》說他有《周易注》四卷，《舊唐書·經籍志》說他有《周易章句》四卷。東漢學者鄭衆、馬融、鄭玄等人都學習的是費氏《易》，後來三國魏王弼注《易》也依費氏傳本，後被收入《十三經注疏》，也就是今人所見傳本。

歷代研究《易經》的著述極多，著名的有三國魏王弼《周易注》、唐孔穎達《周易正義》、宋程頤《易傳》、清焦循《易學三書》代表了歷代易學的突出成就，其他還有荀爽《荀氏周易注》、鄭玄《周易注》、虞翻《周易注》、韓康伯《繫辭注》、朱熹《周易本義》、惠棟《周易述》等。

二、《書》

《尚書》原本稱《書》，漢初才有了《尚書》這個名字，意思是上古之書，是對上古歷史事蹟的記錄。它記事的時間是從傳說的堯舜禹時期到春秋中期的秦穆公時期，時間跨度大約有一千四百年。《尚書》的作者已不可考，一般認爲是三代時期的史官，相傳經過了孔子的整理。《尚書》的體例有"典、謨、訓、誥、誓、命"六種，大多爲訓告之詞，所以以記言爲主。

據《史記》、《漢書》的記載，《尚書》應該有一百餘篇，但是西漢初年已經難以見到全本。伏生所傳僅存二十八篇，用隸書書寫，屬於今文經，即《今文尚書》，被立於學官，後來又被分成三十三篇，即《堯典》、《舜典》、《皋陶謨》、《益稷》、《禹貢》、《甘誓》、《湯誓》、《盤庚》上中下，《高宗肜日》、《西伯戡黎》、《微子》、《牧誓》、《洪範》、《金縢》、《大誥》、《康誥》、《酒誥》、《梓材》、《召誥》、《洛誥》、《多士》、《無逸》、《君奭》、《多方》、《立政》、《顧命》、《康王之誥》、《呂刑》、《文侯之命》、《費誓》、《泰誓》。《今文尚書》又分爲《虞書》、《夏書》、《商書》、《周書》四個部分。《虞書》、《夏書》是戰國時人根據古代資料及傳說加工而成的，《商書》是周代人對商代史官所記史實的加工，《周書》大部分是周代史官所記。後來人們根據孔子壁中書又整理出了《古文尚書》二十五篇,即《大禹謨》、《五子之歌》、《胤征》、《仲虺之誥》、《湯誥》、《伊訓》、《太甲》上中下、《咸有一德》、《說命》上中下、《泰誓》上中下、《武成》、《旅獒》、《微子之命》、《蔡仲之命》、《周官》、《君陳》、《畢命》、《君牙》、《冏命》。但是《古文尚書》從宋代到清代有不少學者表示懷疑,現在可以肯定是魏晉時候人的偽造。今天通行的《十三經注疏》本《尚書》是《今文尚書》和《古文尚書》的合編,共五十八篇。

歷代研究《尚書》的主要著作有孔穎達《尚書正義》、閻若璩《古文尚書疏證》、惠棟《古文尚書考》、江聲《尚書集注音疏》、孫星衍《尚書古今文注疏》等。

三、《詩》

《詩經》是我國最早的一部詩歌總集,現存詩三百零五篇,原本只稱《詩》或《詩三百》,漢武帝立"五經博士"後始稱《詩經》。關於《詩經》傳統有"孔子刪詩說",如《史記·孔子世家》:"古者詩三千餘篇,及至孔子,去其重,取可施於禮義……三百五篇,孔子皆弦歌之,以求合《韶》、《武》、《雅》、《頌》之音。"但從宋代開始已經有人加以駁斥,現在我們可以斷定,"孔子刪詩說"是不可信的。

《詩經》分爲風、雅、頌三部分,《風》有十五國風,共一百六十篇,其中大多是民歌,這和古代"採詩"制度有關;《雅》分爲《大雅》和《小雅》,《大雅》三十一篇,是西周王室貴族的作品。《小雅》七十四篇,大多是西周後期或東周初期一般貴族的作品;《頌》分爲《周頌》、《魯頌》、《商頌》,《周頌》三十一篇,《魯頌》四篇,《商頌》五篇,分別是周、魯、商的廟堂樂歌。但是《風》、《雅》、《頌》的區別歷來都存在分歧,有的認爲是由於詩的內容不同,有的認爲是由於作者不同,還有的認爲是由於音樂不同,近現代以來人們一般傾向於第三種觀點,認爲《風》是地方的樂歌,《雅》是宮廷樂歌,又由於時代和音調的變化,而分出《大雅》和《小雅》,《頌》是宗廟祭祀的樂歌。

關於《詩序》歷代也眾說紛紜。首先,《詩序》分爲大小,但何者爲大、何者爲小觀點也不一致。《詩序》首句:"關雎,后妃之德也。"唐代陸德明《經典釋文》注:"舊說云,起此至'用之邦國焉'名《關雎序》,謂之小序。自'風,風也'訖末名爲大序,沈重云。"宋程大昌則以爲:"凡《詩》發序兩語,如'關雎,后妃之德也。'世人之謂小序者,古序也。兩語之外,續而申之,世謂之大序。"宋朱熹在陸氏的基礎上進一步說,從"風,風也"至於"是謂四始,詩之至也。"是大序。從"然則關雎、麟趾之化,王者之風"至末尾,再加上開頭的幾句,合起來是小序。宋李樗、黃櫄則說:"先儒以謂關雎爲大序,葛覃以下爲小序。"元許謙說:"愚謂自'后妃'至'用之邦國',下接'是以關雎樂得淑女',是《關雎》正序。'風,風也,教也,風以動之,教以化之。'至'詩之至也',是《國風》序。'關雎麟趾'至'王化之基'是《二南》序。"其實,《詩序》本來只是一篇完整的文章,不能横生割裂。《漢書·藝文志》記載:"《毛詩》二十九卷,《毛詩故訓傳》三十卷。"《毛詩故訓傳》多出來的一卷應該就是《詩序》。朱熹也認爲"古本詩序别做一處,""及至毛公引以入經,乃不綴篇後而超冠篇端,不爲注文而直作經字,不爲疑辭而遂爲决辭,其後三家詩又絕,則其抵牾之跡無複見。"孔穎達《正義》說:"諸序皆一篇之義,而此爲篇端,故特以《詩》之大綱總舉於此。"

其次,《詩序》的作者是誰,從古以來也是眾說紛紜,對此《四庫全書總目》曾經作過很好的總結:"詩序之說紛如聚訟,以爲大序子夏作,小序子夏、毛公合作者,鄭玄《詩譜》也;以爲子夏所序詩即今制《毛詩》者,王肅《家語》注也;以爲衛宏受學謝曼卿,作《詩序》者,《後漢書·儒林傳》也;以爲子夏所創,毛公及衛宏又加潤益者,《隋書·經籍志》也;以爲子夏不序《詩》者,韓愈也;以爲子夏惟裁初句,以下出於毛公者,成伯璵也;以爲詩人所自製者,王安石也;以小序爲國史之舊聞,以大序爲孔子作者,明道程子也;以首句即爲孔子所題者,王得臣也,以爲《毛傳》初行,尚未有序,其後門人互相傳授,各記其師說者,曹粹中也,以爲村野妄人所作,昌言排擊而不顧者,則倡之者鄭樵、王質,和之者朱子也。"《詩序》的作者也非一人,追溯其根源可以直接聯繫到孔子,孔子講授經義,子夏受之,又傳給曾申等人,一直口耳相傳,主要在子夏傳授的基礎上,加上子夏後學的一些理解,到毛亨之前集結成卷,最後由毛亨分散置於各篇詩之首。

漢初,立於學官的有三家詩,即魯人申培所傳的《魯詩》、齊人轅固所傳的《齊詩》和燕人韓嬰所傳的《韓詩》,它們都屬於今文經學,先後亡佚,僅存有《韓詩外傳》。今本《詩經》是《毛詩》,一般認爲是趙人毛亨所傳,屬於古文經學。《毛詩》在西漢未立於學官,但盛行於東漢,尤其是東漢經學大師鄭玄融合今古文經學爲之作"箋",遂大行於世,唐代立於學官。

歷代研究《詩經》的著作主要有《十三經注疏》本《毛詩正義》、陸璣《毛詩草木鳥獸蟲魚疏》、朱熹《詩集傳》、陳奐《毛詩傳疏》、馬瑞辰《毛詩傳箋通釋》、王先謙《詩三家義集疏》等。

四、三禮

《周禮》原名《周官》,原本有六篇,包括《天官冢宰》、《地官司徒》、《春官宗伯》、《夏官司馬》、《秋官司寇》、《冬官司空》,但在西漢初年《冬官司空》亡佚,後人取《考工記》代替。《周禮》主要記述的是先秦的官制,分別用六個職官和天地四時相配。冢宰掌管邦國政務,是百官之長。司徒掌管教育,宗伯掌管禮法,司馬掌握軍政,司寇掌管刑律。《考工記》主要記載了百工之事。

《周禮》屬於古文經學,但其來源說法不一,《漢書》認爲是河間獻王所獻,而《太平御覽》認爲是孔子壁中書。關於其作者也說法不同,從劉歆、鄭玄一直到清末的孫詒讓都認爲是周公所作,但也有人認爲是劉歆僞造,近現代以來的學者們認爲此書是戰國時代的作品,是以儒家思想爲基礎而建構的一整套完整的政治制度體系。

歷代研究《周禮》的著作主要有鄭玄《周禮注》、賈公彥《周禮義疏》、方苞《周官集注》、孫詒讓《周禮正義》等。

《儀禮》漢武帝時期五經中的禮經就指的是《儀禮》,根據《漢書·藝文志》的著錄《儀禮》在漢初只存十七篇,而且僅限於士禮,所以又稱《士禮》。而《儀禮》的主要内容是對先秦禮節儀式的記錄,根據《十三經注疏》本,這十七篇包括《士冠禮》、《士昏禮》、《士相見禮》、《鄉飲酒禮》、《鄉射禮》、《燕禮》、《大射儀》、《聘禮》、《公食大夫禮》、《覲禮》、《喪服》、《士喪禮》、《既夕禮》、《士虞禮》、《特牲饋食禮》、《少牢饋食禮》、《有司徹》。

關於《儀禮》的作者有兩種觀點,有的學者認爲《儀禮》爲周公所作,如孔穎達、賈公彥等,也有人認爲是孔子所作,如邵懿辰、皮錫瑞等,近現代學者認爲《儀禮》的成書年代大約在春秋戰國之交。

後代研究《儀禮》的主要著作有鄭玄《儀禮注》、賈公彥《儀禮義疏》、江永《儀禮釋例》、張惠言《三禮圖》、凌廷堪《禮經釋例》、胡培翬《儀禮正義》等。

《禮記》是孔子的弟子解釋《禮經》的一部著作,所以《漢書河間獻王傳》說:"獻王所得書,皆經、傳、說、記,七十子之徒所論。"《禮記》有兩種傳本,一種是西漢戴聖編的《小戴禮記》,被列入十三經,共四十九篇。一種是戴德編的《大戴禮記》,共八十五篇,但到唐代已亡佚了四十六篇,僅存三十九篇。

《禮記》的内容十分龐雜,按照當代學者的觀點可以分爲四類:第一類是關於禮制及學術思想的通論,包括《禮運》、《學記》、《樂記》、《經解》、《哀公問》、《坊記》、《中庸》、《表記》、《緇衣》、《儒行》、《大學》等十一篇。第二類記述的是古代制度和禮俗,包括《曲禮》上下、《王制》、《月令》、《文王世子》、《禮器》、《郊特牲》、《内則》、《玉藻》、《明堂位》、《喪服小記》、《大傳》、《少儀》、《雜記》上下、《喪大記》、《祭法》、《祭統》、《奔喪》、《問喪》、《服問》、《間傳》、《三年問》、《深衣》、《投壺》等二十五篇。第三類是解釋《儀禮》的八篇,包括《祭義》、《冠義》、《昏義》、《鄉飲酒義》、《射義》、《燕義》、《聘義》、《喪服四制》等。第四類記錄的是孔子及弟子言行答問,有《檀弓》上下、《曾子問》、《仲尼燕居》、《孔子閒居》等。

歷代研究《禮記》的著作主要有鄭玄《禮記注》、孔穎達《禮記正義》、江永《禮書綱目》、孫希旦《禮記集解》、王聘珍《大戴禮記解詁》等。

五、春秋三傳

《春秋》本是通名,春秋時期各國的史書都叫做《春秋》,但其他國家的史書都已經亡佚,只有魯國的得以流傳,所以現在我們見到的《春秋》實際上是《魯春秋》,相傳經過了孔子的整理刪定,逐漸成了《春秋》的專名。杜預在《春秋經傳集解》中說:"《春秋》者,魯史記之名也。記事者以事繫日,以日繫月,以月繫時,以時繫年,所以紀遠近、別同異也。故史之所記必表年以首事,年有四時,故錯舉以爲所記之名也。"這段話清楚地說明了《春秋》的記事體例和名稱由來。

《春秋》紀年從魯隱公元年開始,到魯哀公十四年,經歷了魯國隱公、桓公、莊公、閔公、僖公、文公、宣公、成公、襄公、昭公、定公及哀公十二位君主,共二百四十二年的歷史。全書以編年的體例,用年月日繫聯史實,以魯國爲核心,兼顧其他諸侯國的政治、人物活動,大約一萬八千多字。由於文字簡約,不利於細緻瞭解春秋時的史實,所以很早就出現了補充之作。《漢書・藝文志》說:"昔仲尼没而微言絶,七十子喪而大義乖。故《春秋》分爲五。"顏師古引韋昭注曰:"謂《左氏》、《公羊》、《穀梁》、《鄒氏》、《夾氏》也。"後來《鄒氏》、《夾氏》亡佚,只剩下了《春秋三傳》。

《左傳》又稱《左氏春秋》、《春秋左氏傳》,記事時間從魯隱公元年開始,到魯悼公十四年止,比《春秋》多了二十七年,大約十八萬字。《左傳》比較詳細地記錄了春秋時期各個諸侯國的情況,尤其是對戰爭的描寫細緻入微、引人入勝。《春秋》和《左傳》本來各自成書,後來杜預著《春秋經傳集解》,才將二書拆散,按照時間分別排列在一起。但是《春秋》與《左傳》的關係歷來也觀點不一。像司馬遷、班固、劉歆等人認爲《左傳》是解釋《春秋》的,今文經學家及宋代、清代的諸多學者都持反對意見,迄無定論。

《左傳》的作者原本一致認爲是左丘明,但從唐代開始就有人產生懷疑,認爲《左傳》的左氏和《論語》中提到的左丘明是兩個人,王安石、朱熹、顧炎武都同意這個說法,現在已經難以具體考證。

《公羊傳》又稱《春秋公羊傳》、《公羊春秋》,舊題是戰國時齊人公羊高所著,《穀梁傳》又稱《春秋穀梁傳》、《穀梁春秋》,舊題是戰國時魯人穀梁赤所著,這兩本書的內容和《左傳》不同,《左傳》主要是記述史實,《公羊傳》、《穀梁傳》則是用問答的形式解釋《春秋》的"微言大義"。

歷代研究《春秋三傳》的著作主要有:杜預《春秋經傳集解》、孔穎達《左傳正義》、顧炎武《左傳杜注補正》、洪亮吉《春秋左傳詁》、何休《春秋公羊傳解詁》、徐彦《春秋公羊傳疏》、范寧《春秋穀梁傳注》、楊士勛《春秋穀梁傳疏》等。

六、《孝經》

《孝經》是闡述宗法及孝道思想的經書,共十八章,一千九百多字。其作者說法多樣,有孔子說、曾子說、曾子弟子說、子思說、七十子說,當代學者根據馬王堆漢墓帛書的材料考證,認爲是曾子一系儒家的作品,成書於戰國時期。

研究《孝經》的著作主要有唐玄宗《孝經注》、邢昺《孝經疏》、朱熹《孝經勘誤》等。

七、《論語》

《論語》是記載孔子及其弟子言行的著作,《漢書·藝文志》說:"《論語》者,孔子應答弟子時人及弟子相與言而接聞於夫子之語也。當時弟子各有所記。夫子既卒,門人相與輯而論纂,故謂之《論語》。"東漢劉熙在《釋名》中進一步解釋說:"《論語》紀孔子與諸弟子所語之言也。""論,倫也,有倫理也。"所以《論語》的意思就是把孔子及其弟子的言行有條理地編纂在一起。漢初《論語》有三個版本,《漢書·藝文志》記載:"《論語》古二十一篇,《齊》二十二篇,《魯》二十篇。"《魯論》就是今天所傳的二十篇《論語》,包括《學而》、《爲政》、《八佾》、《里仁》、《公冶長》、《雍也》、《述而》、《泰伯》、《子罕》、《鄉黨》、《先進》、《顏淵》、《子路》、《憲問》、《衛靈公》、《季氏》、《陽貨》、《微子》、《子張》、《堯曰》。《古論》出自孔子壁中書,有二十一篇,根據如淳的說法:"分《堯曰》篇後子張問'何如可以從政'已下爲篇,名曰《從政》。"《齊論》是齊人所傳,多《問王》、《知道》兩篇。《隋書·經籍志》記載:"張禹本授《魯論》,晚講《齊論》,後遂合而考之,刪其煩惑,除去《齊論》、《問王》、《知道》二篇,從《魯論》二十篇爲定,號《張侯論》,當世重之。"張禹是西漢末人,這說明《論語》在西漢末年就已經出現了定本。東漢鄭玄又以《魯論》爲基礎,參考《齊論》和《古論》爲之作注,這就是今本《論語》的來源。

歷代研究《論語》的著作主要有:何晏《論語集解》、皇侃《論語義疏》、邢昺《論語疏》、朱熹《論語集注》、毛奇齡《論語稽求篇》、劉寶楠《論語正義》等。

八、《爾雅》

《爾雅》是十三經中唯一一部專門通釋語詞的著作。劉熙《釋名·釋典藝》:"爾,昵也;昵,近也;雅,義也;義,正也。五方之言不同,皆以近正爲主也。"黃侃說:"《爾雅》之作,本爲齊壹殊言,歸於統緒。""爾雅"就是用"雅言"解釋古語與方言。

《爾雅》作者不詳,張揖《上〈廣雅〉表》:"周公著《爾雅》一篇,以釋其意義。""今俗所傳三篇《爾雅》,或言仲尼所增,或言子夏所益,或言叔孫通所補,或言沛郡梁文所考。"鄭玄《駁五經異義》認爲:"《爾雅》者,孔子門人所作,以釋六經之旨,蓋不誤也。"《西京雜記》引揚雄說:"孔子門徒游、夏之儔所記。"歐陽修《詩本義》則說:"《爾雅》出於漢世。""考其文理,乃是秦漢之間學《詩》者纂集說《詩》博士解詁之言爾。"《四庫全書總目》:"大抵小學家綴輯舊文,遞相增益,周公、孔子皆依託之詞。"根據前人研究的成果,《爾雅》非一人一時之作,應是"由漢初學者綴輯周漢諸書舊文,遞相增益而成"。成書的時代大約在戰國末年,漢代又稍有增補。

《爾雅》共十九篇,即:《釋詁》、《釋言》、《釋訓》、《釋親》、《釋宮》、《釋器》、《釋樂》、《釋天》、《釋地》、《釋丘》、《釋山》、《釋水》、《釋草》、《釋木》、《釋蟲》、《釋魚》、《釋鳥》、《釋獸》、《釋畜》。可分爲兩大類:一至三篇爲第一大類,解釋一般語詞;四至十九篇爲第二大類,解釋各領域專有名詞。

歷代研究《爾雅》的著作主要有漢代犍爲文學、劉歆、樊光、李巡、孫炎的注,郭璞《爾雅注》、邢昺《爾雅疏》、邵晉涵《爾雅正義》、郝懿行《爾雅義疏》。後代有諸多模仿《爾雅》的著作,如漢代的《小爾雅》、魏代的《廣雅》、宋代的《埤雅》等。

九、《孟子》

《漢書·藝文志》著錄有《孟子》十一篇,但《史記》記錄的卻是《孟子》七篇,東漢趙岐在《孟子題辭》中說:"於是退而論集,所與高第弟子公孫丑、萬章之徒,難疑答問,又自撰其法度之言,著書七篇,二百六十一章,三萬四千六百八十五字。""又有外書四篇:《性善》、《辯文》、《說孝經》、《爲政》,其文不能弘深,不與內篇相似,似非孟子本真,後世依放而託之者也。"所以我們今天一般認爲《孟子》有七篇,每篇分上下。關於《孟子》的作者,《史記荀孟列傳》、趙岐都認爲是孟子本人,也有人認爲是孟子的後學,或者是孟子自作,又經後學加工。從儒家講學的傳統和《孟子》全書的行文風格來看,恐怕是孟子講學,弟子記錄匯總,再經由孟子審訂的。

歷代研究《孟子》的著作主要有趙岐《孟子章句》、孫奭《孟子疏》、朱熹《孟子集注》、戴震《孟子字義疏證》、焦循《孟子正義》等。

十、小學

《說文解字》

東漢許慎著,是我國第一部分析字形、說解字義、考究字源、辨識讀聲的字典,是我國第一部用"六書"分析漢字的學術著作,是我國文獻語言學的奠基之作。《說文》十四卷,并敘共十五卷,每卷又分上下。共收字九千三百五十三個,另有重文一千一百六十三個。《說文》首創部首排列法,共分五百四十個部首,據形系聯,始一終亥。

歷代對《說文》進行整理研究的有：唐李陽冰刊定《說文》，頗有改易。南唐徐鍇校訂《說文》，著《說文系傳》，世稱小徐本。宋時其兄徐鉉校訂《說文》，每卷分上下，共爲三十卷，世稱大徐本，即爲後世流通本。清代孫星衍刻印《說文》，但密行小字，連貫而下，閱讀不便，後陳昌治根據孫本改爲一行一篆，以許慎原文爲大字，徐鉉校注爲雙行小字，再附新附字，即爲今日中華書局所印行的《說文解字》。

清代研究《說文》達到極盛，"家有沱長之書，人習說文之學"，有《說文》四大家：即段玉裁《說文解字注》、桂馥《說文解字義證》、王筠《說文句讀》、《說文釋例》、朱駿聲《說文通訓定聲》。其他著作還有段玉裁《汲古閣說文訂》、姚文田等《說文校議》、鈕樹玉《說文解字校錄》、沈濤《說文古本考》、吳玉搢《說文引經考》、吳大澂《說文古籀補》、丁福保《說文解字詁林》等。

後代模仿《說文》的著作有顧野王《玉篇》、梅膺祚《字彙》、張自烈《正字通》、張玉書和陳廷敬《康熙字典》等。

《方言》

《方言》全稱爲《輶軒使者絕代語釋別國方言》，西漢揚雄著，但《漢書·揚雄傳》、《漢書·藝文志》都沒有記載，洪邁在《容齋隨筆》中懷疑《方言》並非揚雄作品，戴震已經做了駁斥。應劭《風俗通義·序》中明確說："周秦常以歲八月遣輶軒之使採異代方言，還奏籍之，藏於密室。及嬴氏之亡，遺棄脫漏，無見者。蜀人嚴君平有千余言，林閭翁儒才有梗概之法，揚雄好之，天下孝廉卒交會，周章質問，以次注續，二十七年，爾乃治正，凡九千字。"《方言》全稱文字較多，歷來有兩種簡稱，新舊《唐書》稱爲《別國方言》，陳振孫《直齋書錄解題》稱爲《輶軒使者絕代語》，現一般遵從新舊《唐書》的說法，這表明此書包含兩方面的內容：絕代語的釋義以及別國方言。

歷代研究《方言》的著作主要有郭璞《方言注》、戴震《方言疏證》、王念孫《方言疏證補》、錢繹《方言箋疏》，今人周祖謨《方言校箋》等。

《釋名》

《後漢書·文苑傳》說劉珍撰《釋名》三十篇，《三國志·吳志·韋曜傳》說劉熙撰《釋名》，隋以後的目錄學著作都說劉熙作《釋名》，一般認爲《釋名》爲劉熙所作。劉熙《釋名序》："夫名之於實，各有義類，百姓日稱而不知其所以之意，故撰天地陰陽、四時、邦國、都鄙、車服、喪紀、下及民庶應用之器，論敘指歸，謂之釋名。"全書八卷二十七篇，包括釋天、釋地、釋山、釋水、釋丘、釋道、釋州國、釋形體、釋姿容、釋長幼、釋親屬、釋言語、釋飲食、釋採帛、釋首飾、釋衣服、釋宮室、釋床帳、釋書契、釋典藝、釋器用、釋樂器、釋兵、釋車、釋船、釋疾病、釋喪制，體例模仿《爾雅》，有人稱之爲《逸雅》，書中收詞一千五百多條，主要採用聲訓的方法。《釋名》是從先秦到漢代聲訓的總結，劉熙的目的是想聲音相關、義則相近的理論出發,探討各種事物的得名之由。

歷代研究《釋名》的著作主要有韋昭《辨釋名》、畢沅《釋名疏證》、《續釋名》、王先謙《釋名疏證補》、楊樹達《釋名新略例》、周祖謨《書劉熙釋名後》等。

《廣韻》

韻書是按照字音分韻編排文字的工具書。《廣韻》是宋代陳彭年、邱雍等奉詔修訂《切韻》、《唐韻》而成。成於宋大中祥符元年(1008 年),全名《大宋重修廣韻》,習稱爲《廣韻》。《廣韻》以四聲爲綱、韻目爲緯,共分二百零六韻,收字二萬六千一百九十四個。按平上去入四聲分卷,平聲五十七韻、上聲五十五韻、去聲六十韻、入聲三十四韻,平聲字多,又分上下,共五卷。每韻按聲母韻母不同分開排列,同音字放到一起,形成一組,用小圓圈隔開,稱這種同音字組爲"小韻"。《廣韻》對於語詞訓詁和詩文創作都有重要意義。

後代的韻書主要有丁度《集韻》、劉淵《壬子新刊禮部韻略》、周德清《中原音韻》、《洪武正韻》、《中原雅音》等。

第二節　史部文獻

史部文獻原本附於劉歆《七略》中的《春秋類》,魏晉時期修史之風大行,史書不斷湧現,於是就將這批文獻獨立出來。根據四庫全書的分類方法,史部文獻分爲正史、編年、紀事本末、別史、雜史、詔令奏記、傳記、史鈔、載記、時令、地理、職官、政書、目錄、史評十五類。我們從中選取部分重要典籍加以介紹。

一、《二十四史》

司馬遷寫作《史記》開創了中國史學上的一個新的記事方式——以人物爲中心的紀傳體體裁,"合十二本紀、十表、八書、三十世家、七十列傳",後來班固著《漢書》也仿效《史記》,"爲十二紀、八表、十志、六十九傳"。從此紀傳體成爲中國史書的主流形式,《隋書·經籍志》:"世有著述,皆擬班、馬,以爲正史。"後代人所修史書與《史記》、《漢書》合起來共有二十四部,被稱爲"二十四史",即:

《史記》,漢司馬遷著,一百三十卷;

《漢書》,漢班固著,一百卷;

《後漢書》,南朝宋范曄著,一百二十卷;

《三國志》,晉陳壽著,六十五卷;

《晉書》,唐房玄齡等,一百三十卷;

《宋書》,南朝梁沈約著,一百卷;

《南齊書》,南朝梁蕭子顯著,五十九卷;

《梁書》,唐姚思廉著,五十六卷;

《陳書》,唐姚思廉著,三十六卷;

《魏書》,北齊魏收著,一百三十卷;

《北齊書》,唐李百藥,五十卷;

《周書》,唐令狐德棻等著,五十卷;

《隋書》,唐魏徵等著,八十五卷;

《南史》,唐李延壽著,八十卷;

《北史》,唐李延壽著,一百卷;

《舊唐書》,後晉劉昫等著,二百卷;

《新唐書》,宋歐陽修、宋祁著,二百二十五卷;

《舊五代史》,宋薛居正等著,一百五十卷;

《新五代史》,宋歐陽修著,七十四卷;

《宋史》,元脫脫等著,四百九十六卷;

《遼史》,元脫脫等著,一百一十六卷;

《金史》,元脫脫等著,一百三十五卷;

《元史》,明宋濂等著,二百一十卷;

《明史》,清張廷玉等著,三百三十二卷。

"二十四史"的主要版本有明代北京國子監刻印的北監本、南京國子監刻印的南監本、清代乾隆年間的武英殿刻本、民國張元濟"百衲本二十四史"、中華書局"點校本二十四史"。對正史的註釋主要集中在前四史,主要著作有南朝宋裴駰《史記集解》、唐司馬貞《史記索隱》、唐張守節《史記正義》、唐顏師古《漢書注》、南朝宋裴松之《三國志注》、唐李賢《後漢書注》、清王先謙《後漢書補注》等。

二、《資治通鑒》

《資治通鑒》是北宋司馬光等編寫的我國第一部編年體通史,記事從周威烈王二十三年起,到五代後周世宗顯德六年止,共十六個朝代。司馬光在《進資治通鑒表》中說:"上起戰國,下終五代,凡一千三百六十二年,修成二百九十四卷。又署舉事目,年經國緯,以備檢尋,爲目錄三十卷。又參考羣書,評其同異,俾歸一塗,爲考異三十卷,合三百五十四卷。"全書按朝代分爲十六紀,即《周紀》五卷、《秦紀》三卷、《漢紀》六十卷、《魏紀》十卷、《晉紀》四十卷、《宋紀》十六卷、《齊紀》十卷、《梁紀》二十二卷、《陳紀》十卷、《隋紀》八卷、《唐紀》八十一卷、《後梁紀》六卷、《後唐紀》八卷、《後晉紀》六卷、《後漢紀》四卷、《後周紀》五卷。書成之後,宋神宗賜名爲《資治通鑒》,說它"鑒於往事,有資於治道",並親自作序。元代胡三省的《資治通鑒音注》是公認比較好的版本。

三、《續資治通鑒長編》

宋李燾撰,仿司馬光《資治通鑒》體例,從宋太祖趙匡胤建隆元年,迄於宋欽宗趙桓靖康元年,記北宋九朝一百六十八年史實,名稱也仿照《資治通鑒》,定名爲《續資治通鑒長編》。在《文獻通考》中收有李燾進書狀四篇,說明該書一共進獻了四次,最後定爲九百八十卷,並上《舉要》六十八卷,《修換事總目》十卷,《總目》五卷,總計一千零六十三卷,前後歷時四十年。今天所見該書是從《永樂大典》輯錄出來的,僅存五百二十卷。《四庫全書總目提要》評價說:"燾作此書經四十載乃成,自實錄、正史、官府文書以逮家錄、野紀,無不遞相稽審,質驗異同。雖採摭浩博,或不免虛實並存,疑信互見,未必一一皆衷於至當。不但太宗斧聲燭影之事於《湘山野錄》考據未明,遂爲千古之疑竇,即如景祐二年三月賜鎮東軍節推毛洵家帛米一事,核以余靖所撰墓銘,殊不相符。爲曾敏行《獨醒雜志》所糾者,亦往往有之。然燾進狀自稱"寧失之繁,毋失之略"蓋廣蒐博錄以待後之作者,其淹貫詳贍,固讀史者考證之林也。"

四、《三朝北盟會編》

宋徐夢莘撰,二百五十卷。三朝指的是宋徽宗、宋欽宗、宋高宗三朝,"自政和七年海上之盟,迄紹興三十一年,上下四十五年,凡勅、制、誥、詔、國書、書疏、奏議、記序、碑志、登載靡遺",全書採用編年的體例詳細記載了四十五年間,宋金和戰的多方面史料,其中徵引的文獻材料極其豐富,"引書一百二種,雜攷、私書八十四種,金國諸錄十種,共一百九十六種,而文集之類尚不數焉,史所言者殊未盡也"。所以《四庫全書總目提要》評價說:"其博贍淹通,南宋諸野史中自李心傳《繫年要錄》以外未有能過之者,固不以繁蕪病矣。"

五、《史通》

唐劉知幾撰,是我國第一部史評專著。全書共二十卷,內篇三十九篇,即六家、二體、載言、本紀、世家、列傳、表曆、書志、論贊、序例、題目、斷限、編次、稱謂、採撰、載文、補注、因習、邑裹、言語、浮詞、敍事、品藻、直書、曲筆、鑒識、探賾、摸擬、書事、人物、覈才、序傳、煩省、雜述、辨職、自敍三十六卷和已經亡佚的體統、紕繆、弛張三篇。外篇十三篇，即史官建置、古今正史、疑古、惑經、申左、點繁、雜說上、雜說中、雜說下、漢書五行志錯誤、漢書五行志雜駁、暗惑、忤時。"内篇皆論史家體例，辨别是非。外篇則述史籍源流，及雜評古人得失。"對中國唐以前的史學源流、史學體例、編纂方法、史料搜集都做了全面的總結，提出了較爲系統的史學理論。

六、《唐律疏議》

《唐律疏議》由兩部分組成，即唐律的法律條文及長孫無忌等人對律文的疏釋，因爲疏釋部份以"議曰"開頭，所以稱爲《唐律疏議》，又名律疏、唐律、唐律疏義，是我國現存最古老、最完整的刑事法典。

全書共分三十卷，十二篇，即名例律、衛禁律、職制律、廐庫律、擅興律、賊盜律、鬥訟律、詐僞律、雜律、捕亡律、斷獄律。第一篇相當於唐律的刑法總則，其他各篇是涉及各方面的刑法制度。編撰者根據戰國秦漢魏晉南北朝至隋以來的法律制度，對唐律條文追溯其源流，闡發其含義，補充其不足，使唐律的内容更加豐富，後代律法基本上都是在《唐律疏議》的範式下進行修改編纂的，所以《四庫全書總目提要》說："凡唐律篇目，今所沿用者，有名例、職制、賊盜、詐僞、雜犯、捕亡、斷獄諸門；其唐律合而今分者，如戶婚爲戶役、婚姻，廐庫爲倉庫、廐牧，鬥訟爲鬥毆、訴訟諸門；其名稍異而實同者，如衛禁爲宮衛，擅興爲軍政諸門。其分析類附者，如關津留難諸條，唐律入衛禁，今析入關津；乘輿服御物、事應奏不奏、驛使稽程、以財行求諸條，唐律俱入職制，今分析入禮律之儀制、吏律之公式、兵律之郵驛、刑律之受贓；謀殺人諸條，唐律入賊盜，今析入人命；毆罵祖父母父母諸條，唐律併入鬥訟，今析爲兩條，分入鬥毆、罵詈；又奸罪、市司平物價、盜決堤防、毀大祀丘壇、盜食田園瓜果諸條，唐律俱入雜律，今分析入刑律之犯奸、戶律之市廛田宅、工律之河防、禮律之祭祀。蓋斟酌盡一，權衡允當，迨今日而集其大成。而上稽歷代之制，其節目備具，足以沿波而討源者，要惟唐律爲最善。故著之於錄，以見監古立法之所自焉。"其影響可見一斑，所以清代學者王鳴盛高度讚揚，稱之爲"稀世之寶"。

七、《通典》

唐杜佑著，是我國第一部典章制度專著，對中國歷代以來的各種典制的源流發展都做了詳細的考證。全書共二百卷，所記典制上起上古，下至中唐，分爲食貨、選舉、職官、禮、樂、兵、刑、州郡、邊防等八門。杜佑自己說："夫理道之先在乎行教化，教化之本在乎足衣食。《易》稱："聚人曰財。"《洪範》八政：一曰食，二曰貨。《管子》曰："倉廩實知禮節，衣食足知榮辱。"夫子曰："既富而教。"斯之謂矣。夫行教化在乎設職官，設職官在乎審官才，審官才在乎精選舉。制禮以端其俗，立樂以和其心，此先哲王致治之大方也。故職官設然後興禮樂焉，教化隳然後用刑罰焉，列州郡俾分領焉，置邊防遏戎狄焉，是以食貨爲之首，選舉次之，職官又次之，禮又次之，樂又次之，刑又次之，州郡又次之，邊防末之，或覽之者庶知篇第之旨也。"

該書資料宏富，考證嚴謹，把史學與政治學緊密結合，對於史學，尤其是典志史的獨立、成熟起到了巨大的倡導作用。後人的不少著作都模仿《通典》進行寫作，而且都以"通"來命名，如宋鄭樵《通志》二百卷、元馬端臨《文獻通考》三百四十八卷，連同《通典》合稱"三通"。另外還有清嵇璜、劉墉等《續通典》一百五十卷、《續通志》六百四十卷、《清朝通典》一百卷、《清朝通志》一百二十六卷、清張廷玉《續文獻通考》二百五十卷、《清朝文獻通考》三百卷、近代劉錦藻《清朝續文獻通考》四百卷，出現了"三通典""三通志""四通考"，統稱爲"十通"。

八、《洛陽伽藍記》

北魏楊衒之撰。楊衒之來到洛陽，看見遭受東、西魏戰爭破壞後的城市滿目創痍，所以寫了這本書，回憶魏孝文帝元宏遷都後，洛陽的繁榮昌盛。"伽藍"是梵語寺院之意，所以本書主要記載了洛陽城內、城東、南、西、北四十座大小寺院的情況包括寺院名稱、建寺年月、創建者、位置以及周圍的建築情況。在記錄建築物情況的同時還穿插著風土人情、人物故事、政治變革、經濟情況等，有極高的史料價值。書中還附有宋雲《家紀》、慧生《行記》、《道榮傳》，記載了宋雲去天竺的情況，成爲現今研究中印交通史的珍貴史料。除此之外，此書還富有文學色彩，《四庫全書總目提要》評價說："其文穠麗秀逸，煩而不厭，可與酈道元《水經注》肩隨。其兼敘爾朱榮等變亂之事，委曲詳盡，多足與史傳參証。其他古蹟藝文及外國土風道里，採摭繁富，亦足以廣異聞。"

九、《大唐西域記》

唐代高僧玄奘編撰，弟子辯機整理。該書主要講述玄奘去印度取經過程中的歷史、地理見聞，包括他親身經歷的一百一十個國家以及傳說中的二十八個國家的情況，是一部玄奘西行的實錄。書中詳細記錄了千泉、大石門、天祠、三龍池、烈士池等諸多遺跡，還有五百羅漢傳說、八王分舍利等很多佛教故事，以及玄奘在印度時遊歷、學習、講學、辯論的事蹟，對各地的國體民情、風俗習慣、氣候物產、文化歷史都有詳細記載。書中保留的諸多史料對於研究唐代中外交流、佛教、交通及民族史都有很大幫助，對於研究當時印度的歷史也有很大幫助。該書先後被譯爲英、法、德、日等文字,在世界範圍內影響巨大。

十、《水經注》

《水經》是中國古代記載河流情況的一部典籍,作者不詳。舊題漢代桑欽撰。後來北魏酈道元爲之做注,即《水經注》。《水經注》是我國古代自然地理和人文地理方面的名著。《水經》記載河流一百三十七條,《水經注》增加到了一千二百五十二條,除了中國本土之外,還記錄了印度、朝鮮等國的河流情況。上起先秦下訖於六朝,時間跨度約兩千年,內容上包括山川景物、歷史變革、民俗風物、神話故事,等等,對歷史學、考古學、地名學、水利史學以至民族學、宗教學、藝術等方面都有一定參考價值。酈道元的文筆精美,擅長描摹,此書在文學史上也有較高的地位。

十一、《郡齋讀書志》

南宋晁公武撰。晁公武將自己所藏的兩萬四千五百多卷典籍經過精心校勘、撮錄編成《郡齋讀書志》,又經過屢次增補而成二十卷。全書共收錄圖書一千四百九十二部,幾乎涵蓋了宋以前的各類重要典籍,尤其以唐代和北宋最爲完備。體例上按照經、史、子、集分爲四部,其下又分爲四十五小類,書有總序,部有大序,多數小類前有小序;每書附有解題,形成了完整的體系。全書的大序、小序中,注意闡述典籍的學術淵源和流變,真實有據、詳略得當,是我國現存最早的、具有提要內容的私藏書目。

十二、《直齋書錄解題》

南宋陳振孫撰,共涉及典籍五萬一千一百八十餘卷的"書錄解題",因爲陳振孫的居舍號是"直齋",故名《直齋書錄解題》。原本五十六卷,分經、史、子、集四錄,故書名中稱"書錄"。全書分五十三類,經錄十類、史錄十六類、子錄二十類、集錄七類。該書沒有大序,只是在八個小類,即"語孟類""小學類""起居注類""時令類""陰陽家類""音樂類""詩集類""章奏類"之下有小序。每書詳細介紹卷帙、撰人姓名、官稱、成書及內容起止、重要序跋摘錄等,間雜有史實的考訂,總謂之"解題"。以《直齋書錄解題》爲標誌,私人藏書目錄在質量上、數量上都超越了同時期的官修目錄。

第三節　子部文獻

按照四庫全書的分類方法,"儒家以外有兵家、有法家、有農家、有醫家、有天文算法、有術數、有藝術、有譜錄、有雜家、有類書、有小說家、其別教則有釋家、有道家,敘而次之凡十四類",我們主要介紹以下幾種文獻。

一、《荀子》

荀子名況,字卿,後避漢宣帝劉詢諱而名孫卿(荀、詢同音,荀、孫古音相近),戰國時期儒家代表人物之一。早年遊學齊國,"最爲老師",三次擔任稷下學宮的祭酒。後遭讒人陷害,流落於楚。春申君任命爲蘭陵令,因春申君死而被廢,於是定居蘭陵終老。荀子對儒家思想有所發展,強調"禮"的作用,認爲人定勝天,提倡性惡論,看重後天教育,通曉帝王之術,今存《荀子》三十二篇,涉及政治、哲學、爲學、立身處世等多個方面。唐楊倞有《荀子注》、清王先謙有《荀子集解》,今人梁啟雄有《荀子簡釋》。

二、《朱子語類》

南宋黎靖德編,是朱熹與九十七門人問答的語錄彙編,最初刊行時定名爲《朱子語類大全》。此書内容涉及廣泛,如關於理氣、性理、心性、道德、讀書、四書五經,反映了朱熹的基本思想。朱熹,字元晦,號晦庵,南宋著名理學家,繼承了程顥、程頤的理學思想,後人並稱之爲"程朱理學"。全書共一百四十卷,卷帙浩繁,清人張伯行刪繁去簡編成《朱子語類輯略》,共八卷。

三、《孫子》

孫武,字長卿,春秋末期齊國人。先世爲齊國名將,孫武因齊國内亂而奔吳,經過伍子胥的大力推薦被任命爲將軍,在吳楚之戰中戰功卓著,《史記·孫子列傳》說:"西破強楚入郢,北威齊晉,顯名諸侯,孫子與有力焉。"在吳國隱居時期,孫武寫成了《孫子兵法》,《漢書·藝文志》載有八十二篇,圖九卷,現僅存十三篇,即《計篇》、《作戰》、《謀攻》、《形篇》、《勢篇》、《虛實》、《軍爭》、《九變》、《行軍》、《地形》、《九地》、《火攻》、《間篇》,各有側重,見解精到。後世有《孫子兵法十家注》。

四、《韓非子》

韓非是韓國的公子,戰國時期著名的哲學家、思想家、政論家和散文家,法家思想的集大成者。韓非口吃,不善言談,但思維敏捷,才學過人,喜歡刑名法術之學。他"觀往者得失之變"探索國家富強的道路,寫了《孤憤》、《五蠹》、《內外儲》、《說林》、《說難》等文章闡述了他的法家思想,主張"法""術""勢"相結合,得到秦王嬴政的贊賞。《漢書·藝文志》著錄《韓子》五十五篇,而《隋書·經籍志》只有二十卷,與傳世文獻相同。今人陳奇猷《韓非子集釋》可以參看。

五、《齊民要術》

北魏賈思勰著,是我國現存最早的一部農學著作,也是世界農學史上最早的專著之一。全書由序、雜說和正文三大部分組成,根據現代學者考證,《雜說》爲後人增補,非賈思勰原著。正文九十二篇,共十卷,包括農作物的栽培、經濟林木的生產以及各種野生植物的利用,等等;同時,還詳細介紹了家禽、家畜、魚、蠶的飼養和疾病防治以及農副產品的加工、食品加工、文具和日用品生產等。今人繆啓愉《齊民要術校釋》成就比較突出。

六、《墨子》

墨子,名翟,戰國時期魯國人,著名的思想家、教育家、科學家、軍事家。墨子主張兼愛非攻、明鬼尚賢、節用節葬,提倡直接經驗和社會效果,重視科學技術在生產生活中的作用,對光學、數學、力學等自然科學進行了深入探討,使墨學與儒學同時成爲先秦兩大顯學。同時墨子也是中國古代邏輯思想的重要開拓者之一,在中國邏輯史上第一次提出了辯、類、故等邏輯概念,善於運用類推的方法揭露論敵的自相矛盾。墨子養成了重邏輯的傳統,並由後期墨家建立了第一個中國古代邏輯學的體系。關於墨子的注疏以清人孫詒讓《墨子間詁》成就最高。

七、《管子》

管子,名夷吾,又名敬仲,字仲,春秋時期齊國著名的政治家、軍事家。管仲注重經濟,主張富國強兵,他說:"國多財則遠者來,地辟舉則民留處,倉廩實而知禮節,衣食足而知榮辱。"根據《漢書·藝文志》的記載,《管子》共八十五篇,今存七十六篇,包括《經言》九篇、《外言》八篇、《內言》七篇、《短語》十七篇、《區言》五篇、《雜篇》十篇、《管子解》四篇、《管子輕重》十六篇。《管子》全書的思想比較龐雜,包含道、名、法等家的思想以及天文、輿地、經濟和農業等方面的知識,其中《輕重》等篇,是中國古代少見的經濟文書,對生產、分配、交易、消費、財政等均有論述,是研究我國先秦農業和經濟的珍貴資料。

八、《晏子春秋》

《晏子春秋》是記錄春秋時期齊國著名政治家、思想家晏子言行的著作。該書共八卷,內篇六卷,外篇二卷,二百一十五章。晏子,字平仲,歷仕齊國靈、莊、景三朝,執政達五十餘年。晏子節儉力行、謙恭下士,注意政治改革,關心民事,反對祈福禳災等迷信,這些優良品格在《晏子春秋》的故事中有具體的描繪。這部書是結合史料及民間故事纂集而成,所以有人認為它是中國最古老的短篇小說集。

九、《風俗通義》

東漢應劭著。原書二十三卷,現存皇霸、正失、衍禮、過譽、阪、聲音、窮通、祀典、怪神、山澤十卷,附錄一卷。該書考論典禮類《白虎通》,糾正流俗類《論衡》,記錄了大量上古的神話傳說,並且有作者自己的評論,是研究古代風俗和鬼神崇拜的重要文獻,也是中國第一部專門記錄口語詞彙的專書。

十、《淮南子》

又名《淮南鴻烈》,是西漢淮南王劉安主持編寫的。據《漢書·藝文志》記載:"淮南內二十一篇,外三十三篇。"唐顏師古注:"內篇論道,外篇雜說。"現存二十一篇,即原道訓、俶真訓、天文訓、地形訓、時則訓、覽冥訓、精神訓、本經訓、主術訓、繆稱訓、齊俗訓、道應訓、氾論訓、詮言訓、兵略訓、說山訓、說林訓、人間訓、修務訓、泰族訓、要略。根據高誘注,"鴻"是廣大的意思,"烈"是光明的意思,作者認為此書包括了廣大而光明的通理。全書將道、陰陽、墨、法和儒家思想糅合在一起,但主要傾向於道家。《漢書·藝文志》則將它列入雜家。

十一、《論衡》

東漢王充著。王充是東漢著名思想家,師從班彪,他對當時流行的漢代儒學既陰陽讖緯學說大膽懷疑,提倡天地宇宙的自然無為、神滅無鬼、今勝於古的思想,對東漢王朝正統的儒學思想造成很大衝擊。《論衡》八十五篇,按照他自己的說法,"論衡者,論之平也"。即評定言論的天平,目的是"冀悟迷惑之心,使知虛實之分"。今人黃暉《論衡校釋》、楊寶忠《論衡訓詁資料纂輯》、《論衡校箋》可以參看。

十二、《顏氏家訓》

北齊顏之推著。《顏氏家訓》開後世"家訓"的先河,是我國古代家庭教育的重要理論著作,被南宋陳振孫譽爲"古今家訓之祖"。全書共二十篇,即序致、教子、兄弟、後娶、治家、風操、慕賢、勉學、文章、名實、涉務、省事、止足、誡兵、養心、歸心、書證、音辭、雜藝、終制。除了家訓之外,本書還"兼論字畫音訓,並考正典故,品第文藝"。對研究古文獻學、南北朝歷史、文化有著很高的學術價值。王利器有《顏氏家訓集解》可以參看。

十三、《老子》

《史記·老子列傳》說,老子姓李名耳,字伯陽,又稱老聃。但清代王引之認爲,應該是姓李名耳,字聃。中國著名思想家、哲學家,先秦道家學派的創始人。老子主張"無爲",宇宙萬物的規律是"道",有樸素的辯證思想。《老子》一書共分兩章,即《道經》、《德經》,故《老子》又稱爲《道德經》,大約五千字,早在十九世紀就已經被翻譯爲外文。

十四、《莊子》

莊子,名周,戰國時期宋國人。漢代避漢明帝劉莊諱而改稱嚴周。戰國時期思想家、哲學家、文學家,道家學派代表人物,唐玄宗封其爲南華真人,其書則又名《南華真經》。莊子主張"天道無爲""天人合一""物我兩忘"。《莊子》一書分爲內篇七篇:逍遙游、齊物論、養生主、人間世、德充符、大宗師、應帝王;外篇十五篇:駢拇、馬蹄、胠篋、在宥、天地、天道、天運、刻意、繕性、秋水、至樂、達生、山木、田子方、知北遊;雜篇十一篇:庚桑楚、徐無鬼、則陽、外物、寓言、讓王、盜跖、說劍、漁父、列禦寇、天下。清郭慶藩《莊子集釋》、王先謙《莊子集解》、陳鼓應《莊子今注今譯》可以參看。

十五、《抱樸子》

東晉葛洪著。《抱樸子》總結了戰國以來的神仙家理論,基本建立了道家的神仙體系,又集前代煉丹術之大成,對研究中國道教史有重要價值。全書分爲內外二篇,內篇二十卷,"粗舉長生之理"及煉丹術。外篇五十卷,討論政治得失和治民之道。《四庫提要》認爲"辭旨辨博,饒有名理"。梁陶弘景撰《抱樸子注》二十卷,已佚。今人王明著《抱樸子內篇校釋》可以參看。

十六、《大藏經》

漢文大藏經,在隋唐之世即有纂集,然其時未有印刷術,凡有編集,皆賴書寫,直至宋代,始有刊本。而漢文大藏經之刊印,以宋太祖於蜀之成都雕刻(木版印刷)全部大藏經爲開始,此即官版蜀版開寶藏。我國歷代刊刻的《大藏經》有二十餘種,1251 年刻《高麗藏》屬於其中的精本。清雍正十三年至乾隆三年(1735—1738)刊刻龍藏。1934年日本《大正藏》也是精本。1982—1997 中華書局出版了《中華大藏經》集歷代之大成。據《新編漢文大藏經目錄》統計,保留至今的漢譯佛經約有一千四百八十部,五千七百卷。按照傳統的分法,佛典分爲經、律、論三大類,合稱三藏。經是佛教闡述其宗教信仰的根據、途徑、方法、境界等基本理論著作,是核心。漢文經又分爲阿含、寶積、般若、華嚴、涅槃五部,其中阿含是小乘佛教,其他爲大乘。律分爲本緣部、戒律部。本緣部是關於佛本人身世的傳說、故事和一些寓言。戒律部是爲僧侶制定的日常生活和精神修養的行爲準則。

十七、《祖堂集》

南唐泉州招慶寺靜、筠二禪僧編。全書內容記述自迦葉以至唐末、五代共二五六位禪宗祖師的事蹟及問答,以南宗禪雪峰系爲基本線索。本書成書於南唐保大十年(952),是早於《景德傳燈錄》半個多世紀的禪宗史書,在史料等方面有其特殊的地位,對研究禪宗初期歷史極具價值。本書成書後,流傳不久,即告失傳。諸大藏經亦未收錄此書。1912 年,日本學者關野貞、小野玄妙等人對韓國南部慶尚道陝川郡伽耶山海印寺所藏高麗版大藏經版本進行調查時,發現高麗高宗三十二年(1245)開雕的《祖堂集》二十卷完整版本。日本花園大學有複印的《祖堂集》普及本。

第四節 集部文獻

《四庫全書總目》稱:"集部之目,楚辭最古,別集次之,總集次之,詩文評又晚出,詞曲則其閏餘也。"我們主要介紹以下幾種文獻。

一、《楚辭》

《四庫全書總目》說:"古人不以文章名,故秦以前書無稱。屈原、宋玉工賦者,洎乎漢代始有詞人。跡其著作,率由追錄。"戰國時,屈原採用楚地民歌的形式進行創作,"皆書楚語,作楚聲,紀楚地,名楚物",後來有宋玉等人加以模仿。漢代劉向把他們的作品彙集在一起編成《楚辭》一書,成爲繼《詩經》以後的又一部詩歌總集。共收屈原、宋玉及漢代淮南小山、東方朔、王褒、劉向等人的辭賦十六篇,後王逸增入己作《九思》,成十七篇,以屈原的作品爲主。重要注本有東漢王逸的《楚辭章句》、南宋洪興祖《楚辭補注》、南宋朱熹《楚辭集注》、清初王夫之《楚辭通釋》、清代蔣驥《山帶閣注楚辭》、姜亮夫《屈原賦校注》等。

二、《李太白詩集注》

清王琦注,三十六卷。《新唐書·藝文志》載:"《草堂集》二十卷,李陽冰編。"晁公武《郡齋讀書志》爲《李翰林集》二十卷、陳振孫《直齋書錄解題》則爲"《李翰林集》三十卷",王氏之書採用三十卷本,同時"別以序、誌、碑、傳、贈答、題詠、詩文評語、年譜、外紀爲附錄六卷"。

三、《杜詩詳注》

杜甫一生寫詩一千四百餘首,藝術成就極高,爲歷代所重視,注家蜂出,宋代有"千家注杜"之說。清代的仇兆鰲花費二十年時間,搜集各家注本,輯爲《杜詩詳注》,包括詩注二十三卷,雜文注二卷,後以逸杜、咏杜補注、論杜爲附編,上下二卷。"每詩各分段落,先詮釋文義於前,而徵引典故列於詩末。"資料極爲詳盡。

四、《白氏長慶集》

白居易的文集在唐穆宗長慶年間編集出版,故名《白氏長慶集》。原爲七十五卷,前集五十卷,後集二十卷。宋代亡軼四卷,現存七十一卷,其中詩三十七卷,分爲諷喻、閒話、感傷、歌行、雜律等,文三十四卷。現在通行本《白氏長慶集》即據宋本影印。

五、《李商隱集》

《新唐書·藝文志》載:"李商隱《樊南甲集》二十卷,《乙集》二十卷,《玉谿生詩》三卷《文賦》一卷。"《宋史·藝文志》載:"《李商隱文集》八卷,《四六甲乙集》四十卷,《別集》二十卷,《詩集》三卷。"現《玉谿生詩》仍存,其他已佚,後人輯有《樊南文集》、《樊南文集補編》。現《李商隱全集》以清人馮浩《玉谿生詩集箋注》三卷、馮浩詳注《樊南文集》八卷、錢振倫錢振常兄弟箋注《樊南文集補編》十二卷匯合而成。

六、《王梵志詩》

王梵志爲唐代著名白話僧人,生平事蹟不詳,主要生活經歷在初唐時期。王梵志以俗語入詩,寓禪理於嬉笑怒罵和瑣事常談之中,開唐代白話詩的先河。唐宋時期,王梵志詩流傳很廣,但明清以後逐漸失傳,直到敦煌文獻出土,王梵志詩才又重新被發現。敦煌寫本王梵志詩,有1925年劉複校本,收入《敦煌掇瑣》。又有1935年鄭振鐸校補本《王梵志詩》一卷。張錫厚整理《王梵志詩校輯》。後出轉精之作是項楚《王梵志詩校注》。

七、《經進東坡文集事略》

蘇軾是宋代著名文學家,散文與歐陽修齊名。詩歌創作與黃庭堅齊名。詞創作與辛棄疾齊名。蘇軾的文章在北宋文壇影響深遠,宋代已經出現諸多選本,最早的選本是南宋郎曄的《經進東坡文集事略》六十卷。現有《四部叢刊》影宋本和龐石帚校訂本。

八、《文選》

梁蕭統編。魏晉六朝是各種文學形式發展並趨於成熟的時期,作家和作品數量增多,文藝理論的探討和文學體制的辨析日益精密。對文學作品進行品鑒、選錄優秀作品的文學總集應運而生,影響最大的總集就是《文選》。《文選》共三十卷,收錄作家一百三十人,上起子夏、屈原,下迄當時。全書收錄作品五百一十四篇,編排的標準是"凡次文之體,各以彙聚。詩賦體既不一,又以類分。類分之中,各以時代相次"。大致劃分爲賦、詩、雜文三大類,又分出賦、詩、騷、七、詔、冊等三十八小類,賦、詩比重最多。賦分爲京都、郊祀、耕籍等十五門。詩分爲補亡、述德、勸勵等二十三門。從隋唐開始就有人對《文選》進行研究,出現了"文選學"這一說法。唐代出現了李善注和六臣注。

九、《玉臺新詠》

南朝梁陳間徐陵編,共十卷。收錄東周至南朝梁代詩歌七百六十九篇,"其書前八卷爲自漢至梁五言詩,第九卷爲歌行,第十卷爲五言二韻之詩"。徐陵在書前的序言說此書目的是"選錄豔歌",雖不如《文選》取材之廣,但也有自身特點。"豔歌"往往出自民間,語言通俗明白。重視五言四句的形式,對五言絕句的發展起到了一定的作用。

十、《樂府詩集》

宋代郭茂倩編,一百卷,是現存收集樂府歌辭最完備的一部總集。"樂府"是漢武帝時期設立的掌管音樂機構,後來人們將樂府採集的詩篇也稱爲樂府,或稱樂府詩、樂府歌辭,樂府便由官府機構變成了詩體名稱。《樂府詩集》主要輯錄漢魏到唐五代的樂府歌辭以及先秦到唐末的歌謠,共五千多首,分爲郊廟歌辭、燕射歌辭、鼓吹曲辭、橫吹曲辭、相和歌辭、清商曲辭、舞曲歌辭、琴曲歌辭、雜曲歌辭、近代曲辭、雜歌謠辭和新樂府辭十二大類,其中又分若干小類。它搜集廣泛,各類有總序,每曲有題解。對保存樂府歌辭作品及曲調有重要作用。

十一、《全唐詩》

清康熙四十四年(1705)彭定求編,《全唐詩》九百卷,收詩四萬八千九百首,涉及作者二千二百人(今人的說法是共收詩四萬九千四百零三首,作者二千八百七十三人)。此書是在明人胡震亨《唐音統簽》、清人季振宜《唐詩》的基礎上編撰而成,主要進行了增補、考證、增加校語、重編次序的工作。《全唐詩》力圖將全部唐人詩歌編爲一帙,有助於對唐詩進行研究,但書成倉促,缺漏頗多,誤收誤排情況也多有。1960 年中華書局出版了排印本,1982 年出版了《全唐詩外編》、《全唐詩補編》。

十二、《全上古三代秦漢三國六朝文》

清嚴可均編,七百四十六卷,是中國上古至隋代的文章總集,共收錄上古至隋代三千四百九十七人的文章。按時代先後爲序,編爲十五集:《全上古三代文》、《全秦文》、《全漢文》、《全後漢文》、《全三國文》、《全晉文》、《全宋文》、《全齊文》、《全梁文》、《全陳文》、《全後魏文》、《全北齊文》、《全後周文》、《金隋文》和文章朝代不明的《先唐文》。每集作者又分帝、後、宗室諸王、群雄、諸臣、宦官、列女、闕名、外國、釋氏、仙道、鬼神等。絕大多數作者前有小傳。

十三、《先秦漢魏晉南北朝詩》

今人逯欽立編,是中國先秦至隋的詩歌總集,共一百三十五卷,依據作者生卒先後分卷編次,隋以前的作品,《詩經》、《楚辭》之外的歌詩謠諺,悉數編入。每詩詳細注明出處及異文情況,考訂精審,多有見解,是同類總集中最完善、使用最方便的一部。

十四、《唐詩別裁集》

清代沈德潛編選。共二十卷,選取作家二百七十余人,一千九百餘首詩歌,分體編排。因杜甫《戲爲六絕句》中有"別裁僞體親風雅",故題名"別裁"。他主張"備一代之詩,取其宏博""以李、杜爲宗",重點選錄王維、李白、杜甫、岑參、韋應物、韓愈、白居易、李商隱等大家名家的詩作,注重到不同時期、不同流派和不同體裁的作品,入選的題材和風格較爲豐富多彩,大致反映了唐代詩歌創作的基本面貌。

十五、《古謠諺》

清代杜文瀾編,一百卷,正文八十五卷,附錄十四卷,集說一卷,是輯錄古代民謠和諺語的專書。全書按照經、史、子、集先後爲序,把古籍中保存的大量上古至明代的謠諺彙編成集,在宋代以來同類書中堪稱集大成之作。而且對於每一作品產生流傳的原委、有關的上下文以及某些作品"應驗"情況等均予以敘錄,或加以考辨。

十六、《文心雕龍》

劉勰撰。是中國文學理論批評史上第一部有嚴密體系的文學理論專著。共十卷,五十篇:《原道》、《徵聖》、《宗經》、《正緯》、《辨騷》、《明詩》、《樂府》、《詮賦》、《頌讚》、《祝盟》、《銘箴》、《誄碑》、《哀弔》、《雜文》、《諧讔》、《史傳》、《諸子》、《論說》、《詔策》、《檄移》、《封禪》、《章表》、《奏啓》、《議對》、《書記》二十五篇"論文章體製",對各種文體源流及作家、作品進行研究和評價。《神思》、《體性》、《風骨》、《通變》、《定勢》、《情采》、《鎔裁》、《聲律》、《章句》、《麗辭》、《比興》、《夸飾》、《事類》、《練字》、《隱秀》、《指瑕》、《養氣》、《附會》、《總術》、《時序》、《物色》、《才略》、《知音》、《程器》"論文章工拙",涉及創作論的諸多問題。加上《序志》敘述作者寫作的動機、原則。今人范文瀾《文心雕龍注》、楊明照《文心雕龍校注》及《文心雕龍校注拾遺》、周振甫《文心雕龍注釋》、王利器《文心雕龍校證》等可以參看。

十七、《詩品》

鍾嶸,字仲偉,生卒年不詳。齊梁時期,詩壇"庸音雜體,人各爲容",鍾嶸有感於此,著《詩品》三卷,根據五言詩的創作,品評了兩漢至梁代的詩人一百二十二人,計上品十一人,中品三十九人,下品七十二人,"每品之首各冠以序,皆妙達文理,可與文心雕龍並稱"。書中強調賦和比興的相濟爲用,反對用典、反對四聲八病,是第一部論詩的著作,對後代詩歌批評有很大的影響。

十八、《歷代詩話》

清代何文煥輯。上自蕭梁,下迄明代,共收詩話二十七種:梁鍾嶸《詩品》一種、唐皎然《詩式》、司空圖《詩品》二種、宋代歐陽修《六一詩話》、司馬光《溫公續詩話》、陳師道《後山詩話》、嚴羽《滄浪詩話》等十六種；元代蔣正子《山房隨筆》等四種；明代徐禎卿《談藝錄》、王世懋《藝圃擷余》等四種；何氏自撰《歷代詩話考索》一種。近代人丁福保有《歷代詩話續編》爲之補充，收有唐代至明代詩話共二十九種。

◎原典閱讀

一、唐孔穎達《周易正義序》

　　夫易者象也爻者效也聖人有以仰觀俯察象天地而育羣品雲行雨施效四時以生萬物若用之以順則兩儀序而百物和若行之以逆則六位傾而五行亂故王者動必則天地之道不使一物失其性行必協陰陽之宜不使一物受其害故能彌綸宇宙酬酢神明宗社所以無窮風聲所以不朽非夫道極玄妙孰能與於此乎斯乃乾坤之大造生靈之所益也若夫龍出於河則八卦宣其象麟傷於澤則十翼彰其用業資九聖時歷三古及秦亡金鏡未墜斯文漢理珠囊重興儒雅其傳易者西都則有丁孟京田東都則有荀劉馬鄭大體更相祖述非有絕倫唯魏世王輔嗣之注獨冠古今所以江左諸儒竝傳其學河北學者罕能及之其江南義疏十有餘家皆辭尚虛玄義多浮誕原夫易理難窮雖復玄之又玄至於垂範作則便是有而教有若論住內住外之空就能就所之說斯乃義涉於釋氏非爲教於孔門也既背其本又違於注至若復卦云七日來復竝解云七日當爲七月謂陽氣從五月建午而消至十一月建子始復所歷七辰故云七月今案輔嗣注云陽氣始剝盡至來復時凡七日則是陽氣剝盡之後凡經七日始復但陽氣雖建午始消至建戌之月陽氣猶在何得稱七月來復故鄭康成引易緯之說建戌之月以陽氣既盡建亥之月純陰用事至建子之月陽氣始生隔此純陰一卦卦主六日七分舉其成數言之而云七日來復仲尼之緯分明輔嗣之注若此康成之說遺跡可尋輔嗣注之於前諸儒背之於後考其義理其可通乎又蠱卦云先甲三日後甲三日輔嗣注云甲者創制之令又若漢世之時甲令乙令也輔嗣又云令洽乃誅故後之三日又巽卦云先庚三日後庚三日輔嗣注云申命令謂之庚輔嗣又云甲庚皆申命之謂也諸儒同於鄭氏之說以爲甲者宣令之日先之三日而用辛也欲取改新之義後之三日而用丁也取其丁寧之義王氏注意本不如此而又不顧其注妄作異端今既奉勅刪定攷察其事必以仲尼爲宗義理可詮先以輔嗣爲本去其華而取其實欲使信而有徵其文簡其理約寡而制衆變而能通仍恐鄙才短見意未周盡謹與朝散大夫行大學博士臣馬嘉運守大學助教臣趙乾葉等對

共參議詳其可否至十六年又奉勅與前修疏人及給事郎守四門博士上騎都尉臣蘇德融等對勅使趙弘智覆更詳審爲之正義凡十有四卷庶望上裨聖道下益將來故序其大略附之卷首爾

第一論易之三名

正義曰夫易者變化之總名改換之殊稱自天地開闢陰陽運行寒暑迭來日月更出乎萌庶類亭毒羣品新新不停生生相續莫非資變化之力換代之功然變化運行在陰陽二氣故聖人初畫八卦設剛柔兩畫象二氣也布以三位象三才也謂之爲易取變化之義既義總變化而獨以易爲名者易緯乾鑿度云易一名而含三義所謂易也變易也不易也又云易者其德也光明四通簡易立節天以爛明日月星辰布設張列通精無門藏神無穴不煩不擾澹泊不失此其易也變易者其氣也天地不變不能通氣五行迭終四時更廢君臣取象變節相移能消者息必專者敗此其變易也不易者其位也天在上地在下君南面臣北面父坐子伏此其不易也鄭玄依此義作易贊及易論云易一名而含三義易簡一也變易二也不易三也故繫辭云乾坤其易之蘊邪又云易之門戶邪又云夫乾確然示人易矣夫坤隤然示人簡矣易則易知簡則易從此言其易簡之法則也又云爲道也屢遷變動不居周流六虛上下無常剛柔相易不可爲典要唯變所適此言順時變易出入移動者也又云天尊地卑乾坤定矣卑高以陳貴賤位矣動靜有常剛柔斷矣此言其張設布列不易者也崔覲劉貞簡等竝用此義云易者謂生生之德有易簡之義不易者言天地定位不可相易變易者謂生生之道變而相續皆以緯稱不煩不擾澹泊不失此明是易簡之義無爲之道故易者易也作難易之音而周簡子云易者易也不易也變易也易者易代之名凡有無相代彼此相易皆是易義不易者常體之名有常有體無常無體是不易之義變易者相變改之名兩有相變此爲變易張氏何氏竝用此義云易者換代之名待奪之義因於乾鑿度云易者其德也或沒而不論或云德者得也萬法相形皆得相易不顧緯文不煩不擾之言所謂用其文而背其義何不思之甚故今之所用同鄭康成等易者易也音爲難易之音義爲簡易之義得緯文之本實也蓋易之三義唯在於有然有從無出理則包無故乾鑿度云夫有形者生於無形則乾坤安從而生故有太易有太初有太始有太素太易者未見氣也太初者氣之始也太始者形之始也太素者質之始也氣形質具而未相離謂之渾沌渾沌者言萬物相渾沌而未相離也視之不見聽之不聞循之不得故曰易也是知易理備包有無而易象唯在於有者蓋以聖人作易本以垂教教之所備本備於有故繫辭云形而上者謂之道道即無也形而下者謂之器器即有也故以無言之存乎道體以有言之存乎器用以變化言之存乎其神以生成言之存乎其易以真言之存乎其性以邪言之存乎其情以氣言之存乎陰陽以質言之存乎爻象以教言之存乎精義以人言之存乎景行此等是也且易者象也物無不可象也作易所以垂教者即乾鑿度云孔子曰上古之時人民無別羣物未殊未有衣食器用之利伏犧乃仰觀象於天俯觀法於地中觀萬

物之宜於是始作八卦以通神明之德以類萬物之情故易者所以斷天地理人倫而明王道是以畫八卦建五氣以立五常之行象法乾坤順陰陽以正君臣父子夫婦之義度時制宜作為罔罟以佃以漁以贍民用於是人民乃治君親以尊臣子以順羣生和洽各安其性此其作易垂教之本意也

第二論重卦之人

繫辭云河出圖洛出書聖人則之又禮緯含文嘉曰伏犧德合上下天應以鳥獸文章地應以河圖洛書伏犧則而象之乃作八卦故孔安國馬融王肅姚信等竝云伏犧得河圖而作易是則伏犧雖得河圖復須仰觀俯察以相參正然後畫卦伏犧初畫八卦萬物之象皆在其中故繫辭曰八卦成列象在其中矣是也雖有萬物之象其萬物變通之理猶自未備故因其八卦而更重之卦有六爻遂重為六十四卦也繫辭曰因而重之爻在其中矣是也然重卦之人諸儒不同凡有四說王輔嗣等以為伏犧畫卦鄭玄之徒以為神農重卦孫盛以為夏禹重卦史遷等以為文王重卦其言夏禹及文王重卦者案繫辭神農之時已有蓋取益與噬嗑以此論之不攻自破其言神農重卦亦未為得今以諸文驗之案說卦云昔者聖人之作易也幽贊於神明而生蓍凡言作者創造之謂也神農以後便是述脩不可謂之作也則幽贊用蓍謂伏犧矣故乾鑿度云垂皇策者犧上繫論用蓍云四營而成易十有八變而成卦既言聖人作易十八變成卦明用蓍在六爻之後非三畫之時伏犧用蓍即伏犧已重卦矣說卦又云昔者聖人之作易也將以順性命之理是以立天之道曰陰與陽立地之道曰柔與剛立人之道曰仁與義兼三才而兩之故易六畫而成卦既言聖人作易兼三才而兩之又非神農始重卦矣又上繫云易有聖人之道四焉以言者尚其辭以動者尚其變以制器者尚其象以卜筮者尚其占此之四事皆在六爻之後何者三畫之時未有象繫不得有尚其辭因而重之始有變動三畫不動不得有尚其變揲蓍布爻方用之卜筮蓍起六爻之後三畫不得有尚其占自然中間以制器者尚其象亦非三畫之時今伏犧結繩而為罔罟則是制器明伏犧已重卦矣又周禮小史掌三皇五帝之書明三皇已有書也下繫云上古結繩而治後世聖人易之以書契蓋取諸夬既象夬卦而造書契伏犧有書契則有夬卦矣故孔安國書序云古者伏犧氏之王天下也始畫八卦造書契以代結繩之政又曰伏犧神農黃帝之書謂之三墳是也又八卦小成爻象未備重三成六能事畢矣若言重卦起自神農其為功也豈比繫辭而已哉何因易緯等數所歷三聖但云伏犧文王孔子竟不及神農明神農但有蓋取諸益不重卦矣故今依王輔嗣以伏犧既畫八卦即自重為六十四卦為得其實其重卦之意備在說卦此不具敘伏犧之時道尚質素畫卦重爻足以垂法後代澆訛德不如古爻象不足以為教故作繫辭以明之

第三論三代易名

案周禮太卜三易云一曰連山二曰歸藏三曰周易杜子春云連山伏犧歸藏黃帝鄭玄易贊及易論云夏曰連山殷曰歸藏周曰周易鄭玄又釋云連山者象山之出雲連連不絕歸

藏者萬物莫不歸藏於其中周易者言易道周普無所不備鄭玄雖有此釋更無所據之文先儒因此遂爲文質之義皆煩而無用今所不取案世譜等羣書神農一曰連山氏亦曰列山氏黃帝一曰歸藏氏既連山歸藏並是代號則周易稱周取岐陽地名毛詩云周原膴膴是也又文王作易之時正在羑里周德未興猶是殷世也故題周別於殷以此文王所演故謂之周易其猶周書周禮題周以別餘代故易緯云因代以題周是也先儒又兼取鄭説云既指周代之名亦是普徧之義雖欲無所退棄亦恐未可盡通其易題周因代以稱周是先儒更不別解唯皇甫謐云文王在羑里演六十四卦著七八九六之爻謂之周易以此文王安周字其繫辭之文連山歸藏無以言也

第四論卦辭爻辭誰作

其周易繫辭凡有二説一説所以卦辭爻辭並是文王所作知者案繫辭云易之興也其於中古乎作易者其有憂患乎又曰易之興也其當殷之末世周之盛德邪當文王與紂之事邪又乾鑿度云垂皇策者犧卦道演德者文成命者孔通卦驗又云蒼牙通靈昌之成孔演命明道經準此諸文伏犧制卦文王繫辭孔子作十翼易歷三聖只謂此也故史遷云文王囚而演易即是作易者其有憂患乎鄭學之徒並依此説也二以爲驗爻辭多是文王後事案升卦六四王用亨於岐山武王克殷之後始追號文王爲王若爻辭是文王所制不應云王用亨於岐山又明夷六五箕子之明夷武王觀兵之後箕子始被囚奴文王不宜豫言箕子之明夷又既濟九五東鄰殺牛不如西鄰之禴祭説者皆云西鄰謂文王東鄰謂紂文武之時紂尚南面豈容自言已德受福勝殷又欲抗君之國遂言東西相鄰而已又左傳韓宣子適魯見易象云吾乃知周公之德周公被流言之謗亦得爲憂患也驗此諸説以爲卦辭文王爻辭周公馬融陸績等並同此説今依而用之所以只言三聖不數周公者以父統子業故也案禮稽命徵曰文王見禮壞樂崩道孤無主故設禮經三百威儀三千其三百三千即周公所制周官儀禮明文王本有此意周公述而成之故繫之文王然則易之爻辭蓋亦是文王本意故易緯但言文王也

第五論分上下二篇

案乾鑿度云孔子曰陽三陰四位之正也故易卦六十四分爲上下而象陰陽也夫陽道純而奇故上篇三十所以象陽也陰道不純而偶故下篇三十四所以法陰也乾坤者陰陽之本始萬物之祖宗故爲上篇之始而尊之也離爲日坎爲月日月之道陰陽之經所以始終萬物故以坎離爲上篇之終也咸恒者男女之始夫婦之道也人道之興必由夫婦所以奉承祖宗爲天地之主故爲下篇之始而貴之也既濟未濟爲最終者所以明戒慎而全王道也以此言之則上下二篇文王所定夫子作緯以釋其義也

第六論夫子十翼

其彖象等十翼之辭以爲孔子所作先儒更無異論但數十翼亦有多家既文王易經本

分爲上下二篇則區域各別象象釋卦亦當隨經而分故一家數十翼云上彖一下彖二上象三下象四上繫五下繫六文言七説卦八序卦九雜卦十鄭學之徒竝同此説故今亦依之

第七論傳易之人

孔子既作十翼易道大明自商瞿已後傳授不絕案儒林傳云商瞿子木本受易於孔子以授魯橋庇子庸子庸授江東駻臂子弓子弓授燕周醜子家子家授東武孫虞子乘子乘授齊田何子莊及秦燔書易爲卜筮之書獨得不禁故傳授者不絕漢興田何授東武王同子中及雒陽周王孫梁人丁寬齊服生皆著易傳數篇同授菑川楊何字叔元叔元傳京房京房傳梁丘賀賀授子臨臨授御史大夫王駿其後丁寬又別授田王孫孫授施讎讎授張禹禹授彭宣此前漢傳授大略之人也其後漢則有馬融荀爽鄭玄劉表虞翻陸績等及王輔嗣也

第八論誰加經字

但子夏傳云雖分爲上下二篇未有經字經字是後人所加不知起自誰始案前漢孟喜易本云分上下二經是孟喜之前已題經字其篇題經字雖起於後其稱經之理則久在於前故禮記經解云絜靜精微易教也既在經解之篇是易有稱經之理案經解之篇備論六藝則詩書禮樂竝合稱經而孝經緯稱易建八卦序六十四卦轉成三百八十四爻運機布度其氣轉易故稱經也但緯文鄙僞不可全信其八卦方位之所六爻上下之次七八九六之數内外承乘之象入經別釋此未具論也

二、唐孔穎達《尚書正義序》

夫書者人君辭誥之典右史記言之策古之王者事總萬幾發號出令義非一揆或設教以馭下或展禮以事上或宣威以肅震曜或敷和而散風雨得之則百度惟貞失之則千里斯謬樞機之發榮辱之主絲綸之動不可不慎所以辭不苟出君舉必書欲其昭法誡慎言行也其泉源所漸基於出震之君黼藻斯彰鬱乎如雲之后勛華揖讓而典謨起湯武革命而誓誥興先君宣父生於周末有至德而無至位修聖道以顯聖人芟煩亂而翦浮辭舉宏綱而撮機要上斷唐虞下終秦魯時經五代書總百篇採翡翠之羽毛拔犀象之牙角礐荆山之石所得者連城窮漢水之濱所求者照乘巍巍蕩蕩無得而稱鬱鬱紛紛於斯爲盛斯乃前言往行足以埀法將來者也暨乎七雄已戰五精未聚儒雅與深穽同埋經典共積薪俱燎漢氏大濟區宇廣求遺逸採古文於金石得今書於齊魯其文則歐陽夏侯二家之所説蔡邕碑石刻之古文則兩漢亦所不行安國注之實遭巫蠱遂寢而不用歷及魏晉方始稍興故馬鄭諸儒莫覩其學所注經傳時或異同晉世皇甫謐獨得其書載於帝紀其後傳授乃可詳焉但古文經雖然早出晚始得行其辭富而備其義宏而雅故復而不厭久而愈亮江左學者咸悉祖焉近至隋初始流河朔其爲正義者蔡大寶巢猗費甝顧彪劉焯劉炫等其諸公旨趣多或因循怗釋注文義皆淺略惟劉焯劉炫最爲詳雅然焯乃織綜經文穿鑿孔穴詭其新見異彼前儒非險

而更爲險無義而更生義竊以古人言誥惟在達情雖復時或取象不必辭皆有意若其言必
託數經悉對文斯乃鼓怒浪於平流震驚飆於靜樹使教者煩而多惑學者勞而少功過猶不
及良爲此也炫嫌焯之煩雜就而刪焉雖復微稍省要又好改張前義義更太略辭又過華雖
爲文筆之善乃非開奬之路義既無義文又非文欲使後生若爲領袖此乃炫之所失未爲得
也今奉明勅考定是非謹罄庸愚竭所聞見覽古人之傳記質近代之異同存其是而去其非
削其煩而增其簡此亦非敢臆説必據舊聞謹與朝散大夫行太學博士臣王德韶前四門助
教臣李子雲等謹共銓叙至十六年又奉勅與前脩疏人及通直郎行四門博士驍騎尉臣朱
長才給事郎守四門博士上騎都尉臣蘇德融登仕郎守太學助教雲騎尉臣隨德素儒林郎
守四門助教雲騎尉臣王士雄等對勅使趙弘智覆更詳審爲之正義凡二十卷庶對揚於聖
範冀有益於童稚略陳其事叙之云爾

三、清永瑢等《四庫全書總目》"毛詩正義"提要

毛詩正義四十卷漢毛亨傳鄭元箋唐孔穎達疏漢書藝文志毛詩二十九卷毛詩古訓
傳三十卷然但稱毛公不著其名後漢書儒林傳始云趙人毛長傳詩是爲毛詩其長字不從
艸隋書經籍志載毛詩二十卷漢河間太守毛萇傳鄭氏箋於是詩傳始稱毛萇然鄭元詩譜
曰魯人大毛公爲訓詁傳於其家河間獻王得而獻之以小毛公爲博士陸璣毛詩草木蟲魚
疏亦云孔子刪詩授卜商商爲之序以授魯人曾申申授魏人李克克授魯人孟仲子仲子授
根牟子根牟子授趙人荀卿荀卿授魯國毛亨毛亨作訓詁傳以授趙國毛萇時人謂亨爲大
毛公萇爲小毛公據是臣二書則作者乃毛亨非毛萇故孔氏正義亦云大毛公爲其傳由
小毛公而題毛也隋志所云殊爲舛誤而流俗傳襲莫之能更朱彝尊經義考乃以毛詩二十
九卷題毛亨撰註曰佚毛詩訓故傳三十卷題毛萇撰註曰存意主調停尤爲於古無據今參
稽衆説定作傳者爲毛亨以鄭氏後漢人陸氏三國吳人并傳授毛詩淵源有自所言必不誣
也鄭氏發明毛義自命曰箋博物志曰毛公嘗爲北海郡守康成是此郡人故以爲敬推張華
所言葢以爲公府用記郡將用箋之意然康成生於漢末乃修敬於四百年前之太守殊無所
取案說文曰箋表識書也鄭氏六藝論曰註詩宗毛爲主毛義若隱畧則更表明如有不同即
下已意使可識別然則康成特因毛傳而表識其傍如今人之簽記積而成帙故謂之箋無庸
別曲説也自鄭箋既行齊魯韓三家遂廢然箋與傳義亦時有異同魏王肅作毛詩註毛詩義
駁毛詩奏事毛詩問難諸書以申毛難鄭歐陽修引其釋衛風擊鼓五章謂鄭不如王王基又
作毛詩駁以申鄭難王玉麟引其駁芣苢一條謂王不及鄭晉孫毓作毛詩異同評復申王説
鄭統作難孫氏毛詩評又明鄭義袒分左右垂教百年至唐貞觀十六年命孔穎達等因鄭箋
爲正義乃論歸一定無復岐途毛傳二十九卷隋志附以鄭箋作二十卷疑爲康成所併穎達
等以疏文繁重又析爲四十卷其書以劉焯毛詩義疏劉炫毛詩述義爲槀本故能融貫羣言

包羅古義終唐之世人無異詞惟王讜唐語林記劉禹錫聴施士丐講毛詩所説維鵜在梁陟彼岵兮勿翦勿拜維北有斗四義稱毛未注然未嘗有所詆排也至宋鄭樵恃其才辯無故而發難端南渡諸儒始以掊擊毛鄭爲能事元延祐科舉條制詩雖兼用古註疏其時門户已成講學者迄不遵用沿及明代胡廣等竊劉瑾之書作詩經大全著爲令典於是專宗朱傳漢學遂亡然朱子從鄭樵之説不過攻小序耳至於詩中訓詁用毛鄭者居多後儒不考古書不知小序自小序傳箋自傳箋闃然佐鬮遂併毛鄭而棄之是非惟不知毛鄭爲何語殆併朱子之傳亦不辯爲何語矣我

四、唐孔穎達《毛詩正義序》

夫詩者論功頌德之歌止僻防邪之訓雖無爲而自發乃有益於生靈六情静於中百物盪於外情緣物動物感情遷若政遇醇和則歡娛被於朝野時當慘黷亦怨刺形於詠歌作之者所以暢懷舒憤聞之者足以塞違從正發諸情性諧於律吕故曰感天地動鬼神莫近於詩此乃詩之爲用其利大矣若夫哀樂之起冥於自然喜怒之端非由人事故燕雀表唈嗟之感鸞鳳有歌舞之容然則詩理之先同夫開闢詩迹所用隨運而移上皇道質故諷諭之情寡中古政繁亦謳謌之理切唐虞乃見其初犧軒莫測其始於後時經五代篇有三千成康没而頌聲寢陳靈興而變風息先君宣父釐正遺文緝其精華褪其煩重上從周始下暨魯僖四百年間六詩備矣卜商闡其業雅頌與金石同和秦正燎其書簡牘與煙塵共盡漢氏之初詩分爲四申公騰芳於鄢郢毛氏光價於河閒貫長卿傳之於前鄭康成箋之於後晉宋二蕭之世其道大行齊魏兩河之閒茲風不墜其近代爲義疏者有全緩何胤舒瑗劉軌思劉醜劉焯劉炫等然悼炫並聰穎特達文而又儒擢秀幹於一時騁絶轡於千里固諸儒之所揖讓日下之無雙於其所作疏内特爲殊絶今奉勅刪定故據以爲本然焯炫等負恃才氣輕鄙先達同其所異異其所同或應畧而反詳或宜詳而更畧準其繩墨差忒未免勘其會同時有顚躓今則削其所煩增其所簡唯意存於曲直非有心於愛憎謹與朝散大夫行太學博士臣王德韶徵事郎守四門博士臣齊威等對共討論辯詳得失至十六年又奉勅與前修疏人及給事郎守太學助教雲騎尉臣趙乾葉登仕郎守四門助教雲騎尉臣賈普曜等對勅使趙弘智覆更詳正凡爲四十卷庶以對揚聖範垂訓幼蒙故序其所見載之於卷首云爾

五、清永瑢等《四庫全書總目》"周禮注疏"提要

周禮注疏四十二卷漢鄭元注唐賈公彦疏元有易注已著録公彦洺州永年人永徽中官至太學博士事迹具舊唐書儒學傳周禮一書上自河間獻王於諸經之中其出最晚其真偽亦紛如聚訟不可縷舉惟橫渠語録曰周禮是的當之書然其閒必有末世增入者鄭樵通志引孫處之言曰周公居攝六年之後書成歸豐而實未嘗行蓋周公之爲周禮亦猶唐之顯

慶開元禮預爲之以待他日之用其實未嘗行也惟其未經行故僅述大畧俟其臨事而損益之故建都之制不與召誥洛誥合封國之制不與武成孟子合設官之制不與周官合九畿之制不與禹貢合云云其說差爲近之然亦未盡也夫周禮作於周初而周事之可考者不過春秋以後其東遷以前三百餘年官制之沿革政典之損益除舊布新不知凡幾其初去成康未遠不過因其舊章稍爲改易而改易之人不皆周公也於是以後世之法竄入之其書遂雜其後去之愈遠時移勢變不可行者漸多其書遂廢此亦如後世律令條格率數十年而一修修則必有所附益特世近者可考年遠者無徵其增刪之迹遂靡所稽統以爲周公之舊耳迨乎法制既更簡編猶在好古者留爲文獻故其書閱久而仍存此又如開元六典政和五禮在當代已不行用而今日尚有傳本不足異也使其作僞何不全僞六官而必闕其一至以千金購之不得哉且作僞者必剽取舊文借真者以實其贗古文尚書是也劉歆宗左傳而左傳所云禮經皆不見於周禮儀禮十七篇皆在七畧所載古經七十篇中禮記四十九篇亦在劉向所錄二百十四篇中而儀禮聘禮賓行饗餼之物禾米芻薪之數籩豆簠簋之實鉶壺鼎甕之列與掌客之文不同又大射禮天子諸侯侯數侯制與司射之文不同禮記雜記載子男執圭與典瑞之文不同禮器天子諸侯席數與司几筵之文不同如斯之類與二禮多相矛盾歟果贗託周公爲此書又何難牽就其文使與經傳相合以相証驗而必留此異同以啟後人之攻擊然則周禮一書不盡原文而非出依託可概覩矣考工記稱鄭之刀又稱秦無廬鄭封於宣王時秦封於孝王時其非周公之舊典已無疑義南齊書稱文惠太子鎮雍州有盜? 楚王冢獲竹簡書青絲編簡廣數分長二尺有奇得十餘簡以示王僧虔僧虔曰是科斗書考工記則其爲秦以前書亦灼然可知雖不足以當冬官然百工爲九經之一共工爲九官之一先王原以制器爲大事存之尚稍見古制俞庭椿以下紛紛割裂五官均無知妄作耳鄭注隋志作十二卷賈疏文繁乃析爲五十卷新舊唐志並同今本四十二卷不知何人所併元於三禮之學本爲專門故所釋特精惟好引緯書是其一短歐陽修集有請校正五經劄子欲刪削其書然緯書不盡可據亦非盡不可據在審別其是非而已不必竄易古書也又好改經字亦其一失然所注但曰當作某耳尚不似北宋以後連篇累牘動稱錯簡則亦不必苛責於元矣公彥之疏亦極博核足以發明鄭學朱子語錄稱五經疏中周禮疏最好蓋宋儒惟朱子深於禮故能知鄭賈之善云

六、清永瑢等《四庫全書總目》"禮記正義"提要

禮記正義三十六卷漢鄭元註唐孔穎達疏隋書經籍志曰漢初河間獻王得仲尼弟子及後學所記一百三十一篇獻之時無傳之者至劉向考校經籍檢得一百三十篇第而叙之又得明堂陰陽記三十三篇孔子三朝記七篇王史氏記二十一篇樂記二十三篇凡五種合二百十四篇戴德刪其煩重合而記之爲八十五篇謂之大戴記而戴聖又刪大戴之書爲四

十六篇謂之小戴記漢末馬融遂傳小戴之學融又益月令一篇明堂位一篇明堂一篇合四十九篇云云其說不知所本今考後漢書橋元傳云七世祖仁撰禮記章句四十九篇號曰橋君學仁即班固所謂小戴授梁人橋季卿者成帝時嘗官大鴻臚其時已稱四十九篇無四十六篇之說又孔疏稱別錄禮記四十九篇樂記第十九四十九篇之首疏皆引鄭目錄鄭目錄之末必云此於劉向別錄屬某門月令目錄云此於別錄屬明堂陰陽記明堂位目錄云此於別錄屬明堂陰陽樂記目錄云此於別錄屬樂記蓋十一篇今爲一篇則三篇皆劉向別錄所有安得以爲馬融所增疏又引元六藝論曰戴德傳記八十五篇則大戴禮是也戴聖傳禮四十九篇則此禮記是也元爲馬融弟子使三篇果融所增元不容不知豈有以四十九篇屬於戴聖之理況融所傳者乃周禮若小戴之學一授橋仁一授楊榮後傳其學者有劉佑高誘鄭元盧植融絕不預其授受又何從而增三篇乎知今四十九篇實戴聖之原書隋志惧也元延祐中行科舉法定禮記用鄭元註故元儒說禮率有根柢自明永樂中勅修禮記大全始廢鄭註改用陳澔集說禮學遂荒然研思古義之士好之者終不絕也爲之疏義者唐初尚存皇侃熊安生二家貞觀中勅孔穎達等修正義乃以皇氏爲本以熊氏補所未備穎達序稱熊則違背本經多引外義猶之楚而北行馬雖疾而去愈遠又欲釋經文惟聚難義猶治絲而棼之手雖繁而絲益亂也皇氏雖章句詳正微稍繁廣又既遵鄭氏又時乖鄭義此是本落不歸其根狐死不首其邱皆二家之弊未爲得也故其書務伸鄭註未免有附會之處然採摭舊文詞富理博說禮之家鑽研莫盡譬諸依山鑄銅煮海爲鹽即衛湜之書尚不能窺其涯涘陳澔之流益如莛與楹矣

七、清永瑢等《四庫全書總目》“春秋左傳正義”提要

周左丘明傳晉杜預注唐孔穎達疏自劉向劉歆桓譚班固皆以春秋傳出左丘明左丘明受經於孔子魏晉以來儒者更無異議至唐趙匡始謂左氏非丘明蓋欲攻傳之不合經必先攻作傳之人非受經於孔子與王栢欲攻毛詩先攻毛詩不傳於子夏其智一也宋元諸儒相繼並起王安石有春秋解一卷證左氏非丘明者十一事陳振孫書錄解題謂出依託今未見其書不知十一事者何據其餘辨論惟朱子謂虞不臘矣爲秦人語葉夢得謂記事終於智伯當爲六國時人似爲近理然考史記秦本紀稱惠文君十二年始臘張守節正義稱秦惠文王始效中國爲之明古有臘祭秦至是始用非至是始烟閻若璩古文尚書疏證亦駁此說曰史稱秦文公始有史以記事秦宣公初志閏月豈亦中國所無待秦獨創哉則臘爲秦禮之說未可據也左傳載預斷禍福無不徵驗蓋不免從後傳合之惟哀公九年稱趙氏其世有亂後竟不然是未見後事之證也經止獲麟而弟子續至孔子卒傳載智伯之亡殆亦後人所續史記司馬相如傳中有揚雄之語不能執是一事指司馬遷爲後漢人也則載及智伯之說不足疑也今仍定爲左丘明作以祛衆惑至其作傳之由則劉知幾躬爲國史之言最爲確論疏稱

大事書於策者經之所書小事書於傳者傳之所載觀晉史之書趙盾齊史之書崔杼及甯殖
所謂載在諸侯之籍者其文體皆與經合墨子稱周春秋載杜伯燕春秋載莊子儀宋春秋載
祜觀辜齊春秋載王里國中里叢其文體皆與傳合經傳同因國史而修斯爲顯證知說經去
傳爲舍近而求諸遠矣漢志載春秋古經十二篇經十一卷注曰公羊穀梁二家則左氏經文
不著於錄然杜預集解序稱分經之年與傳之年相附比其義類各隨而解之陸德明經典釋
文曰舊夫子之經與丘明之傳相異杜氏合而釋之則左傳又自有經考漢志之文既曰古經
十二篇矣不應復云經十一卷觀公穀二傳皆十一卷與經十一卷相配知十一卷爲二傳之
經故有是注徐彥公羊傳疏曰左氏先著竹帛故漢儒謂之古學則所謂古經十二篇即所傳
之經故謂之古刻漢書者誤連二條爲一耳今以左傳經文與二傳校勘皆左氏義長知手錄
之本確於傳授之本也言左傳者孔奇孔嘉之說久佚不傳賈逵服虔之說亦僅偶見他書今
世所傳惟杜注孔疏爲最古杜注多強經以就傳孔疏亦多左杜而右劉是皆篤信專門之過
不能不謂之一失然有注疏而後左氏之義明左氏之義明而後二百四十二年內善惡之迹
一一有徵後儒妄作聰明以私意談褒貶者猶得據傳文以知其謬則漢晉以來藉左氏以知
經義宋元以後更藉左氏以杜臆說矣傳與注疏均謂有大功於春秋可也

八、唐孔穎達《春秋正義序》

夫春秋者紀人君動作之務是左史所職之書王者統三才而宅九有順四時而治萬物
四時序則玉燭調於上三才協則寶命昌於下故可以享國永年令聞長世然則有爲之務可
不慎與國之大事在祀與戎祀則必盡其敬戎則不加無罪盟會協於禮興動順其節失則貶
其惡得則褒其善此春秋之大旨爲皇王之明鑒也若夫五始之目章於帝軒六經之道光於
禮記然則此書之發其來尚矣但年祀縣邈無得而言暨乎周室東遷王綱不振楚子北伐神
器將移鄭伯敗王於前晉侯請隧於後竊僭名號者何國不然專行征伐者諸侯皆是下陵上
替內叛外侵九域騷然三綱遂絕夫子內輔大聖逢時若此欲垂之以法則無位正之以武則
無兵賞之以利則無財說之以道則不用虛歎衛書之鳳乃似喪家之狗既不救於已往冀垂
訓於後昆因魯史之有得失據周經以正褒貶一字所嘉有同華衮之贈一言所黜無異蕭斧
之誅所謂不怒而人威不賞而人勸實永世而作則歷百王而不朽者也至於秦滅典籍鴻猷
遂濘漢德既興儒風不泯其前漢傳左氏者有張蒼賈誼尹咸劉歆後漢有鄭衆賈逵服虔許
惠卿之等各爲詁訓然雜取公羊穀梁以釋左氏此乃以冠雙屨將絲綜麻方鑿圓枘其可入
乎晉世杜元凱又爲左氏集解專取丘明之傳以釋孔氏之經所謂子應乎母以膠投漆雖欲
勿合其可離乎今校先儒優劣杜爲甲矣故晉宋傳授以至於今其爲義疏者則有沈文阿蘇
寬劉炫然沈氏於義例粗可於經傳極疏蘇氏則全不體本文唯旁攻賈服使後之學者鑽仰
無成劉炫於數君之內實爲翹楚然聰惠辯博固亦罕儔而探賾鉤深未能致遠其經注易者

必具飾以文辭其理致難者乃不入其根節又意在矜伐性好非毀規杜氏之失凡一百五十餘條習杜義而攻杜氏猶蠹生於木而還食其木非其理也雖規杜過義又淺近所謂捕鳴蟬於前不知黃雀在其後案僖公三十三年經云晉人敗狄於箕杜注云鄧缺稱人者未爲卿劉炫規云晉侯稱人與殽戰同案殽戰在葬晉文公之前可得云背喪用兵以賤者告箕戰在葬晉文公之後非是背喪用兵何得云與殽戰同此則一年之經數行而已曾不勘省上下妄規得失又襄公二十一年傳云邾庶其以漆閭丘來奔以公姑姊妻之杜注云蓋寡者二人劉炫規云是襄公之姑成公之姊只一人而已案成公二年成公之子公衡爲質及宋逃歸案家語本命云男子十六而化生公衡已能逃歸則十六七矣公衡之年如此則於時成公三十三四矣計至襄二十一年成公七十餘矣何得有姊而妻庶其此等皆其事歷然猶尚妄說況其餘錯亂良可悲矣然比諸義疏猶有可觀今奉勅刪定據以爲本其有疎漏以沈氏補焉若兩義俱違則特申短見雖課率庸鄙仍不敢自專謹與朝請大夫國子博士臣谷那律故四門博士臣楊士勛四門博士臣朱長才等對共參定至十六年又奉勅與前脩疏人及朝散大夫行大學博士上騎都尉臣馬嘉運朝散大夫行大學博士上騎都尉臣王德韶給事郎守四門博士上騎都尉臣蘇德融登仕郎守大學助教雲騎尉臣隨德素等對勅使趙弘智覆更詳審爲之正義凡三十六卷冀貽諸學者以裨萬一焉

九、清永瑢等《四庫全書總目》"論語正義"序

魏何晏註宋邢昺疏昺字叔明曹州濟陰人太平興國中擢九經及第官至禮部尚書事迹具宋史本傳是書蓋咸平二年詔昺改定舊疏頒列學官至今承用而傳刻頗訛集解所引十三家今本各題曰某氏皇侃義疏則均題其名案奏進序中稱集諸家之善記其姓名侃疏亦曰何集註皆呼人名惟包獨言氏者包名咸何家諱咸故不言也與序文合知今本爲後來刊板之省文然周氏與周生烈遂不可分殊不如皇本之有別考邢昺疏中亦載皇侃何氏諱咸之語其疏記其姓名句則云註但記其姓而此連言名者以著其姓所以名其人非謂名字之名也是昺所見之本已惟題姓故有是曲說七經孟子考文稱其國皇侃義疏本爲唐代所傳是亦一證矣其文與皇疏所載亦異同不一大抵互有長短如學而篇不患人之不己知章皇疏有王肅註一條里仁篇君子之於天下也章皇疏有何晏註一條今本皆無觀顧炎武之石經考以石經儀禮校監板或併經文全節漏落則今本集解傳刻佚脫蓋所不免然蔡邕石經論語於而在蕭墻之內句兩本並存見於隸釋陸德明經典釋文於諸本同異亦皆並存蓋唐以前經師授受各守專門雖經文亦不能畫一無論註文固不必以此改彼亦不必以彼改此今仍從今本錄之所以各存其舊也昺疏宋志作十卷今本二十卷蓋後人依論語篇第析之晁公武讀書志稱其亦因皇侃所採諸儒之說刊定而成今觀其書大抵翦皇氏之枝蔓而稍傅以義理漢學宋學茲其轉關是疏出而皇疏微迨伊洛之說出而是疏又微故中興書目

曰其書於章句訓詁名物之際詳矣葢微言其未造精微也然先有是疏而後講學諸儒得沿溯以窺其奧祭先河而後海亦何可以後來居上遂盡廢其功乎

十、清永瑢等《四庫全書總目》"爾雅注疏"序

晉郭璞註宋邢昺疏璞字景純河東聞喜人官至宏農太守事迹具晉書本傳昺有孝經疏已著錄案大戴禮孔子三朝記稱孔子教魯哀公學爾雅則爾雅之來遠矣然不云爾雅為誰作據張揖進廣雅表稱周公著爾雅一篇今俗所傳三篇或言仲尼所增或言子夏所益或言叔孫通所補或言沛郡梁文所考皆解家所說疑莫能明也於作書之人亦無確指其餘諸家所說小異大同今參互而考之郭璞爾雅註序稱豹鼠既辨其業亦顯邢昺疏以為漢武帝時終軍事七錄載犍為文學爾雅註三卷陸德明經典釋文以為漢武帝時人則其書在武帝以前曹粹中放齋詩說曰爾雅毛公以前其文猶畧至鄭康成時則加詳如學有緝熙於光明毛公云光廣也康成則以為學於有光明者而爾雅曰緝熙光明也又齊子豈弟康成以為猶發夕也而爾雅曰豈弟發也薄言觀者毛公無訓振古如茲毛公云振自也康成則以觀為多以振為古其說皆本於爾雅使爾雅成書在毛公之前顧得為異哉則其書在毛亨以後大抵小學家綴緝舊文遞相增益周公孔子皆依託之詞觀釋地有鶌鶌釋鳥又有鶌鶌同文複出知非纂自一手也其書歐陽修詩本義以為學詩者纂集博士解詁高承事物紀原亦以為大抵解詁詩人之旨然釋詩者不及十之一非專為詩作揚雄方言以為孔子門徒解釋六藝王充論衡亦以為五經之訓故然釋五經者不及十之三四更非專為五經作今觀其文大抵採諸書訓詁名物之同異以廣見聞實自為一書不附經義如釋天云暴雨謂之涷釋草云卷施草拔心不死此取楚詞之文也釋天云扶搖謂之猋釋蟲云蒺藜蝍蛆此取莊子之文也釋詁云嫁往也釋水云漢大出尾下此取列子之文也釋地云西至西王母釋獸云小領盜驪此取穆天子傳之文也釋地云東方有比目魚焉不比不行其名謂之鰈南方有比翼鳥焉不比不飛其名謂之鶼此取管子之文也又云案詩傳乃毛亨作非毛萇作語詳詩正義條下卭卭岠虛負而走其名謂之蟨此取呂氏春秋之文也又云北方有比肩民焉迭食而迭望釋地云河出崑崙墟此取山海經之文也釋言云天帝皇王后辟公侯又云洪廓宏溥介純夏幠釋天云春為青陽至謂之醴泉此尸子之文也釋鳥曰爰居雜縣此取國語之文也如是之類不可殫數葢亦方言急就之流特說經之家多資以証古義故從其所重列之經部耳璞時去漢未遠如遂幠大東稱詩劍我周王稱逸書所見尚多古本故所註多可據後人雖迭為補正然宏綱大旨終不出其範圍昺疏亦多能引證如尸子廣澤篇仁意篇皆非今人所及睹其犍為文學樊光李巡之註見於陸氏釋文者雖多所遺漏然疏家之體惟明本註註所未及不復旁搜此亦唐以來之通弊不能獨責於昺惟既列註文而疏中時複述其文但曰郭註云云不異一字亦更不別下一語殆不可解豈其初疏與註別行歟今未見原刻不可復考矣

十一、清永瑢等《四庫全書總目》"孟子正義"序

漢趙岐註其疏則舊本題宋孫奭撰岐字邠卿京兆長陵人初名嘉字臺卿永興二年辟司空掾遷皮氏長延熹元年中常侍唐衡兄玹為京兆尹與岐夙隙岐避禍逃避四方乃自改名字後遇赦得出拜并州刺史又遭黨錮十餘歲中平元年徵拜議郎舉燉煌太守後遷太僕終太常事迹具後漢書本傳奭字宗古博平人太宗端拱中九經及第仁宗時官至兵部侍郎龍圖閣學士事迹具宋史本傳是註即岐避難北海時在孫賓家夾柱中所作漢儒註經多明訓詁名物惟此註箋釋文句乃似後世之口義與古學稍殊然孔安國馬融鄭元之註論語今載於何晏集解者體亦如是蓋易書文皆最古非通其訓詁則不明詩禮語皆徵實非明其名物亦不解論語孟子詞旨顯明惟闡其義理而止所謂言各有當也其中如謂宰予子貢有若緣孔子聖德高美而盛稱之孟子知其太過故貶謂之污下之類紕繆殊甚以屈原憔悴為徵於色以甯戚扣角為發於聲之類亦比擬不倫然朱子作孟子集註或問於岐說不甚掊擊至於書中人名惟盆成括告子不從其學於孟子之說季孫子叔不從其二弟子之說餘皆從之書中字義惟折枝訓按摩之類不取其說餘亦多取之蓋其說雖不及後來之精密而開闢荒蕪俾後來得循途而深造其功要不可泯也胡煦拾遺錄據李善文選註引孟子曰墨子兼愛摩頂致於踵趙岐曰致至也知今本經文及注均與唐本不同今證以孫奭音義所音岐注亦多不相應蓋已非舊本至於盡心下篇夫子之設科也註稱孟子曰夫我設教授之科云云則顯為予字今本乃作夫子又萬子曰句註稱萬子萬章也則顯為子字今本乃作萬章是又註文未改而經文誤刊者矣孫奭之疏朱子語錄謂邵武士人所假託蔡季通識其人今考宋史邢昺傳稱昺於咸平二年受詔與杜鎬舒雅孫奭李慕清崔偓佺等校定周禮儀禮公羊穀梁春秋傳孝經論語爾雅義疏不云有孟子正義涑水紀聞載奭所定著有論語孝經爾雅正義亦不云有孟子正義其不出奭手確然可信其疏皆敷衍語氣如鄉塾講章故朱子語錄謂其全不似疏體不曾解出名物制度只繞纏趙岐之說至岐註好用古事為比疏多不得其根據如註謂非禮之禮若趙質娶妻而長拜之非義之義若藉交報讎此誠不得其出典至於單豹養其內而虎食其外事出莊子亦不能舉則弇陋太甚朱彝尊經義考摘其欲見西施者人輸金錢一文事詭稱史記今考註以尾生為不虞之譽以陳不瞻為求全之毀疏亦並稱史記尾生事實見莊子陳不瞻事實見說苑皆史記所無如斯之類益影撰無稽矣以久列學官姑仍舊本錄之爾

十二、清永瑢等漢趙岐《孟子題辭》

孟子題辭者所以題號孟子之書本末指義文辭之表也孟姓也子者男子之通稱也此書孟子之所作也故總謂之孟子其篇目則各自有名（梁惠王公孫丑滕文公離婁萬章告

子盡心）孟子鄒人也名軻字則未聞也鄒本春秋邾子之國至孟子時改曰鄒矣國近魯後爲魯所并又言邾爲楚所并非魯也今鄒縣是也或曰孟子魯公族孟孫之後故孟子仕於齊喪母而歸葬於魯也三桓子孫既以衰微分適他國孟子生有淑質夙喪其父幼被慈母三遷之教長師孔子之孫子思治儒術之道通五經尤長於詩書周衰之末戰國縱橫用兵爭强以相侵奪當世取士務先權謀以爲上賢先王大道陵遲驥廢異端並起若楊朱墨翟放蕩之言以干時惑衆者非一孟子閔悼堯舜湯文周孔之業將遂湮微正塗壅底仁義荒怠佞偽馳騁紅紫亂朱於是則慕仲尼周流憂世遂以儒道遊於諸侯思濟斯民然由不肯枉尺直尋時君咸謂之迂闊於事終莫能聽納其說孟子亦自知遭蒼姬之訖錄值炎劉之未奮進不得佐興唐虞雍熙之和退不能信三代之餘風恥沒世而無聞焉是故垂憲言以詒後人仲尼有云我欲託之空言不如載之行事之深切著明也於是退而論集所與高第弟子公孫丑萬章之徒難疑荅問又自撰其法度之言著書七篇二百六十一章三萬四千六百八十五字包羅天地揆敘萬類仁義道德性命禍福粲然靡所不載帝王公侯遵之則可以致隆平頌清廟卿大夫士蹈之則可以尊君父立忠信守志厲操者儀之則可以崇高節抗浮雲有風人之託物二雅之正言可謂直而不倨曲而不屈命世亞聖之大才者也孔子自衛反魯然後樂正雅頌各得其所乃刪詩定書繫周易作春秋孟子退自齊梁述堯舜之道而著作焉此大賢擬聖而作者也七十子之疇會集夫子所言以爲論語論語者五經之錧鎋六藝之喉衿也孟子之書則而象之衞靈公問陳於孔子孔子答以俎豆梁惠王問利國孟子對以仁義宋桓魋欲害孔子孔子稱天生德於予魯臧倉毀鬲孟子孟子曰臧氏之子焉能使予不遇哉旨意合同若此者衆又有外書四篇性善辯文說孝經爲正其文不能弘深不與內篇相似似非孟子本真後世依放而託之者也孟子既沒之後大道遂絀逮至亡秦焚滅經術坑戮儒生孟子徒黨盡矣其書號爲諸子故篇籍得不泯絕漢興除秦虐禁開延道德孝文皇帝欲廣遊學之路論語孝經孟子爾雅皆置博士後罷傳記博士獨立五經而已訖今諸經通義得引孟子以明事謂之博文孟子長於譬喻辭不迫切而意以獨至其言曰說詩者不以文害辭不以辭害志以意逆志爲得之矣斯言殆欲使後人深求其意以解其文不但施於說詩也今諸解者往往摭取而說之其說又多乖異不同余生西京世尋丕祚有自來矣少蒙義方訓涉典文知命之際嬰戚於天遭屯離蹇詭姓遁身經營八紘之內十有餘年心勦形瘵何勤如焉嘗息肩弛擔於濟岱之間或有温故知新雅德君子矜我劬瘁睠我皓首訪論稽古慰以大道余困吝之中精神遐漂靡所濟集聊欲係志於翰墨得以亂思遺老也惟六籍之學先覺之士釋而辯之者既已詳矣儒家惟有孟子閎遠微妙縕奧難見宜在條理之科於是乃述已所聞證以經傳爲之章句具載本文章別其旨分爲上下凡十四卷究而言之不敢以當達者施於新學可以寤疑辯惑愚亦未能審於是非後之明者見其違闕儻改而正諸不亦宜乎

十三、清永瑢等宋晁公武《〈郡齋讀書志〉序》

自漢武帝之後雖世有治亂無不知崇尚典籍劉歆始著七略總錄群書一曰輯略二曰六藝略三曰諸子略四曰詩賦略五曰兵書略六曰術數略七曰方技略至荀勗更著新簿分爲四部一曰甲部紀六藝及小學等書二曰乙部有古今諸子家及兵書術數三曰丙部有史記及故事四曰丁部有詩賦圖贊勗之簿蓋合兵書術數方技於諸子自春秋類摘出史記別而爲一六藝諸子詩賦皆仍歆舊其後歷代所編書目如王儉阮孝緒之徒咸從歆例謝靈運任昉之徒咸從勗例唐之分經史子集藏於四庫是亦祖述勗而加詳焉歐陽公謂其始於開元誤矣今公武所所錄書史集居其半若依七略則多寡不均故亦分爲四部焉

經之類凡十其一曰易二曰書三曰詩四曰禮五曰樂六曰春秋七曰孝經八曰論語九曰經解十曰小學合二百五十五部計三千二百四十四卷孔氏之教別而爲六藝數十萬言其義理之富至於不可勝原然其要片言可斷曰修身而已矣修身之道內之則本於正心誠意致知格物外之則推於齊家治國平天下內外兼盡無施而不宜學者若以此而觀六藝猶坐璿璣以窺七政之運無不合者不然則悖謬乖離無足怪也漢承秦後六藝皆出於灰燼之餘學者顓門名家故易有田氏焦氏費氏詩有魯詩韓詩詩春秋有鄒夾左丘明公羊高穀梁赤禮樂有大戴小戴之殊書有古文今文之異各尊其師說而伐其異已者黨枯骸護蠹簡至於忘父子君臣之分爭辯不少屈其弊甚矣迫至晉魏之後此弊雖衰而學者徒剽賊六藝之文飾其辭章以嘩世取寵而不復有明道之意無以議爲及唐之中葉海內乂安士稍知宗尚經術而去聖愈遠異端並興學書者則以今文易古文而頗改其辭學春秋者則合三傳之同異而雜舉其義不本所承決以胸臆以迄於今釋老申韓之說雜然滿於六經之中雖與漢儒之學不同而其失一也凡此者豈有他哉皆不能探修身之道及刻意於章句是以迢迢千載之間悖謬乖離殊塗而同歸至此其極悲夫今所錄漢唐以來之書甚備觀者其慎擇焉論語孝經自班固以來皆附經類夫論語群言之首孝經百行之宗皆六經之要其附於經固不可易又藝文志有小學類四庫書目有經類解類蓋有補於經而無所崇屬故皆附於經今亦從之

史之類十有三其一曰正史二曰編年三曰實錄四曰雜史五曰偽史六曰史評七曰職官八曰儀注九曰刑法十曰地里十一曰傳記十二曰譜牒十三曰目錄合二百八十三部七千三百八十八卷後世述史者其體有三編年者以事系月日而總之於年蓋本於左丘明紀傳者分記君臣行事之終始蓋本於司馬遷實錄者其名起於蕭梁至唐而盛雜取兩者之法而爲之以備史官採擇而已初無製作之意不足道也若編年紀傳則各有所長殆未易以優劣論雖然編年所載於一國治亂之事爲詳紀傳所載於一個善惡之跡爲詳用此言之編年似優又其來最古而人皆紀傳便於披閱獨行於世號爲正史不亦異乎舊以職官儀注等凡

史氏有取者皆附之史今從焉

子之類凡十八其一曰儒家二曰道家三曰法家四曰名家五曰墨家六曰縱橫家七曰雜家八曰農家九曰小說十曰天文十一曰星曆十二曰五行十三曰兵家十四曰類書十五曰藝術十六曰醫書十七曰神仙十八曰釋書合五百五十五部計七千七百六十卷序九流者以爲皆出於先王之官咸有所長及失其傳故各有弊非道本然特學者之故也是以錄之至於醫蔔技藝亦先王之所不廢故附於九流之末夫儒墨名法先王之教醫蔔技雲先王之政其相附近也固宜昔劉歆既錄神仙之書而王儉又錄釋氏今亦循之者何哉自漢以後九流浸微隋唐之間又尚辭章不復問義理之實雖以儒自名者亦不知何等爲儒術矣況其次者哉百家壅底正塵之弊既息而神仙服食之說盛釋氏因果之教興雜然與儒者抗衡而意常先之君子雖有取焉而學之者不爲其所誤者鮮矣則爲患又甚於漢蓋彼八家皆有補於時而此二教皆無意於世也八家本出於聖人有補於時特學者失之而臧老猶足以亡晉申商猶足以滅秦況二教無意於世不自附於聖人若學而又失之則其禍將如何故存之以爲世戒雲

集部其類有四一曰楚辭類二曰別集類三曰總集類四曰文說類內別集猥多複分爲上中下合四百八部計六千一百六十一卷昔屈原作離騷雖詭譎不可爲訓而英辨藻思閎麗演迤發於忠正蔚然爲百代詞章之祖眾士慕鄉波屬雲委自時厥後綴文者接踵於斯矣然軌轍不同機杼亦異各名一家之言學者欲矜式焉故別而序之命之爲集蓋其原起於東京而極於有唐至七百余家當晉之時摯虞已患其淩雜難觀嘗自詩賦以下匯分之曰文章流別後世祖述之而爲總集蕭統所選是也至唐亦且七十五家嗚呼盛矣雖然賤生於無所用或其傳不能廣值水火兵寇之厄因而散落者十八九亦有長編鉅軸幸而得存其屬目者幾希此無他凡以其虛辭濫說徒爲美觀而已無益於用故也今錄漢迄唐附以五代本朝作者其數亦甚眾其間格言偉論可以扶持世教者爲益固多至於虛辭濫說如上所陳者知其終當泯泯無聞猶可以自警則其無用亦有用也是以不加銓擇焉

第七章　文獻的類型（下）：特殊類型文獻

雖然傳統的經史子集四部分類法囊括了大多數古代文獻，但它至少也有兩大缺陷：一是分類並不合理，相當部分的古籍內容駁雜不純、兼及多個方面，即便勉強納入某一部類，也顯得舛午膠戾、齟齬乖剌。二則依然無法囊容更多的文獻，特別是以新載體而湧現者。要全部、準確地把握古典文獻，至少還得格外深入了解類書、叢書、表譜、圖像、方志、家譜、方外文獻、出土文獻、非漢文的民族文獻、域外漢文文獻，以及以電子形式呈現的古典文獻。下面擇其一二，略加紹介焉。

第一節　類　書

一、定　義

專指文獻種類的"類書"一辭，僅就現存文獻而言，始於北宋王堯臣（1003—1058）等於慶曆元年（約1041）十二月上奏而流通的官修書目《崇文總目》。該書卷三十、三十一設"類書類"：

> 類書上共四十六部計一千六百五十卷
>
> 太平御覽一千卷
>
> 太平廣記五百卷
>
> ……
>
> 類書下共五十一部計八百六十五卷
>
> 資談六十一卷
>
> 史海十卷
>
> ……

這部宋朝最大的目錄著作共收類書九十七部、二千五百一十五卷。宋仁宗嘉祐五年(公元 1060 年),歐陽修(1007—1072)、宋祁(998—1061)主持纂修的《唐書》①,亦因襲而設"類書類":

> 丙部子錄,其類十七。一曰儒家類,二曰道家類,三曰法家類,四曰名家類,五曰墨家類,六曰縱橫家類,七曰雜家類,八曰農家類,九曰小說類,十曰天文類,十一曰曆算類,十二曰兵書類,十三曰五行類,十四曰雜藝術類,十五曰類書類,十六曰明堂經脉類,十七曰醫術類。凡著錄六百九家,九百六十七部,一萬七千一百五十二卷。不著錄五百七家,五千六百一十五卷。

自此以後,是名遂衍成定稱。

雖然古來目錄多所載著,然則何謂類書,並無界定。南宋鄭樵(1104—1162)《通志》卷七十一《校讎略·泛釋無義論一篇》,品騭北宋仁宗景祐年間(1034—1037)王堯臣等所撰《崇文總目》曰:

> ……今《崇文總目》出新意,每書之下必著説焉。據標類自見,何用更爲之説? 且爲之説也,已自繁矣,何用一一説焉。至於無説者,或後書與前書不殊者,則強爲之説,使人意怠。且《太平廣記》者,乃《太平御覽》別出。《廣記》一書,專記異事,奈何《崇文》之目所説不及此意,但以謂博採羣書、以類分門? 凡是類書,皆可博採羣書、以類分門,不知《御覽》之與《廣記》又何異? 崇文所釋,大槩如此舉,此一條可見其他。

此謂《崇文總目》敘説《太平廣記》的特點乃"博採群書,以類分門"。是亦可視爲王堯臣等對於類書的具體描摹吧。惜今本《崇文總目》並無是語。考文淵閣《四庫全書》本《崇文總目》卷六《類書類》,於"太平廣記五百卷"下全引鄭氏是文,再援朱彝尊語曰:"《崇文總目》當時撰定諸儒,皆有論説。凡一書大義,爲舉其綱法,至善也。其後若《郡齋讀書志》、《書錄解題》等編,咸取法於此。故雖書有亡失,而後之學者,覽其目錄猶可想見全書之本末焉。乃夾漈鄭氏謂:《崇文目》每書之下必著説,據標類自見,何用更爲之説,使人意怠。於是紹興中改定此書,僅存六十六卷之目,悉去論説書之散佚者。學者遂無由知撰述之本旨矣。"②可知《崇文總目》本來每類有類序、每書有解題,體例可稱完備,且爲晁公武、陳振孫諸人所效法;正因鄭氏在《通志·校讎略》中的上述譏諷、更於《藝文略》中建議廢除王氏書之解題,導致《崇文總目》在紹興年間遭到大量刪改,在很大程度失去了該書在考鏡古書源流方面的價值。故而今本僅有"太

---

① 柴德賡:《史籍舉要》,北京出版社,1982 年 9 月第 1 版,第 107 - 113 頁。
② 《文獻通考》卷二百七"崇文總目六十四卷"下,亦援晁公武、陳振孫語及上述鄭樵之評論。

平廣記五百卷"幾字,原有之解題蕩然無存。《四庫》本於"類書類"下有"謹按:此類以下,歐陽修集無叙釋。"然據全書體例,各類皆當有類序,是亦當爲後世所祛矣。

《通志》卷七十一《校讎略第一》,鄭樵批駁《崇文總目》將《歲時廣記》列於類書而非歲時,復云:"類書者,謂捴衆類不可分也。若可分之書,當入別類。且如天文有類書,自當列天文類;職官有類書,自當列職官類。豈可以爲類書而捴入類書類乎?""捴衆類不可分",或當爲鄭氏心目中的類書特徵吧。

"類書"之"類",謂按類區分排列。《易·繫辭上》:"方以類聚,物以羣分。"《荀子·正論》:"故象刑殆非生於治古,并起於亂今也。治古不然,凡爵列、官職、賞慶、刑罰皆報也,以類相從者也。是即得名"類書"之緣由,也爲《崇文總目》"以類分門"之義也。

現當代學術界方始給出了真正明確、科學的定義。如《辭源》:"採輯群書,或以類分,或以字分,便尋檢之用者,稱爲類書。"《漢語大詞典》:"輯錄各門類或某一門類的資料,并依内容或字、韻分門別類編排供尋檢、徵引的工具書。"《中國大百科全書》、《圖書館學·情報學·檔案學》卷和《新聞出版》卷皆有"類書"條目,後者定義曰:"古籍中輯錄各種門類或某一門類的資料,按照一定的方法加以編排,便於尋檢、徵引的一種工具書。"①英文譯爲"reference books"。前者則爲:"摘錄、匯輯多種文獻中的原文,按内容性質分門別類地編排組織,以供尋檢和徵引的工具書。"②《辭海》(第6版彩圖本)顯然綜合《漢語大詞典》和《新聞出版》而言之:"輯錄各門類或某一門類的資料,按照一定的方法編排,以便於尋檢、徵引的工具書。"③然上述定義,多有不妥之處。類書所採,不一定全爲"群書";"輯錄"之"資料",究竟是何? 輯錄時,有無變動原文?"類書"譯爲 reference books 合適與否? 相較而言,《圖書館學·情報學·檔案學》的界定更爲準確。

揆諸實際,類書的特點有五:匯聚諸種原始文獻;或全文收錄(單篇作品),或剪裁加工(著作);打亂原作次序,將上述材料分類編排,形成新文獻;給予新名稱;主要用於檢索或徵引。綜合種種觀點,我們認爲合適的定義爲:

輯錄單篇詩文或零碎文句,採摘以前圖書中的部分材料,用分類、分韻或分字的方式,重新加以編排,以供查檢和徵引而形成的新文獻。

二、類書的產生

類書產生於何時? 古來歧說紛紜。大致而言,主要有如下幾種觀點:

---

① 中國大百科出版社,1990年12月第1版。
② 中國大百科出版社,1993年1月第1版。
③ 《辭海》(第6版彩圖本),上海辭書出版社,2009年9月第1版。

　　《史記》卷十四《十二諸侯年表》:"鐸椒爲楚威王傅,爲王不能盡觀《春秋》,採取成敗,卒四十章,爲《鐸氏微》。"劉向《別錄》云:"《左氏傳》三十卷,左丘明授曾申,申授吳起,起授其子期,期授楚人鐸椒。鐸椒作《抄撮》八卷,授虞卿;虞卿作《抄撮》九卷,授荀卿;荀卿授張蒼。"或謂此"抄撮"之作與類書相近,故將類書的源頭上溯至東周末年①;且稱周朝《史籀篇》、秦時李斯《蒼頡》、趙高《爰曆》、胡毋敬《博學》及漢代司馬相如《凡將篇》、史游《急就篇》等,其性質漸與類書相近:上述字書或抄撮之作,並爲類書之遠源②。

　　清汪中(1744—1794)亦認爲類書的開創之作出現於戰國末年,不過其伊始爲雜家著述。《述學‧補遺》之《呂氏春秋序》云:"司馬遷謂不韋使其客人人著所聞,以爲備天地萬物古今之事,然則是書之成,不出於一人之手,故不名一家之學。而爲後世《修文御覽》、《華林徧略》之所託始。《藝文志》列之雜家,良有以也。"③《修文殿御覽》等正類書也。容甫之說,爲馬國翰(1794—1857)所襲:"類書之源,開於秦,衍於漢。余觀《呂氏春秋》,《十二紀》取諸《月令》,《至味篇》取伊書,《當染篇》取墨子書;《上農》、《任地》、《辨土》、《審時》四篇述后稷之言,與《亢倉子》所載略同。而取黃帝、老子、文子、子華子之說,不一而足。意蓋以周《月令》爲紀,雜採百家分屬之。此類書之最先者也。《淮南鴻烈》實仿《呂覽》爲之,書中採文子語幾盡;其他大抵皆有所本。劉向《洪範五行傳記》及《新序》、《說苑》,率取古說,分類條列,皆類書也。"④現當代亦有學者主張類書的直接本源則爲雜家,只不過以爲雜家之祖《呂氏春秋》"攢取往說,區分臚列",雖體制近於類書,"然猶漱潤增華,非徒以襞襀爲事";唯後繼者《淮南子》"採諸子之精粹,納之部類,始純以聚博爲工;後世之類書,實造端於此。""然則類書創體之早,乃在秦、漢之間矣。"⑤且謂西漢以來之賦"不啻爲漢世名物制度之專書,而得之者,即以當類書讀"⑥。是實未明賦乃單篇而非專書、又屬文學創作而非僅供檢索矣。

　　又有學者駁斥馬國翰觀點,另舉秦漢間面世的《爾雅》爲類書之濫觴。曰:"國翰此言,乃由乎不明古書體例而致謬戾耳。夫諸子百家以立言爲宗,例多援據舊語,以明欲宣之義。《詩》云、《書》曰見之《論語》、《孟子》者亦已多矣,安得悉謂爲類書耶? 類

---

① 張滌華:《類書流別》(修訂本):"稽類書之緣起,其所從來遠矣。姬周之末,治《春秋》者,有抄撮之學。雖其書久佚,體例已不可詳,而捃拾舊文,借便觀覽,其用意固與後世類書略似。"商務印書館,1985 年 9 月第 1 版,第 7 頁。
② 張滌華:《類書流別》(修訂本),第 7-8 頁。
③ 《四部叢刊初編》本。
④ 《玉函山房文集》卷三《〈鎦珠囊〉序》。清抄本。
⑤ 張滌華:《類書流別》(修訂本),第 8-9 頁。
⑥ 張滌華:《類書流別》(修訂本),第 10 頁。

書之起,肪於明分部類、據物標目,蓋必推《爾雅》爲最先。"①"這部書……如果從'考鏡源流'的角度去談問題,這種書籍的出現,當自溯源於《爾雅》。……這分明是漢初學者彙集群經傳注中訓詁名物分類纂錄而成,所以內容的絕大部分是解經的。分類登錄,有條不紊,此非類書而何?談到中國的類書,應該從《爾雅》算起。"②

　　古賢多舉三國魏時之《皇覽》爲類書權輿。晉陳壽《三國志·魏志》卷二《文帝》:"初,帝好文學,以著述爲務,自所勒成垂百篇。又使諸儒撰集經傳,隨類相從,凡千餘篇,號曰'皇覽'。"《魏志》卷二十一《劉劭》:"黃初中,爲尚書郎、散騎侍郎,受詔集五經羣書,以類相從,作《皇覽》。"卷二十三《楊俊》,裴松之注:"《魏畧》曰:王象,字羲伯。既爲俊所知拔,果有才志。建安中,與同郡荀緯等俱爲魏太子所禮待。及王粲、陳琳、阮瑀、路粹等亡後,新出之中,惟象才最高。魏有天下,拜象散騎侍郎,遷爲常侍,封列侯。受詔撰《皇覽》,使象領祕書監。象從延康元年始撰集,數歲成,藏於祕府,合四十餘部,部有數十篇,通合八百餘萬字。"是象、劭皆爲"群儒"之一也,故《四庫全書》本《考證》曰:"臣(盧)明楷按:……則劉劭、王象俱在撰集之列,非專出一手也。《隋書》卷三十四《志第二十九·經籍三·子·雜家》:"皇覽一百二十卷 繆卜等撰。"唐司馬貞《史記索隱》卷一"注皇覽"條注:"書名也。記先代冢墓之處,宜皇王之省覽,故曰皇覽。是魏人王象、繆襲等所撰也。""繆襲""繆卜",或謂實一人。參與撰寫者另有桓范、韋誕等。據現有資料,或是宋王應麟《玉海》卷五十四《藝文·承詔撰述·類書》"魏皇覽"條首倡《皇覽》爲類書祖:"類事之書,始於《皇覽》。韋誕諸人撰。建雲臺者非一枝,成珍裘者非一掖。言集之者衆也。"然《玉海》於《皇覽》之前尚列《漢新語》,稱"見著書類"③,是王氏實以類書濫觴於《漢新語》矣。明焦竑(1540—1620)《國史經籍志》論類家時,曰"自魏《皇覽》而下",是以焦氏以《皇覽》爲類書之首矣。方以智(1611—1671)《通雅》卷三《釋詁·綴集》"類書始於皇覽"條:"智按:《唐志》類事之書,始於《皇覽》。"《四庫全書總目》卷一百二十三《子部三十三·雜家類七》"古今說海一百四十二卷"條:"考割裂古書、分隸門目者,始魏繆襲、王象之《皇覽》。"卷一百三十五《子部四十五·類書類一》"事類賦三十卷"條:"類書始於《皇覽》。"按,方氏所言有誤。考《舊唐書》不過以何承天所撰"皇覽一百二十二卷"列於丙部子錄"類事"家之首而已,並非劉劭等之《皇覽》原作。另外,五代後晉時劉昫所編《舊唐書》經籍志

---

① 張舜徽:《清人文集別錄》,華中師範大學出版社,2004 年 3 月第 1 版,第 392 頁。
② 張舜徽:《中國文獻學》,中州書畫社,1982 年 12 月第 1 版,第 47 頁。
③ 今本"著書類"無見《漢新語》。

乃據毋煚《古今書錄》而成,反映的是開元初以前的文獻狀況①,可見《皇覽》原作至少在開元時已然不存矣②。馬國翰《玉函山房文集》卷三《〈鎔珠囊〉序》:"乃《唐書·藝文志》別列類書一目,托始於何承天、徐爰並合之《皇覽》。考《魏志·劉劭傳》:'黃初中,受詔集群書,號《皇覽》。'豈《志》以《呂覽》、《淮南》及中壘之書所徵引不可復見,而據《魏志》爲斷歟?"《新唐書》卷五十九著錄類書時,果以"何承天并合《皇覽》一百二十二卷,徐爰并合皇覽八十四卷"爲始,然馬氏稱此乃因爲《呂氏春秋》等所徵引者不可復見之故,實屬想象之辭。

《皇覽》乃類書始祖之說,愈至後世,和者愈夥,邵晉涵、章學誠等以至於今日學術界主流皆主之③。

晁公武《郡齋讀書志》卷十四《類書類》第一種"同姓名錄三卷":

> 右梁元帝撰。纂類歷代同姓名人,成書一卷。唐陸善經續增廣之。齊、梁間士大夫之俗,喜徵事以爲其學淺深之候,梁武帝與沈約徵栗事是也。類書之起,當在是時,故以此錄爲首。④

《文獻通考》卷二百二十八《經籍考五十五·子·類書》"同姓名錄三卷"之注,全引晁氏語,蓋馬氏贊同此說,故明方以智撰《通雅》卷三《釋詁·綴集》"類書始於皇覽"條曰"《通考》:類書始於梁元帝《同姓名錄》"。清紀昀等撰《續文獻通考》卷一百八十六《經籍考·子·類書上》亦沿用晁氏觀點:"晁公武謂齊梁間士大夫之俗喜徵事以爲其學淺深之候,類書之起當在此時。今攷分類編纂之書實始於梁,公武之言良信。"

上述諸種說法,何去何從? 首先,我們認爲,楚鐸椒等人之作,雖則抄撮,卻並未重新編排,其主旨也非供查檢;《史籀篇》、《蒼頡》之類,更純爲字書,與類書無涉。其次,呂不韋"使其客人人著所聞",絕非僅採擷現成著述,而是頗有記錄見聞、感想甚至評判等自著性內容⑤,明矣。加之即便雜家亦是"兼儒、墨,合名、法"⑥,自有其中心,且

---

① 《陳垣史源學雜文》:"《廿二史劄記》七《晉書》條末引唐藝文志訂誤"條:"《隋經籍志》所據,皆唐初現存之書。《舊唐志》據開元時毋煚《古今書錄》,《新唐志》據《舊志》而續增天寶以後書。"人民出版社,1980 年 10 月第 1 版。

② 《中國大百科全書》"圖書館學·情報學·檔案學"卷,張君炎撰"類書"條稱,"宋代已佚"。胡道靜《中國古代的類書》亦稱,"《皇覽》到趙宋時代已亡佚"(第 8 頁)。

③ 如《中國大百科全書》"新聞·出版"卷,方厚樞撰"類書"條;"圖書館學·情報學·檔案學"卷,張君炎撰"類書"條;胡道靜:《中國古代的類書》(中華書局,1982 年 2 月北京第 1 版,第 7-8 頁)。饒宗頤《文化之旅》亦曰,"類書始於曹丕的《皇覽》"。遼寧教育出版社,1998 年 3 月。

④ (宋)晁公武撰、孫猛校證:《郡齋讀書志校證》,上海古籍出版社,1990 年 10 月第 1 版,上冊,第 646 頁。按,此所援數語,唯衢州本有之,袁州本無。

⑤ 是書的確吸收了各家思想,但一般皆有摒棄,又進行了改造,絕非徑直抄錄。而且,對諸子百家作出了自己的評價,如《不二》篇曰:"老耼貴柔,孔子貴仁,墨翟貴廉,關尹貴清,子列子貴虛,陳駢貴齊,陽生貴己,孫臏貴勢,王廖貴先兒良貴後"。

⑥ 《漢書·藝文志》。

絕非專以資料標榜之作,故而與類書實有本質區別①。汪容甫稱其類書之源,實有未妥。第三,至於《爾雅》,本乃秦漢間學者捃拾連綴春秋戰國間諸書舊文、遞相增益而成,雖有檢索之用,實爲訓詁著作。最後,由《三國志》的描述而觀,《皇覽》乃諸儒匯合("撰集")種種經傳材料、"隨類相從"而成,自當爲類書;而其篇幅巨大,字數超過八百萬,自當屬於類書成熟時期之作,而絕非草創。稱"類書之起,自要到曹魏初年《皇覽》問世後才有此一體"之說,實不可從。只可說,《皇覽》乃"中國第一部著名的類書"②,或者"中國最早的正規類書"③。故而類書至少在漢時即已出現,唯目前此種文獻僅存名而無實,難以遽斷何者是矣。

　　至於產生原因,當是諸種因素綜合作用的結果。首先,由其性質可知,類書當產生於文獻已然發展到一定階段,各種著述臻於豐贍富實,短時期內難以遍讀把握,而恰好中土有將文字神聖化、將之凌駕於語言之上的傳統,極爲推崇徵引書面文獻,故而亟需擷其精華,便於檢閱。正如唐歐陽詢《〈藝文類聚〉序》所言:"夫九流百氏,爲說不同,延閣、石渠,架藏繁積,周流極源,頗難尋究,披條索實,日用弘多,卒欲摘其菁華,採其旨要,事同游海,義等觀天。"④宋王玉麟《玉海》卷五十四《藝文·承詔撰述·類書》亦言:"學古貴乎博,患其不精;記事貴乎要,患其不備。古昔所專,必憑簡策,綜貫羣典,約爲成書。"明焦竑《國史經籍志》卷四下《類家》小序發揚其義曰:"流覽貴乎博,患其不精;強記貴乎要,患其不備。古昔所專,必憑簡策,綜貫群典,約爲成書。此類家所由起也。"⑤這是類書產生的文獻本身的原因。其次,既如此,最早的類書自是有機會掌納諸侯國圖書之士所創,目的當是自用吧。第三,類書產生之後,其他人士覺得亦有借用、或爲適應自己獨特需要而編纂之必要,於是爲社會各階層服務的類書興焉。唐司馬貞《史記索隱》卷一"注皇覽"條注:"書名也。記先代冢墓之處,宜皇王之省覽,故曰皇覽。"[……],是爲專供皇帝之類書;人稱其目的乃帝王"豐富自己的知識"、以便"與文人學士考古論奇,品文賦詩"⑥,其實,更確切地說,是爲了供帝王學習基本知識、了解治國策略。南朝以至唐宋,類書編纂又主要是供文人徵引、士子應試,即明陸深撰《儼山外集》卷十七所謂:"齊梁間,士夫之俗,喜徵事以爲其學淺深之候,若梁武帝與沈休文徵栗事之類。唐宋之間,則以資科舉應試,尤便於詩賦韻腳與剪裁餖飣之用,故先輩嗤之以爲'韻府羣玉秀才'是也。"[四庫本]最後,正如前賢所言,其具體源頭一

①　胡道靜:《中國古代的類書》,第9-10頁。

②　《簡明不列顛百科全書》(*Concise Encyclopedia Britannica*)"百科全書"條,中國大百科全書出版社,1985年,第1冊,第511頁中欄。

③　《中國大百科全書》2/"新聞·出版"卷,方厚樞撰"類書"條。

④　(唐)歐陽詢撰、汪紹楹校:《藝文類聚》,上海古籍出版社,1982年1月新1版,上冊,第27頁。

⑤　商務印書館,1939年。

⑥　張舜徽:《中國文獻學》,第47、48頁。

是受古來抄撮之風的影響,二則直接借鑒雜家的綜合兼容各家的寫作方式、《爾雅》等字書的分類和編排形式。

三、現存主要類書

第一部類書甚至後來的《皇覽》①,皆已經佚失。現存類書,最早的乃《永樂大典》本《古今同姓名錄二卷》,據說爲梁孝元皇帝所撰。《四庫全書總目》卷一百三十五《子部四十五·類書一》列之爲首:

> 梁孝元皇帝撰。是書見於《梁書》本紀及《隋書·經籍志》者,皆作一卷;唐陸善經續而廣之,故《讀書志》、《書錄解題》皆作三卷:其本皆不傳。此本爲《永樂大典》所載,又元人葉森所增補者也。雖輾轉附益,已非其舊,然幸其體例分明,不相淆雜。凡善經及森②所綴入者,皆一一標注,尚可考見元帝之原本。則類事之書,莫古於是編矣。《史記·淮陰侯列傳贊》稱兩韓信,此辨同姓名之始。然劉知幾《史通》猶譏司馬遷全然不別,班固曾無更張。至遷不知有兩子我,故以宰子爲預田恒之亂;不知有兩公孫龍,故以堅白同異之論傅合於孔門之弟子:其人相混,其事俱淆,更至於語皆失實。則辨析異同,殊別時代,亦未嘗非讀史之要務,非但綴瑣聞,供談資也。明萬曆中,余寅別撰《同姓名錄》十二卷,周應賓又補一卷,國朝王廷燦又補八卷,所錄比此本加詳。然發凡起例,終以此本爲椎輪之始焉。

或以爲此書“是一種姓氏書,不是類書”③。其實,將有關姓氏的材料分類編排,同樣符合類書的原則,類書並不一定非要百科皆納。

至於南北朝時期的其他近三十種類書,多皆亡佚。另外,緣於《皇覽》的政治地位,此一時期的類書編纂大都效仿其“包括群言,區分義別”④、“隨類相從”⑤的格式。

《南齊書》卷四十《竟陵文宣王子良》:“(建元)五年,正位司徒給班劍二十人,侍中如故,移居雞籠山西邸。集學士抄五經百家,依《皇覽》例,爲《四部要畧》千卷。招致名僧,講語佛法,造經唄新聲。道俗之盛,江左未有也。”建元僅四年,建元五年實即永明元年(483)。據此,《四部要畧》乃由蕭子良(460—494)主持。梁蕭統編《文選》

---

① 清孫馮翼輯佚文一卷,收入《問經堂叢書》(嘉慶七年(1802))。

② 謂元人葉森。

③ 胡道靜:《中國古代的類書》,第76頁注②。

④ 《太平御覽》卷六百一引《三國典略》:“齊主如晉陽,尚書右僕射祖珽等上言:‘昔魏文帝命韋誕諸人撰著《皇覽》,包括群言,區分義別。……’”《四部叢刊三編》本。明梅鼎祚編《北齊文紀》卷三“上修文殿御覽奏”條,文辭略同。

⑤ 晉陳壽《三國志·魏志》卷二《文帝》。

卷六十《齊竟陵文宣王行狀》:"貴而好禮,怡寄典墳。雖牽以物役,孜孜無怠。乃撰《四部要略》、《淨住子》。竝勒成一家,懸諸日月。"然《魏書》卷六十九《裴景融》曰:"出帝時,議孝莊謚,事遂施行。時詔撰《四部要畧》,令景融專典,竟無所成。"①故實由裴景融撰,且終未成書。

在孝元帝蕭繹(508—554)之前,梁武帝蕭衍於登基的天監元年(502),亦令劉杳編纂《壽光書苑》二百卷。"壽光"者,謂當時朝廷的撰修機構壽光省也。宋佚名《錦繡萬花谷·後集》卷十一"館閣"條:"朱華、姚崇敕於朱華閣長參。梁有華林省學士。又有文德、壽光省。《南史》。"②後佚。

在《壽光書苑》編纂期間,劉峻(463—522)亦著手爲蕭衍之弟蕭秀撰《類苑》。唐姚察、姚思廉《梁書》卷二十二《安成康王》:"精意術學,搜集經記。招學士平原劉孝標,使撰《類苑》。書未及畢,而已行於世。"李大師、李延壽《南史》卷五十二《安成康王秀》:"時諸王並下士,建安、安成二王尤好人物,世以二安重士,方之四豪。秀精意學術,搜集經記。招學士平原劉孝標,使撰《類苑》。書未及畢,而已行於世。"皆指《類苑》極受歡迎,尚未完成即已然在世間流布矣。而《南史》卷四十九《劉峻》曰:"安成王秀雅重峻。及安成王遷荆州,引爲户曹參軍,給其書籍,使撰《類苑》。未及成,復以疾去。"是又謂劉孝標因病,實未及完成該書。據《隋書·經籍志》,《類苑》一百二十卷。孝標是書影響較大,直到宋代江少虞輯《宋朝事實類苑》,尚襲其名。

蕭衍對劉孝標素無好感,見《類苑》如此成功,遂萌發了再編一部更爲宏大的類書的念頭。《續談助》卷四引唐杜寶《大業雜記》,記柳顧言對隋煬帝之語曰:"梁主以隱士劉孝標撰《類苑》一百二十卷,自言天下之事畢盡此書,無一物遺漏,梁主心不伏,即勅華林園學士七百餘人,人撰一卷,其事數倍多於《類苑》。"③《南史》卷四十九《劉峻》:"及峻《類苑》成,凡一百二十卷。帝即命諸學士撰《華林徧略》以高之。竟不見用,乃著《辯命論》以寄其懷。"《華林遍略》由徐勉牽頭,何思澄、顧協、劉杳、王子雲、鍾嶼五人參與。《梁書》卷五十《何思澄》:"天監十五年,敕太子詹事徐勉舉學士入華林,撰《徧略》。勉舉思澄等五人以應選。"《南史》卷七十二《何思澄》亦言:"天監十五年,敕太子詹事徐勉舉學士,入華林,撰《遍略》。勉舉思澄、顧協、劉杳、王子雲、鍾嶼等五人以應選。八年,乃書成,合七百卷。"特別是因劉杳的加入,質量當高過《壽光書苑》。"華林"者,亦是"華林省"之略稱。《華林遍略》一直流傳到唐代,後即湮沒。然敦煌寫

① (北齊)魏收:《魏書》,中華書局,1974 年 6 月第 1 版,第 5 冊,第 1534 頁。
② 上海古籍出版社,1991 年。
③ 《叢書集成初編》本。

本中尚殘存少許,伯二五二六號上烏部鶴類四十六條、鴻類十八條、黃鵠類十五條、雉類四條,計八十三條。羅振玉認爲乃《修文殿御覽》殘卷[①]。洪業駁之,定爲《華林遍略》[②]。

《華林遍略》流傳到北方,士人寶之。《北史》卷四十七《祖珽》:

> 後爲祕書丞,領舍人事。文襄州客至,請賣《華林遍略》。文襄多集書人,一日一夜寫畢,退其本曰:"不須也。"珽以《遍略》數帙質錢樗蒱,文襄杖之四十。……并盜官《遍畧》一部。時又除珽祕書丞兼中書舍人。還鄴後,其事皆發。文宣付從事中郎王士雅推檢,并書與平陽公淹,令録珽付禁,勿令越逃闕。[③]

北齊文宣王高洋(文襄)集人偷鈔、祖珽兩次竊取,皆可見出《華林遍略》之影響。

曾竊書之祖珽,北齊後主高緯在位時,建議編纂類書。武平三年(572)二月,下旨令祖珽等編纂《玄洲苑御覽》,後更名《聖壽堂御覽》,當年八月修成後定名《修文殿御覽》,計三百六十卷。《北齊書》卷八《後主》:"(武平三年)二月己卯,以……侍中祖珽爲左僕射。是月,勅撰《玄洲苑御覽》,後改名《聖壽堂御覽》。……(八月)癸巳,行幸晉陽。是月,《聖壽堂御覽》成,勅付史閣。後改爲《修文殿御覽》。"之所以速度如此之快,實因祖珽非常熟悉《華林遍略》、並以之爲藍本也。《直齋書録解題》卷十四"修文殿御覽三百六十卷"條:"珽之行事姦貪、凶險、盜賊,小人之尤無良者,言之則汙口舌。而其所編集乃獨至今傳於世。……今書毋乃亦盜《遍畧》之舊以爲已功耶。"其實,借鑒《華林遍略》者遠不止《修文殿御覽》,隋《長洲玉鏡》(《大業雜記》:"原本出自《華林遍略》。")、唐《藝文類聚》等皆頗仿之。(詳下)唐丘悅《三國典略》載:"初,齊武成令宋士素録古來帝王言行要事三卷,名爲《御覽》,置於齊主巾箱。陽休之創意,取《(芳)[華]林遍畧》,加《十六國春秋》、《六經拾遺録》、《魏史》(第)[等][④]書,以士素所撰之名稱爲《玄洲苑御覽》,後改爲《聖壽堂御覽》。至是,珽等又改爲《脩文殿》上之。徐之才謂人曰:'此可謂床上之床,屋下之屋也。'"[⑤]從此段文字可以看出,《修文殿御覽》尚參照了宋士素《御覽》,以及《十六國春秋》、《六經拾遺録》和《魏史》等北朝特有之文獻[⑥]。《北齊書》卷四十五《顏之推》録顏氏《觀我生賦》"纂書盛化之旁,待詔崇文之裏",之推自注:"齊武平中,署文林館待詔者,僕射陽休之、祖孝徵以下三十餘人。之推專掌其撰《修文殿御覽》、《續文章流別》等,皆詣進賢門奏之。"則顏之推亦參

---

① 載《鳴沙石室佚書》,1913 年。

② 洪業:《所謂"修文殿御覽"者》,載《燕京學報》第十二期,1932 年 10 月。

③ (唐)李百藥(565—648)《北齊書》卷三十九《祖珽》亦載之,文辭同。

④ "第",文淵閣《四庫全書》作"舊"。

⑤ 《四部叢刊三編》本。

⑥ 桂羅敏:《〈修文殿御覽〉考辨》,載《圖書情報工作》2009 年 1 期。

與纂事矣。或謂《修文殿御覽》傳至明初,後即不見蹤跡①。其實,很可能到清代依然存在,《四庫全書總目》卷一百二十三“古今説海一百四十二卷”條:“考割裂古書、分隸門目者,始魏繆襲、王象之《皇覽》。其存於今者,《修文殿御覽》以下,皆其例也。裒聚諸家、摘存精要而仍不亂其舊第者,則始梁庾仲容之《子鈔》,其存於今者,唐馬總《意林》以下皆其例也。”

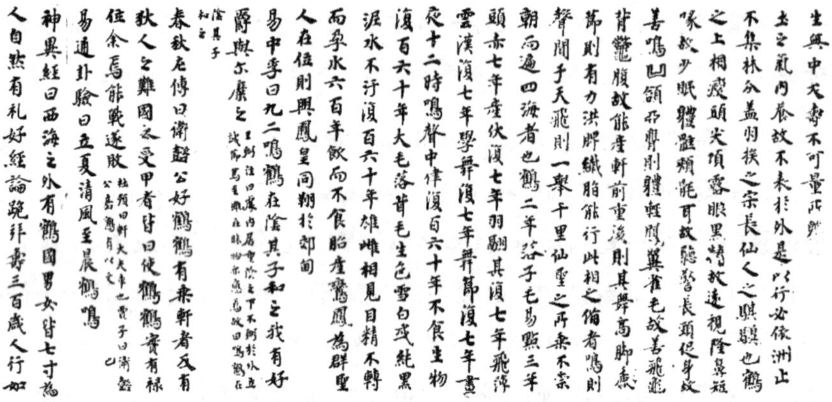
生與中天壽不可量所以然
去之氣內養故不未於外是以行必依洲止
不集林分蓋羽族之宗長仙人之騏驥也鶴
之上相魯頭尖頂露眼黑睛故遠視隆鼻短
喙故少眠體雖頸能可故聽警長頸促身故
善鳴凸頷卵骨則體輕鳳翼雀毛故善飛龜
背鼈腹故能產軒前重後則其舉高腳疏
節則有力洪髀纖脂能行此相之備者鳴則
聲聞于天飛則一舉千里仙聖之所乘不崇
朝而遍四海者也鶴二年落子毛易點三年
頭赤七年產伏復七年羽翮其復七年飛薄
雲漢復七年學舞復七年舞節復七年晝
夜十二時鳴聲中律復百六十年不食生物
復百六十年大毛落茸毛生色雪白或純黑
泥水不汙復百六十年雄雌相見目精不轉
而孕水六百年飲而不食胎產鸞鳳為群聖
人在位則與鳳皇同翔於郊甸
易中孚曰九二鳴鶴在陰其子和之我有好
爵與爾靡之
春秋左傳曰衛懿公好鶴鶴有乘軒者及有
狄人之難國人受甲者皆曰使鶴鶴實有祿
位余焉能戰遂敗
易通卦驗曰立夏清風至晨鶴鳴
神異經曰西海之外有鶴國男女皆七寸為
人自然有礼好經論跪拜壽三百歲人行如

圖 7.1　伯二五二六《修文殿御覽》殘卷

《通志》卷六十九《藝文略·類書類》:“《瑚玉集》二十卷。”列入類書。《崇文總目》卷六:“《瑚玉集》二十卷。闕。”亦入類書。曰“闕”者,則北宋時已無見。然日人《經籍訪古志》載:“每卷首題‘瑚玉集卷第幾’,次行列書篇目。十四卷末記云:‘用紙一十六張。天平十九年歲在丁亥三月寫。’文字遒勁,似唐初人筆跡,真罕見之寶笈也。”②“天平”乃日本聖武天皇年號,天平十九年即公元 747 年。也就是説,此本鈔寫年代相當於我國唐玄宗天寶六年。李慈銘以爲此“蓋是六朝末季底下之書”③。然此書無論作者還是年代,皆無確鑿證據加以斷定也。

《直齋書録解題》卷十四“《修文殿御覽》三百六十卷”條:“案《唐志》,類書在前者有《皇覽》、《類苑》、《華林遍畧》等六家,今皆不存。則此書當爲古今類書之首。”此觀點頗有合之者④。是蓋未睹梁孝元帝時之《古今同姓名録》矣。

結束自西晉末年以來長達四百年地域性分裂的隋朝,雖然存在僅四十年左右,卻是舉世公認的中國最強盛時期,三省六部制、科舉制度等創始於是時。隋朝類書編纂亦成就巨大,朝廷下令撰寫了《長洲玉鏡》、《編珠》,私人編寫則有虞世南《北堂書

① 胡道靜:《中國古代的類書》,第 68-69 頁。
② 森立之、澀江全善:《經籍訪古志初稿本》,日本書志學會印行,昭和十年(1935)。
③ 李慈銘:《越縵堂日記》,廣陵書社,2004 年 5 月第 1 版。
④ 胡道靜:《中國古代的類書》:“曹魏和南北朝的幾部大類書,以《修文殿御覽》傳世的時日爲最長久。”第 68 頁。

鈔》、諸葛穎《玄門寶海》。《長洲玉鏡》乃隋煬帝楊廣令虞綽、柳顧言、虞世南、庾自直、王曹等於大業元年(605)至二年(606)所編,共四百卷。因根據《華林遍略》而來,故而費時甚短。《續談助》卷四引唐杜寶《大業雜記》:"大業二年六月,學士秘書監柳顧言、學士著作佐郎王曹等撰《長洲玉鏡》一部,四百卷。帝謂顧言曰:'此書源本出自《華林遍略》,然無復可加,事當典要。其卷雖少,其事乃多於《遍略》。'"①則《長州玉鏡》之內容實較《華林遍略》更爲豐富矣。《編珠》由杜公瞻獨撰,北宋王堯臣《崇文總目》卷六:"《編珠》五卷。"鄭樵《通志》卷六十九《藝文略第七》:"《編珠》五卷。隋杜公瞻撰。"則南宋時尚存。此後即無記載,至清代,高士奇、徐乾學、朱彝尊、王士禎等人皆於內府見僅存前二卷之殘本,高、朱並手錄一冊,高氏且校讎、補充成《編珠》四卷、《續編珠》二卷。然清代學者多疑高氏刊本爲僞,至余嘉錫始定爲真②。是書主要提供對偶材料,即所謂"事對"③。或稱它"是現存古類書之最早而較爲完整者"④,蓋未顧及《古今同姓名錄》甚至《瑞玉集》矣。

　　隋朝最重要的類書,乃是由參與《長洲玉鏡》撰事的虞世南所編的《北堂書鈔》。該書成於大業年間(605—618)虞氏任隋朝秘書郎時,自當屬於隋朝著作,後世將它與《藝文類聚》、《初學記》、《白氏六貼事類集》合稱爲"唐代四大類書"⑤,並不確切。所謂"北堂"者,古或以泛指北屋。唐盧照鄰《明月引》:"橫桂枝於西第,繞菱花於北堂。"其《長安古意》詩:"娼家日暮紫羅裙,清歌一囀口氛氳。北堂夜夜人如月,南陌朝朝騎似雲。"此則指秘書省後堂,亦因其居北也。《郡齋讀書後志》卷二:"世南仕隋爲秘書郎時,鈔經史百家之事以備用,分八十部,八百一類。北堂者,省之後堂,世南鈔書之所也。"《隋書》卷三十四《志·經籍三》:"《書鈔》一百七十四卷。"然後世多著錄爲一百七十三卷,今存一百六十卷。現分十九部,即帝王、后妃、政術、刑法、封爵、設官、禮儀、藝文、樂、武功、衣冠、儀飾、服飾、舟、車、酒食、天、歲時、地;共八百五十一類,如藝文部下設經典、易、書、詩、春秋、禮、儒術、史、圖、讖、好學、博學、談講、讀書、誦書、敏捷、著述、名理、論書、論文、歡賞、諫靜、寫書、藏書、刊校謬語、採求遺逸、載書負書、賜書、廢學、詩、賦、頌、箴、連珠、碑、誄、哀辭、弔文、詔、章、表、書記、符、檄、筆、紙、硯、墨、策、簡、牘、札、刺、券契、袠、封泥共五十類。每一類,匯集有關文獻材料:先摘錄名言佳句,以大字排列;再以小字注明出處、上下文、有關注疏,時有虞氏自注。參看下列卷二十帝王部猜忌類之格式:

---

① 《叢書集成初編》本。
② 《四庫提要辯證》卷十六,中華書局,1981 年 9 月第 1 版。
③ 胡道靜:《中國古代的類書》,第 78-85 頁。
④ 胡道靜:《中國古代的類書》,第 76 頁。
⑤ 董治安編:《唐代四大類書》,清華大學出版社,2003 年 11 月第 1 版。

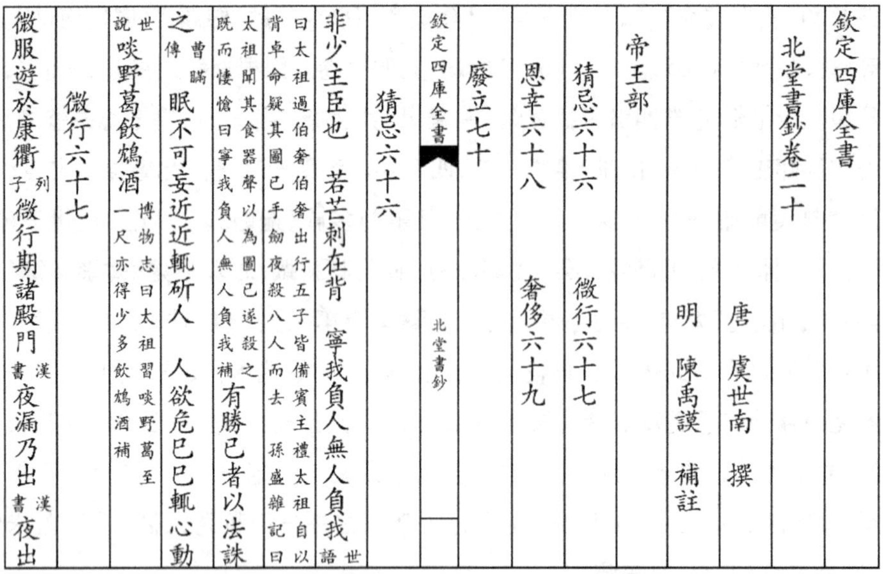
欽定四庫全書
北堂書鈔卷二十
唐 虞世南 撰
明 陳禹謨 補註
帝王部
猜忌六十六 微行六十七
恩幸六十八 奢侈六十九
廢立七十
欽定四庫全書 北堂書鈔
猜忌六十六
非少主臣也 若芒刺在背 寧我負人無人負我 世語曰太祖過伯奢伯奢出行五子皆備賓主禮太祖自以背卓命疑其圖己手劍夜殺八人而去 孫盛雜記曰太祖聞其食器聲以為圖己遂殺之既而悽愴曰寧我負人無人負我 補 有勝己者以法誅之 曹瞞傳 眠不可妄近近輒斫人 人欲危己己輒心動 世說 啖野葛飲鴆酒 博物志曰太祖習啖野葛至一尺亦得少多飲鴆酒 補
微行六十七
微服遊於康衢 列子 微行期諸殿門 漢書 夜漏乃出 漢書 夜出

圖 7.2 文淵閣《四庫全書》本《北堂書鈔》

顯然,《北堂書鈔》的目標乃是供寫作時採摭辭藻、徵用故事之用,與《皇覽》及《修文殿御覽》等僅供皇帝閲讀截然不同。故而在明代之前只以鈔本流傳。明萬曆二十八年(1660),陳禹謨始鋟版,惜底本即劣,刻時又肆意刪改;《四庫全書》所收即陳氏刻本。陳氏之前的鈔本,朱彝尊、孫星衍、張金吾、汪遠孫、嚴可均分別得之,其中兩種後亡佚;嚴可均、蔣因培、姚覲元等欲刊刻,惜或僅成部分,或僅餘手稿。唯一依照善本而成功鐫刻全書者爲南海孔廣陶,光緒十四年(1888)孔氏據明陶宗儀(字九成)傳鈔宋本,添加校注而付梓。這就是目前通行的南海孔氏三十有三萬卷堂本①。

又,過去視之爲我國現存最早的類書,或稱“雖至今日,由於石室殘卷和《編珠》的分量都很小,具有相當規模的古類書仍當推《北堂書鈔》爲首。”②皆不甚準確。只應稱之爲我國現存早期最完整、規模最大的類書之一。

有唐一代始自高祖武德元年(618),迄於哀帝天祐四年(907)。在近三百年的時間里,經濟、政治、文化等方面皆取得輝煌成就,而類書編纂亦迎來高峰,幾乎除中宗、睿宗兩朝之外,各個皇帝在位期間皆有撰述;據不完全統計,唐代編纂類書達一百二十種左右。這批類書主要乃由國家組織人力編寫,如《藝文類聚》、《文思博要》、《文思博要》、《三教珠英》、《事類》、《初學記》;其次,文人學士自纂自用者亦頗夥,如陸贄《備舉文言》、元稹《類集》、白居易《白氏經史事類》、溫庭筠《學海》、皮日休《皮氏鹿門家鈔》。就內容而言,則有兩大特點:一是出現了民間人士編纂以供學生啟蒙或百姓日

① 中國書店,1989 年 7 月影印。
② 胡道靜:《中國古代的類書》,第 85 頁。

用的類書,如《兔園策府》之類;二是宗教類書大量涌現,如《大乘義章》、《諸經要集》、《法苑珠林》、《無上秘要》、《三洞珠囊》等。唐代最著名的類書爲《藝文類聚》。

唐高祖李淵開國初年即下令編纂《藝文類聚》。《舊唐書》卷七十三《令狐德棻》:"(武德)五年,遷秘書丞。與侍中陳叔達等受詔撰《藝文類聚》。"宋王溥《唐會要》卷三十六《修撰》:"武德七年九月十七日,給事中歐陽詢奉勅撰《藝文類聚》成,上之。"①三年間,參預其事者十數人,包括令狐德棻、袁朗、趙弘智、裴矩、陳叔達等十數人,而以歐陽詢總負責。《舊唐書》卷四十七《經籍志·經籍下》:"《藝文類聚》一百卷。歐陽詢等撰。"編纂時,參考了梁代《華林遍略》。全書近百萬言,分四十六部,再析爲七百二十七個子目;每個子目下,先列字書或注疏書的解釋,再大致按照史、頌、述、贊、碑、誄、文、論等文體,分別摘取有關文獻,——根據歸於每個子目的具體文獻情況,不一定闡釋或每種文體皆備,也不一定盡依此次序。如卷三十五《人部》"奴"子目,先引《周禮》注、《論語》、《左傳》注、《方言》,再擇《風俗通》、《史記》、《漢書》、《新序》、《東觀漢記》、《前秦錄》、《蜀志》、《三輔決錄》、沈約《宋書》、《林邑記》,再取"書"類(《梁簡文帝答安吉公主餉胡子書》,殿以漢王褒《僮約》。

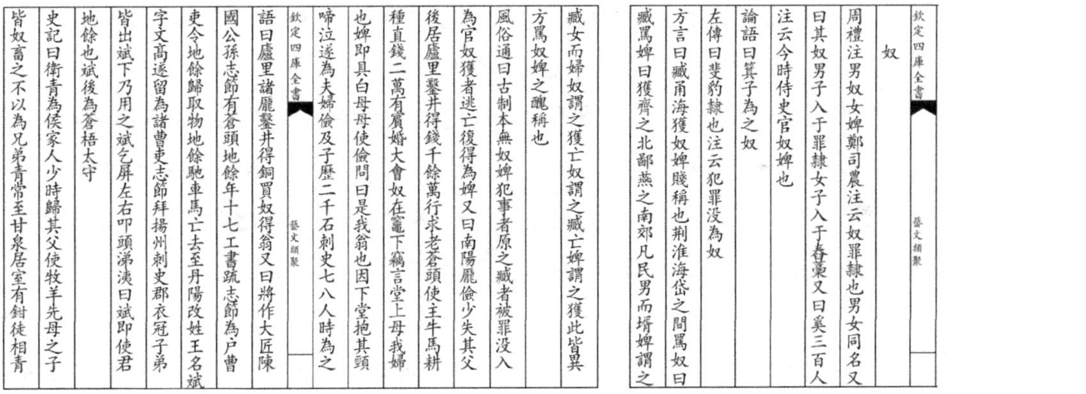
欽定四庫全書　藝文類聚
奴
周禮注男奴女婢鄭司農注云奴罪隸也男女同名又
曰其奴男子入于罪隸女子入于舂槀又曰奚三百人
注云今時侍史官奴婢也
論語曰箕子為之奴
左傳曰斐豹隸也注云犯罪沒為奴
方言曰臧甬海獲奴婢賤稱也荆淮海岱之間罵奴曰
臧罵婢曰獲齊之北鄙燕之南郊凡民男而壻婢謂之
臧女而婦奴謂之獲亡奴謂之臧亡婢謂之獲此皆異
方罵奴婢之醜稱也
風俗通曰古制本無奴婢犯事者原之臧者被罪沒入
為官奴獲者逃亡復得為婢又曰南陽麗儉少失其父
後居盧里鑿井得錢千餘萬行求老蒼頭使主牛馬耕
種直錢二萬有賓婚大會奴在竈下竊言堂上母我婦
也婢即具白母母使儉問曰是我翁也因下堂抱其頸
啼泣遂為夫婦儉及子歷二千石刺史七八人時為之
欽定四庫全書　藝文類聚
語曰盧里諸麗鑿井得銅買奴得翁又曰將作大匠陳
國公孫志節有蒼頭地餘年十七工書疏志節為户曹
吏令地餘歸取物地餘馳車馬亡去至丹陽改姓王名斌
字文高遂留為諸曹吏志節拜揚州刺史郡衣冠子弟
皆出斌下乃用之斌乞屏左右叩頭涕洟曰斌即使君
地餘也斌後為蒼梧太守
史記曰衛青為侯家人少時歸其父使牧羊先母之子
皆奴畜之不以為兄弟青常至甘泉居室有鉗徒相青

圖 7.3　文淵閣《四庫全書》本《藝文類聚》

歐陽詢《〈藝文類聚〉序》曰:"以爲前輩綴集,各抒其意;《流別》、《文選》,專取其文;《皇覽》、《徧畧》,直書其事:文義既殊,尋檢難一,爰詔撰其事。……其有事出於文者,便不破之爲事;故事居其前,列文於後。"這種"事"前、"文"後的著錄體例,令《藝文類聚》兼具字書和文摘的功能,大量保留了古代文獻。顯然,歐陽氏所謂"事"者,對子目字辭之詮釋;"文"者,相關文章典籍也。或曰,"'文'自爲總集,'事'自爲類書"②,蓋是對"事""文"之誤解吧。從性質上看,《藝文類聚》爲綜合性類書,且是我國

① 《舊唐書》卷一百八十九上《歐陽詢》:"武德七年,詔與裴矩、陳叔達撰《藝文類聚》一百卷。奏之,賜帛二百段。"是蓋以書成誤爲始撰之時吧。

② 胡道靜:《中國古代的類書》,第 107 頁。

現存最早的基本完整的官修類書。現存版本有宋本及明清本,目前最好、最通行版本爲汪紹楹校勘本①。

《文思博要》,高儉等十六人奉勑撰,成於貞觀十五年(641)。《新唐書》卷五十九《藝文志》:"《文思博要》一千二百卷,目十二卷。右僕射高士廉、左僕射房玄齡、特進魏徵、中書令楊師道、兼中書侍郎岑文本、禮部侍郎顏相時、國子司業朱子奢、博士劉伯莊、太學博士馬嘉運、給事中許敬宗、司文郎中崔行功、太常博士呂才、祕書丞李淳風、起居郎褚遂良、晉王友姚思廉,太子舍人司馬宅相等奉詔譔。貞觀十五年上。"《舊唐書》卷四十七《經籍志·經籍下》:"《文思博要》并目一千二百一十二卷。張太素撰。"卷數蓋合目錄言之也。稱"張太素撰",乃誤重前二條《策府》的作者。武英殿本"考證"曰:"《新書》高士廉等十六人奉詔撰,無張大素名。當從《新書》。"《唐會要》卷三十六《修撰》:"貞觀十五年十月二十五日,尚書左僕射申國公高士廉撰《文思博要》成,凡一千二百卷,詔藏之祕府。同撰人:特進魏徵,中書令楊師道,中書侍郎岑文本,禮部侍郎顏相時,國子司業朱子奢,給事中許敬宗,國子博士劉伯莊,太常博士呂才,祕書監房玄齡,太學博士馬嘉運,起居舍人褚遂良,晉王友姚思廉,太子舍人司馬宅相,祕書丞李淳風。"士廉,乃高儉之字。是書至南宋已然只存殘本,《南宋館閣續錄》卷三:"《文思博要》一節。"《遂初堂書目》:"《文思博要》一卷。"

武則天在位期間,以《文思博要》等前代類書尚有缺陷,下令重新編纂《三教珠英》。《唐會要》卷三十六《修撰》:"大足元年十一月十一日,麟臺監張昌宗撰《三教珠英》一千三百卷成,上之。初,聖曆中,以上②《御覽》及《文思博要》等書,聚事多未周備,遂令張昌宗召李嶠、閻朝隱、徐彥伯、薛曜、李尚隱、魏知古、于季子、王無競、沈佺期、王適、徐堅、尹元凱、張説、馬吉甫、元希聲、李處正、高備、劉知幾、房元陽、宋之問、崔湜、常元旦、楊齊哲、富嘉謨、蔣鳳等二十六人同撰。於舊書外更加佛道二教及親屬、姓名、方域等部。"《舊唐書》卷四十七《經籍志·經籍下》:"《三教珠英》并目一千三百一十三卷。張昌宗等撰。"顯然,《三教珠英》乃在《文思博要》的基礎上加以增添而成,多出來的一百卷爲佛道教等內容。即便從聖曆元年(698)算起,到大足元年(701)也只有四年。《唐會要》卷三十六:"其年十月,勅改天后朝所撰《三教珠英》爲《海内珠英》。"其年,謂開成二年(837)。據《新唐書》卷一百九十九《徐堅》:"(堅)與徐彥伯、劉知幾、張説與修《三教珠英》。時張昌宗、李嶠總領,彌年不下筆。堅與説專意譔綜,條彙粗立,諸儒因之乃成書。"可見當時出力最多者實爲徐堅、張説。《郡齋讀書後志》卷二"三教珠英三卷"條:"右唐張昌宗等撰。按《唐志》一千三百卷,今所存者止此。"

① (唐)歐陽詢撰、汪紹楹校:《藝文類聚》,中華書局,1965 年 11 月第 1 版,上海古籍出版社,1982 年 1 月新 1 版。
② "上"謂前代也。或稱指"所上"(胡道靜《中國古代的類書》,第 117 頁),誤。

時爲南宋時情況,今則全佚。

其實,在《三教珠英》之前,高宗朝尚編有《文館詞林》。《舊唐書》卷八十二《許敬宗》:"自貞觀已來,朝廷所修《五代史》及《晉書》、《東殿新書》、《西域圖志》、《文思博要》、《文館詞林》、《累璧瑤山》、《玉彩姓氏錄》、《新禮》,皆總知其事。前後賞賚不可勝紀。"許敬宗領銜,劉知幾、劉伯莊等參預。《舊唐書》卷一百二《劉子玄》載,劉知幾"自幼及長,述作不倦。朝有論著,必居其職。預修《三教珠英》、《文館詞林》、《姓族系錄》、《論孝經非鄭玄注、老子河上公注》,修《唐書》、《實錄》,皆行於代。"《唐會要》卷三十六:"(顯慶二年)十月二日,許敬宗修《文館詞林》一千卷上之。"《通志》卷七十亦載:"文館詞林一千卷許敬宗集。"可見全書至南宋尚存。後陸續有散佚,僅存個別殘卷。該書曾流傳至日本,《叢書集成初編》①等曾收錄數卷。日本藏全部三十卷見於《影弘仁本〈文館詞林〉》②,目前國內能夠看到的最完整的本子爲《日藏弘仁本文館詞林校證》③。"詞林",指匯聚之文詞。南朝梁蕭統《答晉安王書》:"毅核墳史,漁獵詞林。"可知《文館詞林》所集乃各體詩文。

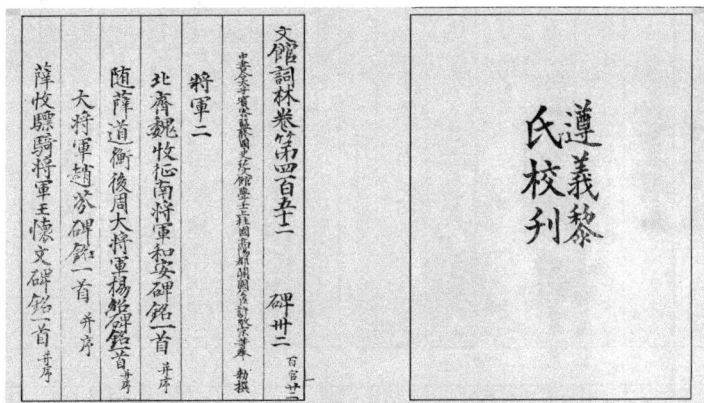

圖7.4　《古逸叢書》本《文館詞林》

相較於其他官修類書,同樣是奉勅所撰的《初學記》篇幅要小得多,僅區區三十卷。《大唐新語》卷九:

> 玄宗謂張説曰:"兒子等欲學綴文,須檢事及看文體。《御覽》之輩,部帙既大,尋討稍難。卿與諸學士撰集要事并要文,以類相從,務取省便,令兒子等易見成就也。"説與徐堅、韋述等編此進上。詔以《初學記》爲名,賜修撰學士,束帛有差,其書行於代。④

————————————

①　第1690—1619冊。商務印書館,1936年12月。

②　日本古典研究會,1969年。

③　羅國威整理。中華書局,2001年10月第1版。

④　(唐)劉肅著,許德楠、李鼎霞點校:《大唐新語》,中華書局,1984年6月第1版。

據《玉海》,成書時爲開元十五年(727)。北宋錢易《南部新書》卷九:“開元十三年五月,集賢學士徐堅等纂經史文章之要,以類相從。上制名曰《初學記》。至是上之,欲令皇太子及諸王檢事綴文爾。”《唐會要》卷三十六作“開元十五年五月一日”。“十三年”蓋“十五年”之誤。“初學”者,謂提供作文的基礎知識、訓練基本功也。全書分天、歲時、地、州郡、帝王等二十三部,共三百一十三子目。每子目之下,分爲三個部分:“敘事”,摘錄前代有關子目標題的知識,再用小字;“事對”,先以大字列出對偶辭,再以小字注明出處及前後文;“詩文”,選擇關於本標題的優秀詩文以供借鑒,以大字列出詩文題目,後以小字摘錄原文。這種體例雖源自《藝文類聚》等,但又與一般類書略有不同,主要是爲了便於初學者學習。

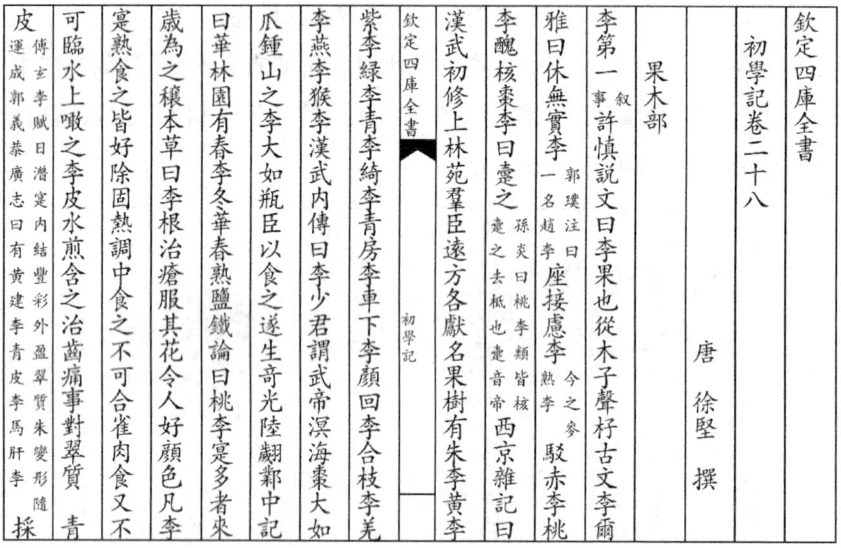
欽定四庫全書
初學記卷二十八
唐 徐堅 撰
果木部
李第一 叙事 許慎説文曰李果也從木子聲杍古文李爾
雅曰休無實李 郭璞注曰一名趙李 座接慮李 今之麥李 駁赤李桃
李醜核棗李曰疐之 孫炎曰桃李類皆核疐之去柢也疐音帝 西京雜記曰
漢武初修上林苑羣臣遠方各獻名果樹有朱李黄李
欽定四庫全書 初學記
紫李緑李青李綺李青房李車下李顔回李合枝李羌
李燕李猴李漢武内傳曰李少君謂武帝溟海棗大如
瓜鍾山之李大如瓶臣以食之遂生奇光陸翽鄴中記
曰華林園有春李冬華春熟鹽鐵論曰桃李寔多者來
歲為之穰本草曰李根治瘡服其花令人好顔色凡李
寔熟食之皆好除固熱調中食之不可合雀肉食又不
可臨水上噉之李皮水煎含之治齒痛事對翠質 青
皮 傅玄李賦曰潛寔内結豐彩外盈翠質朱變形隨運成郭義恭廣志曰有黄建李青皮李馬肝李 採

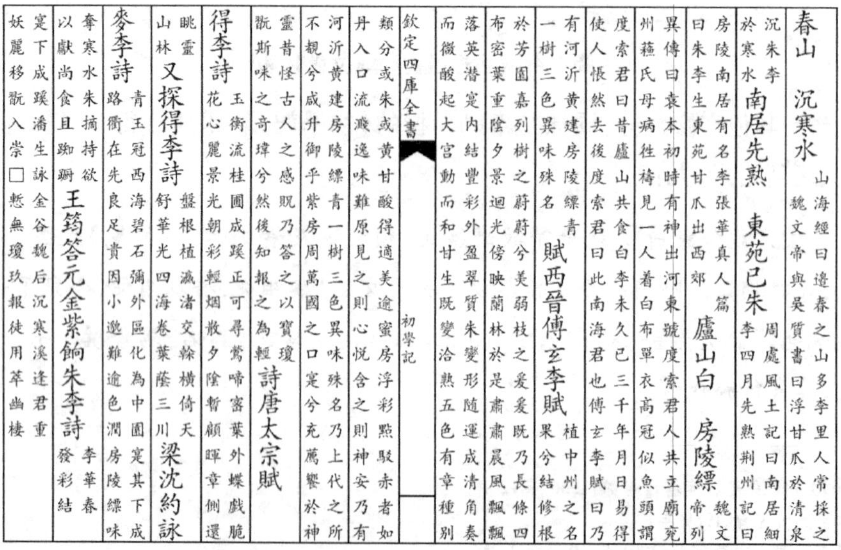
春山 沉寒水 山海經曰邉春之山多李里人常採之魏文帝與吳質書曰浮甘爪於清泉
沉朱李於寒水 南居先熟 周處風土記曰南居細李四月先熟荊州記曰 東苑巳朱
房陵南居有名李張華真人篇曰朱李生東苑甘爪出西郊 盧山白 房陵縹 魏文帝列
異傳曰袁本初時有神出河東號度索君人共立廟兗州蘊氏母病往禱見一人着白布單衣高冠似魚頭謂
度索君曰昔盧山共食白李未久已三千年月日易得使人悵然去後度索君曰此南海君也傅玄李賦曰乃
有河沂黄建房陵縹青一樹三色異味殊名 賦 西晉傅玄李賦 植中州之名果兮結修根
於芳園嘉列樹之蔚蔚兮美弱枝之爰爰既乃長條四布密葉重陰夕景迴光傍映蘭林於是肅肅晨風飄飄
落英潛寔内結豐彩外盈翠質朱變形隨運成清角奏而微酸起大宮動而和甘生既變洽熟五色有章種别
欽定四庫全書 初學記
類分或朱或黄甘酸得適美逾蜜房浮彩點駁赤者如丹入口流澉逸味難原見之則心悦含之則神安乃有
河沂黄建房陵縹青一樹三色異味殊名乃上代之所不覿兮咸升御乎紫房周萬國之口寔兮充薦饗於神
靈昔怪古人之感貺乃答之以寶瓊貺斯味之奇瑋兮然後知報之為輕 詩 唐太宗賦
得李詩 玉衡流桂圃成蹊正可尋鶯啼密葉外蝶戲脆花心麗景光朝彩輕烟散夕陰暫顧暉章側還
眺靈山林 又採得李詩 盤根植瀛渚交榦横倚天舒華光四海卷葉蔭三川 梁沈約詠
麥李詩 青玉冠西海碧石彌外區化為中國寔其下成路衢在先良足貴因小邈難逾色潤房陵縹味
奪寒水朱摘持欲以獻尚食且踟躕 王筠荅元金紫餉朱李詩 李華春發彩結
寔下成蹊潘生詠金谷魏后沉寒溪逢君重妖麗移翫入崇□慙無瓊玖報徒用萃幽棲

圖 7.5　文淵閣《四庫全書》本《初學記》

因選材嚴格,編輯認真,歷代頗享盛譽。《四庫全書總目》卷一百三十三:"其例前爲敘事,次爲事對,末爲詩文。其敘事雖雜取羣書,而次第若相連屬,與他類書獨殊。其詩文兼錄初唐,於諸臣附前代後,於太宗御製則升冠前代之首,較《玉臺新詠》以梁武帝詩雜置諸臣之中者,亦特有體例。其所採摭皆隋以前古書,而去取謹嚴,多可應用,在唐人類書中博不及《藝文類聚》,而精則勝之。若《北堂書鈔》及《六帖》,則出此書下遠矣。《春明退朝錄》及《溫公詩話》並稱中山劉干儀愛其書曰:'非止初學,可爲終身記。'"現有司義祖校訂本可用①。

唐代最著名的私撰類書爲白居易《白氏六帖事類集》。白氏此著,原爲滿足自己寫作之需。南宋初曾慥《類說》卷五十三"六帖"條記其撰寫經過曰:"白居易作《六帖》,以陶家瓶數千,各題門目,作七層架列齋中。命諸生採集事類投瓶中。倒取,抄錄成書。故所記時代無次。"南宋晁公武《郡齋讀書志》卷三下"六帖三十卷"條、元末明初陶宗儀《說郛》並載此事,皆不記出處。《四庫全書總目》卷一百三十五"白孔六帖一百卷"條稱,本源自"楊億《談苑》"。《談苑》,即宋庠編《楊文公談苑》。《新唐書》卷五十九《藝文志》:"《白氏經史事類》三十卷。白居易。一名《六帖》。"是則原名《白氏經史事類》,別名《六帖》。宋刻本又有名曰"白氏六帖事類集""白氏六帖類聚"。"六帖"何義? 南宋程大昌《演繁露》卷二"六帖條"稱:"白樂天作類書名《六帖》。《通典·選舉門》載唐制曰:開元中舉行課試之法,帖經者以所習經掩其兩端,中間惟開一行,裁紙爲帖,凡帖三字。隨時增損,可否不一,或得四得五得六者爲通。此六帖之名所從起也。'六帖'云者,取中得之數以名其書,期於必遂中選也。"《四庫全書總目》卷一百三十五駁之:"然此書雜採成語故實,備詞藻之用,與進士帖經絶不相涉,莫詳其取義之所在。大昌所說,殆亦以意附會歟。"傅增湘以爲,"六帖"指六冊②。此說亦少人首肯。《六帖》無部、類,只分一千三百六十七門,另有若干附門。每門之下,以大字書對偶辭,再以小字釋之。僅相當於《初學記》之"事對"。《郡齋讀書志》卷三下:"六帖三十卷":"以天地事物分門類爲對偶,而不載所出書。曾祖父祕閣公爲之注,行於世。"晁公武之曾祖爲晁仲衍,其所注即世間流傳之《白氏六帖事類添注出經》。南宋孔傳模仿《六帖》而作《六帖新書》,《苕溪漁隱叢話後集》卷三十六:"《復齋漫錄》云:東魯孔傳,字聖傳。先聖之裔,而中丞道輔之孫也。爲人博學多聞,取唐以來至於吾宋詩頌銘贊、奇編奧錄,窮力討論,纖芥不遺,撮其樞要,區分彙聚有益於世者,續唐白居易《六帖》,謂之《六帖新書》。"後來刊刻時,更名《孔氏六帖》。南宋末年,好事者合孔氏、白氏之書爲《唐宋白孔六帖》,簡稱《白孔六帖》。《四庫全書總目》卷一百三十五

---

① (唐)張說、徐堅等撰,司義祖校:《初學記》,中華書局,1962年1月。
② 套色影印宋版《白氏六帖事類集》,傅增湘《跋》。文物出版社,1987年。

“白孔六帖一百卷”條:“案《文獻通考》載,《六帖》三十卷,唐白居易撰。《後六帖》三十卷,宋知撫州孔傳撰。合兩書計之,總爲六十卷。此本編兩書爲一書,不知何人之所合。又作一百卷,亦不知何人之所分。考胡仔《苕溪漁隱叢話》稱《六帖新書》出於東魯兵燹之餘,南北隔絕,其本不傳於江左,使學者弗獲增益聞見。則南渡之初尚無傳本。王應麟《玉海》始稱孔傳亦有《六帖》。今合爲一書,則併於南宋之末矣。”《白孔六貼》的體例是:每門,先爲白氏《六貼》,首系以“白”字;次列孔氏《新書》,加“孔”字以區隔。請參看下列卷九“郊”門圖片。現有《四庫全書》本、中國國家圖書館藏有明人依宋刻傳鈔本。

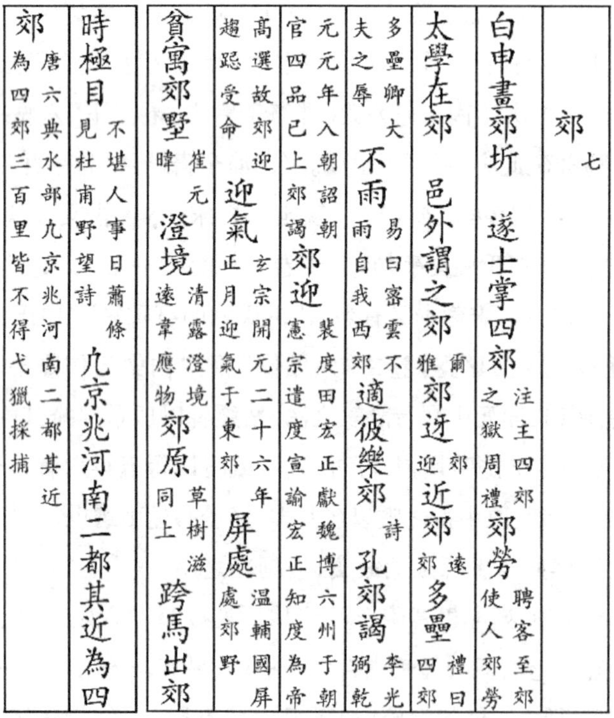
郊七
白申畫郊圻 遂士掌四郊 注主四郊之獄周禮 郊勞 聘客至郊使人郊勞
太學在郊 邑外謂之郊 爾雅 郊迓 郊迎 近郊 遠郊 多壘 禮曰四郊
多壘卿大夫之辱 不雨 易曰密雲不雨自我西郊 適彼樂郊 詩 孔郊謁 李光弼乾
元元年入朝詔朝官四品已上郊謁 郊迎 裴度田宏正獻魏博六州于朝憲宗遣度宣諭宏正知度為帝
高選故郊迎趨跽受命 迎氣 玄宗開元二十六年正月迎氣于東郊 屏處 溫輔國屏處郊野
貧寓郊墅 崔元暐 澄境 清露澄境遠韋應物 郊原 草樹滋同上 跨馬出郊
時極目 不堪人事日蕭條見杜甫野望詩 凡京兆河南二都其近為四
郊 唐六典水部凡京兆河南二都其近為四郊三百里皆不得弋獵採捕

圖 7.6 文淵閣《四庫全書》本《白孔六貼》

需要特别指出者,二十世紀初面世的敦煌遺書中,殘存有若干種類書,皆爲唐五代在世間流傳者,如《兔園策府》、《勵忠節鈔》、《類林》及據《類林》而來的《增廣分門類林雜說》等①。

到了宋代,類書的發展勢頭仍然不減,無論是數量、種類和完善程度都超過唐朝,據不完全統計,趙宋計有類書二百四十種。其特點有:一,二百卷以上的卷帙宏大的類書達十七部,多由朝廷組織編纂,如北宋初年即纂修了《太平廣記》、《文苑英華》、《太

① 參考:1. 屈直敏:《敦煌寫本類書〈勵忠節鈔〉研究》,民族出版社,2007 年 8 月第 1 版。2. 王三慶:《敦煌類書》,麗文文化事業股份有限公司,1993 年。

平御覽》和《冊府元龜》四大類書。二,民間類書的興盛。除了私家繼續編修類書之外,最醒目者爲民間開始涌現通俗類書。這種通俗類書一般是由書坊雇用人編纂,主要有:民間日用型類書,主要是爲了方便普通百姓生活而編①,如南宋末年建州崇安人陳元靚編《事林廣記》、南宋淳熙十五年(1188)撰《錦繡萬花谷》,宋謝維新南宋寶祐五年(1257)輯《古今合璧事類備要》等;學生學習類書,如北宋神宗熙寧二年(1069)雕刻的《新雕中字雙金》②。三者,種類繁多,類書主題日益細化,體例日臻完備,有許多創新之處,如《記纂淵海》開創了記言類類書,《樂書》爲我國第一部音樂類書,《全芳備祖》爲我國植物類書之鼻祖。

北宋初年大型類書編纂,肇其端者爲百科性質的《太平御覽》。《〈太平御覽〉序》:

謹按《國朝會要》曰:太平興國二年三月,詔翰林學士李昉、扈蒙,知制誥李穆、太子詹事湯悦、太子率更令徐鉉、太子中允張泊、左補闕李克勤、左拾遺宋白、太子中舍陳鄂、光禄寺丞徐用賓、太府寺丞吳淑、國子監丞舒雅、少府監丞(李)[呂]文冲、阮思道等,同以羣書類集之,分門編爲千卷。

先是,帝閱前代類書,門目紛雜,失其倫次,遂詔修此書。以前代《修文御覽》、《藝文類聚》、《文思博要》及諸書,条詳條次,分定門目。八年二月書成,詔曰:"史館新纂《太平編類》,包羅萬象,總括羣書,紀歷代之興亡。自我朝之編纂,用垂永世,可改名爲《太平御覽》。"帝每聽政之暇,日讀《御覽》三卷。有故或闕,卽追之。雖隆冬短景,必及其數。大臣請少息,帝曰:"朕開卷有得,不以爲勞也。"凡諸故事可資風教者,悉記之。及延見近臣,必援引談論,以示勸戒焉。

從宋太宗太平興國二年(977)三月至太平興國八年十二月(983),計近七年。序稱原名《太平編類》,《直齋書錄解題》卷十四亦言"本號《太平編類》"③,而南宋李燾《續資治通鑑長編》卻載:"庚辰詔,史館所修《太平總類》:'自今日進三卷,朕當親覽。'"明《文淵閣書目》卷三等多種文獻亦言"《太平總類》一部一百冊"。是則本稱"太平編類",或呼爲"太平總類",後更爲"太平御覽"也。"太平"者,因書成於太平年間也;"御覽"者,皇帝視之爲自己獨閱之書也④。李昉、扈蒙等十四人以前代類書《修文殿御覽》、《藝文類聚》和《文思博要》等爲藍本,編爲一千卷,約五百萬字;分五十五部,蓋亦仿《修文殿御覽》,因《周易·繫辭》"天數二十有五,地數三十,凡天地之數五

---

① [日]酒井中夫:《明代之の日用類書と平民教育》,載林友春編:《近世中國教育史研究—その文教政策と庶民教育》,東京:國土社,1958 年。

② 嚴紹璗:《在真福寺訪"國寶"》,載《中華讀書報》2000 年 8 月 2 日。

③ 《古今圖書集成·經籍典》卷四百九十七所引《直齋書錄解題》誤倒爲"本號《太平類編》"。

④ 《中國大百科全書》"圖書館學·情報學·檔案學"卷,姜漢椿撰"中國古代著名的類書"節:"編纂時太宗按日閱覽,故改名。"其實,太宗閱讀時,書已編就呈上矣。

十有五,此所以成變化而行鬼神也"之語,欲示包羅萬象之義;部下析爲五千三百六十三類,加上六十三個附類,共五千四百二十六類。每類之下,依經、史、子、集的次序,羅列歷代典籍的有關內容,一般先抄書名,再錄原文。所需注意者,並不先列闡釋類目的材料,所以其徵引內容雖空前豐富,卻只相當於《藝文類聚》之"文"。

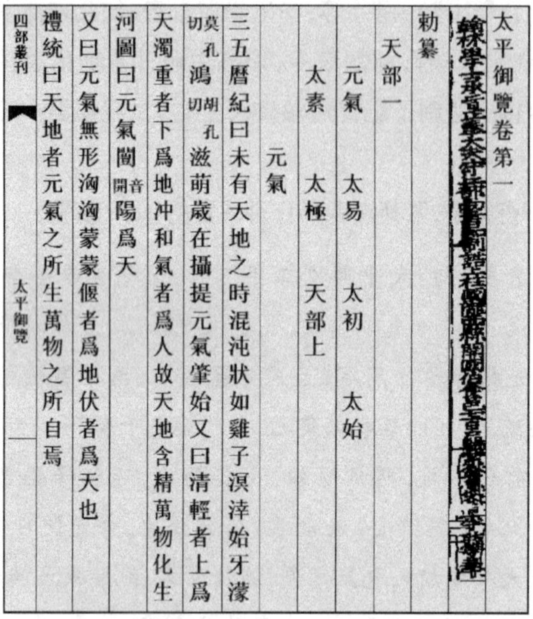

圖7.7 《四部叢刊三編》本《太平御覽》

因編纂目的所定,《太平御覽》雖是綜合性類書,但在囊括百科知識之外,著重的卻是提供統治策略和治國方法,頗爲實用,故而太宗欲一年讀完:"宋琪等言:'窮歲短晷,日閱三卷,恐聖躬疲倦。'上曰:'朕性喜讀書,開卷有益,不爲勞也。此書千卷,朕欲一年讀徧。因思學者讀萬卷書,亦不爲勞耳。'"①《太平御覽》前附《太平御覽經史圖書綱目》,當是修纂者所爲。或以其中有後世方出現的歐陽修等撰《唐書》,且稱心劉昫所修爲《舊唐書》,故斷言"決不是修書當時所編,而爲仁宗趙禎時代以後的好事者所撰輯的""遂知《綱目》之編,定必在仁宗時代以後"②。其實,《舊唐書》、《唐書》之稱很可能是後來鈔刻時方添加更改的。現存版本主要有:日本帝室圖書寮、京都東福寺、東京岩崎氏、靜嘉堂文庫(せいかどうぶんこ,SeikadoBunko)藏宋刊本,後拼配此諸本而影印入《四部叢刊三編》,是爲目前最流行的本子;清侍講張燾家藏本,後收入《四庫全書》。

如前所言,《太平廣記》的性質比較獨特,屬於小說類書③。在太平興國二年開始

---

① 《續資治通鑒長編》卷二十四。
② 胡道靜:《中國古代的類書》,第167頁。
③ 《中國大百科全書》"中國歷史"卷、"中國文學"卷,程毅中撰"太平廣記"條。

編纂《太平御覽》的同時,宋太宗又令李昉、扈蒙、李穆、徐鉉等十二人編《太平廣記》,次年竣工。所以,李昉、扈蒙諸人當是先集中精力完成《太平廣記》,再繼續《太平御覽》的。“廣記”云者,蓋以廣見聞耳,甚至還帶有幾分消遣的成分。也正因此,直到太平興國六年方勅雕版印行,“《玉海》稱《廣記》鏤本頒天下後,以言者謂非後學所急,收板貯之太清樓。故北宋人多未及睹”①。全書五百卷,目錄十卷;按題材分九十二類,下析一百五十多子目。每個子目之下,依據子目標題,羅列自漢晉以迄北宋初年的有關小說、筆記、野史、釋道二藏等五百二十六種古籍中的七千餘則材料,共計三百萬字左右;每條材料之後,以小字注明出處。不同於一般類書者,將人名、神仙名等作爲子目標題,因爲該書的主要內容即神仙、鬼怪和報應等志怪故事。

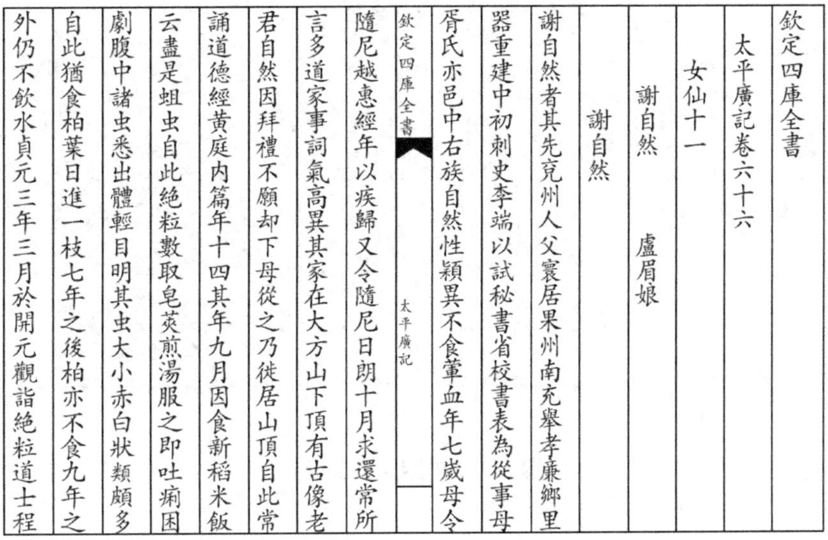
欽定四庫全書
太平廣記卷六十六
女仙十一
謝自然　盧眉娘
謝自然
謝自然者其先兗州人父寰居果州南充舉孝廉鄉里
器重建中初刺史李端以試秘書省校書表為從事母
胥氏亦邑中右族自然性穎異不食葷血年七歲母令
欽定四庫全書　太平廣記
隨尼越惠經年以疾歸又令隨尼日朗十月求還常所
言多道家事詞氣高異其家在大方山下頂有古像老
君自然因拜禮不願却下母從之乃徙居山頂自此常
誦道德經黃庭内篇年十四其年九月因食新稻米飯
云盡是蛆虫自此絶粒數取皂莢煎湯服之即吐痢困
劇腹中諸虫悉出體輕目明其虫大小赤白狀類頗多
自此猶食柏葉日進一枝七年之後柏亦不食九年之
外仍不飲水貞元三年三月於開元觀詣絶粒道士程

圖 7.8　文淵閣《四庫全書》本《太平廣記》

作爲小說類編,《太平廣記》幾乎搜羅盡了前此的小說,實爲我國北宋以前中國小說總集,特別是許多已經失傳的文獻,藉此而得以保存。《四庫全書總目》卷一百四十二“太平廣記”條:“古來軼聞瑣事、僻笈遺文,咸在焉,卷帙輕者往往全部收入。蓋小說家之淵海也。”實爲的評。現在通行的爲汪紹楹校點本②。

與《太平廣記》不同,《文苑英華》所收羅以文學作品爲主,所以實爲專科性文學類書③,故而多隸於集部。《續資治通鑑長編》卷二十七:“(十二月)上以諸家文集其數實繁,雖各擅所長,亦榛蕪相間,乃命翰林學士宋白等精加銓擇,以類編次,爲《文苑英華》一千卷。壬寅上之,詔書褒答。”始於太平興國七年(982),至雍熙三年(986)成。

① 《四庫全書總目》卷一百四十二“太平廣記”條。
② (宋)李昉等撰、汪紹楹校點:《太平廣記》,中華書局,1961 年 9 月新 1 版。
③ 《中國大百科全書》“中國歷史”卷,程毅中撰“文苑英華”條。

《宋史》卷四百三十九《宋白》："雍熙中，召白與李昉集諸文士，纂《文苑英華》一千卷。"蓋指撰畢之時。與其事者除宋白外，還有李昉、徐鉉、趙昌言、王旦、王曾、呂夷簡、呂仲文、楊徽之、吳淑、蘇易簡等二十多人。再經多次修訂後，直到南宋嘉泰元年（1201）方始鏤版，四年竣工。《宋史》卷二百九《藝文志·藝文八》："宋白《文苑英華》一千卷，目五十卷。""李昉、扈蒙《文苑英華》一千卷。"則元末時有兩種版本也。全書五百一十九萬字，按賦、詩、歌行、雜文、制誥等文體分爲三十九類，類中又據題材而細

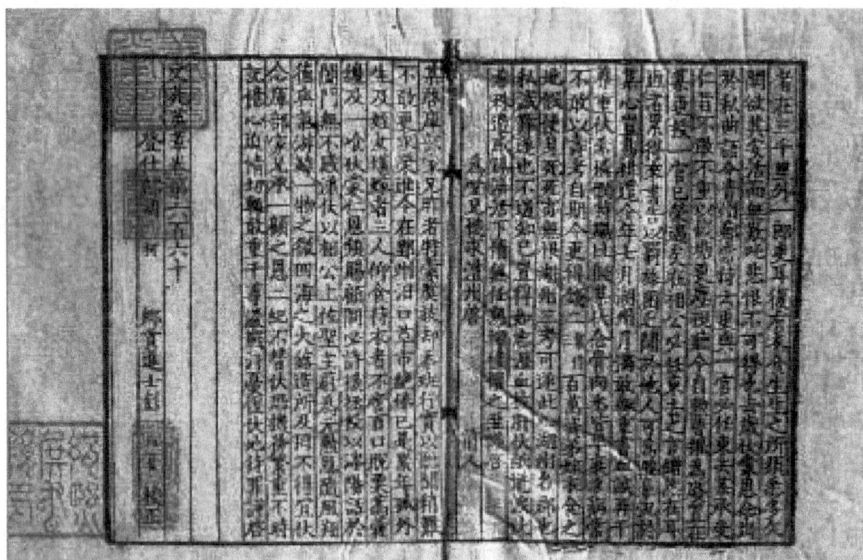

圖7.9　宋版《文苑英華》

欽定四庫全書

文苑英華卷一百九十九　宋　李昉等　編

樂府八

從軍行四十三首　古悔從軍行一首

從軍有苦樂行一首　軍中行一首

從軍行二首　梁簡文帝

雲中亭嶂 一作羽檄驚甘泉烽火夜深 一作夜明二師將

軍新築營嫖姚校尉初出征復有山西將絕世受 一作受 一作

欽定四庫全書　文苑英華

雄名三門應遁甲五壘學神兵白雲隨陣 一作色蒼山 裔

答鼓聲先平小月障却滅大宛城善還長樂黃金付

水衡小婦趙人能鼓瑟侍婢初笄解鄭花遶遶觀鵡翼

參差覿鴈行庭前柳花 一作桃花 又作柳絮飛欲合必應紅粧起

見 一作來起迎

二

貳師惜善樓蘭貪愛財前年平 出一作 右地今歲討輪

臺魚雲望旗聚龍沙隨陣開氷城朝浴鐵地道夜街枚

圖7.10　文淵閣《四庫全書》本《文苑英華》

析爲若干部，部下再分子目，如詩下分天部、地部等，天部下又分日月星、雨、雪、晴霽、風、雲、霜、露、煙、霧、天河、虹、晚、霞、元日、春、人日、上元、寒食、上巳、夏、端午、伏日、秋、七夕、九日、冬、除夜等；子目中，羅列自蕭梁以迄晚唐二千多作家的近二萬篇作品，十分之九爲唐人著述。作爲文章總集，該書選文恰與《文選》銜接，故而歷來極受重視。現行本爲宋明配補本①。

　　與《文苑英華》同爲專科性類書的《冊府元龜》，所收限於君臣事跡，屬於史學類書②。宋真宗令王欽若、楊億等二十三人輯，始於景德二年(1005)，成於大中祥符六年(1013)年，歷時八年。大中祥符八年刻版印行。《宋史》卷三百五《楊億》："會修《冊府元龜》，億與王欽若同總其事，其序次體制皆億所定，羣寮分撰篇序，詔經億竄定，方用之。"則億出力最夥。《直齋書錄解題》卷十四，"景德二年，命資政殿學士王欽若、知制誥楊億修《歷代君臣事迹》"，則其本名《歷代君臣事迹》。書成後，賜名《冊府元龜》："冊府"者，國家文庫；"元龜"者，古時用以占卜國事的大龜。《尚書·金縢》："今我即命於元龜。"孔傳："就受三王之命於大龜，卜知吉凶。"《史記·龜策列傳》："紂爲暴虐，而元龜不占。"後以之喻指前代可資借鑒之事，或稱"龜鑒"。"冊府元龜"，謂帝王借史料以爲鏡鑒也。《宋史》卷二百七："王欽若《冊府元龜》一千卷。"共約九百四十萬字，多出《太平御覽》一倍以上，其規模空前，爲宋代及以前最大的類書。全書三十一部，一千一百零六門；部有總序，言其經制，門有小序，述其指歸；小序之後，依各門標題，按先經、後史的順序，編年體和列傳體相結合，羅列自上古至五代的人物事跡，材料之後，間有小字作注。所採擷史料主要是史籍，包括從《史記》到《舊五代史》的十七部正史、類書，以及唐五代實錄、詔令、奏議等原始文獻；間取經、子，如《國語》、《韓非子》、《呂氏春秋》等。現僅存宋代續刊殘本，通行者爲影印明刊本③。最新則有校訂本④。

　　按，《太平御覽》、《太平廣記》、《文苑英華》和《冊府元龜》四部類書在宋時即享有聲譽，被目爲"四大部書"。宋《碎金·書籍篇第十四》："《文苑英華》、《冊府元龜》、《太平御覽》、《太平廣記》。"小字注曰："四大部書。"後世更被稱爲"宋代四大書"⑤或"宋代四大類書"。

　　私撰類書在南宋較成風氣，其源蓋由於朝廷自北宋紹聖年(1094—1097)開始置

---

① （宋）李坊等：《文苑英華》，中華書局，1966 年。
② 《中國大百科全書》"中國歷史"卷，胡文楷撰"冊府元龜"條；"圖書館學·情報學·檔案學"卷，王端來撰"冊府元龜"段。
③ （宋）王欽若、楊億等：《冊府元龜》，中華書局影印，1960 年。
④ （宋）王欽若等著，周勛初主編：《冊府元龜校訂本》，鳳凰出版社，2006 年 12 月第 1 版。
⑤ 胡道靜認爲，《太平廣記》向來著錄在小說類，《文苑英華》則在總集類，故"皆不以類書看待"(《中國古代的類書》，第 158 頁)。實際上，二者皆是以類編排，完全符合類書的原則。

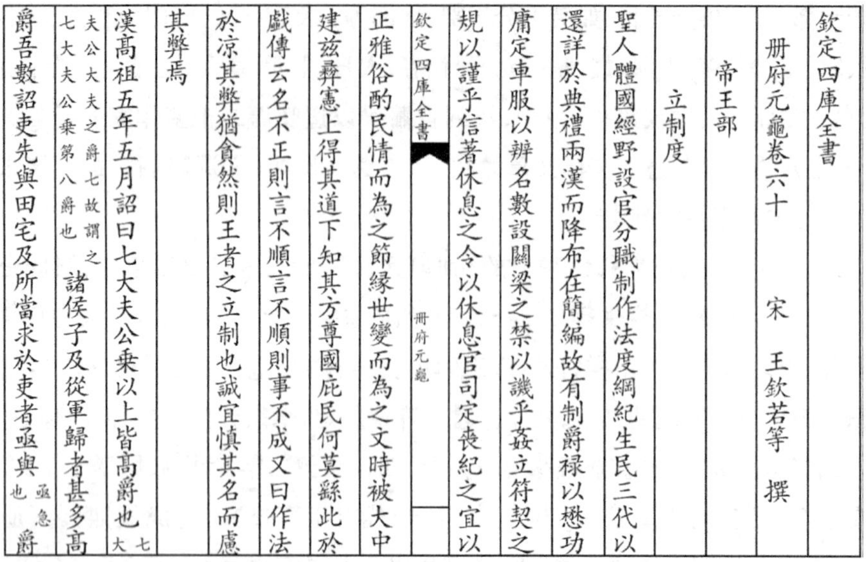

欽定四庫全書

冊府元龜卷六十　　宋　王欽若等　撰

帝王部

立制度

聖人體國經野設官分職制作法度綱紀生民三代以
還詳於典禮兩漢而降布在簡編故有制爵立符契之
庸定車服以辨名數設關梁之禁以譏乎姦立符契之
規以謹乎信著休息之令以休息官司定喪紀之宜以
正雅俗酌民情而為之節緣世變而為之文時被大中
建兹彝憲上得其道下知其方尊國庇民何莫縣此於
戲傳云名不正則言不順言不順則事不成又曰作法
於凉其弊猶貪然則王者之立制也誠宜慎其名而慮
其弊焉

漢高祖五年五月詔曰七大夫公乘以上皆高爵也　七
夫公大夫之爵七故謂之七大夫公乘第八爵也　諸侯子及從軍歸者甚多高
爵吾數詔吏先與田宅及所當求於吏者巫與　巫急
爵也

圖 7.11　文淵閣《四庫全書》本《冊府元龜》

宏辭科,至南宋紹興(1131—1162)而定爲博學宏辭,應舉急需擴大視野,而官修類書
率皆深藏而不可睹,故部分士人遂勇於自創也。《四庫全書總目》卷一百三十五:"宋
自紹聖置宏辭科,大觀改辭學兼茂科,至紹興而定爲博學宏辭之名,重立試格。於是南
宋一代通儒碩學,多由是出,最號得人。"這與以前多爲綴文,大異其趣。

其一如章如愚《山堂考索》。明李賢等奉勑撰《明一統志》卷四十二"章如愚":
"金華人,自號山堂。慶元間登第,仕至國子博士。所著有《山堂考索》行世。"是乃以
自號以名書。"考索",探討研求。《朱子語類》卷九十九:"横渠説太和所謂道一段,考
索許多,亦好。"《文淵閣書目》卷三:"《山堂考索》一部二十一冊。"不載卷帙。《四庫
全書總目》卷一百三十五曰,《山堂考索》前集六十六卷,後集六十五卷,續集五十六
卷,別集二十五卷。則共二百一十二卷矣。《四庫全書》所收,以及書前附提要,卻實
標"群書考索",且古人徵引時,此名更爲普遍。因《讀禮通考》引用書目有"章俊卿
《山堂先生羣書考索》",《佩文齋書畫譜·纂輯書籍》亦有"《山堂先生羣書考索》章如
愚",明黄虞稷《千頃堂書目》卷十五則載"章俊卿《山堂羣書考索》二百十二卷":故而
章氏書當本名"群書考索",後人尊稱之爲"山堂先生群書考索",再更徑代以"山堂考
索"吧。成於嘉定年間(1208—1224)。宋刊本十集,一百卷。元明刊本有所增補,共
四集,析爲四十六門:前集十三門,後集七門,續集十五門,別集十一門。門下分類,類
下再分子目。子目之下,排列自先秦至南宋的材料,尤詳於宋朝時政;多整段擷取原
文,再於文末以小字注明出處;徵引時能折衷群書而有所去取;時加考證,以小字斷以
己意,部分門類且以圖表加以説明,頗不同於一般類書之囿於鈔錄矣。正由其精於揚

棄和時屬己見，後世頗受重視，如顧炎武《日知錄》、《天下郡國利病書》等即採其內容。《四庫全書總目》卷一百三十五："宋自南渡以後，通儒尊性命而薄事功，文士尚議論而尠考證。如愚是編，獨以考索爲名，言必有徵，事必有據，博採諸家而折衷以己意，不但淹通掌故，亦頗以經世爲心。在講學之家，尚有實際。……然大致網羅繁富，考據亦多所心得。在宋人著述之中較通考。雖體例稍雜，而優於釋經。較《玉海》雖博贍不及，而詳於時政。較黃氏《日鈔》則條目獨明。較呂氏《制度詳說》則源流爲備。前人稱蘇軾詩如武庫之兵、利鈍互陳，如愚是編亦可以當斯目矣。"可謂中肯之論。

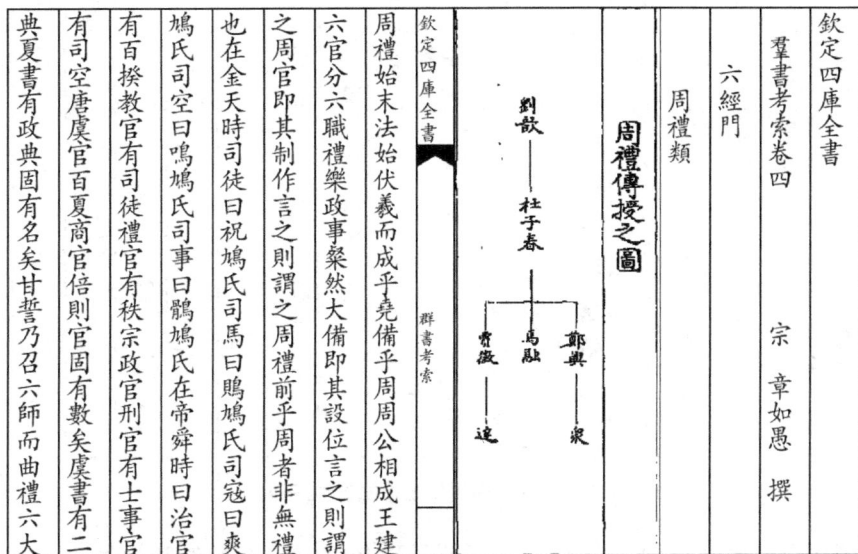

圖中文字（自右至左）：

欽定四庫全書

羣書考索卷四　　宗　章如愚　撰

六經門　周禮類

周禮傳授之圖

劉歆——杜子春——鄭興（眾）、馬融（鄭玄）、賈徽（賈逵）

欽定四庫全書　羣書考索

周禮始末法始伏羲而成乎堯備乎周周公相成王建

六官分六職禮樂政事粲然大備即其設位言之則謂

之周官即其制作言之則謂之周禮前乎周者非無禮

也在金天時司徒曰祝鳩氏司馬曰鵙鳩氏司寇曰爽

鳩氏司空曰鳴鳩氏司事鳩氏在帝舜時曰治官

有百揆教官有司徒禮官有秩宗政官刑官有士事官

有司空唐虞官百夏商官倍則官固有數矣虞書有二

典夏書書有政典固有名矣甘誓乃召六師矣而曲禮六大

圖 7.12　文淵閣《四庫全書》本《群書考索》

現存元延祐刊小字巾箱本，清《四庫全書》本①。世間別有通行本②。

南宋另一部私纂類書爲王應麟《玉海》。《宋史》卷四百三十八《王應麟》："初應麟登第，言曰：'今之事舉子業者，沽名譽，得則一切委棄，制度典故漫不省，非國家所望於通儒。'於是閉門發憤，誓以博學宏辭科自見。假館閣書讀之，寶祐四年中是科。"《玉海》或作於寶祐四年（1256）之前精進讀書之時，本爲應試之作也。《四庫全書總目》卷一百三十五亦曰："其作此書，即爲詞科應用而設，故臚列條目率鉅典鴻章，其採錄故實亦皆吉祥善事，與他類書體例迥殊。"《宋史》本傳稱，所作有"《玉海》二百卷"。"其曰'玉海'者，本於張融集名，實則仿梁武所集《金海》之例，而變其稱也。"③其實，二百卷乃正文，另有目錄一卷；全書分二十一門，門下列二百四十一類，類下再分子目，以事物或圖書作爲子目名。子目下，以年代爲序，輯引相關材料，略古詳今，特別是多

---

① 李偉國：《〈山堂考索〉的作者和版本》，載《文獻》1984 年第 4 期。
② （宋）章如愚編撰：《山堂考索》，中華書局，1992 年 10 月第 1 版。
③ 《四庫全書總目》卷一百三十五。

稱引宋代實錄、國史等政府文獻，可信程度高；倘自作考異，則以小字出之。可見，不但其標門分類與一般類書不同，所收內容亦多典章制度和吉祥善事。《四庫全書總目》卷一百三十五評之曰："然所引自經史子集、百家傳記，無不賅具；而宋一代之掌故，率本諸實錄、國史、日歷尤多，後來史志所未詳，其貫串奧博，唐宋諸大類書未有能過之者。何焯評點《困學紀聞》，動以詞科詆應麟，特故爲大言，不足信也。"

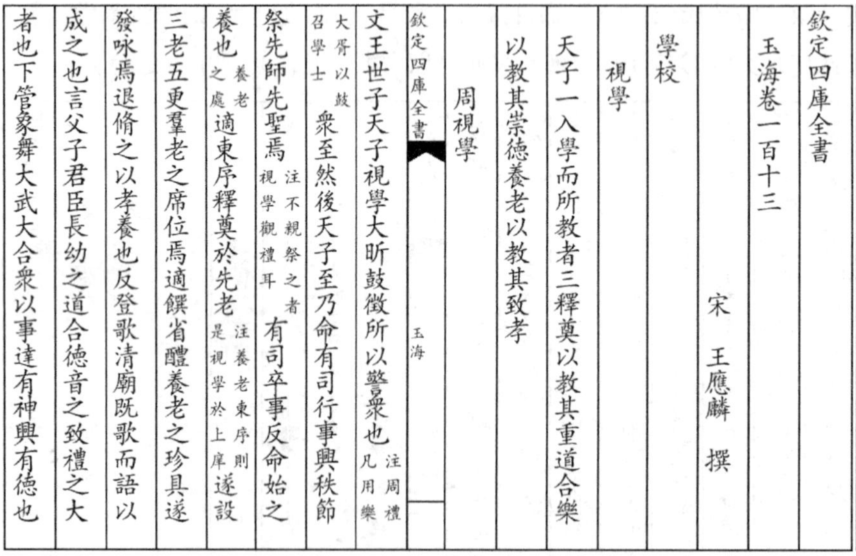

欽定四庫全書

玉海卷一百十三　　宋　王應麟　撰

學校

視學

天子一入學而所教者三釋奠以教其重道合樂

以教其崇德養老以教其致孝

欽定四庫全書　玉海

周視學

文王世子天子視學大昕鼓徵所以警衆也　注周禮凡用樂

大胥以鼓召學士　注不視祭之者　衆至然後天子至乃命有司行事興秩節　有司卒事反命始之

祭先師先聖焉　視學觀禮耳　是視學於上庠則遂設　養也之處適東序釋奠於先老　注養老東序則

三老五更羣老之席位焉適饌省醴養老之珍具設

發咏焉退脩之以孝養也反登歌清廟既歌而語以

成之也言父子君臣長幼之道合德音之致禮之大

者也下管象舞大武大合衆以事達有神興有德也

圖7.13　文淵閣《四庫全書》本《玉海》

《四庫全書總目》卷一百三十五："案明貝瓊《清江集》有所作應麟孫王厚墓誌，稱應麟著《玉海》，未脫藁而失，後復得之，中多闕誤。厚考究編次，請於闓帥鋟梓，并他書十二種以傳。據此，則諸書附梓實始於元代。"後陸續有明國子監本等。需注意者，後世版本卷末或附《辭學指南》四卷，或更添加王氏《詩考》和《詩地理考》等十一種著作。現存有元至元六年(1340)初刻本，通行者則有《四庫全書》之兩江總督採進本等。

其他私纂類書尚有，參預《太平御覽》編纂之吳淑所撰《事類賦》(原名《一字題賦》)等。

宋代書坊之作中，《錦繡萬花谷》、《古今合璧事類備要》皆被收入《四庫全書》，可見二書還是自有其價值的。《古今合璧事類備要》，南宋謝維新撰。維新字去咎，建安(今福建建甌)人。《四庫全書總目》卷一百三十五："其始末未詳。自署曰膠庠進士，蓋太學生也。是書成於寶祐丁巳，前有維新自序，後有莆田守黃叔度跋，稱維新應友劉德亨之托。蓋當時坊本。""合璧"也者，本謂兩個半璧合爲一圓形，此則指本書匯合古今事類，顯得圓滿也。現存本包括五集：前集，四十一門，四百九十一子目；後集，四十八門，四百一十六子目；續集，六門，五百七十子目；別集六門，四百一十子目；外集，十六門，四百三十子目：共計一百一十七門，二千三百一十七子目。或謂前、后、續集爲謝氏輯,别、外集的作者則爲虞載①。每子目,先爲“事類”,大寫二字、四字等辭,再以小字列出所見前後文、出處;另行爲詩集,格式如上。顯然,其目的亦爲作文時採擷辭藻、取用典故。對於後世,其價值主要在於保存了宋代以前詩文,可據以輯錄宋代遺事佚詩,如厲鶚《宋詩紀事》即多以之為據,特別是載錄宋代官制極爲明白,足以補《宋史》等之闕。

現存有《四庫全書》所收兩江總督採進本,明弘治十一年(1498)錫山華氏會通館活字本。

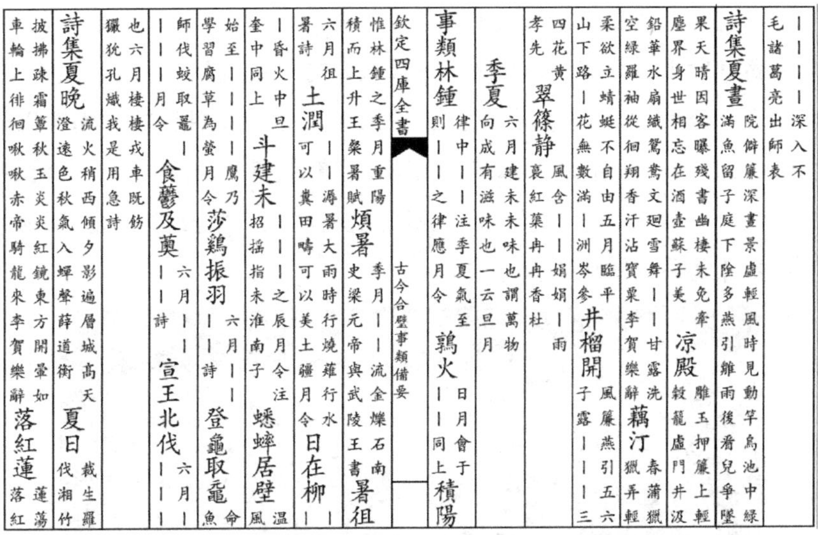
｜｜｜｜深入不毛諸葛亮出師表
詩集夏晝 院僻簾深晝景虛輕風時見動竿烏池中綠滿魚留子庭下陰多燕引雛雨後看兒爭墜
果天晴因客曝殘書幽棲未免牽塵界身世相忘在酒壺蘇子美 涼殿 雕玉押簾上輕縠籠虛門井汲
鉛華水扇織鸞鳶文廻雪舞｜｜甘露洗空綠羅袖從徊翔香汗沾寶粟李賀樂辭 藕汀 春蒲獵獵弄輕
柔欲立蜻蜓不自由五月臨平山下路｜花無數滿｜洲岑參 井榴開 風簾燕引五六子露｜｜｜三
四花黃孝先 翠篠靜 風含｜｜娟娟｜雨裛紅蕖冉冉香杜
季夏 六月建未未味也謂萬物向成有滋味也一云旦月
事類林鍾 律中｜｜注季夏氣至則｜｜之律應月令 鶉火 日月會于｜｜同上 積陽
欽定四庫全書　古今合璧事類備要
惟林鍾之季月重陽積而上升王粲暑賦 煩暑 季月｜｜流金爍石南史梁元帝與武陵王書 暑徂
六月徂暑詩 土潤 ｜｜溽暑大雨時行燒薙行水可以糞田疇可以美土疆月令 日在柳 ｜｜
｜昏火中旦奎中同上 斗建未 ｜｜｜之辰月令注招搖指未淮南子 蟋蟀居壁 溫風
始至｜｜｜｜鷹乃學習腐草為螢月令 莎鷄振羽 六月｜｜｜｜詩 登龜取黿 命魚
師伐蛟取鼉｜｜｜｜月令 食鬱及薁 六月｜｜｜｜詩 宣王北伐 六月｜｜｜｜
也六月棲棲戎車既飭玁狁孔熾我是用急詩
詩集夏晚 流火稍西傾夕影遍層城高天澄遠色秋氣入蟬聲薛道衡 夏日 栽生羅伐湘竹
披拂疎霜簟秋玉炎炎紅鏡東方開暈如車輪上徘徊啾啾赤帝騎龍來李賀樂辭 落紅蓮 蓮蕩落紅

圖 7.14　文淵閣《四庫全書》本《古今合璧事類備要》

遼金元時期,類書極少。《韻府群玉》乃現存最早按韻編排的類書,其體例影響深遠。

進入明代,類書經過了千餘年發展,終於臻達頂峰。其體徵有三:一者,類書數量在歷朝歷代中最多,可謂空前絕後,至少達五百九十七種,四萬零五百多卷②;二者,官修類書漸少,但亦有規模超前的《永樂大典》;三者,民間通俗類書極爲繁盛,占整個明朝類書的大多數。這批民間類書大致可分爲日用類書、道德訓誡類書、娛樂性類書三類③,前者如《新刻天下四民便覽三臺萬用正宗》、《全補文林妙綿萬寶全書》、《居家必用事類全集》,道德訓誡類書如汪廷訥《勸懲故事》、鄭以偉《新鍥鄭翰林類校注釋金璧故事》、丘濬《幼學故事瓊林》之類,後者則有《國色天香》、《繡谷春容》、《燕居筆記》等。

① 孫星衍:《孫氏祠堂書目》,商務印書館,1935 年。

② 趙含坤:《中國類書》,河北人民出版社,2005 年 5 月第 1 版,第 183 頁。

③ 劉天振:《明代通俗類書研究》,齊魯書社,2006 年 12 月第 1 版。

　　明太祖洪武三十一年(1398)，勅令方孝孺等人編纂《類要》①，然當年閏五年朱元璋即崩，是書後亦未竣。永樂元年(1403)七月，明成祖朱棣因自己乃發動"靖難之役"而奪取皇位、欲籠絡朝野儒士②，下令解縉等一百四十七人繼其事："嘗觀《韻府》、《回溪》二書③，事雖有統而採摘不廣，紀載太畧。爾等其如朕意，凡書契以來經史子集百家之書，至於天文地志、陰陽醫卜、僧道技藝之言備輯爲一書，無厭浩繁。"④二年十一月成，賜名《文獻大成》⑤。復以時間倉促、尚多未備，再命姚廣孝等與解縉諸人補充；重修始於三年，與其事者達二千一百六十九人⑥，五年十一月成，成祖親製序文，並易名曰《永樂大典》⑦。計二萬二千九百三十七卷、其中目錄六十卷，分裝一萬一千零九十五冊⑧，共約三億七千萬字。這是我國古代最大的一部類書，也"可能是有史以來世界上最大的百科全書"⑨。全書以《洪武正韻》爲綱，依其韻目爲類，"用韻以統字，用字以系事"：各韻之下，分列單字，單字下先注其音韻、訓釋及各種字體，再收錄與該單字有關的天文地理、人物事件以及詩詞歌賦等材料。凡引用書名、圈點，用硃色；山川地形和名物器什之類，皆配以插圖。

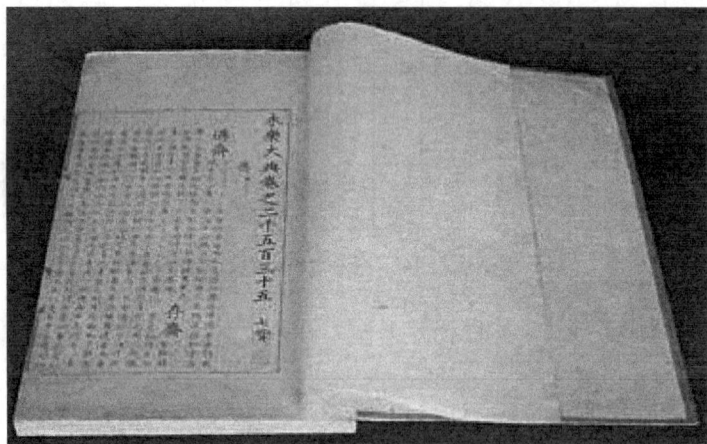

圖 7.15　明抄本《永樂大典》⑩

① 《明史》卷一百四十一《方孝孺》："時修太祖《實錄》及《類要》諸書，孝孺皆爲總裁。"桂彥良、王艮等亦預其事（《明史》卷一百三十七、一百四十三）。
② 《中國大百科全書》"中國歷史"卷，王其榘撰"永樂大典"條。
③ 《韻府群玉》、《回溪史韻》。
④ 《明實錄》。
⑤ （明）廖道南《殿閣詞林記》卷三。
⑥ （清）孫承澤《春明夢餘錄》卷十二則言，參與修改者凡 2 180 人。
⑦ 《明實錄》。清孫承澤《春明夢餘錄》卷十二亦曰："永樂五年十一月告成。"《續文獻通考》卷一百四十一："五年十一月，詔編《永樂大典》成。"
⑧ 按，《明實錄》、《明史藝文志》等所記卷數有異。清孫承澤《春明夢餘錄》卷十二則同於《明實錄》："凡二萬二千二百一十一卷，裝成一千九十五本。"《日下舊聞考》卷四十因襲。
⑨ 《簡明不列顛百科全書》(*Concise Encyclopedia Britannica*)"百科全書"條，第 1 冊，第 511 頁中欄。
⑩ 《中國大百科全書》"新聞·出版"卷。

《永樂大典》向來只有抄本。原本稱永樂正本,藏於南京。永樂六年,命復寫一部以備鋟梓,至永樂七年十月寫畢,然後以工費浩繁而罷鋟①。定都北京後,復寫本移貯皇宮內文樓②。嘉靖四十一年(1562),因文樓失火,復寫本雖幸存,但世宗仍選人再重錄正、副二本;至隆慶六年(1572)成,歸原本於南京,新鈔正本貯文淵閣,副本別貯皇史宬③。萬曆年間,復寫本終燬於火④。明末,南京原本、皇史宬副本又燬,僅存文淵閣正本⑤。清雍正年間,移副本至翰林院庋藏,時僅殘闕二千四百二十二卷⑥。乾隆三十八年(1773),四庫館臣從中裒輯三百八十五種書,計四千九百二十六卷⑦。光緒二十六年(1900)年,八國聯軍入侵,《永樂大典》大部被焚,少部分被劫掠。清末,移交京師國書館時,僅六十四冊。現存不足四百冊、八百多卷,散藏於世界八個國家和地區,僅爲原書的3.3%左右。中華書局1960年、1985年曾兩次集嘉靖抄本、攝影本、仿抄本和縮微膠卷等共七百九十七卷並附目錄六十卷,影印流通,後更將兩次影印本加以合並,是爲目前最爲齊全的本子⑧。當然,國人還在繼續致力於散佚部分的發現和回歸。如國家圖書館即通過海外送還、政府撥交、藏家捐贈、自己訪求等途徑,近百年來陸續入藏了二百二十一冊;2013年9月30日,又收回了流散海外的一冊,是爲第二千二百七十二至二千二百七十四卷"模"字韻的"湖"字一冊,恰與前此收藏的"湖"字部分前、後各一冊相綴,令"湖"字部分合璧⑨。

需要說明的是,解縉等人另輯有《永樂大典廣字韻》三卷、《永樂大典玄字韻》十八卷。

與《永樂大典》之類僅在必須時方繪圖不同,明代有一批類書幾乎每個子目皆有插圖,其風格頗爲特殊。如王圻《三才圖會》,匯輯了諸圖書譜,再加以文字說明,篇幅

---

① 《續文獻通考》卷一百四十一:"明修是書,最爲浩博。永樂六年詔復寫一部,未完而輟。至嘉靖中,乃續繕成之。"蓋誤未竣工爲復寫本。

② (明)陶宗儀:《輟耕錄·官闕制度》:"鍾樓,又名 文樓 。"

③ (清)孫承澤:《春明夢餘錄》卷十二。《日下舊聞考》卷四十引之。

④ (明)方以智:《通雅》卷三"類書始於皇覽"條稱,弘治年間(1488—1505)還鈔過一次:"弘治中,曾重抄之,今散失矣。履按,《永樂大典》藏於文樓。嘉靖中,火上,亟命捄,得免。復命儒臣摹抄,隆慶元□始竟。萬曆中,因三殿火,書遂亡。"

⑤ 《四庫全書總目》卷一百三十七"永樂大典"提要。《中國大百科全書》"文物·博物館"卷,冀淑英、林小安撰"明嘉靖隆慶間內府抄本《永樂大典》"條則稱,存者爲皇史宬副本。

⑥ 《四庫全書總目》卷一百三十七"永樂大典"提要。《中國大百科全書》"文物·博物館"卷,冀淑英、林小安撰"明嘉靖隆慶間內府抄本《永樂大典》"條則稱,佚2404卷。

⑦ 依《四庫全書總目》。《中國大百科全書》"文物·博物館"卷,冀淑英、林小安撰"明嘉靖隆慶間內府抄本《永樂大典》"條曰,輯出500多種。《續文獻通考》卷一百四十一:"今原冊尚存,所缺僅什之一。其中誠多世不經見之書。第依韻綴字,踳襍不倫,無當於柱下之藏也。乾隆三十八年我皇上特命儒臣詳加校勘,完善者存之,散見者裒之,艾蕪除謬,區別至精。凡書佳者悉已繕錄彙入四庫,次則標存名目列於書末,真是編之大幸矣。"

⑧ 《永樂大典》(全10冊),中華書局,1986年。

⑨ 新華網2013年9月30日專電:〈一冊流散海外《永樂大典》入藏國家圖書館〉。http://news.xinhuanet.com/shuhua/2013-10/01/c_125477387.htm

達一百零六卷。章潢《圖書編》，書名取左圖右書義，"凡諸書有圖可考者，皆彙輯而爲之說"，共一百二十七卷。《明史》卷九十八《志第七十四·藝文三》："章潢《圖書編》一百二十七卷。"始撰於嘉靖四十一年(1562)，成於萬曆五年(1577)。卷首有總敘；每目則先繪圖，後以文詳說。"明人圖譜之學，惟此編與王圻《三才圖會》號爲巨帙，然圻書門目瑣屑，排纂冗雜，下至弈棋牙牌之類，無所不收，不及潢書之體要。……亦不及潢書之引據古今，詳賅本末。雖儒生之見，持論或涉迂拘，然採摭繁富、條理分明，浩博之中取其精粹，於博物之資經世之用，亦未嘗無百一之裨焉。"①書至滿清尚完好。關於章氏生平，《明史》卷二百八十三《鄧元錫》附章潢云："潢，字本清。南昌人。居父喪，哀毀血溢，搆此洗堂，聯同志講學。輯羣書百二十七卷，曰《圖書編》。又著《周易象義》、《詩經原體》、《書經原始》、《春秋竊義》、《禮記劄言》、《論語約言》諸書。從游者甚衆。數被薦，從吏部侍郎楊時喬請遙授順天訓導，如陳獻章、來知德故事，有司月給米三石，瞻其家。卒於萬曆三十六年，年八十二。其鄉人稱潢自少迄老，口無非禮之言，身無非禮之行，交無非禮之友，目無非禮之書，乃私諡'文德先生'。自吳與弼後，元錫、元卿、潢並蒙薦辟，號'江右四君子'。"②

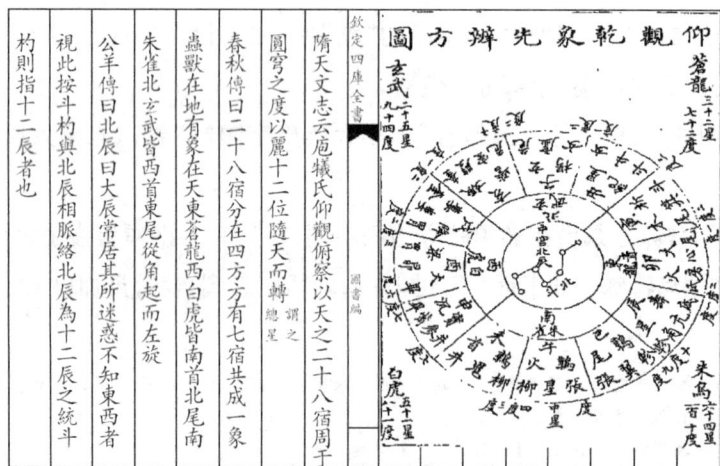

圖7.16　文淵閣《四庫全書》本《圖書編》

　　清代，編纂類書四百多種、二萬一千九百餘卷，其規模在中國古代史中僅次於明代③。其數量雖略少，但因距時較近，反倒大部分保存完好。特別是《古今圖書集成》，因爲雍正版內府銅活字本至今保存完好，該書遂成爲我國現存規模最大、保存最完整的古代類書。其次，官修大部頭類書很多，如康熙下令纂修八部，即《古今圖書集成》、《淵鑒類函》、《佩文齋書畫譜》、《佩文韻府》、《韻府拾遺》、《駢字類編》、《子史精華》、

①　《四庫全書總目》卷一百三十六。
②　關於其生平，可參萬尚烈：《章斗津先生行狀》，載《圖書編》卷末。
③　趙含坤：《中國類書》，第366頁。

《分類字錦》，乾隆朝亦有七部朝廷組織編纂的類書。再者，編寫體例和方法上有大的創新，如《佩文韻府》、《韻府拾遺》之以韻統字、以字系詞，《古今圖書集成》之匯編、典、部三層結構體系等。

　　朝廷主持編纂的大型類書中，以康熙朝的規模最大、使用最爲廣泛，當然也最有影響。先是，明朝俞安期糅合《北堂書鈔》、《藝文類聚》、《初學記》、《白氏六貼》諸書內容，復添加韓鄂《歲華紀麗》、杜佑《通典》，新撰一類書；因所擷內容僅爲唐以前，命名曰《唐類函》。明沈德符《野獲編·著述·類雋類函》："吳中俞山人羨長名安期者，復集唐人類書刻之，名《類函》。"康熙因其無涉於初唐以後事，"類書從無善本，惟《唐類函》略稱瞻備。宜推其體例，漱潤增華"①，令張英、王士禎、王掞、張榕端等人在《唐類函》的基礎上，益以宋以後《太平御覽》、《玉海》、《孔氏六貼》、《錦繡萬花谷》、《事文類聚》、《山堂考索》、《文苑英華》等書，以迄於明嘉靖年間的材料，於康熙四十年(1701)十二月成《淵鑒類函》而上之。"類函"者，謂類書之匯集也。"淵鑒"，如靜淵般明察。全書四百五十卷、總目四卷，分天、歲時等四十三部，下析爲二千五百三十六類，用《唐類函》舊目；每類之下，先敍總類、釋名、沿革、緣起，次說典故，再錄對偶、摘句，殿以詩文。凡是抄自《唐類函》者，前標"原"字；新增者，署曰"增"。以時代先後爲序，所有材料皆於其下注明出處。其卷數雖然不及《太平御覽》之半，然每卷內容卻遠超之，故實際內容實倍於《太平御覽》，"蓋自有類書以來，如百川之歸巨海、九金之萃鴻鈞矣。與《佩文韻府》、《駢字類編》皆亘古所無之巨製，不數宋之四大書也。"②現存有《四庫全書》本、影印同文書局本③。

　　康熙四十四年(1705)，敕令王原祁、孫岳頒等人撰《佩文齋書畫譜》，至四十七年成。"佩文齋"，康熙書齋之名。這是書畫方面的大型類書，我國第一部集書畫著作大成的工具書。全書一百卷，分爲書、畫兩大部分，包括如下類：論書(書體、書法、書學、書品)，論畫(畫體、畫法、畫學、書品)，歷代帝王書，歷代帝王畫，書家傳，畫家傳，歷代無名氏書，歷代無名氏畫，歷代帝王書跋，歷代帝王畫跋，歷代名人書跋，歷代名人畫跋，書辨證，歷代鑒藏。先列帝王，他則以時代爲序；所引書籍一千八百四十四種，每條皆注明出處；其中，論書多採宋陳思《書苑菁華》，敘畫家傳則多引明朱謀堊《畫史會要》，其他亦取明唐志契《繪事微言》等文獻。現存有康熙四十七年(1708)內府刻本、《四庫全書》本、掃葉山房本④、《藻堂四庫全書薈要》本。

　　《佩文韻府》，康熙敕命張玉書、陳廷敬、李光地等七十六人所撰。始於康熙四十

---

①　張英等：《進呈〈類函〉表》，載《淵鑒類函》前。

②　《四庫全書總目》卷一百三十六。

③　1932 年，掃葉山房影印。1985 年，中國書店再影印。

④　1919 年，線裝影印。中國書店 1984 年再據以影印。

三年(1704),至五十年(1711)成。"韻府",謂專供寫作時搜尋擇取典故、詩詞以押韻對句也。表明其性質爲詞藻故實辭典,屬於專科類書。該書在元陰時夫《韻府群玉》、明凌稚隆《五車韻瑞》的基礎上,再增補以其他類書中的材料。原書一百零六卷,乾隆年間補充達四百四十四卷、一萬八千餘葉,收錄單字近萬個;以韻系字,即將單字先按平水韻一百零六韻分爲一百零六部,每部復分爲平、上、去、入四聲,再將每一聲中的字按韻目依次排列;每個字頭(標目字)之下,先注反切音、字義,復以大字羅列以字頭爲詞尾的的二字、三字以至四字詞語,再以小字徵引各詞語的出典,以經、史、子、集爲序;材料多轉抄自其他類書,引文只注書名而不涉篇名,引詩僅標作者,故而難於據以核對原書。共搜羅詩文辭藻典故一百四十萬條左右。由於身兼類書和韻書,亦可作韻書使用。需注意者,所列詞語分若干類:注明"韻藻"者,爲陰、凌二氏原書內容;前標"增"者,爲張玉書等所補充;"對語"爲二字或三字的對使詞;"摘句"則是以字頭爲尾的五七言詩。

現存《四庫全書》本等多種古代寫作或刊本。現當代影印本於書後附有四角號碼或筆劃索引,最便於使用[①]。

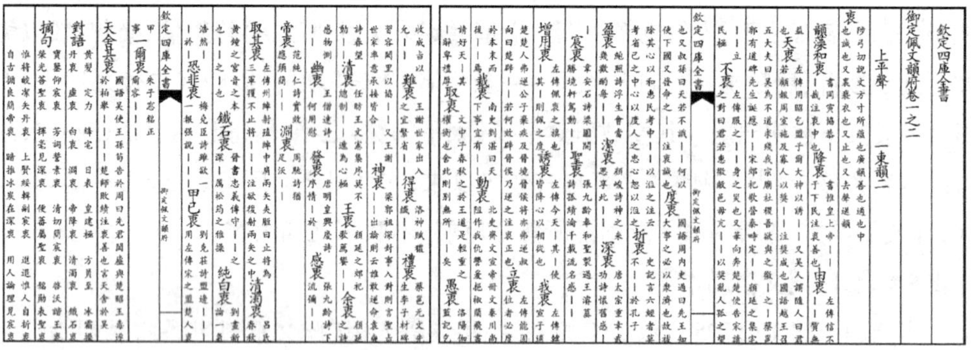

圖7.17　文淵閣《四庫全書》本《佩文韻府》

《韻府拾遺》,《佩文韻府》的續編。《佩文韻府》編成後,康熙復"猶恐滄海之兼收,或有涓流之未會,故特命搜奇抉秘,續輯是書"[②]。編纂格式一依《佩文韻府》,所補充內容則有四例:"凡前編所有之字,則惟增韻書之音切";"凡前編未收之字,從他韻增入者,則兼注音義";"其文句典故爲前編所未載者,謂之'補藻'";"前編已載而所注未備者,謂之'補注'"。"蒐羅賅備,體例詳明""所謂舉大而及其細,則拾遺爲韻府之支流;附少以成其多,則拾遺爲韻府之全璧也。"[③]成於康熙五十五年(1716),裝成二函。原書不標卷,後更以一韻一卷;而篇幅稍多者,析爲六子目:共計一百一十二卷。《簡明不列顛百科全書》(*Concise Encyclopedia Britannica*)"百科全書"條稱《佩文韻府》

---

① 1.商務印書館,1937年。2.上海書店出版社,1992年。
② 《四庫全書總目》卷一百三十六。
③ 《四庫全書總目》卷一百三十六。

及其補編《韻府拾遺》爲中國文學百科全書①。

唐代以來以韻爲綱的隸事(以故事相隸屬)②之書,自顔真卿《韻海鏡源》以來,所擷材料一般以句末一字排列,唯林寶《元和姓纂》、鄧椿《古今姓氏書辨證》、元人《排韻事類氏族大全》等少數以句首字排比。康熙因此,欲編纂以詞語或句子首字爲字頭的類書,以與《佩文韻府》互爲經緯、相輔而行,令張廷玉總其事。始於康熙五十八年(1719),至雍正四年(1726)畢工,是為《駢字類編》。共二百四十卷,分天地、時令、山水、居處、珍寶、數目、方隅、採色、器物、草木、鳥獸、蟲魚十二門,補遺"人事"一門;每門之下,以一千六百零四個單字爲子目;每子目即字頭之下,不列音訓,而收羅首字與字頭相同的"駢字"(雙音詞或雙音詞組,包括聯綿字),再以小字注明出處,共收典故十萬多條,一百萬字左右;所引材料與《佩文韻府》一樣以經史子集爲序,但引書必注篇名、引詩文必注原題,甚至一題而數首者,亦注明爲第幾首,體例更顯精密。是書與《佩文韻府》爲姐妹篇。但如不知某典故涉及的事物屬於哪一門,則檢索不易。現存雍正六年內府刊本、《四庫全書》本、光緒十三年(1887)上海同文書局石印本③。

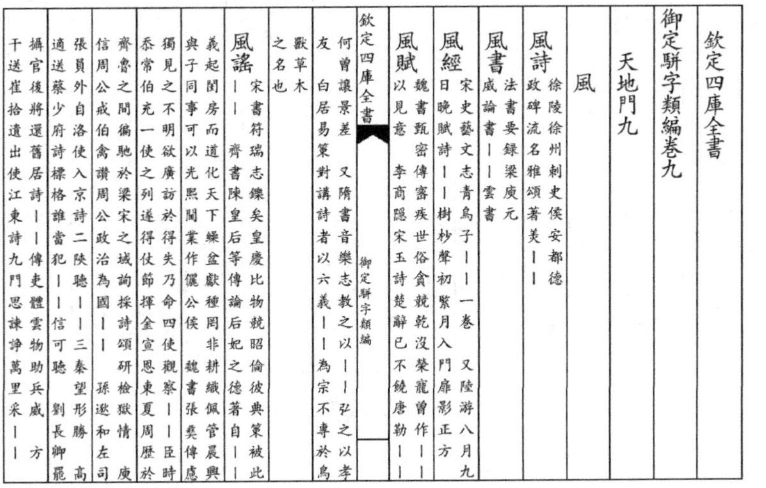
欽定四庫全書
御定駢字類編卷九
天地門九
風
風詩 徐陵徐州刺史侯安都德政碑流名雅頌著美｜｜
風書 法書要録梁庾元威論書｜｜雲書
風經 宋史藝文志青烏子｜｜一卷 又陸游八月九日晚賦詩｜｜樹杪聲初緊月入門扉影正方
風賦 魏書甄密傳審疾世俗貪競乾沒榮寵曾作｜｜以見意 李商隱宋玉詩楚辭已不饒唐勒｜｜
欽定四庫全書　御定駢字類編
何曾讓景差 又隋書音樂志教之以｜｜弘之以孝友 白居易策對講詩者以六義｜｜為宗不專於鳥
獸草木之名也
風謠 宋書符瑞志鑠矣皇慶比物競昭倫彼典策被此｜｜ 齊書陳皇后等傳論后妃之德著自｜｜
義起閨房而道化天下繅盆獻種罔非耕織佩管晨興與子同事可以光熙閫業作儷公侯 魏書張彝傳慮
獨見之不明欲廣訪於得失乃命四使觀察｜｜臣時忝常伯充一使之列遂得仗節揮金宣恩東夏周歷於
齊魯之間徧馳於梁宋之域詢採詩頌研檢獄情 庾信周公戒伯禽讚周公政治為國｜｜ 孫逖和左司
張員外自洛使入京詩二陝聽｜｜三秦望形勝 高適送蔡少府詩標格誰當犯｜｜信可聽 劉長卿麗
攝官後將還舊居詩｜｜傳吏體雲物助兵威 方干送崔拾遺出使江東詩九門思諫諍萬里采｜｜

圖 7.18　文淵閣《四庫全書》本《駢字類編》

康熙以"四庫之中,惟子史最爲浩博,亦最爲蕪雜"④,歷來雖有刪纂摘錄,如南朝庾仲容《子鈔》、唐馬總《意林》、宋錢端禮《諸史提要》、楊侃《兩漢博聞》、林鉞《漢雋》、洪邁《經子法語》、《諸史精語》、呂祖謙《十七史詳節》等,流於簡略疎陋,明人所輯更

① 第 1 册,第 511 頁中欄。

② 以故事相隸屬,指引用典故。《南史·王諶傳》:"諶從叔摛,以博學見知。尚書令王儉嘗集才學之士,總校虛實,類物隸之,謂之隸事,自此始也。儉嘗使賓客隸事多者賞之,事皆窮。"清袁枚《隨園詩話補遺》卷一:"其隸事、不隸事,作詩者不自知,讀詩者亦不知:方可謂之真詩。"王國維《人間詞話》卷上:"人能於詩詞中不爲美刺投贈之篇,不使隸事之句,不用粉飾之字,則於此道已過半矣。"

③ 中國書店 1984 年復據之影印。

④ 《四庫全書總目》卷一百三十六。

叢脞彌甚，益自鄶無譏，於是遂令允祿、吳襄等人編纂《子史精華》，以便學人知津逮。始編於康熙六十年(1721)，雍正五年(1727)成書頒行。全書一百六十卷，分三十類、二百八十子目；各個子目之下，擇取與子目字相關的若干精要詞語，大字書寫以作爲標題，再於這些詞語之下以雙行小字注明出處和前後文。是書輯錄了自先秦諸子、歷代史書等子史兩部中的名言雋句，"凡名言雋句，採掇靡遺。大書以標其精要，分注以詳其首尾，原原本本，條理秩然，繁簡得中，翦裁有法。守茲一帙可以富擬百城，於子史兩家誠所謂披沙而簡金、集腋而爲裘矣。"①現存有雍正五年武英殿刊本、翻刻本、《四庫全書》寫本、石印本②等。

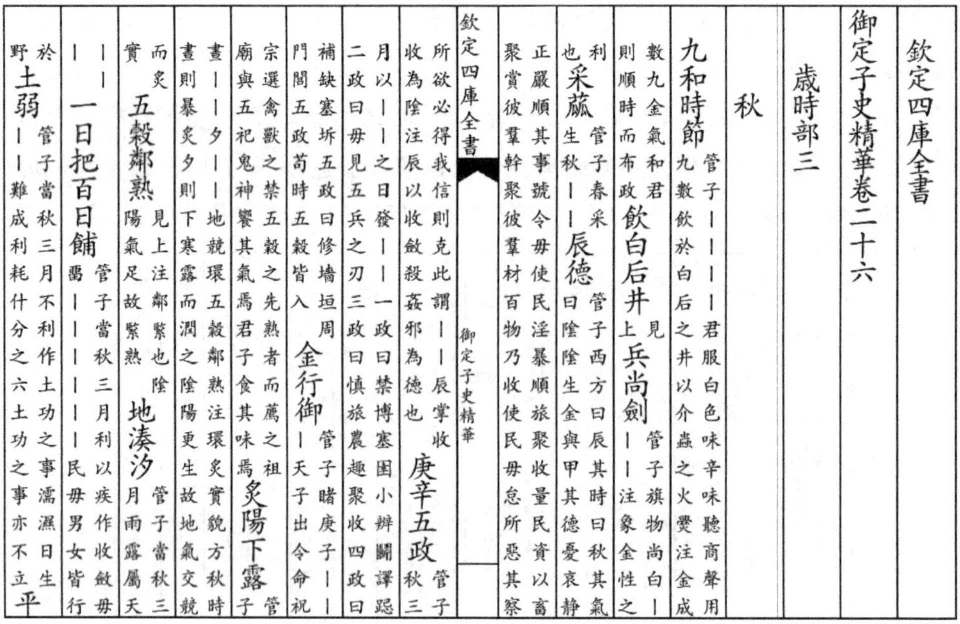

欽定四庫全書

御定子史精華卷二十六

歲時部三

秋

九和時節

采蕝

辰德

飲白后井　上兵尚劍

庚辛五政

金行御　炙陽下露

五穀鄰熟　地湊汐

一日把百日餔

土弱

圖7.19　文淵閣《四庫全書》本《子史精華》

康熙四十年(1701)，陳夢雷倡議並主持、蔣廷錫等人參與，開始纂修新的類書，至四十五年(1706)成，名曰《古今圖書匯編》。康熙六十一年(1722)，雍正命蔣廷錫等加以校補，作了增刪潤色，至雍正四年(1726)殺青，更名爲《古今圖書集成》③。是書正文一萬卷、目錄四十卷，約一點六億字，是我國現存規模最大的類書。是書初分曆象、方輿、明倫、博物、理學、經濟六彙編，再析爲三十二典(最初爲三十四志)，如理學彙編包括經籍、學行、文學和字學四典，典下復分爲六千一百零九部。每部再分爲彙考、總論、圖表、列傳、藝文、選句、紀事、雜錄、外編諸篇，外編收納無關輕重或荒唐無稽的材料。所引文獻去取謹嚴，每條皆詳注出處，頗便檢索。在我國古代類書中，該書不僅體例最

---

① 《四庫全書總目》卷一百三十六。

② 光緒二十三年夏，上海順成書局。

③ 裴芹：《〈古今圖書集成〉研究》，北京圖書館出版社，2001年12月第1版。

爲完善,資料亦最爲豐富,幾乎涵蓋了當時所能見到的有關古籍,故而用處最廣,國外學者稱爲"康熙百科全書"①。雍正嘗稱贊陳氏原書曰:"故能貫穿今古、彙合經史,天文地理皆有圖記,下至山川草木、百工製造、海西秘法,靡不備具,洵爲典籍之大觀。"②

　　書成後,貯於宮西之文溯閣。《盛京通志》卷二十:"又恭藏聖祖御定《古今圖書集成》全部,計十二架,五百七十六函。"《古今圖書集成》先後有五個版本:一、雍正四至六年(1726—1728),武英殿銅活字版,時僅印六十四部。二、光緒十四年(1888),英國人美查等在上海以鉛活字翻刻之"圖書集成印書局"本。三、清政府面諭上海道籌印新本,是即光緒十九年(1893)之上海同文書局石印本,該本附有《考證》二十冊。四、1934年,上海中華書局以原銅活字本縮小影印,加《考證》。五、1985年起,巴蜀書社、中華書局聯合影印中華本。另有英國、日本等學者編的三種索引。

圖 7.20　清宮博物館本《古今圖書集成》

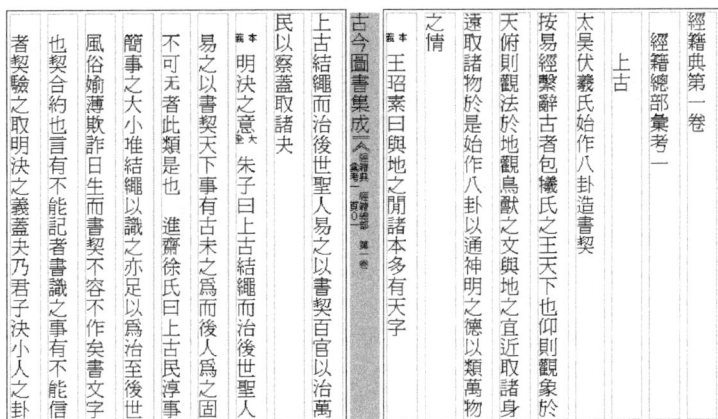

圖 7.21　(臺灣)故宮博物館本《古今圖書集成》

---

① 《中國大百科全書》"圖書館學·情報學·檔案學"卷,羅友松撰"古今圖書集成"段。
② 《世宗憲皇帝上諭內閣》卷二四庫本。

清代私纂類書的種類和數量更多，只是規模較小而已，如姚鼐《古文辭類纂》、毛文煥《增補萬寶全書》、李調元《方言藻》等，其中陳元龍《格致鏡原》①較爲突出。陳元龍，字廣陵。海寧人。康熙乙丑進士，歷官文淵閣大學士、廣西巡撫等，謚文簡。“其書爲康熙戊子丁亥間元龍歸養時所作，後官廣西巡撫，乃刊行之於粤中云。”②丁亥、戊子爲康熙四十六、七年（1707—1708），故書作於陳氏回海寧休養之間。我國古代稱探究自然知識和自然科學之學爲“格致”，該書又模仿宋代高承《事物紀原》，故稱“格致鏡原”。正如《四庫全書總目》所説：“其曰‘格致鏡原’者，自昔類書大抵縷陳舊蹟，與史傳相參，或臚列典章，與會要相佐。此所採輯，……皆博物之學，故曰‘格致’。又每物必溯其本始，略如《事物紀原》，故曰‘鏡原’也。”是爲博物學性質的專科類書，古屬類事之書。全書一百卷，分乾象、坤輿、身體等三十類，再析爲八百六十目，上至天文地理、下及山川草木，幾乎無不包容③。類有“總”，概述類名含義等；每目之下，主要擷取清代以前歷代經史典籍中的相關材料，旁及雜記俗説以及野乘，按該事物的本始及發展先後排列，沿革清晰，或系於“總論”“名類”“詳類”“稱號”“述始”等名目之下；所引材料皆注明來源。“其採擷極博而編次具有條理。又以明人類書多不載原書之名，攘古自益，因各考訂所出必繫以原書之名。雖所據或間出近代之本，不能盡泝其原，而體例秩然，首尾貫串，無諸家叢冗猥雜之病，亦庶幾乎稱精核矣。”④是書深究事物之原委、名號、體類和製作，不但考證精詳，更能以資實用，頗異於一般書齋之學，故而基本上反映了明代及以前對自然知識的認知及科學發展水平，是研究古代科學技術史和文化史的重要文獻。有康熙五十六年（1717）廣東刊本，雍正十三年（1735）重印本，江西、蘇州等的翻刻本，以及光緒十四年（1888）上海大同書局、二十二年（1896）積山書局的石印本等。曾爲江蘇巡撫採進，編入《四庫全書》。現在通行的爲《四庫全書》本⑤。

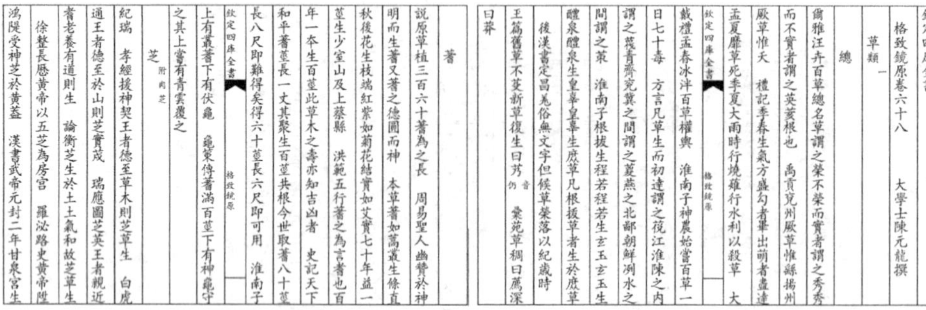
欽定四庫全書
格致鏡原卷六十八　大學士陳元龍撰
草類一
總
爾雅汪卉百草總名草謂之榮不榮而實者謂之秀秀
而不實者謂之英茇根也　禹貢兗州厥草惟繇揚州
厥草惟夭　禮記季春生氣方盛勾者畢出萌者盡達
孟夏靡草死季夏大雨時行燒薙行水利以殺草　大
欽定四庫全書　格致鏡原
戴禮孟春冰泮百草權輿　淮南子神農始嘗百草一
日七十毒　方言凡草生而初達謂之茷江淮陳之內
謂之蔎青齊兗冀之間謂之蔓燕之北鄙朝鮮洌水之
間謂之萊　淮南子根拔生程若程若生玄玉玄玉生
醴泉醴泉生皇辜皇辜生庶草凡根拔草者生於庶草
後漢書定昌羌俗無文字但候草榮落以紀歲時
王篇舊草不芟新草復生曰艿仍音　彙苑草稠曰薦深
曰莽
著
說原草植三百六十蓍為之長　周易聖人幽贊於神
明而生蓍又蓍之德圓而神　本草蓍如蒿叢生條直
秋後花生枝端紅紫如菊花結實如艾實七十年益一
莖生少室山及上蔡縣　洪範五行蓍之為言耆也百
年一本生百莖此草木之壽亦知吉凶者　史記天下
和平蓍莖長一丈其聚生百莖共根今世取蓍八十莖
長八尺即難得矣得六十莖長六尺即可用　淮南子
欽定四庫全書　格致鏡原
上有叢蓍下有伏龜　龜策傳蓍滿百莖下有神龜守
之其上當有青雲覆之
芝附肉芝
紀瑞　孝經援神契王者德至草木則芝草生　白虎
通王者德至於山則芝實茂　瑞應圖芝英王者親近
耆老養有道則生　論衡芝生於土土氣和故芝草生
徐整長歷黃帝以五芝為房宮　羅泌路史黃帝陛
鴻隄受神芝於黃蓋　漢書武帝元封二年甘泉宮生

圖 7.22　文淵閣《四庫全書》本《格致鏡原》

① 清代有傳説曰，是書乃陳氏康塾師范瓚所撰：“蓋嘗館於元龍家，相傳《格致鏡原》即其所纂，亦博洽之士也。”（《四庫全書總目》卷一百八十四范瓚《四香樓集四卷》提要）

② 《四庫全書總目》卷一百三十六。

③ 《中國大百科全書》“圖書館學·情報學·檔案學”卷，吳格撰“類書”條。

④ 《四庫全書總目》卷一百三十六。

⑤ 如“四庫類書叢刊”之一，上海古籍出版社，1992 年。

據1935年出版的《燕京大學圖書館目錄初稿類書之部》的統計,當時該校所藏類書達三百一十六種。這大致反映了我國現存古代類書的狀況。[《中國大百科全書》2/"新聞·出版"卷,方厚樞撰"類書"]在這些類書中,清人或稱《北堂書鈔》、《藝文類聚》、《冊府元龜》和《太平御覽》爲"四大類書",如嚴可均《書陳禹謨刻本〈北堂書鈔〉後》:"今陳刻亦漸稀罕,收藏家率購以多金,備四大類書之數。"[胡道靜86]後更以此爲中國古代四大類書①。

步入民國,緣於社會動蕩、西方百科全書影響日鉅等諸多原因,類書編纂趨入沉寂。值得稱道的僅有徐珂《清稗類鈔》一種。是書以清潘永因《宋稗類鈔》爲藍本,從清人和近人的文章、筆記、札記、說部及報章等中,匯輯了從順治以迄宣統的一萬三千五百多條掌故逸聞,納入九十二類之中。内容涉及社會生活的方方面面,可在很大程度上彌補正史之疏失。

中華人民共和國成立之後,字書等辭典手冊的編纂倒是非常興盛,而類書依然勢頭很弱,數量極少。俞劍華《中國畫論類編》②搜羅了歷代有關中國畫的論述,聊可補1980年代以前類書編纂之闕。需要注意者,部分古代學科的資料彙編書籍,因乃摘錄或照錄古代中國乃至於其他國家和地區的有關材料而成,倒可視作新涌現的類書。如中華書局"古典文學研究資料彙編",包括《白居易資料彙編》、《李清照資料彙編》等專人資料輯錄,以及《金瓶梅資料彙編》、《水滸資料彙編》等專書資料輯選;張星烺編注、朱杰勤校訂《中西交通史料匯編》;翦伯贊、鄭天挺主編《中國通史參考資料》,等。這一時期臺灣地區倒有一傳統型類書,是即楊家洛主編《古今圖書集成續編初稿》③,包括歲功、官常、選舉、經籍和食貨五典,補充了《古今圖書集成》未收的部分史料;但囿於當時條件,豐富性不夠。1990年,經巴蜀書社提出、經過多次論證,國務院批准編纂《中華大典》,並列爲國家重點古籍整理項目。全書分爲哲學、宗教、政治、軍事、經濟、法律、教育體育、語言文字、文學、藝術、歷史、歷史地理、其他社會學科、數學物理化學、天文地理學、生物學、醫藥衛生、農業水利、林業、工業、交通運輸和文獻目錄共二十二典,典下再析爲分典、總部、部,必要時,部可再析爲分部等。計劃收書二萬餘種,共八億多字,爲《永樂大典》的兩倍多、《古今圖書集成》的四倍多,字數超過了我國古代所有類書的總和。這是中華人民共和國成立以來最大的文化工程。目前編纂工作已基本完成,將在近年內出齊。從已經付梓的若干部來看,因借助國家力量和現代化手段,資料搜集倒是相當齊備;惜因編纂班子並未囊括盡國內學術精英,少數參預者學力素養遠遜前賢,又同時干自己的私活、未能竭心盡力,導致部分分典僅限於資料的抄錄

---

① 《中國大百科全書》新聞·出版"卷,姜椿芳、金常政撰"百科全書"條。
② 人民美術出版社,1957年第1版。
③ 鼎文書局,1977年。

和拷貝,羅列文獻有餘,考證辨析之功明顯不足,且存在一定的粗疏之處。

四、類書的價值和缺陷

類書的優劣之處,經常使用之的古人自然洞曉。《四庫全書總目》卷一百三十五《類書類》小序曰:

> 此體一興,而操觚者易於檢尋,注書者利於剽竊,輾轉稗販,實學頗荒。然古籍散亡,十不存一,遺文舊事,往往託以得存。《藝文類聚》、《初學記》、《太平御覽》諸編,殘璣斷璧至捃拾不窮,要不可謂之無補也。

是爲的評。

倘細而論之,其價值至少有:

一、藉以了解古代書籍的大致面貌。類書一般以當時存在的文獻爲基礎,從中擷取相關材料。這樣,可從其引書情況,得知編纂時古典文獻的保存情況,有助於文獻史研究。

二、可以進而了解古人知識結構乃至於社會生活情況等諸多方面。這是類書最重要的價值。比如,通過對日用類書①《事林廣記》的分析,我們可以知曉宋代的圓社摸場、北雙陸盤馬等市井生活狀態,以及"切口語"等語言文字情況。

三、快速查找和掌握史料、典故、名物、制度、儷詞駢語等某些領域或門類的知識。這是古代類書編纂的主要初衷,也是我們今天仍然可以充分加以利用的方面。比如今天在寫作詩文時,類書依舊可以滿足我們查尋和利用古代辭藻和典故之需。

四、類書的編纂體例主要是分類摘錄或徵引原始材料,這令它匯集了大量古代文獻,且多保存了原貌;而這些文獻現多散佚,是從事輯佚、校勘和考證等文獻方面研究的寶庫。如:

《北堂書鈔》引書八百餘種,皆爲隋以前古籍,其中十之八九皆已亡佚。

《藝文類聚》徵引古代文獻多至一千四百三十一種②,現存不足 10%,其多數內容皆爲唐以前的詩文歌賦等。

《文苑英華》十分之一左右爲南北朝作品,其他則爲根據當時尚流傳不廣的詩文集收錄的唐人作品,包括很多詔誥、書判、表疏和碑志之類原始材料,其夾注之校記里保存了不少別本的異文③,故而更是彌足珍貴,清人輯《全唐詩》、《全唐文》乃至《四庫全書》時,皆充分地加以利用。被稱爲中國"類書之冠"的《太平御覽》廣徵博引,援用

---

① [日]酒井忠夫監修,坂出祥伸、小川陽一編:《中國日用類書集成》,汲古書院,2003 年。
② 《國立北京大學二十五周年紀念研究所國學門臨時特刊》,北京,1926 年。
③ 傅增湘撰:《文苑英華校記》,北京圖書館出版社,2006 年 6 月第 1 版。

二千餘種書籍，其中漢人傳記一百多種、地方志二百多種，實爲空前，故被譽爲我國"類書之冠"。

《太平御覽》卷首之《太平御覽經史圖書綱目》之末云："右計一千六百九十件，外有古律詩、古賦銘箴、雜書等類，不及具録。"清人謂，"《太平御覽》一書，即存秦漢以來佚書千餘種矣"①。馬念祖《水經注等八種古籍引用書目匯編》②嚴密計算出實引二千五百七十九種。其引書特點是比較完整，多整段整篇地節取，實乃循部檢索的古代文獻寶庫，"該書以徵經廣博見稱，所引多爲經史百家之言並録入了宋以前類書中的不少內容，是現存古類書中保存五代以前文獻最多的一部。"③由於所録資料泰半佚失，該書歷來受到校勘、輯佚趙宋以前古籍者的高度重視。

《永樂大典》採用宮中文淵閣所藏宋元兩朝御府藏書，並到各地採購了大批圖書；編纂時，"上自古初，迄於當世，旁搜博採，匯聚群書，著爲奧典"④，共輯入八千多種圖書，特別是元代以前的秘文，往往一字不易地整段、整篇甚至整部地抄録，許多古籍賴以保存。"然元以前佚文秘典、世所不傳者，轉賴其全部全篇收入，得以排纂校訂，復見於世。是殆天佑斯文，姑假手於解縉、姚廣孝等，俾彙存古籍，以待聖朝之表章，有莫知其然而然者，正不必以潦草追咎矣。"⑤乾隆三十八年(1773)，四庫館臣三十九人，從中裒輯三百八十五種書，計四千九百四十六卷⑥，如《舊五代史》、《建炎以來系年要録》、《元和姓纂》、《直齋書録解題》和《春秋釋例》等。同年，乾隆因編修《四庫全書》耗時太長，下令先行刊印所輯《永樂大典》本及世所罕見的宋元善本；又準主管刻書事務的戶部侍郎金簡之請，以棗木活字排版印刷，且定名爲"聚珍版"；前後共刊印一百三十四種⑦、二千三百多卷，其中《永樂大典》本八十三種，各省採進本、進呈本四十一種，清代著作十種；每書首頁首行之下有"武英殿聚珍版"六字：是即"武英殿聚珍版叢書"，也爲最負盛名的"殿本"。"初，乾隆三十八年，詔纂修《四庫全書》。復命擇其繕本，校正剞劂，以嘉惠藝林。金簡實司其事，因棗黎繁重，乃奏請以活字排印，力省功多。得旨俞允，併錫以嘉名，紀以睿藻。行之三載，印本衣被於天下。"⑧乾隆四十一

---

① （清）阮元：《仿宋刻太平御覽敘》。
② 中華書局，1959年2月第1版。
③ 《中國大百科全書》"圖書館學·情報學·檔案學"卷，姜漢椿撰"中國古代著名的類書"節。
④ 明永樂帝朱棣《永樂大典》序。
⑤ 《四庫全書總目》卷一百三十七"永樂大典"提要。
⑥ 依《四庫全書總目》。胡道靜《中國古代的類書》，《中國大百科全書》"文物·博物館"卷，冀淑英、林小安撰"明嘉靖隆慶間內府抄本《永樂大典》"條皆曰，輯出500多種。《續文獻通考》卷一百四十一："今原冊尚存，所缺僅什之一。其中誠多世不經見之書。第依韻綴字，踳襍不倫，無當於柱下之藏也。乾隆三十八年我皇上特命儒臣詳加校勘，完善者存之，散見者裒之，艾蕪除謬，區別至精。凡書佳者悉已繕録彙入四庫，次則標存名目列於書末，真是編之大幸矣。"
⑦ 按，或謂一百三十八種。然內中四種實乃雕版印刷，並非"聚珍版"，是以剔除。
⑧ 《四庫全書總目》卷八十二"欽定武英殿聚珍板程式一卷"提要。

年,簡恭撰進《欽定武英殿聚珍板程式》一卷,詳述印造經過。再後來,清廷編輯《全唐文》和《大清一統志》時,亦從中採擷過資料。特別是還有一批學者嘗致力焉,如徐松即輯出了《宋會要》五百卷、《宋中興禮書》三百卷、《中興禮書續編》八十卷、《元河南志》四卷等。

《古今圖書集成》雖然規模略遜於《永樂大典》,但卻是現存最大的類書;其徵引的地方志有一千九百四十種以上,全部引錄的古籍當在六千種左右①,故被視爲"包羅了中國的全部文化遺產"②。

至少從宋代開始,人們即注意到類書的這種價值,利用之進行輯錄和校勘。南宋王應麟利用類書、《經典釋文》和其他古代注疏等,輯出了《鄭氏周易》、《鄭氏尚書注》、《三家詩考》。"嗣後,好古之士,踵其成法,往往綴輯逸文,搜羅略遍"③。承其緒者有明胡應麟、祁承爍等人,特別是清代學者更是致力於從類書中爬梳搜羅佚文佚書,編出了《漢魏遺書鈔》、《全上古三代秦漢三國六朝文》、《玉函山房輯佚書》、《玉函山房輯佚書續編》、《玉函山房輯佚書補編》等。清周星詒說:"虞、徐、歐、白、《御覽》、《冊府》諸書,[群]書淵源,得一宋本,有益讎校,功等專刻。"④清王念孫等人,極重視以《北堂書鈔》等類書校勘古書,"《讀書雜志》校《大武篇》,補脫最爲有功,祇是細考舊類書耳。"⑤

五、除了純粹的文獻輯錄和校勘外,在從事某一主題的具體研究時,類書也可供初步搜集資料之需。類書搜集、甄選和採擷前代文獻,再分門別類加以編排,以之查找專題材料,省時省心。由於一般是節錄,還需要核對原書。但類書中所收現已亡佚的古代文獻,則可視爲第一手材料,直接加以利用。魯迅說過:"我以爲《太平廣記》的好處有二:一是從六朝到宋初的小說幾乎全收在內,倘若大略的研究,即可以不必買許多書。二是精怪、鬼神、和尚、道士,一類一類的分得很清楚,聚得很多,可以使我們看到厭而又厭,對於現存談狐鬼的《太平廣記》的子孫,再沒有拜讀的勇氣。"⑥

類書的缺陷,《四庫全書總目》稱"操觚者易於檢尋,注書者利於剽竊,輾轉稗販,實學頗荒",不過指摘作詩文、注疏時不再閱讀原書耳。而朱熹早已指出了這一點:"學者用功不實之弊,誠如來誨。近見建陽印一小冊,名《精騎集》,雲出於賢者之手,不知是否? 此書流傳,恐誤後生輩,讀書愈不成片段也。"⑦聞一多亦稱,過多信賴類書而纂詩文,詩文本身即與類書無異:"這樣看來,若說唐初五十年間的類書是較粗糙的

---

① 裴芹:《〈古今圖書集成〉研究》。

② 《簡明不列顛百科全書》(Concise Encyclopedia Britannica)"百科全書"條,第 1 冊,第 511 頁中欄。

③ 章學誠:《校讎通義》卷一"補鄭",第 7 頁上欄。《四部備要》本,中華書局,1924 年。

④ 羅振常:《善本書所見錄》卷三,商務印書館,1958 年。

⑤ (清)譚獻:《復堂日記》卷一,河北教育出版社,2001 年。

⑥ 魯迅:《破〈唐人說薈〉》,載《集外集拾遺補編》,人民文學出版社,1993 年。

⑦ 朱熹:《答呂伯恭書》,載《朱文公文集》卷三十三。

詩,他們的詩是較粗糙的類書,許不算是強詞奪理吧。"①

其實,類書最大的問題是,雖然一般照錄原文,但也時有刪削和更改,故並未絕對顯示原典面貌,需要核對原書或細加辨別。如《太平御覽》輾轉鈔錄前代類書,未加校勘,導致引用書名常常錯亂②。另外,部分類書只是大致地注明出處,甚至並不注明,導致後世查對或稱引的困難。如上舉白居易《六貼》即是。

【本節參考文獻】

張滌華:《類書流別》(修訂本),商務印書館,1985 年 9 月第 1 版。

胡道靜:《中國古代的類書》,中華書局,1982 年 2 月北京第 1 版。

劉葉秋:《類書簡說》,上海古籍出版社,1980 年版。

趙含坤:《中國類書》,河北人民出版社,2005 年 5 月第 1 版。

第二節　叢書文獻

一、"叢書"釋名

(一)"叢"及"叢書"

"叢",本謂聚集。《書·無逸》:"亂罰無罪,殺無辜,怨有同,是叢於厥身。"《說文解字》:"叢,聚也。"《呂氏春秋·達鬱》:"國鬱處久,則百惡並起,而萬災叢至矣。"高誘注:"叢,聚也。"③

現所知的"叢書"一辭的最早用例,爲唐韓愈《剝啄行》詩:"空堂幽幽,有秸有莞。門以兩板。叢書於閒。宵宵深堙,其墉甚完。"④"叢書",謂在堂中放置、聚哀群書也⑤。另外,唐陸龜蒙輯錄自己難於歸類的小品雜文,編而爲集,名曰"叢書",其《〈叢書書〉序》曰:"叢書者,叢脞之書也。叢脞,猶細碎也。細而不遺大,可知其所容矣。

---

① 聞一多:《類書與詩》,載《唐詩雜論》,上海古籍出版社,1998 年 12 月第 1 版,第 5 頁。

② 胡道靜:《中國古代的類書》,第 169-170 頁。

③ 《漢語大字典》,第 1 冊,第 402 頁。

④ 《朱文公校昌黎先生文集》卷四。《四部叢刊初編》本影印元刊本。

⑤ 或謂"門以兩板"意爲"關上門",誤。(戚志芬:《中國的類書、政書和叢書》,"中國文化史知識叢書"之一,商務印書館,1991 年 12 月第 1 版,第 150 頁)實指門的構成很簡單,僅以兩張木板拼成而已。

……内壹鬱則外揚爲聲音,歌詩、頌賦、銘記、傳序,往往雜發,不類不次,混而載之,得稱爲'叢書'。"可見,陸氏"叢書"不過是自己雜著的別稱,本乃個人詩文集也。正如清葉名灃《橋西雜記・叢書》:"古無輯録,各家著述爲叢書者,唐陸氏龜蒙有《笠澤叢書》。'叢書'二字,始見於此,然仍詩文專集也。"宋王楙亦有《野客叢書》三十卷,附陳長方之弟子記、楙父述《野老記聞》一卷。楙"養母不仕,惟杜門著述,當時稱爲講書君。是書皆考證典籍異同。……其間引據既繁,亦不免小有疎舛。……其餘則多考辨精核,位置於《夢溪筆談》、《緗素雜記》、《容齋隨筆》之間無愧色也。"①則是書主體實爲楙考據成果之匯集。以上的"叢書",有名無實,並非就文獻類別意義而言也。

(二)作爲文獻類別的"叢書"

何謂古典文獻學意義上的"叢書"?《中國大百科全書》"中國歷史"卷曰:"又稱'叢刊'、'叢刻'、'匯刻書',即匯輯多種零星單本而冠以總名,并賴此保存了許多容易散佚的古籍。"②將定義與功能混合,並不簡潔。"新聞・出版"卷:"匯輯兩種以上至數千種圖書並冠以總名的一套書的統稱。"③《辭海》第6版"叢書"條:"編集多種單獨的著作爲一編並冠以總書名的出版物。"④兩個定義皆準確且簡練。《漢語大詞典》"叢書":"根據一定目的和使用對象,選擇若干種書編爲一套,在一個總名稱下刊印。"則稍嫌囉嗦。

可見,"叢書"特點有三:匯輯兩種以上的獨立著作;基本保持原作的面貌,不作大的更改[不改動原書字句],至少保留內中各書即"子目"原有的獨立名稱及內容順序;另起一總名,用以概括全套書的內容,是即叢書名。倘若輯聚的爲單篇論文,即成"叢文"而非"叢書";如摘取原著部分再加以編排,則又成類書矣。當然,不同時代、不同學者,對於叢書的標準向有寬嚴之異⑤。

在我國,叢書別有曰"匯刻""合刻""叢鈔""叢稿""叢編""套書""全書""全集"等。日本出版的叢書,或稱"文庫"。西方也稱"雙書""連續出版物"、系列書。蘇聯則謂"匯集之書""匯編之書"。

我國近代將性質相近的文章或著作匯輯爲書,另冠以總書名,成套地不定期出版,這類文獻也稱爲"叢書"或"叢刊"⑥。

---

① 《四庫全書總目》卷一百十八,《野客叢書》提要。

② 《中國大百科全書》"中國歷史"卷,謝國楨、韋祖輝撰"叢書"條,中國大百科全書出版社,1992年4月第1版。

③ 《中國大百科全書》"新聞・出版"卷,陳宏天撰"叢書"條。

④ 第1冊,第344頁左欄。

⑤ 如或視叢書所收子目的完整性不甚重要,"凡匯輯兩種以上的書籍,不論其中每種書籍是否首尾完整,裁篇別行,斷簡殘篇,或者刪節選錄,不論其書分量多少,只要有統括全書之總名,均可謂之類書。"(吳楓:《中國古典文獻學》,第134頁)

⑥ 《辭海》(第6版彩圖本)"叢書"條。

二、叢書的產生

(一)最早的叢書

真正作爲文獻類別的"叢書",究竟何時產生? 學術界看法不盡相同。嘉泰元年(1201),俞鼎孫、俞經編成《儒學警悟》,匯集了六人的六種著作。元脫脫等《宋史》卷二百七《藝文志》:"俞鼎孫、俞經《儒學警悟》四十卷。"明楊士奇編《文淵閣書目》卷二:"俞鼎孫《儒學警悟》一部。三冊。"可見很久即有了著錄。惜一直以抄本流傳,直到 1922 年方有刊本,人多難睹,故清人一般以南宋左圭編《百川學海》爲叢書之祖,如錢大昕《潛研堂文集》卷三十《跋〈百川學海〉》:"薈粹古人書,併爲一部,而以己意名之,始於左禹錫《百川學海》。"①然《百川學海》刻於咸淳九年(1273),晚於俞氏書七十餘年矣。繆荃孫《校刻〈儒學警悟七集〉序》:"至取各書之全者,並序跋不遺,前人以左圭《百川學海》爲叢書之祖,顧《學海》刻於咸淳癸酉,先七十餘年已有《儒學警悟》一書,俞鼎孫、俞經編,計七集四十卷。"不過,左氏此著共十集,收書一百多種,規模遠大於俞氏書,且影響亦大得多,故而近代以來多以《儒學警悟》和《百川學海》並列爲叢書之祖,並略作區分:前者爲第一部匯輯的叢書,後者爲第一部刊刻的叢書②。當然,亦有單稱俞氏著述者③。

實際上,早在後唐長興三年(932),由馮道(882—954)主持,田敏等任詳勘官,李鶚等書寫,依唐刻《開成石經》爲本,經、注合併,開雕九部儒家經典《易》、《書》、《詩》、《左傳》、《公羊傳》、《穀梁傳》、《周禮》、《儀禮》和《禮記》,總名曰"九經"。迄後周廣順三年(953)畢工。這是我國監本之始,第一次由政府負責的大規模刻印工程,更重要是,具備了叢書之實。唐代亦有輯錄鈔錄或刻印多部佛經經典之舉④。叢書之始,至少應該源至唐五代。

或據清李調元《童山文集》卷三《函海後序》所言,稱《隋志》所載陸澄合《地理書》、任昉《地記》"是爲叢書之祖,然猶一家言也""便是最典型、最原始的叢書"⑤。然此等書是否滿足叢書的三個條件,因無從睹見原書,實難信從。更有稱《詩》、《書》等古典文獻"都具叢書的性質"⑥,則並未明確"叢書"乃匯集諸書之義矣。又有言,《史

---

① 《四部叢刊初編》本。
② 《中國大百科全書》"新聞·出版"卷,陳宏天撰"叢書"條。
③ 1.《中國叢書綜錄》"前言":"我國最早的叢書是俞鼎孫、俞經的《儒學警悟》"。上海圖書館編:《中國叢書綜錄》,上海古籍出版社,2007 年 3 月第 1 版,第一冊,第 1 頁。2.《辭海》(第 6 版彩圖本)"叢書"條:"中國的叢書始於南宋俞鼎孫、俞經所輯《儒學警悟》。"第 1 冊,第 344 頁左欄。
④ 《中國大百科全書》"新聞·出版"卷,陳宏天撰"叢書"條。
⑤ 張舜徽:《中國文獻學》,第 229-230 頁。
⑥ 吳楓:《中國古典文獻學》,第 134 頁。

記·孔子世家》所說的《六經》,以一個書名統括群書,包含有叢書的意思①,故而叢書當起源於漢代②。考《史記·孔子世家》中僅有"六藝"而無"六經";更早明確提到"六經"的蓋爲《莊子·天運》:"孔子謂老聃曰:'丘治《詩》、《書》、《禮》、《樂》、《易》、《春秋》六經,自以爲久矣,孰知其故矣。'"此雖可以"六經"指《詩》等,卻不能說已匯輯六書以成一新書《六經》也。

前人或稱宋曾慥《類說》爲叢書之祖,清葉名澧《橋西雜記·叢書》:"宋溫陵曾慥,集《穆天子傳》以下二百五十種爲《類説》,是則後世叢書所由昉。"或曰,宋朱勝非《紺珠集》與俞氏和左氏之作一道"開創叢書之體,故爲叢書之祖"③。考《類説》成於紹興六年(1136),《紺珠集》首有紹興丁巳灌陽令王宗哲序,可見至少在紹興七年以前已然成形。然勝非書雖引書達一百三十七種,且其中多有古本,所援卻僅有數語,如卷一首抄《穆天子傳》,第一則"燭銀玉果":"穆王至崑崙丘,觀寶器,有燭銀玉果。燭銀,銀有光如燭。玉果者,石也。皆似美玉。"非常簡略。正如《四庫》館臣所言:"其書皆抄撮說部,摘錄數語,分條件繫,以供獺祭之用"④。《四庫全書》雖歸於子部雜家,然其實質與類書無別。《類説》體例同於曾慥《紺珠集》。故而繆荃孫《校刻〈儒學警悟七集〉序》言:"唐以來有類書,宋以來有叢書,朱氏《紺珠》、曾氏《類説》,已彙數十種而刻之,然皆刪節不全。"二者雖可勉強躋身叢書之列,但卻不能視爲正規的叢書。

唐宋標名"叢書"者,有名無實;其他真正的叢書,卻又有實無名。真正名、實皆具的"叢書",濫觴乎明程榮《漢魏叢書》。萬曆二十年(1592),歙縣程榮搜集三十八種、二百五十一卷的古籍,匯刻爲書;因以漢魏著作爲主,間以晉、梁、陳、隋間之作,故總名曰"漢魏叢書"。受其影響,萬曆年間,武林何允中亦輯刻《廣漢魏叢書》,收書七十六種。清乾隆五十六年(1791),王謨輯刻《增訂漢魏叢書》,所收古籍更達八十六種、四百四十八卷。

(二)叢書的產生原因

叢書的起源及流行

一般認爲叢書源於類書。"叢書由唐代的類書演變而成。"⑤或主張乃是爲了滿足研究專門學問之需,"由於書籍日益繁多,研究專門學問的人,不容易找到材料,於是在學術界很需要有聚集同類書籍,合編爲書,便於誦習的本子,這便是叢書的起源。""本來,在沒有雕板印刷術以前,書皆手寫,不可能裒輯多方面的書籍,編爲叢書。而

---

① 吳楓:《中國古典文獻學》,第134頁。
② 戚志芬:《中國的類書、政書和叢書》,第152頁。
③ 《中國大百科全書》"中國歷史"卷,謝國楨、韋祖輝撰"叢書"條。
④ 《四庫全書總目》卷一百二十三,《紺珠集》提要。
⑤ 《中國大百科全書》"中國歷史"卷,謝國楨、韋祖輝撰"叢書"條。

叢書之起,最初只是爲做學問方便計,從合抄同性質書籍開始的。所以今天所稱'專科性叢書',實是我國一切叢書之祖。"①其實,佛教界輯群書爲一編是爲了修行需要,馮道刻《九經》主要是借以規範儒家經典文字,編《儒學警悟》更有可能是爲了方便閱讀也。

三、叢書的種類

因叢書乃裒集叢書而成,內容難於一定,故實難隸於某一類。《四庫全書總目》將《說郛》、《古今說海》、《廣百川學海》等放入子部雜家類雜纂,蓋不得已也。"案,以上諸書皆採摭衆說以成編者,以其源不一,故悉列之雜家。《呂覽》、《淮南子》、《韓詩外傳》、《說苑》、《新序》亦皆綴合羣言,然不得其所出矣,故不入此類焉。"清人張之洞認爲,"其中經、史、子、集皆有,勢難隸於四部,故別爲類。"在集部之後列"叢書目",與四部並列爲五部②。實爲卓見。

張之洞依所斂文獻的作者情況,將叢書區分爲"古今人著述合刻叢書""國朝一人著述合刻叢書"兩類,前者包括《漢魏叢書》、《津逮秘書》以迄於《茆氏輯十種古書》,後者有《亭林遺書》、《音學五書》、《俞氏叢書》等③。古來一般按內容的寬廣,大致分爲綜合性叢書和專門性叢書,後者屬於類編,前者爲匯編。綜合性叢書按收書方式,又分爲雜纂、輯要、搜異、輯佚、影舊五類;專門性叢書或爲專科性,或爲專題性,按裒書內容可別爲專代、專地、專人、專類四類④。

古時叢書多爲綜合性,而現當代因社會分工的日益深入,專門性叢書漸多。

另外一種分類方法,是以保留原書狀態的多寡爲標準:如左圭《百川學海》一般,所收子目之圖書首尾完整,甚至連序跋亦皆存真,如明吳永《續百川學海》、馮可賓《廣百川學海》、吳琯《古今逸史》、胡文煥《格致叢書》;仿宋曾慥《類說》者,僅擷取原書精華,如宋《事實類苑》、元張光祖《言行龜鑒》、元末明初陶宗儀《說郛》等。《四庫全書總目》卷一百二十三,《說郛》提要:"蓋宗儀是書,寔仿曾慥《類説》之例,每書略存大概,不必求全。亦有原本失亡,而從類書之中鈔合其文,以備一種者。故其體例與左圭《百川學海》迥殊。後人見其目錄所列數盈千百,遂妄意求其全帙,當必積案盈箱,不知按籍而求,多歷代史志所不載,宗儀又何自得之乎。"是評實可概括後一種叢書也。

---

① 張舜徽:《中國文獻學》,第 229-230 頁。
② (清)張之洞撰、范希曾補正:《書目答問補正》,徐鵬導讀本,上海古籍出版社,2001 年 7 月第 1 版,第 243-252 頁。
③ (清)張之洞撰、范希曾補正:《書目答問補正》,徐鵬導讀本,第 243-252 頁。
④ 《中國大百科全書》"新聞·出版"卷,陳宏天撰"叢書"條。

四、叢書選介

古來叢書眾多,難以細列,現擇數種略加紹介焉。

（一）《說郛》

元末明初陶宗儀（1321—1407）輯。陶氏,字九成,號南村。浙江臺州黃巖人。相傳爲陶淵明之裔。"元末,舉進士,不第,即棄去。學古,兼工書。法澠帥秦不華、南臺御史丑閭累辟,皆不就。吳士誠議署軍諮,不往。洪武初,以人才薦,病免。藝圃一區,過半種菊。性喜獨酌,歌所自爲詩,攄叫掌大嘯,人莫測也。著《說郛》乙百卷,《輟耕錄》三十卷,《書史會要》九卷,《四書備遺》二卷。"①觀其行徑,遠離官場,唯嗜菊、酒,兼樂著述,實有五柳先生之風。陶氏"取經史、傳記下迨百氏雜說之書二千餘家,纂成一百卷,凡數萬條,剪揚子語,名之曰《說郛》。"②作爲私撰的綜合性叢書,是書搜羅廣博,舉凡山川風物、蟲魚草木、考古博物、古文奇字、詩詞評論、逸聞怪事以至於問卜星象等,無所不包。"學者得是書,開所聞、擴所見者多矣。要之,其博古物可爲張華路叚,其覈古文奇字可爲子雲、許慎,其索異事可爲贊皇公,其知天窮數可爲淳風、一行,其搜神怪可爲鬼董狐,其職蟲魚草木可爲《爾雅》,其記山川風土可爲'九丘',其訂古語可爲鈴契,其究諺談可爲稗官,其資譎浪調笑可爲軒渠。"③需要注意者,因收擷太廣,標準過松,故而正如其書名"說郛"所示,中多不切實之"郛言",其內容不一定真實,錢謙益《牧齋有學集》卷十四《玉劍尊聞序》:"余懼世之讀斯編者,不溯維史家難易之故,而徒取其長語瑣事,供談諧代鼓吹,猥與《語林》、《說郛》之流同部類而施易之也。爲論著之如此。"④甚至存在著因失辨而囊括僞書的情況,阮元評宋張炎《詞源》有云:"自明陳仲醇改竄炎書,刊入續祕笈中,而又襲用沈伯時《樂府指迷》之名,遂失其真,微此幾無以辨其非。蓋前明著錄之家,自陶九成《說郛》廣錄僞書,自後多踵其弊也。"⑤此外,因系剪裁眾書而成,頗有刪節,非復原書面貌矣。"雖然,自曾端伯編《類說》、朱藏一編《紺珠集》、陶九成編《說郛》皆千百而取一,說部之完書存焉者寡矣。"⑥

陶宗儀纂《說郛》後不久即因病辭世,抄本散入松江。成化十七年（1481）,鬱文博罷官歸鄉,於土人龔某家得借錄之,病其"字多訛缺,兼有重出與當併者",遂加校正,仍手錄爲一百卷。弘治九年（1496）成,時鬱已經七十有九矣。明末清初,陶宗儀遠

---

① 明末清初查繼佐《罪惟錄》卷二十二《陶宗儀》。《四部叢刊三編》本。
② 楊維楨《說郛》原序。
③ 楊維楨《說郛》原序。
④ 《四部叢刊初編》本。
⑤ 阮元《揅經室集外集》卷三《詞源二卷提要》。《四部叢刊初編》本。
⑥ 朱彝尊《曝書亭集》卷四十五《夢梁錄跋》。《四部叢刊初編》本。

孫、雲南姚安人陶珽復加增補,篇幅至一百二十卷;有宛委山堂本。民國初,"鐵如意館主"張宗祥聽從魯迅建議,以北平圖書館、傅增湘雙鑑樓及涵芬樓所藏加以校理,是即涵芬樓一百卷本(上海:商務印書館,1927 年 11 月)。1986 年,上海古籍出版社將宛委山堂本、涵芬樓本和陶珽《續說郛》四十六卷本以及張宗祥校涵芬樓本之校記,合並爲《說郛三種》出版,最近有關《說郛》著述的全璧。

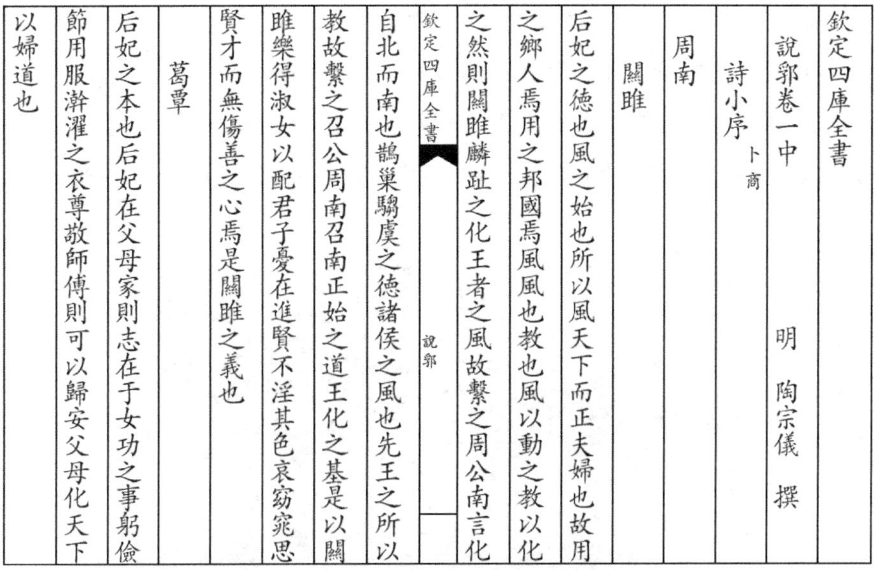
欽定四庫全書
說郛卷一中　明 陶宗儀 撰
詩小序 卜商
周南
關雎
后妃之德也風之始也所以風天下而正夫婦也故用
之鄉人焉用之邦國焉風風也教也風以動之教以化
之然則關雎麟趾之化王者之風故繫之周公南言化
欽定四庫全書　說郛
自北而南也鵲巢騶虞之德諸侯之風也先王之所以
教故繫之召公周南召南正始之道王化之基是以關
雎樂得淑女以配君子憂在進賢不淫其色哀窈窕思
賢才而無傷善之心焉是關雎之義也
葛覃
后妃之本也后妃在父母家則志在于女功之事躬儉
節用服澣濯之衣尊敬師傅則可以歸安父母化天下
以婦道也

圖 7.23　文淵閣《四庫全書》本《說郛》

歷代所編纂叢書,以有清一代數量最多、種類最全、卷帙最佢,校勘亦最精。其中最爲後世所知的,又爲《四庫全書》。

(二)《四庫全書》

乾隆三十七年(1772),下詔採訪遺書。三十八年,開設四庫全書館編纂《四庫全書》,委派紀昀等十六人爲總裁,六部尚書及侍郎爲副總裁,下設總纂官、總閱官、總校官等三百六十名,繕寫人員數千名。首先在全國範圍內征集圖書,至乾隆四十三年(1778),共得圖書一萬二千二百三十七種;復對這批圖書及內府所藏加以甄別,分爲應抄、應刻、應存等幾種,前二者可收入,應存則僅能著於目錄;然後對應抄、應刻之書,加以校訂、抄錄,匯爲《四庫全書》,至乾隆四十六年(1782)編纂並抄寫完成第一部《四庫全書》。"四庫"也者,本指宮廷藏書之所,《新唐書·藝文志一》:"兩都各聚書四部,以甲、乙、丙、丁爲次,列經、史、子、集四庫。"因之,亦將古籍的甲、乙、丙、丁或經、史、子、集這種"四部"分類法稱爲四庫。《四庫全書》正是以四部分類,故有是名。

《四庫全書》並未付印,在修成一部後,以之爲底本再加抄寫,至乾隆五十八年(1793)又抄成六部。因抄寫時間不一,抽補散失情況各異,每部收錄圖書及卷帙皆不盡相同,各收書約三千四百多種、七萬九千三百餘卷,共七點九億字;寫爲二百二十九萬葉,裝訂爲三萬六千多冊、六千七百餘函。這是我國古代規模最大的叢書。

《四庫全書》底本藏於翰林院,其他七部抄本分貯於六個城市的七幢專門建築內,是即"四庫七閣":第一部抄本藏於京師皇宮文淵閣,其他三部分別藏於瀋陽文溯閣、圓明園文源閣、熱河文津閣,以上爲"北方四閣";另有三部藏於鎮江金山文宗閣、揚州大觀堂文匯閣和杭州西湖文瀾閣,是爲"江南三閣"。以帶"氵"旁之字"淵"、"溯"、"源"等以名閣,乃仿明朝明州(今浙江寧波)范欽天一閣"天一生水"之理念,以闕祝融之災也。"北四閣"一般僅供皇家人士閱讀,一般官吏士人則只能就"南三閣"矣。每部書皆以毛筆端楷抄寫,直行紅格,時有插圖;以封面顏色區別四部,經部綠色,史部紅色,子部藍色,集部灰色。

圖 7.24　京師皇宮文淵閣(張子開 2013 年 8 月 19 日攝)

圖 7.25　圓明園文源閣遺址(張子開 2013 年 8 月 17 日攝)

圖 7.26　杭州文瀾閣（張子開攝）

《四庫全書》匯聚了乾隆中葉以前、特別是元代以前的主要圖書，共六個來源：

內府本，即政府藏書，包括武英殿等處所藏；

各省採進本，即各省督撫征集來的圖書；

私人進獻本，主要是各省私人藏書家進呈之書；

通行本，即從社會上購買的流行本；

《永樂大典》本，即從《永樂大典》中輯出的佚書三百八十五種；

敕撰本，即清初至乾隆時奉旨編纂的圖書，包括帝王著述。

需要注意的是，四庫館臣對所搜集來的圖書，分別採取了刪改、抽毀和全毀的方法，篡改和銷毀了大批文獻，禁毀圖書計三千多種，幾與所收相埒；而且，將宋元雜劇、話本小說、明代傳奇等民間通俗文獻，全部摒斥在外。所以，編纂《四庫全書》的過程，實乃清王朝借機"寓禁於徵"、對中國古典文獻的大清理和大審查，正如永瑢、紀昀《進表》所言："經崇世教，貴實徵而賤虛談；史繫人心，削誣詞而存公論。選諸子百家之粹，博收而不悖聖賢；懲十人九集之非，嚴汰而寧拘門戶。"

當然，《四庫全書》也有其與時俱進的方面，如將傳教士漢文文獻納入搜羅和採取視野。四庫採進書目①中，共有西學書二十四種，包括：《空際格致》、《幾何原本》、《天學初函》、《西儒耳目》、《乾坤體義》、《同文算指》（李之藻演）、《同文算指》（利瑪竇）、《同文算指前編》、《同文算指通編》、《鄧玉函奇器圖說》、《天學會通》、《渾蓋通憲圖說》（李之藻）、《寰有詮》（李之藻）、《寰有詮》（龐迪我）、《渾蓋通憲圖說》（李之藻

---

① 　吳慰祖校訂：《四庫採進書目》，商務印書館，1960 年。

輯)、《職方外紀》、《二十五言》、《遠西奇器圖說》、《渾天儀圖說》、《七克》、《律呂纂要》、《坤輿圖說》(南懷仁)、《坤輿圖說》(傅泛濟)、《坤輿圖說》(徐日昇),主要是介紹西方科學技術、生活方式、翻譯技巧之類的著述①。實際上,《四庫全書》編纂者對西方文化秉持著批判精神:

> 西學所長在於測算,其短則在於崇奉天主以炫惑人心,所謂自天地之大以至蠕動之細,無一非天主所手造。悠謬姑不深辨,卽欲人舍其父母而以天主爲至親、後其君長而以傳天主之教者,執國命悖亂綱常,莫斯爲甚,豈可行於中國者哉。②

故而在編纂時,對包括採進書籍在內的所有來源文獻,又進行了嚴格擇選,再將被選入《四庫全書》者中的宣揚西方信仰等方面的內容加以刪削,最終收錄了二十二種,分屬五類:樂類,《律呂正義續編》、《御制律呂正義後編》;地理類,《職方外紀》、《坤輿圖說》;農家類,《泰西水法》;天文算法類,《乾坤體義》、《表度說》、《簡平儀說》、《天問略》、《新法算書》、《測量法義》、《測量異同》、《句股義》、《渾蓋通憲圖說》、《圜容較義》、《御定曆象考成後編》、《御定曆象考成》、《天步真原》、《同文算指前編》、《幾何原本》、《御定數理精蘊》;譜錄類,《奇器圖說三卷諸器圖說一卷》。另外,刪除了涉及天主教的十五種書,這批書僅在《四庫全書總目》中有載錄:《律呂纂要》、《西儒耳目資》、《別本坤輿圖說》、《西方要紀》、《辨學譴牘》、《二十五言》、《天主實義》、《畸人十篇附西琴曲意》、《交友論》、《七克》、《西學凡附錄大秦寺碑一篇》、《靈言蠡勺》、《空際格致》、《寰有詮》、《天學初函》。其實,《四庫全書》還收錄了明代朝鮮佚名《朝鮮志》、《朝鮮史略》,安南佚名《越史略》、黎崱《安南志略》,日本山井鼎撰、物觀校勘《七經孟子考文補遺》,太宰純《古文孝經孔氏傳音》,印度瞿壇悉達《唐開元占經》。

所收書籍,分爲四部,下析爲四十四類,部分類下又細分屬。四庫館臣將收入《四庫全書》者、即所謂"著錄"書三千四百六十一種、七萬九千三百零九卷,以及未毀而僅存目錄的"存目"書六千七百九十三種、九萬三千五百五十一卷,共計一萬零二百五十四種、十七萬二千八百六十卷,皆撰寫提要,再由紀昀、陸錫熊加以修定,於乾隆四十六年(1781)編成《四庫全書總目》二百卷。是了解先秦至清初尚存古籍的版本、內容及價值的重要工具書。其因篇幅過大、難以通讀,乾隆復命紀昀等人將"存目"去掉、再簡化提要,於乾隆四十七年編成《四庫全書簡明目錄》二十卷。另外,胡虔編有《四庫

---

① 計文德:《從〈四庫全書〉探究明清間輸入之西學》,濟美圖書有限公司,1991 年,第 119、252、336 頁。按,張西平《歐洲早期漢學史——中西文化交流與西方漢學的興起》嘗引用葉氏成果(中華書局,2009 年 1 月北京第 1 版,第 291-309 頁),但所用表格頗有錯訛。
② 《四庫全書總目》卷一百三十四,《天學初函》解題。

全書附存目錄》十卷,只收存目之書,且僅錄書名、卷數、朝代、撰人。

"四庫七閣"中,留存下來的只有四部,即文淵閣本、文津閣本、文溯閣本、文瀾閣本。第一部在中國臺灣,1983年臺灣商務印書館曾加以影印;後三者在中國大陸,2005年商務印書館影印了文津閣本,2006年文瀾閣本也由上海書店影印出版。

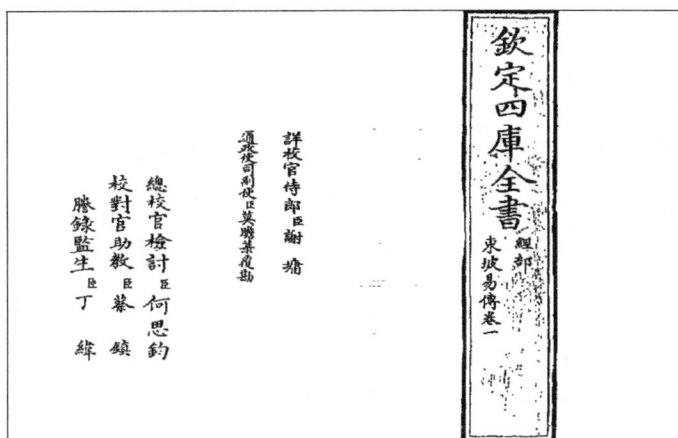

圖7.27　文淵閣《四庫全書》書影

(三)《四庫全書薈要》

《四庫全書》開館時,乾隆已經六十三歲,他希望能夠在有生之年看到這部書的主要內容。於是命于敏中、王際華諸人編纂《四庫全書薈要》,並於乾隆四十三年(1778)成書,藏於紫禁城坤寧宮後御花園內的摛藻堂。兩年後,繕寫了第二部,貯在長春園味腴書屋。八國聯軍入侵時,味腴書屋所藏被焚,而摛藻堂本則幸存至今。《四庫全書薈要》收書四百六十三種,二萬零八百二十八卷,裝訂爲一萬一千一百七十八冊。所擷精約,少經刪纂,版本珍貴,校勘嚴謹,實爲珍品。

圖7.28　摛藻堂(張子開2013年8月19日攝)

（四）《四庫全書存目叢書》

1992 年，國務院古籍整理出版規劃小組決定搜輯影印《四庫全書存目叢書》，1997 年 10 月編纂成。以《四庫全書總目》中的"存目"爲準，收錄了國內外一百一十六座圖書館、博物館及少數私人所藏的圖書四千五百零八部、六萬多卷。1997 年 10 月，齊魯書社影印出版。

（五）《續修四庫全書》

1994 年，經國務院古籍整理出版規劃小組批準，開始編纂，至 2002 年全部編纂完畢，並由上海古籍出版社出版。收入被《四庫全書》遺漏、摒棄、焚毀或列入"存目"之書，《四庫全書》之後以至辛亥革命之前的古典文獻，部分海外漢文文獻和新出土文獻，共計五千二百一十三種，來自八十二家圖書館。倘與《四庫全書》配套，我國 1911 年以前的重要古籍，可大致薈萃。

另外，民國以後面世的《叢書集成》初編、續編，《四部叢刊》、《四部備要》，以及近年來的《北京圖書館古籍珍本叢刊》、《中華再造善本》等，皆是著名的大型叢書，内中頗多珍稀古典文獻。

五、叢書目錄

叢書此體一興，因編輯容易得多，費時費力很少，卻效益高、名聲大，故而特別受到坊間歡迎，從宋至清以迄於現當代，各類叢書層出不窮，現存總數近三千種。

因叢書規模越來越大，其子目的搜檢遂日益困難，故而到了清代中葉之後，始有叢書目錄之作。嘉慶四年（1799）顧修《彙刻書目》爲我國第一部叢書目錄，收叢書二百六十一種。此後，傅雲龍、楊守敬、孫殿起等人皆續有作，特別是李之鼎《增訂叢書舉要》，收錄叢書達一千六百零五種，沈乾一《叢書書目彙編》收叢書更至二千零八十六種。上述目錄，皆是先列叢書名，再列子目，無法檢尋子目書名和作者，頗爲不便。近代以來，清華大學圖書館編《叢書子目書名索引》、浙江圖書館編《叢書子目索引》、金陵大學圖書館編《叢書子目備檢：著者之部》，能夠檢索子目書名和作者，但又難明叢書所收子目情況。另有楊家駱《叢書大辭典》，不僅收錄重復，更重要的是沒有反映出存佚，無法實際利用。而且，上述目錄都沒有編製子目分類①。

目前最爲完備、最爲科學的叢書目錄，爲上海圖書館 1959 至 1962 年間編、1981 年改寫、2006 年增訂的《中國叢書綜錄》。該書蒐羅完備，計收錄全國四十一個圖書館所藏的二千七百九十七種叢書、七萬多條子目，基本上反映了我國叢書的面貌；編排合

---

① 上海圖書館編：《中國叢書綜錄》"前言"，第一冊，第1-2 頁。

理,可從總目分類目錄、叢書書名、叢書編撰者、子目分類目錄、子目書名、子目著者等多個角度加以檢索;且可查尋各叢書在全國圖書館的存佚、殘全情況。需要注意的是,此書並未收錄佛教叢書。

另外,上海圖書館 1979 年編《中國近代現代叢書目錄》,收錄了上海圖書館所藏 1902 至 1949 年間出版的中文叢書五千五百四十九種,子目三萬零九百四十種;不包括線裝古籍以及《中國叢書綜錄》已經收錄的《四部叢刊》等七種叢書。後附《叢書出版系年表》。1982 年又編出了該書的三種索引:《子目書名索引》、《子目著者索引》和《叢書編者索引》。

六、叢書的功用和局限

叢書的第一大功績,乃便於天下讀書人,令之可以較少價格而得睹稀見之古籍。"叢書最便學者,爲其一部之中可該群籍,搜殘存佚,爲功尤巨,欲多讀古書,非買叢書不可。"[1]

其二,有利於保存和傳播古典文獻。清王昶《春融堂集》卷四十八《西安大興寺重修轉輪藏經殿記》:"古書之傳,往往逾時而失之。究其故,蓋未嘗旁搜博取,合經史子集四部萃爲一書,復鋟之版,以流通於世,故遺佚如是其易也。"[2]解決之辦法,即爲輯纂鋟刻叢書,正如清李兆洛《養一齋文集》卷四《娵隅雜著序》所言:"今人每合多種書刻之,謂之叢書。經見稀而簡冊少者,藉以流布,亦善舉也。"[3]《四庫全書總目》卷一百二十三,《說郛》提要:"然雖經竄亂,崖畧終存,古書之不傳於今者,斷簡殘編往往而在,佚文瑣事時有徵焉。固亦考證之淵海也。"可以是評視整個叢書矣。

雖然,叢書的局限性亦相當突出。除了少數精編、精校、精刻者外,多數"或校刊不精,或刪改,或瑣雜,若寒士求書不易,得之亦可備考,但不可盡據耳"[4]。

【本節參考文獻】

戚志芬:《中國的類書、政書和叢書》,"中國文化史知識叢書"之一,商務印書館,1991 年 12 月第 1 版。

劉尚恒:《古籍叢書概說》,上海古籍出版社,1989 年版。

---

[1]　（清）張之洞撰、范希曾補正:《書目答問補正》,徐鵬導讀本,第 243 頁。
[2]　嘉慶已未四年(1799)刻本。
[3]　《四部備要》本,中華書局。咸豐二年初刻本光緒四年重刻本。
[4]　（清）張之洞撰、范希曾補正:《書目答問補正》,徐鵬導讀本,第 243 頁。

第三節　少數民族文獻

　　我國是一個多民族國家,由於長期的交往和流動,形成了大雜居、小聚居、相互交錯居住的分布格局。2000 年 11 月 1 日零時進行了第五次全國人口普查,根據國家統計公布的結果,我國國民來自漢、蒙古、回、藏、維吾爾、苗、彝、壯、布依、朝鮮、滿等至少五十七個民族,全國總人口爲十二億九千五百三十三萬人,其中漢族人口爲十一億五千九百四十萬人,佔總人口的 91.59%,各少數民族人口爲一億零六百四十三萬人,佔總人口的 8.41%①。各民族人口數量如下表所示:

中國各民族人口表

1	漢族 115 940 萬人	20	畬族 709 592 人	39	阿昌族 33 936 人
2	壯族 16 178 811 人	21	傈僳族 634 912 人	40	普米族 33 600 人
3	滿族 10 682 263 人	22	仡佬族 579 357 人	41	鄂温克族 30 505 人
4	回族　9 816 802 人	23	東鄉族 513 805 人	42	怒族 28 759 人
5	苗族 8 940 116 人	24	拉祜族 453 705 人	43	京族 22 517 人
6	維吾爾族 8 399 393 人	25	水族 406 902 人	44	基諾族 20 899 人
7	土家族 8 028 133 人	26	佤族 396 610 人	45	德昂族 17 935 人
8	彝族 7 762 286 人	27	納西族 308 839 人	46	保安族 16 505 人
9	蒙古族 5 813 947 人	28	羌族 306 072 人	47	俄羅斯族 15 609 人
10	藏族 5 416 021 人	29	土族 241 198 人	48	裕固族 13 719 人
11	布依族 2 971 460 人	30	仫佬族 207 352 人	49	烏孜別克族 12 370 人
12	侗族 2 960 293 人	31	錫伯族 188 824 人	50	門巴族 8 923 人
13	瑤族 2 637 421 人	32	柯爾克孜族 160 823 人	51	鄂倫春族 8 196 人
14	朝鮮族 1 923 842 人	33	達斡爾族 132 394 人	52	獨龍族 7 426 人
15	白族 1 858 063 人	34	景頗族 132 143 人	53	塔塔爾族 4 890 人
16	哈尼族 1 439 673 人	35	毛南族 107 166 人	54	赫哲族 4 640 人
17	哈薩克族 1 250 458 人	36	撒拉族 104 503 人	55	高山族 4 461 人
18	黎族 1 247 814 人	37	布朗族 91 882 人	56	珞巴族 2 965 人
19	傣族 1 158 989 人	38	塔吉克族 41 028 人	57	僜族 1 400 人

---

① 《第五次全國人口普查公報》(第 1 號)。http://www.stats.gov.cn/tjgb/rkpcgb/qgrkpcgb/t20020331_15434.htm。

　　需要說明的是,由於種種復雜的原因,現有部分少數民族中,其實還混雜有語言不同的其他族群,未來應該被分離出來,成為獨立的民族。

　　在上述少數民族中,除了回族和滿族現在一般使用漢語外,其他皆有獨立的語言。由於部分少數民族使用兩種或兩種以上的民族語言,一些少數民族大部分或部分兼用漢語,總而言之,我國民族語言約有八十種以上,它們在全世界六千種以上的語言①中占據著獨特而重要的地位。

　　按語言譜分類法,中國各民族語言大致可分爲五個語系:漢藏語系(Sino-Tibetan family),包括漢語和藏緬、壯侗、苗瑤三個語族;阿爾泰語系(Altaic family),包括蒙古、突厥、滿-通古斯三個語族;南亞語系(Austronesian family),一稱馬來-波利尼西亞語系,我國主要是印度尼亞西語族;南島語系(Austronesian family),我國主要是孟高綿語族;印歐語系(Indo-European family),我國主要是斯拉夫語族、伊朗語族。②

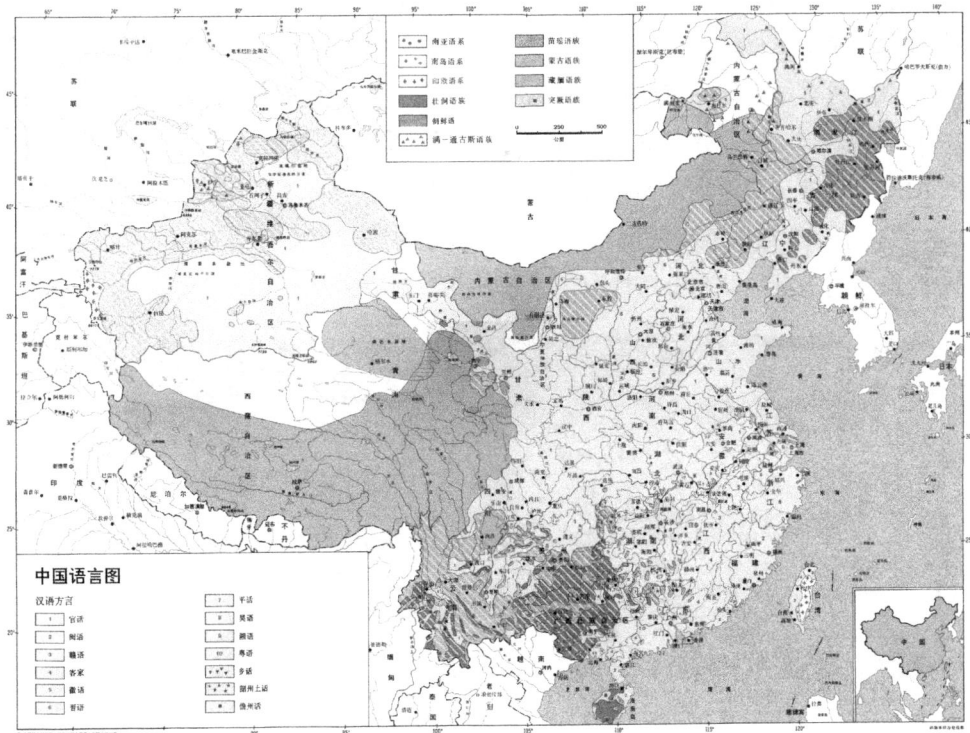

圖 7.29　中國語言圖③

　　近來,有學者利用美國語言學家莫里斯·斯瓦迪士(Morris Swadesh)在 1940 年代到 1950 年代提出的一個核心詞列表(Swadesh list)中的一百個詞,作爲漢藏語系的語

---

①　[德]漢斯·約阿西姆·施杜里希著,呂叔君、官青譯:《世界語言簡史》(第 2 版),2009 年 6 月第 1 版,第 1-6 頁。

②　《中國大百科全書》"民族"卷,傅懋勣撰"中國民族語言"條。

③　李榮、熊正輝、張振興主編:《中國語言地圖集》,香港朗文(遠東)出版公司,1987、1990 年。

言及方言分類的標準,同時參照考古學和人類學的最新研究成果,對漢藏語系所包含的三個語族的語言及方言的發生學關係作出了新的測定和分類,並考證出南島語族原本生活於以華南爲中心的廣大區域,後代方分離、擴散至臺灣和南洋群島,揭示出了東亞語言與民族演化進程的特殊性。[①]

我國少數民族使用的語言,有的在中土已然死亡,或者基本上只限於少數學者研究,如佉盧語、滿語、吐火羅語、于闐語、察合臺語、契丹語、西夏語之類,屬於死語言;有的仍然頗有活力,如藏語、傣語、蒙古語、納西語、彝語等,屬於活語言。大致而言,我國各少數民族語言種類雖多,同時兼具文字者則極少。[②] 新中國成立以後,國家先後多次組織了少數民族語言調查工作隊,分赴十五個省和自治區,對壯、布依、侗、水、傣、彝、毛南、仫佬、苗、瑤、畲、藏、羌、土家、白、哈尼、傈僳、拉祜、納西、景頗、阿昌、仡佬、佤、蒙古、達斡爾、東鄉、土、保安、維吾爾、哈薩克、柯爾克孜、烏孜別克、塔塔爾、撒拉、裕固、錫伯、赫哲、鄂溫克、鄂倫春、塔吉克、京、獨龍、怒、普米、布朗、德昂、高山等近五十個民族的語言進行了普查,了解到各民族語言內部的方言土語的基本情況,並將調查成果運用於幫助部分少數民族創制文字的工作,如壯、布依、苗、侗、哈尼、傈僳、佤、黎、納西和涼山彝族[③]計十個民族採用了拉丁字母形式的文字,西雙版納傣族和德宏傣族則以原有傣文爲基礎而加以改革。[④] 1979 年 1 月,國家民族事務委員會規劃並主持編纂了《中國少數民族語言簡志叢書》,該套叢書分冊介紹了各個保存有語言文字的少數民族的語言現狀和分布情況,文字的使用、創制和改革[⑤]。

圖 7.30　東巴文經卷[⑥]

兼具文字的少數民族語言,在歷史演進中形成了豐富多彩的民族文獻,雖然其中

---

① 鄧曉華、王士元:《中國的語言及方言的分類》,中華書局,2009 年 9 月第 1 版。

② 1. 羅常培、傅懋勣:《國内少數民族語言文字概況》,載《中國語言》1954 年第 21 期。2. 曹志耘:《漢語方言地圖集》“語音卷”“詞匯卷”“語法卷”,商務印書館,2008 年 11 月第 1 版。

③ 後來,彝族改以拉丁字母形式的彝文作爲拼音符號,而在原有彝文的基礎上加以補充和規範,形成規範的彝文。

④ 《中國大百科全書》“民族”卷,傅懋勣撰“中國少數民族語言調查”條,中國大百科全書出版社,1986 年 1 月第 1 版。

⑤ 《中國大百科全書》“民族”卷,傅懋勣撰“中國少數民族語言調查”條,張養吾撰“民族問題五種叢書”條。

⑥ 《中國大百科全書》“民族”卷,傅懋勣撰“東巴文”條。另參考:和即仁、姜竹儀:《納西語簡志》,民族出版社,1985 年。

部分民族語言甚至民族本身已然消亡,但其文獻卻一直保留了下來;僅有語言的少數民族,其語言亦是該民族和整個中華民族的寶貴財富,理應納入文獻學研究的視野。也就是,我國少數民族文獻實際上包括書面文獻和口頭文獻兩個方面,而學術界多只涉及有實物載體的文獻,我們認爲是很不全面的。

一、幾種少數民族的書面文獻(選擇介紹)

(一)民族本身已經消亡的少數民族文獻

1. 吐火羅文獻

於十九世紀、二十世紀之交在新疆發現的塔里木盆地北部庫車、焉耆和地處吐魯番盆地的高昌遺址,以及甘肅敦煌藏經洞中被陸續發現的吐火羅語(Tocharian 或者 Tokharian)文獻,以中亞斜體婆羅米字母(Brāhmī)書寫,記錄的是焉耆和庫車一帶的居民——即吐火羅人(Tokhar)[①]——所說的吐火羅語,殘卷的書寫年代約爲公元七至八世紀的隋朝和初唐時期。現已經沒有任何人使用這種語言了。後將吐魯番(古高昌)、焉耆一帶發現的殘卷所代表的語言定名爲焉耆語(德國學者則稱爲吐火羅語 A 或東吐火羅語),將庫車(古龜茲)一帶發現的殘卷所代表的語言定名爲龜茲語(德國學者稱爲吐火羅語 B 或西吐火羅語)。雖然在語言形態上,龜茲語要早一些,但實際上二者並無本質區別,所用詞匯和語法都差不多,它們應該是同一種語言的兩種方言,原稱吐火羅語是正確的。也有學者這種語言絕非吐火羅人所說,認爲真正的吐火羅語乃是在阿富汗、巴基斯坦北部和其他中亞地區所發現的、用草體希臘人所刻的碑銘所使用的語言。我國學者曾將吐火羅語所用的文字稱爲焉耆-龜茲文(Yanpeng-Qiuci Language)[②],後又稱爲"吐火羅文"[③]。現存吐火羅語文獻的內容主要是佛教經典,如《本生經》、《佛所行贊》、《十二因緣經》、《托胎經》和《餓鬼經》等的轉寫譯本和新編本;另有部分摩尼教經卷、醫學文獻、契約和籍賬文書等日常生活文書。其中,1957 年發現的焉耆語殘卷《彌勒會見記劇本》[④],是迄今爲止國內發現的最古老和最長的一部殘卷,對於研究佛教信仰的傳播和民間化、探討中印文化交流史等,皆有極高的價值。

2. 于闐文獻

敦煌出土的佉盧文文獻、栗特文文獻和于闐語(Khotanese)文獻,使用之的民族早

---

① 王欣:《吐火羅史研究》,中國社會科學出版社,2002 年 7 月第 1 版。

② 參考《中國大百科全書》"民族"卷,季羨林撰"焉耆-龜茲文"條。

③ 《季羨林全集》第十二卷《學術論著四·吐火羅文研究》,外語教學與研究出版社,2009 年 10 月第 1 版。

④ 《季羨林全集》第十一卷《學術論著三·吐火羅文〈彌勒會見記〉譯釋》,外語教學與研究出版社,2009 年 10 月第 1 版。

已退出歷史舞臺。于闐語爲公元五至六世紀的新疆和田地區的居民所使用,屬於印歐語系伊朗語族中古伊朗語東部方言之一,用于闐語寫就的文本先後在新疆和田地區和敦煌出土,共約一百多份,包括兩大類:宗教文獻,主要是佛經,如梵文本的于闐譯本《金剛般若經》、《金光明經》、《般若波羅蜜多心經》、《般若心經疏》、《妙法蓮華經鈔》、《右繞佛塔功德經》、《普賢行願贊》、《賢劫經》等,亦有部分爲漢文佛教文獻的譯本,如《梁朝傅大士頌金剛經》;世俗文書,如醫藥文獻、文學作品、使臣報告、地理文書、賬曆等 ①。

另外,遼代契丹族的契丹文獻、金代女真族的女真文獻、西夏黨項羌族的西夏文獻等,皆是用消失民族的死文字寫就。

(二)以本族祖先曾經使用過文字書寫的少數民族文獻

1. 回鶻文獻

我國境內的維吾爾族(Uygur nationality)使用阿爾泰語族突厥語族的維吾爾語,居住在今新疆吐魯番盆地和中亞楚河流域的維吾爾族先民採用根據粟特文而創制的回鶻文(Uighur script),直到十一世紀伊斯蘭教傳入之後,方改爲以阿拉伯文字爲基礎的老維吾爾文。但實際上,回鶻文一直使用到十七世紀,因爲在甘肅酒泉附近曾發現了刻於康熙二十六年(1687)的木刻本回鶻文《金光明經》②。由於回鶻文使用的時期很長,保存下來的文獻亦很多:主體爲佛教、摩尼教和景教文獻,如 1930 年我國學者袁復禮在新疆發現了回鶻文寫本《菩薩大唐三藏法師傳》殘本,此寫本乃是約北宋時期時,回鶻僧人別失八里城據漢文《玄奘傳》翻譯而成③;回鶻文哈密本《彌勒會見記》④,亦頗可與焉耆語殘卷《彌勒會見記劇本》作一比較。此外,文學作品,如在十一世紀以喀什噶爾爲中心的喀喇汗王朝誕生、尤素甫·哈斯·哈吉甫創作的維吾爾族長詩《福樂智慧》;醫學文獻;行政公文;契約;碑銘,如唐元和九年(814)所立的《九姓回鶻可汗碑》;語言著作,如十一世紀喀什噶爾人馬合木德·喀什噶裏編寫的《突厥語詞典》(KitabuDiwani Lug-hat-it-Turki)、識字課本《高昌館雜字》等。

2. 滿文文獻

明英宗萬曆二十七年(1599),女真族的後裔滿族因其先人所使用的女真文已隨著金朝滅亡而消失,其首領努爾哈赤遂命令額爾德尼、噶蓋二人在蒙文字母的基礎上創制了滿文,是謂"無圈點的老滿文"。天聰六年(1632),皇太極再令達海(1594—

① 參考:1.季羨林主編《敦煌學大辭典》,上海辭書出版社,1998 年 12 月第 1 版,第 500 頁左欄至 504 頁右欄。
2.張廣達、榮新江:《于闐史叢考》,上海書店,1993 年 12 月第 1 版;增訂本,中國人民大學出版社,2008 年 9 月。
② 參考:《中國大百科全書》"民族"卷,谷苞撰"維吾爾族"條、李森撰"回鶻文"條。
③ 馮家昇:《回鶻文寫本"菩薩大唐三藏法師傳"研究報告》(考古學專刊丙種第一號),中國科學院,1953 年。
④ 耿世民:《回鶻文哈密本〈彌勒會見記〉研究》,中央民族大學出版社,2008 年 3 月第 1 版。

1632)對老滿文加以改進,是謂"有圈點的滿文"。此種文字在清代稱爲"清文"或"國書"。清王朝以滿文寫就的文獻,早期主要有《滿文老檔》、《滿洲實錄》等。《滿文老檔》乃我國最早的官修滿文編年體史書,起於清太祖丁末年(1607),止於崇德元年(1636),記載了大量政治、軍事、經濟和文化等方面的史實①。入山海關之後,或將《孟子》、《三國志》、《明會要》、《資治通鑒》、《素書》、《三略》、《三國演義》、《西廂記》、《聊齋志異》等漢文文獻譯爲滿文,或修本朝《實錄》、《聖訓》等官方文獻時先以漢文撰就,再譯爲滿文。另外,清王朝的重要公文、與外國的交往文件等,一般使用滿文。可見,滿文從誕生之初直到清王朝覆滅,主要還是應用於政府機構之間;至於普通滿族百姓,經常使用的還是漢文:這也導致了滿文甚至滿語本身逐漸退出了交際領域②。現在,我們只能在圖書館查閱到這批文獻了③。

(三)一直隨著民族本身而延續至今的民族文獻

1. 蒙文文獻

歷史上曾有兩種蒙古文(Mongol script),皆屬於拼音文字。1204 年,成吉思汗征服乃蠻部以後,蒙古族開始採用回鶻字母拼寫自己的語言,是爲回鶻式蒙古文。用此種文字寫就的文獻,最早的是 1225 年的《也松格碑》,或稱"移相哥碑""成吉思汗石",刻於成吉思汗西征凱旋之後,記載了成吉思汗侄移相哥在宴會射箭之事。1269 年,元世祖忽必烈又頒行了"蒙古新字",不久改稱"蒙古字",今則通稱"八思巴文"④。到了元代晚期,回鶻式蒙古文又漸次興旺,且逐漸發展出了通行於大部分蒙古族地區的現行蒙古文和僅用於衛拉特方言區的托忒⑤文,後者爲衛拉特僧人咱雅班第達(那木海札木蘇)爲了準確記錄衛拉特方言的語音系統,在蒙古文基礎上改制而成。我國現存的蒙古文文獻非常豐富,由八省區蒙古語文工作協作小組辦公室編《全國蒙文古舊圖書資料聯合目錄》⑥,收錄了國內六十多家圖書館所收藏的 1949 年新中國成立以前抄寫或刻印的古代蒙古文獻一千五百餘種、七千多冊。而由全國少數民族古籍研究室等十個單位聯合編制的《中國蒙古文古籍總目》⑦,收錄的全國一百八十個藏書單位、八十餘位藏書家所收藏的 1949 年以前的蒙古文古籍更是達到了一萬三千一百一十五種,囊括了金石拓片、經卷、檔案、期刊等形態,基本上反映了我國蒙古文古籍文獻的保存現狀。上述蒙古文古籍涉及歷史、宗教、文學等諸多方面,如《蒙古秘史》,與《蒙古

---

① 《中國大百科全書》"民族"卷,富麗撰"滿文老檔"條。
② 參考:《中國大百科全書》"民族"卷,王鍾翰、趙展撰"滿族"條,金啟孮撰"滿文"條。
③ 1.北京圖書館善本特藏部、故宮博物院明清檔案部編:《北京地區滿文圖書資料聯合目錄》,油印本,1979 年 2 月。2.黃潤華、屈六生主編:《全國滿文圖書資料聯合目錄》,書目文獻出版社,1991 年 7 月第 1 版。
④ 《中國大百科全書》"民族"卷,道布撰"蒙古文"條。
⑤ "托忒",蒙語,"清晰"之義。
⑥ 內蒙古人民出版社,1979 年 10 月第 1 版。
⑦ 北京圖書館出版社,1999 年 12 月第 1 版。

黃金史綱》和《蒙古源流》一起被譽爲蒙古族三大歷史文獻,成於窩闊臺十二年(1240),記載了從成吉思汗前二十二代遠祖索兒貼赤那至窩闊臺吐十二年共五百多年的歷史,語言質樸真實,是蒙古族現存最早的歷史兼文學巨著;因其內容的隱密性,在元朝還一直秘而不傳,明代被收羅入《永樂大典》時,改名"元朝秘史"。

2. 藏文文獻

記錄漢藏語系藏緬語支藏族的藏文(Tibetan Script),大約是在七世紀時由圖彌三菩札參考當時梵文體系的某種字體創制的;此後,又經歷了九世紀初、九世紀中葉、十一世紀初葉共三次文字釐定,如第二次釐定時,由噶瓦·白澤、覺若·魯意堅參、相·益喜德等佛典譯師進行了簡化正字法,此前的藏文遂被目爲古藏文。藏文爲拼音文字,一般自左向右橫寫。① 現存的藏文文獻可分爲傳世文獻和出土文獻兩大類,後者以古藏文書寫,可分爲大三類,一者爲發現於敦煌的寫本,包括被劫往國外的五千多卷②和國內收藏的一萬零八百八十多件,甘肅省各單位所藏即達一萬零三百四十件③。敦煌古藏文文獻中最重要的是 P. 252、S. 103《敦煌古藏文歷史文書》④,包括三個部分:吐蕃大事紀年,記載了從狗年(唐高宗永徽元年,650)至豬年(唐玄宗天寶六年,747)共九十八年的重要事件;吐蕃贊普傳記,記載歷任大論(即大臣、王族。論,藏文blon)⑤有關會盟、征戰、頒賞和聯姻之類的大事,兼及民間傳說、神話故事、軼聞、古代歌謠等口傳作品;吐蕃贊普世系各小邦的邦伯、家臣表⑥。現存吐蕃時期的其他兩類古藏文出土文獻爲:金石碑刻,主要是刻鑄於石碑或石柱、銅鐘上的有關會盟、紀功、述德、祭祀、賞賜和封贈方面的文字⑦;簡牘文獻(藏語稱 Khram 或稱 byangbu),出土於新疆和甘肅,記錄了七世紀吐蕃軍隊在河西走廊一帶駐扎的情況⑧。至於一直在世間流傳的藏文文獻,主要是藏文大藏經和大量世俗文獻。編成於十四世紀的藏文大藏經分爲《甘珠爾》和《丹珠爾》兩個部分,計有經典四千五百七十部之多,涉及佛學、天文、曆

---

① 參考:1.《中國大百科全書》"民族"卷,胡坦撰"藏文"條。2.[美]B. 勞佛(Berthod Larfer,1874—1934):《論藏文的起源》,1934 年。

② 1. 王堯、陳踐踐等:《法藏敦煌藏文文獻解題目錄》,民族出版社,1999 年 2 月第 1 版。2.《法國國家圖書館藏敦煌藏文文獻》(1)至(9),上海古籍出版社,2006 年 5 月—2009 年 10 月。按,共 20 冊,其他各冊將陸續推出。

③ 王南南、黃維忠:《甘肅省博物館所藏敦煌藏文文獻敘錄(上)》,載《中國藏學》2003 年第 4 期。

④ 參考:1. 王堯輯:《敦煌古藏文歷史文書》,青海民族出版社,1979 年。2. 王堯、陳踐、袁波堅贊:《敦煌本吐蕃歷史文書》(增訂本),民族出版社,1992 年 2 月。3. 王堯、陳踐譯注:《敦煌吐蕃文獻選》,四川民族出版社,1983 年。

⑤ 《舊唐書·吐蕃傳上》:"其國人號其王爲贊普,相爲大論、小論,以統理國事。"《新唐書·吐蕃傳上》:"其官有大相曰論茞,副相曰論茞扈莽,各一人,亦號大論、小論。"

⑥ 王堯:《關於敦煌古藏文歷史文書》,載《紀念敦煌學誕生一百周年敦煌吐蕃歷史文獻研究專輯》。

⑦ 1. Fangkuei Li & W. South Cobin,*A Study of the Old Tibetan Inscriptions*,Taibei,1987。2. 李方桂、柯蔚南著,王啓龍譯:《古代西藏碑文研究》,李方桂全集之 9,清華大學出版社,2007 年 6 月第 1 版。

⑧ 1. 新疆維吾爾自治區博物館編:《新疆出土文物》,文物出版社,1975 年。2. 王堯、陳踐:《吐蕃簡牘綜錄》,文物出版社,1986 年。

算、醫藥、邏輯(因明)、文法等諸多方面①。世俗文獻方面主要包括:文史著作,如《巴協》、《布頓佛教史》、《西藏王統紀》、《蔡巴·紅史》、《童祥·青史》、《西藏王臣史》、《闡明諸轉法輪者之事智者喜宴》、《五部遺教》等歷史文獻,《瑪爾巴傳》、《米拉日巴傳》、《唐東杰布傳》、《宗喀巴傳》、《頗羅鼐傳》、《朱巴滾雷傳》等傳記文學,《尸語故事集》、《米拉日巴道歌》、《倉央嘉措情歌》、《薩迦格言》等詩歌或故事集;民間口頭文獻,如說唱體《格薩爾王傳》;各級政府檔案,總數達數百萬件②。

這類由至今還在使用的語言文字所形成的少數民族文獻,還包括彝文文獻、傣文文獻等。

我國已經陸續編纂了有古代文獻遺存的少數民族文獻目錄,除了前面提及的外,主要有集大成性的《中國少數民族古籍總目提要》③,從 2003 年以來,目前已經出版了《納西族卷》、《白話卷》、《裕固族卷》、《東鄉族卷》、《保安族卷》、《撒拉族卷》、《土族卷》、《哈尼族卷》、《柯爾克孜族卷》、《回族卷》等,以及《中國少數民族古籍集解》④、《全國滿文圖書資料聯合目錄》等。

總體上講,我國少數民族文獻的基本特點是,文種繁多、文獻體系龐大,內容上兼容多元文化,因缺乏系統整理而殘損嚴重⑤。其載體有金石、簡牘、縑帛和紙等⑥,與漢族文獻差不多,但其傳統分類卻多自有其特點。如古藏文文獻主要匯輯於《藏文大藏經》中,一般分爲聲明、工巧明、醫方明、因明、內明、修辭學、辭藻學、韻律學、戲劇學、星象學十類,即所謂"十明"分類法。彝文文獻則分爲民眾文獻和畢摩文獻,著眼點在於其用途。東巴文獻分爲祭神靈儀式及其經典、鎮鬼禳災儀式及其經典、祭奠亡魂儀式及其經典,以及獨立於各種儀式的占卜經書⑦。

二、少數民族文字珍貴古籍

2008 年,國務院批準頒布了首批《國家珍貴古籍名錄》,其中少數民族文字珍貴古籍達一百一十部,其語種、總編、名稱、時代、藏館分別是:

---

① 札呷編著:《藏文〈大藏經〉概論》,青海人民出版社,2008 年 3 月第 1 版。
② 1.西藏自治區檔案館編"西藏地方歷史檔案叢書",西藏人民出版社。2.西藏自治區檔案館編:《西藏歷史檔案薈萃》,文物出版社,1995 年 9 月第 1 版。3.陸蓮蒂、王玉平等:《西藏社會歷史藏文檔案資料譯文集》,中國藏學出版社,1997 年 8 月第 1 版。4.中國第二歷史檔案館、中國藏學研究中心編:《西藏亞東關檔案選編》,中國藏學出版社,2000 年 4 月第 1 版。
③ 國家民委全國少數民族古籍整理研究室組織編寫,中國大百科全書出版社。
④ 雲南教育出版社,2006 年 1 月第 1 版。
⑤ 朱崇先主編:《中國少數民族古典文獻學》,民族出版社,2005 年 11 月第 1 版,第 61-65 頁。
⑥ 黃潤華等:《少數民族古籍版本》,鳳凰出版社,2002 年 12 月第 1 版。
⑦ 朱崇先主編:《中國少數民族古典文獻學》,第 117-143 頁。

（一）焉耆-龜茲文

《彌勒會見記》，九世紀前寫本，新疆維吾爾自治區博物館，存四十四葉。

（二）于闐文

《陀羅尼一卷》，十世紀前寫本，國家圖書館。

（三）藏文

《大乘無量壽宗要經》，九至十世紀敦煌寫本，中國書店，存一卷。《因明正解藏論》，（宋）薩迦班智達·貢嘎堅贊撰，元寫本，西藏圖書館。《三傳密經》，（吐蕃）藏巴甲熱撰，十三世紀寫本，中國民族圖書館。《旁唐目錄》，（吐蕃）嘎哇·白澤等編，十四世紀寫本，西藏博物館。《大藏經·甘珠爾》，明永樂八年（1410）刻本，西藏布達拉宮。《聖妙吉祥真實名經》，（吐蕃）仁欽桑布譯，明永樂九年（1411）刻本，國家圖書館。《七佛如來本願功德經》，（吐蕃）詳·也協德等譯，元刻明萬曆三十一年（1603）重印本，國家圖書館。《苯教經咒集要》，明寫本，西藏圖書館。《四部醫典·後續醫典部注釋》，（明）朗嘎洛珠撰，明寫本，西藏藏醫學院圖書館。《大藏經·甘珠爾》，清康熙二十二年（1683）北京刻本，中國民族圖書館。《大藏經·甘珠爾》，清雍正八年（1730）納塘刻本，國家圖書館，存一百三函。《大藏經·丹珠爾》，清雍正八年（1730）納塘刻本，國家圖書館，存二百一十八函。《大藏經·丹珠爾》，清雍正八年（1730）納塘刻本，內蒙古圖書館，存二百二十三函。《大藏經·甘珠爾》，清乾隆三十五年（1770）泥金寫本，故宮博物院。《白琉璃》，（清）第司·桑結嘉措撰，清抄本，西藏布達拉宮。

（四）回鶻文

《大唐大慈恩寺三藏法師傳》，（唐）慧立、彥悰撰，勝光法師譯，十世紀寫本，國家圖書館，存二百四十八葉。《阿彌陀經》，十世紀寫本，國家圖書館，存二十五葉。《彌勒會見記》，西元1067年寫本，新疆維吾爾自治區博物館，存二百九十三頁（第一至二十五幕及序文）。《藥師琉璃光七佛本願功德經》，元刻本，新疆維吾爾自治區博物館。

（五）西夏文

《大般若波羅蜜多經六百卷》，（西夏）仁宗校，寫本，國家圖書館，存二十一卷（十八、二十一至二十二、二十六至二十七、三十四、七十一、九十三至九十七、一百三至一百四、一百十二至一百十三、二百八十一、二百八十三、二百九十三至二百九十四、三百五十五）。《維摩詰所說經三卷》，西夏活字本，甘肅省武威市博物館，存一卷（下）。《吉祥遍至口和本續》，（西夏）釋毗菩提福譯，西夏木活字本，寧夏文物考古研究所，存九卷（吉祥遍至口和本續卷三至卷五，吉祥遍至口和本續解生喜解補第一至第三、第五,吉祥遍至口和本續之要文,吉祥遍至口和本續廣義文下半)。《妙法蓮華經觀世音菩薩普門品一卷》,西夏刻本,敦煌研究院。《金剛般若波羅蜜多經》,(西夏)仁宗校,西夏刻本,敦煌研究院。《金光明最勝王經十卷》,(西夏)白智光譯,蒙古國時期刻本,國家圖書館,存八卷(一、三至六、八至十)。《金光明最勝王經十卷》,(西夏)白智光譯,蒙古國時期刻本,國家圖書館,存四卷(一、五至六、十)。《金光明最勝王經十卷》,(西夏)白智光譯,蒙古國時期刻本,國家圖書館,存二卷(一、五)。《說一切有部阿毗達磨順正理論八十卷》,(唐)釋玄奘漢譯,(西夏)仁宗校,元大德十一年(1307)刻本,國家圖書館,存一卷(五)。《悲華經十卷》,(西夏)梁太后、惠宗譯,元大德十一年(1307)杭州刻本,國家圖書館,存一卷(九)。《經律異相五十卷》,(梁)旻寶唱等集漢本,(西夏)梁太后、崇宗譯、仁宗校,元大德十一年(1307)杭州刻本,國家圖書館,存一卷(十五)。《過去莊嚴劫千佛名經一卷》,(西夏)梁太后、惠宗譯,元皇慶元年(1312)刻本,國家圖書館。《現在賢劫千佛名經》上、下卷,(西夏)仁宗校,元刻本,國家圖書館。《慈悲道場懺法十卷》,(西夏)梁太后、惠宗譯,元建康刻本,國家圖書館,存九卷(一、三至十)。《大方廣佛華嚴經八十卷》,(唐)釋實叉難陀漢譯,(西夏)仁宗校,元活字本,國家圖書館,存五十二卷(十一、十二、十四至十六、十九至二十三、二十七至三十五、三十七、三十九至四十六、四十八、五十一、五十三至五十四、五十七、五十九至七十五、七十九至八十)。《大方廣佛華嚴經八十卷》,(唐)釋實叉難陀漢譯,(西夏)仁宗校,元活字本,國家圖書館,存十一卷(三十三、三十五、三十七、三十九、四十五、六十五、六十七、六十九、七十至七十一、八十)。《大方廣佛華嚴經八十卷》,(唐)釋實叉難陀漢譯,(西夏)仁宗校,周肇祥跋,元活字本,故宮博物院,存一卷(七十四)。《大方廣佛華嚴經八十卷》,(唐)釋實叉難陀漢譯,(西夏)仁宗校,元活字本,寧夏回族自治區博物館,存一卷(七十六)。《妙法蓮華經七卷》,(後秦)釋鳩摩羅什漢譯,元刻本,國家圖書館,存一卷(二)。

(六)白文

《仁王護國般若波羅蜜多經抄》(原卷數不詳),(唐)釋不空漢譯、良賁疏,大理國寫本,雲南省圖書館,存二卷。

(七)蒙古文

《孝經》,(元)孛羅鐵木兒譯,元或明內府刻本,故宮博物院。《阿勒坦汗傳》,明抄本,內蒙古社會科學院圖書館。《成吉思汗祭祀經》,明抄本,內蒙古社會科學院圖書館。《大藏經·甘珠爾》,明泥金寫本,內蒙古社會科學院圖書館。《軍律》,清崇德刻本,國家圖書館。《必用之全義經》,(明)錫埒圖·固什·綽爾濟譯,清初抄本,內蒙古社會科學院圖書館。《大藏經·甘珠爾》,清康熙五十九年(1720)內府刻本,內蒙古圖書館。《大藏經·甘珠爾》,清康熙五十九年(1720)内府刻本,内蒙古大學圖書館。《大藏經·丹珠爾》,清乾隆十四年(1749)内府刻本,内蒙古圖書館。《蒙古源流》,(清)薩岡徹辰撰,清抄本,内蒙古社會科學院圖書館。《金輪千輻》,(清)固什·答哩麻撰,清抄本,内蒙古社會科學院圖書館。《十善福白史》,清抄本,内蒙古社會科學院圖書館。

(八)察合臺文

《情之所鐘》,艾裏希爾·納瓦依撰,清乾隆末年抄本,中國社會科學院民族學與人類學研究所。《恰哈爾迪瓦尼》,艾裏希爾·納瓦依撰,清嘉慶抄本,中國社會科學院民族學與人類學研究所。《納瓦依詩集》,艾裏希爾·納瓦依撰,清抄本,新疆維吾爾自治區圖書館。《納瓦依詩集》,艾裏希爾·納瓦依撰,清抄本,國家圖書館。《先知傳》,(元)拉勃胡孜撰,抄本,新疆維吾爾自治區少數民族古籍整理出版規劃領導小組辦公室。《謝赫麥石來布傳》,(清)麥石來夫撰,抄本,新疆維吾爾自治區少數民族古籍整理出版規劃領導小組辦公室。《麥魯麻提阿派克(世界通訊)》,烏布勒·伊斯拉木撰,清抄本,新疆維吾爾自治區吐魯番地區少數民族古籍整理出版規劃領導小組辦公室。《醫學之目的》,木拉德拜克·艾裏拜克撰,抄本,新疆維吾爾自治區維吾爾醫藥研究所。《身心之康復》,白的爾丁·蘇皮阿洪撰,抄本,新疆維吾爾自治區維吾爾醫藥研究所。

(九)彝文

《勸善經》,明刻本,國家圖書館。《勸善經》,明刻本,中國社會科學院民族學與人類學研究所。《勸善經》,明刻本,清華大學圖書館。《尼蘇》,明嘉靖十六年(1537)抄本,雲南省楚雄彝族自治州民族事務委員會。《西南彝志》,(清)熱臥慕史編著,清雍正七年(1729)抄本,中國民族圖書館。《彝漢教典》,清乾隆二十一年(1756)抄本,清華大學圖書館。《田賦賬簿》,清乾隆二十五年(1760)抄本,國家圖書館。《六祖經緯史》,清嘉慶十九年(1814)抄本,國家圖書館。《彝族源流二十七卷》,清抄本,貴州省畢節地區彝文翻譯組,存十一卷(一至十一)。《百樂書》,清抄本,雲南省少數民族古籍整理出版規劃辦公室。《指路經》,清抄本,雲南省昆明市石林彝族自治縣圖書館。

(十)滿文

《洪武寶訓六卷》,(清)剛林等譯,清順治三年(1646)内府刻本,國家圖書館。《三國演義二十四卷》,(元)羅貫中撰,(清)祁充格等譯,清順治七年(1650)内府刻本,國家圖書館,存十六卷(一至十六)。《大清太祖武皇帝實錄四卷》,清順治抄本,國家圖書館,存三卷(二至四)。《平定三逆方略六十卷》,(清)勒德洪等撰,清康熙二十五年(1686)內府抄本,中國第一歷史檔案館,存十四卷(十二至二十、五十六至六十)。《平定三逆方略六十卷》,(清)勒德洪等撰,清康熙二十五年(1686)內府抄本,故宮博物院,存四十卷(一至十一、二十一至四十九)。《清朝實錄三千七百五十四卷目錄二十八卷》,(清)巴岱、圖海等撰,清康熙至光緒內府抄本,中國第一歷史檔案館。《幾何原本》,[希臘]歐幾里德著,[法]白晉、張誠編譯,清康熙稿本,內蒙古圖書館。《有圈點字檔一百八十卷》,(清)舒赫德等編,清乾隆四十三年(1778)內府抄本,中國第一歷史檔案館。《無圈點字檔一百八十卷》,(清)舒赫德等編,清乾隆四十三年(1778)內府抄本,中國第一歷史檔案館。《清文翻譯全藏經二千五百三十五卷》,清乾隆五十五年(1790)內府刻本,故宮博物院。《御制盛京賦三十二卷》,(清)高宗弘曆撰,清乾隆內府抄本,遼寧省圖書館,存二十一卷(玉箸篆、小篆、上方大篆、墳書、柳葉篆、倒薤篆、轉宿篆、芝英篆、碧落篆、垂露篆、垂雲篆、鳥跡書、雕蟲篆、鸞鳳書、龍爪篆、剪刀篆、纓絡篆、懸針篆、殳篆、刻符書、飛白書)。

(十一)東巴文

《創世經》,抄本,國家圖書館。《東巴舞譜》,抄本,雲南省麗江市東巴文化研究院。《東巴舞譜》,抄本,國家圖書館。《白蝙蝠取經記》,抄本,雲南省麗江市東巴文化研究院。《董術戰爭》,抄本,雲南省麗江市東巴文化研究院。

(十二)傣文

《粘響》,清貝葉經,雲南省少數民族古籍整理出版規劃辦公室。《羯磨說》,清貝葉經,雲南省西雙版納傣族自治州少數民族研究所。《大藏經》,清貝葉經,國家圖書館。

(十三)水文

《九星誦讀》,清嘉慶抄本,貴州民族學院潘朝霖。《庚甲》,清道光二十九年(1849)韋朝忠抄本,貴州省荔波縣檔案館。《逢井》,清光緒十八年(1892)韋錦秀抄本,中國民族圖書館。《萬年經鏡》,清抄本,貴州省三都水族自治縣檔案館。《六十龍備要》,清抄本,貴州省三都水族自治縣檔案館。《吉星》,清韋景春抄本,貴州省三都水族自治縣檔案館。《渤金·紀日》,清抄本,貴州省荔波縣檔案館。《金銀》,清抄本,貴州省荔波縣檔案館。

(十四)古壯字

《麼破塘》,清光緒七年(1881)抄本,廣西壯族自治區少數民族古籍整理出版規劃領導小組辦公室。《麼使蟲郎甲科》,清光緒二十一年(1895)陸道玉抄本,廣西壯族自治區少數民族古籍整理出版規劃領導小組辦公室。《麼叭床能一科》,清光緒二十一年(1895)陸道玉抄本,廣西壯族自治區少數民族古籍整理出版規劃領導小組辦公室。《農老》,清光緒三十三年(1907)抄本,廣西壯族自治區少數民族古籍整理出版規劃領導小組辦公室。

(十五)多文種

《高昌館課》,明抄本,國家圖書館。《三合便覽》,(清)敬齋輯、(清)富俊補,清乾隆四十五年(1780)刻本,故宮博物院。《御制五體清文鑒三十六卷》,清乾隆內府抄本,故宮博物院。《會同四譯館譯語》,(清)傅恒、陳大受等奉敕編纂,清抄本,故宮博物院。《滿蒙藏嘉戎維語五體字書》,清抄本,故宮博物院。《譯語》,清抄本,國家圖書館。

【本節參考文獻】

張公瑾主編:《民族古文獻概覽》,民族出版社,1997 年。

黃潤華等:《少數民族古籍版本》,鳳凰出版社,2002 年 12 月第 1 版。

◎ 原典閱讀

一、清永瑢等《四庫全書總目》類書類小序

類事之書兼收四部而非經非史非子非集四部之內乃無類可歸皇覽始於魏文晉荀勖中經部分隸何門今蕪所考隋志載入子部當有所受之歷代相承莫之或易明胡應麟作筆叢始議改入集部然無所取義徒事紛更則不如仍舊貫矣此體一興而操觚者易於檢尋注書者利於剽竊輾轉稗販實學頗荒然古籍散亡十不存一遺文舊事往往託以得存藝文類聚初學記太平御覽諸編殘璣斷璧至捃拾不窮要不可謂之無補也其專考一事如同姓名錄之類者別無可附舊皆入之類書今亦仍其例

((清)永瑢等:《四庫全書總目》,中華書局,1965 年 6 月第 1 版,下冊,第一一四一頁)

二、唐歐陽詢《〈藝文類聚〉序》

夫九流百氏,爲說不同,延閣、石渠,架藏繁積,周流極源,頗難尋究,披條索實,日用弘多,卒欲摘其菁華,採其旨要,事同游海,義等觀天。皇帝命代膺期,撫茲寶運,移澆風於季俗,反淳化於區中;裁亂靖人,無思不服,偃武修文,興開庠序;欲使家富隋珠,

人懷荊玉。以爲前輩綴集,各抒其意;《流別》、《文選》,專取其文;《皇覽》、《偏畧》,直書其事:文義既殊,尋檢難一,爰詔撰其事。且文棄其浮雜,刪其冗長,金箱玉印,比類相從,號曰《藝文類聚》,凡一百卷。其有事出於文者,便不破之爲事;故事居其前,列文於後:俾夫覽者易爲功,作者資其用,可以折北,墜今古,憲章墳典云爾。太子率更令弘文館學士渤海男歐陽詢序。

(((唐)歐陽詢撰、汪紹楹校:《藝文類聚》,上海古籍出版社,1982 年 1 月新 1 版,上册,第 27 頁)

三、唐徐堅《初學記》卷二十一(節錄)

文部

經典第一

叙事　釋名曰經者徑也典常也言如徑路無所不通可常用也白虎通曰五經易尚書詩禮樂也　古者以易書詩禮樂春秋爲六經至秦焚書樂經亡今以易詩書禮春秋爲五經　又禮有周禮儀禮禮記曰三禮春秋有左氏公羊穀梁三傳與易書詩通數亦謂之九經　易者案釋名言變易也帝王世紀曰庖犧氏作八卦神農重之爲六十四卦黃帝堯舜引而伸之分爲二易至夏人因炎帝曰連山殷人因黃帝曰歸藏文王廣六十四卦著九六之爻謂之周易又漢書曰文王重易六爻作上下篇孔子爲彖象繫辭文言序卦之屬十篇故曰易道深矣人更三聖代歷三古

周易正義曰伏犧重卦周公作爻辭此説與帝王世紀不同又孔子作十篇亦曰十翼初卜商爲易傳至西漢傳之有能名家者有施讐孟喜梁丘賀京房費直高相又東漢鄭玄魏王弼並注易施孟諸家自漢及魏並得立而傳者甚衆至西晉梁丘施高三氏亡孟京二氏有書无師而鄭玄王弼所傳則費氏之學　書者案釋名言書其時事也上世帝王之遺書有三墳五典訓誥誓命孔子刪而序之斷自唐虞以下訖於周凡百篇以其上古之書故曰尚書遭秦滅學並亡漢興濟南人伏勝能口誦二十九篇至漢文帝時欲立尚書學以勝年且九十餘老不能行乃詔太常掌故晁錯就其家傳受之伏生爲尚書傳四十一篇歐陽大小夏侯傳其學各有能名是曰今文尚書劉向五行傳蔡邕勒石經皆其本

其後魯恭王壞孔子故宅於壁中得古文尚書論語悉以書還孔氏武帝乃詔孔安國定其書作傳義爲五十八篇　見尚書序及正義安國書成後遭巫蠱事不行至魏晉之際滎陽鄭冲私於人間得而傳之獨未施行東晉汝南梅賾奏上始列於學官此則古文尚書矣　詩者案卜商序曰志之所之也昔孔子刪詩上取商下取魯凡三百一十一篇至秦滅學亡六篇今在者三百五篇初孔子以詩授卜商商爲之序以授魯人申曽申曽授魏人李克李克授魯人孟仲子孟仲子授根牟子根牟子授趙人荀卿荀卿授漢人魯國毛亨作詁訓傳以授趙國毛萇時人謂亨爲大毛公萇爲小毛公以二公所傳故名其詩曰毛詩　見毛詩正義東漢鄭玄取毛氏詁訓所不盡及異同者續之爲注解謂之曰箋箋薦也言薦成毛意　禮者案釋名云體也言得事之體也周禮儀禮並

周公所作記所謂禮經三百威儀三千禮經則周禮也威儀則儀禮也　見三禮正義周禮遭秦
滅學藏於山喦屋壁以故不亡漢武帝時有季氏獲之以上河間獻王獨闕冬官一篇購之千金不得乃以考
工記補之遂奏入於祕府時儒以爲非是不行至劉歆獨識其書知周公致太平之跡始奏立學官後鄭玄爲
之注儀禮周衰當戰國之世其書並亡至漢高堂生所傳十七篇惟士禮存焉後世推士禮以致天子之禮而
行之至馬融鄭玄王肅並爲之注解　禮記者本孔子門徒共撰所聞也後通儒各有損益子思乃
作中庸公孫尼子作緇衣漢文時博士作王制其餘衆篇皆如此例至漢宣帝世東海后蒼善
說禮於曲臺殿撰禮一百八十篇號曰后氏曲臺記后蒼傳於梁國戴德及德從子聖乃刪后
氏記爲八十五篇名大戴禮聖又刪大戴禮爲四十六篇名小戴禮其後諸儒又加月令明堂
位樂記三篇凡四十九篇則今之禮記也　見禮記正義禮記有馬融鄭玄二家注馬注今亡唯鄭注
行於世　春秋者案杜預序曰魯史記之名也釋名又云言春秋冬夏終以成歲舉春秋則冬夏
可知也昔孔子約魯史以脩春秋書有褒貶不可以書見口授弟子左丘明恐弟子各安其意
以失其真故論夫子所言而作傳今左氏傳是也初孔子授春秋於卜商又授之弟子公羊高
穀梁赤又各爲之傳則今公羊穀梁二傳是也　見春秋正義左氏傳有賈逵訓詁服虔杜預注公羊
傳有何休解詁穀梁傳有范寗集解　又孔子爲曾參說孝經孔子歿後諸弟子記其善言謂之論
語並行於世　孝經論語有鄭玄何晏等注

　　事對　　八卦　六虛　周易曰易有太極是生兩儀兩儀生四象四象生八卦八卦定吉凶　又曰
易之爲書也屢遷變動不居周流六虛注曰六虛六位也　　言樞　道苞　易曰言天下之至賾而不可亂
也出其言善則千里之外應之言行君子之樞機易乾鑿度曰易者易也變易也不易也管三成德爲道苞籥
鄭玄注曰管猶兼也一言而兼此三事以成其德道之苞籥齊魯之間名門戶及藏器之管爲籥　　擬議
範圍　周易曰擬之而後言議之而後動擬議以成其變化又曰範圍天地之化而不過王弼注範圍者擬
範天地而周備其理　　幽贊　發揮　易說卦曰昔者聖人之作易也幽贊於神明而生著又曰發揮於剛
柔而生爻　　九師　五子　劉向別錄曰所校讐中易傳淮南九師道訓除復重定著十二篇淮南王聘善
爲易者九人從之採獲署曰淮南九師書又曰所校讐中易傳古五子書除復重定著十八篇分六十四卦著
之日辰自甲子至於壬子凡五子故號曰五子已上易　　帝書　王制　春秋說題辭曰尚書凡百二篇第
次委曲尚者上也上世帝王遺書也孔安國尚書序曰先君孔子討論墳典斷自唐虞以下訖於周舉其宏綱
撮其樞要凡百篇示人主以軌範帝王之制坦然明白　　三家　百篇　劉歆七略曰尚書直言也始歐陽
氏先君名之大夏侯小夏侯復立於學官三家之學於今尤爲詳孔安國尚書序曰先君孔子覩史籍之煩又
懼覽之不一斷唐虞以下訖於周舉其宏綱撮其樞要典謨訓誥誓命之文凡百篇所以恢宏至道　　授河

　　出洛　孝經援神契曰易長於變書考命符授河宋均注曰授河者授河洛以考命符也尚書曰天乃錫
禹洪範九疇孔安國注曰天興禹洛出書　　直言　證義　劉歆七略曰尚書直言也於今傳之又曰詩以
言情情者信之符書以決斷斷者義之證已上書　　五際　六情　詩推度災曰建四始五際而節通卯酉
之際爲革政午亥之際爲革命神在天門出入候聽春秋孔演圖曰詩含五際六情宋均注曰六情即六義曰
風曰賦曰比曰興曰雅曰頌　　溫淳　敦厚　淮南子曰溫惠淳良詩教也禮記曰溫柔敦厚詩教也　　集

微揆著　連類含章　詩含神霧曰集微揆著上統元皇下序四始羅列五際宋均注曰集微揆著者綿綿瓜瓞民之初生揆其始是必將至著王有天下也顏延之庭誥曰詠歌之書取其連類含章比物集句詩之爲祖也已上詩　脩外　制中　漢書曰樂以治內而爲同禮以脩外而爲異同則和親異則畏敬也禮記曰夫禮所以制中　承天　事地　史記曰夫禮先王以承天之道治人之情禮記曰禮上事天下事地尊先祖而崇君師　不法　無體　晏子春秋曰晏子使魯退見仲尼曰夫禮堂上不趨授立不跪夫子反此禮乎晏子曰君行一臣行二君之所來速吾是以趨以反位也君授卑故跪以下之晏子出仲尼送之反命門人曰不法之禮唯晏子能爲之禮記曰無聲之樂無體之禮無服之喪此之謂三無　粉澤　橘柚　太公六韜對文王曰禮者天理之粉澤莊子曰三王五帝之禮義法度其猶櫨梨橘柚雖其味相反而皆可於口也

酌秦法　言夏禮　後漢書曹褒論曰漢初朝制旡文叔孫通頗採禮經參酌秦法雖適物觀時有救崩弊然先王之宏典蓋多闕矣論語曰夏禮吾能言之杞不足徵也已上禮　考符　稽象　春秋握誠圖曰孔子作春秋陳天人之際記異考符春秋演孔圖曰作法五經運之天地稽之圖象質於三王施之四海　周法　孔經　杜預春秋序曰其發凡以言例皆經國之常制周公之垂法春秋孔演圖曰公羊全孔經宋均注曰公羊公羊高也經指謂春秋　四傳　兩家　漢書曰春秋所貶損當時有威權者是以隱其書而不宣及末世口說行故有公羊穀梁鄒郟之傳四家之中公羊穀梁立於學官劉歆七略曰春秋兩家文或具四時或不於古文旡事不必具四時　隱書　晦義　漢書曰春秋所貶損當世有威權者其事實皆形於傳是以隱其書而不宣所以免時難也顏延之庭誥曰褒貶之書取其正言晦義輔制衰王春秋爲上　備三聖　掌四方　春秋說題辭曰經文備三聖之度周禮曰外史職掌四方之志鄭玄注曰謂若魯之春秋晉之乘楚之檮杌已上春秋

詩　唐太宗文武聖皇帝尚書詩　崇文時駐步東觀還停輦輟膳玩三墳留燈披五典寒心覩肉林飛魄看沉湎縱情昏主多克己明君鮮滅身資累惡成名猶積善既承百王末戰兢隨歲轉　晉傅咸孝經詩　立身行道始於事親上下無怨不惡於人孝旡終始不離其身三者備矣以臨於民以孝事君不離令名進思盡忠義則不爭匡救其惡災害不生孝悌之至光於神明　又論語詩　守死善道磨而不磷直哉史魚可謂大臣見危授命能致其身克己復禮學優則仕富貴在天爲仁由己以道事君死而後已　又毛詩詩　無將大車維塵冥冥濟濟多士文王以寧明允君子大猷是經聿修厥德令終有俶勉爾遯思我言惟服盜言孔甘其何能淑讒人罔極有覥面目　又周易詩　卑以自牧謙尊而光進德脩業既有典常暉光日新照於四方小人勿用君子道長　又周官詩　惟王建國設官分職進賢興功取諸易直除其不蠲旡敢反側以德詔爵允臻其極辨其可任以告於正掌其戒禁治其政令各修乃職以聽王命　又左傳詩　事君之禮敢不盡情敬奉德義樹之風聲昭德塞違不殞其名死而利國以爲己榮茲心不爽忠而能力不爲利諂古之遺直黜不端勿使能植　李百藥禮記詩　玉帛資王會郊丘葉聖情重廣開環堵至軼金籯盤薄依厚地遙裔騰太清方悅升中禮足以慰餘生　啓齊謝朓謝隨王賜左傳啓　昭晰殺青近發中汗恩勤挾冊慈勗下惟朓未覬山笥早懵河籍業謝專門說非章句庶得既困而學括羽瑩其蒙心家藏賜書籯金遜其貽厥披覽神勝吟諷知厚　劉孝綽謝爲東宮奉經啓　皇太子四術夙知三善非學猶復旁求儒雅應物稽疑業光夏校德茂周庠諸侯宋魯於焉觀則參陪盛禮莫非國華臣雖職典經圖而同

291

官不一推擇而舉尚多氂俊寵光曲被獨在選中他日朝聞猶甘夕死況茲恩重彌見生榮

（張說、徐堅等撰，司義祖校：《初學記》，中華書局，1962 年 1 月）

四、清永瑢等《四庫全書總目》"蒙古源流"提要

蒙古源流八卷

乾隆四十二年奉勅譯進。其書本蒙古人所撰，末有自序，稱庫圖克徹辰鴻臺吉之裔小徹辰薩囊臺吉、原知一切，因取各汗等《源流》，約畧敍述；並以《講解精妙意旨紅冊》、沙爾巴胡土克圖編纂之《蓬花漢史》、雜噶拉幹爾第汗所編之《經卷源委》、《古昔蒙古汗源流大黃冊》等七史合訂。自乙丑九宮值年八宮翼火蛇當值之二月十一日角木蛟鬼金羊當值之辰起，至六月初一日角木蛟鬼金羊當值之辰告成。書中所紀，乃額訥特珂克土伯特蒙古汗傳世次序，及供養諸大喇嘛、闡揚佛教之事，而其國中興衰治亂之跡，亦多按年臚載，首尾賅備，頗與《永樂大典》所載《元朝秘史》體例相近。前者我皇上幾餘覽古，以元代奇渥溫得姓所自，必史乘傳譌，詢之定邊左副將軍喀爾喀親王成袞扎布，因以此書進御。考證本末，始知"奇渥溫"爲"却特"之誤；數百年之承訛襲謬，得藉以釐訂闡明。既已揭其旨於御批《通鑑輯覽》，復以是編宣付館臣，譯以漢文，潤色排比，纂成八卷。其第一卷内言風壇、水壇、土壇初定，各種生靈降世因由，及六噶拉卜乘除算量運數，而歸於釋迦牟尼佛教之所自興，是爲全書緣起。次紀額訥特珂克國汗世系，首載星哈哈努汗之曾孫薩爾斡阿爾塔實迪汗之子丹巴多克噶爾成佛事，而自烏迪雅納汗以下崇信佛教諸大汗及七贊達、七巴拉、四錫納等汗，則俱詳著其名號，與藏經内之《釋迦譜》約畧相仿。次紀土伯特汗世系，始於尼雅特贊博汗在善布山爲衆所立，終於札實德汗，大致亦頗與西番《嘉喇卜經》合。其中載持勒德蘊隆贊娶唐太宗女文成公主，持勒丹租克丹汗娶唐中宗弟景德王女金城公主。核之《唐書》，太宗貞觀十五年，以宗女文成公主妻吐蕃贊普葉宗弄贊；中宗景龍初，以雍王守禮女爲金城公主，妻吐蕃贊普隸蹜贊：其事蹟多屬相符。是土伯特即吐蕃國號，而《唐書》所稱葉宗弄贊，乃持勒德蘊隆贊之訛。其汗世以贊博爲名，與《唐書》所稱贊普亦音相近也。其第三卷以後則皆紀蒙古世系，謂土伯特色爾特贊博汗之季子布爾特齊諾避難必至塔地方，其衆尊爲君長，數傳至勃端察爾，母曰阿隆郭幹哈屯，感異夢而生，又九傳至元太祖：與《元本紀》多相合，而間有異同。其稱元大祖爲索多博克達青吉斯汗，元世祖爲呼必賚徹辰汗，元順帝爲托歡特穆爾烏哈噶圖汗。自順帝北奔，後世傳汗號至林丹庫克圖汗，而爲我朝所克，中間傳世次序、名號、生卒年歲，犖然具載，詮敍極爲詳悉。明代帝系，亦附著其畧。其最踳駁者，如以庫色勒汗爲元明宗弟，在位二十日，史無其事。又以明太祖爲朱葛，仕元至左省長官，讒殺托克托噶太師，遂舉兵迫逐順帝，亦爲鑿空

失寔。其他紀年,前後亦往往與史乖近。蓋内地之事,作書者僅據傳聞錄之,故不能盡歸確核。至於塞外立國、傳授源流,以逮人地諸名、語言音韻,皆其所親知灼見,自不同歷代史官撫拾影響附會之詞,妄加纂載,以致魯魚謬戾,不可復憑。得此以定正舛訛,實爲有裨史學。仰惟我國家萬方同軌,中外嚮風,蒙古諸部久爲臣僕,乃得以其流傳秘册充外史之儲藏,用以參考舊文,盡却耳食沿譌之漏,一統同文之盛,治洵亘古獨隆矣。

謹案:此書爲外藩所錄,於例應入載記類中。然所述多元朝之事,與高麗、安南諸史究有不同,是以仍編於雜史。

右雜史類二十二部,二百七十三卷,皆文淵閣著錄。

((清)永瑢等:《四庫全書總目》,中華書局,1965 年 6 月第 1 版,上册,第四六七頁)

第八章　文獻的認知：版本

第一節　概　述

一、版本

"版"字的本義,《說文》解釋爲:"判也,從片,反聲。"段玉裁注:"版,片也,舊作判也,淺人所改。凡施於宮室器用者皆曰版。"《說文》又解釋"片"字爲"判木也。從半木"。① 謂一分爲二之木,後來指用以書寫的片狀物,如龜版、玉版、石版等,但以木片爲多,故又作"板"。在先秦時多用來書寫戶籍,漢代多用來寫奏牘。雕版印刷發明後,則指用來雕刻印書的版片。

至於"本"字,《說文》解釋爲"木下曰本",原義是指樹的根部。那爲什麼把書稱之爲本呢,葉德輝《書林清話》的解釋是:"書之稱本,必有所因。《說文解字》云'木下曰本',而今人稱書之下邊曰書根,乃知本者,因根而計數之詞。"②葉德輝解釋了作爲量詞的"本"的意思,但書根是後起的,作爲量詞的"本"應該是借用古人稱呼植物"一根""一棵"而來的,還是沒有解決本與書之間的聯繫問題。

最早使用名詞的"本"來稱書的是西漢劉向所撰《別錄》:"讎校,一人讀書,校其上下得謬誤,爲校;一人持本,一人讀書,若怨家相對,[爲讎。]"③這裡的"一人持本"的"本",現代學者有四種解釋:

---

① （漢）許慎撰、（清）段玉裁注:《說文解字注》,上海古籍出版社,1988 年第 2 版,第 318 頁。
② （清）葉德輝:《書林清話》卷一,中華書局,1957 年版,第 13 頁。
③ （梁）蕭統編、（唐）李善注:《文選·魏都賦》注引《風俗通》,上海古籍出版社,1986 年版,第 287 頁。

（一）本是底本，書是繕寫之卷

以余嘉錫和崔富章爲代表。余嘉錫在《論學雜著·書册制度考》中，認爲一人持本者，持竹簡所書改易刊定之本，一人讀書者，讀傳寫上素之書也。崔富章也認爲持校讎定本，讀繕寫之卷。

（二）本是謄寫本，書是底本

姚伯岳持這種觀點，認爲本是謄寫好的帛書，所讀之書，是作爲底本的簡策書。根據有二，一是校勘時一般是讀底本；二是認爲本是指帛書的卷軸。後一種觀點源於張舜輝，他認爲，因根計數，起於卷軸，這根木軸，可稱根，也可稱本。進而認爲，版起於簡牘，本源於縑帛。

（三）本是據以抄寫的定本，書是本據以生成的原著

曹之認爲本和書是有區別的，並非同義語。書是指中書、太史書、臣向書、臣富參書等據以校勘的中外藏書，而本是指校勘後尚未抄寫的定本。

（四）本與書同義，包括竹簡和帛素

施廷鏞認爲所持之本是漢時通行的竹簡和帛素，是名詞，不是計數詞，當時用來計數的主要是篇、卷、部、冊等。①

要想弄清楚“一人持本”的“本”字的確切含義，我們先來看一下劉向校書的流程。首先是搜集同一部書的不同版本，對比勘誤，選出一個最接近原書的本子。其次，把這個本子抄寫到空白的竹簡上，成爲工作底本，修改成定本後就可殺青了。再次，以竹簡爲底本，抄到帛素上，稱爲上素。《文選》李善注引《風俗通》:“劉向爲孝成皇帝典校書籍，皆先書竹，爲易刊定，可繕寫者，以上素也。今東觀書竹素也。”②以上前兩說，是第三個步驟，第三說是第二個步驟。根據《別錄》佚文:“皆已定以殺青簡，書可繕寫”“皆定殺，書可繕寫”，則校書主要是前兩個步驟。曹之認爲，書是指據以校勘的中外藏書，則所讀之書是底本，所持本是新本；這樣的話，書和本就沒區別了，其意義是相對的，即書是底本、本是新本，都是本的一種。更有學者在解釋書和本的區別時，認爲本是底本，書反而是新本。這樣反而模糊了書和本的區別，也沒有解釋清爲什麼要用本來稱呼書。關於這個問題，我們認爲最好是跳出這個框框，沒必要糾纏於此，引申過度。只要弄清劉向校讎的過程是利用不同本子比較出異同，最後形成定本就可。至於到底原本是本，還是原本是書都無關重要，因爲他們都是書的一種版本，是同義詞。

---

① 以上四種解釋，詳參金甦:《“一人持本，一人讀書”考辨》，《閩江學院學報》2005 年第 1 期。
② （梁）蕭統編、（唐）李善注:《文選》卷二十九張景陽《雜詩十首》注引《風俗通》，上海古籍出版社，1986 年版，第 287 頁。

　　至於爲什麽要用本來代替書，有兩條思路可取，一是張舜徽的解釋，着眼於形式上的外部特徵，就是卷軸的軸頭，到了魏晉以後，簡牘基本上不使用了，基本上使用紙寫的卷軸形式，所以，本的說法就流行開了。如《北齊書》卷四十五《樊遜傳》："（天保）七年（556），詔令校定群書……遜乃議曰：'按漢中壘校尉劉向受詔校書，每一書竟，表上，輒言：臣向書、長水校尉臣參書，太史公、太常博士書，中外書合若干本以相比較，然後殺青。'"①又如《顏氏家訓》有江南本、江北本、河北本、舊本、俗本、今本等概念。二是着眼於內容，本有原始、根據的意思，《史記》中的本紀，根據索隱的解釋，就是"本其事而記之"，說明是有所根據而來的，漢志中有《世本》一書，是劉向編定的，主要是關於黃帝以來諸侯王卿大夫的世系和傳記，劉向這樣命名，取的應該是本紀的意思，證明是有所本的。在魏晉南北朝以後，書和本已經同義了，《顏氏家訓》中有兩處提到江南書本，那書和本的區別是什麽呢？

　　《漢書·河間獻王傳》說劉德"從民間得善書，必爲好寫與之，留其真"。② 這裡的書從詞義上說是可以用本來替換的；劉向所得中外書也是可用本替換的；直到《顏氏家訓》才直接用本，指同一書的各種傳本、寫本。但當我們指稱著述時，一般說著書多少篇，而不能稱之爲著本，可見書和本還是有區別的。這個區別在於書更多地指著述內容，而本更多地指文字和載體，也就是說，書只有一種，而本有多種，能夠被不斷傳寫。

　　《顏氏家訓》卷三《勉學篇》："東莞臧逢世，年二十餘，欲讀班固《漢書》，苦假借不久，乃就姊夫劉緩乞丐客刺、書翰紙末，手寫一本，軍府服其志尚，卒以《漢書》聞。"③臧逢世讀的是《漢書》的內容，但他只能借讀，爲了長期讀，所以必須抄寫一本。《漢書》是班固的著述，是唯一的；但《漢書》的傳本則有多種。

　　《顏氏家訓》卷三《勉學篇》："校定書籍，亦何容易，自揚雄、劉向，方稱此職耳。觀天下書未遍，不得妄下雌黃。或彼以爲非，此以爲是；或本同末異；或兩文皆欠，不可偏信一隅也。"④本同末異非常恰當地描述了書籍傳本產生的過程。每一本書都有最初的稿本，由此衍生出無數傳本，稿本是一種本，傳本也是本，但它們都是同一種書，只不過是不同的物質載體。這個物質載體是可以用手持的，上面的文字可以不斷傳寫。

　　本是看得見、摸得着的，但書則不一定。《後漢書·延篤傳》注引《先賢行狀》，延篤"欲寫《左氏傳》，無紙，唐溪典以廢牋記與之。篤以牋記紙不可寫《傳》，乃借本諷

---

①　（唐）李百藥：《北齊書》，中華書局，1972 年點校本，第 614 頁。

②　（漢）班固：《漢書》卷五十三，中華書局，1962 年點校本，第 2410 頁。

③　（北齊）顏之推撰，王利器集解：《顏氏家訓集解》，上海古籍出版社，1980 年版，第 189 頁。

④　（北齊）顏之推撰，王利器集解：《顏氏家訓集解》，上海古籍出版社，1980 年版，第 219 頁。

之。"①延篤把《左傳》背誦下來,我們常說讀書,是指把書的内容記在腦海裡,記住後,作爲物質載體的本是可以抛棄的。即使延篤所借的那一本丢失、毁壞了,但他背下來的書還在,而且還有其他傳本在。所以說,本是書的物質載體。

總之,我們認爲,書側重指著述本身,故可以讀,可以被記住;本主要指具體的物質載體,可以看得到,摸得着。著述本身是固定不變的,因此,書只有一種,而本是能被不斷復製、抄寫、流傳的,所以有多種。後世逐漸合稱爲書本,但本偏重於指書的物質形態。

"版本"作爲一合成詞出現在宋代,崔富章《版本釋名》一文②,詳細列舉了從唐代到宋代版本一詞的用例,可以參看。這裡着重介紹現代學者關於"版本"一詞的解釋。目前尚未達成共識,至少有以下五種觀點③:

(一)印本說

張舜徽認爲:"'版'的名稱源於簡牘;'本'的名稱源於縑帛⋯⋯自從有了雕版印刷術以後,人們習慣於用版本二字作爲印本的代稱。"

(二)合稱說

施廷鏞認爲:"所謂版本,實寫本與刻本的合稱"。戴南海亦說:"版本的概念,在兩宋時,則成爲雕版書和手抄本的合稱。這就是版本二字連綴成一個固定名詞後的最初概念"。《辭源》:"古人以雕板印刷之書爲版,手抄之書爲本,自雕版通行,泛指不同的刻本爲版本。"

(三)總稱說

顧廷龍認爲:"版本的含義實爲一種書的各種不同的本子,古今中外的圖書,普遍存在這種現象,並不僅僅限於宋、元古籍。"

(四)實物形態說

姚伯岳認爲:"版本就是一部圖書的各種實物形態。"

(五)廣狹二義說

嚴佐之認爲:"古籍版本有廣、狹二義。狹義的古籍版本專指雕版印本,廣義的古籍版本泛指包括寫本、印本在内的,用各種方法製作而成的古代圖書的各種本子。"

"版本"最初含義單指刻本,並不包括寫本在内。因爲宋人明確將版本與寫本對舉。元、明以後,隨着雕版印刷的發展和圖書製作方式的複雜化,"版本"一詞的含義

---

① (南朝宋)范曄撰、(唐)李賢等注:《后漢書》卷六十四,中華書局,1965 年點校本,第 2103 頁。
② 崔富章:《版本釋名》,《浙江大學學報》(人文社會科學版)2002 年第 2 期。
③ 詳參曹之、司馬朝軍:《20 世紀版本學研究綜述》,《圖書與情報》1999 年第 3 期。

逐漸擴大,成爲一書各種文本的總稱,大概相當於古代"本"的概念。除了刻本之外,還包括寫本、活字本、套印本、插圖本、石印本等。"印本說"僅指向版本的原始義,忽視了版本含義在後代已經擴大了的事實,不可取;"合稱說"認爲版本只講寫本和刻本,將活字本、石印本排除在外,亦不足取;"總稱說"揭示了版本的"同書異本"特質,比較可取,但也有欠妥之外,以"本子"解釋"版本",似有迴圈解釋之嫌;"實物形態"與"總稱說"接近,但它特別指出"實物形態",庶幾接近事實;"廣狹二義說"其實是"印本說"與"總稱說"的折衷。迄今爲止,關於版本的概念還沒有形成統一的認識,見仁見智,聚訟紛紜。我們這門課取的是廣義的概念,指一部書的不同傳本,但由於簡帛和卷子都屬於出土文獻,已獨立爲專門學科,所以我們這門課主要還是講雕版印刷發明後的各種印本和抄本。

二、版本學

目前學術界關於版本學的定義有數十種之多,主要有以下幾種:

(一)鑒別說

《辭海》認爲:"研究版本的特徵和差異,鑒別其真僞和優劣,是爲版本學。"

(二)價值說

嚴佐之認爲:"鑒定版本時代也好,考訂版本源流也好,其最終目的還在於比較、確定版本內容的優劣,在於研究版本'在反映原書內容的特殊作用上'。從這一意義上講,版本學乃是以研究版本文獻價值爲主的一門科學。"

(三)物質形態說

程千帆等認爲:"版本學所研究的內容無不與書的物質形態有關,因此可以概括地說版本學是研究書的物質形態的科學,是校讎學的起點。"

(四)規律說

郭松年認爲:"古籍版本學是從古籍的版本源流和相互關係中,研究古籍版本的異同優劣,鑒定古籍版本的真僞,評定古籍版本的功用價值,並從中總結工作的規律性和方法的一門科學。"①

"鑒別說"側重於鑒定版本的具體方法;"價值說"講的是版本學研究的目的;"物質形態說"關注的是書籍的形式;"規律說"主張對各種版本現象作科學的分析和歸納,找出規律。

---

① 以上四種觀點,詳參曹之、司馬朝軍:《20 世紀版本學研究綜述》,《圖書與情報》1999 年第 3 期。

　　我們認爲,版本學是以圖書的物質形態爲研究物件、以版本鑒定和版本考訂爲核心內容、以揭示圖書文獻價值爲終極目標的輔助性學科。

　　此外,版本學是校讎學的一個分支,它與校勘學和目錄學有着密切的關係。

三、版本學史

　　(一)歷史上的版本學

　　前人論及版本學,多稱始自宋尤袤《遂初堂書目》,該書在一書之下著錄多種不同的版本。近年又有學者撰文指出《出三藏記集》是現存最早的版本目錄,又提出《隋書經籍志》也是版本目錄的看法 [①]。

　　北宋學者校刻群書,多備異本;南宋岳珂校刻《九經三傳沿革例》,搜集了二十三種不同版本,反復參訂,講求版本的風氣漸濃。但在雕板印書大興之前,人們非常講求古書的傳本,與後來的講求版本沒有本質區別。由於當時的書籍是靠手抄流傳的,不是靠雕板印刷來流傳,所以不好直接稱爲版本學,而是從屬於校勘學和目錄學,通過校勘,辨別版本的異同、優劣,再通過目錄著作表現出來。提要目錄學專著,發端於劉向、歆父子的《別錄》和《七略》,定型成熟於宋代晁公武的《郡齋讀書志》和陳振孫的《直齋書錄解題》。提要目錄決定了版本學研究的內容:書名的命意、卷數的厘訂、寫作的要旨、編撰的體例、成書的經過、作者的行實、科第爵里,版刻的時地、版本的源流、名人的批校題跋、遞藏關係等。版本學與目錄學是水乳交融的關係,後世常常把版本學說成是版本目錄學,這是很有道理的。

　　明清之際,鑒定古書的版本,開始從目錄學家向藏書家和書賈方向游離,開始漸漸具有某些獨立性。這兩條道路發展的結果,便生出了從印紙墨色、字體行款、版式風格、書口魚尾、刻工諱字、藏印題跋等方面鑒定古書版本的新方法、新途徑。把這些經驗加以總結,如明代的高濂,清代的孫從添,便慢慢醞釀了版本學的產生。

　　(二)現代意義上的版本學

　　1. 民國時期(1919—1949)

　　一般認爲,葉德輝著《書林清話》是我國最早的版本學專著。《書林清話》寫於清代末年,刻於 1919 年。錢基博《版本通義》是繼《書林清話》之後又一部版本學專著,該書寫於 1930 年,1933 年由上海商務印書館出版。此外,尚有孫毓修《中國雕版源流考》等。

---

① 曹之、馬劉鳳:《〈出三藏記集〉是一部版本目錄》,《中國圖書館學報》2007 年第 3 期;曹之、孫文傑:《〈隋書經籍志〉是一部版本目錄》,《中國圖書館學報》2009 年第 1 期。

2. 二十世紀五十年代至七十年代末(1949—1977)

二十世紀五十年代,北京中國書店以《古籍版本知識》爲名,油印行世;浙江省圖書館的毛春翔先生有《古書版本常談》,遼寧省圖書館陳國慶先生有《古籍版本淺說》等。其中以《古書版本常談》影響最大,也最便初學。而《古籍版本淺說》對二百二十多個版本學術語作了簡明扼要的解釋,對普及版本學常識和推動版本學術語規範化也起了一定作用。

3. 二十世紀七十年代末至今(1978—2010)

吳則虞著《版本通論》(1978年、1979年連載於《四川圖書館學報》)是新時期版本學研究的開創性著作。1984年,原北京中國書店魏隱儒出版《古籍版本鑒定叢談》和《中國古籍印刷史》,是以作者本人的從業經驗爲基礎寫成的,參考價值很大。1985年,陝西師範大學古籍所油印了黃永年爲古籍整理培訓班授課教材《古籍版本學》,自此之後,以"版本學"爲名的著作不斷湧現。如戴南海《版本學概論》(巴蜀書社1989年版),嚴佐之《古籍版本學概論》(上海華東師範大學出版社1989年版),李致忠《歷代刻書考述》(巴蜀書社1990年版)和《古書版本學概論》(書目文獻出版社1990年版),陳宏天《古籍版本概要》(遼寧教育出版社1991年版),程千帆、徐有富《校讎廣義·版本編》(齊魯書社1991年版),曹之《中國古籍版本學》(武漢大學出版社1992年版),姚伯岳《版本學》(北京大學出版社1993年版),盧賢中著《古代刻書與古籍版本》(安徽大學出版社1995年版),等等。

第二節　版本認知

一、古書裝幀

對於現代圖書的裝幀形式,大家比較熟悉,也知道書籍的裝幀形式是隨着時代的發展而演進的。例如,我們小時候用的小學課本,只有黑白圖片,而現在的課本,大多配有精美的彩色插圖,甚至有隨書發行的光碟,則更是聲色俱全。今天我們要談的是古書裝幀形式的發展歷程,包括卷軸裝、旋風裝、梵夾裝、經折裝、蝴蝶裝、包背裝和線裝等多種不同的形式。

(一)卷軸裝

紙書的卷軸裝,是繼承簡牘文書和帛書的裝幀形式演化而來的。簡牘文書是用繩子把竹簡或木牘卷起來打上結,否則很占空間,又顯得凌亂;而帛書比較柔軟,更適合採用這種裝幀形式。簡牘文書的計量單位是"篇";帛書則使用"卷",這兩個術語一直沿用到現在。帛書的具體形制,大家有興趣的可以看看 1973 年長沙馬王堆出土的西漢帛書,最著名的是帛書老子《道德經》甲、乙本。

　　卷軸裝的形制,具體地說,當一卷帛書寫好後,就在末尾裝上一根木軸,然後以木軸爲中心,從尾向前卷起,中間用繩子或絲帶系好。自從東晉末年以後,紙書漸漸取代了帛書,但直到隋唐五代時期,其裝幀形式仍然是卷軸裝。採用卷軸裝的手寫紙書,一般稱爲卷子。大家比較熟知的是敦煌卷子。如果對敦煌卷子比較陌生的話,大家看過書畫作品的裝幀沒有? 基本上差不多。學過書法的同學肯定知道,如果寫一首短詩,一張紙就夠了,如果是長篇大作,如屈原的《離騷》,那就非得把很多紙粘連起來才夠用。爲了使接縫之處美觀,可以鈐印或署名,叫作"印縫""押縫"或"款縫"等。非常貴重的書,除了使用的軸比較考究外,還需要裝背。

圖 8.1　敦煌藏經洞

　　敦煌卷子,幾乎每卷都畫有淺淡的上下橫線和直行。唐人稱上下橫線爲邊欄,直行則稱爲邊準。此外,還有一個術語叫"褾",其本義是領袖之緣飾,用在卷子指的是卷端的防護或裝飾用紙,俗稱包首。褾首用一根絲帶來系住卷子,名褾帶。卷子在書架上排架時,總是以軸頭向外,便於取閱,稱之爲"插架"。軸頭上往往系一根籤子,古人謂之"籤",貴重的多用象牙製成,稱爲"牙籤",寫上簡單的書名和卷數,便於尋找。

　　一部書通常不只是一卷,爲了避免書與書之間混在一起,也爲了保護每一卷書,卷軸裝的書通常都用"帙"包裹。帙在《說文》裡就是書衣的意思。帙的原料用布或絲織品。爲了便於統計,每帙一般是十卷。但也不是絕對的。我曾經聽考古學的一位老師講示範課,說斯坦因從敦煌莫高窟取走了幾千個包袱,當時沒有細想,後來才明白所謂的包袱就是"帙"。

(二)旋風裝

從漢代到唐代,古書裝幀的最主要形式是卷軸裝。但卷軸裝最大的缺點是不便翻檢。我們想一想,如果一本字典或韻書用卷軸的形式裝成,我們要查一個字,先得從書衣裡取出卷子,解開絲帶,從左至右把卷軸解開,從頭到尾尋找,發現不在這一卷上面,然後又需要卷起來,重新系好,再到下一卷尋找,這樣查一個字實在費事。因此,古人一直在摸索裝幀形式的改進。較早出現的一種形式就是旋風裝,也叫龍鱗裝。

現存的旋風裝,唯一的實物是故宮博物院的唐寫本《王仁昫刊謬補缺切韻》。1947 年,故宮博物院的馬衡研究員曾介紹過,稱之爲"龍鱗裝";1980 年,國家圖書館的李致忠也見到了這件實物,專門發表了《古書"旋風裝"考辨》一文 ①,感興趣的讀者可以找來看看。根據這件實物,可以證實旋風裝的裝幀形式是這樣的:取一張長條卷紙作底,除首頁單面書寫,全幅裝裱在卷端外,其餘葉都雙面書寫,以每頁右邊無字的空隙處,逐葉向左,依次錯開,像魚鱗樣地粘在卷底上。收藏時,從首向尾卷起,外表跟卷軸裝一樣,打開來看,除首頁固定外,其餘都能逐葉翻閱。這樣既擴大了卷子的容量,也便於翻閱,是一種很有意義的嘗試。但後來並沒有普遍使用,只需瞭解就可以了。

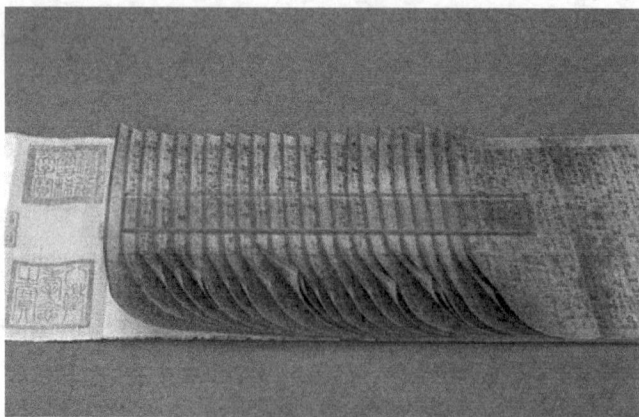

圖 8.2　唐寫本《王仁昫刊謬補缺切韻》

(三)經折裝與梵夾裝

經折裝和梵夾裝這兩種書籍裝幀形式都與佛教經書有關,前人往往誤以爲這兩種裝幀是一回事,所以我們放在一起來講。大家平時看到的摺扇,如果上面題有詩文,這就相當於經折裝的縮微形式。經折裝很簡單,就是把一張普通紙一正一反折疊起來。文獻記載,這一創舉最初是唐末的進士盧光啟發明的,他在寫書信時最先把紙折疊起

---

① 李致忠:《古書"旋風裝"考辨》,《文物》1981 年第 2 期。

來,當時的士大夫紛紛效仿,後來用於書籍裝幀。這種形式便於誦讀,所以廣泛被佛、道二教的經典所採用,直到今天在寺廟裡仍然可以見到。故稱爲經折裝。

而梵夾裝是從印度傳入的。在沒有紙之前,印度的佛經用貝多樹葉書寫,寫好後,在樹葉中間穿一個圓孔,疊好放齊後,在上下各放一塊長條形竹板或木板夾好。然後用繩子逐次穿過圓孔,繩頭打上比圓孔大的結,以防脫落。收藏時,勒緊一頭,另一頭繞過上下兩板捆緊。此外,也有穿兩孔的形式。這種裝幀是兩板相夾,用梵文書寫,所以稱爲梵夾裝,在唐五代時期比較流行。

經折裝方便誦讀,梵夾裝則翻檢不便,其共同缺點是容易脫落成散葉,人們就想,爲什麼不把散葉用漿糊粘起來或用線裝訂成冊呢?

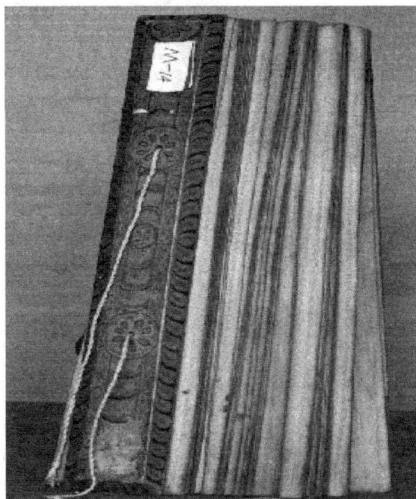

圖8.3　梵夾裝

(四)蝴蝶裝和包背裝

從漢代到唐代,卷軸裝流行了上千年,這是適應手寫本書籍的一種裝幀形式。手抄本可以不斷地加紙連續書寫下去,但雕版印刷發明後,只可能一版一印,面對這些一頁一頁的散頁,人們必然要發明與之相應的裝幀形式。這就是蝴蝶裝的產生。一頁書印好後,以版心爲軸線,把有文字的兩面相向而折,疊好若干頁後,在書葉反面版心外用漿糊逐葉粘好,再用一張硬厚的整紙對折後粘在書脊處作爲封面,這就完成了。從外表看,打開書後,書葉向兩邊裝開,就像蝴蝶的兩翼一樣,所以稱爲蝴蝶裝。在宋元時期流行最廣的就是這種裝幀方式,目前存世的還很多。

但蝴蝶裝也有缺點,就是第一頁第二面的反面和第三頁第一面的反面都沒有文字,我們在閱讀時,總是翻一頁就空白一頁、翻一頁又空白一頁,如果是很有趣的書,這樣讀來豈不是很讓人掃興?所以,作爲對蝴蝶裝的改進,又產生了包背裝。蝴蝶裝在折疊時,是把有文字的兩面相對而折,包背裝則反其道而行之,把有文字的兩面放在外面,把空白的兩面折在裡面,這樣在翻閱的時候,每一頁都能讀到文字。折好後,在右邊空白處打好眼,用紙撚訂起砸平,再用厚硬紙作爲封面粘在書脊處。這種方式主要是包裹書背,所以稱爲包背裝。大約出現在南宋,經過元朝,一直使用到明朝中葉,流行了很長一段時間。清代內府修的大型叢書,也有用包背裝的。著名的《永樂大典》和《四庫全書》都是採用這種形式。包背裝由於是用紙撚裝訂的,翻閱時間久了,還是容易散開,古人最終發明了綫裝書的形式。在民國時平裝書之前,這是最經典的古籍裝幀形式,甚至以之作爲古籍舊書的代名詞。

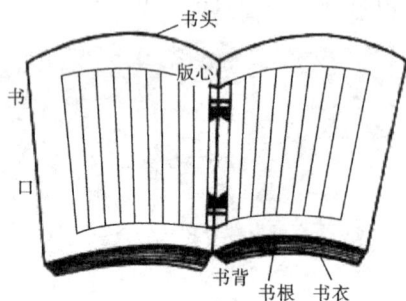

圖8.4　蝴蝶裝

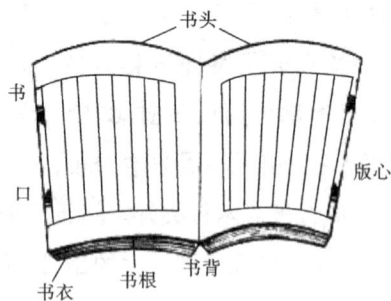

圖8.5　包背裝

(五) 綫裝

綫裝書起源於何時,現在還說不清楚。但大概在北宋末、南宋初就有了,只是真正盛行起來在明朝中葉以後。綫裝書與包背裝大同小異,不同的是裝訂時不需要用整張厚紙作封面,而是裁成與書葉大小相同的兩張,上下各一張,然後打眼裝綫,成爲了古書裝幀的經典形式。

下面介紹一下一本綫裝書的常見術語。

書腦

書葉左右邊欄以外錐眼訂綫的地方。一般在書腦上打四個孔的裝式叫四眼針裝,厚一點或大開版的書一般在上下角各多打一個孔,稱六眼針裝。

書背

也叫書脊,書葉裝訂縫合處與書口相對的側面。

書根、書頭

即書冊最下端的側面部分。刊印者或藏書家常在此處刊刻或題寫書名、卷數、冊數等,以便查檢。書冊最上端稱爲書頭。

書衣

又稱書皮、封皮、書面。一般採用質地較堅韌的有色紙,較珍貴的用絲織品。

書簽

貼在書衣左上方的長方形紙條或絲條,標有書名、卷次等。

副頁

也叫護頁。在書皮的裡面,另襯兩三張空白紙稱爲副葉,一般是前三、後二,或前後各二頁。作用是保護書頁,也可供寫題跋。

內封

在書衣和副頁後面,印有書名、作者和刊刻時地等的封面。

二、古書版式

版式是指古書版面的安排形式。下面簡單介紹一下印本書的版式。

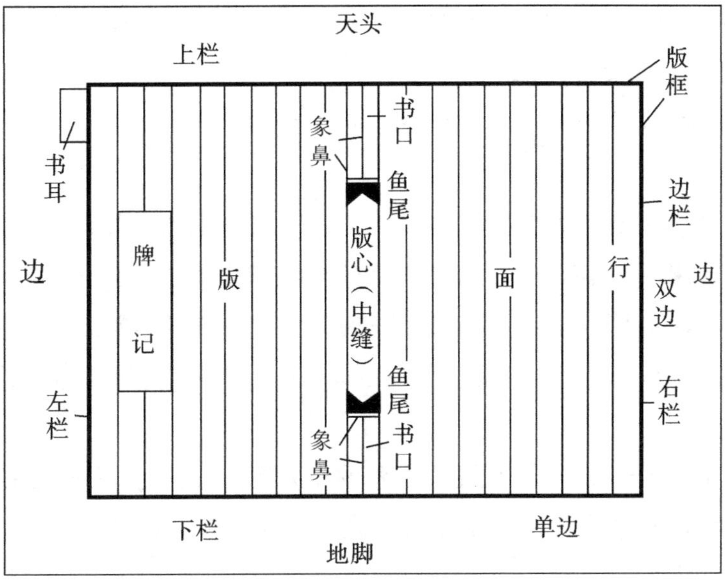

圖 8.6　古籍單頁版式

版面

一葉紙上印版所佔有的面積叫版面。

版框(匡)

指印本四周的圍綫。

邊欄

版框的單側邊綫稱邊欄,也叫欄綫。有四周單邊、四周雙邊、左右雙邊、花邊等形式。雙綫一般是外粗内細。

界行

又叫邊準,指字行之間的分界線,由古代帛書中的朱絲欄、烏絲欄演變而來。

天頭、地腳、邊

版面之外的部分,上面叫天頭或書眉,下面稱地腳,左右空白部分稱爲邊,供裝訂用。

行款

又稱行格。著錄每半葉版面的行數和每行字數的方法。如果字數不等,則取其最多或最少著錄,外加"不等"二字。

版心

又稱書口、版口、中縫。指版匡正中間不印正文的一行,用來刊刻書名、卷次、頁碼、版面字數、刻工姓名和出版處等。其作用是便於對折書葉和翻檢內容。

魚尾

版心中距上下邊約四分之一處狀似魚尾的標記。魚尾分叉處,正是版面中心,是折疊書頁的標準點。以數量分,有單魚尾、雙魚尾、三魚尾;以分向區分,有對魚尾(逆魚尾)、順魚尾;以圖案虛實區分,有白魚尾、黑魚尾、綫魚尾和花魚尾。由三組平行綫構成的稱綫魚尾;元末刻書,多用花魚尾。魚尾將版心分爲三個部分。

象鼻

關於象鼻,有三種說法,一是指黑口本魚尾上下到邊欄間的黑綫;二是版心中間從魚尾到上下邊欄之間的部分;三是將黑口和魚尾連起來看像大象的長鼻子,二者合稱象鼻。象鼻中印有黑綫的稱爲黑口,黑綫較細者稱細黑口或小黑口;較粗者或全黑者稱粗黑口或大黑口;沒有黑綫或象鼻的稱白口;白口上印有文字的稱花口或口題。

書耳

又稱耳格、耳子。版框之外、左右上角的小方格,在左稱左耳題,在右稱右耳題。一般用來注記篇名、書名簡稱或帝王年號、歷史紀年等,多見於宋元版書中。

墨釘

又稱墨等。正文中表示闕文的墨塊,用■表示。

刊語

古籍中不屬於正文,由刊印者加刻的記述書坊字型大小、刊者姓名、刻書時地的文字,常出現在序目後、卷末等處。

牌記

又稱牌子。內容和刊語相同,在刊語四周環以墨圍,形成獨立的單元。常出現在內封葉的左半葉、序目之後、卷末等處。以長方形最常見,也有各種圖案作爲裝飾的。

上題、下題和尾題

所謂上題,是指卷端的書名;所謂下題或尾題,是指卷端或卷末所題撰者、編者、輯者、述者、纂者、注者、閱者、校者、批者、評者等。

小題和大題

小題指篇名,大題指書名。一般出現在卷端,通常大題在上。但宋版書有時"小題在上,大題在下"。

第三節　版本類型

一、古籍版本的類型

古籍浩如煙海,留存下來的各種版本不計其數,只有科學地進行分類,才便於我們掌握和研究它們。

(一)根據製作方式劃分

根據製作方式的不同,古籍可以分爲印本和寫本兩大類,印本包括刻本、活字本、石印本和影印本等,寫本包括稿本、鈔本等。

(二)根據時代劃分

唐本:唐代刻印或鈔寫的書;

五代本:五代刻印或鈔寫的書;

宋本:宋代刻印或鈔寫的書;

西夏本:西夏刻印或鈔寫的書;

遼(契丹)本:遼國刻印或鈔寫的書;

金本:金國刻印或鈔寫的書;

蒙古本:元朝未改國號之前的蒙古國時期刻印或鈔寫的書;

元本:元朝刻印或鈔寫的書;

明本:明朝刻印或鈔寫的書;

清本:清朝刻印或鈔寫的書;

民國本:民國時期刻印或鈔寫的書。

(三)根據刻書地域劃分

浙本:浙江刻本,包括杭州本、越州本、嚴州本、衢州本、婺州本等;

蜀本:四川刻本,以成都和眉山爲刻書中心;

建本:福建刻本,又稱閩本,以建陽本、建安本、麻沙本、泉州本、福州本等爲主;

平水本:山西平陽刻本,在今臨汾一帶,是金元時期北方的刻書中心。

(四)根據刻書單位劃分

官刻本:朝廷各級官府及其附屬機構所刻書,如國子監本、興文署本、經廠本、殿

本、局本等;

家刻本:私人所刻之書;

坊刻本:書商所刻之書。

(五)根據形式劃分

巾箱本(袖珍本):開本小,便於攜帶的本子。

大字本:字體較大的本子,其行款一般小於半頁 10 行 20 字;

小字本:字體較小的本子,其行款一般大於半頁 10 行 20 字。

寫刻本:名家書寫上版,書法生動的刻本。

朱印本:用紅色刷印的本子;

藍印本:用藍色刷印的本子。

套印本:用不同顏色刷印的本子,根據顏色的多少分爲朱墨套印本、三色套印本、五色套印本等。

插圖本:帶有插圖的本子。

兩節版:書版分上下兩欄的本子;

三節版:書版分上中下三欄的本子。

(六)根據刻印情況劃分

祖本:後出版本所依據的本子;

初刻本:同書異本之中的最早刻本;

重刻本:據原刻重新付刻的本子,行款版式不必與原刻相同;

翻刻本:據原刻本翻刻的本子,行款版式要依據原刻本;

影刻本:又稱覆刻本,據原刻本影摹或直接用原刻本書頁上版刻印而成的本子,如影宋刻本、覆元刻本等。

初印本:同一刻本初次印刷的本子;

後印本:初印本之外同一刻本後來印刷的本子。

修補本:由於書版殘缺,經過修補印成的本子;

遞修本:經過多次修補而印成的本子,如經過宋元明三朝遞修的本子稱爲三朝本。

邋遢本:又稱大花臉本,指版面模糊,墨色深淺不一的印本。

叢書本:收在叢書中的本子;

單行本:單獨刊行的本子。

(七)根據流通情況劃分

通行本:通行本有兩個含義,一是普遍,坊間流行甚多,隨時可以得到;二是普通,

雕刻平常,不值得特別珍藏;

孤本:世間僅存的書稱孤本,國內僅存的書稱海內孤本,國內外僅存的書稱海內外孤本,稱一部書是否爲孤本一定要謹慎小心,必須廣泛檢索各種書目和資料庫才可下結論;

稀見本:存世數量稀少,流傳非常罕見,但又不能確定是孤本的書。

舊刻本:刻印得比較早的書或者未鑒定出所屬時代的刻本;

新刻本:新近刊刻的本子。

足本:完整無缺的本子;

殘本:不完整的本子。有時書商爲了牟利,將殘本目錄、卷數挖改,以冒充足本;

焦尾本:古書在流傳過程中不幸遭火焚毀,殘餘的部分尚有火燒的痕跡,稱爲焦尾本;

配本:集合不同的書版或同一書版的不同印本,配補成一部完整的書,最典型的是百衲本《二十四史》。

校本:經讀者校勘過的書,尤以精校本、名家校本最爲珍貴。

批本:經讀者加過批評的書;

批校本:既經校勘,又加批點的書;

批點本:既經圈點,又加批語的書;

過錄本:又稱迻錄本,指照樣移錄名家批校文字或兼及其所施句讀圈點的書。

二、刻本與活字本

歷代流傳下來的典籍印本,主要有宋刻本、元刻本、明刻本、清刻本和活字本等,現擇要介紹如下。

(一)宋刻本

宋代是雕版印刷的普及時代,從地域上看,形成了浙江、四川、福建三大刻書中心;從刻書單位來看,形成了官刻、家刻和坊刻三大體系。官刻以國子監刻書最多,王國維《五代兩宋監本考》中著錄兩宋監本大約一百四十種。國子監是最高學府和教育機構,兼有刻印書籍和發行圖書的職能。國子監主要刊刻儒家經典、史書和醫書等,校勘精審,多爲後來翻刻的祖本。宋代書坊刻書主要集中在建陽、杭州等地,如建甯府黃三八郎書鋪、陳八郎書鋪、臨安府尹家書籍鋪、陳宅書籍鋪等,尤以建安餘氏爲最。

宋刻本在形式上有以下特點:

1. 版式

宋代前期多白口、四周單邊;後期亦多白口、左右雙邊,少數四周雙邊;南宋末出現

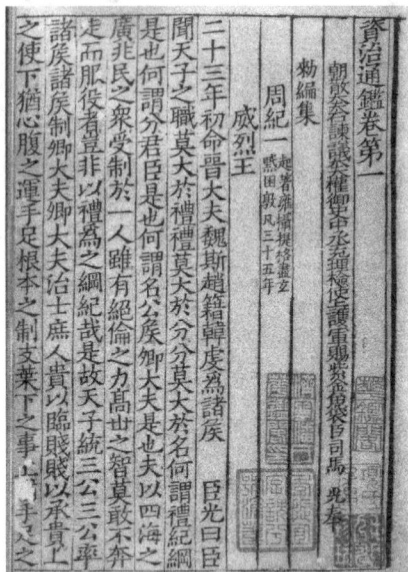

圖8.7 宋刻本《資治通鑑》

細黑口。

版心上多鐫本版大小字數。

前期刻書首行小題在上,大題在下,序文、目錄和正文不分開,互相連接。

校刻人名字和牌記多刻於卷末。

2. 字體

宋刻本的字體,大體說來,四川宗顏,福建學柳,江浙崇歐。如廖瑩中世彩堂刻韓柳集,秀雅似歐,譽爲神品;宋蜀刻唐人文集,端莊厚重;福建黃善夫所刻《史記集解索隱正義》、《後漢書注》、《王狀元集百家注分類東坡先生詩》等,剛勁似柳。

3. 裝幀

《明史藝文志》云:"秘閣書籍皆宋元所遺,無不精美,裝用倒折,四周向外,蟲鼠不能損。"①可見宋元時廣泛流行的是蝴蝶裝。但今天的宋版書,大多已被後人改裝爲綫裝了。

4. 避諱

避諱大約起於周,成於秦,盛於唐宋。宋代避諱尤嚴,不僅要避今上御名,連皇帝祖上也要避,而且同音字也要回避。刻書時,官府刻書嚴格,凡遇當今皇帝御名,多刻小字"今上御名"回避;遇到廟諱,則以缺筆方式回避或改字。私宅、坊刻則不那麼嚴,甚至很混亂。

(二) 元刻本

元代承繼宋、金,在刻書事業上有進一步的發展。元時官刻主要有國子監本、興文署本、廣成局本、太醫院本等,而最興盛的是地方各路儒學本和書院本。元代私家刻本,較著名的有花溪沈氏家塾,後至元五年刊刻趙孟頫《松雪齋集》;安成郡彭寅翁崇道精舍,刊刻《史記集解索隱正義》。元代坊刻本則遠盛於宋代,如建安劉氏日新堂、建安虞氏務本堂、建安鄭天澤宗文書堂、建安葉氏廣勤堂,刊刻了大量書籍,流傳至今的也較多。在地域上,四川由於最先被蒙古軍隊攻佔,人口、經濟、文化遭到極大破壞,故有元一代,四川作爲刻書中心已不復存在,現存元代蜀刻本幾乎稀若星鳳。

———————————

① (清)黃虞稷原編、王鴻緒、張廷玉等修定:《明史·藝文志》,商務印書館,1959年版,第7頁。

元刻本的特點,版本學界一般將其概括爲八個字:"黑口、趙字、無諱、多簡。"①但關於元刻本的字體是否以趙孟頫"松雪體"爲主的問題,著名版本目錄學家沈津有不同看法,他經眼元刻本五百多部,發現典型的趙體字刻本極少,爲學者們所稱道的只有數十種。由於元代立國時間短,而版刻文化具有很强的延續性,短短幾十年內不可能有太大的變化,因此,元刻本的字體仍以宋體字爲主。

圖8.8　元刻本《松雪齋集》

(三)明刻本

明代是雕版印刷的黃金時代。官刻本以司禮監(經廠)、國子監、藩府刻書最爲著稱於世;家刻以毛晉汲古閣爲突出代表;坊刻極爲興盛,除建陽、杭州外,新形成了蘇州、金陵、新安、北京等刻書中心。活字印刷和套版印刷開始普及,技術非常精湛成熟。

明代刻書大致可分爲三期:

1.明代前期(洪武至弘治)

這一時期,刻書風格主要承繼元代,版心以黑口爲主,多手寫字體,也不避諱。在傳統版本目錄學著作中,常將這一時期刻本稱爲"明初本"。

2.明代中期(正德、嘉靖、隆慶)

明刻本形成自己的風格主要在這一時期,其變化大約開始於正德年間,下及隆慶,但以嘉靖時所刻數量最多、品質最高,故以"嘉靖本"爲典型代表。字體仿歐但方板整齊,趨向規範化。版式以白口、雙魚尾、左右雙邊爲主,多用白綿紙。

3.明代後期(萬曆至崇禎)

這一時期,字體由原來雖見方板整齊但仍出於南宋浙本歐體的標準嘉靖本,變爲更加方板整齊、橫平豎直,而且橫細豎粗、完全脫離歐字的新字體,這種字體稱爲方體字,也有人稱爲宋體字。開始用這種方體字的是徽州,刻得最多的是吳琯、吳勉學兩家。由於徽商多在南京、揚州、蘇州、杭州等地定居,把刻工帶過去,影響了江浙刻書風氣,普及到全國。萬曆南監本《二十一史》就是這種字體。到了明末又出現長方字體。明末清初汲古閣創制了扁方體字。

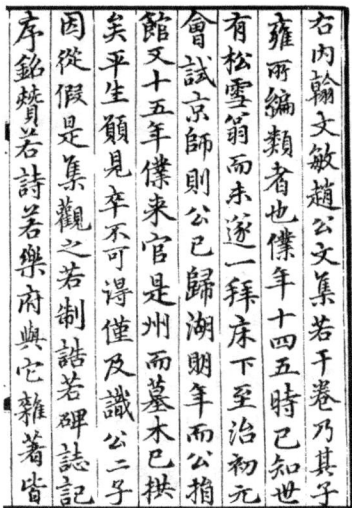

---

① 李致忠:《古書版本學概論》,北京圖書館出版社,1990年版,第97-101頁。

（四）清刻本

傳統的版本學研究的重點是明代以前的刻本，自黄裳、黄永年開始，才逐漸關注清刻本。清代刻書的地域範圍極廣，偏遠如雲南、貴州等地，也刊刻了大量書籍，但還是以北京和江浙最多。清代官刻以内府刻本、地方官書局本爲代表，而内府刻本又以武英殿刻本爲主，僅陶湘《故宫殿本書庫現存書目》就著録有三百餘種；家刻則以大批學者和藏書家的參與爲特色，如周亮工、鮑廷博、張海鵬、黄丕烈、錢熙祚、伍崇曜、繆荃孫、王先謙、葉德輝、羅振玉等；坊刻則以北京琉璃廠書肆、席氏掃葉山房等爲代表。清刻本亦大致可分三期：

1. 清代前期（順康雍）

這一時期主要繼承了明萬曆以來的方體字，但最有特色的是軟體字寫刻本，如康熙時林佶寫刻《漁洋山人精華録》、《午亭文編》、《堯峰文鈔》等，武英殿刻《全唐詩》使用的也是軟體字。

2. 清中期（乾嘉道咸）

在乾嘉學派推動下，清中葉又出現了刊刻古書的高潮。所刻書注重校刊，而且不惜工本刻仿宋本，版式行款一依舊本不變。一些著名學者和校勘學家參與刻書，書籍品質非常高，如顧廣圻爲孫星衍刻宋本《説文》、《古文苑》，爲張敦仁刻《禮記》，爲黄丕烈刻《國語》，爲胡克家刻宋本《文選》等。但這時期仿宋、仿元都與原本相去甚遠，只保留版式行款和字體。嘉慶年間阮元校刻《十三經注疏》也是突出代表，字用方體。

3. 清後期（同光宣）

清光緒初年，黎庶昌輯刻《古逸叢書》，開影刻宋元刻本之風，直到民國初年二十年代才告衰落。黎庶昌是曾國藩四大弟子之一，光緒七年出使日本，在楊守敬協助下，搜訪罕見古籍版本，刻成《古逸叢書》。此外，繆荃孫、徐乃昌、劉世珩、董康、吳昌綬等人，民國時張鈞衡、蔣汝藻、劉承幹和陶湘等，都有財力和學問，且喜歡藏書刻書。

（五）活字本

雕板印刷與手抄本相比，有着無與倫比的優越性。但每一部書都得刻一套板，每一頁都需要有一塊板片，如果要印製大部頭的書，耗費的工本極高。在不斷摸索的過程中，古人發明了活字印刷術。活字本有泥活字、木活字、銅活字等。

1. 泥活字

北宋沈括的《夢溪筆談》卷十八中曾記載畢昇創制了泥活字，但究竟印過什麼書無從知曉。南宋時期的周必大，於宋光宗紹熙四年（1193）在潭州仿畢昇之法，用泥活字印了自著的《玉堂雜記》。元代的姚樞在河南輝縣隱居時，曾命弟子楊古印製了《小學》等書，可見宋元時不斷有人實踐泥活字。但都沒有實物流存下來。

清道光十二年(1832),蘇州李瑤用膠泥活字擺印了他自己校補的《金石例四種》十七卷,現藏國家圖書館。此外,還刷印了《南疆繹史》。道光二十四年(1844),安徽涇縣的翟金生及其子侄發增、一新、一傑、一棠等,花了三十年心力仿製了泥活字十萬多個,分大、中、小、次小、最小五個型號,排版印刷了自著《泥版試印初編》、友人黃爵滋《仙屏書屋初集》十八卷及《水東翟氏宗譜》等三種書。翟氏所造的泥活字,現在部分博物館還有收藏。常見字的製作工藝是用陰文正字作爲母範,火燒堅硬後,填滿膠泥,倒出來後就變成陽文反字,這已經與現代意義上的用字模鑄鉛活字類似了。

2. 木活字

《夢溪筆談》中記載畢昇發明泥活字時提到,當時已經在實驗製作木活字,但由於木頭的紋理有疏密,粘水則高下不平,兼與藥相粘,所以沒有使用。元朝元貞元年到大德四年(1295—1300),農學家王楨試製成功了,最開始打算用來排印《農書》的,因已經有木刻本,所以後來用來印製了《旌德縣誌》,但明萬曆時失傳。但他把製造的工藝完整地記在了《農書》卷二十二後面。元代的木活字在少數民族中也有使用。敦煌千佛洞中曾發現過幾百個元代維吾爾文的木活字,被伯希和竊往法國,國內只有敦煌藝術研究所還殘存有幾個。

明清時期,木活字印刷技術流行較爲普遍,江南各省的祠堂,常用來排印家譜、族譜等。清代內府採用大量木活字印刷大量的書是在乾隆年間開四庫館期間,造了二十五萬多個木活字,乾隆認爲活字不雅,改稱"聚珍",又由於是在武英殿負責的,所以稱爲《武英殿聚珍版叢書》,前後排印了一百三十四種書(另有四種木刻雕板)。嘉慶年間又印了幾種,合計一百四十二種。這是歷史上規模最大的一次木活字印書。此外,乾隆年間的木活字印書,不能不提的是乾隆五十六年(1791)程偉元萃文書屋排印的《紅樓夢》,這是程甲本,五十七年再排印的是程乙本。

3. 銅活字

銅活字產生的時代,這也是學術界還未搞清的一個問題。據陸深的《金臺紀聞》記載,應該始於明弘治、正德間,地點主要是在江蘇的無錫、常州、蘇州和南京一帶,最有名的是無錫的華、安兩家,皆爲無錫巨富。華氏用銅活字印書起於華燧,室名"會通館",今存的華氏會通館銅活字擺印的書還比較多,如弘治五年(1492)的《錦繡萬花穀》、弘治八年(1495)的《容齋隨筆》等。嘉靖年間,無錫安國一家的銅活字印書取代了華氏,安氏以桂坡館名議擺印過《吳中水利通志》、《古今合璧事類備要》等書。此外還有其他幾家。嘉靖以後,銅活字印本逐漸減少。

關於明代銅活字印書,特別是華、安兩家,一個至今尚未解決的問題是,就是到底是銅活字還是錫活字?傳統認爲是銅活字,但最近有一種傾向是認爲應該是"銅版錫

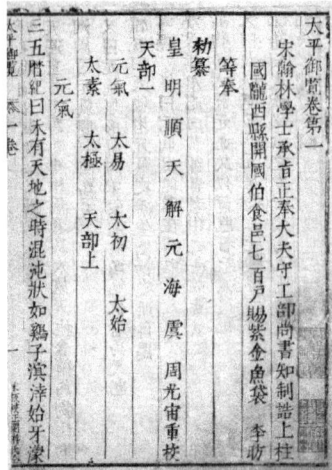

圖8.9　明萬曆二年周堂
銅活字印本《太平御覽》

活字"的簡稱。因此,最謹慎的做法是只稱爲金屬活字本,而不管製作的原料是什麼。

清代銅活字印書比較少,但卻因《古今圖書集成》的擺印,在規模上超過了歷史上任何一朝的活字印書。《古今圖書集成》是陳夢雷以個人之力,花費二十多年時間編輯而成的。雍正年間又命蔣廷錫爲總纂,經過三年時間的刪改,整爲一萬卷。用銅活字排版,選用上等的開化紙和太史連紙印造,共計五百二十五函、五千零二十冊,只印了六十部。

附帶講一下錫活字。元代王楨《農書》記載木活字時,曾提及近世曾有錫活字,但由於當時沒有發明油墨,用水墨去印,很難着墨,大多印壞了。這說明最遲在元朝初年已發明了錫活字。明代應該也是有的,但沒有實物證明,還有待進一步研究。至於鉛活字,我國比朝鮮和歐洲都要晚一些,但在弘、正年間也出現了,只是曇花一現,並未普及開來。

活字本的特點可以概括爲以下四句話:

邊欄不銜接:版框四角不銜接的必定是活字本,但並不是所有活字本都具有這一特徵。

無斷版現象:一般來講,活字本印過後即把版子拆散,不像一般刻本日久會開裂,所以一般不會有斷版現象。

墨色有濃淡:活字本著墨深淺不同,有的印得重墨色濃,有的輕墨色淡。

排字不整齊:活字本排字通常歪斜不正,或者疏密不同,還可能出現橫植之字。

第四節　版本鑒定

一、版本鑒定

版本鑒定是版本學的核心內容。版本鑒定的任務是:任何一部古籍,都要準確地說出是何種版本。這是一項長期而又艱巨的任務。對於初學者來講,掌握一定的版本鑒定知識和方法是很有必要的。現在分幾個方面來談。

（一）依據版本學常識鑒定版本

1.字體　刻印古籍的字體,不同時代和地域有着很大差異。宋元時期去古未遠,崇尚晉唐書法,反映在雕版印刷的字體方面,宋代主要是模仿唐代楷書名家,如四川宗顏、福建學柳、兩浙崇歐,元代則盛行松雪體。明代中期以後,字體日趨方整,講究橫平豎直,雖然缺少變化,卻符合印刷史發展的趨勢。不同時期、不同地域的刻本,看得多了,就能熟悉其字體風格。這在版本鑒定方面,是極為重要的感性知識積累。有經驗的鑒定專家,只要打開書頁看一眼,就能準確鑒定是什麼時期的版本。但據說這樣的專家,目前在全國也找不出來十個。

2.紙張　紙是古籍的主要載體。紙張在版本鑒定方面也是非常重要的憑據。漢唐時期,盛行麻紙;宋代,南方多用皮紙,北方仍然主要用麻紙;元代以竹紙為主,次用皮紙;明代嘉靖以前,以皮紙為主,次用竹紙;萬歷以後直至清末,以竹紙為主,次用皮紙,基本上不再用麻紙。這是古籍用紙的大致情況。如果細分下去,則更為複雜,需要專業的印刷史知識才能知曉。歷來藏書家,都喜愛潔白、韌性好的皮紙,不喜歡輕薄、易碎裂的竹紙。因此,同樣是明刻本,白綿紙、黃綿紙和竹紙的價值是不一樣的。清代書籍用紙則以開化榜紙、羅紋紙為上。掌握了不同時期紙張的特點,對於版本鑒定無疑是有很大幫助的。

3.牌記　古籍的牌記,相當於今天的版權頁,一般出現在書前內封,或者目錄的後面,或者卷末。牌記上一般都有版刻年份、主人及機構。根據牌記來鑒定版本,是最常用和最簡便的方法。但需要注意的是,如果書板易主,則可能改換牌記。古籍的版片,往往能反復利用,流傳很多年。後來的書坊,買到前代的書板,可能只是改換牌記,實際刊刻年代則早於牌記上的時間。例如,明萬曆二十八年至三十年（1600—1602）吳萬化刻本《寶古堂重修宣和博古圖錄》三十卷、《寶古堂重修考古圖》十卷、《寶古堂重考古玉圖》二卷,清乾隆年間黃晟得其書版,內封改題"乾隆壬申年秋月,亦政堂藏板",使人誤以為新刻本,實為萬歷間舊刻。

4.序跋　古籍在流傳過程中,如果牌記亡佚,或者牌記上沒有刊刻年代,那麼,序跋無疑是較可靠的鑒定版本年代的憑據。例如,虞集《道園學古錄》五十卷,卷末有至正元年（1341）門人李本識語,書目中一般著錄為元至正元年刻本。要注意的是,在利用序跋鑒定版本時,要認真查找序跋中關於該書刊刻方面的資訊,尤其是"付之剞劂""授之梓""鐫板刊行""鏤板"等詞句,不能簡單地將序跋的撰寫年代當成古籍刊刻的實際年代。

5.刻工　刻工是指刻字工人。為了便於查核責任和計量付酬,刻好的書板上一般都有刻工自行鐫刻的名字記號,其位置一般在版心的右下部分。有的只鐫姓氏,有的只鐫一名,有的姓名俱全。刻工的從業時間一般是二三十年,在某一部書上鐫刻着若干名刻工,如果明確這一群體的活動時間和地域範圍,其版本年代就大約在這一時期。

6.行款　行款又稱行格,是古籍版式的重要指標。同一部書的不同刻本,行款可能相同,也可能不同。行款相同,可能是同一刻本,也可能是不同刻本,而不同的行款,則肯定是不同刻本。因此,根據同一部書的不同行款,可以鑒定其版本。例如,臺灣中央研究院傅斯年圖書館藏有一部《馬石田文集》,該館定爲元刊本,但元刊本的行款是"每半頁十行十八字,細黑口,左右雙邊",而傅斯年圖書館所藏本爲"每半頁十行二十一字,黑口,四周雙邊",應當是明弘治六年熊翀刻本。

(二)依據目錄學知識鑒定版本

版本學和目錄學關係密切。版本鑒定的成果體現在各種書目中,反之,查找書目著錄情況,也是鑒定版本的重要方法,有時甚至是唯一方法。書目著錄的内容,一般有書名、卷數和版本等情況。

1.書名異同　同一部書的不同刻本,其書名稱謂可能會有所不同。例如,本朝人著作冠有朝代名稱時,往往褒稱"聖宋""皇元""大明""皇清"等,而後朝稱前朝,則直呼朝代名。如元蘇天爵編《國朝文類》,後代一般稱《元文類》;元孫存吾、傅習編《皇元風雅》,後代只稱《元風雅》。又如,明清時期書坊刻書,通常會在書名上加上一些附加詞,以吸引讀者。例如,明弘治十一年金臺岳家刻本《西廂記》的書名全稱是《奇妙全相注釋西廂記》五卷;明書林蕭騰鴻師儉堂刻本《西廂記》的書名是《鼎鐫陳眉公先生批評西廂記》二卷。通過書目查找,調查一部書的所有刻本,如果某一書名稱謂只出現在唯一的刻本上,那麼,只要看到這一稱謂的書,就能斷定該本是什麼時候的刻本。

2.卷數變遷　卷數是古籍的計量單位。二卷本一般分上、下卷;三卷本一般用上、中、下標目;四卷以上則用一、二、三、四……等數字分卷。此外,有的書不分卷。同一部書的卷數不同,既反映了内容上的多寡不同,也反映了版本的不同。例如,朱熹《詩集傳》,宋刻本爲二十卷,元刻本爲十卷,明嘉靖吉澄刻本爲八卷。根據卷數不同,就能初步判定某某分卷本是何種版本,或者屬於何種版本系統。要想瞭解某部書的卷數變遷,非得借助書目查詢不可。

3.版本著錄　有的古籍,既無牌記、序跋,也無避諱字,要想弄清楚其版本,只能通過書目著錄來查找。例如,筆者所藏朝鮮刻本《新刻蘇板校正古本唐詩鼓吹》,僅殘存卷二,據查,臺灣大學圖書館藏有明萬曆九年朝鮮刊本,與該書書名、行款相同,當是同一刊本。

(三)依據藏書知識鑒定版本

古籍在流傳過程中,或多或少都會留有歷代藏書家的印鑒、校記或題識,據此可推斷其大致版刻時代。

1.印鑒　無論公私藏書家,古代很早就有使用藏書印鑒的習慣。藏書印章的鈐蓋,一般從各卷卷首下方蓋起,依次從下往上蓋。只要熟悉藏書家的生平及其藏書印,就能斷定某書刻印年代的基本下限。例如,現存宋蜀刻本唐人文集,大多鐫有元代"翰林國史院"長方朱印,說明這些刻本的刷印,至少不晚於元代。

2.校記　古代勤奮的藏書家無論寒冬酷暑,都手不釋卷,反復校勘。有的書卷帙較大,需要花費幾天甚至幾個月才能校完,爲了保證校勘的連續性或避免遺忘,有時校完一卷或幾卷後會寫一行字,標記校書時間和地點。這些校記也爲版本鑒定提供了重要依據。

3.題識　藏書題跋或識語是古代藏書家施於自己喜愛的書籍的常用文字表達形式。其内容隨意性強,或記載作者生平,或討論内容得失,或記述得書經過,此外,或多或少都會提到該書的版本年代。這些題跋、識語,對於版本鑒定的幫助非常大。

(四)依據歷史文化知識鑒定版本

1.諱字　中國古代典籍中,凡遇本朝君主或所尊之名,不能直書,必須加以回避,這就是避諱;因避諱形成的文字,稱爲諱字。因此,可以利用諱字來鑒定古書的版本。這就需要我們熟練地掌握歷代的諱法、諱例、諱字和諱類等,要知道如何去查找歷代帝王的名諱、後妃諱、家諱等。在這方面,可充分利用陳垣的《史諱舉例》。

從時代上看,利用諱字鑒定版本的主要對象是宋刻本、明末和清刻本。元朝由於是蒙古統治時期,沒有避諱的習慣,明代前、中期也沒有行成避諱制度,直到萬曆以後才要求避諱。清初,順治朝不講避諱,康熙以後才漸漸嚴格。在清刻本中,可常見"玄""弘"二字缺末筆,或者改寫爲"元""宏",避的就是清聖祖玄燁、清高宗弘歷的名諱。

從避諱的嚴格程度來看,官刻本與私刻本、坊刻本有很大不同。一般來說,官刻本避諱最嚴,私刻本和坊刻本較寬松。有的書商以清刻本中"玄"字、"弘"字不缺筆就妄言該書是明以前刻本,我們千萬不要上當,要綜合其他方面來鑒定。

2.職官變遷　錢大昕治史,強調史家當"先通官制,次精輿地,次辨氏族,否則涉筆便誤"(《廿二史考異》卷四十《北史·外戚傳》條)。同樣,在古籍版本鑒定方面,如果不具備一定的職官、地理方面的知識,也很容易出錯。例如,國家圖書館藏清抄本《御制北調宮詞樂譜》,原定爲乾隆四十七年升平署抄本,但升平署之名,是道光七年(1827)二月初六日奉旨由南府改名的,故此書當是道光七年以後抄本。[1]　如果不清楚

升平署這一機構的建置年代及其名稱變化,在鑒定版本時就會出現很大偏差。

3.地理沿革　中國歷史上的地理沿革非常複雜,不同時期的地名經常出現變化。或者同一地區,名稱各異;或者同一地名,所轄地域變化很大。考察地名沿革,也可爲版本鑒定提供參照。例如,廣東省立中山圖書館所藏《金剛經》古印本,經冊最後有兩行題記云:"隰州隰川縣保定鄉去延村居住孝男姚鈞奉爲先姚霍氏今月二十三日屆斯百日之辰謹舍淨財建立"。考金代隰州下設隰州縣,元代始改爲隰川縣,明初撤銷隰川縣建制,可知題記時間爲元代,應遲於經版製成時間,經版可能成於金代,故佛經版本學家將此經刊板年代定爲十三世紀金、元之際。對地理沿革的研究,屬於歷史地理學的範圍,有興趣的同學可以涉獵一下,比較簡便的辦法是經常查找《中國歷史地圖集》。

二、善本淺說

除了準確地鑒定版本外,版本學研究還有一個很重要的任務,就是要從紛繁複雜的版本中比較優劣,以供讀者利用。版本優劣的比較屬於價值判斷,其結果體現在"善本"與"普通本"兩個概念上。

善本的最初概念,是指校勘精審、舛誤較少的書本。後來在"精"的基礎上,又加上了"舊"字。如清張之洞在《輶軒語・語學》"讀書宜求善本"條中把善本定義爲三條,一是足本,無闕卷,未刪改;二是精本,指精校、精注;三是舊本,指舊刻、舊抄。丁丙的善本觀念與之相近,他認爲善本的標準有四條,一是舊刻,指宋元舊刊;二是精本,自洪武迄嘉靖,萬歷以後精刻少見者;三是舊抄,包括明抄、清代影抄宋元精本;四是舊校,如乾嘉學者校讎精審者。所謂"舊",指的是年代久遠。但這是一個相對的概念。今天視爲"新"的東西,明天就可能是"舊"的了。因此,古人的善本概念並不科學和嚴密。

民國以來,學術界產生了對善本的各種理解和定義。概括說來,有以下幾種具有代表性的觀點:

(一)明代以前的刻本、抄本

據《故宮殿本書庫現存目》弁言,宋元明舊本或舊抄本爲善本書庫,明以下普通各書則分藏經、史、子、集各庫。

(二)精印稀見本

1940年版《圖書學大辭典》:藏書家對書籍之精印難得者,或現已罕有之本爲善本。

（三）宋元明本、現代精印、精抄本

1958 年版商務印書館《圖書館學辭典》"善本"詞條:善本的範圍,約可列爲刊本、抄本、印本三種。以刊本論,有宋元明刊本,清與現代的精刻本、影印本等;以抄本論,亦有宋元明舊抄本,清代與現代的精抄本、影抄本等;以印本論,則有絕精的石印本,其他有影印、珂羅版印本、聚珍仿宋本等。

（四）具有重要學術或藝術價值的古籍

1965 年版《辭海》（未定稿）:在學術上或是藝術上有重要價值,而又珍貴稀見的圖書,如舊刻本、精鈔本、手稿、舊拓碑帖等,通常稱爲善本。1965 年版《現代漢語詞典》:古代典籍在學術上或藝術價值上均比一般本子優異的刻本或寫本。盧中嶽《古籍善本簡論》把是否具有學術價值或藝術價值作爲確定古籍善本的標準,二者兼具或具備其中之一的比較好的本子都可算作善本。戴南海《版本學概論》贊同其說,也認爲凡具有學術價值和藝術價值或具備其中之一的比較好的本子都可算作善本。

（五）具有歷史文物性、學術資料性、藝術代表性的古籍

李致忠在《善本淺論》一文中提出三性原則,即對任何一部古書,都應從歷史文物性、學術資料性、藝術代表性等多方面進行考察。在現存古籍中,凡具備這三方面特點,或具備其中之一二者,均可視爲善本。[①]從時限上看,是以清乾隆六十年（1795）爲界,之前的屬於善本,之後的屬於普通本。

（六）區別爲善本與珍本,或校勘性善本與文物性善本,或廣義與狹義善本

程千帆、徐有富在《校讎廣義·版本編》中提出,從讀書治學的角度看,善本就是接近原稿的書,而凡具有歷史文物性、學術資料性、藝術代表性而又流傳甚少的書可視爲珍本。

黃永年《古籍版本學》主張把所謂"善本"區分爲兩種:一種是繼承宋以來的本來涵義,凡校勘精審即接近古籍本來面目的都是善本,明確點可稱之曰校勘性的善本。再一種則承認清以來藏書家、版本專家的講法,凡已成爲文物的古籍都可以說是善本,明確點可稱之曰文物性的善本。

嚴佐之《古籍版本學概論》中認爲,廣義的善本包括具有較高學術價值和文物價值的版本在內,或兩者兼備,或僅有其一。這是從版本研究的整體出發來考慮的。狹義的善本專指具有較高學術價值的版本,即校勘精良、少有訛誤的版本。這是從使用文獻、整理古籍等學術研究的角度來考慮的。

---

① 　李致忠:《"善本"淺論》,《文物》1978 年第 12 期。

以上六種觀點,代表了從民國到當代學者對善本概念的認識與思考。目前,學術界普遍接受的是第五、六兩家觀點。其中,圖書館、文博部門認可的是第五種觀點,《中國古籍善本書目》《古籍定級標準》就是以此爲基礎編制的;而在高校中國古典文獻學與歷史文獻學等學科領域,第六種觀點無疑更能被接受。因爲從讀書治學的角度來看,校勘精審的版本比僅具文物價值的版本更加實用。

綜上所述,善本有廣、狹二義,廣義的善本是指具有較高文獻價值或文物價值的版本;狹義的善本專指具有較高文獻價值的版本,而只具有文物價值的版本可稱爲珍本。所謂文獻價值,一是接近原貌,二是內容完整,三是校勘精審或有學者批註;所謂文物價值,一是年代久遠,二是流傳稀少,三是寫印精美或經名家遞藏。

【本章參考文獻】

葉德輝:《書林清話》,中華書局,1957 年版。

毛春翔:《古書版本常談》,中華書局,1962 年版;上海古籍出版社,2003 年插圖增訂版。

黃永年:《古籍版本學》,陝西師範大學古籍所 1985 年油印本;江蘇教育出版社,2005 年版。

嚴佐之:《古籍版本學概論》,華東師範大學出版社,1989 年版。

張秀民:《中國印刷史》,上海人民出版社,1989 年版。

李致忠:《古書版本學概論》,書目文獻出版社,1990 年版。

程千帆,徐有富:《校讎廣義·版本編》,齊魯書社,1991 年版。

曹之:《中國古籍版本學》,武漢大學出版社,1992 年第 1 版;2007 年第 2 版。

李致忠:《古書版本鑒定》,文物出版社,1997 年版。

陳正宏,梁穎:《古籍印本鑒定概說》,上海辭書出版社,2005 年版。

◎原典閱讀

一、清葉德輝《書林清話》(節選)

(一)書有刻板之始

書有刻本,世皆以爲始於五代馮道。其實唐僖宗中和年間已有之。據唐柳玭《家訓序》(諸書稱引多作柳玭《訓序》,無家字。此殿本薛《五代史·唐書·明宗紀》注引。)云:"中和三年癸卯夏,鑾輿在蜀之三年也,余爲中書舍人。旬休,閲書於重城之東南。其書多陰陽雜記、占夢相宅、九宫五緯之流,又有字書小學。率雕板印紙,浸染不可曉。"是爲書有刻板之始。先六世祖宋少保公《石林燕語》(八)云:"世言雕板印書始馮道,此不然。但監本《五經》板,道爲之爾。柳玭《訓序》,言其在蜀時,尝閲書肆。云字書小學,率雕板印紙。則唐固有之矣,但恐不如今之工。"此雖節載《訓序》之文,固信以爲唐有刻板書之證。特當時所刻印者,非經典四部及有用之書,故世人不甚稱述耳。宋朱翌《猗覺寮雜記》云:"雕印文字,唐以前無之。唐末益州始有墨版,後唐方鏤《九經》。悉收人間所收經史,以鏤板爲正。見《兩朝國史》。"據朱氏亦謂刻板實始於唐矣。近日本島田翰撰《雕板淵源考》(所撰《古文舊書考》之一),據《顏氏家訓》稱"江南書本",謂書本之爲言,乃對墨板而言之。又據陸深《河汾燕閑錄》引隋開皇十三年十二月八日敕"廢像遺經,悉令雕板"之語,謂雕板興於六朝。然陸氏此語本隋費長房《三寶記》,其文本曰"廢像遺經,悉令雕撰",意謂廢像則重雕,遺經則重撰耳。阮吾山《茶餘客話》,亦誤以雕像爲雕板。而島田翰必欲傅合陸說,遂謂陸氏明人,逮見舊本,必以"雕撰"爲"雕板",不思經可雕板,廢像亦可雕板乎?島田翰又歷引《顏氏家訓》"江南書本";《玉燭寶典》引《字訓》解淪字曰"皆依書本";宋晁公武《古文尚書訓詁傳》引隋劉炫《尚書述議》曰"四隩既宅,今書本隩皆作墺",謂"書本"是墨板,爲北齊以前有刻板之證。上虞羅振玉作《鳴沙山石室秘錄》,記於雕本《一切如來尊勝陀羅尼經》下,亦從其說。吾以爲謂雕板始於唐,不獨如前所舉唐柳玭《訓序》,可爲確證。唐元微之爲白居易《長慶集》作序,有"繕寫模勒,衒賣於市井"之語,司空圖《一鳴集》九,載有《爲東都敬愛寺講律僧惠確化募雕刻律疏》,可見唐時刻板書之大行,更在僖宗以前矣。若以諸書稱本,定爲墨版之證,則劉向《別傳》"校讎者,一人持本",後漢章帝賜黄香《淮南子》、《孟子》各一本,亦得謂墨板始於兩漢乎?島田氏謂在北齊以前,其所援據止諸書稱本之詞、陸氏誤字之語,則吾未敢附和也。

(二)板本之名稱

先祖宋少保公《石林燕語》(八)云:"唐以前,凡書籍皆寫本,未有模印之法,人以藏書爲貴。人不多有,而藏者精於讎對,故往往皆有善本。學者以傳錄之艱,故其誦讀亦精詳。五代馮道始奏請官鏤《六經》板印行。國朝淳化中,複以《史記》、《前後漢》付有司摹印。自是書籍刊鏤者益多,士大夫不復以藏書爲意。學者易於得書,其誦讀亦因滅裂。然板本初不是正,不無訛誤。世既一以板本爲正,而藏本日亡,其訛謬者遂不可正,甚可惜也。余襄公靖爲秘書丞,嘗言《前漢書》本謬甚,詔與王原叔同取秘閣古本參校,遂爲《刊誤》三十卷。其後劉原父兄弟,《兩漢》皆有刊誤。余在許昌,得宋景文用監本手校《西漢》一部,末題用十三本校,中間有脫兩行者,惜乎今亡之矣。"據此而論,雕板謂之板,藏本謂之本。藏本者,官私所藏,未雕之善本也。自雕板盛行,於是板本二字合爲一名。(宋岳珂《九經三傳沿革例》,書本內列有晉天福銅版本,此板本二字相連之文。然珂爲南宋末人,是時版本之稱沿用久矣。)而近人言藏書者,分目錄、板本爲兩種學派。大約官家之書,自《崇文總目》以下,至乾隆所修《四庫全書總目提要》,是爲目錄之學。私家之藏,自宋尤袤遂初堂、明毛晉汲古閣,及康雍乾嘉以來各藏書家,斷斷於宋元本、舊鈔,是爲板本之學。然二者皆兼校讎,是又爲校勘之學。本朝文治超軼宋元,皆此三者爲之根柢,固不得謂爲無益之事也。昔顧澗薲跋《蔡中郎文集》云:"書以彌古爲彌善,可不待智者而後知矣。乃世間有一等人(其人,蕘翁門下士也),必謂書毋庸講本子。噫!將自欺耶,欺人耶?敢書此以質蕘翁。"跋載《黃記》。蕘翁有此門下,亦可謂失傳衣鉢矣。同年友某嘗與吾笑談,謂平生不知板本,但見其書有字即讀。吾戲語之曰:"君所讀書皆無字。"是亦各明一義矣。

(三)宋刻書紙墨之佳

先文莊公《水東日記》十四云:"宋時所刻書,其匡廓中摺行中,上下不留黑牌,首則刻工私記本板字數,次書名,次卷第數目,其末則刻工姓名以及字總數。餘所見當時印本書如此。浦宗源郎中家有《司馬公傳家集》,往往皆然。又皆潔白厚紙所印。乃知古人於書籍,不惟雕鐫不苟,雖摹印亦不苟也。"明高濂《燕閑清賞箋·論藏書》云:"藏書以宋刻爲善。宋人之書,紙堅刻軟,字畫如寫,格用單邊,間多諱字。用墨稀薄,雖著水濕,燥無湮跡。開卷一種書香,自生異味。元刻仿宋,單邊,字畫不分粗細,較宋邊條闊多一線。紙松刻硬,用墨穢濁。中無諱字,開卷了無臭味。有種官券殘紙,背印更惡。宋板書以活襯紙爲佳,而鼉繭紙、鵠白紙、藤紙固美,而存遺不廣。若粘褙宋書則不佳矣。"孫從添《藏書紀要》云:"若果南北宋刻本,紙質羅紋不同,字畫刻手古勁而雅,墨氣香淡,紙色蒼潤,展卷便有驚人之處。所謂墨香紙潤,秀雅古勁,宋刻之妙盡之矣。"按《天祿琳琅》一,宋版《周易》十卷云:"是書不載刊刻年月,而字法圓活,刻手清整,且於宋光宗以前諱皆缺筆。琴川毛晉藏書,於宋本印記之下復加'甲'字印,乃宋槧之最佳者。"又二,宋版司馬光《資治通鑑考異》三十卷,元祐槧本,乾隆甲子御題云:"是書字體渾穆,具顏、柳筆意,紙質薄如蟬翼,而文理堅致,爲宋代所制無疑。"又宋版《南華真經》十卷云:"此書版高不及半尺,而字畫倍加纖朗,紙質墨光亦極瑩致。乾隆御題云:'蠅頭細書,紙香墨古,誠寶跡也。'"又三,《新刊訓詁唐昌黎先生文集》四十卷、《外集》十卷、《遺文》一卷:"卷一下標'臨邛韓醇'四字,《訓詁柳先生集》亦出醇手。書後有記,作於孝宗淳熙丁酉,稱'世所傳昌黎文公文,雖屢經名儒手,餘昔校以家集,其舛誤尚多'云云,則醇爲愈之裔可知。其家在臨邛,當即蜀中所刊。宋葉夢得以蜀本在建本之上，觀此書字精紙潔，刻印俱佳，洵不誣也。"乾隆乙未御題云："字畫精好，紙墨細潤，《天祿琳琅》所貯《韓集》，當以是本爲第一。"又宋版姚鉉《唐文粹》一百卷，北宋寶元二年臨安孟琪刻。乾隆御題云："字畫工楷，墨色如漆。"觀此知有宋一代文化之盛，物力之豐，與其工藝之精，斷非元以後所能得其彷彿。《黃記》，校宋本《姚少監文集》六卷，前錄陸西屏寫《梅花草堂筆談》云："有傳示宋刻者，其文鉤畫如繡，手摸之若窪窿然。故出紹興守家，其先副憲藏書也。問故，將質以償路符之費，且誡售者勿泄，有是哉。"此等宋刻，求之今日，誠如鳳毛麟角之希見。近年京師、滬瀆偶出一宋季元初麻沙坊刻，動估千金。虎賁以代中郎，碔砆可充和璧，時無英雄，豎子成名。世間事何莫不然，豈獨阮籍有廣武之歎哉！

（四）元刻書多用趙松雪體字

徐康《前塵夢影錄》雲："元代不但士大夫競學趙書，如鮮於困學、康里子山，即方外如伯雨輩亦刻意力追，且各存自己面目。其時如官本刻經史，私家刻詩文集，亦皆摹吳興體。至明初吳中四傑高、楊、張、徐，尚沿其法。即刊板所見，如《茅山志》、周府《袖珍方》，皆狹行細字，宛然元刻，字形仍作趙體。沿至《匏庵家藏集》、《東里文集》，仍不失元人遺意。至正德時，慎獨齋本《文獻通考》細字本，遠勝元人舊刻。大字巨冊，僅壯觀耳。迨至萬曆季年，風行書帕禮書，不求足本，但取其名，如陳文莊、茅鹿門、鐘人傑輩，動用細評，句分字改，如評時文。然刻書至此，全失古人真面。顧千里擬之秦火，未爲苛論也。"按徐康爲吳枚庵門人，故言板刻甚精核。《天祿琳琅》六，《歐文忠公文集》一百五十三卷、《年譜》一卷、《附錄》五卷，云"此書字法，規仿鷗波，深得其妙。觀其槧印之精，非好古者不能爲此。"《陸續跋》有元槧吳澄《禮記纂言》三十六卷，雕刊工整，字皆趙體。《黃記》，元本《稼軒長短句》十二卷，是書舊刻，純乎元人松雪翁書。又校元本張認庵跋雲："大德刊本，大字行書，流麗娟秀，如松雪翁體。"又《陸志》有元刊元印《清容居士集》五十卷，云"有趙子昂筆意，元版中上乘也。"又影寫元刊本《漢泉曹文貞公詩集》十卷，云宋賓王識略雲："閱桃花塢文瑞堂所得秀野草堂顧氏藏《曹漢泉集》五卷，字畫端楷，直出松雪手書。元時名集動國帑鏤板，故得名手書文，良工刊刻。"《瞿目》元刊本曹伯啟《漢泉曹文貞公詩集》十卷，云"國子生浚儀胡益編錄，寫刻甚精，書法似趙文敏，殆即益所書也。"吾藏元張伯顏刻《文選》、大德本《繪圖列女傳》，字體流動，而沉厚之氣溢於行間。《列女傳》繪圖尤精，碻爲松雪家法，字含鐘繇筆意，當是五十以後所書。然不如所書《道德寶章》卷末題趙名者，信而有徵也。（《四庫書目提要》，內府藏本爲元本。《瞿目》有明刊本，吾亦有之。道光戊戌施禹泉刊本，摹仿亦精。）至世傳大定乙巳刻宋人編《兩漢策要》（十二卷），毛扆《珍藏秘本書目》載之，謂爲元人手鈔，與元人手鈔《古文苑》相次，云二書一筆趙字，或謂趙文敏手書而無款,不敢定之。乾隆五十八年,如皋張氏以毛本重刻,摹仿極工。前附有翁方綱題,後附梁同書、寶光鼐、周駿發、朱鈺、姚棻、邵齊熊諸跋,但以爲元名手書,不敢定爲松雪親筆。惟邵跋援陸學士、秦中丞及簡齋先生(當是袁簡齋),定爲松雪手跡,謂非餘子能辦,吾亦信以爲然。蓋松雪平生工於寫字,亦勤於鈔書,世傳所書《道德經》,見於各家集帖收藏家題跋者,已十數本之多。明張醜《書畫見聞表》,列有《左傳》正文全部及《李太白集》。沈初《西清筆記》,有趙文敏小楷《四十二章經》、《法華經》全部。可見趙鈔之未傳刻者正複不少,不僅元時一朝刻書風氣視此翁爲轉移也。

(五)明人不知刻書

吾嘗言明人好刻書,而最不知刻書。郎瑛《七修類稿》云:"世重宋版詩文,以其字不差謬。今刻不特謬,而且遺落多矣。予因林和靖詩而歎之,舊名止曰《漫稿》,上下兩卷,今分爲四卷。舊題如'送范寺丞仲淹'今改爲'送范仲淹寺丞'者最多,已非古人之意矣。今拾遺,'和運使陳學士游靈隱寺'古詩四章,宋刻首篇者也。今僅律絕多,而遂以此爲拾遺可乎。"(《丁志》影宋本《和靖先生詩集》二卷下,引之不詳。)然不獨林集爲然也。《四庫書目提要》集部詩文評類:"《詩話總龜前集》四十八卷、《後集》五十卷,宋阮閱撰。案胡仔《苕溪漁隱叢話》序曰:'舒城阮閱,昔爲郴江守,嘗編《詩總》,頗爲詳備。'則此書本名《詩總》,其改今名,不知出誰手也。此本爲明宗室月窗道人所刊,並改其名爲阮一閱,尤爲疏舛。其書《前集》分四十五門,所採書凡一百種;《後集》分六十一門,所採書亦一百種。分類瑣屑,頗有乖於體例。前有郴陽李易序,乃曰:'阮子舊集頗雜,月窗條而約之,彙次有義,棼結可尋。'然則此書已經改竄,非其舊目矣。"是雖天潢刻書,亦不可據。今阮氏原本已歸繆氏藝風堂,卷帙完全,與月窗所刻者迥別。以較《提要》所指摘者,皆非原書之文。可知朱明一朝刻書,非仿宋刻本,往往屢雜己注,或竄亂原文,如月窗之類,觸目皆是,不僅此二書然也。嗟乎!明人虛僞之習,又豈獨刻書一事也哉?

(六)古今刻書人地之變遷

王士禛《居易錄》十四云:"陸文裕深《金臺紀聞》云:'葉石林時,印書以杭州爲上,蜀本次之,福建最下。'又雲:'比歲京師印板,不減杭州。蜀、閩多以柔木刻之,取其易售。今杭絕無刻,國初蜀尚有板,差勝建刻。今建益下,去永樂、宣德亦不逮矣。唯蘇州工匠稍追古作。'此嘉靖初語也。近則金陵、蘇、杭,書坊刻板盛行,建本不復過嶺,蜀更兵燹,城郭邱墟,都無刊書之事,京師亦鮮佳手。數年以來,石門(即崇德縣)呂氏,昆山徐氏,雕行古書,頗仿宋槧,坊刻皆所不逮。古今之變,如此其亟也。"吾按文簡時,金陵、蘇、杭刻書之風,已遠過閩、蜀。乾嘉時,如盧(文弨)、鮑(廷博)、孫(星衍)、黃(丕烈)、張(敦仁)、秦(恩復)、顧(廣圻)、阮(元),諸家校刻之書,多出金陵劉文奎、文楷兄弟。咸豐赭寇之亂,市肆蕩然無存。迨乎中興,曾文正首先於江甯設金陵書局,於揚州設淮南書局,同時杭州、江蘇、武昌繼之。既刊讀本《十三經》,四省又合刊《廿四史》。天下書板之善,仍推金陵、蘇、杭。自學校一變,而書局並裁,刻書之風移於湘、鄂,而湘尤在鄂先。同、光之交,零陵艾作霖曾爲曹鏡初部郎耀湘校刻《曾文正公遺書》及釋藏經典。撤局後,遂領思賢書局刻書事,主之者張雨山觀察祖同、王葵園閣學先謙與吾三人。而吾三人之書,大半出其手刻。晚近則鄂之陶子齡,同以工影宋刻本名。江陰繆氏、宜都楊氏、常州盛氏、貴池劉氏所刻諸書,多出陶手。至是金陵、蘇、杭刻書之運終矣。然湘、鄂如艾與陶者,亦繼起無其人。危矣哉刻書也。

(選自葉德輝:《書林清話》,中華書局,1957 年版)

二、古籍定級標準

中華人民共和國文化部

2006 年 8 月 5 日發佈

2006 年 10 月 1 日實施

(一)前言

本標準的編寫格式和方法按《標準化工作導則寫規則》(GB/T 1.1—2000)和《標準化工作導則要素內容的確定方法》(GB/T 1.2—2002)中的規定編寫。本標準爲中華人民共和國文化行業標準。

本標準由中華人民共和國文化部提出、批準並歸口管理。

本標準由國家圖書館負責起草。

本標準參加編寫單位:上海圖書館、首都圖書館、天津圖書館、南京圖書館、浙江圖書館、遼寧省圖書館、山東省圖書館和陝西省圖書館。

本標準的主要起草人:李國慶、李致忠。

(二)引言

中國是一個文明古國,有着悠久的歷史和燦爛的文化。中國古代的"四大發明",對人類文明進步作出了重大貢獻。其中造紙和印刷技術的發明與發展,使承載著中華數千年文明的古籍得以世代相繼,綿延不絕。其數量之多,古人每以"浩如煙海"喻之。自古以來,古籍頻遭兵燹、水火等人爲、自然之災難,倖免厄運而流傳至今者,百不一存,尤顯珍貴。綜觀古籍傳本,因產生時代不同,有宋槧元刊之別;因所載內容不同,有價值高下之分;因寫印技藝不同,有精美粗劣之異。研究古籍傳本的特徵與異同,辨別古籍傳本的真偽與優劣,進而確定古籍傳本的級別等次,最終實現對古籍的科學保護、合理利用。

參照中華人民共和國文化部 2001 年第 19 號令發佈的《文物藏品定級標準》和《一級文物定級標準舉例》記述善本古籍藏品定級的有關精神,參照編纂《中國古籍善本書目》時提出的鑒別善本古籍的"三性原則",以及該目列舉的收錄善本古籍的"九項條件"(兩者簡稱"三性九條"),同時考慮全國現存善本和普本古籍的實際情況,制定本標準。

本標準的定級物件:漢文古籍。全國現存其他特種古代文獻,如甲骨、簡策、帛書、敦煌遺書、金石拓本、輿圖、書劄、魚鱗冊、契約、文告、少數民族語文圖書,以及域外翻刻、抄寫的中國古籍,如和刻本、高麗本等,不在本定級範圍之內。

(三)古籍定級標準

1 範圍

本標準規定了古籍基本術語和定義,以及古籍的級別和等次。

本標準的適用範圍:全國各級各類型圖書館、博物館等單位的古籍保護、整理和利用工作,同時供出版、教學、科研及國內外相關業務單位使用。

2 術語和定義

2.1 古籍

中國古代書籍的簡稱,主要指書寫或印刷於 1912 年以前具有中國古典裝幀形式的書籍。

2.2 版本

一書經過抄寫或印刷而形成的傳本。指書籍具有的特徵,如書寫或印刷的各種形式,內容的增刪修改,一書在流傳過程中卷帙的存佚,以及書中所形成的記錄,如印記、批校、題識等。

2.2.1 寫本

繕寫而成的書本。習慣上對宋及宋以前繕寫、宋代以後著名學者及名家繕寫、歷代繕寫的佛道經卷等均稱寫本;歷代中央政府組織編纂繕寫的巨帙原本,如明輯《永樂大典》、清修《四庫全書》等,亦稱寫本。

2.2.2 稿本

指作者親筆書寫的自己著作的底本。分手稿本、清稿本和修改稿本。

2.2.3 抄本

以某一傳本爲底本,抄寫而成的書本。習慣上對元及元以後抄寫的書本稱爲抄本。

2.2.4 影抄本

也稱影寫本。以某一傳本爲底本,按照底本文字的行款格式、版框大小、文字內容,一一摹抄,其版面形象與底本惟妙惟肖,故名。

2.2.5 彩繪本

用多種顏色繪製而成的書本。

2.2.6 刻本

雕版印本的簡稱。指雕刻木板,製成陽文反字印版,而後敷墨覆紙刷印而成的書本。

2.2.6.1 初刻本

第一次刻版印製的書本。

2.2.6.2 重刻本

依據某一底本而重新刻版印製的書本。

2.2.6.3 翻刻本

也稱覆刻本。按照某一底本翻雕印製的書本。

2.2.6.4 影刻本

按照某一底本原樣摹刻印製的書本。

2.2.6.5 重修本

也稱修補本或修補版。指用修補過的舊版刷印而成的書本。

2.2.6.6 遞修本

用經過兩次或兩次以上修補過的舊版刷印而成的書本。宋代的雕版,經宋元兩代修補後在元代刷印成的書本稱宋元遞修本,或經元明兩代修補在明代刷印成的書本稱元明遞修本,或經宋元明三代修補在明代刷印成的書本稱宋元明遞修本,亦稱三朝遞修本。

2.2.6.7 朱印本

在版面上敷以朱色,覆紙印成的書本。

2.2.6.8 藍印本

在版面上敷以藍色,覆紙印成的書本。

2.2.7 活字本

活字印本的簡稱。選用單體活字,按照書的內容,擺成印版,敷墨覆紙印成的書本。按照活字製作材料的不同,分爲泥、木、銅、錫、鉛活字等。活字印刷是宋仁宗慶歷(1041—1048)時畢昇所發明,用膠泥制字,火燒使堅,擺版印刷。這一發明較德國谷登堡使用金屬活字排版早四百年。元代又創制木活字。

2.2.7.1 泥活字印本

製造泥活字擺成印版,敷墨覆紙印成的書本。

2.2.7.2 木活字印本

製造木活字擺成印版,敷墨覆紙印成的書本。

2.2.7.3 聚珍版印本

簡稱聚珍版。指清武英殿用所制木活字擺版印成的叢書本。清乾隆皇帝採納金簡建議,在武英殿製造大小木活字,用以選印收入《四庫全書》而又爲世所急需的稀見之書。乾隆皇帝以"活字"名稱不雅,詔以"聚珍"名之。用此木活字擺印之叢書稱爲內聚珍;後各省官書局據以翻刻,其所刻印之書稱爲外聚珍。

2.2.7.4 銅活字印本

製造銅活字擺成印版,敷墨覆紙印成的書本。

2.2.8 套印本

套色或套版印成的書本,包括套色印本和套版印本兩種。早期爲一版分色套印,元代以後發展成兩版或多版分色套印。

2.2.8.1 套色印本

也稱敷彩印本。指在一塊雕版上,根據不同需要,敷以不同顏色而印成的書本。

2.2.8.2 套版印本

用兩套或多套大小相同的書版,分別敷以不同顏色,依次刷印而成的書本。

2.2.8.3 朱墨套印本

以朱色和墨色兩種顏色套版印成的書本。

2.2.8.4 多色套印本

用三種以上顏色套版印成的書本,包括三色、四色、五色套印本等。

2.2.8.5 饾版印本

雕刻多塊印版,分別塗以不同顏色,依次刷印而成的書本。爲了表現山川雲霧、草木蟲魚、花鳥禽獸、建築陳設等富有立體感,將一葉圖文或一個局部,分別刻成多塊小木版,而後分層分色套印。因每塊雕版小如饾釘,故名。

2.2.8.6 拱花印本

雕刻多塊凹凸印版,根據內容需要,依次嵌合擠壓而成拱起於紙面的各種圖形的書本。用以凸現山川雲霧、草木蟲魚、花鳥禽獸及建築陳設等造型的立體感。

2.2.8.7 饾版拱花印本

同時運用饾版、拱花兩種技法印製而成的書本。

2.2.9 鈐印本

鈐蓋圖章而成的書本。

2.2.10　磁版印本

選用特製泥土製成泥版,刻成陽文反字,火燒令堅,敷墨覆紙而印成的書本。

2.2.11　活字泥版印本

選用陽文反字的木質雕版作爲字源,將特製泥條的一端壓於木質雕版的一個文字上,製成一個陰文正字的泥質字模,再按照書的内容,選用對應的泥質字模,壓於特製的泥版上,製成陽文反字的泥質印版,在泥版上敷墨覆紙而印成的書本。

2.2.12　銅版印本

以銅爲版,施以腐蝕藥劑製成印版,而後敷墨覆紙印成的書本。

2.2.13　影印本

以某一版本爲底本,用照相的方法製成印版,上機印刷而印成的書本。

2.2.13.1　珂羅版印本

又稱玻璃版印本。用照相的方法,把圖文曬印在塗有感光膠層的玻璃版上製成印版,上機印刷而印成的書本。

2.2.14　石印本

利用多孔石質平版,經處理後製成印版,上機印刷而印成的書本。

2.2.15　批校題跋本

指書中帶有批、校、題、跋的書本。對書的内容進行品評而形諸葉面的批語謂之批;依據不同傳本和有關資料,與底本文字進行核勘,記載核勘文字謂之校;批、校均具者謂之批校;學者或藏書家對某一傳本的内容、版本源流及其價值等所寫的評論、鑒賞、考訂、記事等,統稱題跋,也稱題識。

2.2.16　過錄本

將其他傳本中所載的他人批校文字照樣移錄過來的書本。

2.2.17　孤本

指一書世傳只有一部的書本,或指一書的某一版本世傳只有一部的書本。國内單傳者,稱爲海内孤本;全世界單傳者,稱爲海内外孤本。

2.2.18　善本

具有比較重要歷史、學術和藝術價值的書本。大致包括寫印年代較早的,傳世較少的,以及精校、精抄、精刻、精印的書本等。

2.2.19　普本

普通版本的簡稱,相對善本而言。指具有一定歷史、學術和藝術價值的書本。

2.3　三性原則

指認定古籍所具有歷史文物性、學術資料性和藝術代表性價值的準則。制定本標準,遵循三性原則,以古籍所具有的三性價值作爲定級依據。歷史文物價值側重以版本產生的時代爲衡量尺度,學術價值側重以古籍反映的內容爲衡量尺度,藝術價值側重以版本具有的特徵爲衡量尺度。在現存古籍中,凡具備三性價值,或具備其中之一之二者,均可據以定級。

2.4　不唯時限原則

指確定古籍的級別,不把歷史文物價值作爲唯一依據的準則。凡古籍按歷史文物價值(有時限)衡量,應屬下一級別;而按學術或藝術價值(不唯時限)衡量可列入上一級別者,即可將其定爲上一級別。

2.5　等次上靠原則

指將古籍等次上靠的準則。根據一書所具有的特殊價值,主要指其在流傳過程中所形成的記錄諸如題跋、校勘及印記等,宜上靠一個或兩個等次。

2.6　等次下調原則

指將古籍等次下調的準則。側重考慮一書的書品好壞和完殘程度,凡屬下乘者,宜下調一個或兩個等次。

3　定級標準

古籍分爲善本和普本兩部分。將具有珍貴價值的善本劃分爲一、二、三級;將具有一般價值的普本定爲四級。一、二、三級之下,劃分等次;四級之下,不分等次。具體條款如下:

3.1　一級古籍定級標準

具有特別重要歷史、學術、藝術價值的代表性古籍。

——元代及其以前(包括遼、西夏、金、蒙古時期)刻印、抄寫的古籍。

——明清時期各學科名家名著的代表性稿本。

——明清時期著名學者的代表性批校題跋本。

——明清時期朝廷組織編纂的代表性巨帙原本。

——明代及其以前銅活字印本、木活字印本、套版印本、餖版印本、拱花印本、餖版拱花印本及用特殊技法印製的各種有代表性書本。

——明代及其以前用特殊紙張寫印,具有特殊裝幀形式的代表性書本。

——清代磁版印本、活字泥版印本。

3.1.1　一級古籍甲等

北宋及北宋以前(包括遼、西夏時期)刻印、抄寫的古籍。

3.1.2　一級古籍乙等

元代及其以前(包括南宋、金、蒙古時期)刻印、抄寫的古籍。

3.1.3　一級古籍丙等

——明清時期各學科名家名著的代表性稿本。

——明清時期著名學者的代表性批校題跋本。

——明清時期朝廷組織編纂的代表性巨帙原本。

——明代及其以前銅活字印本、木活字印本、套版印本、餖版印本、拱花印本、餖版拱花印本及用特殊技法印製的各種有代表性書本。

——明代及其以前用特殊紙張寫印,具有特殊裝幀形式的代表性書本。

——清代磁版印本、活字泥版印本。

3.2　二級古籍定級標準

具有重要歷史、學術、藝術價值的古籍。

——明洪武元年(1368)至隆慶六年(1572)刻印、抄寫的書本。

——明清時期各學科名家名著的重要稿本、刻本、抄本。

——明清時期著名藏書家的重要批校題跋本。

——清乾隆及其以前內府刻印、抄寫的書本,禁毀書、四庫零帙及四庫底本。

——明清時期影刻、影寫宋元版本,元代及其以前人著作的明清時期初刻本,明清時期寫印元代及其以前人著作而成爲現存最早的版本。

——歷代行用較短的年號,如明代的洪熙、泰昌,南明的弘光、隆武,以及清代的祺祥等,或有特殊歷史意義的時期,如大順、太平天國及其他農民革命政權刻印、抄寫的書本。

——明末及清乾隆六十年以前的木活字印本、套印本及銅版印本等。

——明代朱印本、藍印本、印譜。

——明末清初精刻精印本,或帶有精美插圖的戲曲、小說等。

——清代泥活字印本、銅活字印本。

3.2.1　二級古籍甲等

明洪武元年(1368)至正德十六年(1521)刻印、抄寫的古籍。

3.2.2　二級古籍乙等

明嘉靖元年(1522)至隆慶六年(1572)刻印、抄寫的古籍。

3.2.3　二級古籍丙等

——明清時期各學科名家名著的重要稿本、刻本、抄本。

——明清時期著名藏書家的重要批校題跋本。

——清乾隆及其以前內府刻印、抄寫的書本,禁毀書、四庫零帙及四庫底本。

——明清時期影刻、影寫宋元版本,元代及其以前人著作的明清時期初刻本,明清時期寫印元代及其以前人著作而成爲現存最早的版本。

——歷代行用較短的年號,如明代的洪熙、泰昌,南明的弘光、隆武,以及清代的祺祥等,或有特殊歷史意義的時期,如大順、太平天國及其他農民革命政權刻印、抄寫的書本。

——明末及清乾隆六十年以前的木活字印本、套印本及銅版印本等。

——明代朱印本、藍印本、印譜。

——明末清初精刻精印本,或帶有精美插圖的戲曲、小說等。

——清代泥活字印本、銅活字印本。

3.3 三級古籍定級標準

具有比較重要歷史、學術、藝術價值的古籍。

——明萬曆元年(1573)至清乾隆六十年(1795)刻印、抄寫的古籍。

——清嘉慶元年以後翻刻、傳抄宋元版及稀見明清人著作的書本。

——清嘉慶元年以後過錄明清著名學者、藏書家批校題跋的書本。

——清代中晚期精刻精印本、仿刻覆刻宋元版本、朱印本、藍印本。

——清代中晚期採用西方凸版、平版等印刷技術印製的鉛印本、石印本、影印本的最初版本,一般木活字印本及彩繪本。

——清代的集古印譜、名家篆刻印譜的鈐印本。

3.3.1 三級古籍甲等

明萬曆元年(1573)至清順治十八年(1661)刻印、抄寫的古籍。

3.3.2 三級古籍乙等

清康熙元年(1662)至清乾隆六十年(1795)刻印、抄寫的古籍。

3.3.3 三級古籍丙等

——清嘉慶元年以後翻刻、傳抄宋元版及稀見明清人著作的書本。

——清嘉慶元年以後過錄明清著名學者、藏書家批校題跋的書本。

——清代中晚期精刻精印本、仿刻覆刻宋元版本、朱印本、藍印本。

——清代中晚期採用西方凸版、平版等印刷技術印製的鉛印本、石印本、影印本的最初版本,一般木活字印本及彩繪本。

——清代的集古印譜、名家篆刻印譜的鈐印本。

3.4 四級古籍定級標準

具有一定歷史、學術、藝術價值的古籍。

——清嘉慶元年(1796)至宣統三年(1911)刻印、抄寫的書本。

——民國初年著名學者以傳統著述方式研究中國傳統文化而形成的稿本、初刻本。

(《古籍定級標準》(中華人民共和國文化行業標準 WH/T 20—2006),北京圖書館出版社,2007 年版)

第九章　文獻的利用：工具書的編排和查檢

　　古典文獻卷帙浩繁,要想從中查找與研究課題相關的文獻線索,必須善於利用各種文獻的檢索工具。這些檢索工具是治學者不可缺少之要籍,能幫助讀者提高查找古代文獻的效率,並可在短時間內獲得更多的資料線索,被學者稱爲"予學者以遊翔於載籍中之舟車" [1],有省時之效用。我們以前進入圖書館檢索書籍,主要是以紙質文獻爲主,二十世紀九十年代以還,隨著科技的進步,圖書館的文獻結構也在發生變化,電子文獻異軍突起,打破了紙質文獻長期一統天下的局面,形成與紙質文獻平分秋色、共生共存的態勢。由此也就出現兩種檢索工具(電子資源的查檢和紙質檢索工具書查檢)的不同。本章擬分兩部分加以介紹:一、紙質檢索工具書的利用;二、電子文獻檢索工具的利用。

第一節　紙質檢索工具書的利用

　　紙質文獻,即以紙張爲載體,用書寫或印刷等方式記錄知識的文獻。紙質文獻檢索工具書的類型主要有索引、目錄和辭書等。關於目錄,前已專章述及,本章則重點介紹索引類檢索工具書。

　　何謂索引? 索引,又稱玉鍵、針線、檢目、韵檢、通檢、備檢、引得,是一種查檢圖書資料的學術工具。索引性質的撰述,早在宋代已經出現,晁公武《郡齋讀書志》卷九"書目類"著錄《羣書備檢》十卷,說:"右未詳撰人,輯《易》、《書》、《詩》、《左氏》、《公羊》、《穀梁》、《二禮》、《論語》、《孟子》、《揚子》、《文中子》、《史記》、《兩漢》、《三國志》、《晉》、《宋》、《齊》、《梁》、《陳》、《後周》、《北齊》、《隋》、《新》、《舊唐》、《五代史》書,以備檢閱。"宋陳振孫《直齋書錄解題》卷八著錄爲三卷(案:《文獻通攷》作十卷),

---

① 　洪業:《引得說》,北平燕京大學圖書館引得編纂處民國 21 年(1932)版。

但云:"不知名氏,皆經、史、子、集目錄。"可見,《羣書備檢》雖已久佚,但仍可斷定其爲具備檢索性質的書。在宋代除了像《羣書備檢》這類起索引作用的工具書外,還有另一類書,此即起源於曹魏,盛行於南北朝、隋、唐時期的古類書(隋末虞世南的《北堂書鈔》,唐初歐陽詢的《藝文類聚》,盛唐徐堅的《初學記》,中唐白居易的《白氏六帖事類集》,以及北宋初李昉等人的《太平御覽》),在宋以後古文代替駢體文的文化背景下,其作用也由查找詩、賦、駢文的典故開始向作資料索引的用途轉變,研究唐前的歷史,這些類書裡的相關門類,提供了很好的便利。明代張士佩所編《洪武正韻玉鍵》可以說是最早的索引,該書對《洪武正韻》所收每字進行分類檢索,刊行於萬曆三年(1575)。嗣後,明末學者傅山編《兩漢書姓名韻》,可謂中國最早的一部人名索引 ①。是書將《漢書》、《後漢書》紀、傳、志等中所見人名以洪武正韻爲序進行排列,姓名後又列出篇名、事略、參見、附注等項 ②,已大體具備我們今天索引的諸種要素。乾隆時汪輝祖所編《史姓韻編》六十四卷,可謂一部早期的索引。此書摘《二十四史》"記載之人,分姓匯錄,依韻分編,以資尋覓",所依之韻則是清人做詩通用的"佩文韻"。此爲用詩韻(清代通行以一百零六韻編制各種工具書)來編制索引。用部首筆劃來編制索引,則見於嘉慶時毛謨所編《說文檢字》及同治時黎永椿《說文通檢》十四卷。據毛謨《說文檢字序》,他編纂此書受到徐楚金所撰《說文韻譜》(十卷)的影響,該書"以切韻次之,聲韻區分,開卷可覩,明其專爲後學檢字作"云云。毛謨在《序》裡還談到編纂目的及體例,說:"曩授徒家塾,嘗彙《說文》所有之字,仿照《康熙字典》部分次序編爲一目,名之曰《說文通檢》,俾學者展卷了然,知某字在某卷某頁。初學之士有志識字者即字以求文,因文以考義,或藉是以爲稽合之梯階。"③黎永椿也遵用《欽定康熙字典》,以每字畫數爲次第之法,編成《說文通檢》一書。他在《說文通檢例》中說:"永椿少時讀《說文》,每苦難於尋檢,嘗欲倣字典檢字之例編爲一書。……定其凡例,以《說文》篆書寫爲真書,依其畫數,次第編錄。……凡《說文》部首之字列於卷首,以全字畫數爲次第,每字注明《說文》卷數上下及部數,以此檢。"④清光緒初,蔡啟盛編纂《皇清經解檢目》,分爲分類與分經兩部分,前者是《皇清經解》內容的分類索引。

　　國內較早運用科學方法編制中國古典文獻索引並貢獻卓越的是哈佛燕京學社(Harvard-Yenching Institute)引得編纂處(Sinological Index Series)。哈佛燕京學社創立於1928年,是美國人霍爾(Charles Martin Hall,1863—1914)捐贈的一部分遺產作爲

① 參見潘樹廣:《古籍索引概論》,書目文獻出版社,1985年,第17頁。

② 錢亞新:《中國索引論著匯編初稿》,1937年連載於《文華圖書科季刊》第九卷二、三、四期。

③ (清)毛謨撰《說文檢字》二卷,《昭進齋叢書》第二集。

④ (清)黎永椿撰《說文通檢》,四部備要本,上海中華書局據原刻本校刊。

基金,專門研究中國文化的機構,其本部設在美國哈佛大學,在當時中國燕京大學所在地北平設有辦事處(Peiping Office)。1930 年秋,學社聽從燕京大學歷史系教授洪業的建議,設立引得編纂處(Sinological Index Series),用洪煨蓮先生經多年研究設計的新檢字法"中國字庋擷"來爲學術研究工作者急需有用的古籍編纂"引得"。"索引"者,即"引得"。"引得"一辭,乃從英文 index 一字傳譯,日本人譯之爲"索引",中國人沿用日譯。洪業將它改譯作"引得""不過以其與西人原詞之音與義皆較近而已"①。從 1930 年秋至 1951 年冬,引得編纂處共出版"引得"四十一種正刊,此外,從 1931 年到 1950 年,還出了二十三種"引得特刊"(附有原書者,即將整部書的每個字、每個詞都提出來編成索

圖 9.1　《洪武正韻》

引),合計六十四種八十一冊②。其所編引得及引得特刊目次如下:

(一)引得目錄

編　號	書　名	編　者	出版年月
1	説苑引得		1931.2
2	白虎通引得		1931.6
3	考古質疑引得		1931.7
4	歷代同姓名録引得	梁佩貞	1931.8
5	崔東壁遺書引得		1937.3
6	儀禮引得附鄭注引書及賈疏引得		1932.1
7	四庫全書總目及未收書引得	魏爾、翁獨健	1932.2
8	全上古三代秦漢三國六朝文作者引得		1932.9
9	＊三十三種清代傳記綜合引得	杜聯喆、房兆楹	1932.12
			1959.12

①　洪業:《引得説》,北平燕京大學圖書館引得編纂處民國 21 年(1932)版。
②　王鍾翰:《洪煨蓮先生與引得編纂處》,載《學林漫録》第八集,中華書局,1983 年 4 月出版,第 52-68 頁。

續表

編　號	書　名	編　者	出版年月
10	＊藝文志二十種綜合引得		1933.1
			1960.8
11	佛藏子目引得	許地山等	1933.3
12	世説新語引得附劉注引書引得		1933.5
13	容齋隨筆五集綜合引得		1933.5
14	蘇氏演義引得	侯毅	1933.10
15	太平廣記篇目及引書引得	鄭嗣禹	1934.1
16	新唐書宰相世繫表引得	周一良等	1934.3
17	水經注引得	鄭得坤	1934.5
18	唐詩紀事著者引得	李書春	1934.7
19	宋事紀事著者引得		1934.7
20	元詩紀事著者引得		1934.7
21	清代書畫家字號引得	蔡金重	1934.10
22	刊誤引得	侯毅	1934.11
23	太平御覽引得		1935.1
24	＊八十九種明代傳記綜合引得	田繼綜	1935.5
			1959.7
25	道藏子目引得	翁獨健	1935.6
26	文選注引書引得		1935.10
27	禮記引得		1937.1
28	藏書紀事詩引得	蔡金重	1937.9
29	春秋經傳注疏引書引得		1937.11
30	禮記注疏引書引得		1937.11
31	毛詩注疏引書引得		1937.11
32	＊食貨志十五種綜合引得		1938.3
33	三國志及裴注綜合引得		1938.12
34	＊四十七種宋代傳記綜合引得		1939.2
			1959.12

續表

編　號	書　　名	編　者	出版年月
35	遼金元傳記三十種綜合引得		1940. 6
			1959. 12
36	漢書及補注綜合引得		1940. 8
37	周禮引得附注疏引書引得		1940. 12
38	爾雅注疏引書引得		1941. 1
39	全漢三國晉南北朝詩作者引得	蔡金重	1941. 3
40	史記及注釋綜合引得		1947. 12
41	後漢書及注釋綜合引得		1949. 5

附注：編者欄，凡未注明編者姓名者，均屬引得編纂處所編，書名前注有＊號者，中華書局 1959 年、1990 年重印過。

（二）引得特刊目錄

編　號	書　　名	編　者	出版年月
1	讀史年表附引得		1931
2	諸史然疑校訂附引得	趙貞信	1932. 4
3	明代敕撰書考附引得	李晉華	1932. 6
4	引得說附引得	洪業	1932. 12
5	勺園圖錄考附引得	洪業	1933. 2
6	日本期刊三十八種中東方學論文篇目附引得	于式玉	1933. 9
7	封氏聞見記校證附引得	趙貞信	1933. 11
8	清畫傳輯佚三種附引得	洪業	1934. 1
9	毛詩引得		1934. 10
10	周易引得		1935. 10
11	春秋經傳引得		1937. 5
12	琬琰集刪存附引得		1938
13	一百七十五種日本期刊中東方學論文篇目附得	于式玉、劉選民	1940. 2
14	杜詩引得		1940. 9
15	六藝之一錄目錄附引得		1940. 9
16	論語引得		1040. 11

續表

編　號	書　　名	編　者	出版年月
17	孟子引得		1941. 1
18	爾雅引得		1941. 6
19	增訂清朝進士題名碑錄附引得	房兆楹、杜聯喆	
20	莊子引得		1947. 4
21	墨子引得		1948. 5
22	荀子引得		1950. 3
23	孝經引得		1950. 12

附注:編者欄,凡未注明姓名者,均爲引得編纂處所編。

　　從以上目錄表中可以看出,編纂處主要是給《十三經》、紀傳體正史、先秦諸子以及宋、遼、金、元、明、清傳記,佛、道藏子目,類書等資料性古籍作索引;有專書索引(專爲一種古籍所做)和綜合性索引之別。這些索引迄今仍爲國内外學術界所重視。

　　燕京大學引得編纂處之外,當時設在北平的中法漢學研究所在編纂古籍索引方面也成績昭著。該研究所在引得編纂處的基礎上又於1942年9月成立通檢組,在聶崇歧主持下出版了一批古籍通檢(漢學所將"引得"改稱"通檢"),計有十五種,它們是:《論衡通檢》、《吕氏春秋通檢》、《風俗通義附通檢》、《春秋繁露通檢》、《淮南子通檢》、《潛夫論通檢》、《新序通檢》、《申鑒通檢》、《山海經通檢》、《戰國策通檢》、《大金國志通檢》、《契丹國志通檢》、《輟耕錄通檢》、《方言校箋附通檢》、《文心雕龍新書附通檢》。可以看出,這批索引大致以子書爲主。其編纂品質精確謹嚴,後來被多次重印,爲學者所倚重。新中國成立後編制出版的檢索性質的工具書一般都叫"索引"。下面我們主要介紹這部分内容。

　　爲提高治學的效率,便於利用古典文獻的索引工具書,我們按索取對象分爲以下目次:一、書名檢索;二、人名檢索;三、地名檢索;四、字詞句檢索。

一、書名檢索

　　古代書目,一般爲分類編排,這便於因類求書,但要在某一類中迅速查到專指的書名,尚有尋檢之勞,所以後人有爲古籍書目編制書名索引之需。以古籍中的書名爲索取對象者,稱爲書名索引。書名索引又可細分爲三種:一是給圖書目錄書編制書名索引,二是給類書和古籍舊注中所引書的書名編制索引,三是將一部古籍中的篇目編成索引。以下分而述之。

(一)圖書目錄書名索引

這種索引又可分爲叢書檢索和單書檢索。眾所周知,古籍圖書,按刻本規模可分爲單刻本和叢刻本兩大類。祇印一種書是單刻本,而按一定意圖、體例將若干種書匯刻在一起,並冠以總名,就是叢刻本(叢書)。隨著叢書刊刻的大量出現,編輯叢書目錄也蔚成風氣。目前收羅宏富且在編排和著錄上集諸家之長的叢書目錄索引,是上海圖書館編(原中華上編版)《中國叢書綜錄》(上海古籍出版社 1982 年 12 月新 1 版)和陽海清編撰《中國叢書廣錄》(湖北人民出版社 1999 年版)。

《中國叢書綜錄》所收叢書二千七百九十七種,均係古典文獻。本錄分裝三冊:第一冊是《總目分類目錄》,書後附《全國主要圖書館收藏情況表》;第二冊是《子目分類目錄》,是以本書第一冊《總目分類目錄》所收二千七百九十七種叢書的子目爲依據編成,它以子目爲單位,採用經史子集四部分類,部下又析分爲若干類、屬。所收子目共七萬多條。其中一書爲兩種以上叢書所收者,均經比勘同異,分別作一種或數種處理,共得三萬八千八百九十一種。每書都著錄其名稱、著者和所屬叢書名稱等三項。第三冊是《索引》,包括"子目書名索引"和"子目著者索引",配合第二冊使用。"子目書名索引"按四角號碼編次,例如:

　　　　6043$_0$ 因

　　　　02 因話錄(趙璘)　　　　337 右
　　　　　　　　　　　　　　　　338 左

　　　　因話錄(曾三異)　　　　986 左
　　　　08 因論　　　　　　　　966 左
　　　　30 因寄軒尺牘　　　　1452 右
　　　　33 因述　　　　　　　1001 左
　　　　47 因柳閣詞鈔　　　　1628 右
　　　　60 因園集　　　　　　1410 左
　　　　81 因領錄　　　　　　733 右

我們依據每條後所標數字即可在第二冊"子目分類目錄"中索得該書的版本。如從 337 右可知唐趙璘撰《因話錄》一卷,有以下諸本:

　　《百川學海(重輯本)》乙集
　　《唐宋叢書·載籍》
　　《說郛》(宛委山堂本)卷二十三
　　《唐人說薈》(乾隆本、道光本、宣統石印本、民國石印本)二集

《唐代叢書二集》

《因話錄》三卷

稗乘

《因話錄》六卷

稗海(萬曆本、康熙重編補刊本、乾隆修補重訂本)第二函

四庫全書·子部小說家類

筆記小說大觀第七輯

叢書集成初編·文學類

……

　　讀者既能查到某一叢書共收哪些子目,又可查出某書係何人所著,收入何種叢書,以及收藏情況,無不得心應手。總之,該書具有蒐羅完備、便於檢索、反映叢書收藏情況三大特徵,成爲研究、整理和利用古籍所不可缺少的工具書。由於《中國叢書綜錄》成書於二十世紀五十年代末,且編輯時間倉促(一年多),存在版本著錄不全(如有的叢書一刻再刻,形成多種版本,而《綜錄》只"擇要著錄",未作全面揭示)、對"一書多名"或"同名異書"現象標示欠詳盡、子目時有遺漏以及引用之人名、書名、時代出現錯字漏字等不足之處。爲使《綜錄》更臻完善,湖北省圖書館的陽海清將多年所聚資料整理成冊,編成《中國叢書綜錄補正》,蔣孝達作了校審,江蘇廣陵古籍刻印社1984年8月出版。此後,陽海清又編成《中國叢書廣錄》,1999年湖北人民出版社出版。《廣錄》除了收錄目前實存的叢書外,也收錄今已僅存書目的叢書,還包括近幾十年之整理本以及國外和港澳臺出版的叢書,全書共收錄叢書三千二百七十九種,含子目五萬零七百八十種。《廣錄》踵《綜錄》而作,但又極力避免與《綜錄》重複。凡《綜錄》已收者,《廣錄》不再收錄(書名著者卷數版本不同者仍予收錄)。全書共二冊,分爲叢書分類簡目、叢書分類詳目、叢書書名索引、叢書編纂者校注者刊刻者索引(以上爲上冊)、子目分類索引、子目書名索引、子目著者索引(以上爲下冊)七個部分,通過"簡目"及其他五個索引,均可直接查閱"詳目",找到所需的資料線索。《中國叢書綜錄》與《中國叢書廣錄》二部書目索引是學者查找古籍叢書必備的工具書,合《綜錄》與《廣錄》二書,可以較完整反映我國古籍叢書的面貌。然《綜錄》、《廣錄》衹收叢書中的書目,單刻本的古籍則未予收錄。

　　要查單刻本的現存古籍書目,可利用各圖書館的館藏書目進行查閱,如《北京圖書館普通古籍總目》、南京圖書館《國學圖書館圖書總目》和《江蘇省立國學圖書館現存書目》、《四川省圖書館藏古籍書目》、《北京師範大學圖書館中文古籍書目》、《杭州大學圖書館線裝書總目》、《臺灣公藏普通本線裝書目書名索引》等,還可查閱有關分

類書目,如善本書目、斷代書目等。善本書目,有反映全國古籍善本書目收藏和反映一館之善本書目收藏的兩種情況,前者如以下幾種:

《中國古籍善本書目》,中國古籍善本書目編輯委員會編,該編委會任命顧廷龍爲主編,著錄除臺灣地區以外大陸各館所藏善本書目約六萬多種,分經(1985 年出版)、史(1992 年版)、子(1996 年版)、集(1996 年出版)、叢(1990 年出版)五部,由上海古籍出版社陸續出版,除叢部專錄叢書之外,其他各部所錄大致以單刻本爲主。凡是有歷史文物性、學術資料性和藝術代表性並流傳較少的古籍都在善本收錄之列,著錄項目有書名(含卷數)、著者和著作方式、版本等。每部書均有編號,書末附藏書單位代號及檢索表,據此可檢索出中國大陸現存任何一種古籍善本的館藏、卷數及作者情況。爲更方便讀者使用《中國古籍善本書目》,南京圖館又編纂《中國古籍善本書目索引》(分"書名索引""著作索引"),將經、史、子、集、叢五部合編。該索引的編輯出版,"爲《中國古籍善本書目》的使用提供了方便,體現了書目的完整性"①。

《中國善本書提要》,王重民撰,上海古籍出版社 1983 年 8 月版。此書收錄著者經眼的善本書目四千二百多種(另補遺一百餘種),其提要既記述版刻特徵、考訂其版本源流、介紹作者情況,又撰著了內容豐富的提要,學術價值頗高。書後附有《書名索引》、《撰校刊刻人名索引》、《刻工人名索引》、《刻書鋪號索引》,不但檢索書目頗便,且收到閱讀指導之效。

《北京圖書館古籍善本書目》,北京圖書館編,北京書目文獻出版社 1987 年版,主要著錄中國國家圖書館館藏善本書目。

《中南西南地區省市圖書館館藏古籍稿本提要》,陽海清主編,華中理工大學出版社 1998 年版。此書主要收錄四川省圖書館、武漢圖書館、桂林圖書館、重慶圖書館、重慶市北碚區圖書館、貴州省圖書館、湖北省圖書館、湖南省圖書館、雲南省圖書館、廣東省中山圖書館等十家圖書館所藏古籍稿本,並附有《鈔本聯合目錄》,書後附有書名索引和著者索引。

臺灣《國立中央圖書館善本書目》,臺灣"國立中央圖書館"編,臺灣"國立中央圖書館"1967 年版。

《臺灣公藏善本書目書名索引》,臺灣"國立中央圖書館"編,臺灣"國立中央圖書館"1971 年版。

至於流傳海外的中文善本也頗多,其傳存情況主要有:

《國會圖書館藏中國善本書目》,王重民著,美國國會圖書館 1957 年版。

---

① 宮愛東:《前言》,《中國古籍善本書目索引》,南京圖書館編纂,上海古籍出版社,2009 年 8 月版。

《美國哈佛大學哈佛燕京圖書館中文善本書志》,沈津著,上海辭書出版社 1999
年版。

《普林斯敦大學葛思德東方圖書館中文善本書志》,屈萬里著,臺灣藝文印書館
1975 年版。

《日本京都大學人文科學研究所漢籍分類目錄》,日本京都大學人文科學研究所
1964 年版。

《日本東京大學東洋文化研究所漢籍分類目錄》,日本東京大學東洋文化研究所
1973 年版。

《內閣文庫漢籍分類目錄》,日本內閣文庫 1956 年版。

《尊經閣文庫漢籍分類目錄》,日本尊經閣文庫 1934 年版。

《靜嘉堂文庫漢籍分類目錄》,臺北大立出版社 1980 年版。

至於斷代書目,主要匯錄一個朝代的有關書目。如以下兩種:

《現存宋人別集版本目錄》,四川大學古籍研究所編,巴蜀書社 1989 年版。

《現存宋人著述總錄》,劉琳、沈治宏編著,巴蜀書社 1995 年版。此書收錄現存宋
人著述四千八百五十五種,其中經部四百一十六種史部八百八十九種,子部二千一百
八十種,集部一千三百七十種,叢部九十二種。各書著錄有現存主要版本,書後有書名
和著者索引。

　　(二) 引書索引

　　這種索引,揭示某書引用過哪些古籍,是在何卷何頁引用的,以便讀者據以追尋引
文。引書索引通常是給類書和古籍舊注中所引書的書名編製索引。引書索引有助於
輯佚和校勘。如《太平廣記》和其他類書保存了大量失傳的古小說之佚文佚篇,極有
待搜輯。《太平廣記索引》(王秀梅、王泓冰編)是根據中華書局 1986 年版《太平廣記》
編製。本索引第一部分即爲引書索引,據每篇後所注出處立目,凡篇後所注版本出處
者,都列爲一目,不作考證。以四角號碼與筆畫檢字法編排,書名後列出《太平廣記》
的卷次、頁次。如果我們想輯《唐畫斷》的材料,祇要查《太平廣記》"引書索引",即可
知此書在《廣記》中之卷數及其篇目名稱,查 0026₇ 得見:

0026₇ 唐

50 唐畫斷

閻立本　　　　　5/211/1617

薛稷　　　　　　5/211/1618

尉遲乙僧　　　　5/211/1618

王維　　　　　　5/211/1619

李思訓　　　　5/211/1619

韓幹　　　　　5/211/1620

吳道生　　　　5/212/1622

楊炎　　　　　5/213/1630

以上表示《唐畫斷》一書被《太平廣記》引用的情況，篇名、人名下所列數碼，分別爲本條在《廣記》中的冊數、卷數和頁數。如"閻立本"表明閻立本其人在第五冊，二百一十一卷，一千六百一十七頁。如果要爲古人舊注或類書編制引書索引，須注意古人引書體例不統一的問題。有時同一作者或著作有不同的名稱或簡稱，有時引書有書名同而作者異，有時同一篇作品而有不同省稱或代稱等，對此體例駁雜的情況，做索引須採用稍加變通之立目原則。

（三）篇目檢索

上述二類檢索，都是按書名來檢索，還有一類檢索，以古籍中的篇目爲檢索對象，稱爲篇目索引。篇目索引，按其檢索之範圍來分，主要有專書索引（即檢索一部書中的所有篇目）和群書索引（即以數量眾多的文集篇目爲索取對象而編纂）兩種情況，前者主要有：

《全上古三代秦漢三國六朝文篇名目錄及作者索引》，北京中華書局編，1965年版；

《全唐文篇名目錄及作者索引》，馬緒傳編，北京中華書局1985年版；

《全唐文篇目分類索引》，馮秉文主編，北京中華書局2001年版；

《全唐詩索引》（作者篇名索引），史成編，上海古籍出版社1990年版；

《明經世文分類目錄》，日本東洋文庫明代史研究委員會1986年編印；

《先秦漢魏晉南北朝詩作者篇目索引》，常振國、降雲編，北京中華書局1988年版；

《全宋詞作者詞調索引》，高喜田、寇琪編，北京中華書局1992年版；

《詞話叢編索引》（人名書名索引），李復波編，中華書局1991年版；

《初學記索引》，許逸民編，北京中華書局1980年版；

《藝文類聚索引》，李劍雄、劉德權編，上海古籍出版社1982年版；

《文苑英華索引》，華文書局編輯部編，臺北華文書局1967年；

《太平廣記索引》，王秀梅、王泓水編，北京中華書局1996年版；

《永樂大典索引》，欒貴民編，北京作家出版社1997年版；

《詩淵索引》（作者篇目索引），劉卓英主編，北京書目文獻出版社1993年版；

《古今圖書集成索引》，廣西大學古今圖書集成索引編寫組編，中華書局、巴蜀書社 1988 年版；

《四庫全書文集篇目分類索引：學術文之部》，中華文化復興運動推動委員會四庫全書索引編纂小組編，臺灣商務印書館 1989 年版；

《四庫全書文集篇目分類索引：雜文之部》，中華文化復興運動推動委員會四庫全書索引編纂小組編，臺灣商務印書館 1989 年版；

《四庫全書文集篇目分類索引：傳記文之部》，中華文化復興運動推動委員會四庫全書索引編纂小組編，臺灣商務印書館 1989 年版。

羣書索引，主要有：

《宋代文集索引》，［日］佐伯富編，日本京都東洋史研究會 1970 年版；

《元人文集史料索引》，［日］安部健夫編，日本京都大學人文科學研究所 1960 年版；

《元人文集篇目分類索引》，陸峻嶺編，北京中華書局 1979 年版（是以《湛然居士文集》、《雲山集》等 170 種元人文集中的篇目爲檢索對象）；

《清人文集篇目分類索引》，王重民、楊殿珣編，北京中華書局 1965 年版。

二、人名檢索

人名索引，即專以古籍中的人名爲檢索對象，此種索引又分兩種情況，一是單書的人名索引，一是群書的人名索引。如果我們要全面深入了解歷史人物，須注意搜集與之相關涉的各種資料。概而言之，至少有以下幾類檢索途徑要予以考慮。

（一）利用年譜或家譜

年譜，是個人的編年體傳記，其體例是依年月先後次序來排列人物（譜主）的生平事跡，可以爲研究提供資料或線索，足補國史之缺佚。年譜有單行本、叢書本，或附刊於文集之中，或發表於報刊上，還有未經刊印的稿本和抄本，這些查找起來頗爲費事，於是利用年譜目錄類的工具書極有必要。

《中國歷代年譜總錄（增訂本）》，楊殿珣編撰，書目文獻出版社 1980 年初版；北京圖書館出版社 1996 年 5 月修訂本。初版收錄年譜三千零一十五種，反映譜主一千八百二十九人，修訂本共收錄年譜四千四百五十種，反映譜主二千三百九十六人，附錄參考書或文章六百四十五條。此書著錄中國歷代人物年譜，介紹年譜書名、作者、卷數、版本、譜主姓名及其生卒年。書末有《譜主姓名別名索引》（別名以見於年譜書名上者爲限），檢索頗便。

《中國歷史人物年譜考錄》，謝巍編撰，北京中華書局 1992 年 11 月版。此錄成書於 1984 年 12 月，以收錄 1983 年以前全國各主要圖書館及文物保管單位所庋中國歷代人物年譜爲主,兼收海外及私人所藏年譜。歷代文獻所著錄之年譜,也錄存其目,以備查考。本書編輯以時代爲序,各代譜主以其生卒年先後爲次。正編共收年譜六千二百五十九種,譜主四千零一十人。

《中國家譜綜合目錄》,由國家檔案局、南開大學歷史系和中國社會科學院歷史所合作編纂,中華書局 1997 年出版。是我國國內第一部家譜綜合目錄,收錄了 1949 年以前國內收藏的家譜一萬四千七百一十九條,並在每條下注明藏書單位。正文按姓氏筆劃編排,書後附地區索引。

(二)利用專史人名索引

將一部正史中的人名編爲索引,稱專史人名索引。研究某一人物,應該首重正史中的資料,正史中人物資料索引有:

《二十四史紀傳人名索引》,張忱石、吳樹平編,北京中華書局 1980 年版;

《二十五史紀傳人名索引》,上海古籍出版社和上海書店編,上海古籍出版社 1990 年版;

《史記人名索引》,鍾華編,北京中華書局 1977 年版;

《漢書人名索引》,魏連科編,北京中華書局 1979 年版;

《後漢書人名索引》,李裕民編,北京中華書局 1979 年版;

《三國志人名索引》,高秀芳、楊濟安編,北京中華書局 1980 年版;

《晉書人名索引》,張忱石編,北京中華書局 1980 年版;

《南朝五史人名索引》,張忱石編,北京中華書局 1985 年版;

《北朝四史人名索引》,陳仲安等編,北京中華書局 1988 年版;

《隋書人名索引》,鄧經元編,北京中華書局 1979 年版;

《新舊唐書人名索引》,張萬起編,北京中華書局 1986 年版;

《新舊五代史人名索引》,張萬起編,上海古籍出版社 1980 年版;

《宋史人名索引》,俞如雲編,上海古籍出版社 1992 年版;

《遼史人名索引》,曾貽芬、崔文印編,北京中華書局 1982 年版;

《金史人名索引》,崔文印編,北京中華書局 1980 年版;

《元史人名索引》,姚景安編,北京中華書局 1982 年版;

《明史人名索引》,李裕民編,北京中華書局 1985 年版;

《二十四史人名索引》,北京中華書局 1998 年版;

其他史籍的人名索引工具書,主要有:

《春秋左傳人名索引》,上海人民出版社編,上海人民出版社 1977 年版;

《春秋公羊傳人名地名索引》,[日]中村俊也等編,日本東京龍溪書舍 1978 年版;

《春秋穀梁傳人名地名索引》,[日]中村俊也等編,日本東京龍溪書舍1980年版;

《國語人名索引》,上海師範大學古籍整理研究所等編,上海古籍出版社1978年版;

《資治通鑑人名索引》,[日]佐伯富主編,日本京都大學東洋史研究會1961年版;

《唐會要人名索引》,張忱石編,北京中華書局1991年版;

《宋會要輯稿人名索引》,王德毅編,臺北新文豐出版公司1978年版;

《建炎以來繫年要錄人名索引》,[日]梅原鬱編,日本京都同朋舍1983年版;

《三朝北盟會編人名索引》,[日]安蘇乾夫編,日本廣島經濟大學研究論集1989年11期、12期;

《續資治通鑑長編人名索引》,[日]梅原鬱編,日本京都同朋舍1974年版;

《唐高僧傳索引》,上海書店編,上海書店1989年版;

《宋高僧傳索引》,上海書店編,上海書店1989年版;

《明高僧傳索引》,上海書店編,上海書店1989年版;

以上爲研究歷史人物提供了重要的文獻線索。

(三)利用方志人名檢引

研究某一時代的某一人物,除了援據正史之外,同時還要參稽與之相關的各種著述,特別是與此一人物同時或時代相近的文獻。於是方志文獻成爲查尋人物傳記資料不可忽略的部分。方志是重要的史源。地方志所記載的本地人物,有諸多是正史或其他史傳著作中失載的人物,大可彌補正史之不足。故章學誠認爲方志“地近則易核,時近則跡真”(《文史通義》卷八《修志十議》),並云:“傳狀誌述,一人之史也;家乘譜牒,一家之史也;部府縣志,一國之史也。……譜牒散而難稽,傳誌私而多諛,朝廷修史,必將於方志取其裁。”①方志中的人名索引,較有代表性的著述有:

《宋元方志傳記索引》,朱士嘉編,北京中華書局1963年第1版,上海古籍出版社1986年新1版。此書檢索係根據《玉峯志》、《咸淳毗陵志》、《類編長安志》等三十三種宋元方志中的人物傳記編輯而成,凡錄三千九百四十九人;“人物”以外,其他如“職官”“選舉”“雜錄”“拾遺”諸門間附傳記者一併收錄,宋元方志中無傳記者概不收錄,如《開慶四明續志》、《河南志》、《長安志圖》等。

《中國地方志宋代人物資料索引》,沈治宏、王蓉貴編撰,四川辭書出版社1997年版。此書依據《宋元方志叢刊》(四十一種)、《天一閣藏明代方志選刊》(一百零七種)、《天一閣藏明代方志選刊續編》(一百零九種)和《日本藏中國罕見地方志叢刊》

①　《文史通義》卷六《州縣請立志科議》,江蘇廣陵古籍刻印社,1991年版,第133頁。

(四十五種)四種地方志叢書,共計收錄三百零二種地方志編制而成,收錄宋代人物資料十萬四千條。本書索引除收錄地方志中的宋代人物資料有小傳的以外,對於職官、官制、選舉、科第、流寓、仙釋、郡守題名、縣令廳壁題記、人事、人文、雜錄、雜事、雜著、雜考、佚事、附錄、拾遺等與人物資料密切相關的資料一併收錄,不僅提供研究線索且節省時間,是檢索宋代人物資料必備的工具書。

《天一閣明代方志選刊人名索引》,華東師範大學圖書館編,上海書店 1997 年版,精裝二冊。此書根據《天一閣藏明代方志選刊》中一百零七種明代方志編纂而成,收錄明代及以前各代人物資料十一萬條。一百零七種方志中有姓名的人物,無論何朝何代,一並收入。索引中標明人物的時代,可與前書互補,是迄今爲止有關明代人物傳記資料人名索引中收錄範圍最廣的索引。

(四)利用石刻中的人物資料索引

研究歷史人物,除了運用以書籍形式傳世的資料外,還應注意運用以非書籍形式保存下來的文獻資料——石刻文獻。這些文獻爲數極鉅,不僅提供了大量傳記資料,且爲研究古代歷史文化提供了大量記載。石刻資料,品類眾多,就其原始載體言,主要有墓碑、刻經、造像記、題名、詩詞、雜刻等,此類石刻原件或已不存,或雖存而難覯。我們今天查找石刻文獻史料,主要依據拓本、拓本的影印本、錄文本以及歷代學者搜集、整理的石刻著作。這類著作主要有:

《石刻題跋索引(增訂本)》,楊殿珣編,北京商務印書館 1990 年出版。該索引所收歷代石刻題跋書目一百三十七種,其中宋人著作九種,明人著作五種,清人著作九十種,近人著作三十三種。將本編石刻分爲七類:墓碑(墓碣、墓幢、塔銘、紀德碑)、墓志、刻經(石經經幢)、造像(畫像附之)、題名題字(題名碑神位題字、食堂題字、石人題字、石盆題字等)、詩詞、雜刻(磚瓦法帖附之)。每一類下均依原石刻所署之時代爲次編排,其時代不詳者,則分附於某朝,或某一時期之後。其中墓碑、墓志和題名題字三類對研究人物事跡,更具史料價值。

《四十年出土墓志目錄》,榮麗華編集,王世民校訂,中華書局 1993 年版。此書共收錄 1949 年至 1989 年出土的東漢至清代墓志一千四百六十四方。每件志石皆依其蓋稱、首題、卒葬年月、志石尺寸、志文字數、撰書人、出土情況、資料來源等項著錄,末附《主要資料來源一覽表》和《志主及撰書人綜合索引》。

《陝西石刻文獻目錄集存》,李慧主編,三秦出版社 1990 年出版。本書收錄二十四部金石專著和六部志書中所列 1949 年以前陝西地區所發現和出土的石刻文獻,共收目錄三千一百六十一條,按石刻刊立之時代先後爲序編排。著錄內容主要包括石刻的年代、撰書刻人姓名、書體、額題、形制、存於何處等。其中 55% 爲隋唐五代石刻。

陝西西安爲隋唐建都之地,出土石刻數量鉅大,此書對於了解這一時期的歷史文化極有助益。

由於不斷有新發掘的石刻文字,研究者利用石刻文獻,要時常關注有關的研究期刊,如《考古》、《文物》、《中原文物》等,擴大資料來源。

(五)利用文集中的人物資料索引及生卒年工具書

文集中的人物傳記資料,前文所論及的《全唐文篇目分類索引》、《宋代文集索引》、《元人文集史料索引》、《元人文集篇目分類索引》、《清代文集篇目分類索引》中的人物傳記部分均可查尋。至於查檢生卒年的工具書較著名者有以下兩類:

《歷代人物年里碑傳綜表》,姜亮夫編,陶秋英校,上海中華書局 1959 年版。原名《歷代人物年里碑傳總表》,初刊行於 1937 年,後經作者修訂增補,改爲今名出版。全書收錄上古至 1919 年的歷代人物一萬二千人。表格欄目有姓名、字號、籍貫、歲數、生年、卒年、備考等七項。備考注明所據文獻資料出處。該書是一部考訂人物生卒年、注明資料出處的工具書。

《釋氏疑年錄》,陳垣撰,1939 年自刊本,中華書局 1964 年版。是一部查檢歷史上僧人生卒年的工具書。共考訂晉代至清初僧人二千八百人,分十二卷,此書廣泛採錄各種文集、方志和金石載記,共達七百餘種,有極高的文獻史料價值。

(六)利用傳記資料綜合索引

綜合索引則是廣羅正史、別史、雜史、姓氏書、題名碑錄、詩文總集、書畫書、地方志等書籍中的傳記資料,以人名爲目編纂而成。這種綜合索引名稱對朝代有明確標示。

1. 唐五代

《唐五代人物傳記資料綜合索引》,傅璇琮等編,北京中華書局 1982 年版。除正史外,此書大量採用與傳記資有關的各種體裁的文獻,收書八十三種,取材廣涉文學家的傳記資料、目錄提要書、唐至元的書畫書、五代時十國之書、宋元方志以及釋氏之書,匯聚一編,此書爲全面檢索唐代人物的生平事跡開闢捷便之門。

《唐五代五十二種筆記小說人名索引》,方積六、吳冬秀編,北京中華書局 1992 年版。

《太平廣記人名書名索引》,周次吉編,臺北藝文印書館 1973 年版。

《唐五代人交往詩索引》,吳汝煜主編,上海古籍出版社 1993 年版。要了解唐代某位詩人與哪些人有交往,一查即得。

《唐刺史考》附索引,郁賢皓著,是一部有關唐代地方行政長官的著作。1987 年 2 月由江蘇古籍出版社與中華書局香港分局同時出版國內版和國際版;安徽大學出版社 2000 年修訂再版(題《唐刺史考全編》)。此書編年考訂唐代各州刺史的任職情況,搜羅詳備,考訂精嚴。修訂本《唐刺史考全編》不僅增補了大量的人物史料(例如利用新出土、新編印的唐碑墓誌資料,新考出兩千多個刺史的任職年代及有關情況,訂正原著錯誤一百多條),而且編制了《州(郡、府)名索引》和《刺史人名索引》,更便於檢索利用,是從事唐代文史研究者必備的工具書,"閱讀這一著作,便於了解某些曾任此職的詩人宦海昇沉的經歷和蹤跡"①。

2. 宋代

《四十七種宋代傳記綜合引得》,洪業等編纂,上海古籍出版社 1986 年版。

《宋人傳記資料索引》,昌彼德等編,臺北鼎文書局 1974 年版;北京中華書局 1988 年影印。此索引凡採用宋人文集三百四十七種,元人文集二十種,總集十二種,史傳典籍九十種,宋元地方志二十八種,金石文八種,總達五百零五種。此書檢覈並改正了哈佛燕京學社所編《四十七種宋代傳記綜合引得》中的錯誤,是目前檢索宋代人物傳記資料最完備的工具書。

《宋人傳記資料索引補編》,李國玲編纂,四川大學出版社 1994 年版。此書採用一千餘種典籍,補收了《宋人傳記資料索引》中未收錄的一些重要典籍,新增人物一萬四千餘人,補錄材料者六千多人,此《補編》於正文之後,仿《宋人傳記資料索引》例,另編一別名字號索引,附於卷末,極便檢索。《補編》可與《宋人傳記資料索引》配合使用。

《〈全宋詩〉1—72 冊作者索引》,許紅霞主編,北京大學出版社 1999 年版。

3. 遼金元

《遼金元傳記三十種綜合引得》,洪業等編纂,上海古籍出版社 1986 年版。

《元人傳記資料索引》,王德毅等編,臺北新文豐出版公司 1979 年版;北京中華書局 1987 年影印。

4. 明清

《八十九種明代傳記綜合引得》,洪業等編,上海古籍出版社 1986 年版。

《三十三種清代傳記綜合引得》,洪業等編纂,上海古籍出版社 1986 年版。

《清代碑傳文通檢》,陳乃乾編,北京中華書局 1959 年版,北京圖書館出版社 2003 年重版。

《辛亥以來人物傳記資料索引》,王明根主編,上海辭書出版社 1990 年版。此書收錄 1911 年至 1949 年間各類人物一萬八千餘人,傳記資料達八萬條。

(七)利用人名別名字號索引

中國古人的稱呼,除本名外,還有字號、別號、排行、封號、謚號等。古人撰文繪畫,

---

① 　周勛初:《唐詩文獻綜述·地志》,周勛初主編《唐詩大辭典》附錄,江蘇古籍出版社,1990 年版,第 44 頁。

喜署室名別號。如晚唐著名詩人和駢文家李商隱,字義山,號玉谿生,又號樊南生。在讀古書時,遇到別名,若不知其本名,則有礙理解。這類字號若不熟悉,即需要借助於有關的工具書。檢索人物的別名字號有:

《室名別號索引》,陳乃乾編,北京中華書局 1957 年版,1982 年增訂本;

《古今人物別名索引》,陳德蕓編,廣州嶺南大學圖書館 1937 年版,上海書店 1982 年影印本;

《歷代名人室名別號辭典》,池秀雲編撰,山西古籍出版社 1998 年增訂本。

爲省便利,以上我們從年譜、專史、傳記綜合、方志、石刻、文集、別名等七方面介紹了查找人物資料的方法及途徑。

三、地名檢索

地名檢索,即以古籍中的地名爲索取對象,主要指歷史地理名稱檢索。中國古代地名有古今沿革和變異的情況,例如一地名有其他稱謂者,有同名異地者,遇到此類問題,即需檢索相關工具書。正史中的地名,可查以下地名索引工具書:

《史記地名索引》,嵇超等編,北京中華書局 1990 年版;

《漢書地名索引》,陳家麟、王仁康編,北京中華書局 1990 年版;

《後漢書地名索引》,王夫良編,北京中華書局 1988 年版;

《三國志地名索引》,王夫良編,北京中華書局 1980 年版。

正史以外的地理總志也是了解當時地理狀況的重要史籍,以下數種最爲重要:

《元和郡縣圖志》,(唐)李吉甫撰,北京中華書局 1983 年版,附點校者所編地名索引。

《元豐九域志》(宋)王存撰,北京中華書局 1984 年版,附并志芳所編地名索引;

《輿地紀勝》(宋)祝穆撰,北京中華書局 1992 年版,附張忱石所編地名索引;

《太平寰宇記索引》,王恢編,臺北文海出版社 1975 年版;《太平寰宇記索引》,王文楚等編,中華書局 2007 年版。

二十世紀八十年代以來出版的地名辭典,如:臧勵龢等編《中國古今地名大辭典》(商務印書館 1931 年初版,商務印書館香港分館 1982 年重印,臺灣商務印書館 1987 年重印)和復旦大學歷史地理研究所編《中國歷史地名辭典》(江西教育出版社 1986 年版)等。

四、字詞檢索

字詞檢索,包括古籍的字詞索引和句子索引。字詞索引,即把古籍中的字、詞編爲索引,有逐字(單字立目)逐詞(詞語立目)索引,也有特定的語彙索引。逐字逐詞索引,如前文所論哈佛燕京學社引得編纂處與巴黎大學北平漢學研究所編纂的《尚書通檢》、《周易引得》、《毛詩引得》等諸種索引;語彙索引則是指將古籍中對於詞彙學、語法史頗有研究價值的詞語選擇出來編爲索引,這類索引有代表性的有《金瓶梅詞話語彙索引》(1968 年版)、《紅樓夢語彙索引》(1973 年版)、《儒林外史語彙索引》(1971年版)等;句子索引即將一部或若干部古籍中所有的句子編爲索引。有葉紹鈞編《十三經索引》(開明書店 1934 年版,附《十三經經文》一册,但該索引只按句子首字筆畫爲序編排,中華書局 1983 年出版重訂本,以中華書局 1980 年影印本阮刻《十三經注疏》爲底本,以每句爲一單元,以每句首字立目)、欒貴明等編《全唐詩索引杜甫卷》、胡昭著和羅淑真主編《唐五代詞索引》等。而將整部書的每個字、每個詞都編成索引的著作,《文選索引》則是頗引人注目的一種。《文選索引》是閱讀、研究《文選》必不可少的工具書。以日本著名《文選》研究專家斯波六郎爲首的日本學者共九人編纂。這部《索引》發軔於 1949 年秋,歷時九年,在資金困乏出版無保證的情況下以堅韌不拔之毅力完成(承哈佛燕京學社 Harvard Yenching Institute 給予補助金資助),全書共分爲三册。以上海掃葉山房影印清胡克家仿宋刻本爲底本,"這部《索引》很有特色。首先,它把《文選》中出現的每一個字,都包括在内。《文選》中出現約六千八百餘字,人們祇要一翻《索引》,便可知道某字出自何卷何葉,出現了幾次。《索引》獨有所創地將每一個字的連用詞也都列成了條目。這樣,通過檢索,人們不僅可以用相同詞語進行比較,加深對作品的理解,而且可以對當時的語言和詞彙現象有更全面的認識。這無論對文選的閱讀研究,還是對語言學、詞彙學史、文字訓詁學研究,都會提供巨大的便利,起到相當作用""這種方法今後會成爲編纂這類索引的一個基本法則"①。該書已由李慶翻譯成中文,上海古籍出版社 1997 年出版。

五、利用紙質檢索工具書查找相關文獻須注意的問題

文獻檢索須注意以下問題:(1)不能完全依賴索引,因其並不能代替閱讀原著。(2)索引是將資料從文獻整體中切割下來,故仍需通覽前後背景材料。(3)注意綜合使用各種索引。如檢索作家傳記史料的工具書,應注意三類史料工具書:一是專書中的人物姓名索引,有些即附於該書之後(如湯用彤校注的《高僧傳》後附人名、僧名和書名三部分索引),有的則另編有專書(如《新舊唐書人名索引》等);二是綜合索引,即多種典籍中人物史料的綜合索引,如《唐五代人物傳記資料綜合索引》等;三是各種考

---

① 李慶:《譯者前言》,平岡武夫《關於文選索引的編纂和出版》,收入斯波六郎編《文選索引(一)》,上海古籍出版社,1997 年 2 月出版,1 頁,5 頁。

訂歷史人物的著作(如人物年譜及詩文繫年類的論著),都有人物傳記史料庫之功用。(4)查檢引書索引應注意以下問題:古人引書名有不用書名全稱而用簡稱者,古人所引書目有同書而異名者,有書名相近而難以確定爲一書者(同名異書,書名同而作者異),有時還在一處用書名,另一處用篇名,體例極不統一者,故做索引或查檢時要善於鑒別判斷。至於人名索引的檢尋和編纂,須注意辨析的是,同姓名而非一人,並在姓名後加注,以資區別。人名有時稱名,有時稱字稱號,有時稱官職,有時書中只見姓氏、官稱或封號而不見名字者,數人同名同稱者,都需要細心閱讀原文,儘可能依據文獻考其姓名,斟酌行事。

第二節　電子文獻檢索工具的利用

隨著計算機技術的高速發展,古籍的數字化方式(即古籍的載體形式包括文字與圖像被轉換成可以用計算機或計算機網絡處理的數據,制成電子圖書)應運而生,它不僅給學者以檢用古籍的方便,也必將給文史學術的研究帶來革命性的變化:利用紙質檢索工具書查找文獻的傳統方法受到挑戰。如今,各種古籍電子文本層出不窮,一些紙質檢索工具書的功能逐漸被電子出版物所取代。利用電子文獻檢索已成爲系統搜集文科文獻的有效途徑。

一、光盤數據庫

從最初的《全唐詩》全文檢索算起,經過二十多年的探索與開發,中國古籍的數字化建設成就顯著,已開發和開發中的大型綜合資料庫主要有:

(一)《文淵閣四庫全書》電子版

《文淵閣四庫全書》電子版,由上海世紀出版集團上海人民出版社和香港迪志文化出版有限公司合作出版。該系統分爲"原文及標題檢索版"(一百六十七張光碟)和"原文及全文檢索版"(一百八十三張光碟)兩種版本。一般使用後者。提供了快捷有效的檢索、整理及編輯的途徑。

(二)《四部叢刊》電子版

《四部叢刊》,乃民國九年由中國當時最大的出版企業——商務印書館輯印的四部要籍(三百二十三種),由版本目錄學之行家張元濟、孫毓修主持編輯,皆選善本作爲底本影印(用宋金元明刻本、影宋元抄本、舊抄本、明活字本、校本、日本/朝鮮舊刻本以及少數清刻本、民國精刻本攝影縮小後石印），故極受學術界重視。嗣後，又選擇稀見善本影印《四部叢刊續編》八十一種，《三編》七十三種，選擇宋元明本和其他善本影印《百衲本二十四史》。而《四部備要》，則由中華書局 1920 至 1936 年編印，不用舊本影印而用仿宋鉛字根據通行本排印，有底本不精之弊。《四部叢刊》收書五百零四種，原分裝三千一百三十四冊。皆據珍藏善本稿本影印，故其版本價值遠勝於《四庫全書》，是二十世紀以來使用率極高的大型叢書之一。《四部叢刊》電子版（原文及全文檢索版），由北京書同文數字化技術有限公司、萬方數據電子出版社合作開發研制，具有全文檢索、擇要筆記、紀元換算等多種功能。讀者祇需輸入少量字詞，即可檢索到所需信息。電子版光盤全套共二十四張光盤。

　　（三）《國學寶典》

　　《國學寶典》數據庫，由北京國學時代文化傳播有限公司尹小林研製。是以古籍文獻爲主要內容、面向文史專業研究人員的全文檢索數據庫，迄今爲止，該系統已收錄中國古代典籍三千八百多種，總字數已逾八億字，目前仍以每年一至二億字的速度擴充其資料庫內容，收錄典籍包括《十三經注疏》、二十五史、諸子百家、道家典籍二十六種、釋家典籍二百種、筆記三百五十六種、古代小說三百多種古代戲曲一百一十多種和《全上古三代秦漢三國六朝文》、《先秦漢魏晉南北朝詩》、《文選》、《太平廣記》、《樂府詩集》、《全唐詩》、《全唐文》、《全宋詞》等大型總集，選書時還吸收了清代以後至當代學人有關古籍整理的重要成果。所有典籍都能全文檢索，檢索結集可生成文字檔案。國學網站裡有《國學寶典》所收全部文獻目錄介紹和使用手冊，其網址爲：http://www. guoxue. com/gxbd_cd/gxbdzmll. htm.

　　（四）《中國基本古籍庫》光盤工程

　　由北京大學教授劉俊文總編纂，北京愛如生數位化技術研究中心開發製作。據該研究中心網站（http://www. er07. com/article/notice. jsp？ typeId = 118）的介紹，《中國基本古籍庫》先後列爲“全國高等院校古籍整理研究工作委員會重點專案”和“國家重點電子出版物十五規劃專案”“於 2001 年 3 月正式啟動，2005 年 10 月全部完成。共收錄自先秦至民國（西元前十一世紀至西元二十世紀初）歷代典籍一萬種，選用版本一萬兩千八百個，每種典籍均製成數碼全文，並附所據版本及其他重要版本之原版影像，合計全文十七億字，影像一千萬頁，資料總量約三百二十 G。其收錄範圍涵蓋全部中國歷史與文化，其內容含量相當於三部《四庫全書》，不但是世界目前最大的中文數字出版物，也是中國有史以來最大的歷代典籍總匯。”還收錄兩百多種地方誌部分，包括存世的宋元方志以及天一閣明方志的主體部分，其他許多清中期以後的著作、四庫沒有收錄的著作都可得到數碼全文，也很方便學者。《古籍庫》確定的收書標準爲：

"1. 千古流傳、膾炙人口之名著;2. 雖非名著,但屬於各學科之基本文獻;3. 雖非基本文獻,但有拾遺補闕意義之作"。沒有收錄的書,就大類而言,一是漢譯佛經全部未收錄,二是輯佚叢書未予收錄,例如馬國翰《玉函山房輯佚書》、黃奭《黃氏逸書考》以及湯球的輯佚書,皆未收入。就各書的版本而言,《古籍庫》確認的標準爲"1. 完本而非殘本;2. 母本或晚出精刻精鈔精校本;3. 未經刪削竄改之本"。

二、網絡數據庫

目前在 Internet 上可供檢索利用的中國古典文獻網絡數據庫很多,有代表性的古籍全文檢索網絡數據庫有中央研究院漢籍電子文獻(舊稱漢籍全文資料庫)。該資料庫由該院各文史研究所的學術成員編纂,是迄今最具規模、資料整理最嚴謹的中文古籍資料庫之一(http://www. sinica. edu. tw/ftms-bin/ftmsw3)。它包含整部二十五史、整部阮刻十三經、超過兩千萬字的臺灣史料、一千萬字的《大正藏》以及其他典籍(如《文心雕龍》、《樂府詩集》、《詞話集成》等),合計字數達一億三千四百萬字,並以每年至少一千萬字的速率,持續成長。該漢籍電子文獻成爲相關學術研究不可或闕的利器,自 1999 年 7 月 9 日起免費授權國內團體與個人使用其資料庫,包括二十五史、十三經、臺灣方志、臺灣檔案及臺灣文獻,合計約七千萬字。再如臺灣《漢學研究中心》網站(http://ccs. ncl. edu. tw)有《典藏目錄及資料庫》(http://ccs. ncl. edu. tw/data. html),包括漢學研究中心典藏書刊目錄、典藏國際漢學博士論文摘要、敦煌學研究論著目錄等九種資料庫,檢索方式便利。

三、利用電子文獻檢索工具須注意的事項

從不同角度檢索,欲獲得完全的資料信息,取決於檢索者對文獻的熟悉程度;古籍數碼化的工作在準確性和學術性方面尚有待提高:古籍數碼全文錄入不能反映一種古籍版本的面貌,文字的錯誤率還不能做到同紙質出版物那樣少於萬分之一,因此,光盤和網絡中的資料,不可輕易信據。凡加引用,務求校核善本或書籍原文。如《四庫全書》電子本,其所據底本與文字錄入校對兩方面都存在問題,研究者可據此獲得重要文獻依據或線索,但如不加斟別,或考察不精,則反爲所累。所以對電子文獻理應適度利用,謹慎處理。前人治學重視善本,以古爲尚,會校眾本,不輕改古書,值得今人師法。此外,以單字爲單位的中文全文檢索系統在查檢時還會帶來過多冗餘信息,研究者須對檢索出來的資料再作人工剔除。

【本章參考文獻】

潘樹廣編著:《古籍索引概論》,書目文獻出版社,1984 年 6 月版。

黃永年著:《古籍整理概論》,世紀出版集團上海書店出版社,2001年1月第1版。

杜澤遜撰:《文獻學概要》,中華書局,2001年9月版。

張舜徽著:《張舜徽集·中國文獻學》,華中師範大學出版社,2004年3月版。

張三夕主編:《中國古典文獻學》,華中師範大學出版社,2003年3月版。

◎原典閱讀

一、清章學誠《校讎通義》卷一《校讎條理第七》之二

竊以典籍浩繁,聞見有限,在博雅者,且不能悉究無遺,況其下乎? 以謂校讎之先,宜盡取四庫之藏,中外之籍,擇其中之人名、地號、官階、書目,凡一切有名可治,有數可稽者,略做《佩文韻府》之例,悉編爲韻,乃於本韻之下,注明原書出處,及先後篇第,自一見再見,以至數千百,皆詳注之,藏之館中,以爲群書之總類。至校書之時,遇有疑似之處,即名而求其編韻,因韻而檢其本書,參互錯綜,即可得其至是,此則淵博之儒,窮畢生年力,而不可究殫者,今即中才校勘,可坐收於幾席之間,非校讎之良法歟!

(章學誠:《文史通義》附《校讎通義》,江蘇廣陵古籍刻印社,1991年版)

二、劉聲木《萇楚齋隨筆》卷七《皇清經解正續目錄》

儀徵阮文達公元編輯《皇清經解》一百八十種,一千四百十二卷,廣州學海堂刊本。長沙王益吾祭酒先謙編輯《皇清經解續編》四百五十種,一千三百十五卷,江陰南菁書院刊本。二書網羅宏富,實爲治經言漢學者鉅觀,惟卷帙繁重,檢校匪易。光緒年間,吳縣陶念矯□□治元,依《十三經》分經編次,成《敬修堂皇清經解編目》十六卷,光緒十二年陬月□□自刊本。同時諸暨蔡曜客茂才啟盛,依江永《四書典林》之例,分類編輯,以經證經,又可觸類旁通,成《皇清經解檢目》八卷、《通用表》一卷。……臨海尤麓孫□□瑩,依陶氏原例,分經編輯《皇清經解續編》目錄,成《式古堂目錄》十九卷。……後上海蜚英館……依陶氏分經之例,編輯《皇清經解續編》原縮本,成《目錄》十七卷。……上海鴻寶齋……成《皇清經解縮版編目》十六卷。……上海古香閣……編輯《皇清經解橫直縮本編目》十六卷。……有陶、蔡、尤三書,《皇清經解》正續篇原刊本,皆易檢閱鈔襲,有蜚英館、鴻寶齋、古香閣三書,上海橫直石印本《皇清經解》正續編,又易檢閱鈔襲,洵屬便之又便,開後人無限鈔襲法門。平時可束書不觀,舞榭歌臺,任

意放蕩。臨時則依經依字鈔襲，居然一篇經解，或竟成一部經註。何子貞太史紹基謂：近世經學家，爲《經籍纂詁》之應聲蟲，等而下之，又爲此等編目之應聲蟲。凡欲著書立說者，只須半年之力，分類纂襲，即可撰述成書，自鳴爲漢學家矣。

(《萇楚齋隨筆》，(清)劉聲木撰，中華書局，1998 年 3 月版)

三、毛謨《說文檢字序》

徐楚金《說文韻譜》十卷，……以切韻次之，聲韻區分，開卷可覩，明其專爲後學檢字作也。……曩授徒家塾，嘗彙《說文》所有之字，仿照《康熙字典》部分次序編爲一目，名之曰《說文通檢》，俾學者展卷了然，知某字在某卷某頁。初學之士有志識字者即字以求文，因文以考義，或藉是以爲稽合之梯階。

(毛謨撰：《說文檢字》二卷，《咫進齋叢書》第二集)

四、黎永椿《說文通檢例》

永椿少時讀《說文》，每苦難於尋檢，嘗欲倣字典檢字之例編爲一書。近者質之吾師陳蘭甫先生，定其凡例，以《說文》篆書寫爲真書，依其畫數，次第編錄。卷首檢部目，卷末檢疑字。卷一訖卷十四，檢本部之文，名之曰通檢。凡《說文》篆書今寫爲真書，其字皆遵字典畫數，凡《說文》部首之字列於卷首，以全字畫數爲次第，每字注明《說文》卷數上下及部數，以此檢。

(黎永椿撰：《說文通檢》，四部備要本，上海中華書局據原刻本校刊)

五、洪業《引得說》之《第一篇何謂引得》

引得是一種學術的工具，學者用之，可於最短時間中，尋檢書籍內部之某辭或某文。廣其義而論之，中國舊書中亦曾有類似這樣的工具。此類工具，雖不甚多，雖遠不敷用，要亦曾爲學者省卻許多勞苦焦慮；稍作研究工夫者，無不受其沾溉，不可不深謝。譬如我們要檢讀《漢書》裏面的《何武傳》手邊若沒有汪龍莊(輝祖)先生所編的《史姓韻編》，我們只得先檢《漢書》目錄，從列傳一檢起，依次細讀到列傳第五十六，然後才知道《何武傳》是在《漢書》總稱一百卷中之第八十六。若是我們手邊有一部《史姓韻篇》，那卻省事多了。從下平五歌尋"何"姓，從"何"姓找到何武，下邊注明在《漢書》卷八十六。再如我們不是要找何武而是要查漢徐裹的事蹟，我們只管在《漢書》目錄中找來找去好幾遍；還是找不著。但若一檢《史姓韻編》，立刻就知道在漢書卷八十八中可以得徐裹的事蹟。因此，《史姓韻編》這一部書真是可寶貴的工具。

又中國類書中，有一部分，可以當工具使用，減輕學者翻檢原書之勞。譬如我們偶爾要找《漢書》中"九虎將"的故事。《漢書》共一百卷，若從頭檢到記載"九虎將"的地方，大約要花幾十天的工夫。但如我們取《佩文韻府》；從去聲二十三漾之"將"字檢"九虎將"，或從上聲七之"虎"字檢"九虎"，我們即可知《漢書》中之"九虎將"故事乃在《王莽傳》中。再檢閱《漢書·王莽傳》，也不過幾十分鐘就可讀到"九虎將"的故事了。又如我們到《子史精華》中從武功部將師門檢"九虎將"，我們亦可得知其故事乃在《漢書·王莽傳》中。又如我們從《駢字類編》數目門，或《辭源》二畫"九"字下檢"九虎"亦可得同樣結果。大約類書用熟了的人，往往知道哪一種類書可以借用當這樣的工具。有時白檢了類書，而省不了通檢原書的勞苦；但大概檢慣了，就漸漸知道某種類書對於某種的功用有某樣的限制，用其所長，而舍其所短可也。

（洪業：《引得說》，北平燕京大學圖書館引得編纂處民國 21 年(1932)版）

第十章　文獻的整理：校勘與辨僞

第一節　校　勘

　　我國古籍的流傳大致有兩個階段：唐以前的手寫階段和唐以後的印刷階段。手寫階段的主要材料是竹木簡、縑帛、紙；印刷階段主要是紙。雖然我國最早的文獻記錄始於商周時期的甲骨文、金文，但因其質地堅硬，刻鑄不便，不利於流行，所以一般不認爲它們是"書"。竹木簡、縑帛是先秦兩漢以來常被使用的。據現代考古發現，西漢武帝時即有了類似於今天的紙。東漢蔡倫提高了造紙技藝，"蔡侯紙"替代了竹木簡，也很大程度上替代了縑帛，於東晉末年及南北朝階段，風行全國了。古書形制和傳播方式的變化，固然帶來文化事業的不斷的巨大的進步，然對古籍的流傳也產生了諸多的影響。手寫階段時期，輾轉手抄容易造成古籍謬誤，也容易因傳抄的不便造成古籍的散佚。雕版印刷的興起，一方面容易造成雕印依據的手抄原本相繼失傳，另一方面則容易導致版本氾濫，訛誤日生。唐代以前的寫本，保存迄今的最早抄本可能是西晉元康六年（296）的佛經殘卷最古。唐代抄本因敦煌文獻的問世，一時陡增。然宋元抄本，存於世者已屬罕見。雕版印刷盛行後，一般以宋版書爲貴，然也不是盡然如此。宋版書中，浙本爲上，蜀本次之，閩本最次，此以地區論。若以刊刻機構論，則官刻本爲上，家刻本次之，坊刻本最次。因爲坊刻本爲以營利爲目的的民間書坊所刻，不但校勘不精，還常常刪改原書。顧炎武《日知錄》卷十八說："山東人刻《金石錄》，於李易安《後序》紹興二年玄默歲壯月朔，不知'壯月'之出《爾雅》'八月爲壯月'，而改爲'牡丹'，凡萬曆以來所刻之書，多'牡丹'之類也。"[①]此即何以人們往往以爲明代坊刻本最糟之

---

① （明）顧炎武：《日知錄》卷十八，清康熙三十四年遂初堂本。

故。因此,校勘之學,遂應運而生。

一、何謂校勘

古籍傳抄、翻刻時,難免出錯,因此整理古籍時,比堪文字的工作,叫做校勘。晉葛洪撰《抱樸子》內篇卷十九"遐覽"曰:"書字人知之,猶尚寫之多誤。故諺曰:'書三寫,魚成魯,虛成虎。'此之謂也。"①清代學者俞樾《古書疑義舉例序》說:"夫周、秦、兩漢,至於今遠矣。執今人尋行數墨之文法,而以讀周、秦、兩漢之書,譬猶執山野之夫,而與言甘泉、建章之巨麗也。夫自大、小篆而隸書,而真書,自竹簡而縑素,而紙,其爲變也屢矣。執今日傳刻之書,而以爲是古人之真本,譬猶聞人言筍可食,歸而煮其簀也。嗟夫,此古書疑義所以日滋也與!"②筍和簀的比喻,說明版本誤差之易。校勘在古代稱"校讎"。梁蕭統《文選·三都賦》唐李善注引漢應劭《風俗通義》云:"按劉向《別錄》:'讎校:一人讀書,校其上下,得繆誤,爲校。一人持本,一人讀書,若怨家相對。'"③宋李昉等撰《太平御覽》卷六一八亦引此段文字云:"一人持本,一人讀折,若怨家相對,故曰讎也。"④則校讎之義,始無外乎比堪文字之同異,校定正確之文意,辨別真偽,考證謬誤。據劉向《漢書·藝文志》載:"至成帝時,以書頗散亡,使謁者陳農求遺書於天下。詔光祿大夫劉向校經傳諸子詩賦。步兵校尉任宏校兵書,太史令尹咸校術數,侍醫李柱國校方技。每一書已,向輒條其篇目,撮其指意,録而奏之。會向卒,哀帝復使向子侍中奉車都尉歆卒父業。歆於是總羣書而奏其《七略》,故有《輯略》,有《六藝略》,有《諸子略》,有《詩賦略》,有《兵書略》,有《術數略》,有《方技略》。"⑤顯然,劉向、劉歆父子的校讎工作分爲六個步驟:兼備眾本、比堪文字、審定篇次、確立書名、釐定部居、敍述源流,最後匯録成書。後世凡古籍校勘,大體步驟亦不出此。這種校讎工作,後人一般稱之爲廣義的校勘學。近代學者蔣伯潛《校讎目錄學纂要·緒論一》云:"'校'即校勘;'讎校',則指兩人對校;這是分別言之。至合二字爲一詞,凡則校勘書籍、文字、篇卷之正誤、衍奪、多少、錯亂,無論是一人單獨,或二人相對,都叫做'校讎'。這是'校讎'底本義,也是它底狹義……但劉向父子領教秘書,以校勘文字篇卷始,以編次篇目及總目終,其工作從'校讎'至'目錄',實爲一貫的,不可分的。"⑥這種廣義的校勘學,在清代中葉,經宋鄭樵的《通志·校讎略》和章學誠的《校讎通義》的

---

① （晉）葛洪撰:《抱樸子》內篇卷十九"遐覽",上海古籍出版社1995年影印明《正統道藏》本,第150頁。

② （清）俞樾:《古書疑義舉例·序》,俞樾等著《古書疑義舉例五種》,中華書局,1983年出版。

③ （梁）蕭統:《文選》卷六,中華書局,1977年出版,第106頁。

④ （宋）李昉等撰:《太平御覽》卷六一八"學部十二·正謬誤",中華書局,1998年出版,第2776頁。

⑤ （漢）班固撰,（唐）顏師古注:《漢書·藝文志》卷三十,中華書局,1987年出版,第1701頁。

⑥ 蔣伯潛:《校讎目錄學纂要·緒論一》,北京大學出版社,1990年出版,第2-3頁。

發展,而一變爲一門學問。

鄭樵(1104—1162),字漁仲,南宋興化軍莆田(福建莆田)人,自號溪西逸民。生於北宋崇寧三年,卒於南宋紹興三十二年。少年立志苦學,與堂兄鄭厚於莆田的西北夾漈山築"夾漈草堂",專心讀書,故世稱夾漈先生。好著書,不爲文章,自負不下劉向、揚雄,居夾漈山,謝絕人事。年長曾有意於抗金事業,然不爲朝廷所用。靖康之難,金兵破開封,略宋三館四庫書,樵欲於夾漈山著一部"集天下之書爲一書"之《通史》。雖時朝廷不允許私人修史,樵還是效仿司馬遷,獨自一個前往東南各地求借書三年,讀遍東南各地藏書,故朱熹云:"莆陽惟有鄭夾漈,讀得天下八分書。"①其後,於夾漈山薌林寺,開始了漫長而曲折的著書生涯。爲了爭取朝廷支持,他不斷把所著新書寄給朝廷禮部,並於紹興八年(1138)在《上方禮部書》中,明確地提出著《通史》的願望。時抗金派宰相趙鼎、張浚等人非常重視,然而由於宋高宗重用投降派,秦檜爲宰相,趙鼎等人被斥,故而未果。此後自紹興九年(1139)秦檜任相起,一直當到紹興二十五年(1155)的長達十六年間,秦檜不但不支持鄭樵著《通史》,反而接連三次下禁令嚴禁私人修史和著述,違者以"擅修國史"罪論處。這道禁令終於激怒了鄭樵,他背起新著成的一百四十卷書,徒步走到南宋京都杭州,想要直接把新書獻給皇帝,請求皇帝準許他繼續著述。然而,由於秦檜的阻撓,所以儘管鄭樵在杭州苦苦等待了一年時間,依然見不到皇帝,也得不到朝廷準許他續著的公文。悲憤無奈之下,鄭樵回歸夾漈山草堂,開始著述一部遠避宋朝國史三百年的史學巨著《通志》。紹興三十一年(1161),五十八歲的他,終於完成這部劃時代的史學巨著《通志》。當鄭樵把這部傾注他畢生心血的巨著送到杭州時,宋高宗由於戰事無暇顧及接收《通志》上殿,便讓鄭樵在朝廷擔任樞密院編修官。因此職便於閱讀宮廷圖書,鄭樵欣然赴任、然因朝中學士大夫的嫉恨,鄭樵遭受誣陷,遂蒙冤病逝,年僅五十九歲。② 鄭樵著述,據統計達八十餘種,但大部分已佚亡。今存僅《通志》、《夾漈遺稿》、《爾雅注》、《詩辨妄》及一些零散遺文。其《通志》共二百卷,六百多萬字,分傳、譜、略三部分。其中的"二十略",涉及諸多知識領域,堪稱世界上最早的一部百科全書。"二十略"中的《校讎略》和《藝文略》是研究中國目錄學、校讎學的重要文獻。《校讎略》分秦不絕儒學論、編次必謹類例論、編次必記亡書論、書有名亡實不亡論、編次失書論、見名不見書論、收書之多論、闕書備於後世論、亡書出於後世論、亡書出於民間論、求書遣使校書久任論、求書之道有八論、編次之訛論、崇文明於兩類論、泛釋無義論、書有不應釋論、書有應釋論、不類書而類人論、編

---

① (明)陳循等撰:《寰宇通志》卷四十六,《人物》"鄭樵",(明)闕名撰:《玄覽堂叢書續集》本第 8 冊,第 9 頁。
② (元)脫脫等:《宋史》卷四三六《鄭樵傳》,中華書局,1977 年出版,第 12944 頁。

書不明分類論、編次有敍論、編次不明論等二十一類①,實際上從廣義校勘學的觀念上闡明了圖書採訪、類例、著錄、注釋的大體,也是對宋前校勘學的理論性總結。清代校勘學家章學誠高度評價了鄭樵的成就:"校讎之義,蓋自劉向父子部次條別,將以辨章學術,考鏡源流,非深明於道術精微、群言得失之故者,不足與此。後世部次甲乙,紀錄經史者,代有其人;而求能推闡大義,條別學術異同,使人由委溯源,以想見於墳籍之初者,千百之中,不十一焉。鄭樵生千載而後,慨然有會於向、歆討論之旨,因取歷朝著錄,略其魚魯亥豕之細,而特以部次條別,疏通倫類,考其得失之故,而爲之校讎。"②

　　鄭樵以下,進一步將廣義校勘學發展爲一門學問的標誌性人物,是清代清代史學家、思想家、方志學家章學誠。章學誠(1738—1801),字實齋,浙江紹興人 。乾隆四十三年(1778)進士,曾援授國子監典籍,主講定州定武、保定蓮池、歸德文正等書院,後入湖廣總督畢沅幕府,協助編纂《續資治通鑑》等書。章學誠早年博涉史書,中年入京,遍覽群籍。晚年目盲,著述不輟。章學誠身處嘉乾漢學鼎盛之世,而力倡史學,以"六經皆史"的歷史學說和"辨章學術,考鏡源流"的目錄學思想著稱,代表作爲《文史通義》、《校讎通義》。因其說與一時學術界好尚不合,故直至晚清始得傳播。另有《方志略例》、《實齋文集》以及和州、永清、亳州諸方志,深受後世推重。曾輯《史籍考》,志願宏大,惜未成書,稿亦散失。章學誠《校讎通義》四卷,包括原道、宗劉、互著、別裁、辨嫌名、補鄭、校讎條理、著錄殘逸、藏書等九個部分,這種體例亦屬廣義的校勘學範疇。究其原因,可能既與校勘學發展的自然進程有關,也與章學誠此著本身就是直接針對鄭樵《通志》缺陷而作有關。其《校讎通義·敍》又云:"顧樵生南宋之世,去古已遠,劉氏所謂《七略》、《別錄》之書,久已失傳;所可推者,獨班固《藝文》一志。而樵書首譏班固,凡所推論,有涉於班氏之業者,皆過爲貶駁之辭。蓋樵爲通史,而固則斷代爲書,兩家宗旨,自昔殊異,所謂道不同不相爲謀,無足怪也。獨《藝文》爲校讎之所必究,而樵不能平氣以求劉氏之微旨,則於古人大體,終似有所未窺。又其議論過於駿利。隋唐史志,甲乙部目,亦略涉其藩,而未能推闡向、歆術業,以究悉其是非得失之所在。故其自爲《通志》,《藝文》、《金石》、《圖譜》諸略,牴牾錯出,與其所譏前人著錄之謬,未始逕庭,此不揣本而齊末者之效也。又其論求書之法,校書之業,既詳且備。然亦未究求書以前,文字如何治察,校書以後,圖籍如何法守;凡此皆鄭氏所未遑暇。蓋其涉獵者博,又非專門之精,鉅編鴻制,不能無所疏漏,亦其勢也。今爲折衷諸家,究

---

① （宋）鄭樵:《通志》卷七一,中華書局,1987 年出版,第 831-836 頁。
② （清）章學誠:《校讎通義》卷一—《敍》,載章學誠著,葉瑛校注《文史通義校注》,中華書局,1994 年出版,下冊,第 945 頁。

361

其原委,作《校讎通義》,總若干篇,勒成一家,庶於學術源流,有所釐別。"①據此,章氏乃因鄭氏之所誤,而欲集向、歆、固等諸家之長,自成一家,以辨章源流,釐別學術,故其《校讎通義》之體例,仍屬廣義校勘學之範疇。其後,如胡樸安、胡道靜叔侄之《校讎學》、蔣元卿之《校讎學史》、蔣伯潛《校讎目錄學纂要》、劉鹹炘之《校讎述林》及《續校讎通義》、姚名達之《中國目錄學史‧校讎篇》等仍延續了廣義校勘學概念。

二、校勘內容

清代中葉,因爲樸學的極度發展,目錄學漸從校勘學中分裂出來,成爲另一專門的學問,而狹義的校勘學亦爲學術界所接受。本文所謂狹義的校勘學,一般指選擇版本、校正文字、釐定篇卷、撰述敘錄、輯錄佚文等。

選擇版本。底本選擇好壞,關係根本上的誤差和人力、物力的浪費。段玉裁《與諸同志書論校書之難》云:"校書之難,非照本改字不訛不漏之難,定其是非之難。是非有二:曰、底本之是非;曰、立說之是非。必先定其底本之是非,而後可斷其立說之是非,二者不可分。"②定其是非,則應力求"毋缺勿濫",有所選擇、判斷,這就要求我們處理好選擇底本、校本、異文的問題。整理古籍的底本,盡可能使用善本,這是毋庸置疑的。但何謂善本?學者們說法各異。清張之洞《輶軒語》"讀書宜求善本"云:"善本之義有三:一,足本(無闕卷,未刪削);二,精本(一精校,一精注);三,舊本(一舊刻,一舊鈔)。"③此次序被視爲精當。某些藏書家偏重舊本,只以宋元版本爲善本;一些圖書館甚至把宋代以來,乾隆以前的刻本都稱爲善本,這是不科學的。因爲古本、珍本不一定都是足本、精本,在文獻價值上可能不一定是最高的。有些晚出的版本經過精校,往往反而更適合做底本。如宋呂惠卿的《莊子義》,現存最早的是黑水城文獻出土的《呂觀文進莊子內(外)篇義》,然極不全,亦不夠精準。而國家圖書館藏金刻本的《壬辰重考證呂太尉經進莊子全解十卷》,則基本完整,且校勘相對精審。故中華書局最新出版的《莊子義集校》,即以金刻本爲底本,以黑水城本爲參校本。當然,也有的版本,雖內容較多,但很可能雜有僞作,這也需要校勘者審慎辨析。校本的選擇,一般說是要博採異本。但如版本太多,則就當考鏡源流,找出祖本。凡後來據某祖本翻刻,而又未能精審考訂的,則可排除校對之外。如周祖謨校《洛陽伽藍記》時指出:"《洛陽伽藍記》之刻本至多,有明刻本及清刻本。明刻本主要有三種:一、如隱堂本,二、吳琯所刻古今逸史本,三、毛氏汲古閣所刻津逮秘書本。如隱本不知何人所雕,板刻似出於嘉靖間;

---

① (清)章學誠:《校讎通義》卷一《敘》,載章學誠著,葉瑛校注:《文史通義校注》,下冊,第945-946頁。
② (清)段玉裁:《經韻樓集》卷十二,道光元年七葉衍祥堂刻本。
③ (清)張之洞:《輶軒語‧語學》,慎基齋叢書本。

(譔原注:趙萬里先生謂:此書蓋爲長洲人陸採所刻。範氏天一閣藏書中有採所著《天池山人小槀》,内有如隱草堂之名,此《伽藍記》之板刻字樣正類蘇州刻本,故疑爲陸採所雕。案如隱草堂四字見《小槀》壬辰槀卷末。採爲嘉靖進士陸粲之弟,從都穆學古文詞,於文喜六代,爲諸生屢試不第。詳馮桂芬《蘇州府志》卷八十六)逸史本則爲萬曆年間所刻也。二者來源不同,文字有異。津逮本刊於崇禎間,據毛斧季言,原從如隱本出,而有改竄。蓋據逸史本校改者。至於清代刻本,則有四種:一、乾隆間王謨輯校之漢魏叢書本,二、嘉靖間張海鵬所刊學津討原本,三、嘉靖吳自忠真意堂叢書活字本,四、道光吳若準《洛陽伽藍記集證》本。考漢魏本乃出自逸史本,學津本乃即據津逮本翻雕,而小有更易。真意堂本,則又參取津逮漢魏兩本以成者。至於吳氏集證本,雖云出自如隱,然亦略有刪改。凡別本有異者,均於集證中詳之。綜是而言,《伽藍記》之傳本雖多,惟如隱堂本及《古今逸史》本爲古。後此傳刻《伽藍記》者,皆不出此兩本。故二者殆爲後日一切刻本之祖本也。校《伽藍記》,自當以此二者爲主。如振裘挈領,餘皆怡然理順。苟侈陳眾本,而不得其要,則覽者瞀亂,勞而少功矣。"①如果版本過多,各有不同,則可選特色的好的版本作校本,那些印製粗劣者可棄而不用了。他校的資料很多,也需選擇。如清人編的《古今圖書集成》、《淵鑒類函》等類書,引書多有不謹者,需慎用。只要能找到第一手資料,這些第二手的資料均可放棄。選擇他校資料,還需注意前人研究成果,看看有否已被前人解決了的問題,以免重複。

校正文字。校勘之主要目的,本在於改正書中最常出現的語言文字錯誤:衍、脱、訛、倒之處。此略舉數例,作一簡單說明:

(一)衍

"衍"即指古書在傳抄、翻刻中誤增的文字。造成衍字出現的原因主要有三種:字形相似而衍。如《管子·事語》云:"彼壤狹而欲舉與大國爭者,農夫寒耕暑耘,力歸於上,女勤於緝績徽織,功歸於府者,非怨民心,傷民意也。"此處,俞樾以爲"舉"爲衍字:"蓋即'與'字之誤而衍者。"②因爲繁體的"舉"和繁體的"與"相似而誤增。因上下文而衍。如《管子·大匡》云:"令鮑叔進大夫,勸國家。得之成而不悔,爲上舉;從政治,爲次;野爲原,又多不發起,訟不驕次之。勸國家,得之成而悔,從政雖治而不能,野原又多發起,訟驕行,此三者爲下。"俞樾以爲伊注所謂"又教之和通,不相告發,雖有起而訟者,莫不恭恪,不爲驕傲"的說法"於句讀未審也。"他認爲:"當以'起'字絕句。'多'字衍文,涉下文'又多發起'句而衍。《七臣七主篇》曰:'然彊敵發而起,雖善者

---

① 　(魏)楊衒之著,周祖謨校釋:《洛陽伽藍記校釋·敘例》,中華書局1963年版,第1-2頁。按:引文中書名號爲編者所加。
② 　(清)俞樾:《諸子平議·管子平議》卷六,中華書局,1956年重印商務印書館國學基本叢書本,第104頁。

不能存。'即可證此文'發起'之意。上云'野爲原',謂能辟草來也。此云'又不發起',謂能治盜賊也。又云'訟不驕',謂能聽獄訟也。'驕'讀爲'矯',《國語·周語》曰:'其刑矯誣。'韋注曰:'以詐用法曰矯。'是其義也。下文云:'又多發起訟驕'亦當以'起'字絕句。其下又云:'又多而發訟驕',則誤衍'而'字,奪'起'字"。① 又如《荀子·榮辱》云:"人之情,食欲有芻豢,衣欲有文繡,行欲有輿馬,又欲夫餘財蓄積之富也,然而窮年累世不知不足,是人之情也。"其中,王先謙云:"'不知不足'當爲'不知足',剩'不'字。"此涉上而衍;因涉注文、旁記而衍。如《晏子·內篇·問下》"景公問賢不肖可學乎晏子對以勉強爲上第六"云:"景公問晏子曰:'人性有賢不肖,可學乎?'晏子對曰:'《詩》云:"高山仰止,景行行止。"之者其人也。故諸侯並立,善而不怠者爲長;列土並學,終善者爲師。'盧文昭云:"下'止'字衍。案今《詩》作'景行行止',而古來所引每作'行之'。王伯厚《詩考》引《史記·孔子世家》作'行之',今《史記》改作'行止'矣。《禮記·表記》、《釋文》又云'行止',《詩》作'行之',又互異也。此書必本作'行之',後人以今《詩》'止'字注其旁,遂誤入正文耳。"②

(二)脱

"脱"也稱"奪",指古注在傳抄、翻刻中,誤漏的文字。造成脱文的原因主要有兩種:因下涉上而脱,包括因下文與上文全同而誤脱,以及因下文與上文結構、內容相似而誤脱。前者如《戰國策》卷六"秦四""秦王欲見頓弱"章云:"於是頓子曰:'天下有有其實而無其名者,有無其實而有其名者,有無其名又無其實者,王知之乎'王曰:'弗知。'"關於"天下有有其實而無其名者"句,諸祖耿云:"'有'下原無'有'字。"其引姚宏本注所云:"一本'有'字下更有'有'字。"又以黃丕烈引鮑彪本所注:"'有'下補'有'字。"又引吳師道正語云:"一本有。"③故諸祖耿據全句結構和文意,以爲姚、鮑、吳、黃意見爲對。後者如《荀子》卷二"不苟"云:"君子挈其辯而同焉者合矣,善其言而類焉者應矣。故馬鳴而馬應之,非知也,其勢然也。故新浴者振其衣,新沐者彈其冠,人之情也。"此處"馬鳴而馬應之"句以下,盧文弨引《韓詩外傳》云:"此下尚有'牛鳴而牛應之'六字。"④今本脱。兩句結構相同,句意相似,涉上疏忽而脱。《戰國策·齊策四》云:"居有頃,依柱彈其劍,歌曰:'長鋏歸來乎,食無魚。'左右以告。孟嘗君曰:'食之,比門下之魚客。'"此處"比門下之魚客"句,王先謙云:"原無'魚'字。"其引姚宏本注所云:"一本'客'上有'魚'字。"又引吳師道所稱《列士傳》之語:"孟嘗君廚有

① (清)俞樾:《諸子平議·管子平議》卷二,中華書局,1956年重印商務印書館國學基本叢書本,第34頁。
② 吳則虞:《晏子春秋集釋》(上冊)"內篇問下第四",中華書局,1960年出版,第251頁。
③ 諸祖耿撰:《戰國策集注匯考》卷六,江蘇古籍出版社,1985年出版,第374頁。
④ (清)王先謙撰,沈嘯寰、王星賢點校:《荀子集解》卷二,中華書局,1988年出版,第45頁。

三列,上客食肉,中客食魚,下客食菜。一本'比門下之魚客'",故從姚、吳之意見。還有一種是因參校本不足而形成的脫文,如吳楓《中國古典文獻學》第七章第二節"校勘"中,指出了中華書局標點本張文虎校訂成果中的一個疏漏:"中華書局標點本《史記》採用了張文虎的校訂成果,這是必要的,但還應用'百衲本'《史記》加以校訂。'百衲本'《史記·魏世家》'韓武子、趙桓子'條下,《索引》云:'《系本》"武子名啟章,康子子。桓子名嘉,襄子之子。"'後面八字,標點本已脫漏,應據補。"①

(三)訛

"訛"即訛誤,因字的形音相近、筆劃增減、注文誤入等,可能造成傳抄、翻刻中抄錯、印錯了原文。此限於篇幅,略舉兩例:《荀子·勸學》云:"昔者瓠巴鼓瑟而流魚出聽,伯牙鼓琴而六馬仰秣,故聲無小而不聞,行無隱而不形。""盧文弨云:"'流魚',《大戴禮》作'沈魚',《論衡》作'鱏魚',亦與'沈魚'音近,恐'流'字誤。《韓詩外傳》作'潛魚'。或說流魚即游魚,古'流''遊'通用。"針對這個校勘,王先謙云:

> 案:"流魚",《大戴禮》作"沈魚",是也。魚沈伏,因鼓瑟而出,故雲"沈魚出聽"。《外傳》作"潛魚",潛亦沈也,作"流"者借字耳。《書》"沈湎",《非十二子》、《大略篇》作"流湎",《君子篇》"士大夫無流淫之行",《群書治要》引作"沈淫",此"沈""流"通借之證。《淮南子·說山訓》作"淫魚",高注以爲長頭、口在領下之魚,與《後漢書·馬融傳》注:"鱏魚,口在領下"合,故《論衡》作"鱏魚"。此二書別爲一義。盧引或說"流魚即遊魚",既是游魚,何雲"出聽"? 望文生義,斯爲謬矣。②

"流""沈"二者形音相近,字形分合,假借而誤。王先謙之校勘,更勝盧文弨一籌甚明。《呂氏春秋》卷二十二"察傳"曰:"有讀史記者,曰晉師三豕涉河。子夏曰:'非也,是己亥也。夫己與三相近,豕與亥相似。'至於晉而問之,則曰:'晉師己亥涉河也。'辭多類非而是,多類是而非,是非之經,不可不分,此聖人之所慎也。"此亦因形似而誤。

(四)倒

"倒"即倒文,指古籍在傳抄、翻刻時,因誤抄、錯簡而顛倒了某些原文的次序。《詩經·大雅·江漢》云:"江漢浮浮,武夫滔滔,匪安匪遊,淮夷來求。"楊樹達以爲此處"滔滔"和"浮浮"的位置因上下兩句平列,而傳寫顛倒了:"王氏引之曰:'當做"江漢滔滔,武夫浮浮。"'《小雅·四月篇》:'滔滔江漢。'此云:'江漢滔滔,'意與彼同。"

---

① 吳楓:《中國古典文獻學》,齊魯書社,2008 年出版,第 194 頁。
② (清)王先謙撰,沈嘯寰、王星賢點校:《荀子集解》卷一,中華書局,1988 年出版,第 10 頁。

《論語・季士》云："丘也聞有國有家者,不患寡而患不均,不患貧而患不安。""寡""貧"二字互倒。因爲同篇下文即云:"蓋均無貧,和無寡,安無傾"。《春秋繁露・度制篇》、《魏書・張普惠傳》均作"不患貧而患不均",可見《論語・季士》原文中"寡""貧"二字,的確互倒了。楊樹達云:"'貧'以財言,'不均'亦以財言;不均則不如無財矣,故'不患貧而患不均'也。'寡'以人言,'不安'亦以人言;不安則不如無人矣,故'不患寡而患不安'也。《春秋繁露・度制篇》引孔子曰:'不患貧而患不均,'可據以訂正。"①

釐定篇卷。古書的版本常有錯簡、缺頁或空白的地方,校勘時需要把它們一一清理出來。如 2009 年由中華書局出版的《莊子義集校》,所使用的底本是國家圖書館所藏金刻本《莊子解》,全名爲《壬辰重考證呂太尉經進莊子全解十卷》。此本全六冊,線裝:第一冊有元豐七年《進莊子義表》、卷一、卷二;第二冊有卷三、卷四;第三冊有卷五、卷六;第四冊有卷七、第五冊有卷八、第六冊含卷九、卷十。全書合計一百九十二頁。其卷二略殘缺數十字,且第十二頁和十三頁相互錯簡。校者就根據俄羅斯科學院東方研究所聖彼德堡分所所藏的中國黑水城出土文獻《呂觀文進莊子內(外)篇義》,即黑水城出土的《莊子義》殘本等進行校勘、補定。又《莊子・齊物論》云:

> "何謂和之以天倪?"曰:"是不是,然不然。是若果是也,則是之異乎不是也,亦無辯;然若果然也,則然之異乎不然也,亦無辯。化聲之相待,若其不相待。和之以天倪,因之以曼衍,所以窮年也。忘年忘義,振於無竟,故寓諸無竟。"

呂惠卿校云:"'化聲之相待,若其不相待。和之以天倪,因之以曼衍,所以窮年也',其文當在'何謂和之以天倪'之上,簡編差互,誤次於此,觀其意可知也。"②此呂惠卿對《莊子・齊物論》文本的錯簡互乙情況的校勘,不爲無理。

撰述敘錄。敘錄又稱序錄、解題、提要或序跋之類,主要是校勘者或藏書家爲了幫助讀者瞭解書籍的相關內容、梗概,以及圖書的作者、時代、版本、收藏、存佚等情況,而撰寫的考訂文字。一般說來,漢代劉向的《七錄》,因其"條其篇目,撮其旨意,錄而奏之"的體例,被認爲是提要編纂的開始,但可惜已佚。其後《漢書》的"藝文志"和《隋書》的"經籍志",雖然屬於目錄文獻之類,但其各類文獻之前的小序、總序,均是相關文獻流變的提要、梗概介紹。唐代陸德明《經典釋文序錄》是現存第一部相關著述。《經典釋文》三十卷是陸德明解釋儒家經典文字音義的書,其首爲《序錄》,主要說明書的內容安排和經學的傳授源流,包括《周易》、《古文尚書》、《毛詩》、《周禮》、《儀禮》、

---

① 楊樹達:《古書疑義舉例續補》,俞樾等《古書疑義舉例五種》,中華書局,1983 年出版,第 109-111 頁。
② (宋)呂惠卿注,湯君集校:《莊子義集校》卷一,中華書局,2009 年出版,第 50-51 頁。

《禮記》、《春秋左氏傳》、《公羊傳》、《穀梁傳》、《孝經》、《論語》、《老子》、《莊子》、《爾雅》等書序錄。其中因唐代《孟子》尚不爲經,故未收。而《老子》、《莊子》因魏晉以後影響很大,故收。如其關於《莊子》云:

> 莊子者,姓莊,名周,(太史公云:字子休。)梁國蒙縣人也。六國時,爲漆園吏,與魏惠王、齊宣王、楚威王同時,(李頤云:與齊湣王同時。)齊楚嘗聘以爲相,不應。時人皆尚遊說,莊生獨高尚其事,優遊自得,依老氏之旨,著書十餘萬言,以逍遙自然無爲齊物而已;大抵皆寓言,歸之於理,不可案文責也。然莊生弘才命世,辭趣華深,正言若反,故莫能暢其弘致;後人增足,漸失其真。故郭子玄云:"一曲之才,妄竄奇說,若《閼弈》、《意脩》之首,《危言》、《遊鳧》、《子胥》之篇,凡諸巧雜,十分有三。"《漢書·藝文志》"《莊子》五十二篇",即司馬彪、孟氏所注是也。言多詭誕,或似《山海經》,或類《占夢書》,故注者以意去取。其《內篇》眾家並同,自餘或有《外》而無《雜》。惟子玄所注,特會莊生之旨,故爲世所貴。徐仙民、李弘範作《音》,皆依郭本。今以郭爲主。

此言莊子生平、《莊子》一書大旨、流傳、版本狀況,以及校勘所據版本情況,並附所引版本的書目、作者簡介:"崔譔注十卷,二十七篇。(清河人,晉議郎。內篇七,外篇二十。)向秀注二十卷,二十六篇。(一作二十七篇,一作二十八篇,亦無雜篇。爲音三卷。)司馬彪注二十一卷,五十二篇。(字紹統,河內人,晉祕書監。內篇七,外篇二十八,雜篇十四,解說三。爲音三卷。)郭象注三十三卷,三十三篇。(字子玄,河內人,晉太傅主簿。內篇七,外篇十五,雜篇十一。爲音三卷。)李頤集解三十卷,三十篇。(字景真,潁川襄城人,晉丞相參軍,自號玄道子。一作三十五篇,爲音一卷。)孟氏注十八卷,五十二篇。(不詳何人。)王叔之義疏三卷。(字穆闕,琅邪人,宋處士。亦作注。)李軌音一卷。徐邈音三卷。"[①]此一體例,已是非常周到和成熟的提要了,後世專著,基本不出此則。之後,吳承仕《經典釋文序錄疏證》,又爲其作注。[②] 宋代以後,如晁公武的《郡齋讀書志》、陳振孫的《直齋書錄解題》、馬端臨的《文獻通考·經籍考》皆是解題專著。明代高儒的《百川書志》和周弘祖的《古今書刻》也是目錄解題之作。清代文獻解題,以《四庫全書總目》、《四庫全書簡明目錄》最爲卓越。前者如其辨析署名宋蘇過著的《斜川集》云:

> 《斜川集》十卷(江蘇蔣曾塋家藏本)。舊本題宋蘇過撰。過,軾之季子,字叔黨,斜川其自號也,事蹟附載《宋史·蘇軾傳》。其集《文獻通考》作十卷,世無傳

---

① (唐)陸德明撰:《經典釋文》卷一"序錄",中華書局,1983 年出版,第 17 頁。
② (唐)陸德明撰,(清)吳承仕疏證、秦青點校:《經典釋文序錄疏證》,中華書局,1984 年出版。

本。王士禎《香祖筆記》稱,康熙乙酉,有書賈来益都之顏神鎮,攜蘇過叔黨《斜川集》僅二冊,價至二百金有奇。惜未得見之,其存佚今不可知。然士禎所記,多傳聞之詞,未必確也。此集乃近時坊間所刊。其本但有邊闌,而不界每行之烏絲。此本染紙作古色,每頁補畫烏絲,而偽鐫虞山汲古閣毛子晉圖書一印,印於卷末,蓋欲以宋版炫俗。然考晁說之所作《蘇過墓誌》,過卒於宣和五年。此集中所稱乃嘉泰、開禧諸年號,以及周必大、姜堯章、韓侂胄諸人,過何從見之? 其中所指時事,亦皆在南渡以後,尤爲乖刺。案劉過《龍洲集》中所載之詩,與此盡同。蓋作偽者因二人同名爲過,而抄出冒題爲《斜川集》,刊以漁利耳。《龍洲集》已別著錄,此本本不足存。以世傳刊本、抄本不一而足,且卷數與《文獻通考》所載相合,恐其熒聽,故存其目,而辯之焉。[①]

此類提要,不惟考辨作者事蹟、版本源流、版本特徵,而且辨析書之真偽、實際作者、謬誤原因等,曲盡道理,明晰周詳,結論穩妥,令人豁然開朗。清人私家文獻解題類著述最著名者有錢曾《讀書敏求記》、孫星衍《平津館鑒藏籍記》、黃丕烈《士禮居藏書題跋記》、張金吾《愛日精廬藏書志》、彭元瑞《知聖道齋讀書跋尾》、楊守敬《日本訪書志》、繆荃孫《藝風堂藏書記》、何焯《義門讀書記》、羅振玉《雪堂校刊群書敘錄》等。近人耿文光《萬卷精華樓藏書記》、傅增湘《藏園群書題記》、葉德輝《郋園讀書志》、張元濟《涉園序跋集錄》、葉景葵《卷盦書跋》、鄭振鐸《劫中得書記》等,限於篇幅,不再舉例。

輯錄佚文。我國古籍因年代久遠,數量浩繁,故而散失數量亦頗驚人。今存五代以前集部書籍,大部分實皆輯佚所得。如晉人梅賾的《古文尚書》,雖屬偽作,但實爲輯佚之作。又如宋人王應麟之輯鄭玄《周易注》、《尚書注》、《三家詩》,元人陶宗儀《說郛》、清人王謨《漢魏遺書鈔》、《晉唐地理書鈔》,清人嚴可均《全上古三代秦漢三國六朝文》,清人茆泮林《十種古佚書》,清人張澍《二酉堂叢書》,清人馬國翰《玉函山房輯佚書》、清人黃奭《漢學堂叢書》,清人陳運溶《麓山精舍叢書》,清人王仁俊《玉函山房輯佚書續編》、《玉函山房輯佚書補編》,近人逯欽立《先秦漢魏晉南北朝詩》,日本人天瀑山人輯中國古籍《佚存叢書》、黎庶昌於日本輯《古佚叢書》,等等,皆爲名著。又有學者,因前人所輯書,有某種不夠完善、完美的地方,遂重新輯佚者,如王國維的《重輯倉頡篇》。其《序》云:“字書創於《史籀》,而《倉頡》篇繼之。《史籀》十五篇,後漢已亡其六。今其字存於《說文》者,僅二百餘。蓋不及原書之什一矣。《倉頡》三篇,雖並於漢,亡於唐,然漢初所定五十五章三千三百字,今散見於諸書所引者尚得十之五

---

① (清)永瑢等撰:《四庫全書總目》卷一百七十四·集部二十七,中華書局,1995 年出版,第 1537 頁。

六。乾嘉以來，孫、任諸家相繼纂輯，並有成書。近時陶、陳諸氏補之，其事益備。余嘗取諸家之書讀之，竊怪其勤於蒐集，而疏於體裁，又詳於注解，而略於本文也。夫古字書存於今日者，在漢惟《急就》、《說文解字》，在六朝惟《千字文》與《玉篇》耳。此四種中，惟《說文》與《玉篇》說字形者，爲一類。《急就》、《千文》便諷誦者，又爲一類。《倉頡》一篇，據劉子政、班孟堅、許叔重所說，與近出之敦煌殘簡，其與《急就》、《千文》爲類，而不與《說文》、《類篇》爲類審矣。乃元吾邱子行作《學古篇》，謂《倉頡》十五篇即《說文》部目。近世馬竹吾用其說，遂盡取《說文》部首，以入所輯《倉頡篇》中。諸家輯本，皆未明言其非，亦不言《倉頡》體例之何若，其失一也；《急就》一篇，皆用《倉頡》正字。劉、班二家，並著其說。乃諸家輯本，未有採及之者。蒐張、郭之訓詁，忘李、趙之舊文，其失二也。國維有見於此，乃以己意重輯此書，以史遊所錄，揚雄、杜林所訓之字爲上卷，則雜有揚雄《訓纂》、賈魴《滂喜》所續之字者也。又以《倉頡》本文爲經，而以揚、杜、張、郭之訓詁列於其下，則本文與注，界畫分明，蓋有前人之得，而無其失者，故刊而行之。世之言小學者，或有取於是與？"①此王國維即前人所輯《倉頡篇》的體例、本文、注文上的問題，而重新校勘、編輯此著。

三、校勘方法

校勘又叫校讀，因爲"校"是爲了"讀"。但欲校書，必先讀書。沒有廣泛的閱讀範圍、知識結構，就不能發現問題和解決問題，也就不能夠有成功的校勘。前人有所謂"死校法""活校法"的提出。清人葉德輝《藏書十約·校勘》云："書不校勘，不如不讀。校勘之功，厥善有八。習靜養心，除煩斷欲，獨居無理，萬慮俱消，一善也。有功古人，津逮後學，奇文獨賞，疑竇忽開，二善也。日日翻檢，不生潮黴，蠹魚蛀蟲，應手拂去，三善也。校成一書，傳之後世，我之名字，附驥以行，四善也矣。中年善忘，恒苦搜索，一經手校，可閱數年，五善也。典制名物，記問日增，類事撰文，俯拾即是，六善也。長夏破睡，嚴冬禦寒，廢寢忘餐，難境易過，七善也。校書日多，源流益習，出門採訪，如馬識途，八善也。具此八善，較之古人臨池仿帖，酬願寫經，孰得孰失，殆有天壤之異矣。顧知校書之善矣，而不得校之之法，是涉巨川而忘舟楫，遊名山而無籃輿，終歸無濟而已矣。今試言其法，曰死校，曰活校。死校者，據此本以校彼本，一行幾字，鉤乙如其書，一點一畫，照錄而不改，雖有誤字，必存原文。顧千里廣圻，黃蕘圃丕烈所刻之書是也；活校者，以群書所引，改其誤字，補其闕文，又或錯舉他刻，擇善而從，別爲叢書，板歸一式。盧抱經文弨，孫淵如星衍所刻之書是也。斯二者，非國朝校勘家刻書之秘

①　王國維著：《王國維遺書》（全十六冊）第七冊，上海古籍書店，1983年據商務印書館1940年版影印。

傳,實兩漢經師解經之家法。鄭康成注《周禮》取故書、杜子春諸本錄其字而不改其文,此死校也。劉向校錄中書,多所更定,許慎撰《五經異議》自爲折衷,此活校也。其後隋陸德明撰《經典釋文》,臚載異本。嶽珂刻九經、三傳,抉擇眾長。一死校,一活校也。明乎此,不僅獲校書之奇功,抑亦得著書之捷徑也已。"①則所謂死校,即在同書的各種版本中,挑選一種較好的本子作底本,再以其他本子對校,凡有異文,均羅注於旁。此法簡穩,其優勢是不雜校勘者主觀意見,能忠實地反映出祖本或別本的本來面目。然其只可校異同,不能校是非,不足之處也是不作判斷;所謂活校,即在無祖本或他本可據的情況下,或數本互異,無所適從的時候,以文理定其是非。此法最難,也最容易出錯誤。死校法和活校法的提出,雖然醒目,生動,然今人更多以爲不夠科學。著名史學家陳垣先生在其《元章典校補釋例》中曾提出四種校讀方法:對校法、本校法、他校法、理校法,無疑更爲科學一些。

一爲對校法。陳垣云:"即以同書之祖本或別本對讀,遇不同之處,則注於其旁。劉向《別錄》所謂'一人持本,一人讀書,若怨家相對'者,即此法也。此法最簡便,最穩當,純屬機械法。其主旨在校異同,不校是非,故其短處在不負責任,雖祖本或別本有訛,亦照式錄之;而其長處則在不參已見,得此校本,可知祖本或別本之本來面目。故凡校一書,必須先用對校法,然後再用其他校法。"對之,陳垣曾舉兩種情況爲例:其一,有的書非對校不知其誤者,因爲從文義表面上看無誤可疑。如《元章典》"吏三十六"中,關本"錢二十定",元作"一千定";又《元章典》"刑一七"中,"大德三年三月",元作"五月"。其二,有的書知道是一誤處,但不用對校就無從知道是什麼誤處。如《元章典》"戶七十二"中,"每月五十五日",元作"每五月十五日。"又如《元章典》"兵三七"中,"該六十二日奏",元作"六月十二日奏"。② 按此即利用同一部書的不同版本進行對比校讀,凡有不同之處,一一記錄下來,比較同異,決定是非。此法可用來校訂某書的版本情況。原北京圖書館珍藏一部被視爲善本書的《漢書》,六冊本,殘,存二十八卷。因該書每頁書口均記明正統刊刻年代和書工姓名,故《北京圖書館善本書目》定爲的"宋刻明正統修本"。王重民使用百衲本《二十四史》中影印的宋景祐本《漢書》進一步校訂,從而確定該善本爲"明正統間翻刻宋景祐本":

　　　　原題"秘書監上護軍琅邪縣開國子顏師古注"。下書口每頁均記正統八、九、十等年刊及何人所寫,極爲明白。再證以行款,其爲翻刻宋景祐本無疑,《北京圖

① (清)葉德輝:《藏書十約》第七《校勘》,載袁詠秋、曾季光主編:《中國歷代國家藏書機構及名家藏讀敘傳選》,北京大學出版社,1997年出版,第306頁。
② 陳垣《元章典校補釋例》卷六,陳垣《勵耘書屋叢刻》(全集),北京師範大學出版社,1982年影印本,第1219-1220頁。下引本書同。

書館善本書目》定爲"宋刻明正統修本"，恐非是，蓋明正統間翻刻宋本也。持校百衲本《二十四史》影印景祐本《昭帝本紀》，有改正原書誤字處，有翻刻手民誤刻處，然其行款一遵原式，無或稍爽，實爲明代中葉翻宋本之邲佳者。《昭紀》頁一上師古注："伃，美稱也。"景祐本原本"稱"作"貌"。一下如淳注："謂之液者，言天地和液之氣所爲也。"原本脫"所"字。二上應劭注："鉤盾宦者近署"，原本"宦"作"官"。四上蘇林注："移，音移"，原本"移"誤作"移"；又如淳注："移，《爾雅》：'唐棣移也'"，原本上移字誤作移。八上如淳注："一月一更，是爲卒更也"，原本脫也字。以上六則，正統本皆較原本爲優，疑爲翻刻時所校改。惟頁五上應劭注："三年中鳳凰北下東海海西樂鄉"，"北"原作"比"。七下應劭注："後丞相御史複問有所請"，"問"原作"間"。並是翻刻時手民之誤，原本是也。①

王重民根據景祐本來校北京圖書館所藏殘本，從而解決了此善本的真正來源。對校法是其他校勘的基礎，它要求廣羅版本，判斷合理。如《詩經·衛風·碩人》云："巧笑倩兮，美目盼兮。"其中"美目盼兮"句，阮氏校勘云："小字本、相臺本同，閩本、明監本同。唐石經'盼'作'盻'，毛本同。案，'盼'字是也。"②這裏提到了一系列版本：小字本指宋二十卷小字本；相臺本指清代重刻宋相臺嶽氏本；閩本指閩本注疏，實所據明嘉靖本；明監本指明監本注疏，實所據爲明萬曆本；唐石經指唐代開成年間的石刻經本；毛本指明代毛氏汲古閣毛氏本注疏。其中，唐石經本最古，又明代坊刻雖然普遍很差，然汲古閣毛晉所刻者則不錯，多善本。兩者皆作"盼"，故阮氏從。

二爲本校法。陳垣云："本校法者，以本書前後互證，而決摘其異同，則知其中之謬誤。吳縝之《新唐書糾繆》，汪輝祖之《元史本證》，即用此法。此法於未得祖本或別本以前，最宜用之。"他稱："予於《元典章》曾以綱目校目錄，以目錄校書，以書校表，以正集校新集，得其節目訛誤者若干條。至於句字之間，則循覽上下文義，近而數頁，遠而數卷，屬詞比事，牴牾自見，不必盡據異本也。"他舉例如《元典章》"吏六四十"中，"未滿九個月不許預告遷轉"句，上下文均作"九十個月。"又《元典章》"戶十二十三"中，"裏河千里百斤"句，上下文均作"千斤百里"等。③ 此即就是拿書的前後文互相對照、參證，以校矛盾抵牾之處。此法用於無祖本或好的底本之時，又叫"內證法"。《老子》第三十一章："夫佳兵器者，不祥之器。"王念孫以爲"佳"字當古"唯"之誤："佳當作唯，字之誤也。佳，古唯字也。'夫唯兵者，不詳之器，故有道者不處。'上言'夫唯'

---

① 王重民：《中國善本書提要》，上海古籍出版社，1983 年出版，第 78 頁。
② （清）阮元：《毛詩正義》卷三之二，阮元《十三經注疏（附校勘記）》，中華書局，1980 年影印版，上冊第 324 頁。
③ 陳垣：《元章典校補釋例》卷六，第 1221 頁。

下言‘故’，文義正相承也。”①此說爲學術界接受，因爲如《老子》第八章：“夫唯不爭，故無憂”，第十五章：“夫唯不可識，故強爲之容”“夫唯不盈，故能蔽不新成”，第二十二章：“夫唯不爭，故天下莫能與之爭”，等等，皆“夫唯”連用。故今本《老子》，皆作“夫唯兵器者”。本校法要求校勘者對本書有個通盤的瞭解，熟悉全書內容，對前後文能夠融會貫通，這樣才能發現問題：人名、地名、數位等記錄不一，即需反復對照；綱目可校目錄，目錄可校書，書可校表，正集可校新集；有時本證不足，需找其他旁證。需注意的是，若書本非一人之作，或雜有他人之手，或摻入他人僞作，則本校法的運用則會受到很大程度的限制。

三爲他校法。陳垣云：“他校法者，以他書校本書。凡其書有採自前人者，可以前人之書校之；有爲後人所引用者，可以後人之書校之；其史料有爲同時之書所並載者，可以同時之書校之。此等校法，範圍較廣，用力較勞，而有時非此不能證明其訛誤。丁國鈞之《晉書校文》，岑刻之《舊唐書校勘記》，皆此法也。”其舉例如《元章典》“吏一廿七”中，“蕁麻林納尖尖”句，元刻亦作“納尖尖”。《元章典》“吏一三四”中，“蕁麻林納失失”句，元刻亦作“納失失。”這裏，究竟是“納尖尖”對，還是“納失失”對，因爲沈刻本和元刻本無異，用對校法不能解決；且全部《元章典》亦只有此兩條，故本校法也不能解決。於是陳垣遂用《元史》卷七七《祭祀志》“國俗舊禮”條“輿車用白氈青緣，納絲絲爲簾，覆棺亦以納絲絲爲之”，以及《元史》卷七八《輿服志》中“冕服”條：“玉環綬，制以納石失”句注：“金錦也。又履，制以納石失”校之，遂斷《元典章》之“納失失”之名不誤，而“納尖尖”之名爲元刻與沈刻所同誤也。② 此即利用他書來校讀本書的方法。別的書與本書有相同的部分，或本書引用了其他的書，或後人引用了本書，或同一史料，見於不同的書，等等，均可以用來互校。他校法主要有：據古注和正文校原文。如《詩經·周南·漢廣》云：“南有喬木，不可休息。漢有遊女，不可求思。”唐孔穎達《正義》云：“以‘游思’、‘方思’之等，皆不取‘思’爲義，故爲辭也。經‘求思’之文，在‘遊女’之下，《傳》解‘喬木’之下先言‘思，辭’，然後始言‘漢上’，疑經‘休息’之字作‘休思’也。何則？ 詩之大體，韻在辭上，疑‘休’、‘求’字爲韻，二字俱作‘思’，但未見如此之本，不敢輕改耳。”③此以孔注，我們遂覺得《漢廣》原文之“休息”當做“休思”。此法常用於校勘經部、子部的文集；據類書校原文。古代類書往往輯錄了現已失傳的書籍，因而常被用來做校勘和輯佚的資料。學者們常用的類書如唐虞世南《北堂書

---

① （清）王念孫撰：《讀書雜誌·餘餘篇》上，《續修四庫全書》子部，第 1152-1153 冊，影印天津圖書館藏清道光十二年刻本。

② 陳垣：《元章典校補釋例》卷六，第 1222-1223 頁。

③ （漢）毛亨傳，（漢）鄭玄箋，（唐）孔穎達疏，十三經注疏整理委員會整理《毛詩正義》卷一，北京大學出版社，2000 年，第 65 頁。

鈔》、歐陽詢《藝文類聚》、徐堅《初學記》、宋李昉等《太平御覽》,等等;《太平廣記》是分類編寫的小說總集,《文苑英華》是分類編寫的詩文總集,也常被當做類書;古書《水經注》、《三國志注》、《世說新語注》、《文選注》,等等,引用了不少古書,特別是失傳了的古書,所以也是他校的常用書目。前人據此類書校勘,成就斐然,如清人王念孫《讀書雜誌》、魯迅校《嵇康集》、聞一多校《詩經》、《楚辭》等皆然。值得注意的是,類書本身由於輾轉傳抄,或所據並非善本,往往也有刪、漏、脫、改的現象,所以也不可過分信賴,還需謹慎辨析;總集校別集,別集校選集。此法常用於詩文集的校勘。此外,詩話、筆記、方志、碑誌、石刻也常常用來校勘詩文集;類容相同,性質相近的書籍互校。此法常用來校勘史、子古籍,如《國語》和《左傳》互校,《呂氏春秋》和《莊子》、《荀子》、《列子》、《淮南子》互校,《漢書》和《史記》互校,《舊唐書》和《新唐書》互校,《南史》和《宋書》、《齊書》、《梁書》、《陳書》互,《資治通鑑》於以前的史書互校,等等。需注意的是,子、史古籍校勘往往涉及很多記載的差異,故而常常變成考證史料謬誤,而不單純是校勘文字了。

四爲理校法。陳垣云:"段玉裁曰:'校書之難,非照本改字不僞不漏之難,定其是非之難'。所謂理校法也,遇無古本可據,或數本互異,而無所適從之時,則須用此法。此法須通識爲之,否則鹵莽滅裂,以不誤爲誤,而糾紛愈甚矣。故最高妙者此法,最危險者亦此法。"他說:"昔錢竹汀先生讀《後漢書·郭太傳》'太至南州,過袁奉高'一段,疑其詞句不倫,舉出四證。後得閩嘉靖本,乃知此七十四字爲章懷注引謝承書之文,諸本皆攙入正文,惟閩本不獨失其舊。今《廿二史考異》中所謂某當生某者,後得古本證之,往往良是,始服先生之精思爲不可及。經學中之王、段,亦庶幾焉。若《元典章》之理校法,只敢用之於最顯然易見之錯誤而已,非有確證,不敢藉口理校而憑臆見也。"他舉例如《元章典》"戶六二"中,"赤銀每兩入庫價鈔一十四兩八錢"句,"赤銀"當作"赤金"等。① 此法即在無別的版本可依,或各個版本均同時,通讀上下文,從事理和文理上來發現問題,解決問題。錢大昕、王念孫、段玉裁、俞樾等皆慣用此法,其成果往往爲後來出現的古本或文物所證實。當然,理校法的使用,是建立在博覽強記的基礎之上的,而切忌望文生義,主觀臆斷。《後漢書》卷三十九《輿服志》"輿服志"云:"乘輿、金根、安車、立車,輪皆朱班重牙,貳轂兩轄,金薄繆龍,爲輿倚較,文虎伏軾,龍首銜軛,左右吉陽筩,鸞雀立衡,(木虡)文畫輈,羽蓋華蚤,建大旂,十二斿,畫日月升龍,駕六馬,象鑣鏤錫,金鍐方釳,插翟尾,朱兼樊纓,赤罽易茸,金就十有二,左纛以氂牛尾爲之,在左騑馬軛上,大如鬥,是爲德車。五時車、安、立亦皆如之。"② 唐韓愈

---

① 陳垣:《元章典校補釋例》卷六,第1224-1226頁。
② (晉)司馬彪撰,(梁)劉昭注補:《後漢書》卷三十九,中華書局,1987年,第3644頁。

兒子韓昶曾任校書官。唐韋絢《劉賓客嘉話録》、李綽《尚書故實》、宋李昉等《太平廣記》卷二百六十一—"嗤鄙"均載,韓昶性頗暗劣,嘗爲集賢校理,史傳中有說金根車處,皆臆斷之曰:"豈其悞與? 必金銀車。"悉改"根"字爲"銀"字。① 此說宋張淏雖曾質疑,以爲絢乃執誼之子,又《嘉話録》所載大抵詆退之處甚多②,皆不足信。然作爲失敗的校勘個案,卻流傳甚廣。異文的選擇是決定校勘的最終成果的關鍵,而判定文字的是非則需慎之又慎。

校勘之主要目的,本在於改正書中的訛、脫、衍、倒,而不是臚列各本的異同,故而在選擇校勘的對象時,不同的書還要注意適用不同的校勘體例。如,先秦兩漢書因歷時久遠,傳刻版本和研究成果頗多,故而均需重視;宋以後出版興盛,版本煩多,故而只宜選擇重要的版本,而不必羅列全部版本來通校;小說、戲曲在傳刻中本易被增删改動再創造了,版本差異很大,如元雜劇的元刻本和明刻本幾乎不能看做是同一作品了,故不必逐字逐句校。有的異文雖多,而實質差異不大,也不必一一對校;明清以後文集,往往版本較少,他校資料缺乏,所以校勘任務主要放在比較版本優劣之上即可,而個別字句異同,不一定非要一一比堪;清人著作一般只有一個版本,故校勘重點可放在標點句讀方面即可。

第二節　辨　僞

與校勘學緊密聯繫的,有必要在此補充的,尚有辨僞一學。辨僞來源,大體因好古、炫耀、爭名、邀寵、略美、誤雜而來。僞書之害,使人南轅北轍,浪費心血,故應警惕。一方面既要充分利用已有之辨僞成果,了解辨僞之爭,另一方面又要充分考察古志目録、史料文義、時代文辭、思想背景等,以能自辯真僞,庶幾才能最大限度地減少誤差。有全書皆僞者,如《鬼谷子》、《關尹子》、《子夏易傳》、《子貢詩傳》、《孔子家語》及孔安國《尚書傳》,等等;有部分爲僞者,如《論語·雍也》篇;有書名爲僞者,如《左氏春秋》被劉歆改爲《左氏傳》等;有人名爲僞者,如《管子》乃戰國末年人作,而僞託管子之名;有剽竊之僞者,如郭象《莊子注》乃剽竊向秀者。有僞書即有辨僞者。辨僞之學,始於戰國。《孟子·盡心上》云:"盡信《書》,則不如無《書》。吾於《武成》,取二三策而已矣。"蓋疑其不可信之故。漢人有古今文之爭,而班固《漢書·藝文志》提及的涉僞之

---

① （宋）李昉等編撰:《太平廣記》卷二百六十一。
② （宋）張淏撰:《雲穀雜紀》卷一,文淵閣《四庫全書》本。

書有四十餘種。東漢王充《論衡》中，辨僞之論亦多。東晉好清談，孝武帝時道安則有《疑經錄》。唐代辨僞之風漸起，劉知幾《史通》疑古、惑經者固多，而柳宗元更有《辨列子》、《辨文子》、《辨鬼谷子》、《辨晏子春秋》、《辨鶡冠子》，等等。宋代辨僞更盛，歐陽修有《易童子問》，司馬光疑《春秋》僞，陳振孫《直齋書錄解題》、晁公武《郡齋讀書志》、王應麟《漢書・藝文志考證》、黃震《黃氏日抄》等，皆有辨僞之論。明代宋濂的《諸子辨》、胡應麟的《四部證訛》乃辨僞名著。清代更爲可觀，如閻若璩《古文尚書疏證》、萬斯同《群書辨疑》、姚際恒《古今僞書考》、崔述《考信錄》、康有爲《新學僞經考》等，皆名作。民國以來，辨僞之風仍持續前行，如顧實《重考古今僞書考》、梁啓超《古書真僞及其年代》、錢穆等的《古史辨》、張心澂的《僞書通考》等，皆不容忽略。張心澂的《僞書通考》似可稱爲較晚出之集前人辨僞成果之大成者，兹羅列其所考訂全僞者、真雜以僞者、僞雜以真者、真僞雜者、真僞疑者、僞中僞者之目錄，以便於校勘者選擇版本時留意：

　　經部七十三部：

　　易類二十二部：《連山易》、《歸藏易》、《周易》（卦、卦辭爻辭、十翼）、《子夏易傳》、《易林》、《費氏易》、《關朗易傳》、《正易心法》、《周易系辭精義》、《東萊易說》、《周易輯說明解》、《大易衍說》、《易經淵旨》、《附易緯》、《乾坤鑿度》、《周易乾鑿度》、《易緯稽覽圖》、《易緯辨終備》、《易緯通卦驗》、《易緯是類謀》、《易緯坤靈圖》、《易緯乾元序制記》、《元命包》

　　書類八部：《三墳書》、《今文尚書》、《古文尚書》、《書序》、《尚書大傳》、《尚書孔氏傳》、《洪範論圖》、《尚書精義》

　　詩類七部：《詩經》、《詩序》、《子貢詩傳》、《申培詩說》、《毛詩》、《毛詩草木鳥獸蟲魚疏》、《魯詩世學》

　　禮類九部：《儀禮》、《禮古經》、《周禮》、《禮記》、《大戴禮》、《儀禮逸經》、《三禮考注》、《周禮考注》、《周禮經傳》

　　春秋類七部：《春秋左氏傳》、《汲塚師春》、《春秋繁露》、《帝王曆紀譜》、《春秋世譜》、《春秋得法志例論》、《左氏解》

　　孝經類四部：《孝經》、《古文孝經》、《古文孝經孔氏傳》、《鄭注孝經》

　　總經類三部：《五經正義》、《六經奧論》、《五經大全》

　　四書類七部：《大學》、《石經大學》、《中庸》、《論語》、《孟子》、《四註孟子》、《孟子正義》

　　小學類六部：《爾雅》、《倉頡》、《小爾雅》、《方言》、《千字文》、《韻書》

史部九十三部：

正史三部：《史記》、《班馬異同》、《訂正史記真本凡例》

編年五部：《竹書紀年》、《元經》、《通鑒節要》、《續宋編年資治通鑒》、《明六朝索引》

紀事本末一部：《明史紀事本末》

別史四部：《逸周書》、《東觀漢記》、《隆平集》、《大金國志》

雜史三十部：《穆天子傳》、《晉史乘》、《楚檮杌》、《國語》、《越絕書》、《戰國策》、《西京雜記》、《漢武故事》、《漢武帝內傳》、《吳越春秋》、《戰國策註》、《天祿閣外史》、《晉中興書》、《十六國春秋》、《藝祖受禪錄》、《龍飛記》、《致身錄》、《孤臣泣血錄》、《靖康蒙塵錄》、《北狩行錄》、《靖炎兩朝見聞錄》、《南渡錄》、《竊憤錄》、《平巢事蹟考》、《碧溪叢書》、《南遷錄》、《平宋錄》、《國初禮賢錄》、《北征事蹟》、《明倭寇始末》

傳記十三部：《列女傳》、《趙飛燕外傳》、《高士傳》、《梁四公記》、《卓異記》、《孔子編年》、《烏臺詩案》、《張邦昌事略》、《孔子論語年譜》、《孟子年譜》、《聖賢圖贊》、《草莽私乘》、《宗聖志》

地理二十二部：《山海經》、《古嶽瀆經》、《水經》、《三輔黃圖》、《南中志》、《湘中山水記》、《吳地記》、《玉笥山記》、《山海經圖》、《歷代地理指掌圖》、《輿地廣記》、《吳郡志》、《高麗記》、《黃州圖經》、《記古滇說》、《至道雲南錄》、《大滌洞天錄》、《華嶽全集》、《朝鮮雜誌》、《山左筆談》、《京東考古錄》、《別本坤輿外紀》

職官三部：《唐六典》、《歷代銓政要略》、《官制備考》

政書十部：《漢官舊儀》、《漢舊儀》、《邦記彙編》、《貢舉敘略》、《紹熙州縣釋奠儀圖》、《拯荒事略》、《元海運志》、《鹽法考略》、《錢法纂要》、《國賦紀略》

史評二部：《詩史》、《兀涯西漢書議》

子部三百十一部：

儒家二十六部：《晏子》、《孔子家語》、《曾子》、《子思子》、《荀子》、《孔叢子》、《新語》、《賈誼新書》、《新序》、《說苑》、《女誡》、《忠經》、《中論》、《文中子》、《千秋金鑒錄》、《漁樵問答》、《潛虛》、《伊川粹言》、《浩齋語錄》、《玉溪師傳錄》、《性理字訓》、《研幾圖》、《言子》、《薛子道論》、《性理綜要》、《性理標題匯要》

道家十八部：《黃帝內傳》、《伊尹》、《鬻子》、《老子》、《關尹子》、《列子》、《莊子》、《亢倉子》、《鶡冠子》、《老子注》、《道德指歸論》、《天機子》、《莊子注》、《抱樸子》、《廣成子》、《韓仙傳》、《機沒要緊》、《修齡要指》

名家三部：《鄧析子》、《尹文子》、《公孫龍子》

兵家十八部：《握奇經》、《六韜》、《孫子》、《吳子》、《尉繚子》、《司馬法》、《伍子胥》、《黃石公三略》、《素書》、《心書》、《武侯十六策》、《將苑》、《李衛公》、《問對》、《兵要望江南》、《李臨淮武記》、《倚馬立成法》、《人事軍律》

農家二部：《齊民要術》、《何首烏傳》

醫家十七部：《本草》、《黃帝素問》、《靈樞經》、《子午經》、《難經》、《傷寒論》、《金匱玉函經》、《脈訣》、《褚氏遺書》、《水牛經》、《銀海精微》、《杜天師了證歌》、《瘡瘍經驗全書》、《大本瓊瑤發明神書》、《珍珠囊指掌補遺藥性賦》、《類編南北經驗醫方大成》、《雷公炮製藥性解》

雜家六十部：《子華子》、《尸子》、《于陸子》、《鬼谷子》、《呂氏春秋》、《白虎通義》、《淮南子注》、《獨斷》、《正訓》、《孫子》、《古今注》、《中華古今注》、《感應類叢志》、《劉子新論》、《瑞應圖》、《兩同書》、《話書》、《事物紀原》、《物類相感志》、《格物商談》、《樵談》、《蒙齋筆談》、《誠齋揮麈錄》、《紫微雜說》、《臥遊錄》、《搜採異聞集》、《鶴山筆錄》、《樂庵遺書》、《木筆雜鈔》、《袖中錦》、《月下偶談》、《石屏新語》、《古今藝苑談概》、《舊窗雜錄》、《帝皇龜鑑》、《續古今考》、《景行錄》、《女紅餘志》、《瑯嬛記》、《藝圃蒐奇》、《多能鄙事》、《都氏鐵網珊瑚》、《春雨雜述》、《蕉窗九錄》、《筠軒清秘錄》、《飛鳧語略》、《綱常懿範》、《讀升庵集》、《疑耀》、《諸子匯函》、《天池秘集》、《再廣曆子》、《品粹》、《廣百川學海》、《眉公十集》、《溪堂麗宿集》、《翰苑叢鈔》、《資塵新聞》、《學仕要箴》、《學海類篇》

小說家六十部：《燕丹子》、《神異經》、《海內十洲記》、《洞冥記》、《雜事秘辛》、《搜神記》、《搜神後記》、《博物志》、《續博物志》、《拾遺記》、《殷蕓小說》、《稽神異苑》、《述異記》、《續齊諧記》、《大業拾遺記》、《海山記》、《迷樓記》、《開河記》、《龍城錄》、《陸氏集異記》、《雲仙散錄》、《續世說》、《周秦行紀》、《洽聞記》、《瀟湘錄》、《雜纂》、《牛羊日曆》、《鐘呂傳道集》、《笑海叢珠》、《異聞集》、《補江總白猿傳》、《樹萱錄》、《劍俠傳》、《啟顏錄》、《開元天寶遺事》、《清異錄》、《涑水記聞》、《洛遊子》、《艾子》、《東坡志林》、《東坡問答錄》、《漁樵閒話》、《續樹萱錄》、《碧雲騢》、《錢氏私志》、《後山談叢》、《談藪》、《孔氏野史》、《孔氏談叢》、《括異記》、《倦遊雜錄》、《搢紳挫說》、《三朝野史》、《幽居錄》、《輟耕錄》、《蝸頭密語》、《世說新語補》、《廣夷堅志》、《明百家小說》、《倖存錄》

曆算六部：《周髀算經》、《九章算術》、《夏殷周魯曆》、《幹石星經》、《步天歌》、《星象考》

數術五十一部：《八五經》、《宅經》、《玄女經》、《珞琭子》、《命書》、《相掌金龜卦》、《貴賤定格三世相書》、《靈棊經》、《東方朔占書》、《易衍》、《葬經》、《玉照定真經》、《葬書》、《續葬書》、《狐首經》、《靈臺祕苑》、《源髓歌》、《太乙命訣》、《九天玄女六壬課》、《貴賤定格五行相書》、《廣濟陰陽百忌曆》、《撥沙經》、《地理少》、《觀象玩占》、《乙巳占略例》、《玉曆通政經》、《內傳天皇鼇極鎮世神書》、《天機素書》、《撼龍經疑龍經》、《天玉經內傳及外編》、《玄珠密語》、《太乙金鏡式經》、《天文鬼料竅》、《玉管照神局》、《靈城精義》、《太清神鑑》、《河洛真數》、《天玉經外傳及四十八局圖》、《皇極經世書》、《康節內祕影》、《邵子加一倍法》、《九星穴法》、《三命指迷賦》、《星命總括》、《天文主管》、《皇極經世節要》、《玉尺經》、《天文祕略》、《白猿經風雨占候說》、《披肝露膽經》、《演禽圖訣》

藝術十八部:《射評要略》、《山水松石格》、《續畫品》、《後畫錄》、《續畫品錄》、《畫學祕訣》、《畫山水賦》、《山水訣》、《彈棊經》、《益州名畫錄》、《宣和論畫雜評》、《華光梅譜》、《畫山水訣》、《宣和集古印史》、《湖州竹派》、《圖繪寶鑒續編》、《寓意編》、《琴譜正傳》

譜錄九部:《禽經》、《古今刀劍錄》、《鼎錄》、《紹興內府古器評》、《古玉圖譜》、《燕幾圖》、《易牙遺意》、《別本茶經》、《酒史》

類書二十三部:《聖賢群輔錄》、《錦帶》、《編珠》、《藝文類聚》、《歲華紀麗》、《錦帶補注》、《錦繡萬花穀》、《事文類聚》、《類編古今事林群書一覽》、《文選雙字類要》、《文選類林》、《記室新書》、《詩律武庫前後集》、《四六膏馥》、《侍兒小名錄拾遺》、《可知編》、《五車霏玉》、《詩學事類》、《韻學事類》、《韻學淵海》、《異物匯苑》、《匯苑詳注》、《古今類腴》

集部一百二十九部:

楚辭一部:楚辭

別集三十九部:《揚子雲集》、《蔡中郎集》、《諸葛丞相集》、《陳思王集》、《陶淵明集》、《昭明太子集》、《吳均集》、《江文通集》、《唐太宗集》、《李翰林集》、《韓昌黎外集》、《柳先生集別錄》、《李文公集》、《沈下賢集》、《杜牧樊川續別集》、《白樂天長慶集》、《孫可之集》、《別本公是集》、《周元公集》、《臨川集》、《東坡全集》、《杜詩故事》、《山谷精華錄》、《雙峰存稿》、《陳文恭公集》、《錦繡論》、《岳武穆集》、《北山集》、《呂東萊集》、《松垣集》、《心史》、《羅滄洲集》、《疊山集》、《道園遺稿》、《圭峰集》、《梅花道人遺墨》、《清閟閣集》、《練中丞集》、《遜志齋集》

詩集二十一部:《何水部集》、《孟浩然集》、《錢仲文集》、《昌穀集》、《王建宮詞》、《鄭嵎津陽門詩》、《曹松集》、《香奩集》、《豐溪存稿》、《譚藏用詩集》、《東坡詩集注》、《支離子集》、《斜川集》、《志道集》、《葉閣集》、《棠湖詩稿》、《杜律注》、

《安南即事詩》、《趙仲穆遺稿》、《蕭離集》、《荻溪集》

詞曲十一部:《南唐二主詞》、《陽春錄》、《六一詞》、《東坡詞》、《書舟詞》、《晁叔用詞》、《溪堂詞》、《初寮詞》、《石林詞》、《斷腸詞》、《蕉窗葸隱詞》

總集三十四部:《文選》、《玉臺新詠》、《薛濤李冶詩集》、《才調集》、《古文苑》、《唐百家詩選》、《江湖小集》、《兩宋名賢小集》、《詩準》、《詩翼》、《尊前集》、《古樂府》、《贈言小集》、《仕途必用集》、《春秋詞命》、《廣文選》、《翰苑瓊琚》、《三蘇文範》、《詞林萬選》、《群賢梅苑》、《唐詩選》、《文章指南》、《詩女史》、《翰墨選註》、《鉅文》、《評註八代文宗》、《中原文獻》、《詩歸》、《明詩歸》、《名媛詩歸》、《古文彙編》、《秦漢文元》、《二家宮詞》、《姚江逸詩》

詩文評二十三部:《詩格》、《文章緣起》、《評詩格》、《樂府古題要解》、《詩式》、《二南密旨》、《文苑詩格》、《金鍼詩格》、《續金鍼詩格》、《後山詩話》、《唐子西文錄》、《藝苑雌黃》、《吟窗雜錄》、《全唐詩話》、《詩法家數》、《木天禁語》、《詩學禁臠》、《東坡詩話》、《餘冬詩話》、《全唐詩說》、《全唐詩評》、《詩文原始》、《佘山詩話》

道藏三十一部:

洞真部七部:《洞真經》、《陰符經》、《陰符經三皇玉訣》、《中誡經》、《高上玉皇本行集經》、《太上升玄三一融神變化妙經》、《列仙傳》

洞玄部一部:《洞玄經》

洞神部十二部:《洞神經》、《西升經》、《太上玄靈北斗本命延生真經》、《太上說東鬥主算護命妙經》、《太上說西鬥記名護身妙經》、《太上說中鬥大魁保命妙經》、《太上說南斗六司延壽度人妙經有符》、《太上墨子枕中記》、《枕中書》、《金碧潛通》、《金丹詩訣》、《案節坐功法》

太清部一部:《太清經》

太平部一部:《太平經》

太玄部八部:《太玄經》、《龍虎經》、《參同契》、《參同契大易圖》、《龍虎通玄要訣》、《天隱子》、《周易參同契考異》、《古文龍虎經注疏》

正一部一部:《正一經》

佛藏四百十六部:

晉世二十六部:《定行三昧經》至《寶如來三昧經》二十六部

梁世八十五部:《寶頂經》至《序七世經》二十一部、《比丘應供法行經》至《眾經要覽法偈》十七部、《薩婆若陀眷屬莊嚴經》、《佛法有六義第一應知經》、《六通無礙六根淨業義門經》、《佛所制名數經》、《抄華嚴經》至《抄貪女爲國王婦人經》

三十六部、《淨度三昧抄》、《律經雜抄》、《大起抄經》、《睒抄經》、《五百梵律經抄》、《大海深嶮抄經》、《法苑經》

隋世一百五十三部：《像法決疑經》至《遺教論》九十四部、《占察善惡業報經》、《梁譯大乘起信論》、《九傷經》至《戒果莊嚴經》二十二部、《三階佛法》至《略七階佛名》三十五部

唐世一百四十五部：《諸佛下生大法王經》至《文殊請問論》二十二部、《諸佛下生經》至《觀音無異論》七十九部、《高王觀世音經》、《淨土盂蘭盆經》、《三廚經》、《佛名經》、《要行捨身經》、《瑜伽法鏡經》、《彌勒下生遣觀世音大勢》至《勸化眾生捨惡作善壽樂經》至《抄爲法捨身經》三十八部

宋世二部：《佛說四十二章經》、《大佛頂如來密因修證了義諸菩薩萬行首楞嚴經》

明世一部：《牟子理惑論》

近世四部：《大涅槃經》、《大宗地玄文本論》、《釋摩訶衍論》、《唐譯大乘起信論》①

如上羅列張心澂之考察對象，實者亦爲《漢書·藝文志》所注"依託""擬依託"類以來，歷代辨僞學者們的集體成果，可爲初學者供一線索。若所涉研究對象屬於其中名目者，實需關注一下前人辨僞之論。中國的僞書何以如此之多？梁啓超曾談過中國僞書作者的動機：

"好古"爲中國人特性之一，什麼事都覺得今人不及古人，因此出口動筆，都喜歡借古人以自重。此實爲僞書發達之總原因。歷代以來，零碎間作之僞書不少，而大批製造者則有六個時期：其一，戰國之末，百家各自立說，而托之於古以爲重。孟子所謂"有爲神農之言者許行"。何獨許行？諸家皆然。其始不過稱引古人之說，其徒變本加厲，則或專造一書而題爲古人所著，以張其學。《漢書·藝文志》所列古書，多有注"六國時人依託"者，此類是也。其二，西漢之初，經秦火後，書頗散亡，漢廷"廣開獻書之路"，《史記哺林傳》語懸賞格以從事收集。希望得賞的人有時便作訛以獻。《漢書》所注"後人依託"者，此類是也。隋唐以後此種事實亦常有其三，西漢之末，其時經師勢力極大，朝政國故，皆引經義爲程式。王莽謀篡，劉歆助之。他們做這種壞事，然而腦筋裏頭又常常印上"事必師古"這句話，所以利用劉歆校中秘書的地位，贋造或竄亂許多古書以爲後援。所謂經學今古文之爭，便從此起。其四，魏晉之交，王肅注經，務與鄭康成立異爭名；爭之不

---

① 張心澂：《僞書通考》（上、下冊），商務印書館，1954 年出版。

勝，則僞造若干部古書爲後盾。其五，兩晉至六朝，佛教輸入，道士輩起而與之角，把古來許多名人都拉入道家，更造些怪誕不經的書嫁名古人，編入他的"道藏"，和"佛藏"對抗。其六，明中葉以後，學子漸厭空疏之習，有志復古而未得正路，徒以雜博相尚，於是楊愼、豐坊之流，利用社會心理，造許多遠古之書以嘩世取名。自餘各朝代都有僞書，然不如這六個時期之盛。大抵宋元間，僞書較少，自然不是絕無因爲他們喜歡自出見解，不甚借古人爲重。其中如《太極圖》之類，性質雖像僞書，但他們說是自己推究出來，並不說從那部書上有傳下來伏羲寫定的圖。唐代僞佛典甚多，僞儒書較少，因爲當時佛學占學界最重要位置。①

梁氏所總結中國僞書之淵源，可謂明晰通達，提綱挈領，實爲我國僞書之小史，讀之可頃刻開悟中國僞書何以如此之盛了，而校勘者不可不愼之。

【本章參考文獻】

張舜徽：《廣校讎略》，中華書局，1963 年版。

來新夏：《古典目錄學淺說》，中華書局，1981 年版。

黃永年：《古籍整理概論》，陝西人民出版社，1985 年版。

程千帆、徐有富：《校讎廣義》，齊魯書社，1988 年版。

劉尚恒：《古籍叢書概說》，上海古籍出版社，1989 年版。

國務院古籍整理出版規劃小組編：《古籍點校疑誤匯錄6》，中華書局，1990 年版。

周亞生：《古籍閱讀基礎》，中國人民大學出版社，1995 年版。

周少川：《古籍目錄學》，中州古籍出版社，1996 年版。

全國古籍整理出版規劃領導小組辦公室編：《古籍整理出版十講》，嶽麓書社，2002 年版。

朱維煥：《國學入門》，中國人民大學出版社，2005 年版。

◎ 原典閱讀

一、唐顏師古《漢書·敘例》

儲君體上哲之姿，膺守器之重，俯降三善，博綜九流，觀炎漢之餘風，究其終始；懿

---

① 梁啟超：《中國近三百年學術史·辨僞書》，東方出版社，2003 年，第 274-275 頁。

孟堅之述作，嘉其宏贍。以爲服、應嚢説疎紊尚多，蘇、晉衆家剖斷蓋尠，蔡氏纂集尤爲抵捂。自兹以降，蔑足有云。恨前代之未周，愍將來之多惑，顧召幽仄，俾竭駑蕘，匡正暌違，微揚鬱滯，將以博喻冑齒，遠覃邦國，弘敷錦帶，啓導青衿，曲稟宏規，備蒙嘉惠，增榮改觀，重價流聲。斗筲之材，徒思罄力，駑蹇之足，終慙遠致。歲在重光，律中大呂，是謂涂月，其書始就。不耻狂簡，輒用上聞，粗陳指例，式存揚搉。

《漢書》舊無註解，唯服虔、應劭等各爲音義，自別施行，至典午中朝，爰有晉灼，集爲一部，凡十四卷。又頗以意增益，時辯前人當否，號曰《漢書集註》。屬永嘉喪亂，金行播遷，此書雖存，不至江左。是以爰自東晉迄於梁、陳，南方學者皆弗之見。有臣瓚者，莫知氏族，考其時代，亦在晉初。又總集諸家音義，稍以已之所見，續厠其末。舉駁前説，喜引竹書，自謂甄明，非無差爽，凡二十四卷，分爲兩帙。今之《集解音義》，則是其書，而後人見者不知臣瓚所作，乃謂之應劭等《集解》。王氏《七志》、阮氏《七錄》並題云然，斯不審耳。學者又斟酌瓚姓，附著安施，或云傅族，旣無明文，未足取信。蔡謨全取臣瓚一部，散入《漢書》。自此以來，始有注本。但意浮功淺，不加隱括，屬輯乖舛，錯亂實多。或乃離析本文，隔其辭句，穿鑿妄起。職此之由，與未注之前大不同矣。謨亦有兩三處錯意，然於學者竟無弘益。

《漢書》舊文多有古字，解説之後屢經遷易，後人習讀，以意刊改，傳寫旣多，彌更淺俗。今則曲覈古本，歸其眞正，一往難識者，皆從而釋之。

古今異言，方俗殊語，末學膚受，或未能通，意有所疑，輒就增損，流遯忘返，穢濫實多。今皆刪削，克復其舊。

諸表列位，雖有科條，文字繁多，遂致舛雜。前後失次，上下乖方，昭穆參差，名實虧廢。今則尋文究例，普更刊整，澄蕩愆違，審定阡陌，就其區域，更爲局界，非止尋讀易曉，庶令轉寫無疑。

禮樂歌詩，各依當時律呂，修短有節，不可格以恒例。讀者茫昧，無復識其斷章，解者支離，又乃錯其句韻，遂使一代文採，空韞精奇，累葉鑽求，罕能通習。今並隨其曲折，剖判義理，歷然易曉，更無疑滯，可得諷誦，開心順耳。

凡舊注是者，則無間然。具而存之，以示不隱。其有指趣畧舉，結約未伸，衍而通之，使皆備悉。至於詭文僻見，越理亂眞，匡而矯之，以祛惑蔽。若汎説非當，蕪辭競逐，苟出異端，徒爲煩冗，秪穢篇籍，蓋無取焉。舊所闕漏，未嘗解説，普更詳釋，無不洽通。上考典謨，旁究《蒼雅》，非苟臆説，皆有援據。六藝殘缺，莫覩全文，各自名家，揚鑣分路。是以向、歆、班、馬，仲舒、子雲所引諸經，或有殊異，與近代儒者訓義弗同，不可追駁前賢，妄指瑕纇，曲從後説，苟會扃塗。今則各依本文，敷暢厥指，非不考練，理固宜然。亦猶康成注《禮》，與其《書》、《易》相佀；元凱解《傳》，無係毛鄭《詩》文。以類而言,其意可了。爰自陳、項,以迄哀、平,年載旣多,綜輯斯廣,所以紀傳表志時有不同,當由筆削未休,尚遺秕稗,亦爲後人傳授,先後錯雜,隨手率意,遂有乖張。今皆窮波討源,搆會甄釋。

字或難識,兼有借音,義指所由,不可暫闕。若更求諸別卷,終恐廢於披覽。今則各於其下,隨即翻音。至如常用可知,不涉疑昧者,衆所共曉,無煩翰墨。

近代注史,競爲該博,多引雜說,攻擊本文。至有詆訶言辭,掎摭利病,顯前修之紕僻,騁已識之優長。乃效矛盾之仇讎,殊乖粉澤之光潤。今之注解,翼贊舊書,一遵軌轍,閉絕岐路。

諸家注釋,雖見名氏。至於爵里,頗或難知。傳無所存,具列如左:

荀悅字仲豫,潁川人,後漢秘書監。撰《漢紀》三十卷,其事皆出《漢書》。

服虔字子愼,滎陽人,後漢尚書侍郎,高平令,九江太守。初名重,改名祇,後定名虔。

應劭字仲瑗,一字仲援,一字仲遠。汝南南頓人,後漢蕭令,御史營令,泰山太守。

伏儼字景宏,琅邪人。

劉德,北海人。

鄭氏,晉灼《音義》序云:"不知其名。"而臣瓚《集解》輒云鄭德。旣無所據,今依晉灼但稱鄭氏耳。

李斐,不詳所出郡縣。

李奇,南陽人。

鄧展,南陽人,魏建安中爲奮威將軍,封高樂鄉侯。

文穎字叔良,南陽人,後漢末荆州從事,魏建安中爲甘陵府丞。

張揖字稚讓,清河人,一云河間人。魏太和中爲博士。止解《司馬相如傳》一卷。

蘇林字孝友,陳留外黃人,魏給事中領秘書監,散騎常侍,永安衛尉,大中大夫,黃初中遷博士,封安成亭侯。

張晏,字子博,中山人。

如淳,馮翊人,魏陳郡丞。

孟康字公休,安平廣宗人,魏散騎侍郎,宏農太守,領典農校尉,勃海太守,給事中,散騎常郎,中書令,後轉爲監,封廣陵亭侯。

項昭,不詳何郡縣人。

韋昭,字弘嗣,吳郡雲陽人,吳朝尚書郎,太史令,中書郎,博士祭酒,中書僕射,封高陵亭侯。

晉灼,河南人,晉尚書郎。

劉寶字道貢,高平人,晉中書郎,河內太守,御史中丞,太子中庶子,吏部郎,安北將軍。侍皇太子講《漢書》,別有《駁義》。

臣瓚,不詳姓氏及郡縣。

郭璞字景純,河東人,晉贈弘農太守。止注《相如傳序》及遊獵詩賦。

蔡謨字道明,陳留考城人,東晉侍中五兵尚書,太常領祕書監,都督徐、兗、青三州諸軍事,領徐州刺史,左光祿大夫開府儀同三司,領揚州牧。侍中司徒不拜,贈侍中司空,諡文穆公。

崔浩,字伯深,清河人,後魏侍中特進撫軍大將軍,左光祿大夫,司徒,封東郡公。撰荀悅《漢紀》音義。

（（漢）班固撰、（唐）顏師古注《漢書》,中華書局,1987 年,第 1-6 頁。）

二、宋鄭樵《通志·校讎略》

校讎略第一

秦不絕儒學論二篇

陸賈,秦之巨儒也。酈食其,秦之儒生也。叔孫通,秦時以文學召待詔博士。數歲陳勝起,二世召博士諸儒生三十餘人而問其故,皆引《春秋》之義以對,是則秦時未嘗不用儒生與經學也。況叔孫通降漢時,自有弟子百餘人,齊魯之風,亦未嘗替,故項羽既亡之後,而魯爲守節禮義之國,則知秦時未嘗廢儒,而始皇所阬者,蓋一時議論不合者耳。

蕭何入咸陽,收秦律令圖書,則秦亦未嘗無書籍也。其所焚者,一時間事耳。後世不明經者,皆歸之秦火,使學者不親全書,未免乎疑以傳疑,然則《易》固爲全書矣,何嘗見後世有明全《易》之人哉?臣向謂秦人焚書而書存,諸儒窮經而經絕,蓋爲此發也。《詩》有六亡篇,乃六《笙詩》,本無辭。《書》有逸篇,仲尼之時已無矣。皆不因秦火。自漢已來,書籍至於今日百不存一、二,非秦人亡之也,學者自亡之耳。

編次必謹類例論六篇

學之不專者,爲書之不明也。書之不明者,爲類例之不分也。有專門之書,則有專門之學;有專門之學,則有世守之能。人守其學,學守其書,書守其類,人有存沒,而學不息;世有變故,而書不亡。以今之書,校古之書,百無一存。其故何哉?士卒之亡者,由部伍之法不明也;書籍之亡者,由類例之法不分也。類例分,則百家九流,各有條理,雖亡而不能亡也。巫醫之學,亦經存沒,而學不息;釋老之書,亦經變故,而書常存。觀漢之《易》書甚多,今不傳,惟卜筮之易傳;法家之書亦多,今不傳,惟釋老之書傳。彼異端之學,能全其書者,專之謂矣。

十二野者，所以分天之綱，即十二野不可以明天；九州者，所以分地之紀，即九州不可以明地；《七略》者，所以分書之次，即《七略》不可以明書。欲明天者，在於明推步；欲明地者，在於明遠邇；欲明書者，在於明類例。噫！類例不明，圖書失紀，有自來矣。臣於是總古今有無之書爲之區別，凡十二類：經類第一，禮類第二，樂類第三，小學類第四，史類第五，諸子類第六，星數類第七，五行類第八，藝術類第九，醫方類第十，類書類第十一，文類第十二。經一類分九家，九家有八十八種書，以八十八種書而總爲九種書，可乎？禮一類分七家，七家有五十四種書，以五十四種書而總爲七種書，可乎？樂一類爲一家，書十一種；小學一類爲一家，書八種；史一類分十三家，十三家爲書九十種。朝代之書，則以朝代分，非朝代書，則以類聚分。諸子一類分十一家，其八家爲書八種。道、釋、兵三家書差多，爲四十種。星數一類分三家，三家爲書十五種。五行一類分三十家，三十家爲書三十三種。藝術一類爲一家，書十七種。醫方一類爲一家，書二十六種。類書一類爲一家，分上、下二種。文類一類，分二家，二十二種。別集一家爲十九種書。餘二十一家二十一種書而已。總十二類，百家，四百二十二種，朱紫分矣。散四百二十二種書，可以窮百家之學；歛百家之學，可以明十二類之所歸。

《易》本一類也，以數不可合於圖，圖不可合於音，讖緯不可合於傳注，故分爲十六種。《詩》本一類也，以圖不可合於音，音不可合於譜，名物不可合於詁訓，故分爲十二種。《禮》雖一類，而有七種，以《儀禮》雜於《周官》，可乎？《春秋》雖一類，而有五家，以啖、趙雜於《公》、《穀》，可乎？樂雖主於音聲，而歌曲與管絃異事；小學雖主於文字，而字書與韻書背馳。編年一家，而有先後；文集一家，而有合離。日月星辰，豈可與風雲氣候同爲天文之學？三命元辰，豈可與九官太一同爲五行之書？以此觀之，《七略》所分，自爲茍簡；四庫所部，無乃繁博。

類書猶持軍也，若有條理，雖多而治；若無條理，雖寡而紛。類例不患其多也，患處多之無術耳。

今所紀者，欲以紀百代之有無。然漢、晉之書，最爲希闊，故稍略。隋唐之書，於今爲近，故差詳。崇文四庫及民間之藏，乃近代之書，所當一一載也。

類例既分，學術自明，以其先後本末具在。觀圖譜者，可以知圖譜之所始；觀名數者，可以知名數之相承。讖緯之學，盛於東都；音韻之書，傳於江左。傳、注起於漢、魏；義、疏成於隋、唐。覩其書，可以知其學之源流。或舊無其書，而有其學者，是爲新出之學，非古道也。

編次必記亡書論三篇

古人編書，皆記其亡闕，所以仲尼定《書》，逸篇具載；王儉作《七志》已，又條劉氏《七略》及二《漢》、《藝文志》、《魏中經簿》所闕之書爲一志；阮孝緒作《七錄》已，亦條劉氏《七略》及班固《漢志》、袁山松《後漢志》、《魏中經》、《晉四部》所亡之書爲一録。隋朝又記梁之亡書。自唐以前，書籍之富者，爲亡闕之書有所系，故可以本所系而求。所以書或亡於前而備於後，不出於彼而出於此。及唐人收書，只記其有，不記其無，是致後人失其名系，所以《崇文》、《四庫》之書，比於隋、唐，亡書甚多，而古書之亡尤甚焉。

古人亡書有記，故本所記而求之。魏人求書，有《闕目録》一卷；唐人求書，有《搜訪圖書目》一卷；所以得書之多也。（闕）下詔并《書目》一卷，惜乎行之不遠。一卷之目，亦無傳焉。臣今所作羣書會紀，不惟簡別類例，亦所以廣古今而無遺也。古人編書，必究本末，上有源流，下有沿襲，故學者亦易學，求者亦易求。謂如隋人歷於一家，最爲詳明。凡作歷者幾人，或先或後，有因有革，存則俱存，亡則俱亡。唐人不能記亡書，然猶紀其當代作者之先後，必使具在而後已。及崇文四庫，有則書，無則否，不惟古書難求，雖今代憲章亦不備。

書有名亡實不亡論一篇

書有亡者，有雖亡而不亡者；有不可以不求者，有不可求者。《文言》略例雖亡，而《周易》具在；漢、魏、吳、晉《鼓吹曲》雖亡，而樂府具在；《三禮目録》雖亡，可取諸三《禮》；《十三代史目録》雖亡，可取諸十三代史；常鼎寶《文選著作人名目録》雖亡，可取諸《文選》；孫玉汝《唐列聖實録》雖亡，可取諸《唐實録》；《開元禮目録》雖亡，可取諸《開元禮》；《名醫別録》雖亡，陶隱居已收入《本草》；李氏《本草》雖亡，唐慎微已收入《證類》。《春秋括甲子》雖亡，不過起隱公至哀公甲子耳；韋嘉《年號録》雖亡，不過起漢後元至唐中和年號耳；《續唐歷》雖亡，不過起續柳芳所作至唐之末年，亦猶《續通典》續杜佑所作至宋初也。《毛詩蟲魚草木圖》蓋本陸機《疏》而爲圖，今雖亡，有陸機《疏》在，則其圖可圖也；《爾雅圖》蓋本郭璞《注》而爲圖，今雖亡，有郭璞《注》在，則其圖可圖也。張頻《禮粹》出於崔靈恩《三禮義宗》，有崔靈恩《三禮義宗》，則張頻《禮粹》爲不亡；《五服志》出於《開元禮》，有《開元禮》則《五服志》爲不亡。有杜預《春秋公子譜》，無顧啓期《大夫譜》可也；有《洪範五行傳》，無《春秋災異應録》可也。丁副《春秋三傳同異字》，可見於杜預《釋例》、陸淳《纂例》；京相璠《春秋土地名》，可見於杜預《地名譜》、桑欽《水經》；李騰《説文字源》，不離《説文》；《經典分毫正字》，不離《佩觿》。李舟《切韻》乃取《説文》而分聲；《天寶切韻》，即《開元文字》而爲韻。《内外轉歸字圖》、《内外傳鈴指歸圖》、《切韻樞》之類，無不見於《韻海鏡源》；書評、書論、書品、書訣之類，無不見於《法書苑墨藪》。唐人小説，多見於《語林》；近代小説，多見於《集説》。天文橫圖、圓圖、分野圖、紫微圖、象度圖，但一圖可該；《大象賦》、《小象賦》、《周髀星述》、《四七長短經》、劉石甘巫占，但一書可備。《開元占經》、《象應驗録》之類，即《古今通占鑑》、《乾象新書》可以見矣；李氏《本草拾遺》、《刪繁本草》，徐之才《藥對》、《南海藥譜》、《藥林》、《藥論》、《藥忌》之書,《證類本草》收之矣;《肘後方》、《鬼遺方》、《獨行方》、《一致方》及諸古方之書,《外臺秘要》、《太平聖惠方》中盡收之矣。紀元之書亡者甚多,不過《紀運圖》、《歷代圖》可見其略;編年紀事之書亡者甚多,不過《通歷》、《帝王歷數圖》可見其略。凡此之類,名雖亡而實不亡者也。

編次失書論五篇

書之易亡,亦由校讎之人失職故也。蓋編次之時,失其名帙;名帙既失,書安得不亡也?按《唐志》於天文類有《星書》,無日、月、風、雲、氣候之書,豈有唐朝而無風、雲、氣候之書乎?編次之時失之矣。按《崇文目》有風、雲、氣候書,無日、月之書,豈有宋朝而無日、月之書乎?編次之時失之矣。《四庫書目》並無此等書,而以星、禽、洞微之書列於天文,且星、禽、洞微,五行之書也,何與於天文?

射覆一家,於漢有之世有其書。《唐志》、《崇文目》並無,何也?軌革一家,其來舊矣,世有其書,《唐志》、《崇文目》並無,《四庫》始收入五行類。

醫方類目,有炮灸一家書,而隋、唐二《志》並無,何也?

人倫之書極多,《唐志》只有袁天綱七卷而已。

婚書極多,《唐志》只有一部,《崇文》只有一卷而已,《四庫》全不收。

見名不見書論二篇

編書之家,多是苟且,有見名不見書者,有看前不看後者。《尉繚子》兵書也,班固以為諸子類,實於雜家,此之謂見名不見書。隋唐因之,至《崇文目》始入兵書類。顏師古作《刊謬正俗》,乃雜記經史,惟第一篇說《論語》,而《崇文目》以為論語類,此之謂看前不看後。應知《崇文》所釋,不看全書,多只看帙前數行,率意以釋之耳。按《刊謬正俗》當入經解類。

按《漢朝駁議》、《諸王奏事》、《魏臣奏事》、《魏臺詔議》、《南臺奏事》之類,隋人編入刑法者,以隋人見其書也。若不見其書,即其名以求之,安得有刑法意乎?按《唐志》見其名為奏事,直以為故事也,編入故事類。況古之所謂故事者,即漢之章程也,異乎近人所謂故事者矣!是之謂見名不見書。按《周易參同契》三卷、《周易五相類》一卷,爐火之書也,《唐志》以其取名於《周易》,則以為卜筮之書,故入周易卜筮類,此亦謂見名不見書。

收書之多論一篇

臣嘗見鄉人方氏望壼樓書籍頗多,問其家,乃云先人守無為軍日,就一道士傳之,尚不能盡其書也,如唐人文集無不備。又嘗見浮屠慧邃收古人簡牘,宋朝自開國至崇觀間,凡是名臣及高僧筆迹無不備。以一道士能備一唐朝之文集,以一僧能備一宋朝之筆迹,況於堂堂天府而不能盡天下之圖書乎?患不求耳。然觀國家向日文物全盛之時,猶有遺書,民間所有,秘府所無者甚多,是求之道未至耳。

閼書備於後世論一篇

古之書籍,有不足於前朝,而足於後世者。觀《唐志》所得舊書,盡梁書卷帙,而多於隋。蓋梁書至隋,所失已多,而卷帙不全者又多。唐人按王儉《七志》、阮孝緒《七錄》搜訪圖書,所以卷帙多於隋,而復有多於梁者。如《陶潛集》,梁有五卷,隋有九卷,唐乃有二十卷。諸書如此者甚多,孰謂前代亡書不可備於後代乎?

亡書出於後世論一篇

古之書籍,有不出於當時而出於後代者。按蕭何律令、張蒼章程,漢之大典也,劉氏《七略》、班固《漢志》全不收。按晉之故事,即漢章程也,有《漢朝駁議》三十卷、《漢名臣奏議》三十卷,並爲章程之書,至隋、唐猶存,奈何閼於漢乎? 刑統之書,本於蕭何律令,歷代增修,不失故典,豈可闕於當時乎? 又況兵家一類,任宏所編,有《韓信軍法》三篇、《廣武》一篇,豈有韓信軍法猶在,而蕭何律令、張蒼章程則無之? 此劉氏、班氏之過也。孔安國《舜典》不出於漢,而出於晉,《連山》之《易》不出於隋,而出於唐。應知書籍之亡者,皆校讎之官失職矣。

亡書出於民間論一篇

古之書籍,有上代所無而出於今民間者。《古文尚書音》,唐世與宋朝並無,今出於漳州之吳氏。陸機《正訓》,隋、唐二《志》並無,今出於荊州之田氏。《三墳》自是一種古書,至熙豐間始出於野堂村校。按漳州吳氏《書目》,算術一家有數件古書,皆三館、四庫所無者,臣已收入求書類矣。又《師春》二卷、《甘氏星經》二卷、《漢官典儀》十卷、《京房易鈔》一卷,今世之所傳者,皆出吳氏。應知古書散落人間者,可勝計哉? 求之之道未至耳。

求書遣使、校書久任論一篇

求書之官,不可不遣;校書之任,不可不專。漢除挾書之律,開獻書之路,久矣。至成帝時,遣謁者陳農求遺書於天下,遂有《七略》之藏。隋開皇間,牛章公請分遣使人搜訪異本,後嘉則殿藏書三十七萬卷。祿山之變,尺簡無存,乃命苗發等使江淮括訪,至文宗朝遂有十二庫之書。唐之季年,猶遣監察御史諸道搜求遺書。知古人求書欲廣,必遣官焉,然後山林藪澤可以無遺。司馬遷世爲史官,劉向父子校讎天祿,虞世南、顏師古相繼爲祕書監,令孤德棻三朝當修史之任,孔穎達一生不離學校之官。若欲圖書之備,文物之興,則校讎之官,豈可不久其任哉?

求書之道有八論九篇

求書之道有八:一曰即類以求,二曰旁類以求,三曰因地以求,四曰因家以求,五曰求之公,六曰求之私,七曰因人以求,八曰因代以求。當不一於所求也。

　　凡星歷之書，求之靈臺郎；樂律之書，求之太常樂工。靈臺所無，然後訪民間之知星歷者；太常所無，然後訪民間之知音律者。眼目之方多，眼科家或有之；疽瘍之方多，外醫家或有之。紫堂之書多亡，世有傳紫堂之學者；九曜之書多亡，世有傳九星之學者。《列仙傳》之類，《道藏》可求，此之謂即類以求。

　　凡性命道德之書，可以求之道家；小學、文字之書，可以求之釋氏。如《素履子》、《元真子》、《尹子》、《鶡子》之類，道家皆有；如《倉頡篇》、《龍龕手鑑》、《郭迻音訣圖》、《字母》之類，釋氏皆有。《周易》之書，多藏於卜筮家；《洪範》之書，多藏於五行家。且如邢璹《周易略例》、《正義》，今《道藏》有之；京房《周易飛伏例》，卜筮家有之。此之謂旁類以求。

　　《孟少主實錄》，蜀中必有；《王審知傳》，閩中必有；《零陵先賢傳》，零陵必有；《桂陽先賢贊》，桂陽必有。《京口記》者，《潤州記》也；《東陽記》者，《婺州記》也。《茅山記》必見於茅山，《觀神光聖迹》必見於神光寺。如此之類，可因地以求。

　　錢氏《慶系圖》，可求於忠懿王之家；章氏《家譜》，可求於申公之後。黃君俞《尚書閫言》雖亡，君俞之家在興化；王棐《春秋講義》雖亡，棐之家在臨漳。徐寅《文賦》，今莆田有之，以其家在莆田；潘佑《文集》，今長樂有之，以其後居長樂。如此之類，可因家以求。

　　禮儀之書、祠祀之書、斷獄之書、官制之書、版圖之書，今官府有不經兵火處，其書必有存者，此謂求之公。書不存於秘府，而出於民間者甚多。如漳州吳氏，其家甚微，其官甚卑，然一生文字間，至老不休，故所得之書，多蓬山所無者。兼藏書之家，例有兩《目錄》，所以示人者，未嘗載異書。若非與人盡誠盡禮，彼肯出其所秘乎？此謂求之私。

　　鄉人李氏，曾守和州，其家或有沈氏之書。前年所進褚方回《清慎帖》，蒙賜百匹兩，此則沈家舊物也。鄉人陳氏，嘗爲湖北監司，其家或有田氏之書，臣嘗見其有荊州《田氏目錄》。若迹其官守，知所由來，容或有焉。此謂因人以求。

　　胡旦作《演聖通論》、余靖作《三史刊誤》，此等書卷帙雖多，然流行於一時，實近代之所作。書之難求者，爲其久遠而不可迹也。若出近代人之手，何不可求之有？此謂因代而求。

　　編次之訛論十五篇

　　《隋志》所類，無不當理，然亦有錯收者。《諡法》三部，已見經解類矣，而汝南君《諡議》，又見儀注，何也？後人更不考其錯誤而復因之。按《唐志》經解類已有《諡法》，復於儀注類出魏晉《諡議》，蓋本《隋志》。

　　一類之畫，當集在一處，不可有所間也。按《唐志》，《諡法》見於經解一類，而分爲兩處置,《四庫書目》以入禮類,亦分爲兩也。

《唐志》於儀注類中有《玉璽》、《國寶》之書矣,而於傳記類中復出此二書,《四庫書目》既立命書類,而《三命》、《五命》之書,復入五行卜筮類。

《遁甲》一種書耳,《四庫書目》分而爲四類,兵書見之,五行卜筮又見之,壬課又見之,命書又見。既立壬課類,則《遁甲》書當隸壬課類中。

月令乃禮家之一類,以其書之多,故爲專類。不知《四庫書目》如何見於禮類? 又見於兵家,又見於農家,又見於月鑑。按此宜在歲時類。

《太元經》以諱故,《崇文》改爲《太真》,今《四庫書目》分《太元》、《太真》爲兩家書。

貨泉之書,農家類也,《唐志》以顧烜《錢譜》列於農,至於封演《錢譜》又列於小說家,此何義哉? 亦恐是誤耳。《崇文》、《四庫》因之,並以貨泉爲小說家書,正猶班固以《太玄》爲揚雄所作,而列於儒家,後人因之,遂以《太玄》一家之書爲儒家類。是故君子重始作,若始作之訛,則後人不復能反正也。

有曆學,有算學。《隋志》以曆數爲主,而附以算法,雖不別條,自成兩類。後人始分曆、數爲兩家,不知《唐志》如何以曆與算二種之書相溷爲一? 雖曰曆、算同歸乎數,各自名家。

李延壽南、北《史》,《唐志》類於集史,是;《崇文》類於雜史,非。《吳紀》九卷,《唐志》類於編年,是;《隋志》類於正史,非。《海宇亂離志》,《唐志》類於雜史,是;《隋志》類於編年,非。

唐《藝文志》與《崇文總目》既以外丹煅法爲道家書矣,奈何《藝文》又於醫術中見《太清神丹經》諸丹藥數條?《崇文》又於醫書中見《伏火丹砂通元祕訣》數條。大抵爐火與服餌兩種,向來道家與醫家雜出,不獨《藝文》與《崇文》,雖《隋志》亦如此。臣今分爲兩類,列於道家,庶無雜糅。

歲時自一家書,如《歲時廣記》百十二卷,《崇文總目》不列於歲時,而列於類書,何也? 類書者,謂總衆類,不可分也。若可分之書,當入別類。且如天文有類書,自當列天文類;職官有類書,自當列職官類。豈可以爲類書而總入類書類乎?

諫疏、時政論與君臣之事,隋、唐《志》並入雜家,臣今析出。按此當入儒家。大抵隋、唐《志》於儒、雜二家不分。

古今編書,所不能分者五:一曰傳記,二曰雜家,三曰小說,四曰雜史,五曰故事。凡此五類之書,足相紊亂。又如文史與詩話,亦能相溷。

凡編書每一類成,必計卷帙於其後,如何?《唐志》於集史計卷,而正史不計卷;《實錄》與詔令計卷,而《起居注》不計卷。凡書計卷帙皆有空別,《唐志》無空別,多爲抄寫所移。

《隋志》最可信。緣分類不考,故亦有重複者。《嘉瑞記》、《祥瑞記》二書,既出雜傳,又出五行;諸葛武侯《集誡》、《衆賢誡》、曹大家《女誡》、《正順志》、《娣姒訓》、《女誡》、《女訓》,凡數種書,既出儒類,又出總集。《衆僧傳》、《高僧傳》、《梁皇大捨記》、《法藏目錄》、《玄門寶海》等書,既出雜傳,又出雜家。如此三種,實由分類不明,是致差互。若廼陶弘景《天儀說要》,天文類中兩出;趙政甲《寅元曆序》,曆數中兩出;黃帝《飛鳥曆》與《海中仙人占災祥書》,五行類中兩出;庾季才《地形志》,地理類中兩出。凡此五書,是不校勘之過也。以《隋志》尚且如此,後來編書出於衆手,不經校勘者,可勝道哉? 於是作《書目正訛》。

崇文明於兩類論一篇

《崇文總目》,衆手爲之,其間有兩類極有條理,古人不及,後來無以復加也。道書一類有九節,九節相屬而無雜糅。又雜史一類,雖不標別,然分上、下二卷,即爲二家,不勝冗濫。及覩《崇文》九節,正所謂大熱而濯以清風也。雜史一類,隋、唐二《志》皆不成條理,今觀《崇文》之作,賢於二《志》遠矣。此二類往往是一手所編,惜乎當時不盡以其書屬之也。

泛釋無義論一篇

古之編書,但標類而已,未嘗注解其著注者人之姓名耳。蓋經入經類,何必更言經? 史入史類,何必更言史? 但隨其凡目,則其書自顯。惟《隋志》於疑晦者則釋之,無疑晦者則以類舉。今《崇文總目》出新意,每書之下,必著說焉。據標類自見,何用更爲之說? 且爲之說也,已自繁矣,何用一一說焉? 至於無說者,或後書與前書不殊者,則強爲之說,使人意怠。且《太平廣記》者,乃《太平御覽》別出《廣記》一書,專記異事,奈何《崇文》之目所說,不及此意? 但以謂博採羣書,以類分門。凡是類書,皆可博採羣書,以類分門,不知《御覽》之與《廣記》又何異?《崇文》所釋,大槩如此,舉此一條,可見其他。

書有不應釋論三篇

實錄自出於當代。按《崇文總目》有《唐實錄》十八部,既謂《唐實錄》,得非出於唐人之手,何湏一一釋云唐人撰?

凡編書皆欲成類,取簡而易曉如文集之作甚多。唐人所作自是一類,宋朝人所作自是一類,但記姓名可也,何湏一一言唐人撰,一一言宋朝人撰? 然《崇文》之作,所以爲衍文者,不知其爲幾何? 此非不達理也,著書之時,元不經心耳。

有應釋者,有不應釋者。《崇文總目》必欲一一爲之釋,間有見名知義者,亦彊爲之釋。如鄭景岫作《南中四時攝生論》,其名自可見,何用釋哉? 如陳昌允作《百中傷寒論》，其名亦可見，何必曰"百中者，取其必愈"乎？

書有應釋論一篇

《隋志》於他類，只注人姓名，不注義説，可以睹類而知義也。如史家一類，正史編年，各隨朝代，易明不言自顯。至於雜史，容有錯雜其間，故爲之注釋，其易知者則否。惟覇史一類，紛紛如也，故一一具注。蓋有應釋者，有不應釋者，不可執一槩之論。按《唐志》有應釋者，而一槩不釋，謂之簡；《崇文》有不應釋者，而一槩釋之，謂之繁。今當觀其可不可。

不類書而類人論三篇

古之編書，以人類書，何嘗以書類人哉？人則於書之下注姓名耳。《唐志》一例，削注一例，大書遂以書類人。且如別集類自是一類，總集自是一類，奏集自是一類。《令狐楚集》百三十卷，當入別集類；《表奏》十卷，當入奏集類。如何取類於令狐楚，而別集與奏集不分？皮日休《文藪》十卷，當入總集類；文集十八卷，當入別集類。如何取類於皮日休，而總集與別集無別？詩自一類，賦自一類。陸龜蒙有詩十卷，賦六卷，如何不分詩賦而取類於陸龜蒙？

按《隋志》於書，則以所作之人，或所解之人，注其姓名於書之下，文集則大書其名於上曰某人文集，不著注焉。《唐志》因《隋志》，係人於文集之上，遂以他書一槩如是。且春秋一類之學，當附春秋以顯，如曰劉向，有何義？易一類之書，當附易以顯，如曰王弼，有何義？

《唐志》以人寘於書之上，而不著注，大有相妨。如管辰作《管輅傳》三卷，唐省文例去作字，則當曰《管辰管輅傳》，是二人共傳也。如李邕作《狄仁傑傳》三卷，當去作字，則當曰《李邕狄仁傑傳》，是二人共傳也。又如李翰作《張巡姚誾傳》三卷，當去作字，則當曰《李翰張巡姚誾傳》，是三人共傳也。若文集置人於上，則無相妨，曰某人文集可也，即無某人作某人文集之理，所志唯文集置人於上，可以去作字，可以不著注，而於義無妨也。又如盧槃佐作《孝子傳》三卷，又作《高士傳》二卷，高士與孝子自殊，如何因所作之人而合爲一？似此類極多。《炙轂子雜録注解》五卷，乃王叡撰，若從《唐志》之例，則當曰《王叡炙轂子雜録注解》五卷，是王叡復爲注解之人矣。若用《隋志》例，以其人之姓名著注於其下，無有不安之理。

編書不明分類論三篇

《七略》惟兵家一略，任宏所校，分權謀、形勢、陰陽、技巧爲四種書。又有圖四十三卷，與書參焉。觀其類例，亦可知兵，況見其書乎？其次則尹咸校數術，李柱國校方技，亦有條理。惟劉向父子所校經傳、諸子、詩賦，冗雜不明，盡採語言，不存圖譜。緣劉氏章句之儒，胸中元無倫類，班固不知其失，是致後世亡書多，而學者不知源。則凡編書,惟細分難,非用心精微,則不能也。兵家一略極明,若他略皆如此,何憂乎斯文之喪也?

史家本於孟堅,孟堅初無獨斷之學,惟依緣他人以成門户。紀、志、傳則追司馬之蹤,律、歷、藝文則躡劉氏之迹。惟《地理志》與《古今人物表》是其胸臆。《地理》一學,後代少有名家者,由班固修之無功耳。《古今人物表》又不足言也。

古者修書,出於一人之手成,於一家之學,班、馬之徒是也。至唐人,始用衆手。晉、隋二《書》是矣。然亦皆隨其學術所長者而授之,未嘗奪人之所能而彊人之所不及。如李淳風、於志寧之徒,則授之以《志》;如顏師古、孔穎達之徒,則授之《紀傳》。以顏、孔博通古今,於、李明天文地理圖籍之學,所以晉、隋二《志》,高於古今,而《隋志》尤詳明也。

編次有敍論二篇

《隋志》每於一書而有數種學者,雖不標別,然亦有次第。如《春秋三傳》雖不分爲三家,而有先後之列,先《左氏》,次《公羊》,次《穀梁》,次《國語》,可以次求類。《唐志》不然,《三傳》、《國語》,可以渾而雜出,四家之學,猶方圓氷炭也。不知《國語》之文,可以同於《公》、《穀》;《公》、《穀》之義,可以同於左氏者乎?

《隋志》於禮類有喪服一種,雖不別出,而於儀禮之後,自成一類,以喪服者儀禮之一篇也。後之議禮者因而講究,遂成一家之書,尤多於三禮。故爲之別異,可以見先後之次,可以見因革之宜,而無所紊濫。今《唐志》與《三禮》雜出可乎?

編次不明論七篇

班固《藝文志》出於《七略》者也。《七略》雖疎而不濫,若班氏步步趨趨,不離於《七略》,未見其失也。間有《七略》所無,而班氏雜出者,則躓矣。揚雄所作之書,劉氏蓋未收,而班氏始出,若之何? 以《太玄》、《法言》、《樂箴》三書,合爲一總,謂之揚雄所序三十八篇,入於儒家類。按儒者舊有五十二種,固新出一種,則揚雄之三書也。且《太玄》,易類也;《法言》,諸子也;《樂箴》,雜家也。奈何合而爲一家? 是知班固胸中元無倫類。

舊類有道家,有道書,道家則老、莊是也;有法家,有刑法,法家則申、韓是也。以道家爲先,法家次之,至於刑法、道書,別出條例。刑法則律令也,道書則法術也,豈可以法術與老、莊同條,律令與申、韓共貫乎? 不得不分也。《唐志》則併道家、道書、釋氏三類爲一類,命以道家,可乎? 凡條例之書,古人草昧,後世詳明者有之,未有棄古人之詳明,從後人之紊濫也。其意謂釋氏之書難爲,在名、墨、兵、農之上,故以合於道家。殊不知凡目之書,只要明曉,不如此論高卑。況釋、道二家之書,自是矛盾,豈可同一家乎?

《漢志》於醫術類,有經方,有醫經;於道術類,有房中,有神仙。亦自微有分別,奈何後之人更不本此。同爲醫方,同爲道家者乎?足見後人之苟且也。

《唐志》別出明堂經脉一條,而《崇文總目》合爲醫書。據明堂一類,亦有數家以爲一條,已自疎矣。況合於醫書,而其類又不相附,可乎?

《漢志》以司馬法爲禮經,以太公兵法爲道家,此何義也?疑此二條,非任氏、劉氏所收,蓋出班固之意,亦如以《太玄》、《樂箴》爲儒家類也。

《漢志》以《世本》、《戰國策》、《秦大臣奏事》、《漢著記》爲《春秋》類,此何義也?

《唐志》以《選舉志》入職官類,是《崇文總目》以《選舉志》傳記,非。

(按以上據(宋)鄭樵《通志略》,上海古籍出版社,1990年出版,第721-728頁。新式標點爲本節編者所加。)

三、清章學誠《校讎通義》校讎條理第七

鄭樵論求書遣官,校書久任之說,真得校讎之要義矣。顧求書出於一時,而求之之法,亦有善與不善,徒曰遣官而已,未見奇書秘策之必無遺逸也。夫求書在一時,而治書在平日。求書之要,即鄭樵所謂其道有八,無遺議矣。治書之法,則鄭樵所未及議也。古者同文稱治;漢制,吏民上書,字或不正,輒舉劾。蔡邕正定石經,以謂四方之民,至有賄改蘭臺漆書,以合私家文字者。是當時郡國傳習,容有與中書不合者矣。然此特就小學字體言之也。若紀載傳聞,《詩》、《書》雜誌,真訛糾錯,疑似兩淆;又書肆說鈴,識大識小,歌謠風俗,或正或偏;其或山林枯槁,專門名家,薄技偏長,稗官脞說;其隱顯出沒,大抵非一時徵求所能彙集,亦非一時討淪所能精詳;凡若此者,並當於平日責成州縣學校師儒講習,考求是正,著爲錄籍,略如人戶之有版圖。載筆之士,果能發明道要,自致不朽,願託於官者聽之。如是,則書掌於官,不致散逸,其便一也。事有稽檢,則奇衺不衷之說,淫詖邪蕩之詞,無由伏匿,以干禁例,其便二也。求書之時,按籍而稽,無勞搜訪,其便三也。中書不足,稽之外府,外書訛誤,正以中書;交互爲功,同文稱盛,其便四也。此爲治書之要,當議於求書之前者也。書掌於官,私門無許自匿著述,最爲合古。然數千年無行之者,一旦爲之,亦自不易。學官難得通人,前閣校讎未必儘是,向、歆一流,不得其人,則窒礙難行,甚或漸啟挾持訛詐、騷擾多事之漸,則不但無益而有損矣。然法固待人而行,不可因一時難行而不存其說也。

右七之一

校書宜廣儲副本。劉向校讎中祕,有所謂中書,有所謂外書,有所謂太常書,有所謂太史書,有所謂臣向書,臣某書。夫中書與太常、太史,則官守之書不一本也。外書與臣向臣某,則家藏之書不一本也。夫博求諸本,乃得讎正一書,則副本固將廣儲,以

待質也。夫太常領博士,今之國於監也。太史掌圖籍,今之翰林院也。凡官書不特中祕之謂也。

右七之二

古者校讐書,終身守官,父子傳業,故能討論精詳,有功墳典。而其校讐之法,則心領神會,無可傳也。近代校書,不立專官,眾手爲之,限以程課,畫以部次,蓋亦勢之不得已也。校書者,既非專門之官,又非一人之力,則校讐之法,不可不立也。竊以典籍浩繁,聞見有限,在博雅者,且不能悉究無遺,況其下乎? 以謂校讐之先,宜盡取四庫之藏,中外之籍,擇其中之人名地號,官階書目,凡一切有名可治,有數可稽者,略仿《佩文韻府》之例,悉編爲韻,乃於本韻之下,注明原書出處及先後篇第,自一見再見以至數千百,皆詳注之,藏之館中,以爲群書之總類。至校書之時,遇有疑似之處,即名而求其編韻,因韻而檢其本書,參互錯綜,即可得其至是。此則淵博之儒,窮畢生年力,而不可究彈者,今即中才校勘,而坐收於幾席之間,非校讐之良法歟?

右七之三

古人校讐,於書有訛誤,更定其文者,必注原文於其下;其兩說可通者,亦兩存其說;刪去篇次者,亦必存其闕目,所以備後人之採擇,而未敢自以謂必是也。班固並省劉歆《七略》,遂使著錄互見之法,不傳於後世;然亦幸而尚注並省之說於本文之下,故今猶得從而考正也。向使自用其例,而不顧劉氏之原文,今日雖欲複劉、歆之舊法,不可得矣。

右七之四

《七略》以兵書、方技、數術爲三部,列於諸子之外者,諸子立言以明道,兵書、方技、數術皆守法以傳藝,虛理實事,義不同科故也。至四部而皆列子類矣。南宋鄭寅《七錄》猶以藝、方技爲三門,蓋亦《七略》之遺法。然列其書於子部可也,校書之人,則不可與諸子同業也。必取專門名家,亦如太史尹鹹校數術,侍醫李柱國校方技,步兵校尉任宏校兵書之例,乃可無弊。否則文學之士,但求之於文學語言,而術業之誤,或且因而受其累矣。

右七之五

((清)章學誠著、葉瑛校注:《文史通義校注·校讎通義》,中華書局,1994 年,第983-988 頁。)